O direito de voto

FUNDAÇÃO EDITORA DA UNESP

Presidente do Conselho Curador
Mário Sérgio Vasconcelos

Diretor-Presidente
José Castilho Marques Neto

Editor-Executivo
Jézio Hernani Bomfim Gutierre

Superintendente Administrativo e Financeiro
William de Souza Agostinho

Assessores Editoriais
João Luís Ceccantini
Maria Candida Soares Del Masso

Conselho Editorial Acadêmico
Áureo Busetto
Carlos Magno Castelo Branco Fortaleza
Elisabete Maniglia
Henrique Nunes de Oliveira
João Francisco Galera Monico
José Leonardo do Nascimento
Lourenço Chacon Jurado Filho
Maria de Lourdes Ortiz Gandini Baldan
Paula da Cruz Landim
Rogério Rosenfeld

Editores-Assistentes
Anderson Nobara
Jorge Pereira Filho
Leandro Rodrigues

ALEXANDER KEYSSAR

O direito de voto

A controversa história da democracia nos Estados Unidos

Edição revisada

Tradução
Márcia Epstein

© 2000 by Alexander Keyssar
Edição original publicada pela primeira vez em 2000 pela Basic Books, membro da Perseus Books Group
Edição revisada publicada pela primeira vez em 2009 pela Basic Books
© 2013 Editora Unesp

Título original: *The Right to Vote: The Contested History of Democracy in the United States*

Direitos de publicação reservados à:
Fundação Editora da Unesp (FEU)
Praça da Sé, 108
01001-900 – São Paulo – SP
Tel.: (0xx11) 3242-7171
Fax: (0xx11) 3242-7172
www.editoraunesp.com.br
www.livrariaunesp.com.br
feu@editora.unesp.br

CIP – Brasil. Catalogação na publicação
Sindicato Nacional dos Editores de Livros, RJ

K54d

Keyssar, Alexander
    O direito de voto: a controversa história da democracia nos Estados Unidos / Alexander Keyssar; tradução Márcia Epstein. – 1.ed. – São Paulo: Editora Unesp, 2014.

    Tradução de: *The Right to Vote: The Contested History of Democracy in the United States*
    ISBN 978-85-393-0573-5

    1. Democracia – Aspectos econômicos – Estados Unidos. 2. Capitalismo – Aspectos políticos – Estados Unidos. 3. Grupos de pressão – Estados Unidos. 4. Poder (Ciências sociais) – Aspectos econômicos. I. Título.

14-15182   CDD: 320.973
                                                          CDU: 32(73)

Editora afiliada:

Asociación de Editoriales Universitarias de América Latina y el Caribe

Associação Brasileira de Editoras Universitárias

Para Natalie

Sumário

Prefácio à edição revisada   11
Prefácio à edição original   15
Introdução   19

Parte I: A VIA PARA A DEMOCRACIA PARCIAL   31

1 NO INÍCIO   35
    O legado recebido   37
    A revolução e o voto   41
    Os estados e a nação   58

2 ASCENSÃO DA DEMOCRACIA   65
    O rumo das coisas   67
    Fontes de expansão   76
    Ideias e argumentos   87

3 RETROCESSOS E DESVIOS   99
    Mulheres, afro-americanos e nativos americanos   100
    Indigentes, criminosos e migrantes   108
    Registro e imigração   114
    Democracia, a classe trabalhadora e o excepcionalismo americano   117
    Um caso exemplar: a guerra em Rhode Island   121

Parte II: RESTRINGINDO O ACESSO   127

4 *KNOW-NOTHINGS*, RADICAIS E REDENTORES   133
    Imigrantes e *Know-Nothings*   134
    Raça, guerra e Reconstrução   141
    A estranha odisseia da Décima Quinta Emenda   149
    Os efeitos menos importantes da guerra   160
    O Sul redimido   161

5 A REDENÇÃO DO NORTE   175
    Perdendo a fé   177
    Purificando o eleitorado   187
    Dois casos especiais   231
    Soberania e autodeterminação   236
    O novo universo eleitoral   239

6 SUFRÁGIO DAS MULHERES   243
    De Seneca Falls à Décima Quinta Emenda   244
    Cidadania e impostos   253
    Reagrupamento   256
    Estagnação e democracia   271
    Um movimento de massa   279
    A Décima Nona Emenda   289
    Consequências   297

Parte III: RUMO AO SUFRÁGIO UNIVERSAL – E ALÉM   303

7 OS ANOS TRANQUILOS   307
    A estase e suas fontes   308
    Franklin Roosevelt e a morte de Blackstone   323
    Guerra e raça   331
    "Nossa minoria nacional mais antiga"   341

8 ROMPENDO BARREIRAS   345
    Raça e a Segunda Reconstrução   346
    Sufrágio universal   363
    O valor do voto   383
    Dois exemplos difíceis   407
    Levando o eleitorado às urnas   418

9 A HISTÓRIA INACABADA   425
    Novembro de 2000   425
    O que deve ser feito?   432
    Ajudando os americanos a votar   435
    Crime e castigo   451
    Supressão e fraude   457
    Limites da competência   474
    Um direito constitucional de votar   482
    Novembro de 2008   485

CONCLUSÃO: O PROJETO DE DEMOCRACIA   487

APÊNDICE   499

AS LEIS DE SUFRÁGIO DOS ESTADOS,
1775-1920   501
    Uma nota sobre as tabelas e fontes   501

TABELAS   505

FONTES DO APÊNDICE   577
    As fontes de vários estados, tabelas A.1-A.16   577
    Fontes estaduais, tabelas A.1-A.16   578
    Fontes de vários estados, tabelas A.17-A.20:
        Direitos de sufrágio para as mulheres   590
    Fontes estaduais, tabelas A.17-A.20   590

ÍNDICE REMISSIVO   595

Prefácio à edição revisada

O direito de voto foi publicado pela primeira vez em setembro de 2000, quase dois meses antes da eleição presidencial prolongada e disputada em que George W. Bush foi empossado presidente na Casa Branca. Essa casualidade temporal trouxe ao livro certo grau de atenção que, de outra forma, não teria recebido: não só "o direito de votar" se tornou (ainda que de modo temporário) o direito favorito de todos, como também alguns dos problemas e questões que vieram à tona em novembro de 2000 tinham relação direta com a evolução da crônica de *O direito de voto*. Para o autor de um estudo histórico que teve início no final do século XVIII, é claro que foi muito satisfatório ter sido "relevante" para a crise contemporânea, mesmo que essa satisfação tenha vindo com algum custo para o país.

A eleição de 2000 também deu início a um período movimentado na história do voto e seus direitos nos Estados Unidos. A própria controvérsia sobre a eleição levantou questões prementes sobre a confiabilidade da tecnologia de votação, o sectarismo dos agentes eleitorais, o direito dos indivíduos de ter os seus votos contados, a cassação vitalícia do direito de voto dos criminosos, o Colégio Eleitoral e as relações entre as autoridades estaduais e federais na condução das eleições (essa lista não é exaustiva). No rescaldo da eleição, os governos estaduais abordaram alguns destes problemas (assim como outros ligados à administração das eleições), e o Congresso contribuiu com *Help America Vote Act* [Lei de Apoio ao Voto nos Estados Unidos], em 2002. Vários anos depois, o Congresso voltou a autorizar partes fundamentais da fundamental da lei que foi um marco decisivo, *Voting Rights Act* [Lei dos Direitos de Voto], e que havia sido promulgada pela primeira vez em 1965. Enquanto isso, os tribunais continuaram a lutar com questões distritais e de representação das minorias e, em 2008, a Suprema Corte deu o seu aval a novos e rigorosos requisitos de identificação para os eleitores. Estes anos também foram palco de campanhas eleitorais exaltadas, nas quais os democratas eram acusados repetidas vezes de fraude eleitoral e os republicanos, de suprimir os direitos de eleitores legítimos.

Foi a riqueza e a complexidade desses eventos – e não simplesmente a passagem do tempo – que me levou à decisão de preparar uma nova edição de *O direito de voto*. Em outras palavras, muitos eventos históricos se passaram em quase uma década após a publicação original do livro. Essa história, embora muito recente, incitava uma investigação; além disso, parecia ser mais bem compreendida no contexto da história já contada em *O direito de voto*. De fato, os principais acontecimentos entre os anos 2000 e 2008 pareciam, ao mesmo tempo, ilustrar os temas críticos do livro e oferecer uma oportunidade de aprofundar a análise, estendendo-a até o presente. A noção de que os direitos políticos nos Estados Unidos sempre tenham sido controversos, por exemplo, parecia tão aplicável ao início do século XXI como ao século XIX; mas essa própria continuidade requeria maiores investigações, dadas as inúmeras mudanças significativas que ocorreram no contexto institucional e político.

Assim, o presente volume não é exatamente uma "edição revisada", mas uma versão "atualizada" ou "ampliada". De um modo geral, os sete primeiros capítulos do livro permanecem iguais aos da edição original. Busquei resistir à tentação de fazer alterações na prosa, embora, como qualquer autor, eu possa localizar agora inúmeras sentenças que poderiam ter sido expressas de uma forma melhor (ou pelo menos diferente). Adicionei algumas discussões de assuntos que foram, de algum modo (!), omitidos na edição original (como o Colégio Eleitoral) e ampliei ou reformulei várias interpretações (sobre a perda do direito de voto dos criminosos, por exemplo) para levar em conta as convincentes conclusões de novas pesquisas. Além disso, inseri um item que faltava em uma das tabelas (Tabela A.12) e atualizei numerosas notas de rodapé para incorporar trabalhos relevantes publicados nos últimos nove anos.

Mas a parte significativa do que é novo neste volume aborda os anos de 2000 a 2008. O Capítulo 9 é inteiramente dedicado a este período, traçando os principais acontecimentos de novembro de 2000 até a eleição de Barack Obama em 2008. De acordo com necessidades conceituais e estilísticas, parte do material pós-2000 foi incorporada numa versão renovada do Capítulo 8 (que examinou a evolução dos direitos de voto a partir da década de 1950 até a década de 1990): a renovação da Lei dos Direitos de Voto em 2006, por exemplo, é examinada no Capítulo 8, seguindo diretamente as discussões sobre as renovações de 1970, 1975 e 1982. Também reformulei algumas das análises do Capítulo 8, tendo em conta os eventos que ocorreram depois de 1999. Algumas mudanças de perspectiva e em meu próprio pensamento também levaram a modificações na conclusão: certas coisas parecem, de fato, um pouco diferentes em 2009 do que pareciam em 1999.

O preparo desta nova edição me tornou muito consciente dos perigos e dos desafios intelectuais característicos da escrita histórica sobre o passado muito recente. Num primeiro momento acreditei que a crônica dos anos 2000-2008 seria relativamente fácil, visto que os eventos eram todos conhecidos por mim, eu havia assistido a seu desenvolvimento, conhecia alguns dos protagonistas e, em determinados casos, tinha inclusive sido um participante secundário. Mas o oposto acabou se mostrando verdadeiro. A proximidade complica o processo de seleção, ponderação e equilíbrio que estão sempre no âmago da tarefa do historiador (o falecido Herbert Gutman, historiador social importante e espirituoso, uma vez comentou que o segredo de escrever uma boa história consiste em saber o que deixar de fora; é especialmente difícil deixar de fora elementos que pareciam tão fundamentais há apenas três anos, ou mesmo três meses atrás). Tentei responder a este desafio imaginando como um historiador veria este período daqui a vinte ou quarenta anos e, ao mesmo tempo, concebendo esta época como uma consequência da longa história dos direitos de voto que a precedeu. Se tive sucesso nessa tentativa, cabe aos outros julgar, mas certamente aprendi muito ao enfrentar o desafio.

* * *

A realização desse projeto não foi uma empreitada individual, e eu gostaria de agradecer a todos aqueles que me ajudaram. O Ash Institute for Democratic Governance and Innovation [Instituto Ash de Governança Democrática e Inovação], bem como o Gabinete do Reitor na Kennedy School of Government da Universidade de Harvard, proporcionaram os fundos para a pesquisa; esses fundos me possibilitaram adquirir horas de intensa coleta de informações por parte de Kenneth Weisbrode, Michael Sellitto, Meghan Cleary, Lisette Enumah, Robert King, Jonathan Warsh e Elnigar Iltebir.

Meu agente, Andrew Wylie, incentivou essa nova edição desde o início. William Frucht (então no Basic Books) ofereceu sólidos conselhos editoriais; os editores subsequentes Lara Heimert, Alix Sleight e Sandra Beris examinaram com habilidade o manuscrito até a produção. Logo no início, John Bonifaz, Heather Gerken e Richard Pildes me ajudaram a pensar sobre o que deveria ser incluído numa crônica do período recente. Tova Wang, Heather Gerken, Jason Karlawish e Ellen Theisen leram partes do manuscrito e responderam com paciência às minhas perguntas, poupando-me de erros de fato e de interpretação.

Gostaria de oferecer um agradecimento especial a Kathleen Schnaidt, que trabalhou incansavelmente (e com grande desenvoltura e humor) para me ajudar a preparar o manuscrito final, conferir (e voltar a conferir, de forma obsessiva) as notas finais, tapar buracos na pesquisa e lidar com o processo, às vezes difícil, de integrar a nova prosa aos antigos arquivos eletrônicos. O meu colega, Ernest May, partilhou durante anos (tanto nas salas de aula, onde ensinamos juntos, como em nosso restaurante indiano favorito) e com generosidade a sua sabedoria sobre o ofício da história e sua articulação com o passado recente. A minha esposa, Rosabelli, ainda não tem o direito de votar nas eleições americanas, mas com o tempo o conquistará, e enquanto isso, obrigado por tudo.

Cambridge, Massachusetts
Janeiro, 2009

Prefácio à edição original

Com o tempo passei a acreditar que os livros têm começos fortuitos ou imprevistos, e esta não é uma exceção.

Há cerca de seis de anos comecei a elaborar um livro diferente, um estudo altamente quantitativo da participação da classe trabalhadora na política eleitoral americana. Meu projeto para esse livro – desenvolvido depois de muitos anos de pesquisa – exigia um capítulo para definir as etapas da história jurídica e política do direito de voto. Eu imaginava este capítulo como um preâmbulo simples de uma investigação detalhada das formas de participação (ou falta de participação) dos trabalhadores nas eleições.

Mas os problemas surgiram quando me sentei para escrever o capítulo. O enredo, que seguia o curso da evolução do direito de voto nos Estados Unidos, começou a fazer ziguezagues em momentos imprevisíveis. As generalizações fáceis perdiam a força quando eu tentava transformá-las em argumentos contundentes ou embasá-las com provas documentais. Além disso, as provas que eu tinha à mão, extraídas de fontes convencionais, pareciam cada vez mais acanhadas e incompletas. Voltei à biblioteca por mais alguns meses e, em seguida, tentei novamente. Sem sucesso. Quanto mais eu escrevia, mais longe parecia estar da linha de chegada. O capítulo ia ficando mais longo, assim como a minha lista de perguntas sem resposta.

Por fim, percebi que o capítulo com o qual eu me debatia era um livro em si mesmo. O tema, o direito de voto, era de uma importância quase óbvia para a história da política americana contemporânea; muito pouco havia sido escrito sobre isso, e seria realmente difícil entender a participação eleitoral antes de ter uma compreensão mais profunda das leis que davam forma e estruturavam esta participação. Além disso, percebi que eu queria escrever sobre a história do sufrágio: a riqueza das questões, sua complexidade e importância, tinham captado a minha atenção e imaginação. Os americanos debateram e disputaram as limitações do direito de voto desde a revolução até o final do século XX, e esses debates e disputas diziam muito sobre o significado da democracia na vida e cultura política americana. Minhas pilhas de páginas impressas voltaram para a gaveta e eu voltei, mais uma vez, para a biblioteca.

O livro que surgiu a partir dessa mudança de rota é maior, e talvez mais ambicioso, do que eu pretendia no início. Minha jornada pelas fontes me convenceu de que as muitas vertentes diferentes dessa história – o sufrágio das mulheres, o direito de voto dos afro-americanos e imigrantes, os requisitos de residência e propriedade, os testes de alfabetização, as exclusões de criminosos e indigentes, entre outras – tinham uma interconexão íntima, e só poderiam ser compreendidas como parte de uma trama única. Da mesma forma, os altos e baixos na narrativa, o deslocamento e a combinação irregular de ganhos e perdas só poderiam ser compreendidos como parte de uma longa crônica. Portanto tentei escrever uma história abrangente e multifacetada do direito de voto nos Estados Unidos, desde o nascimento da nação até o presente, uma história que engloba não apenas as leis e políticas nacionais, mas também os acontecimentos nos cinquenta estados.

Escrever um livro assim, tentar explorar um campo tão vasto, traz muitas recompensas intelectuais para um autor. Mas também é uma experiência de humildade. Apesar da surpresa inicial com a ausência ou escassez de estudos acadêmicos sistemáticos, dependi dos trabalhos de dezenas de pesquisadores que exploraram com minúcia filões particulares, examinaram temas específicos, estados individuais e atores históricos expressivos. Este livro não teria sido possível sem uma capacidade de construir a partir dessa base. Ninguém, aliás, tem mais ciência do que eu acerca do trabalho que ainda precisa ser feito, de muitos trechos do terreno que nunca foram cuidadosamente analisados. Como o meu próprio trabalho chegou ao fim, uma de minhas maiores esperanças é que este livro abra as portas para mais pesquisas e estimule outros estudos sobre a história do sufrágio e a história mais ampla da democracia, nos Estados Unidos e em outros lugares.

Esta pesquisa contém um limite autoimposto: trata da história jurídica e política do sufrágio; não é um estudo da prática ou participação política. É inevitável que surjam questões sobre a relação entre as estruturas legais e a prática da política, sobre o impacto preciso e quantitativo das leis eleitorais sobre o comportamento político. Estas questões, em sua maior parte, não serão respondidas de forma integral neste volume, mas espero abordá-las do modo mais completo possível quando eu voltar a escrever sobre a história da participação eleitoral, que deu origem a este trabalho em primeiro lugar.

Este livro exigiu um longo tempo para ser escrito, e ainda não teria sido concluído se não fosse a ajuda generosa que recebi de muitas instituições e indivíduos. A oportunidade de expressar a minha gratidão é um dos prazeres (há muito tempo antecipado) de enviar um manuscrito para a imprensa. A Reitoria da Escola de Humanidades e Ciências Sociais no Instituto de Tecnologia de Massachusetts concedeu uma subvenção que deu início à pesquisa, a qual continuou com a ajuda de um fundo de pesquisa fornecido pela Universidade de Duke. A bolsa da Fundação Memorial John Simon Guggenheim me deu tempo para pensar sobre o material que fui recolhendo. Um ano vivido no que um amigo chamou de "nirvana acadêmico", o Centro de Estudos Avançados em Ciências Comportamentais, que ofereceu-me estimulante companhia intelectual, bem como a oportunidade de escrever sem interrupção, exceto para as horas de reflexão que, para minha alegria, pude passar contemplando a baía de San Francisco pela janela.

A pesquisa para este livro poderia ser obtida apenas por meio de uma ampla rede, e ao longo dos anos essa rede foi construída por um pequeno exército de alunos (e ex-alunos) assistentes de pesquisa. Tanta gente trabalhou neste projeto que eu às vezes tinha a impressão de que a minha pesquisa foi responsável pela queda da taxa de desemprego nacional. Entre aqueles que cumpriram períodos de trabalho especialmente longos estão Greg Bylinsky, Ewan Campbell, Cypria Dionese, Conrad Hall, Stephen Hartzell, Roger Michel, Katie Ratte, Chris Seufert, Teddy Varno e James Worthington. Agradeço a todos eles, bem como a muitos outros cujos contratos foram de menor duração. Duas pessoas merecem referência especial. Courtney Bailey trabalhou dentro e fora desse projeto durante anos; sua atenção cuidadosa e longas horas dedicadas me ajudaram a obter o controle de materiais jurídicos de difícil manuseio e tornaram possível a conclusão das notas finais. Laura Thoms merece seu devido crédito como coautora do apêndice. No livro as tabelas sempre parecem simples e pensadas, mas no início estavam em caixas desordenadas de documentos fotocopiados, alguns dos quais viajaram com Laura para onde quer que ela fosse. A transformação destes documentos em sua forma organizada atual levou mais de dois anos de cuidadosa análise e cruzamento de dados; sem o esforço incansável de Laura, talvez as tabelas ainda estivessem nas caixas.

Muitos colegas me ajudaram a encontrar novas fontes, esclarecer o meu pensamento e aguçar a minha prosa. São numerosos demais para mencionar, mas os acadêmicos, arquivistas e bibliotecários que, ao longo dos anos, receberam e responderam os meus telefonemas e e-mails sobre detalhes específicos (e muitas vezes misteriosos) sabem quem são, e agradeço-lhes. Mais perto de casa, Sydney Nathans e Peter Wood responderam com generosidade às minhas perguntas sobre tempos e lugares que eles conhecem melhor do que eu. Larry Goodwyn, Bill Reddy e David Montgomery postularam questões desafiadoras que, desde então, tenho tentado responder. O *feedback* das apresentações de seminários na Newberry Library, o Centro Charles Warren na Universidade de Harvard, o Centro de Estudos Avançados, a École des Hautes Études em Paris, a Universidade da Califórnia em Santa Cruz e a Universidade de Yale estimularam o meu pensamento sobre várias partes do projeto. Valiosos comentários acerca de partes do manuscrito foram oferecidos por Nancy Cott, John Demos, Robert D. Goldstein, Linda Kerber, Marc Kruman, Jonathan Prude e James C. Scott. Benjamin I. Page leu todo o manuscrito, melhorando o produto, incentivando o produtor. Meus agradecimentos a todos eles.

    O processo logístico de fazer o livro chegar à impressão foi bastante facilitado pelo esforço e boa disposição de Deborah Carver-Thien e Andrea Long. Minha agente, Jill Kneerim, ofereceu bons conselhos e um apoio caloroso em momentos em que eu precisava de ambos. Meu editor original, Tim Bartlett, fez inúmeras contribuições ao livro, e sua sucessora, Vanessa Mobley, foi muito além das obrigações do dever para garantir que todas as coisas corressem bem. Michael Wilde foi um editor de texto notável; Richard Miller supervisionou o processo de produção com cuidado, consideração e bom humor. *Basic Books* merece agradecimentos especiais por sua disposição em publicar as tabelas anexas como uma contribuição para a pesquisa.

    Este livro é dedicado à minha filha, Natalie. Durante anos ela adormeceu (e agora, como adolescente, desperta) ao som do teclado do meu computador na sala. Ela é uma fervorosa democrata por direito próprio, e tem convicções especialmente fortes sobre o papel do sufrágio universal dentro da família. Não posso dizer com honestidade que Natalie tenha ajudado na produção deste livro (na verdade, pouco tempo atrás ela comentou que era surpreendente que eu o tenha terminado "com alguém como ela por perto"), mas espero que ela saiba o prazer que suas interrupções sempre me dão.

Introdução

Os americanos não votam mais tanto quanto antes. Desde a Segunda Guerra Mundial, apenas a metade dos eleitores em potencial compareceu às urnas para a maioria das eleições presidenciais. Nas disputas locais e estaduais, o comparecimento foi menor ainda, baixando para 20 ou 25%. Mesmo quando a taxa de participação eleitoral disparou para cima, como aconteceu nas disputas presidenciais na década de 1960 e no início do século XXI, mais de um terço de todos os eleitores qualificados permaneceu em casa.[1]

Estes níveis baixos ou, no máximo, médios de participação popular poderiam sugerir que nossa democracia, dois séculos após a fundação da nação, foi desencorajada e que o ato de votar não é muito valorizado. Mas os americanos atribuem um alto valor às instituições democráticas e os americanos brancos, pelo menos, há muito tempo consideram a si mesmos como cidadãos de uma nação democrática – de fato, não só de qualquer nação democrática, mas *da* nação democrática. De acordo com a autoimagem nacional – uma imagem arraigada na cultura popular e sustentada por pesquisas acadêmicas – os Estados Unidos têm sido um país pioneiro nas reformas republicanas e democráticas há duzentos anos, o

---

[1] Scammon, R. M.; McGillivray, A. V. (eds.), *America Votes*, v.20, Washington, DC, 1992, p.9; Wolfinger, R. E.; Rosenstone, S. J. *Who Votes*, New Haven, 1980, p.1; *New York Times*, 13 de novembro de 1988; Burnham, W. D. The Turnout Problem. In: Reichley, A. J. (org.), *Elections American Style*, Washington, DC, 1897, p.97-133. Outras estatísticas mais recentes são citadas na conclusão.

porta-estandarte dos valores democráticos no palco da história mundial. Conforme expressou Herbert Croly em 1909, o influente teórico político e fundador da *New Republic* (Nova República), os Estados Unidos são a "Terra da Democracia", uma nação "comprometida com a realização do ideal democrático". Do mesmo modo, num famoso discurso ao Congresso em 1965, o presidente Lyndon B. Johnson afirmou que os americanos "lutaram e morreram durante dois séculos" para defender o princípio do "governo pelo consentimento dos governados" e a convicção de que "todos os homens foram criados iguais". A partir do final do século XVIII, passando pela Guerra Fria e adentrando o século XXI, os americanos têm considerado suas próprias instituições políticas como modelos de governo popular e autodeterminação.[2]

Nessa autoimagem democrática está implícita a crença de que o direito ao voto é, e tem sido há muito tempo, amplamente conferido aos americanos, que os Estados Unidos têm algo muito próximo ao sufrágio universal (esta expressão tem sido elástica em termos históricos; aqui, significa apenas que todos os cidadãos adultos têm o direito de votar). Como toda criança aprende na escola, milhares de soldados morreram em Gettysburg para que o governo "do povo, pelo povo e para o povo" não deixasse de existir – e, supostamente, um governo do povo e pelo povo era um sistema escolhido pelas pessoas. De fato, no uso popular, o termo democracia implica que todos, ou quase todos, têm o direito de participar das eleições; a imagem dos Estados Unidos como país democrático é a de uma nação com sufrágio universal. E com razão: embora uma nação possa ter o sufrágio universal sem ser uma democracia, um sistema político não pode ser realmente democrático sem o sufrágio universal.

Nos últimos anos, de fato, houve um ajuste razoavelmente bom entre a imagem e a realidade dos direitos de voto nos Estados Unidos. Conforme a conclusão de *Guide to U.S. Elections* [Guia para as Eleições dos EUA], Congressional Quarterly, em 1985, com um traço de exagero patriótico, "no bicentenário da nação, a única restrição remanescente [sobre o direito ao voto] impedia a votação dos loucos, dos criminosos condenados e dos eleitores, de outro modo elegíveis, incapazes de cumprir os requisitos de residência de curto prazo".[3] Na verdade, muitos acadêmicos e ativistas permanecem muito preocupados com nosso "problema de comparecimento às urnas", com o modo pelo qual o sistema eleitoral pode desencorajar a votação, e com o crescimento extraordinário no número de pessoas privadas do

---

2 Croly, H. *The Promise of American Life*, 1909; reimpr., New York, 1964, p.2, 6; *Special Message to the Congress:* The American Promise, 15 de março de 1965, Public Papers of the Presidents of the United States: Lyndon B. Johnson, 1965, v.1, Washington, DC, 1965, p.281-287. Cf. Wiebe, R. *Self- Rule:* A Cultural History of American Democracy, Chicago, 1994, p.1, 8.
3 Congressional Quarterly, *Guide to U.S. Elections*, 2.ed., Washington, DC, 1985, p.324.

direito ao voto pelos crimes cometidos. Todavia, a vasta maioria dos adultos americanos possui, de fato, o direito ao voto e, pelo menos de maneira formal, os Estados Unidos têm o sufrágio universal (ou quase universal).[4]

Mas não foi sempre assim – não por um longo tempo. Até a década de 1960, a maioria dos afro-americanos não podia votar no Sul. As mulheres eram impedidas de votar na maioria das jurisdições até 1920. Por muitos anos, os imigrantes asiáticos foram privados do direito de voto porque não podiam tornar-se cidadãos, e era muito mais frequente a ausência do mesmo direito entre os próprios nativos americanos do que sua existência. Além disso, no início do século XIX os estados geralmente concediam o direito de voto apenas para os proprietários de imóveis, e por boa parte do século XX, o voto quase sempre era proibido aos pobres. A lista poderia e vai continuar (em capítulos posteriores): durante grande parte história americana, o direito de voto esteve longe de ser universal.

Por que isso aconteceu? Por que foi negado a tantos americanos, em lugares e épocas diferentes, o direito ao voto? Como era possível que se considerassem um povo democrático se possuíam um sufrágio tão restrito? A questão mais fundamental talvez seja: como, por que e quando mudaram as leis que governavam o sufrágio? Essas perguntas são básicas na história política, decisivas para que se compreenda a evolução da democracia; são essenciais também para as nossas concepções do que significa ser um americano.

No entanto, essas questões raramente foram formuladas – ou respondidas. A história do direito ao voto nos Estados Unidos recebeu muito menos atenção do que o tema parece autorizar. Sem dúvida, existem estudos monográficos importantes sobre os direitos de voto dos afro-americanos, com destaque para o período pós-Guerra Civil (quando os afro-americanos conquistaram o direito de votar e depois foram privados dele) e nas décadas de 1950 e 1960 (quando voltaram a ter o direito).[5] Há também uma rica literatura – começando com os escritos dos principais participantes – registrando o movimento do sufrágio das mulheres.[6] Além disso, os historiadores produziram diversos relatos que sintetizam as reconfigurações do direito ao voto entre 1800 e 1850.[7]

---

[4] Entre muitas discussões sobre o problema do comparecimento às urnas, ver os numerosos e influentes trabalhos escritos de Walter Dean Burnham (incluindo "The Turnout Problem"), bem como de Frances F. Piven and Richard A. Cloward, *Why Americans Don't Vote,* New York, 1988.

[5] Ver, por exemplo, Kousser, J. M., *The Shaping of Southern Politics:* Suffrage Restriction and the Establishment of the One-Party South, 1880-1910, New Haven, 1974; Lawson, S. *Black Ballots:* Voting Rights in the South, 1944-1969, New York, 1976; Gillette, W. *The Right to Vote:* Politics and the Passage of the Fifteenth Amendment, Baltimore, 1965. Numerosas obras sobre esse tema são citadas no presente livro nos capítulos 4, 7 e 8.

[6] Ver Capítulo 6.

[7] Williamson, C., *American Suffrage:* From Property to Democracy, 1760-1860, Princeton, 1960; Chute, M. G. *The First Liberty:* A History of the Right to Vote in America, 1619-1850, New

Mas até agora não se escreveu nenhuma história moderna e abrangente do direito ao voto. A última tentativa de fazer um levantamento da evolução do sufrágio nos Estados Unidos foi há mais de cinquenta anos; a obra acadêmica mais recente, escrita pelo historiador Kirk Porter, foi publicada em 1918.[8] De fato, não houve nenhuma tentativa de investigar de modo sistemático a extensão dessa questão ao longo do tempo, as ligações entre diversos aspectos históricos (por exemplo, o sufrágio para as mulheres e o direito de voto dos imigrantes), ou as fontes globais e os ritmos de mudança no que se refere ao sufrágio. O que é surpreendente numa nação que valoriza de forma tão ostensiva sua história democrática.

O silêncio acadêmico parece ter diversas fontes. A principal é o que se poderia chamar de um pressuposto progressivo ou triunfalista: a noção profundamente arraigada, mas quase tácita, de que a história do sufrágio é a história da reforma e do progresso, gradual e inevitável (na Inglaterra, segundo a observação notória do historiador Herbert Butterfield, esses pressupostos renderam uma interpretação da história própria dos Whigs).[9] O inventor desta ideia – ou, pelo menos, seu representante mais famoso – era Alexis de Tocqueville. Ao escrever em 1835 o livro *Democracia na América*, Tocqueville observou (ou melhor, previu) que:

> Uma vez que um povo começa a interferir com a qualificação do direito ao voto, pode-se ter a certeza de que, cedo ou tarde, ela será totalmente abolida. Esta é uma das regras mais invariáveis do comportamento social. Quanto mais o limite dos direitos de voto é estendido, mais forte será a necessidade de expandi-lo ainda mais; pois a cada nova concessão as forças da democracia são consolidadas e suas demandas aumentam com o poder fortalecido. A ambição dos que permaneceram aquém do limite da qualificação aumenta na proporção do número dos que estão

---

York, 1969. Em anos recentes, estudos históricos sobre a privação dos votos aos criminosos e os direitos de voto de não cidadãos também foram publicados; eles são citados mais adiante neste volume.

8 McGovney, D. O., *The American Suffrage Medley: The Need for a National Uniform Suffrage*, Chicago, 1949; Porter, K. H. *A History of Suffrage in the United States*, Chicago, 1918. Outro estudo conciso e útil, mas datado, é o de Albert J. McCulloch, *Suffrage and Its Problems*, Baltimore, 1929. J. Morgan Kousser escreveu um breve panorama da história do sufrágio em Greene, J. G. (org.), *The Encyclopedia of American Political History*, v.3, New York, 1984, p.1236-1258. Em nível estadual, ver também McCormick, R. P., *The History of Voting in New Jersey: A Study of the Development of Election Machinery, 1664-1911*, New Brunswick, NJ, 1953. A obra de Peter H. Argersinger sobre a era dourada das eleições e as leis eleitorais é valioso mas limitado no âmbito cronológico; ver, por exemplo, "A Place on the Ballot: Fusion Politics and Antifusion Laws". *American Historical Review*, 85, 1980, p.287-306; "The Value of the Vote: Political Representation in the Gilded Age". *Journal of American History*, 76, junho de 1989, p.59-90.

9 Butterfield, H., *The Whig Interpretation of History*, New York, 1951. O termo progressista é usado aqui não para aludir aos historiadores progressistas, como Charles Beard, mas para apreender a convicção de que a história representa progresso.

além do mesmo. Finalmente, a exceção se torna a regra; as concessões se seguirão sem interrupção, e não haverá lugar de parada até que seja atingido o sufrágio universal.[10]

A "regra de comportamento social" de Tocqueville certamente soa um tanto mecanicista aos ouvidos modernos, mas muitos analistas tiveram a impressão de que as linhas gerais dessa previsão coincidiram com a experiência norte-americana. O padrão narrativo, portanto, é o seguinte: na fundação do país, o sufrágio era fortemente restrito, mas dali em diante, um grupo de cidadãos após o outro adquiriu o direito ao voto. A maioria dos homens brancos sem propriedades foi autorizada a votar durante a primeira metade do século XIX; a seguir, foi a vez dos afro-americanos; depois, as mulheres; então novamente os afro-americanos; e por fim, até mesmo os adultos a partir dos dezoito anos. As causas exatas e a dinâmica da mudança podem ter sido bem menos diretas do que supunha Tocqueville, mas, considerados à distância, os principais eventos na história do sufrágio americano pareceram se adequar ao modelo tocqueviliano de mudança, que era simples, unidirecional e inevitável.[11] "A história do sufrágio americano tem sido de uma expansão constante e irresistível", observou William B. Munro, historiador de Harvard e cientista político em 1928. "Uma após a outra, as limitações foram eliminadas por emendas constitucionais e leis – os testes religiosos, a qualificação pelos bens, a discriminação por raça e, por fim, a exclusão baseada no gênero".[12]

É interessante – mas não surpreendente – que esse pressuposto progressivo tivesse maior circulação durante alguns períodos do que em outros. Na década de 1890, quando algumas das primeiras histórias de sufrágio foram escritas (e quando o âmbito do sufrágio era uma questão muito presente), a noção de Tocqueville estava longe de ser proeminente. Um estudo impressionante sobre o sufrágio em Michigan no século XIX, por exemplo, concluiu que a mudança não foi de todo unidirecional: "As tendências que eram tão marcantes à liberalidade e à extensão na metade anterior do século", escreveu Mary Jo Adams, "voltaram-se com menos clareza na direção do conservadorismo na segunda metade".[13] A mesma conclusão foi alcançada em 1897 por James Schouler, no primeiro artigo

---

10 Tocqueville, A. de. *Democracy in America*, J. P. Mayer and Max Lerner (eds.), tradução de George Lawrence, New York, 1966, p.52-53.
11 Cf. Steinfeld, R. J. Property and Suffrage in the Early American Republic. *Stanford Law Review*, 41, janeiro de 1989: p.335-337; Blackmar, F. W. History of Suffrage in Legislation in the United States. *The Chautauquan*, 22, outubro de 1895, p.34.
12 Munro, W. B. *The Government of American Cities*, 4.ed., New York, 1928, p.147-148. Esta citação apareceu também na edição de 1926 do livro de Munro (mas não nas edições de 1912 ou 1916).
13 Adams, M. J. The History of Suffrage in Michigan. *Publications of the Michigan Political Science Association*, v.3, n.1, Ann Arbor, março de 1898, p.37.

sobre os eleitores americanos publicado no *American Historical Review*. Mais ou menos ao mesmo tempo, Francis N. Thorpe, o escritor e professor de história constitucional, caracterizou a evolução dos direitos de voto como contingentes e não inevitáveis; existiu, escreveu ele, "uma luta pelo sufrágio, que agora está durando um século".[14] Duas décadas depois, a história do sufrágio de Kirk Porter, que refletia o destaque aos conflitos tão característico dos historiadores de sua época, descreveu uma "briga vigorosa" de um século de duração por causa do direito ao voto, impelida por "considerações materialistas".[15]

Entretanto, em meados do século XX, essa impressão de conflito e contingência recuou; talvez por causa da conquista do direito ao voto por parte das mulheres e ao clima ideológico agradável que o liberalismo da Guerra Fria propiciou, a ideia de uma marcha inexorável em direção ao sufrágio universal se tornava proeminente. "Uma das vitórias mais fáceis da causa democrática", proclamou o cientista político E.E. Schattschneider em 1960, "foi a luta pela extensão do sufrágio... A luta pelo voto foi quase sem derramamento de sangue, quase inteiramente pacífica e incrivelmente fácil." É sinal ao mesmo tempo da escassez de pesquisas históricas e do poder ideológico do triunfalismo que Schattschneider, um crítico erudito e perspicaz da política americana, pudesse redigir tais sentenças, apesar das lutas violentas pelo sufrágio no período pós-Guerra Civil do Sul e enquanto a maioria dos negros permanecia sem direito ao voto. Da mesma forma, em 1978, um trio eminente e interessado de cientistas políticos pôde identificar "a história do sufrágio" simplesmente como "a história da remoção de barreiras baseadas na condição econômica, no gênero ou nas habilidades e, geralmente, na diminuição do limiar da faixa etária [...]. O resultado é um sistema com amplos direitos políticos igualmente acessíveis a todos os cidadãos". Esse espírito triunfalista também informou a única síntese acadêmica escrita durante este período, o estudo de Chilton Williamson sobre a reforma colonial e anterior à Guerra Civil, cujo subtítulo revelador é *From Property to Democracy* [Da Propriedade à Democracia].[16]

---

14 Schouler, J. Evolution of the American Voter. *American Historical Review*, 2, julho de 1897, p.665-674; Thorpe, F. N. A Century's Struggle for the Franchise in America. *Harper's Magazine*, 94, janeiro de 1897, p.215.

15 Porter, *Suffrage*, p.vii, 4. A impressão de conflito e contingência permanecia, entre alguns analistas, no decorrer da década de 1920 e até mesmo mais adiante. Ver, por exemplo, Bromage, A. W., Literacy and the Electorate: Expansion and Contraction of the Franchise. *American Political Science Review*, 24, 1930, p.946; Gosnell, H. F. *Democracy*: The Threshold of Freedom, New York, 1948.

16 Schattschneider, E. E., *The Semisovereign People*: A Realist's View of Democracy in America, Hinsdale, IL, 1960, p.100-101; Verba, S.; Nie, N.; Kim, J. *Participation and Political Equality*: A Seven-Nation Comparison, New York, 1978, p.5; Williamson, *American Suffrage*. Para outros exemplos desse ponto de vista, ver O. Key. Jr., *Politics, Parties, and Pressure Groups*, 5.ed., New York, 1964, p.597; Flanigan, W. H.; Zingale, N. H., *Political Behavior of the American Electorate*,

O mais importante foi que o pressuposto progressivo parece ter abafado o interesse no tema, desviado o foco da investigação da história do direito ao voto, mesmo numa época em que a luta pelo sufrágio gerava conflitos e violência no Sul. "Regras invariáveis de comportamento social" e "expansões irresistíveis" – qualquer que seja o nome – são fenômenos que tendem a ser considerados dados históricos, em vez de problemas que convidam à pesquisa. A expansão dos direitos políticos democráticos nos Estados Unidos não parecia exigir explicações: era o destino natural da nação. Portanto, muitos historiadores de meados do século XX, especialmente os que partilhavam da convicção consensual, tendiam a concordar com Munro que a história do sufrágio era "uma história longa e não muito interessante".[17] Essa opinião foi compartilhada pelos historiadores sociais revisionistas de uma geração um pouco posterior (incluindo o autor), pelo menos em parte, porque nós tendíamos a considerar a política eleitoral como mera superestrutura e, assim, irrelevante ou de pouco interesse.[18] Dentro da comunidade acadêmica, a evolução do direito ao voto atraiu a atenção basicamente entre os alunos de política comparada, que estavam menos interessados na investigação histórica ou histórias nacionais específicas do que na construção de teorias.[19]

Este livro é uma tentativa de romper o estranho silêncio acerca da história do sufrágio, de lançar um novo olhar com uma nova perspectiva a um tema respeitável, embora negligenciado. Oferece uma crônica da história do direito ao voto nos Estados Unidos, desde o final do século XVIII até o

---

4.ed., Boston, 1979, p.10-13; Sigler, J. A., *American Rights Policies*, Homewood, IL, 1975, p.111. Kousser (*Shaping*, 3) observa que os cientistas políticos interessados nas leis de votação tendiam a se concentrar nas ampliações do sufrágio, ignorando as contrações, e Steinfeld ("Property and Suffrage", 336n) observa que livros de casos de lei constitucional tendem a conter histórias dos Whigs implícitas do sufrágio. Há algumas exceções, os estudiosos que reconhecem que o caminho para um sufrágio mais amplo nos Estados Unidos tem sido lento e desigual. Ver, por exemplo, Shklar, J., *American Citizenship* – The Question for Inclusion, Cambridge, 1991, p.13-14; Riker, W. H., *Democracy in the United States*, New York, 1965, p.50; Flanigan e Zingale (já citado, sobre o outro lado da questão), *Political Behavior*, p.10.

17 Munro, *Government*, p.134. A surpreendente falta de interesse no tema é observada também por Peter Argersinger, Regulating Democracy: Election Laws and Dakota Politics, 1889-1902. *Midwest Review*, 5, 1983: 1; ver também Morone, J. A. *The Democratic Wish*: Popular Participation and the Limits of American Government, New York, 1990, p.20.

18 O ponto de que os estudiosos, tanto da direita como da esquerda política tendem a ignorar esta questão também é encontrado em Göran Therborn, "The Rule of Capital and the Rise of Democracy". *New Left Review*, 103, maio-junho de 1977, p.3-41.

19 Ver, por exemplo, Rokkan, S. com Campbell, A., Trosvik, P. e Valen, H., *Citizens, Elections, Parties:* Approaches to the Comparative Study of the Processes of Development, New York, 1970; Marshall, T. H., *Class, Citizenship, and Social Development*, New York, 1964; Lipset, S. M., Some Social Requisites of Democracy: Economic Development and Political Legitimacy. In: Cnudde, C. F. e Neubauer, D. E. (eds.), *Empirical Democratic Theory*, Chicago, 1969; Bendix, R., *Nation-Building and Citizenship:* Studies of Our Changing Social Order, Berkeley, 1977. Ver também Therborn, Rule of Capital.

presente, um registro da evolução das leis – municipal, estadual e federal – que definiram e circunscreveram o eleitorado americano. É uma narrativa minuciosa acerca dos diferentes modos pelos quais as mulheres, os afro-americanos, os trabalhadores da indústria, os imigrantes e muitos outros grupos (ou categorias de indivíduos) adquiriram e, às vezes, perderam o direito ao voto.

Este livro também é uma tentativa de fazer um grande esforço de compreensão acerca da história, de evitar acreditar no que é familiar, de interrogar o passado com espanto. É bem conhecido, por exemplo, que apenas os donos de propriedades podiam votar no final do século XVIII, mas por que exatamente isso era assim? Por que, na verdade, demorou tanto tempo para as mulheres ganharem o direito de votar? Ou, da mesma forma, por que o direito ao voto se expandiu? Por que aqueles que já eram qualificados a votar, como os homens brancos proprietários, incluiriam alguém mais no acordo? Não é de forma alguma evidente, quando olhamos para a história moderna, que os indivíduos que possuem poder político passem a (ou se espera que passem) compartilhar esse poder com os outros, milhões de outros. Por que isso aconteceu e por que o direito ao voto se expandiu em certas épocas e certos lugares, enquanto se restringiu em outros?

Formular essas questões é indagar tanto sobre as origens da democracia e os obstáculos ou ameaças para a existência de sistemas políticos democráticos. As duas investigações acompanham e implicam-se mutuamente: como a política mundial no século XX mostrou com muita clareza, as democracias não prosperam em todas as condições, e os anseios democráticos não produzem, necessariamente, instituições democráticas. Os Estados Unidos não são e nem foram uma exceção a este respeito. Nossa história é complexa, por vezes contraditória, condizente com uma nação que começou como república que tolerou a escravidão.[20] A evolução da democracia raramente seguiu um caminho reto e sempre foi acompanhada de profundas contracorrentes antidemocráticas. A história do sufrágio nos Estados Unidos é uma história de expansão e contração, de inclusão e exclusão, de mudanças de direção e dinamismo em diferentes lugares e épocas.

Além de traçar essas mudanças e reversões, este livro oferece uma estrutura para entendê-las e explicá-las – uma estrutura que pode provocar controvérsias e talvez inspirar novas pesquisas. De modo breve, o argumento é o seguinte: a expansão do sufrágio nos Estados Unidos foi gerada por diversas forças e fatores chave, alguns dos quais já foram há muito celebrados pelos acadêmicos, jornalistas, políticos e professores. Estes incluem a dinâmica de acordos fronteiriços (como Frederick Jackson Turner salientou um século atrás), a emergência de partidos políticos concorrentes, o crescimento das cidades e da indústria, o florescimento dos ideais e

---

[20] Sobre este tema, ver Shklar, *American Citizenship*, principalmente p.28-29.

convicções democráticas e a campanha efetiva de mobilização por parte dos próprios grupos sem direito ao voto.[21]

Todavia, ao lado desses fatores havia outra força, menos celebrada: a guerra. Quase todas as principais expansões do sufrágio que ocorreram na história americana aconteceram durante ou como consequência de guerras. O registro histórico indica que não se trata de uma coincidência: as demandas da guerra em si e da prontidão para ela criaram fortes pressões para ampliar o direito ao voto. Os exércitos deviam ser recrutados quase sempre das chamadas classes inferiores da sociedade e era difícil tanto em termos retóricos como práticos obrigar os homens a pegar em armas e ao mesmo tempo negar a eles o direito ao voto; da mesma forma, conduzir uma guerra significava mobilizar o apoio popular, o que dava influência política a qualquer grupo social excluído do sistema político. Embora isso possa parecer menos excepcional e romântico do que a última fronteira, sem dúvida a guerra desempenhou um papel mais importante na evolução da democracia americana.[22]

A história do sufrágio nos Estados Unidos foi também moldada por forças que se opunham ou resistiam a um sufrágio mais amplo, forças que, às vezes, conseguiam restringir o direito ao voto e com frequência serviam para retardar sua expansão. Mais uma vez, a maioria dessas forças ou fatores há muito tempo foi reconhecida: crenças e atitudes racistas e sexistas, antagonismo étnico, interesses partidários, teorias políticas e convicções ideológicas que vinculavam a saúde do estado a um sufrágio restrito.

Um importante fator, todavia, recebeu pouca ou nenhuma atenção: a tensão de classes. O conceito de classe, sem dúvida, trazia uma pesada carga ideológica e às vezes foi a grande palavra não expressa na sociedade americana oficialmente sem classes. Contudo, conflitos de classe e diferenças de classe desempenharam um papel vital em muitos capítulos da história americana, e o direito de votar não é exceção. Um olhar panorâmico para a plena extensão da história do sufrágio – considerando todas as restrições sobre os direitos de voto por toda a nação – sugere fortemente que as tensões e os temores de classe constituíram o único obstáculo de maior importância ao sufrágio universal nos Estados Unidos desde o final

---

21 Turner, F. J. Contributions of the West to American Democracy. *Atlantic Monthly*, 91, janeiro de 1903, p.83-96; Schattschneider, *Semisovereign People*: p.100-101; Gosnell, *Democracy*, p.20-23, 31; Flanigan e Zingale, *Political Behavior*, p.9; Brooks, R. C. *Political Parties and Electoral Problems*, New York, 1923, p.361-362; Formisano, R. P. *The Transformation of Political Culture: Massachusetts Parties*, décadas de 1790-1840, New York, 1983, p.4.

22 Uma rara discussão sobre o papel da guerra na evolução do sufrágio (embora com diferentes conclusões) é de Manfred Berg, Soldiers and Citizens: War and Voting Rights in American History. In: Adams, D. K. e Minnen, C. A. van (eds.), *Reflections on American Exceptionalism*, Staffordshire, Inglaterra, 1994, p.188-225; há também referência ao assunto em Kruman, M. W. Legislatures and Political Rights. In: Silbey, J. H. (org.), *Encyclopedia of the American Legislative System*, v.3, New York, 1994, p.1235-1251.

do século XVIII até a década de 1960. Ao contrário de uma grande dose de sabedoria recebida sobre a história da política americana e da força de trabalho, a formação e crescimento de uma classe operária industrial, juntamente com a criação de uma classe trabalhadora agrícola de negros livres no Sul, gerou uma oposição ampla, potente e às vezes bem sucedida a um sufrágio de base ampla em grande parte da nação. Em 1898, na cidade de New Bedford, Massachussets – para citar um entre os muitos exemplos pouco conhecidos – esta oposição era forte o bastante para que os trabalhadores têxteis em greve fossem ameaçados de perder o direito ao voto porque seus empregadores alegavam que os grevistas haviam aceitado assistência pública e, portanto, eram "pobres" que não tinham o direito legal de votar.[23] Este incidente, assim como outros semelhantes, não aparecem nas histórias oficiais sobre o sufrágio.

Uma advertência: ressaltar a importância da classe não implica afastar a atenção da raça, gênero ou etnia, elementos que têm sido dominantes na história do sufrágio; não significa também substituir interpretações mais complexas e sutis por uma interpretação do passado baseada numa única causa. Raça, classe, gênero e etnia (uma categoria que pode abrigar a religião também) sempre foram dimensões sobrepostas, dinâmicas e interligadas da identidade e da experiência. Raça e etnia são determinantes comuns da posição de classe, ao passo que a classe quase sempre estruturou a importância dos limites de gênero, raça e etnia. Em termos históricos, a formação de uma classe trabalhadora industrial nos Estados Unidos tomou forma pela presença de ofertas distintas de mão de obra em termos raciais ou étnicos, bem como pela segregação de gênero no emprego e a reconfiguração do trabalho feminino. Classe, raça, gênero, etnia e religião, todos esses fatores desempenharam um papel na história do direito ao voto nos Estados Unidos, e sua interação mútua jaz no âmago desta narrativa. Mas o papel específico da classe nesta história é ao mesmo tempo fundamental e pouco investigado.

É a classe – e seu vínculo com a imigração – que configura a periodização da história. De fato, há quatro períodos bem definidos, ou "longos ciclos (oscilações?)", na história do direito ao voto nos Estados Unidos. O primeiro antecedeu e iniciou a era industrial durante a qual o direito ao voto se expandiu: este período durou desde a assinatura da Constituição até cerca de 1850, quando a transformação da estrutura de classes forjada pela Revolução Industrial estava bem adiantada. O segundo período, que se estendeu da década de 1850 até aproximadamente a Primeira Guerra Mundial, foi caracterizado tanto por uma restrição do direito ao voto para os homens como por um crescimento muito rápido do antagonismo ao sufrágio universal por parte das classes média e alta (esse antagonismo também

---

23 Ver Capítulo 5 para os detalhes sobre este incidente.

deteve a realização do sufrágio feminino). A terceira era, que durou até a década de 1950, teve características diferentes no Sul e no Norte, mas por toda a nação foi marcada por relativamente poucas mudanças na extensão formal do sufrágio; no Norte este período também foi caracterizado por esforços inovadores de mitigar o poder de um eleitorado que crescia de modo inevitável. O quarto período, inaugurado pelo sucesso do movimento dos direitos civis no Sul, testemunhou a abolição de quase todas as restrições remanescentes ao direito de votar. Durante cada um desses períodos, o direito ao voto foi controverso; às vezes, a amplitude do sufrágio era uma questão política importante; sempre estava em jogo a integração (ou falta de integração) dos pobres e dos trabalhadores no sistema político. O fato de que esses mesmos temas e dinâmica permaneçam importantes no início do século XXI sugere que os Estados Unidos podem agora ter entrado num quinto período de sua história, uma era de contestação em um sistema político já com um amplo sufrágio e normas democráticas disseminadas.

Descrever a história do direito ao voto nesses termos – como um conflito demorado, porém dinâmico entre tensões de classes e as exigências da guerra, com uma trajetória nem um pouco unilinear – é sugerir que a experiência dos Estados Unidos foi menos única ou menos excepcional do que foi muitas vezes alegado.[24] Guerras, tensões de classe, antagonismos étnicos e as mudanças dos papéis de gênero têm sido os elementos principais da experiência ocidental nos últimos dois séculos e é de surpreender que os conflitos sobre o sufrágio, que constituem uma característica bem conhecida da história da Europa e da América Latina, tiveram uma relação de correspondência deste lado do Atlântico ao norte do Rio Grande. A classe social configurou a evolução dos direitos ao voto não apenas na Grã-Bretanha, Uruguai e Japão, mas também em Nova York e no Texas. As guerras influenciaram a amplitude do sufrágio nos Estados Unidos, bem como na Noruega, França e Alemanha. O gênero foi uma questão crítica em toda parte. Raça e etnia separaram os que tinham direito ao voto dos que estavam privados dele não apenas nos Estados Unidos, mas – conforme deixa claro a recente história da Europa – onde quer que houvesse migração ou império.[25]

De fato, quase todas as forças e fatores que configuraram a história do direito ao voto nos Estados Unidos estavam presentes em outras nações. A história americana, ao contrário do que diz a lenda popular, não era um

---

24 As noções do excepcionalismo americano geralmente estão fundamentadas na alegação de que há uma relação excepcionalmente fraca entre classe e política nos Estados Unidos. Veja também a conclusão deste volume.
25 Para perspectivas comparativas e internacionais sobre a história do sufrágio, consulte Seymour, C.; Frary, D. P., *How the World Votes:* The Story of Democratic Development in Elections, Springfield, MA, 1918; Gosnell, *Democracy;* Rokkan, *Citizens;* Therborn, Rule of Capital; ver também a conclusão.

amálgama único da fronteira entre a parte colonizada e a não colonizada do país, o espírito democrático e os princípios igualitários; não se trata de um exemplo excepcional do destino e idealismo democráticos.

No entanto, a história do sufrágio nos Estados Unidos certamente é inconfundível de várias formas, muitas das quais merecem destaque em negrito. Os Estados Unidos foram, de fato, o primeiro país no mundo ocidental a ampliar de forma significativa seu eleitorado ao reduzir, de forma permanente, barreiras econômicas explícitas à participação política. Tocqueville não estava tendo alucinações quando descreveu (e parecia dominado por) um espírito democrático poderoso e vibrante, no início do século XIX. Entretanto, os Estados Unidos também foram uma exceção quando passaram por um período prolongado durante o qual as leis que governavam o direito de votar eram mais (e não menos) restritivas. Finalmente, apesar de seu papel pioneiro na promoção dos valores democráticos, os Estados Unidos foram um dos últimos países no mundo desenvolvido a atingir o sufrágio universal. O encadeamento e a explicação desses apontamentos é uma das tarefas da narrativa que se segue.

Fazer esta narrativa, investigar a evolução complexa do direito ao voto têm o intuito de lançar luz tanto na força como na fragilidade das instituições democráticas nos Estados Unidos. Isso conduz de forma inevitável à reformulação dos retratos de episódios essenciais na história política americana – incluindo os resultados impressionantes do movimento político *Know-Nothings* na década de 1850, os debates em torno da Décima Quinta Emenda durante a Reconstrução, o surgimento das máquinas políticas urbanas, as conquistas programáticas dos reformadores do "bom governo", o domínio institucionalizado de um sistema bipartidário após 1896, o impulso político do New Deal [Novo Acordo] e o movimento de direitos civis das décadas de 1950 e 1960. Além disso, o exame desta parte de nosso passado pode nos ajudar a compreender o aspecto mais pronunciado e paradoxal da política americana contemporânea: a baixa presença de eleitores correlacionada à classe social. As instituições americanas formalmente democráticas são aquelas em que muitos – quase sempre a maioria – dos americanos não participam. A cultura pública da nação celebra a insignificância das divisões de classe, mas é muito mais provável que as pessoas ricas e instruídas frequentem as urnas do que os pobres que carecem de educação.[26] Essas são paradoxos que a história criou – e também pode iluminar.

---

26 Schattschneider, *Semisovereign People,* p.105; Wolfinger, R. E.; Rosenstone, S. J. *Who Votes?*, New Haven, 1980, p.13-25; Burnham, Turnout Problem, p.126.

Parte I

A VIA PARA A DEMOCRACIA PARCIAL

O mesmo raciocínio que induzirá você a aceitar que todos os homens que não têm propriedade devem votar, com aqueles que têm [...] provará que você deve aceitar mulheres e crianças, pois, em geral, as mulheres e as crianças têm julgamentos tão bons e mentes tão independentes como aqueles homens que são totalmente destituídos de propriedade; estes últimos são, para todos os efeitos, tão dependentes dos outros que se comprazem em alimentá-los, vesti-los e empregá-los como as mulheres são de seus maridos, ou de seus pais [...]. Pode ter certeza, senhor, é perigoso abrir tão fecunda fonte de controvérsia e desentendimento, a qual seria aberta ao se tentar alterar a qualificação dos eleitores; não haverá fim. Novas alegações surgirão, as mulheres vão exigir o voto; rapazes de doze a vinte e um anos julgarão que seus direitos não estão sendo atendidos; e todo homem que não tem um tostão vai exigir uma voz igual à de qualquer outro, em todos os atos de Estado. Isso tende a confundir e destruir todas as distinções e derrubar todas as classes a um nível comum.

– John Adams, 1776

Parece-me, senhor, que não devemos abandonar o princípio de que todos os homens devem ter alguma participação nos assuntos de governo, especialmente quando podem ser chamados para contribuir com o apoio a esse governo. Essas pessoas [...] estão sujeitas ao pagamento de impostos, são susceptíveis de ser chamadas para realizar trabalho nas estradas e outros deveres, e, senhor, eles [...] quando o sinal de alerta da guerra soar, vão ser convocadas para o campo de batalha. Vamos então dizer que esses homens não devem exercer o sufrágio eletivo?

– Mr. Davis de Massac, Illinois, na Convenção Constitucional de Illinois, 1847

Na sua origem, os Estados Unidos não eram uma nação democrática, longe disso. A própria palavra democracia tinha conotações pejorativas, evocando imagens de desordem, de um governo chefiado por pessoas desqualificadas, até mesmo do governo da multidão. Na prática, além disso, relativamente poucos habitantes da nova nação eram capazes de participar das eleições: entre os homens excluídos, a maioria era de afro-americanos, nativos americanos, mulheres, homens que não tinham atingido a maioridade e adultos que não possuíam terra própria. Apenas uma pequena fração da população participou das eleições que elevaram George Washington e John Adams ao respeitável posto da presidência.[1]

Na verdade, a cultura política e as instituições políticas do país se tornaram mais democráticas entre a Revolução Americana e meados do século XIX. Esta foi a "era das revoluções democráticas", a época que testemunhou o florescimento da "democracia jacksoniana". O ideal da democracia tornou-se comum ao longo destes anos, a palavra em si, positiva, até mesmo comemorativa. Por causa, em parte, desses ideais e crenças em mudança – e também por causa das necessidades econômicas e militares, as mudanças na estrutura social e a emergência dos partidos políticos competitivos – o sufrágio se disseminou em todos os Estados Unidos. Em 1850, votar era uma atividade muito mais comum do que havia sido em 1800.

No entanto, os ganhos foram limitados. Os rótulos históricos de longa data não deveriam obscurecer o âmbito limitado do que se conseguiu. A política norte-americana foi estabelecida num curso inequivocamente democrático durante a primeira metade do século XIX, mas os Estados Unidos em 1850 estavam muito longe de um "sufrágio universal". De maneira significativa, essa frase tinha começado a aparecer no discurso público, mas a instituição estava bem atrás. De fato, alguns norte-americanos que haviam adquirido o direito em 1800 foram barrados nas urnas até meados do século. A mudança não foi linear nem incontestável: as fontes de democratização eram complexas e o direito ao voto foi, em si, uma questão política importante durante todo o período.

---

1 Adams citado em Adams, C. F. *The Works of John Adams, Second President of the United States*, v.9, Boston, 1856, p.377-378; Davis citado em Cole, A. C. (org.), *The Constitutional Debates of 1847*, Springfield, IL, 1919, p.564. Sobre a palavra democracia, ver, por exemplo, Lokken, R. N. The Concept of Democracy in Colonial Political Thought. In: *William and Mary Quarterly*, 16, outubro de 1984, p.571-573.

1
No início

> Hoje, um homem é dono de um jumento que vale cinquenta dólares e ele tem o direito de votar; mas antes da próxima eleição o jumento morre. O homem, entretanto, tornou-se mais experiente, seu conhecimento dos princípios de governar e sua familiaridade com a humanidade são mais extensos e ele é, portanto, mais bem qualificado para fazer uma seleção adequada dos governantes –, mas o jumento está morto e o homem não pode votar. Agora senhores, digam-me, por favor, em quem está o direito de sufrágio? No homem ou no jumento?
>
> – Benjamin Franklin, *The Casket*, or *Flowers of Literature, Wit and Sentiment* (1828)

Os homens que mais adiante seriam chamados de "os autores" da Constituição dos Estados Unidos chegavam aos poucos à Filadélfia durante o final da primavera de 1787 (a maioria deles chegou tarde), trazendo consigo questões graves para discutirem: se os Artigos da Confederação deveriam ser revistos ou substituídos por um plano completamente novo de governo; como o governo federal poderia ser fortalecido sem prejuízo do poder dos estados; resolver o conflito que já fermentava sobre o rateio dos representantes entre os estados grandes e pequenos; lidar com o pesado tema da escravidão, divisor de opiniões. Embora a Guerra Revolucionária houvesse sido ganha e a independência alcançada, muitas coisas ainda tinham um destino incerto: como James Madison observou solene: "era mais do que provável" que o plano elaborado por eles "na sua aplicação [...] decidiria para sempre o destino do governo republicano".[1]

George Washington presidiu e Madison, enérgico e preparado, deu forma a muitos dos termos do debate; em sessões fechadas, os 55 delegados da convenção discutiram sobre estas e muitas outras questões durante todo o verão quente e úmido. Se a elaboração de uma constituição aceitável para os doze estados que os tinham enviado (sem mencionar Rhode Island, que recusou o convite para participar) teria ou não êxito era uma incógnita; vários impasses foram alcançados nos dois primeiros meses de deliberação e, até o final de julho, muitos dos delegados estavam frustrados, impacientes e cansados. Benjamin Franklin, com 81 anos de idade, descrito por um dos demais delegados como "o maior filósofo da época atual", arrastava-se de lá para cá exausto durante as sessões, às vezes tendo que ser transportado em uma liteira.[2]

Em meados de setembro, uma constituição foi redigida e assinada, e os delegados começaram a voltar para casa para promover sua ratificação. Os Artigos da Confederação deveriam ser descartados; os poderes do governo federal, ampliados – mas restritos – haviam sido especificados; as questões de representação estadual e da escravidão tinham sido ajustadas; um grande número de detalhes descrevendo a operação de um novo governo republicano havia sido gravado em pergaminho. O que o líder britânico William E. Gladstone, um século mais tarde, chamaria de "o mais maravilhoso trabalho já produzido num determinado momento pelo cérebro do homem" estava completo. O projeto escrito mais durável e talvez o mais famoso do mundo ocidental para o governo representativo estava prestes a tornar-se a lei fundamental da nova nação da América do Norte.

De modo surpreendente, essa nova constituição, nascida em comemoração ao "governo republicano", não concedeu a ninguém o direito de voto. Os debates da Convenção sobre o sufrágio, realizados durante a calmaria do final de julho e início de agosto, foram breves e o documento final fez pouca menção à amplitude do sufrágio. Apenas a seção 2 do artigo 1 abordou a questão diretamente: declarou que nas eleições para a Câmara de Representantes, "os eleitores em cada Estado deverão possuir as qualificações requeridas para os eleitores do mais numeroso Poder Legislativo do

---

1 Citação de Franklin de *The Casket, or Flowers of Literature, Wit and Sentiment*, v.4, Philadelphia, 1828, p.181; esta história também é citada em Zall, P. M. (org.), *Ben Franklin Laughing: Anecdotes from Original Sources by and About Benjamin Franklin*, Berkeley, CA, 1980, p.149-150. Rakove, J. N. *The Beginnings of National Politics:* An Interpretive History of the Continental Congress, New York, 1979, p.361-399; id., *Original Meanings:* Politics and Ideas in the Making of the Constitution, New York, 1996, p.23-36.

2 Rakove, *Original Meanings*, p.46, 58-59, 83; Benton, W. E. (org.), 1787: *Drafting the United States Constitution*, v.1, College Station, TX, 1986, p.19-32; Carr, W. G. *The Oldest Delegate:* Franklin in the Constitutional Convention, Newark, NJ, 1990, p.169-171.

Estado". De forma mais indireta, a seção 1 do artigo 2 indicava que o poder legislativo de cada Estado tinha o direito de determinar o "modo" pelo qual os eleitores que votariam no presidente seriam selecionados, enquanto o artigo 4 confiava ao governo federal um mandato vago para "garantir a todos os Estados nesta União uma forma republicana de governo". Em outros aspectos, a Constituição estava muda – o que viria a ter muitas consequências.

O legado recebido

Por mais de uma década antes que os pais fundadores chegassem à Filadélfia, cada estado escrevia suas próprias leis do sufrágio. Essas leis, quase em todos os lugares, foram moldadas por precedentes coloniais e paradigmas tradicionais do pensamento inglês. O elemento central de ambos os regulamentos de sufrágio, coloniais e britânicos, foi a exclusividade do voto dos homens adultos donos de propriedades. Às vésperas da Revolução Americana, em sete colônias, os homens deveriam possuir terras da área plantada especificada, ou valor monetário, a fim de participar das eleições; em outros lugares, a posse de bens pessoais de um valor designado (ou na Carolina do Sul, o pagamento de impostos) poderia substituir os bens imobiliários.[3]

Tanto na Inglaterra como nas colônias dois motivos justificaram, por bastante tempo, os requisitos de propriedade. O primeiro era de que os homens que possuíam propriedade (sobretudo as "propriedades reais", isto é, terrenos e edifícios) tinham uma "participação singular na sociedade" – o que implica a condição de membros comprometidos (ou acionistas) da comunidade, com um interesse pessoal nas políticas do Estado, especialmente a tributação. O segundo era que só os proprietários possuíam independência suficiente para justificar uma voz própria no governo. Como argumentou

---

3 Porter, K. H., *A History of Suffrage in the United States*. Chicago, 1918, p.12-13; Dinkin, R. J. *Voting in Provincial America*, Westport, CT, 1977, p.36; ver também Steinfeld, R. J. Property and Suffrage in the Early American Republic. *Stanford Law Review*, 41, janeiro de 1989, p.339-340; Williamson, C. *American Suffrage:* From Property to Democracy, 1760-1860. Princeton, NJ, 1960, p.12-19; Greene, J. P., *Imperatives, Behaviors, and Identities:* Essays in Early American Cultural History. Charlottesville, VA, 1992, p.246-248. Entre os melhores estudos monográficos estão os de Jack R. Pole, por exemplo, *Political Representation in England and the Origins of the American Republic*, London, 1966; Suffrage Reform and the American Revolution in New Jersey. *Proceedings of the New Jersey Historical Society*, 74, julho de 1956, p.181; Suffrage and Representation in Maryland from 1776 to 1810: A Statistical Note and Some Reflections. In: Silbey, J. H.; McSeveney, S. T. (eds.), *Voters, Parties, and Elections:* Quantitative Essays in the History of American Popular Voting Behavior, Lexington, MA, 1972; ver também Nash, G. B. *The Urban Crucible:* Social Change, Political Consciousness, and the Origins of the American Revolution, Cambridge, MA, 1979.

Henry Ireton na Inglaterra no século XVII, "se alguma coisa é o fundamento da liberdade, é isso, que aqueles que escolhem os legisladores devem ser homens livres de dependência em relação aos outros". E a melhor maneira de ser "libertado" de tal dependência, ou assim acreditava-se, era por meio da propriedade de bens, sobretudo os bens imobiliários. Por outro lado, o voto não deveria ser confiado aos que eram dependentes em termos econômicos, porque estes poderiam ser controlados ou manipulados por outros com muita facilidade. Esse controle pode ter parecido plausível, sobretudo nas seis colônias em que a votação era por viva voz, embora os defensores de cédulas de papel secretas apontassem que a privação do direito de votar não era a única solução para esse problema. De fato, implícita no argumento de independência havia outra noção, muitas vezes silenciosa, mas com especial repercussão nas colônias, onde se acreditava que as oportunidades econômicas eram abundantes: quem não conseguisse adquirir propriedades era de competência questionável e, portanto, indigno da plena participação no sistema de governo.[4]

Essas preocupações também instigaram outras restrições ao voto. Muitas colônias instituíram requisitos de residência para excluir pessoas sem moradia fixa que, supostamente, careciam da necessária participação nos assuntos da colônia;[5] por razões semelhantes, algumas colônias tornaram a cidadania (da Inglaterra ou da província) pré-requisito para a votação.[6] Para garantir a interdição ao voto de pessoas dependentes, várias colônias barravam o acesso de todos os servidores às urnas, enquanto outras excluíam de modo expresso os indigentes. As mulheres também eram proibidas de votar, por serem consideradas dependentes de homens adultos e porque sua "delicadeza" as tornava inadequadas para as experiências mundanas necessárias ao envolvimento na constituição política.[7] Além disso, havia limitações sobre o sufrágio que tinham mais a ver com a filiação social na comunidade do que com a independência ou a participação na sociedade. Os homens alforriados de ascendência africana ou ameríndia não tinham

---

[4] Steinfeld, Property, p.340; Seymour, C. e Frary, D. P., *How the World Votes:* The Story of Democratic Development in Elections, v.1, Springfield, MA, 1918, p.210-211; Williamson, *American Suffrage*, p.3-12; Greene, *Imperatives*, p.248-257; Ireton citado em Dinkin, *Voting*, p.36-46, 251; Morgan, E. S. *Inventing the People*, New York, 1988, p.68-69; Pole, J. R. *The Pursuit of Equality in American History*, Berkeley, CA, 1978, p.44-45; Nash, *Urban Crucible*, p.367-368; Dinkin, R. J., The Suffrage. In: Cooke, J. E. (org.), *Encyclopedia of the North American Colonies*, v.1, New York, 1993, p.369-370.

[5] Dinkin, *Voting*, p.34-35; Williamson, *American Suffrage*, p.15; McCormick, R. P. *The History of Voting in New Jersey:* A Study of the Development of Election Machinery, 1664-1911. New Brunswick, NJ, 1953, p.62.

[6] Williamson, *American Suffrage*, p.15; Dinkin, *Voting*, p.34.

[7] Dinkin, *Voting*, p.33; Kruman, M. W. *Between Authority and Liberty*: State Constitution Making in Revolutionary America, Chapel Hill, NC, 1997, p.104.

acesso ao voto em grande parte do Sul.⁸ Em Massachusetts, no século XVII, apenas os membros da Igreja Congregacional podiam votar; no século XVIII, os católicos eram privados do direito ao voto em cinco estados e os judeus, em quatro.⁹

Como sugerem esses detalhes, com exceção do requisito de propriedades, não havia princípios sólidos governando os direitos ao voto nas colônias e, portanto, as leis de sufrágio eram bem variáveis. Não apenas católicos e judeus, mas também os nativos americanos, os negros alforriados e os estrangeiros não naturalizados podiam votar em alguns lugares e não em outros.¹⁰ As mulheres eram expressamente barradas em diversas colônias, incluindo a Virginia, mas os estatutos em outros lugares não faziam referência ao gênero e, pelo menos em algumas cidades de Massachusetts e condados de Nova York, as viúvas proprietárias podiam votar legalmente.¹¹ Os proprietários ausentes eram autorizados a votar na Virginia em 1736, o que quase sempre significava que eles podiam votar em mais de um lugar. Além disso, na prática a execução ou aplicação das leis de sufrágio eram desiguais e dependiam de circunstâncias locais.¹²

Com igual importância, as qualificações de voto nas eleições locais, sobretudo nas cidades e nas metrópoles, em geral diferiam dos requisitos necessários para votar nos oficiais coloniais ou provinciais. Estas diferenças tinham duas fontes. A primeira era política ou institucional. As cartas reais para as metrópoles incorporadas detalhavam com frequência as regras precisas de sufrágio, as quais geralmente concediam a cidadania política aos homens que tinham relações comerciais – em vez de residência – dentro dos limites da metrópole. A extensão do sufrágio na cidade de Nova York; Perth Amboy, Nova Jersey; e Norfolk, Virginia, por exemplo, não foi determinada por assembleias gerais coloniais, mas mediante uma declaração real e pelos oficiais designados que controlavam as corporações municipais. A segunda

---

8 Greene, *Imperatives*, p.249-250.
9 Ibid., p.249; Dinkin, *Voting*, p.31-32; parece haver alguma discordância acadêmica sobre o número de colônias que excluíam os judeus. Boeckel, R. *Voting and Nonvoting in Elections*, Washington, DC, 1928, p.521; Pole, J. R. Representation and Authority in Virginia from Revolution to Reform. *Journal of Southern History*, 24, fevereiro de 1958, p.18; Williamson, *American Suffrage*, p.15-16.
10 Nativos americanos aparentemente votavam em algumas partes da Nova Inglaterra, os negros alforriados votavam na Carolina do Norte, e os estrangeiros na Pensilvânia e Carolina do Sul. Dinkin, *Voting*, p.32; Kettner, J. H. *The Development of American Citizenship, 1608-1870*, Chapel Hill, NC, 1978, p.122; Raskin, J. B. Legal Aliens, Local Citizens: The Historical, Constitutional, and Theoretical Meanings of Alien Suffrage. *University of Pennsylvania Law Review*, 141, abril de 1993, p.1399-1401.
11 Dinking, *Voting*, p.30; Greene, *Imperatives*, p.249.
12 Chandler, J. A. C., The History of Suffrage in Virginia. In: *Johns Hopkins University Studies in Historical and Political Science Series*, ed. Herbert B. Adams, n.19, Baltimore, MD, 1901, p.15; Pole, Representation and Authority, p.17; Pole, *Political Representation*, p.141; Lutz, D. S., *The Origins of American Constitutionalism*, Baton Rouge, LA, 1988, p.75-76.

razão para esta diferença municipal-colonial era econômica: os moradores da metrópole e da cidade possuíam tipos de propriedades diferentes dos agricultores e, portanto, trataram de definir os requisitos de propriedades em outros termos distintos das medidas do terreno. Embora as configurações fossem diferentes, as qualificações de sufrágio para a cidade e para a metrópole não foram uniformemente mais rigorosas ou mais brandas do que as qualificações para o voto na zona rural.[13]

Será que o direito de voto se expandiu ou contraiu durante o período colonial? As colônias se tornavam mais ou menos democráticas nas regras de sufrágio? Os sinais são contraditórios. Alguma ampliação do sufrágio certamente ocorreu; as restrições religiosas para não membros da Igreja e dissidentes protestantes tenderam a ser flexibilizadas ao final do século XVII e durante o século XVIII; as corporações municipais começaram a conceder o sufrágio para os homens que possuíam bens imóveis, bem como os homens do comércio, e tanto Massachusetts como Virginia promulgaram leis que reduziram os requisitos para votar.[14] No entanto, a era colonial também testemunhou certa contração estatutária do sufrágio. As leis iniciais que restringiam o sufrágio aos proprietários geralmente eram passadas apenas décadas depois do estabelecimento das colônias e, em diversas delas, incluindo a Pensilvânia, Rhode Island e Virginia (cuja história não linear de sufrágio foi notável), os requisitos de propriedade se tornaram mais rigorosos com o tempo.[15] Além disso, a exclusão legal dos católicos, bem como a dos afro-americanos, mulatos e nativos americanos se deu basicamente no século XVIII.[16] Não é claro se essas leis alteraram, em vez de sistematizar,

---

13 Chandler, Suffrage in Virginia, p.14, 19; Williamson, *American Suffrage*, p.16-17, 18, 36-37; Pole, *Political Representation*, p.48, 88-89, 142; Nash, *Urban Crucible*, p.31-32; Pole, Suffrage Reform, p.561-562; Teaford, J. C. *The Municipal Revolution in America:* Origins of Modern Urban Government, 1650-1825, Chicago, 1975, p.30-32; Williamson observa que, em alguns lugares, as municipalidades deram a seus moradores um direito mais amplo de votação em eleições provinciais e locais (p.16-17). De fato, como Pole sugere, as qualificações para todas as eleições podem muito bem ter variado entre as comunidades dentro de colônias individuais (*Political Representation*, p.142). Brown, R. E. *Middle-Class Democracy and the Revolution in Massachusetts, 1691-1780*, Ithaca, NY, 1955, p.79-80, 99.
14 Dinkin, *Voting*, p.31; Chandler, Suffrage in Virginia, p.10-11, 23; Brown, B. K., The Controversy over the Franchise in Puritan Massachusetts, 1954-1974. In: *William and Mary Quarterly*, 33, abril de 1976, p.213, 231, 233; Pole, *Political Representation*, p.37, 138-139, 142-143; Teaford, *Municipal Revolution*, p.30-32. Quer tenha havido ou não muita agitação pública contra as restrições do sufrágio é uma questão que tem sido pouco investigada pelos historiadores, alguns dos quais consideram a ausência de evidência de conflito como um sinal de aquiescência por parte dos excluídos. Dinkin, *Voting*, p.37; Pole, *Political Representation*, p.33; Chandler, Suffrage in Virginia, p.23.
15 Chandler, Suffrage in Virginia, p.10; Dinkin, *Voting*, p.37; Pole, *Political Representation*, p.88-89, 137-139, 143-145; Nash, *Urban Crucible*, p.30; Jensen, M. *The Articles of Confederation*, Madison, WI, 1966, p.8-9; Steinfeld, Property, p.339; Brown, Controversy, p.216-222.
16 Pole, Representation and Authority, p.17-18; Dinking, *Voting*, p.31, 33; Chandler, Suffrage in Virginia, p.12-13.

as práticas existentes, mas os estatutos parecem ter sido mais restritivos em meados do século XVIII do que haviam sido no século XVII.[17]

O que também não está claro é exatamente quantas pessoas podiam votar e o fizeram de fato. Esta questão é uma fonte de controvérsia entre os historiadores, alguns dos quais concluem que a América colonial era uma terra de democracia da classe média, em que 80 ou 90% de todos os homens brancos adultos tinham o direito ao voto; outros descrevem uma ordem política muito mais oligárquica e exclusiva.[18] Na verdade, o direito ao voto variava muito conforme o local. Sem dúvida havia comunidades, sobretudo as recém-assentadas, onde a terra era barata, em que 70 ou 80% de todos os homens brancos podiam votar. [19] No entanto, havia também locais – entre eles as cidades costeiras (Ipswich, Massachusetts), os municípios agrícolas (Westchester, Nova York e Chester, Pensilvânia), as cidades (Filadélfia e Boston) e até alguns assentamentos de fronteira (Kent, Connecticut) – em que as porcentagens eram muito mais baixas, atingindo 40 ou 50%.[20] Os níveis de participação parecem ter sido maiores na Nova Inglaterra e no Sul (especialmente na Virginia e nas Carolinas) do que nas colônias do Atlântico Central (especialmente em Nova York, Pensilvânia e Maryland); não é surpreendente que a tendência também fosse maior nos assentamentos mais novos do que em áreas mais desenvolvidas. Em geral, o sufrágio foi muito mais difundido do que na Inglaterra, mas como a revolução se aproximava, a taxa de proprietários decrescia, e a proporção de homens brancos adultos que estavam aptos a votar devia ser inferior a 60%.[21]

A revolução e o voto

> O fim último de toda a liberdade é o gozo de um direito de sufrágio livre.
>
> – "A Watchman", *Maryland Gazette*, 1776

---

17 Brown, Controversy, p.232; Chandler, Suffrage in Virginia, p.11.
18 Para um excelente e criterioso resumo das provas, consulte Dinkin, *Voting*, p.40-49; ver também Williamson, *American Suffrage*, p.20-39. Sobre o debate entre os historiadores, ver também Brown, Controversy, p.216-222; Brown, *Middle-Class Democracy*, p.19-20, 25-30, 37, 43-45, 60, 195; Becker, C. *The United States:* An Experiment in Democracy, New York, 1920, p.35-36; Pole, *Political Representation,* p.141-147. A maioria das estatísticas e estimativas disponíveis é para meados do século XVIII.
19 Brown, Controversy, p.223-241; Pole, J. R. *Paths to the American Past*, New York, 1979, p.233-234; Id., Suffrage Reform, p.561; Williamson, *American Suffrage*, p.38-39; Dinkin, *Voting*, p.46-49; Nash, *Urban Crucible*, p.29; Foner, E., *Tom Paine and Revolutionary America*, New York, 1976, p.56-57.
20 Dinkin, *Voting*, p.40-48; Nash, *Urban Crucible,* p.63, 363, 451; Jensen, *Articles,* p.17.
21 Dinkin, *Voting*, p.40-49; Nash, *Urban Crucible*, p.63, 266, 351. Como Dinkin, entre outros, apontou, a evidência disponível varia em qualidade de lugar para lugar.

O "tiro ouvido em todo o mundo" marcou o início de uma nova era na história do sufrágio. Ao desafiar o direito da Grã-Bretanha de governar as colônias, a Revolução Americana provocou um debate público de longo alcance sobre a natureza e as fontes da autoridade governamental legítima. A questão do sufrágio estava sempre perto do centro deste debate: se a legitimidade de um governo depende do consentimento dos governados (uma das principais reivindicações retóricas da revolução), então as restrições ao sufrágio eram intrinsecamente problemáticas, uma vez que a votação era o principal instrumento pelo qual a população podia expressar ou recusar seu consentimento.[22]

Será que as restrições coloniais ao direito de voto tiveram, então, que ser abolidas? A questão teve grande importância e, em muitas das colônias formais, o período revolucionário – que se estendeu desde meados da década de 1770 até a ratificação da Constituição – testemunhou acaloradas discussões públicas e sérios conflitos políticos acerca do sufrágio; em algumas localidades, os homens votavam, ou eram impedidos de votar, por meio do uso ou ameaça da força. As contestações às restrições de classe tradicionais ao sufrágio foram ingredientes essenciais no impulso democrático, e não anti-imperialista, da revolução.[23]

O conflito sobre o sufrágio que surgiu durante a revolução envolveu, como acontece com conflitos desse tipo, tanto os interesses como as ideias. Os plantadores, comerciantes e agricultores prósperos que detinham poder e influência nos acontecimentos do final do século XVIII tinham um interesse inequívoco em manter a restrição do direito ao voto: um sufrágio restrito tornaria mais fácil manter suas vantagens econômicas e sociais. Por outro lado, os rendeiros, jornaleiros e trabalhadores (para não mencionar os afro-americanos e as mulheres) tinham algo a ganhar com a difusão dos direitos políticos. Os proprietários de terras iriam maximizar o seu poder político se o sufrágio fosse vinculado à propriedade plena, enquanto os moradores da cidade, comerciantes e artesãos tinham um interesse direto pela substituição do pagamento de taxas ou das qualificações pessoais pela propriedade plena.

No entanto, os debates não eram apenas uma altercação interesseira entre os que tinham e os que não tinham, ou entre homens que possuíam diferentes tipos de propriedade. Por um lado, os proprietários raramente eram unânimes em suas opiniões; nem deviam ser os despossuídos, que

---

22 Epígrafe de *Maryland Gazette*, 15 de agosto de 1776, citado em Kruman, *Between Authority and Liberty*, p.95.
23 Sobre as interpretações da revolução, ver Becker, C. L., The History of Political Parties in the Province of New York, 1760-1776. In: *Bulletin of the University of Wisconsin*, n.286, History Series, v.2, n.1 (Madison, WI, 1907), 5; Becker, *United States*, p.34-35; Wood, G. S., *The Radicalism of the American Revolution*, New York, 1992, p.232; Brown, *Middle-Class Democracy*, v-vi; Pole, Paths, p.228-229.

deixaram um menor número de registros escritos. Além disso, as ideias – independentes ou não dos interesses – eram relevantes para ambos os grupos. Os participantes dos debates sobre o sufrágio certamente foram influenciados por seus próprios interesses materiais, mas também estavam tentando entender ou inventar ideias que combinassem com a realidade social e com valores profundamente arraigados. Isto sempre foi assim na história americana, e nunca tanto como durante a revolução – uma era de experimentação política e de guerra em que as ideias acerca da política possuíam uma valência excepcional. As noções recebidas estavam sendo reconsideradas com um novo olhar, vistas contra o pano de fundo das circunstâncias modificadas; as novas ideias tinham que ser testadas à luz dos modelos da história e da natureza humana. Os pais fundadores – e as mães, filhos e filhas – estavam tentando imaginar um novo sistema político, bem como um novo estado, e sentiram certa urgência em fazer isso da maneira correta.

Em todas as ex-colônias, os líderes políticos apresentavam vários argumentos diferentes – alguns tradicionais, ao menos um novo – para justificar a manutenção das restrições, em especial as de propriedade, em relação ao sufrágio. Implícita nesses argumentos estava a alegação de que o voto não é um direito, mas um privilégio, que o Estado poderia legitimamente conceder ou restringir em seu próprio interesse. De fato, no sentido do inglês arcaico, a palavra *franchise* referia-se a um privilégio, imunidade ou liberdade que um Estado poderia conceder, enquanto o termo sufrágio aludia a orações de intercessão. Até mesmo James Wilson, da Pensilvânia, signatário tanto da Declaração de Independência como da Constituição, e um dos pais fundadores mais democráticos, descreveu o sufrágio como um "privilégio querido dos homens livres" que podia e devia ser "estendido tanto quanto permitem as considerações de segurança e ordem".[24]

Uma dessas considerações era a "boa posição na sociedade", noção herdada do período colonial. Apenas os homens com propriedade, de preferência bens imóveis, tinham um vínculo suficiente com a comunidade e estavam sob a influência de suas leis para ganhar o privilégio de votar.[25] Às vezes esse argumento recebia um enfoque negativo e os defensores insistiam que os sem-propriedade, se empoderados para votar, constituiriam

---

24 Greene, *Imperatives*, p.260-261; Hall, M. D., *The Political and Legal Philosophy of James Wilson, 1742-1798*, Columbia, MO, 1997, p.108-109; *The Oxford English Dictionary*, 2.ed., v.6, 1989, p.144; para a melhor visão geral sobre esses argumentos, ver Adams, W. P. *The First American Constitutions:* Republican Ideology and the Making of the State Constitutions in the Revolutionary Era, Chapel Hill, NC, 1980, p.207-227. No século XVII, o sufrágio era usado para se referir às opiniões coletivas ou à expressão de opiniões coletivas, mas foi só nos séculos XVIII e XIX que o termo começou a ser comumente utilizado para se referir ao direito de voto.
25 Pole, *Paths*, p.245.

uma ameaça para a manutenção de uma comunidade bem organizada.[26] Os defensores de qualificações de propriedade também sustentavam (como os britânicos em relação aos colonos) que a representação poderia ser mais virtual do que real e que, portanto, não havia necessidade de outorgar o privilégio do voto aos pobres. Os interesses dos que não tinham propriedade, como as mulheres e crianças, poderiam ser representados, com eficácia, por homens brancos sábios, ricos e imparciais.[27]

Aqueles que se opunham a qualquer expansão do sufrágio também se baseavam na crença de que para votar uma pessoa tinha que ser independente. Esta ideia venerável, um elemento básico do pensamento republicano no século XVIII, recebeu uma expressão influente no final dos anos 1760 de Sir William Blackstone em seus *Comentários sobre as Leis da Inglaterra*:

> A verdadeira razão de exigir algum tipo de qualificação, no que diz respeito à propriedade, dos eleitores é excluir pessoas que estavam "em tão má situação" que não tinham "vontade própria". Se essas pessoas tivessem acesso aos votos, seriam tentadas a se descartar deles sob alguma influência indevida ou de outro tipo. Isso daria maior participação nas eleições a um homem importante, astuto ou rico do que é consistente com a liberdade geral. Se fosse provável que cada homem desse seu voto de forma livre e sem a influência de qualquer tipo então, segundo a verdadeira teoria e os genuínos princípios de liberdade, todos os membros da comunidade, por mais pobres que fossem, deveriam ter um voto na eleição os delegados a cujos comandos está comprometida a alienação de seus bens, sua liberdade e sua vida. Mas, uma vez que isso dificilmente pode ser esperado das pessoas de sinas indigentes, ou daqueles que estão sob o domínio imediato de outros, todos os estados populares foram obrigados a estabelecer determinadas qualificações por meio das quais algumas pessoas, suspeitas de não terem vontade própria, são excluídas da votação a fim de definir outros indivíduos, cujas vontades podem ser julgadas independentes, mais completamente nivelados uns com os outros.[28]

A referência de Blackstone a pessoas que estavam "em tão má situação" que não tinham "vontade própria" (uma expressão que Blackstone parece

---

26 Handlin, O. e Handlin, M. F. *The Popular Sources of Political Authority*: Documents on the Massachusetts Constitution of 1780, Cambridge, MA, 1966, p.437; Smith, J. A. *The Growth and Decadence of Constitutional Government*, New York, 1930, p.29.
27 Levin, M. *The Spectre of Democracy:* The Rise of Modern Democracy as Seen by Its Critics, New York, 1992, p.45; Wood, G. S. *The Creation of the America Republic: 1776-1787*, Chapel Hill, NC, 1969, p.178-179.
28 Blackstone, Sir W., *Commentaries on the Laws of England, facsimile of the first edition of 1765-1769*, v.1, Chicago and London, 1765, p.165; Williamson, *American Suffrage*, p.10-12, 62; Reid, J. P. *The Concept of Representation in the Age of the American Revolution*, Chicago, 1989, p.39-40.

ter plagiado de Montesquieu) foi repetida incessantemente durante a era revolucionária.[29] Nos debates em todos os lugares, de Massachusetts a Nova Jersey, de Maryland a Carolina do Sul, os advogados, comerciantes e agricultores defendiam as qualificações de propriedade citando ou parafraseando Blackstone, e invocando o espectro de um demagogo que chegava ao poder pela manipulação de homens e mulheres dependentes.[30] Até mesmo Thomas Jefferson, talvez o líder mais democrático da revolução, aceitou a equação de propriedade com independência e direito ao voto de Blackstone, embora Jefferson procurasse resolver essa equação de mau gosto defendendo a distribuição de terras livres para os que nada possuíam.[31] Thomas Paine também acreditava, na década de 1770, que os eleitores deveriam ser pessoalmente independentes, mas em 1795 a experiência de duas revoluções o levou a mudar de ideia e defender o sufrágio universal.[32]

É notável que o argumento de que os pobres não deveriam votar porque "não tinham vontade própria" coexistiu com um argumento completamente contraditório, muitas vezes expresso pelas mesmas pessoas: os pobres, ou os sem-propriedade, não deveriam votar porque ameaçariam os interesses da propriedade, isto é, eles teriam demasiada vontade própria. Se os homens sem propriedade pudessem votar, refletiu o criterioso conservador John Adams, "uma revolução imediata se seguiria".[33] Na verdade, o encantamento quase obsessivo da frase de Blackstone pode muito bem ter sido uma refração, uma máscara semiconsciente de apreensão de classe, sinal de que as pessoas prósperas não temiam a falta de vontade própria dos pobres, mas precisamente o contrário. Por mais sério e acadêmico que possa ter soado o argumento pela independência, havia pouca experiência na política norte-americana para sugerir que os pobres seriam enganados por um político "ardiloso" ou "rico" para a ruína da república; era muito mais provável, conforme demonstrou uma rebelião de agricultores em dificuldades no oeste de Massachusetts em 1786, que os homens com uma situação

---

29 Williamson, C. American Suffrage and Blackstone, Sir W. *Political Science Quarterly*, 68, 1953: p.552-554; Foner, *Tom Paine*, p.122-123; Adams, J., *Thoughts on Government*, Philadelphia, 1776, p.209-211.
30 Adams, *First American Constitutions*, p.209-210; Greene, *Imperatives*, p.254, 257, 259, 260-261; Williamson, *American Suffrage*, p.10-11; Pole, *Pursuit of Equality*, p.42-43; Douglass, E. P. *Rebels and Democrats:* The Struggle for Equal Political Rights and Majority Rule During the American Revolution, Chapel Hill, NC, 1955, p.28; Levin, *Spectre of Democracy*, p.85-86; Wood, *Radicalism*, p.56, 178-179; Williamson, American Suffrage, p.554.
31 Greene, *Imperatives*, p.260-261; Wood, *Radicalism*, p.178-179; Williamson, American Suffrage, p.556.
32 Sobre a visão de Paine, ver Foner, *Tom Paine*, p.142-144.
33 Adams, C. F., *The Works of John Adams, Second President of the United States*, v.10, Boston, 1856, p.268; ver também Kousser, J. M. *The Shaping of Southern Politics, Suffrage, and the Establishment of the One-Party South*, New Haven, CT, 1974, p.1261; Pole, *Pursuit of Equality*, p.45-46.

financeira precária se uniriam para defender seus próprios interesses. Em termos funcionais, então, o cerne das palavras de Blackstone era a defesa dos interesses materiais dos proprietários. Ao invocar seus argumentos, os seguidores norte-americanos de Blackstone estavam realizando um feito impressionante de alquimia ideológica: oferecer uma defesa supostamente igualitária de uma política abertamente anti-igualitária.

A questão da desigualdade também estava no cerne das razões mais inovadoras, e distintamente americanas, para as restrições de propriedade: uma visão pessimista da futura estrutura de classe do país. Mesmo no nascimento da nova nação, mesmo quando o futuro glorioso da república estava sendo proclamado costa acima e abaixo, alguns dos líderes da revolução estavam advertindo que a expansão econômica e o crescimento da "produção" traria uma maior desigualdade e novos perigos políticos. Este tema, que seria ecoado em debates políticos durante um século, foi expresso por Madison na Convenção Constitucional Federal:

> em tempos futuros a grande maioria das pessoas não apenas não terá bens imóveis como nenhum outro tipo de propriedade. Estes ou bem irão se associar sob a influência de sua situação comum; nesse caso, os direitos de propriedade e a liberdade pública não estarão seguros em suas mãos: ou, o que é mais provável, eles vão se tornar ferramentas de opulência e ambição, caso em que haverá igual perigo por outro lado.

Referindo-se a "tempos futuros", Madison reconhecia de forma tácita a aplicabilidade limitada do pensamento de Blackstone para o mundo americano do final do século XVIII, no qual os proprietários eram inúmeros. No entanto, ao pressentir e antecipar que o surgimento da "produção em fábricas" iria transformar a estrutura social do país, Madison defendeu um requisito de propriedade que serviria à nação em um futuro século XIX, em que as pessoas sem propriedade – com demasiada ou nenhuma vontade própria – seriam predominantes em termos numéricos e poderosas em termos políticos. As qualificações de propriedade, com efeito, funcionariam como um baluarte contra o proletariado sem-terra de um futuro industrial.[34]

Contra esses pontos de vista conservadores, uma série de argumentos igualmente convincentes, mesmo que um tanto experimentais, se havia organizado em favor da ampliação do sufrágio, abrangendo especialmente os homens que não possuíam propriedades. O argumento formulado de maneira mais ampla era simples: a votação era um "direito natural" que o

---

34 Farrand, M. (org.), *The Records of the Federal Convention of 1787*, v.2, New Haven, CT, 1966, p.203-204; McCoy, D. R. *The Elusive Republic:* Political Economy in Jeffersonian America, Chapel Hill, NC, 1980, p.128-132; Pole, *Paths of Equality*, p.245-246; Levin, *Spectre of Democracy*, p.87; Adams, *Works*, v.10, p.267-268.

Estado não poderia suspender, exceto nas circunstâncias mais extremas. A ideia de que o voto era um direito, inclusive um direito natural, se havia difundido cada vez mais no século XVIII (sua origem data da Antiguidade) e foi abraçada por muitos pequenos agricultores e artesãos, assim como pelos líderes mais radicais da revolução, como Franklin, Thomas Young da Pensilvânia e Ethan Allen de Vermont.[35] A cidade rural de Richmond, Massachusetts, por exemplo, declarou sua oposição a uma constituição do estado proposta em 1780, porque "excluir as pessoas de uma participação na representação por falta de qualificações pecuniárias é uma violação dos direitos naturais da pessoa". Da mesma forma, a cidade de Greenwich objetou que o "povo" estava "privado de seus direitos naturais", pois era o "direito do povo eleger seus próprios representantes".[36] A noção de que o voto era um direito também foi mobilizada em nome dos afro-americanos: "Privar qualquer homem ou grupo de homens unicamente por causa da cor de dar seus votos para um representante", proclamou a cidade de Spencer, Massachusetts, era "uma violação contra os direitos da humanidade".[37]

A ideia de que o voto era um direito natural ou até mesmo um direito tinha um grande poder retórico: estava bem entrosada com a teoria política lockeana, popular na América do século XVIII, tinha um impulso antimonárquico claro e a virtude da simplicidade. A linguagem dos direitos tinha repercussão e era original na América do final do século XVIII e a noção de que o voto era um direito inseparável dos indivíduos, e não das propriedades, era bem-vinda e libertadora. A dúvida alusiva de Franklin sobre quem era possuidor do direito ao voto, o jumento ou o homem, difundiu-se de tal modo que as referências ao "jumento de Franklin" apareciam nos debates da convenção constitucional cinquenta anos mais tarde.

No entanto, havia um problema com essa visão de sufrágio como um direito, um problema político e retórico. Durante o período revolucionário e nas décadas seguintes, conforme seus defensores rapidamente descobriram, não havia nenhuma maneira de argumentar que o voto era um direito, ou um direito natural, sem abrir uma caixa de Pandora. Se o voto era um direito natural, então todos deveriam possuí-lo. Será que isso significa que não apenas todos os homens (incluindo os homens pobres) devem votar, mas as mulheres também? E quanto aos afro-americanos e os estrangeiros recém-chegados? Ou às crianças? Se havia um "direito" de sufrágio, não seria errado ou imoral privar qualquer grupo ou indivíduo desse direito?

---

35 Shepard, W. J. Suffrage. In: Seligman, E. R. A. (org.), *Encyclopedia of the Social Sciences*, New York, 1934, p.448; Gosnell, H. F. *Democracy:* The Threshold of Freedom, New York, 1948, p.16; Adams, *First American Constitutions*, p.215.

36 Handlin e Handlin, *Popular Sources*, p.487, 562; para outros exemplos do uso da linguagem dos direitos, ver ibid., p.34-36, 266-267, 550, 562, 580-581.

37 Ibid., p.248-249, 277, 302; Adams, *First American Constitutions*, p.184-185.

Como se poderia justificar negar a qualquer pessoa seus direitos naturais – ou socialmente reconhecidos?

Este foi precisamente o argumento de John Adams em sua carta (citada anteriormente) a James Sullivan em 1776, um ponto que iria reiterar durante anos.[38] Uma vez que fosse reconhecido que as pessoas tinham o direito de votar, seria difícil negar o sufrágio a quem quer que fosse: isso "não teria fim", como Adams observou. Adams e outros conservadores, aliás, estavam bem conscientes de que a maioria dos que invocavam os direitos naturais em nome dos indivíduos carentes de propriedades não desejava que isso "não tivesse fim": eles não acreditavam, por exemplo, que as mulheres ou os afro-americanos ou menores deveriam votar.[39] Sua concepção dos direitos naturais não era universal, e sua adesão à reivindicação de direitos, portanto, poderia ser facilmente exposta como instrumental e inconsistente. Esta dinâmica – de adesão aos argumentos de direitos por defensores de um sufrágio expandido que encontrava a oposição de um contra-argumento conservador, ressaltando os conteúdos inaceitáveis da caixa de Pandora – seria repetida por quase dois séculos.[40]

Em parte porque temiam as implicações universalistas das reivindicações dos direitos naturais, a maioria dos defensores de um sufrágio mais amplo oferecia argumentos mais limitados e específicos para alterar as leis de voto. Uma dessas alegações era que as qualificações de propriedade deveriam ser substituídas pelo requisito do pagamento de impostos, pois todos os tributários (e não apenas os proprietários) estavam contribuindo para o governo e eram afetados por suas políticas. Uma mudança dessas ampliaria o eleitorado; além disso, deslocaria o fundamento básico da reivindicação de um indivíduo à participação na sociedade, de sua independência (conforme estabelecida pelo direito de propriedade) para sua participação e vulnerabilidade às políticas de Estado (como alguém obrigado a pagar impostos). Os requisitos de pagamento de impostos, conforme argumentou o historiador Marc Kruman, não eram simplesmente versões diluídas de qualificações de propriedade; eles derivavam de uma premissa diferente, a de que todos os contribuintes tinham o direito de defender-se contra as políticas do governo potencialmente injustas. A lógica de "nenhuma taxação sem representação" tinha uma aplicação doméstica e anticolonial.[41]

Associado a este argumento havia outro, extraído diretamente da teoria republicana e das concepções vigentes do contrato social: "que a lei para a

---

38 Adams, *Works*, v.9, p.375-378; para uma iteração posterior em 1817, ver v.10, p.267-268.
39 Handlin e Handlin, *Popular Sources*, p.36.
40 Marc Kruman também usou a expressão "caixa de Pandora", em referência à citação de Adams. Kruman, *Between Authority and Liberty*, p.89.
41 Ibid., p.92-95.

união de todos deve ser consentida por todos".⁴² Para um funcionamento social harmonioso, para que o contrato social fizesse efeito, as pessoas tinham que receber a oportunidade – de modo direto ou por meio de representantes escolhidos – de consentir ou de se opor às leis. Negar às pessoas o sufrágio tornaria isso impossível e era, portanto, um convite à desordem, à anarquia e à sonegação de impostos. "Ninguém pode ser obrigado por uma lei a que não deu seu consentimento, seja pela pessoa, seja por um representante legal", declarou um comitê de cidadãos do oeste de Massachusetts em 1779.⁴³ "Consideramos incorreto e injusto cobrar impostos dos homens sem seu consentimento", concluiu a reunião da cidade de New Salem em 1780.⁴⁴

A importância do consentimento popular também ajudava a solapar a ideia da representação virtual. O propósito da representação, na teoria republicana, era de proporcionar ao governado um mecanismo factível por meio do qual ele pudesse expressar ou negar seu consentimento a leis ou políticas promulgadas por um governo. Dizer que os homens poderiam ser representados de maneira justa por quem não havia sido escolhido por eles soava tão falso como a alegação real de que os colonos estavam representados de modo adequado, ainda que virtual, pelos membros britânicos do Parlamento. Como o historiador Gordon Wood apontou, a concepção cada vez mais pluralista e particularista de representação que surgiu durante a revolução minou os argumentos por um sufrágio limitado.⁴⁵

O último grupo de argumentos para expandir o sufrágio foi bastante diferente: estes favoreceram a extensão do direito de voto a todos que estavam servindo, ou haviam servido, no exército ou na milícia. Os motivos para essa expansão foram, em parte, morais: não era justo pedir a homens sem propriedade que arriscassem suas vidas em defesa da independência e, em seguida, recusar-lhes o direito de voto. "Será que esses pobres homens que passaram, por nossa causa, pelos maiores perigos e sofreram fadigas infinitas na presente guerra [...] será que eles devem agora ser tratados por nós como vilões?", questionaram os cidadãos de Northampton, Massachusetts, em 1780.⁴⁶ Era uma "injustiça" privar do direito de voto os homens que "lutaram e sangraram na causa de seu país", concluíram os habitantes da vizinha Lenox.⁴⁷

---

42 Handlin e Handlin, *Popular Sources*, p.231; ver também Douglass, *Rebels and Democrats*, p.293-294.
43 Handlin e Handlin, *Popular Sources*, p.385.
44 Ibid., p.483; Adams, *First American Constitutions*, p.127.
45 Wood, *Radicalism*, p.96-97, 258-259; Handlin e Handlin, *Popular Sources*, p.341; para uma discussão completa sobre as teorias de representação, ver Reid, *Concept of Representation*, p.43-62.
46 Handlin e Handlin, *Popular Sources*, p.584.
47 Ibid., p.254.

Implícito nesse ponto de vista também havia uma concepção clara, ainda que nem sempre articulada, das relações entre os direitos e obrigações da cidadania: um homem que servia na milícia ou no exército tinha a prerrogativa legal de todos os direitos de um cidadão, incluindo o direito de voto. Conforme escreveu um editor da Pensilvânia, o sufrágio deveria pertencer a "todo homem [que] dispara seu rifle e enfrenta riscos". Da mesma forma, um panfletário da Filadélfia (provavelmente Thomas Young) insistiu que "todos os homens do país que manifestam a disposição de arriscar tudo pela defesa de sua liberdade, devem ter uma voz em seu conselho". O poder desse tipo de argumento ia bem além das teorias implícitas de cidadania: conforme mostrou toda a história americana, a noção de que se deveria outorgar aos soldados o direito ao voto repercutia emocionalmente em todos os homens que haviam combatido, ou mesmo naqueles que conheciam o serviço militar. "Perigos", "fadigas infinitas" e "sangramento" eram palavras concretas, que evocavam a intensidade e o horror das experiências de guerra e que tornavam um homem amplamente merecedor do direito de escolher seus líderes e participar da vida política.[48]

As razões imbuídas de princípios para dar o direito de voto aos homens que portavam armas seriam ouvidas repetidas vezes no decorrer da história americana. O mesmo aconteceu com um argumento mais pragmático e político: recrutar e manter um exército seria difícil se os soldados ou candidatos potenciais a soldados fossem proibidos de votar. Franklin expressou esse ponto de vista na Convenção Constitucional, em oposição a uma reivindicação por uma qualificação nacional de propriedade. "É de grande importância," declarou o representante mais antigo, "que a virtude e o espírito público de nossa gente comum não sejam depreciados; essas qualidades foram amplamente mostradas durante a guerra e tiveram uma contribuição essencial para o resultado favorável da mesma." Ele comparou a disposição com que os marinheiros britânicos capturados "entravam no serviço militar americano" com o patriotismo dos marinheiros americanos presos, que haviam recusado a "redimir-se" das prisões britânicas lutando em prol do inimigo. Franklin atribuiu o valor superior dos norte-americanos à sua moral, ao seu conhecimento de que eram "iguais" aos seus "concidadãos" e advertiu que o patriotismo das "pessoas comuns" poderia ser debilitado pelo requisito da qualificação de propriedade como condição do direito ao voto. O argumento de Franklin repercutia na nação nova e vulnerável que tinha sido obrigada a oferecer incentivos econômicos e legais significativos para os pobres, a fim de levantar um exército revolucionário. As guerras

---

48 Douglass, *Rebels and Democrats*, p.256; citação de Elector mencionada em Rosswurm, S. *Arms, Country, and Class*: The Philadelphia Militia and "Lower Sort" During the American Revolution, 1775-1783, New Brunswick, NJ, 1987, p.89-90. Ver também Williamson, *American Suffrage*, p.79-82; Kruman, *Between Authority and Liberty*, p.98-99.

não eram travadas só pelos proprietários de imóveis (que muitas vezes não tinham nenhuma participação) e era de interesse nacional conceder o direito de voto a todos que pudessem ser chamados em um momento de necessidade.[49]

Dados os pontos de vista altamente discrepantes e conflitantes acerca do sufrágio, não é de surpreender que a extensão do direito ao voto e, em particular, a conveniência do requisito de propriedade converteu-se num importante foco de controvérsia durante a era revolucionária. Os argumentos a favor e contra um sufrágio mais democrático foram expressos em jornais, cartazes, assembleias provinciais, reuniões municipais, encontros de milicianos e convenções constitucionais, bem como nas tavernas, pousadas, ruas da cidade e casas particulares. O próprio ato de declarar a independência em relação à Grã-Bretanha obrigou os moradores de cada colônia a formar um novo governo, e o processo de formação desses governos fez aparecer a inevitável questão do sufrágio.[50] Quem deve ser envolvido na criação de um novo governo para uma ex-colônia? Para que um novo governo seja legítimo, quem deveria concordar com seu projeto e estrutura? E qual deveria ser a amplitude do sufrágio em uma república? As respostas a estas perguntas variavam de um estado para o outro. (Para um resumo das leis sufrágio adotadas, consulte a Tabela A.1).

A expansão mais influente e, talvez, impressionante do sufrágio ocorreu na Pensilvânia durante os primeiros meses da revolução. Os atores principais do drama eram membros das milícias altamente politizadas da Filadélfia, que tomaram a primeira iniciativa de rejeição do domínio britânico por parte da Pensilvânia. Já em março de 1776, o Comitê de Soldados Rasos, porta-voz dos membros milicianos extraídos dos tipos "inferiores" e "medianos" da cidade, anunciou sua disponibilidade de abandonar os requisitos coloniais de sufrágio: pediu à assembleia provincial para conceder o direito de voto aos "alemães e outros corajosos e animados" que haviam "alegremente" aderido às associações de milícias, e ainda assim "não tinham o direito aos privilégios dos eleitores livres". No fim da primavera, o comitê também exigiu autorização para que os milicianos elegessem seus próprios oficiais e que todos os integrantes das milícias que pagassem impostos (membros voluntários ativos da milícia) fossem autorizados a votar nos representantes que iriam elaborar uma nova constituição estadual.[51]

Apoiados por reformistas proeminentes, como Franklin, Young e Paine, e aliados aos fazendeiros do Oeste que há muito haviam sido

---

49 Farrand, *Records*, v.2, p.204-208; Benton, 1787, v.1, 235; Cress, L. D. *Citizens in Arms:* The Army and the Militia in American Society to the War of 1812. Chapel Hill, NC, 1982, p.59.
50 Em várias das colônias, houve movimentos para liberalizar o direito de voto até mesmo antes da independência.
51 Douglass, *Rebels and Democrats*, p.251-256; Rosswurm, *Arms, Country, Class*, p.55-69.

sub-representados no governo da colônia, os milicianos conseguiram eleger uma convenção constitucional dominada não pelas elites tradicionais, mas por artesãos, pequenos comerciantes e agricultores. Essa convenção, no outono de 1776, produziu a mais democrática constituição nos treze estados originais: aboliu os requisitos de propriedade e concedeu direito de voto a todos os homens adultos contribuintes, bem como aos filhos dos proprietários de bens alodiais que não pagavam impostos. Uma vez que a Pensilvânia tinha a capitação – isto é, um imposto pago "por cabeça", ou um imposto sobre todos os chefes de família – isso, com efeito, deu direito de voto para a grande maioria dos homens adultos. Apesar da oposição feroz das classes altas Quaker que haviam controlado o governo colonial, a Constituição realocou os limites da população considerada dona de "um interesse comum suficiente e um vínculo com a comunidade". Esses novos limites ampliados continuaram em vigor, apesar da virada conservadora do estado na década de 1780.[52]

Em Maryland, os membros da milícia também lideraram o ataque ao sufrágio colonial com maior militância, mas menos êxito final. O agente precipitante da ação da milícia foi uma decisão provincial em 1776 para limitar a votação para os delegados de uma convenção constitucional aos homens que atendiam os requisitos coloniais de propriedade. Em meia dúzia de condados os milicianos se rebelaram, insistindo para que todos os membros contribuintes tivessem a permissão de votar. No Condado de Arundel, os homens armados que não atendiam aos requisitos do sufrágio realmente avançaram sobre as urnas, exigiram o direito de voto e ameaçaram "tirar todo o apoio" dos juízes eleitorais. Quando isso lhes foi negado, fecharam-se as urnas e declararam que iriam depor as armas. Em outros municípios, os milicianos e cidadãos locais nomearam seus próprios juízes eleitorais, que por sua vez permitiram que todos os membros da milícia votassem. As autoridades governamentais do Estado, no entanto, mostraram pouca tolerância para com essas rebeliões, ordenando novas eleições com aplicação rigorosa da qualificação de propriedade. A própria convenção constitucional, talvez castigada pelo tumulto, baixou significativamente, mas não aboliu, a exigência de propriedade, e a Declaração dos Direitos estadual reiterou o princípio de que o direito de sufrágio deve ser possuído por "todo homem [que] tem propriedade [...] na comunidade".[53]

---

52 Pole, *Political Representation*, p.260, 268, 271-275; Nash, *Urban Crucible*, p.378-380; Foner, *Tom Paine*, p.63-64, 126-132; Douglass, *Rebels and Democrats*, p.251-252, 255-256, 268-269; Rosswurm, *Arms, Country, Class*, p.12, 55-69, 71, 77, 86-93, 97, 99-105, 252-253; Williamson, *American Suffrage*, p.92-96; Wood, *Creation*, p.169; Brunhouse, R. L. *The Counter-Revolution in Pennsylvania, 1776-1790*, New York, 1971, p.227.

53 Kruman, *Between Authority and Liberty*, p.91, 99-100; Douglass, *Rebels and Democrats*, p.51-52, 54; Pole, *Suffrage and Representation in Maryland*, p.62-63; Steffen, C. G. *The Mechanics*

A dinâmica política da revolução gerou um sufrágio mais amplo em meia dúzia de outros estados também. Em Nova Jersey, um movimento descentralizado pela reforma, apoiado por artesãos, habitantes da cidade e pequenos proprietários de terra teve êxito na abolição do requisito de propriedade para votar; mas uma nova cláusula foi instituída, concedendo o sufrágio apenas a pessoas que possuíam cinquenta libras em dinheiro vivo.[54] Na Geórgia, apesar de uma importante oposição, o requisito de bens alodiais foi abandonado em 1777 e substituído por um requisito mais flexível segundo o qual qualquer homem branco de vinte e um anos que possuísse "o valor de dez libras", fosse "responsável por pagar imposto" no estado, ou pertencesse "a qualquer comércio mecânico" podia votar.[55] New Hampshire, após seis anos de dificuldades em aceitar o texto de uma constituição, decidiu em 1782 substituir o requisito de propriedade provincial por uma qualificação tributária.[56]

Em Nova York e na Carolina do Norte o direito de voto foi ampliado, com a solução de conflitos por meio do acordo bicameral. No Empire State, apesar do ativismo dos artesãos de Nova York já empoderados pelo direito de voto, o conservador partido dos Whigs que dominava a política do estado preservou os requisitos de propriedade para o voto para todos os cargos. No entanto, a exigência foi reduzida (a um valor simbólico de vinte libras ou um arrendamento de quarenta xelins) para as eleições para a assembleia estadual, mantendo-se muito mais substancial nas eleições senatoriais. Nova York também deu o passo (refletido com menos formalidade em outros lugares) de abolir em termos constitucionais a votação oral.[57] Na Carolina do Norte, da mesma forma, as exigências de sufrágio universal foram rejeitadas, mas alguma liberalização da lei ocorreu: a qualificação dos contribuintes foi apresentada para a Câmara legislativa baixa,

---

of Baltimore: Workers and Politics in the Age of Revolution, 1763-1812, Urbana, IL, 1984, p.61-64, 92-93; Adams, *First American Constitutions*, p.206; Williamson, *American Suffrage*, p.108-110.

54 Adams, *First American Constitutions*, p.205; Pole, J. R. The Suffrage in New Jersey, 1790-1807. In: *Proceedings of the New Jersey Historical Society*, 71, janeiro de 1953, p.39-41, 57-59, 69, 113-114, 186-187, 192-193.

55 Green, F. M. *Constitutional Development in the South Atlantic States, 1776-1860:* A Study in the Evolution of Democracy, Chapel Hill, NC, 1930, p.87; Williamson, *American Suffrage*, p.104-105.

56 Williamson, American Suffrage, p.105-106; Douglass, *Rebels and Democrats*, p.331; Daniell, J. R. *Experiment in Republicanism:* New Hampshire Politics and the American Revolution, 1741-1794, Cambridge, MA, 1970, p.108, 167-179.

57 Williamson, *American Suffrage*, p.107-108; Adams, *First American Constitutions*, p.205; Depauw, L. G. *The Eleventh Pillar:* New York State and The Federal Constitution, Ithaca, NY, 1966, p.141-147; Becker, Parties in New York, p.141, 166, 252; Nash, *Urban Crucible*, p.362-363; Gunn, L. R. *The Decline of Authority:* Public Economic Policy and Political Development in New York, 1800-1860, Ithaca, NY, 1988, p.66-67; Galie, P. J. *Ordered Liberty:* A Constitutional History of New York, New York, 1996, p.40, 45.

enquanto o Estado manteve um requisito de propriedade de cinquenta acres nas eleições para o senado estadual.[58]

Em apenas um estado, Vermont, a capacidade de votar de um homem estava inteiramente desvinculada da sua situação financeira. Os moradores do que viria a ser o estado Green Mountain adotaram uma constituição em 1777 que foi muito semelhante ao modelo da Pensilvânia. No entanto, os fazendeiros de Vermont deram um passo adiante, eliminando não só os requisitos de propriedade, mas também a qualificação dos contribuintes. Que tenham dado um passo tão sem precedentes foi um reflexo tanto da estrutura social relativamente igualitária da região como do processo político-militar um tanto indisciplinado que levou à elaboração de uma Constituição. Para os habitantes de Vermont, a revolução foi liderada por Ethan Allen e seu grupo de Green Mountain Boys contra a Grã-Bretanha e o estado de Nova York, ao qual a região tecnicamente pertencia. Uma vez que Vermont era o único a não ter um governo, quando a independência foi declarada os representantes de sua convenção constitucional não foram selecionados por uma assembleia estadual existente, mas por eleições populares realizadas em municípios da região. Esta convenção selecionada de maneira democrática produziu a primeira constituição estadual que aboliu a escravidão e instituiu algo mais parecido com um sufrágio universal. Em campanha pela condição de estado, Allen (que se tornou o chefe da milícia local) e seus colegas apontaram repetidamente para a diferença entre o amplo sufrágio de Vermont e as exigências de propriedade que ainda prevaleciam em Nova York. Quando Vermont finalmente entrou na União em 1791, qualquer adulto do sexo masculino que havia feito o "Juramento do homem livre" podia votar.[59]

Vermont foi um caso revelador, mas excepcional. Mesmo a liberalização parcial dos requisitos de voto não era de modo algum universal: em cinco estados, houve pouca ou nenhuma mudança. Rhode Island e Delaware mantiveram suas leis coloniais sem grande agitação pública; Connecticut fez o mesmo, apesar da pressão para a reforma por parte dos milicianos, entre outros. Na Carolina do Sul, as exigências de mudança produziram apenas uma revisão nominal dos requisitos de propriedade e na Virginia – onde o tema produzia grandes debates e eloquência considerável de pessoas notáveis como George Mason e Thomas Jefferson – a Constituição adotada em 1776 acabou reiterando leis de voto que haviam sido implementadas quarenta anos antes.[60]

---

58 Williamson, *American Suffrage*, p.110; Douglass, *Rebels and Democrats,* p.116-130; Green, *Constitutional Development,* p.86.
59 Bellesiles, M. A. *Revolutionary Outlaws*: Ethan Allen and the Struggle for Independence on the Early American Frontier, Charlottesville, VA, 1993, p.47, 136-141, 161-163, 258, 260; Williamson, *American Suffrage*, p.97-99.
60 Pole, Representation and Authority, p.16, 17, 25, 28; Douglass, *Rebels and Democrats*, p.294; Chandler, Suffrage in Virginia, p.16, 17; Adams, *First American Constitutions*, p.203-204; Williamson, American Suffrage, p.85, 111-115.

Massachusetts, por outro lado, chegou a endurecer suas exigências para o direito ao voto.[61] Durante o período revolucionário, o estado foi assolado por um conflito regional e ideológico: a liderança estabelecida relativamente conservadora de seus condados do Leste se opôs repetidas vezes às facções mais radicais e democráticas concentradas no Oeste. Em 1778 uma convenção esboçou uma constituição conciliatória, a qual teria permitido que todos os homens brancos livres e contribuintes votassem pela câmara baixa do poder legislativo estadual, mantendo o requisito de propriedade para as eleições para o senado e governador. No entanto, esta constituição obteve uma rejeição esmagadora pelos cidadãos do estado, em parte – mas só em parte – por não ser suficientemente democrática. Inúmeras cidades se opuseram à sua proposta de sufrágio, por ser discriminatória em termos raciais: ela "priva uma parte da raça humana de seus direitos naturais, apenas por causa de sua cor", explicaram os cidadãos de Westminster. Outros se recusaram a aceitar a persistência de quaisquer qualificações de propriedade como condição do direito ao voto, as quais tornavam "a pobreza honesta um crime".[62]

Um ano depois uma nova constituição foi redigida, em grande parte por John Adams: ela retirou as exclusões raciais, mas reinstituiu requisitos de propriedades mais rigorosos do que os da era colonial. Os membros da convenção constitucional (escolhidos por um eleitorado que incluiu todos os homens livres) justificaram esta inclinação conservadora em um discurso publicado que foi notavelmente aberto em seu viés de classe e desprezo em relação aos que não tinham propriedade:

> Seus representantes consideraram que as pessoas que têm 21 anos de idade e não têm propriedade são aquelas que vivem de parte de uma propriedade paterna, esperando uma remuneração da mesma, que acabaram de entrar no negócio; ou então são aquelas cuja ociosidade de vida e desregramento de costumes para sempre os impedirão de adquirir e possuir a propriedade. E nós vamos submetê-la à primeira classe, caso contrário pensariam que é mais seguro ter seu direito de votar num representante suspenso por [um] pequeno espaço de tempo, do que sempre,

---

61 Com relação a Massachusetts, ver Handlin e Handlin, *Popular Sources*, principalmente p.19-50, 113, 163, 182, 192-193, 202-228, 286-294, 309-327, 402, 410-411, 437-459, 476-499, 510-586 passim, 616, 644, 685-695, 702-745, 767, 771-797, 805-843ff., 860-870, 894-895, 907-908; Nash, *Urban Crucible*, p.359, 380-381; Taylor, R. J. *Western Massachusetts in the Revolution*, Providence, RI, 1954, p.89; Brown, *Middle-Class Democracy*, p.394; Pole, *Political Representation*, p.73, 178-186, 205-214; Douglass, *Rebels and Democrats*, p.177-183; Morison, S. E. Struggle over the Adoption of the Constitution of Massachusetts, 1780. In: *Proceedings of the Massachusetts Historical Society*, v.50, Boston, maio de 1917, p.389, 390, 391; Id., *A History of the Constitution of Massachusetts*, Boston, 1917, p.18-31; Adams, *First American Constitutions*, p.90-91, 184-185, 200-203; Williamson, American Suffrage, p.100-102.
62 Handlin e Handlin, *Popular Sources*, p.312; Patterson, S. E. *Political Parties in Revolutionary Massachusetts*, Madison, WI, 1973, p.171-196.

a partir de agora, ter seus privilégios sujeitos ao controle de homens que vão pagar menos no que se refere aos direitos da propriedade, porque não têm nada a perder.[63]

Quarenta e duas cidades, a maioria delas no Oeste, fizeram forte oposição às qualificações propostas para o sufrágio. "A tributação e a representação são recíprocas e indissociáveis", declarou-se no encontro da cidade de Stoughton. Os cidadãos de Belchertown insistiram que negar o direito ao voto aos adultos era privá-los "daqueles direitos e liberdade pelos quais estamos lutando no dia de hoje". A cidade de Mansfield ao leste respondeu à lógica declarada da convenção, observando que "muitos homens sensatos honestos, e, naturalmente, diligentes, por infortúnios inumeráveis", nunca adquirem propriedade "do valor de sessenta libras". Apesar dessas objeções, e graças a um método manipulado e antidemocrático de contar os "votos" das comunidades da *commonwealth*, a nova Constituição foi declarada ratificada em 1780. A proposta para o sufrágio reflete o ponto de vista da convenção de que quem não tinha propriedade era indigno da plena cidadania, ou, nas palavras de um comerciante proeminente do Leste, "o povo em geral, em qualquer número, é quase tão incapaz de escolher legisladores [...] como é de ocupar pessoalmente os cargos".[64]

O período revolucionário, em suma, testemunhou ampla gama de reações às restrições econômicas ao direito de voto. Embora quase sempre ofuscada por outras questões (como a tributação ou a estrutura de legislaturas futuras), a extensão do direito de voto tinha grande importância aos cidadãos das treze ex-colônias originais e o novo estado de Vermont. Em cada estado havia pressão pela reforma de sufrágio, bem como uma oposição conservadora a um sufrágio menos influenciado pela classe e mais inclusivo em termos econômicos. Os resultados desses conflitos não seguiam nenhum padrão regional claro; sua configuração se devia, em grande parte, à força das elites locais e aos processos políticos específicos que se desenvolviam em cada estado. O resultado global foi uma miscelânea de mudanças substanciais, alterações superficiais e preservação do *status quo*.[65]

No entanto, nas frentes não econômicas de batalha, os defensores da reforma do sufrágio se saíram melhor. A privação do direito ao voto dos católicos romanos e judeus foi extinta – embora na Carolina do Sul tenha

---

63 Handlin e Handlin, *Popular Sources*, p.437; Pole, *Political Representation*, p.73, 344, 510; Douglass, *Rebels and Democrats*, p.199-200.
64 Patterson, *Political Parties*, p.234-247, 251-254; Pole, Suffrage Reform, p.565, 570; Brown, *Middle-Class Democracy*, p.384-385, 390-391; Taylor, *Western*, p.99-100; Douglass, *Rebels and Democrats*, p.204-205.
65 Em alguns estados, os conflitos continuaram após a elaboração das primeiras constituições. Ver Williamson, *American Suffrage*, p.131-136.

permanecido necessário "reconhecer a existência de um Deus".⁶⁶ Os afro-americanos livres tinham um direito tácito ao voto na Carolina do Norte, Massachusetts, Nova York, Pensilvânia, Maryland e Vermont⁶⁷ (permaneciam sem votar na Geórgia, Carolina do Sul e Virginia). Em Nova Jersey, a constituição da era revolucionária permitia o voto às mulheres (um avanço a ser discutido extensamente nos capítulos seguintes).

Juntamente com esses temas substanciais, diversas questões legais e jurisdicionais importantes também foram configuradas ou estruturadas durante o período revolucionário. Em primeiro lugar, o sufrágio foi definido como uma questão constitucional: todas as primeiras constituições de estado (exceto a de Delaware) tratavam o direito de voto como uma questão de lei fundamental – e portanto constitucional – em vez do direito escrito. Nesse tratamento estava implícita a noção de que os requisitos do sufrágio deveriam ser duráveis e difíceis de mudar; as legislaturas e os governos por si só não eram incumbidos do poder de alterar o direito de voto. Em teoria, pelo menos, o direito de voto deveria ser ampliado ou restringido apenas por meio de revisão ou emenda constitucional.⁶⁸

Além disso, a revolução testemunhou a perpetuação e, em alguns casos, o reforço da distinção entre direitos estaduais e municipais de voto. Em cidades que possuíam cartas de direitos ou alvarás desde o período colonial, o direito de voto nas eleições municipais continuava a ser determinado pelos funcionários municipais e regras de alvarás; em quase todas as 25 cidades incorporadas durante a era revolucionária, os direitos municipais de voto eram especificados em novas cartas de direito. Apesar do caráter constitucional dos requisitos estaduais de voto, as legislaturas – que poderiam conceder novos alvarás – recebiam o poder de definir o eleitorado dos cargos não constitucionais (inclusive os locais).⁶⁹

A forma mais comum pela qual os direitos de voto municipais diferiam do sufrágio estadual era na configuração de restrições de propriedade: cada vez mais, os residentes urbanos que não possuíam uma propriedade real podiam votar se satisfizessem o critério de uma propriedade pessoal ou de um requisito tributário. Os princípios da lei estadual eram, com efeito, adaptados às condições urbanas. No entanto, em algumas localidades as diferenças eram mais substanciais. Nove das cidades com cartas de direito durante a revolução concederam o direito de voto a quase todos os homens adultos e Massachusetts, na década de 1780, passou uma série de leis que

---

66 Kousser, J. M. Suffrage. In: Greene, J. P. (org.), *The Encyclopedia of American Political History*, v.3, New York, 1984, p.1238; Greene, *Imperatives,* p.262; Pole, Representation and Authority, p.27.
67 Kousser, Suffrage, p.1238.
68 Ver Porter, *History of Suffrage,* p.14-17.
69 Chandler, Suffrage in Virginia, p.17; Pole, Suffrage Reform, p.293-294; Pole, *Political Representation*, p.55; Id., Representation and Authority, p.18, 27.

concediam o direito de voto em reuniões municipais a todos os homens que cumprissem um requisito de contribuição mínima.[70]

De modo geral, os direitos municipais de voto tendiam a ampliar-se mais rapidamente do que o direito de votar nas eleições estaduais, provavelmente em razão da pressão dos cidadãos urbanos sem propriedade.[71] Mas havia exceções importantes a essa tendência, especialmente entre as cidades com cartas de direito pré-revolucionárias. Em Norfolk, Virginia, por exemplo, uma sociedade anônima de mercadores continuava a governar a cidade sem a participação eleitoral da maioria dos habitantes; apenas no final da década de 1780, o governo estadual, em resposta às petições do populacho, outorgou o sufrágio municipal àqueles que já podiam votar para legisladores estaduais. Ao fazer isso, a *commonwealth* estabelecia de modo tácito um precedente, determinando que as cartas de direito municipais não eram invioláveis. Da mesma forma, na Filadélfia e em Nova York as elites locais procuravam preservar ou impor um sufrágio municipal restritivo para manter o controle político de suas cidades: em ambos os centros urbanos os conflitos motivados pelo sufrágio – e pelo direito do estado de intervir nos assuntos das corporações municipais – persistiram até a era pós-revolucionária.[72]

Os estados e a nação

Foi no final do período revolucionário que o papel do governo federal em determinar os requisitos do sufrágio foi escrito numa lei constitucional. Sob os Artigos da Confederação, os estados haviam preservado completo controle sobre o sufrágio. Mas a Constituição dos Estados Unidos forjou um vínculo entre as regras estaduais de sufrágio e o direito de votar nas eleições nacionais: aqueles que participavam das eleições pelo "ramo mais numeroso da legislatura do estado" estavam automaticamente autorizados a votar para os membros da Câmara dos Representantes. Estes eram os únicos cargos nacionais para os quais a Constituição exigia um processo eleitoral popular de qualquer tipo.

Esse mandato nacional bastante peculiar e indireto era uma solução conciliatória, um fruto tanto de uma convenção constitucional dividida em termos ideológicos como da política prática de ratificação constitucional. A questão do sufrágio veio à tona na convenção do final de julho de 1787, quando os representantes estavam exaustos por causa dos meses de debates

---

70 Teaford, *Municipal Revolution*, p.66-67; Williamson, *American Suffrage*, p.103, 123-124; *Perpetual Statutes of 1788 for Massachusetts*, p.21-22, 25-27; Pole, Suffrage Reform, p.562-564.
71 Teaford, *Municipal Revolution*, p.66-67.
72 Ibid., p.71-75, 82-89.

e discursos; após uma breve discussão, a questão foi entregue a um Comitê que tinha a função de elaborar os requisitos de propriedade e cidadania para a votação nas eleições nacionais. Esse comitê trabalhou durante mais de uma semana, enquanto os outros representantes fizeram uma pausa: Washington e diversos colegas seus foram pescar. Em suas deliberações, o comitê ponderou a possibilidade de um requisito federal de propriedade, bem como diversas propostas que teriam dado ao governo federal o poder de impor suas próprias leis de sufrágio em algum momento no futuro. A questão foi "bastante ponderada pelo comitê", alegou James Wilson, que observou, além disso, que era "difícil formar alguma regra uniforme de qualificação para todos os estados". No final, a recomendação do comitê foi ligar o sufrágio para a Câmara dos Representantes aos requisitos de sufrágio estadual nas eleições da Câmara Baixa de cada legislatura de estado.[73]

A proposta do comitê estimulou um debate curto mas intenso na convenção no início de agosto. Esse debate revolveu em torno de preocupações de que o direito de voto seria amplo demais. O mercador da Pensilvânia Gouverneur Morris, declarando publicamente uma coleção de notas conservadoras familiares, liderou o ataque, insistindo em que era necessário um requisito nacional de propriedade para evitar o crescimento da aristocracia:

> A aristocracia crescerá a partir da Câmara dos Representantes. Dê os votos às pessoas que não têm propriedades e elas o venderão aos ricos. [...] Não devemos limitar nossa atenção ao momento presente. Não está distante a época em que este país estará pleno de mecânicos e fabricantes, que vão ganhar seu pão de seus empregadores. Será que esses homens serão guardiães seguros e leais da liberdade? Serão eles a barreira inexpugnável contra a aristocracia?[74]

Seus pontos de vista foram apoiados por Madison, que argumentou que a corrupção do Parlamento na Inglaterra havia ocorrido porque a "qualificação do sufrágio" foi muito baixa nas "cidades e bairros". Madison também sustentou que "os proprietários livres do país seriam o mais seguro depositário da liberdade republicana", embora tenha reconhecido que poderia ser imprudente impor um requisito de propriedade sobre os "estados em que o direito era agora exercido por toda espécie de pessoas".[75]

---

73 Elliot, J. *Debates on the Adoption of the Federal Constitution, in the convention held at Philadelphia, in 1787; with a diary of the debates of the Congress of the Confederacy; as reported by James Madison, a member, and deputy from Virginia*, v.5, Philadelphia, 1859, p.335; Farrand, *Records*, v.2, p.139-140, 151, 153, 163-165; Rakove, *Original Meanings*, p.83, 224-225.
74 Elliot, *Debates*, v.5, p.386.
75 Ibid., p.387; Variações nos relatos desses debates podem ser encontradas em Farrand, *Records*, v.2, p.201-211.

As opiniões de Morris e Madison foram contestadas tanto pelos defensores conservadores de maiores qualificações de propriedade como por defensores de um sufrágio mais popular. George Mason, de Virginia, afirmou que "todo homem que tem provas de vinculação e um interesse comum permanente em relação à sociedade deveria compartilhar de todos os seus direitos e privilégios". Nathaniel Gorham, um mercador de Boston, apontou corretamente as falhas na compreensão de Madison da política britânica e observou que nunca havia "visto nenhum inconveniente de permitir que aqueles que eram proprietários votassem [...] as eleições na Filadélfia, Nova York e Boston, onde os mercadores e mecânicos votam, são pelo menos tão boas quanto as realizadas por apenas proprietários livres". Franklin sustentou com veemência que "depositar o direito ao sufrágio exclusivamente nos proprietários livres" iria "ofender a classe mais baixa de homens livres. [...] As pessoas comuns da Inglaterra," afirmava ele, "perderam grande parte do apego ao seu país" por causa da privação do direito ao voto. Franklin também desenvolveu seu raciocínio dizendo que um requisito de propriedade para o sufrágio iria solapar a lealdade de marinheiros e soldados; talvez não tenha sido coincidência que, algumas horas antes de Franklin falar, a cidade de Filadélfia havia acolhido oitocentos milicianos que estavam servindo na fronteira noroeste.[76]

Embora a proposta de Morris por um requisito nacional de propriedade tivesse sido derrotada, foi notável que nenhum argumento tenha sido apresentado no salão de convenções em favor de um sufrágio nacional amplo e uniforme. Talvez pela ausência de alguns dos líderes mais democráticos da revolução (incluindo Jefferson, Paine, Samuel Adams e Patrick Henry), não houve um debate formal sobre a possibilidade de uma norma nacional mais inclusiva do que as leis já vigentes nos estados. De fato, as atas da convenção federal e das convenções constitucionais estaduais sugerem que a maioria dos membros da liderança política da nova nação não foi favorável a um sufrágio mais democrático: os pontos de vista de Madison eram mais típicos dos pais fundadores do que os de Jefferson ou Franklin. O próspero Elbridge Gerry, de Massachusetts (cujo nome seria imortalizado na palavra *gerrymander*, que implica alguém que manipula as eleições), falando ao final da convenção, descreveu a "democracia" como "o pior de todos os males [...] políticos".[77] Este consenso conservador também foi expresso na Ordenança do Noroeste de 1787 (um ato reafirmado pelo primeiro Congresso em 1789), que estabeleceu um requisito de propriedade plena nos territórios do noroeste do Rio Ohio. Na maior parte do terreno

---

76 Elliot, *Debates*, v.5, p.385-389; Benton, *1787*, v.1, p.233-235; Carr, *Oldest Delegate*, p.109.
77 Pole, *Political Representation*, p.71-76, 358-361; McCoy, *Elusive Republic*, p.128-132; Farrand, *Records*, v.1, p.132, 422, 465-466; Ibid., v.2, p.225; Ibid., v.3, p.146-147, 450-455; Benton, *1787*, v.1, p.234-237, 1535.

controlada diretamente pelo governo federal, os cidadãos e estrangeiros tinham de possuir cinquenta acres de terra para votar.[78]

A decisão tomada pela Convenção Constitucional, entretanto, originou-se tanto da prática política quanto da ideologia. A convenção aceitou a exposição sistemática do comitê do detalhe, com ligeiras revisões, em grande parte pelo seu desejo de evitar pôr em perigo a ratificação da nova Constituição. Qualquer requisito nacional de sufrágio provavelmente geraria oposição num estado ou em outro, e um sufrágio nacional limitado, como uma qualificação de propriedade plena, parecia capaz de prejudicar totalmente a Constituição. Conforme observou Oliver Ellsworth, de Connecticut, "o direito ao sufrágio era um ponto delicado e fortemente protegido pela maioria das constituições de estado. As pessoas não vão aceitar com facilidade a Constituição nacional se esta as submeter à privação do direito de voto." Madison reiterou o argumento em *The Federalist Papers*: "É provável que uma regra uniforme tivesse sido insatisfatória para alguns dos Estados e difícil para a convenção."[79] Ao tornar o sufrágio nas eleições nacionais dependente de leis estaduais de sufrágio, os autores da Constituição conciliaram as suas divergências consideráveis para resolver um problema político potencialmente explosivo.

A solução concebida por eles, no entanto, teve um legado – um legado longo e às vezes problemático. A Constituição aprovada em 1787 deixou o governo federal sem qualquer poder ou mecanismo claro, que não fosse por meio de emenda constitucional, de instituir uma concepção nacional dos direitos de voto, para expressar uma visão nacional da democracia. Embora a Constituição tivesse sido promulgada em nome de "Nós, o povo dos Estados Unidos", os estados individuais mantiveram o poder de definir quem "o povo" era. Dito de forma um pouco diferente, a cidadania na nova nação – controlada pelo governo federal – estava divorciada do direito de voto, um fato que teria repercussões significativas por quase dois séculos.[80]

Além disso, foi problemático – em longo prazo – o fracasso da Constituição para garantir a qualquer norte-americano o direito de voto para o mais alto cargo na terra, a presidência dos Estados Unidos. Os presidentes deviam ser escolhidos por meio de um mecanismo complexo, que mais

---

78 Benton, *1787*, v.1, p.19-20; Raskin, Legal Aliens, p.1402; Taylor, R. M. (org.), *The Northwest Ordinance 1787:* A Bicentennial Handbook, Indianapolis, IN, 1987, p.49. O Distrito de Columbia também foi diretamente regido pelo governo federal, mas entre 1790 e 1802 todos em Washington, DC, foram privados dos direitos de voto. Blackmar, F. W. History of Suffrage in Legislation in the United States. *The Chautauquan*, outubro de 1895, p.32. Para uma interpretação diferente, ver Rakove, *Original Meanings*, p.225.
79 Madison, J. *Federalist*, n.52; Elliot, *Debates,* 385; Anderson, T. *Creating the Constitution:* The Convention of 1787 and the First Congress. University Park, PA, 1993, p.94-97.
80 Ver Greene, R. Congressional Power Over the Elective Franchise: The Unconstitutional Phases of *Oregon v. Mitchell*. In: *Boston University Law Review*, 52, 1972: p.516-528; Smith, R. M. *Civic Ideals:* Conflicting Visions of Citizenship in U.S. History, New Haven, CT, 1997, p.115.

tarde veio a ser conhecido como o "Colégio Eleitoral". "Eleitores" de cada estado deveriam se reunir e votar em duas pessoas, e esses votos deveriam ser transmitidos ao Congresso, onde seriam abertos e contados: a pessoa que recebesse o maior número de votos se tornaria o vice-presidente.[81]

No entanto, a Constituição deixou inteiramente às legislaturas estaduais a questão de como os próprios eleitores seriam escolhidos. O artigo 2 seção 1 especificou que "cada Estado nomeará de tal maneira que o seu Legislativo daí possa dirigir um número de eleitores, o equivalente ao número total de senadores e dos representantes aos quais o estado possa ter direito no Congresso". Os estados não eram obrigados a realizar eleições populares para escolher os eleitores presidenciais e as legislaturas estaduais podiam, quando quisessem, mudar a "forma" de nomear eleitores. Não é de surpreender que, durante os primeiros anos da república, algumas legislaturas estaduais escolheram eleitores presidenciais por si só, não deixando ao povo de seus estados papel algum na determinação de quem iria exercer o poder executivo do novo governo federal.[82]

* * *

A Revolução Americana, em suma, produziu um progresso apenas modesto na democratização formal da política. Em mais de um terço dos estados, as restrições coloniais em relação ao sufrágio (ou pequenas variações disso) mantiveram-se em vigor; em outros lugares o sufrágio foi ampliado, em algumas partes de forma significativa, em outras não. No geral, a proporção de homens adultos que podiam votar em 1787 era certamente maior do que em 1767; mas a mudança não era drástica, em parte porque as mudanças nas leis foram parcialmente compensadas pelas mudanças socioeconômicas que aumentaram o número de homens sem propriedade. Em 1790, de acordo com a maioria das estimativas, cerca de 60 a 70% dos homens brancos adultos (e muitos poucos outros) podiam votar.[83]

---

81 O método de distinguir entre votos para presidente e votos para o vice-presidente foi, naturalmente, alterado na Décima Segunda Emenda à Constituição, 1804.
82 Para uma discussão sobre os potenciais problemas que poderiam ser causados por esta arquitetura constitucional, ver Keyssar, A., Shoring Up the Right to Vote for President: A Modest Proposal. *Political Science Quarterly*, 118, 2003, p.181-190.
83 Para estimativas sobre o número de pessoas elegíveis para votar, ver Adams, *First American Constitutions*, p.198-207; Greene, *Imperatives*, p.259-260; Becker, Parties in New York, p.10-11; Williamson, American Suffrage, p.111-112; Depauw, *Eleventh Pillar*, p.141-159. Em relação às mudanças socioeconômicas e crescente desigualdade, ver Handlin e Handlin, *Popular Sources*, p.35; Nash, *Urban Crucible*, p.324-327, 379-383; Smith, B. G. (org.), *Life in Early Philadelphia: Documents from the Revolutionary and Early National Periods*, University Park, PA, 1995, p.9-11; Williamson, J. G. e Lindert, P. H. *American Inequality:* A Macroeconomic History, New

Contudo, a contribuição da revolução foi além das mudanças legais marcadas nas constituições estaduais. A experiência da revolução – o trauma político e militar de romper com um poder soberano, uma guerra e a criação de um novo estado – serviu para abalar a estrutura ideológica que havia sustentado e justificado um sufrágio limitado. O conceito de uma representação virtual havia sido aos poucos debilitado; a noção de que um governo legítimo requer o "consentimento" dos governados se tornou um elemento principal do pensamento político; uma linguagem nova e contagiosa de direitos e igualdade era ouvida em toda parte. Para muitos participantes, era difícil conciliar os valores e princípios fundamentais da revolução com a prática de negar o direito de voto aos homens simplesmente porque eram pobres ou afro-americanos. Ao mesmo tempo, a experiência de combater numa guerra longa e arrastada, com um exército popular, em vez de profissional, deixou clara a importância das "pessoas comuns" para o destino da nova nação. No final da revolução, a política de afastar essas pessoas comuns das urnas havia se tornado muito mais difícil de defender do que era em 1770.[84]

York, 1980, p.44-46, 295-303; Main, J. T. *The Social Structure of Revolutionary America*, Princeton, NJ, 1965, p.33-47, 277, 287.
84 Ver Williamson, *American Suffrage*, p.115-116; Munro, W. B. Intelligence Tests for Voters, *Forum*, 80, dezembro de 1928, p.824-825; Kruman, *Between Authority and Liberty*, p.107-108; Boeckel, *Voting*, p.521; Wood, *Radicalism*, p.6-7, 232, 234; Rosswurm, *Arms, Country, Class*, 253; Shy, J. *A People Numerous and Armed:* Reflections on the Military Struggle for American Independence, ed. rev., Ann Arbor, MI, 1990, p.240-262.

2
Ascensão da democracia

> O rumo das coisas neste país é a ampliação, e não a restrição, dos direitos populares.
>
> – Nathan Sanford, Convenção Constitucional do Estado de Nova York, 1821

As coisas mudavam rapidamente na nova nação. A população dos Estados Unidos era inferior a 4 milhões em 1790; em 1820 era quase de 10 milhões e, em torno de 1850, mais de 20 milhões. As cidades cresceram, a população dos condados na região litorânea aumentou e milhões de colonos se espalharam no extremo oeste de Massachusetts, Nova York, Pensilvânia, Virginia e nas Carolinas. Novos e vastos territórios foram acrescentados por meio de aquisição ou conquista, e guerras foram travadas contra a Grã-Bretanha e o México. O comércio expandiu-se, milhares de trabalhadores cavaram canais pela terra, as embarcações a vapor abriam caminho ao longo do Mississipi, e o Sul tornou-se dependente do cultivo comercial do algodão. Ao Nordeste, sobretudo após a Guerra de 1812, as indústrias, lideradas pelas têxteis, passavam a ser elementos importantes do cenário físico e econômico.

Este conjunto de rápidas mudanças criou pressões para que os estados revissem de forma significativa os planos para governo que haviam elaborado durante a época da revolução. Para muitos cidadãos americanos do início do século XIX, as primeiras constituições estaduais, escritas durante o tumulto da revolução, pareciam imperfeitas ou obsoletas – ou ambas as coisas. Entre 1790 e a década de 1850, cada estado (havia 31 em 1855) presidia pelo menos uma convenção constitucional, e não poucos mantinham diversas delas. As questões discutidas por essas convenções eram muitas, mas quase sempre uma preocupação principal era a distribuição de poder político entre os residentes cada vez mais diversos de cada estado. De fato, as disputas por poder, direitos e influência política – incluindo a amplitude do sufrágio e a distribuição de cadeiras legislativas do estado – eram quase sempre o motivo principal pelo qual os estados convocavam as convenções constitucionais.

O mero fato de que estas convenções pudessem se reunir, de que o povo dos estados pudesse selecionar representantes para reformular suas instituições sociais, era um legado altamente valorizado da liderança política da geração revolucionária. Em 1820, os membros da Convenção Constitucional de Massachusetts prestaram homenagem a esse legado erguendo-se, tirando os chapéus e permanecendo em silêncio à medida que John Adams, com 85 anos e representante de Quincy, lentamente entrava na Câmara de Representantes para tomar seu lugar. Eles chegaram até a eleger Adams – o principal autor do documento que estavam prestes a revisar – como presidente da convenção, mas ele declinou do cargo honorário. Nove anos depois, na Virginia, numa cena sinistramente semelhante, James Madison, de 78 anos, nomeou seu colega ainda mais frágil, mas um pouco mais jovem, James Monroe, como presidente da convenção daquele estado. Monroe aceitou a posição, mas teve que ser ajudado a chegar até a cadeira do orador por Madison e pelo presidente do Tribunal de Justiça, John Marshal, de 74 anos, mas um tanto mais ágil.[1]

Porém, enquanto essas convenções se dedicaram ao trabalho, os pais fundadores desempenharam papéis secundários. Enquanto Adams se sentava na Câmara de Representantes, seus companheiros abriam a caixa de Pandora da reforma de sufrágio que ele vinha descrevendo com tanta eloquência desde 1776. Madison pouco podia fazer para evitar que facções beligerantes da Virginia produzissem uma constituição tão insatisfatória que seria substituída no prazo de vinte anos. Bem ou mal, a tocha foi passada para uma nova geração de líderes políticos com novas ideias e forçados a enfrentar condições históricas que haviam mudado de modo significativo.

---

1 Citação de Sanford extraída de *A Report of the Debates and Proceedings of the Convention of the State of New York; Held at the Capitol in the City of Albany, on the 28th Day of August, 1821*, New York, 1821, p.97; Sheidley, H. W. *Sectional Nationalism*: Massachusetts Conservative Leaders and the Transformation of America, 1815-1836, Boston, 1998, p.35-36; Sutton, R. P. *Revolution to Secession:* Constitution Making in the Old Dominion, Charlottesville, VA, 1989, p.73-74.

O rumo das coisas

> Tentar governar os homens sem buscar seu consentimento é usurpação e tirania, seja em Ohio ou na Áustria [...]. Outro dia, procurei [...] no dicionário Webster o significado de democracia e descobri, como esperava, que ele define um democrata como "alguém a favor do sufrágio universal".
>
> – Norton Townshend, Convenção Constitucional de Ohio, 1850

Quase em toda a parte, as leis que governavam o direito ao voto nos Estados Unidos foram elaboradas com grande cuidado e passaram por uma transformação significativa entre 1790 e a década de 1850. Além das mudanças fundamentais realizadas pelas convenções constitucionais, as legislaturas estaduais quase sempre suplementavam (e às vezes alteravam) as garantias constitucionais com o direito escrito. Entrementes, a corte de justiça intervinha para interpretar tanto as constituições como os estatutos.[2]

Um conjunto de mudanças legais implicava o ato físico da votação. Na fundação da nação, os procedimentos concretos para votar variavam muito de um estado a outro e inclusive de uma cidade a outra. Em algumas localidades, sobretudo no Sul do país, a votação ainda era um ato oral e público: os homens se reuniam perante os juízes eleitorais, esperavam que seus nomes fossem chamados e, em seguida, anunciavam qual era o candidato escolhido. Em uma variante deste processo, comum na Virginia, os homens inscreviam seus nomes num livro oficial de eleitores registrados, abaixo do nome do candidato escolhido. Em outras regiões, as constituições do estado ou estatutos exigiam que a votação fosse conduzida por meio de cédula escrita, para proteger os eleitores da intimidação. Em meados do século XIX, quase todos os estados insistiam que os votos fossem emitidos por meio de cédula escrita, colocada numa caixa ou entregue a um funcionário. Conforme aumentava o número de cargos a serem preenchidos por meio de eleições, as cédulas impressas, aos poucos, substituíam as manuscritas, e os próprios partidos políticos começaram a preparar cédulas impressas com o fim de auxiliar e monitorar seus eleitores. Os abusos cometidos por meio desse sistema eram (às vezes) controlados pela aprovação de leis que exigiam dimensões e cor uniformes para todas as cédulas, ou pela

---

[2] Citação de Townshend extraída de *A Report of the Debates and Proceedings of the Convention for the Revision of the Constitution of the State of Ohio, 1850-51*, v.2, Columbus, OH, 1851, p.550. A tendência dos tribunais em geral era proteger o sufrágio como um direito constitucional sob interferência do legislador. Em princípio, era permitido às legislaturas aplicar e regulamentar o sufrágio, mas não mudar sua amplitude. Ver, por exemplo, Rissell, C. T. *The Disfranchisement of Paupers:* Examination of the Law of Massachusetts, Boston, 1878.

insistência de colocar as cédulas em envelopes antes de depositá-las. Não é de surpreender que as leis que regiam esses procedimentos fossem muitas vezes objeto de disputa partidária.³

Outros avanços legislativos eram essencialmente administrativos, o que refletia a necessidade de traduzir os preceitos gerais em normas detalhadas que regulam a condução das eleições. A maioria dos estados, por exemplo, teve de definir o que significa ser um residente ou habitante. Tinham que decidir como e quando as listas de eleitores seriam elaboradas, quais os documentos que deveriam constar como prova de cidadania, e como se devia tratar as objeções à elegibilidade de um eleitor. Algumas legislaturas de estado também tinham que especificar a forma de satisfazer o requisito de bens pessoais: será que uma nota promissória contava como propriedade pessoal? Da mesma forma, a raça devia receber uma definição operativa. Quão branco você deveria ser para estar em condições de votar? Metade, três quartos? Um corpo cada vez mais volumoso de leis propunha respostas para essas questões.⁴

Muito mais significativas foram as mudanças substantivas nos requisitos de voto que marcaram a época, sobretudo aquelas que reduziram as barreiras econômicas para a votação. Entre o fim da Revolução Americana e o início da Guerra Civil, as linhas econômicas e de classe que haviam circunscrito o eleitorado com tanta clareza no século XVIII tornaram-se turvas, até mesmo indistintas. As fontes desta importante mudança eram complexas e precisam ser sondadas. Mas, em primeiro lugar, uma breve crônica dos eventos.

As qualificações de propriedade para o sufrágio, cujo desgaste havia começado durante a revolução, foram aos poucos desmanteladas após 1790. (Ver tabelas A.2 e A.3.) Delaware eliminou o requisito de propriedade em 1792, Maryland seguiu o exemplo uma década mais tarde. Massachusetts, apesar da oposição eloquente de Adams e Daniel Webster, aboliu sua qualificação de propriedade plena em 1821; Nova York agiu no mesmo ano.

---

3 Evans, E. C. *A History of the Australian Ballot System in the United States*, Chicago, 1917, p.1-10; Fredman, L. E. *The Australian Ballot:* The Story of an American Reform, Lansing, MI, 1968, p.21-23.

4 Ver, por exemplo, Massachusetts, *General Laws*, 1791, capítulo 26; 1793, capítulo 40; 1809, capítulo 25; 1855, capítulo 416; Duer, J. et al., *The Revised Statutes of the State of New York, As Altered by Subsequent Enactments*, v.1, Albany, NY, 1846, parte 1, capítulo 6, Titles I e IV, p.129-137; *Statutes of the State of New York, of a Public and General Character, Passed From 1829-1851*, v.1, Samuel Blatchford, comp., Auburn, NY, 1852, *Elections, General Elections, Title 1*, p.435-443; *Supplement to the Fifth Edition of the Revised Statutes of the State of New York*, arr. Isaac Edwards, Albany, NY, 1863, p.42; *Spragins v. Houghton*, 3 Ill. (2 Scam.) 377 (1840). O surgimento de tais leis também se reflete em relatórios sobre as eleições disputadas; ver, por exemplo, Cushing, L. S. *Reports of Controverted Elections to the House of Representatives of the Commonwealth of Massachusetts, From 1780 to 1852* (Boston, 1853). Para uma discussão sobre a história jurídica de definições de residência, ver Winkle, K. J. *The Politics of Community: Migration and Politics in Antebellum Ohio*, Cambridge, UK, 1988, p.48-87.

Virginia foi o último estado a insistir num requisito de bens imobiliários em todas as eleições, apegando-se a uma lei de propriedade plena modificada (e de uma complexidade extraordinária) até 1850. E a Carolina do Norte finalmente eliminou sua qualificação de propriedade para as eleições para senador em meados da década de 1850.[5] Numa evolução paralela, houve outro fato da mesma importância: nenhum dos novos estados admitidos na união após 1790 adotou requisitos de propriedades obrigatórios em suas constituições originais.[6] Até o final da década de 1850, apenas dois requisitos de propriedade permaneciam em vigor em qualquer lugar dos Estados Unidos: um que se aplicava a residentes estrangeiros de Rhode Island e outro para os afro-americanos em Nova York.

Mas o fim dos requisitos de propriedade não era idêntico à erradicação das qualificações econômicas. Diversos estados tinham exigências de contribuição tributária mesmo em 1790; diversos outros instituíram esses requisitos quando aboliram as qualificações de propriedade, e vários estados novos do Oeste, incluindo Ohio e Louisiana, também insistiam que os eleitores fossem contribuintes. Ainda que os requisitos de contribuição fossem distintos em termos conceituais das qualificações de propriedade (pagar imposto demonstrava a qualidade de membro de uma comunidade, mas não uma independência blackstoniana), eles preservavam o elo entre a posição financeira de uma pessoa e seu direito de voto. Além disso, dependendo da magnitude e da natureza do imposto, esses requisitos manteriam afastado das urnas um grande número de eleitores; por ironia, a barreira era menor naqueles estados que cobravam um imposto regressivo de votação (mas geralmente pequeno) a todos os chefes de família.

No entanto, o impulso democrático que predominou sobre os requisitos de propriedades também prejudicou as qualificações relativas aos tributos a pagar. Entre 1830 e 1855, seis estados renunciaram a sua insistência de que os eleitores deviam pagar impostos, deixando apenas seis outros com cláusulas tributárias, muitas das quais eram mínimas. Por volta de 1855, portanto, havia poucas barreiras econômicas formais ou explícitas à votação (ver tabelas A.2 e A.3).

Essa ampliação dos requisitos de votação do estado foi acompanhada por mudanças, tanto na política federal como nas leis municipais de voto. Em 1808, o Congresso modificou os requisitos de propriedade na

---

5 Green, F. M. *Constitutional Development in the South Atlantic States, 1776-1860:* A Study in the Evolution of Democracy. Chapel Hill, NC, 1930, p.270.
6 Louisiana e Tennessee fizeram da titularidade da propriedade um meio – embora não um meio exclusivo – de qualificação para o direito de voto. A Flórida, em sua Constituição de 1838, notavelmente declarou que "nenhuma qualificação de propriedade para a elegibilidade ao cargo, ou para o direito de sufrágio, será jamais requisitada neste estado". In: *Comparative View of the State Constitutions, Manual for the New York State Constitutional Convention, 1846.* Albany, NY, 1849, p.172.

Ordenança do Noroeste; três anos depois, agiu de forma mais decisiva, empoderando com o direito de voto todos os homens brancos livres que pagavam impostos e residiam no território.[7] Os atos subsequentes de organização territorial para outras regiões geralmente permitiam o contribuinte de impostos ou o sufrágio do homem branco.[8] Da mesma forma, os atos habilitadores do Congresso (autorizando os territórios a se tornarem estados e as convenções constitucionais) tornaram-se cada vez mais liberais em suas disposições de sufrágio. Os representantes das convenções constitucionais de Ohio (1802) e Indiana (1816) foram escolhidos por cidadãos contribuintes adultos do sexo masculino que atendiam a um requisito de residência de um ano; Illinois, em 1818, nem sequer insistiu num requisito de contribuição e, algumas décadas mais tarde, todos os habitantes brancos livres do sexo masculino de Michigan (1835) e Wisconsin (1846) podiam participar na criação das eleições.[9] O direito de voto no Distrito de Columbia seguiu um caminho semelhante: um requisito de contribuição, adotado em 1802, quando a cidade foi incorporada pela primeira vez, foi abandonado em 1855.[10]

Os padrões de mudança nas leis municipais de votação foram mais diversificados. As diferenças entre os requisitos de votação do estado e da metrópole (ou cidade) persistiram no século XIX, às vezes como um legado de práticas coloniais, mas quase sempre porque as localidades individuais desejavam controlar os portais de entrada para suas comunidades políticas. Em algumas metrópoles e cidades, as leis de sufrágio municipal eram mais

---

7 Taylor, R. M. *The Northwest Ordinance 1787:* A Bicentennial Handbook, Indianapolis, IN, 1987, p.47-49, 118; Hough, F. B. (org.), *American Constitutions*: Comprising the Constitution of Each State in the Union, and of the United States, v.1, Albany, NY, 1872, p.333; Kettleborough, C. *Constitution Making in Indiana:* A Source Book of Constitutional Documents with Historical Introduction and Critical Notes, v.1, Indianapolis, IN, 1916, p.xcii-xciii, 3, 48.
8 Porter, K. H. *A History of Suffrage in the United States*, Chicago, 1918, p.132-133; Cole, A. C. (org.), *The Constitutional Debates of 1847*, Springfield, IL, 1919, p.536-537; Kettleborough, *Constitution Making in Indiana*, v.1, p.56, 58; Thompson, R.H. Suffrage in Mississippi. In: Riley, F. L. (org.), *Publications of the Mississippi Historical Society*, v.1, Oxford, MI, 1898, p.30; McGovney, D. O. *The American Suffrage Medley:* The Need for a National Uniform Suffrage, Chicago, 1949, p.137; McMillan, M. C. *Constitutional Development in Alabama, 1798-1801:* A Study in Politics, the Negro and Sectionalism. Chapel Hill, NC, 1955, p.11-14.
9 Cabe destacar, entretanto, que Illinois insistiu que os eleitores fossem brancos, o que não era o caso em Ohio ou Indiana. Peters, R. (org.), *The Public Statutes at Large of the United States of America from the Organization of Government in 1780 to March 3, 1845*, Boston, 1848, v.2, p.173-175, v.3, p.289-291, 428-431, v.5, p.49-50; An Act in Relation to the Formation of a State Government in Wisconsin. In: Madison, W.T. (org.), *Laws of the Territory of Wisconsin*, Simeon Mills, EI, 1846, p.5-12; Minot, G. (org.), *The Public Statutes at Large of the United States of America from December 1, 1845 to March 3, 1851*, Boston, 1857, p.56-58; An Act to Enable the People of Michigan to form a Constitution and State Government. In: *Acts Passed at the Extra and Second Session of the Sixth Legislative Council of the Territory of Michigan*, Detroit, MI, 1835, p.72-77.
10 Porter, *History of Suffrage*, p.133-134.

liberais do que aquelas em vigor para as eleições estaduais, como acontecia no final do século XVIII. Em Massachusetts, por exemplo, os cidadãos do sexo masculino que eram "sujeitos aos impostos" permaneciam capazes de votar para os cargos municipais, apesar do requisito de propriedade empregado nas eleições estaduais até 1820.[11] As leis de Nova Jersey eram parecidas, ao passo que numerosas cidades e condados no Mississipi, incluindo Greenville, Holmesville e Shieldsborough, simplesmente ignoraram o requisito estadual de contribuição tributária e concederam o sufrágio a todos "os cidadãos locais".[12]

A reversão da lacuna de elegibilidade tornou-se mais frequente: ao contrário do padrão do século XVIII, as metrópoles e cidades que possuíam seus próprios requisitos de votação durante a primeira metade do século XIX tendiam a ter regras de elegibilidade relativamente rigorosas. Isto valia não somente para metrópoles como Nova York, onde as qualificações de propriedade eram um resquício de cartas coloniais, mas também em novas municipalidades como Chicago, que, em sua primeira carta (1837), concedeu o voto apenas aos contribuintes – embora Illinois não tivesse um requisito de contribuição tributária.[13] Os requisitos de sufrágio com um rigor comparável podiam ser encontrados em todas as cidades do Maine e Tennessee, em Milwaukee, Louisville, St. Louis, Memphis, Richmond e Petersburg, Virginia. Algumas municipalidades (Alabama e Indiana, entre outras) chegaram a adotar os requisitos de propriedade plena.[14] A justificativa do rigor relativo dessas leis municipais era a noção cada vez mais generalizada de que a responsabilidade própria do governo local era a administração financeira – cuja consequência parecia ser que somente aqueles que contribuíam para as finanças da municipalidade deveriam eleger suas autoridades. Como afirmou o romancista James Fenimore Cooper em 1838, "nas cidades e povoados que regulam a propriedade acima de tudo, há uma conveniência especial em excluir do sufrágio aqueles que não têm interesses locais imediatos".[15]

Ainda assim, a tendência mais significativa que afetou as eleições municipais foi a convergência dos requisitos de elegibilidade estaduais e

---

11 Mass., *Gen. Laws* (1811), Capítulo 9.
12 Thompson, Suffrage in Mississippi, p.33; Williamson, C. American Suffrage and Sir William Blackstone. In: *Political Science Quarterly*, 68, 1953, p.125.
13 James, E. J. *The Charters of the City of Chicago. Part 1, The Early Charters, 1833-1837*, Chicago, 1898, p.39; Williamson, American Suffrage, p.162.
14 Chandler, J. A. C. The History of Suffrage in Virginia. In: Adams, H. B. (org.), *Johns Hopkins University Studies in Historical and Political Science Series*, n.19, Baltimore, MD, 1901, p.20; Williamson, American Suffrage, p.190, 220-223; Pole, J. R. *Political Representation in England and the Origins of the American Republic*, New York, 1966, p.293-294; *The Constitution of the State of New York*, 3 nov. 1846, Albany, NY, 1849, p.1069-1079; *Charter of the City of Milwaukee*, publicado pela Order of the Common Council, Milwaukee, WI, 1849, p.6.
15 Cooper, J. F. *The American Democrat*, 1838; reimpr. New York, 1956, p.139-143.

locais. Quase em toda parte, entre 1790 e década de 1850, as leis de sufrágio estaduais e municipais eram idênticas. Por trás dessa convergência houve duas mudanças na lei importantes e relacionadas. A primeira foi a deterioração, seguida do colapso, no início do século XIX, da noção de que as cartas municipais eram invioláveis. A segunda era a ascensão de um conceito amplo de supremacia de estado, a ideia de que as municipalidades deveriam ser legalmente consideradas como organismos administrativos do estado, em vez de soberanias de qualquer tipo. Esta segunda noção ficou conhecida no final do século XIX como o regulamento de Dillon (graças à formação erudita completa e pioneira do jurista John Dillon), mas já era bem estabelecida no direito americano antes da Guerra Civil.[16] Uma de suas implicações era que as legislaturas de estado podiam estabelecer o direito de voto nas eleições municipais e obrigar as metrópoles e cidades a adotarem as mesmas cláusulas de sufrágio que o estado.[17]

Foi exatamente isso que os poderes legislativos estaduais fizeram, às vezes por razões partidárias, às vezes por uma questão de princípio – e quase sempre porque eram solicitados a intervir pelos habitantes privados do direito de voto. O poder legislativo da Pensilvânia alterou o direito de voto na Filadélfia em 1796; o Estado de Nova York cancelou a carta da cidade de Nova York em 1804; a legislatura estadual em Missouri ampliou o direito de voto de St. Louis em 1840; e Virginia finalmente conseguiu a adesão de Richmond na década de 1850.[18] Embora persistisse a ideia de que as municipalidades deveriam desempenhar tarefas especiais que poderiam garantir requisitos especiais de sufrágio (Michigan já havia adotado regras separadas para as eleições escolares desde 1837), havia um pressuposto, por volta da década de 1850, que os regulamentos estaduais do sufrágio se aplicariam e de fato se aplicaram a todas as eleições.[19]

Em alguns estados, o direito de voto também foi ampliado em termos que não eram econômicos nem financeiros. Quase em toda a parte, os estados faziam remendos em suas regras de residência, que cada vez mais chamavam a atenção, uma vez que as qualificações de propriedade

---

16 Frug, G. E. *Local Government Law*, St. Paul, MN, 1988, p.56-61.
17 Teaford, J. C. *The Municipal Revolution in America: Origins of Modern Urban Government, 1650-1825*, Chicago, 1975, p.79-90; Dillon, J. F. *Commentaries on the Law of Municipal Corporations*, v.1, Boston, 1911, p.26-27, 37-39, 635-636; Hartog, H. *Public Property and Private Power:* The Corporation of the City of New York in American Law, 1730-1870, Chapel Hill, NC, 1983, p.4, 237; Frug, G. E. The City as a Legal Concept, *Harvard Law Review*, 93, 1980, p.1101-1108.
18 Teaford, *Municipal Revolution*, p.82-89; Blackmar, F. W. History of Suffrage in Legislation in the United States, *The Chautauquan*, 22, outubro de 1895, p.28-34; Mass., *Gen. Laws* (1822), Capítulo 110, seções 1-8, p.23-24; Chandler, Suffrage in Virginia, p.20, 52; Mering, J. V. *The Whig Party in Missouri*, Columbia, MO, 1967, p.72-75; Hartog, *Public Property*, p.135-139; Pole, *Political Representation*, p.293-294.
19 Adams, M.J. *The History of Suffrage in Michigan, Publications of the Michigan Political Science Association*, v.3, n.1, Ann Arbor, MI, março de 1898, p.42-43, 50-53.

haviam sido eliminadas. Em vários estados, incluindo Delaware, Pensilvânia, Carolina do Sul, Indiana e Michigan, os requisitos de residência foram encurtados, abrindo as urnas a um grande número de migrantes que anteriormente haviam sido barrados.[20] Em Ohio, a migração generalizada levou a uma mudança em toda a base conceitual das normas de residência, aumentando o peso dado ao direito do indivíduo de votar e, ao mesmo tempo, limitando o poder das comunidades para decidir quem eram seus residentes oficiais.[21]

Muito mais impressionante, e talvez surpreendente, foi a extensão do direito de voto para os estrangeiros, embora a história da votação de estrangeiros (isto é, os não cidadãos) tenha sido tudo, menos unidirecional. No final do século XVIII, a linha que separava os cidadãos dos estrangeiros não era clara ou consistente, seja na lei, seja na prática.[22] Algumas constituições de estado especificavam que os eleitores deviam ser cidadãos, enquanto outras conferiam o direito de voto aos "habitantes"; o governo federal, esperando encorajar o assentamento, dava permissão expressa para que os estrangeiros votassem nos Territórios do Noroeste.[23] Assim, em muitas localidades, homens nascidos estrangeiros que não haviam se naturalizado pelo governo federal, mas que atendiam aos requisitos de propriedade, contribuição tributária e residência estavam aptos para participar das eleições.[24]

No entanto, a condição de estrangeiro estava em fluxo. O governo federal alterava os procedimentos e qualificações para a naturalização de tempos em tempos, alcançando uma fórmula durável somente em 1802, quando o Congresso declarou que qualquer homem branco nascido estrangeiro que atendesse um requisito de residência de cinco anos poderia se tornar um cidadão três anos após anunciar formalmente sua intenção de fazê-lo.[25] Além

---

20 Green, *Constitutional Development*, p.249; Adams, *Suffrage in Michigan*, p.37-38; Kettleborough, *Constitution Making in Indiana*, v.1, p.ccxxvi, 106, 304-305; Akagi, R. H., The Pennsylvania Constitution of 1838. In: *Pennsylvania Magazine of History and Biography*, 48, 1924, p.328.
21 Winkle, *Politics of Community*, p.49-65, 84-87, 172-175.
22 Rosberg, G. M., Aliens and Equal Protection: Why Not the Right to Vote? *Michigan Law Review*, 75, abril-maio de 1977, p.1096-1097; Kettner, J. H. *The Development of American Citizenship, 1608-1870*, Chapel Hill, NC, 1978, p.28; Everett, H. S., Immigration and Naturalization, *Atlantic Monthly*, 75, março de 1895, p.349-350; *Reports of the U.S. Immigration Commission*, v.39, *Immigration Legislation*, Senate Document n. 758, Washington, DC, 1911, p.6.
23 Raskin, J. B., Legal Aliens, Local Citizens: The Historical, Constitutional and Theoretical Meanings of Alien Suffrage. *University of Pennsylvania Law Review*, 141, abril de 1993, p.1402.
24 Neuman, G. L., "We Are the People": Alien Suffrage in German and American Perspective. *Michigan Journal of International Law*, 13, 1992, p.291-296; Raskin, Legal Aliens, p.1400-1403.
25 *The Naturalization Laws of the United States*, comp. by *"member of the bar"*, containing also the Alien Laws of the State of New York, Rochester, NY, 1855, p.9-11; *Immigration Commission*, v.39, p.6; Everett, Immigration and Naturalization, p.349-350; Gavit, J. P., *Americans by Choice*, 1922;

disso, a distinção entre cidadãos e habitantes tornou-se objeto de litígio em Ohio, Illinois e outras jurisdições.[26]

Entre 1800 e 1830, vários estados optaram por esclarecer a formulação ambígua em suas constituições com o fim de se proteger contra um influxo percebido ou potencial (indesejável) de eleitores nascidos estrangeiros. Ao revisar suas constituições, Nova York, Massachusetts, Connecticut, Vermont, Maryland e Virginia substituíram "habitante" por "cidadão"; Nova Jersey realizou a mesma alquimia por meio da lei[27] (Nova Jersey parecia excepcionalmente displicente com a alteração das qualificações do sufrágio por meio da lei, no lugar da emenda constitucional). Não é de surpreender que os estados do Oeste tenham seguido o exemplo: quase todos os novos estados que aderiram à União entre 1800 e 1840 conferiram o direito de voto exclusivamente aos cidadãos.[28] (A única exceção foi Illinois, que permitiu que os estrangeiros votassem durante várias décadas depois que o estado foi organizado em 1818.) Na era jacksoniana, os estrangeiros foram impedidos de chegar às urnas em quase toda parte (ver Tabela A.4).

Em seguida, o pêndulo oscilou para trás, sobretudo no Meio-Oeste. Embora Illinois, por uma estreita margem de voto, tenha decidido limitar o direito de voto para os cidadãos em 1848, outros estados da parte setentrional do Meio-Oeste foram para a direção oposta. Wisconsin foi o pioneiro, adotando em 1848 o que ficou conhecido como o sufrágio da "intenção estrangeira" ou do "declarante não cidadão": ao desenvolver a estrutura de duas etapas das leis de naturalização, o direito de voto foi estendido aos estrangeiros que já haviam vivido nos Estados Unidos por dois anos e que haviam apresentado "os primeiros papéis" declarando sua intenção de se tornar cidadãos.[29] Não por acaso, a população de Wisconsin em 1850 era de 35% de origem estrangeira, o índice mais alto de qualquer estado.[30] Michigan e Indiana logo aprovaram leis semelhantes, como também o governo

---

reimpr., Montclair, NJ, 1971, p.66-77; Evans, T., *American Citizenship and the Right of Suffrage in the United States*, Oakland, CA, 1892, p.14-15.

26 Entre os procedimentos judiciários importantes, ver o caso Johnston versus Inglaterra, 1817. In: Pollack, E. H. (org.), *Ohio Unreported Judicial Decisions Prior to 1823*, Indianapolis, IN, 1952, p.149-159; ou o mais amplamente citado Spragins versus Houghton, 3 Ill. (2 Scam.), p.377, 1840; e Rosberg, Aliens and Equal Protection, p.1095-1096.

27 Raskin, Legal Aliens, p.1403-1404; McCormick, R. P., *The History of Voting in New Jersey*: A Study of the Development of Election Machinery, 1664-1911. New Brunswick, NJ, 1953, p.110; Rosberg, Aliens and Equal Protection, p.1097-1099.

28 Raskin, Legal Aliens, p.1403-1405.

29 Para o debate em Wisconsin a respeito do sufrágio estrangeiro, ver Quaife, M. M. (org.), *The Convention of 1846*, Publications of the State Historical Society of Wisconsin, Collections, v.27, Constitutional Series, v.2, Madison, WI, 1919, p.207-278; *Journal of the Convention to form a constitution for the State of Wisconsin, with a sketch of the debates, begun and held at Madison, on the fifteenth day of December, eighteen hundred and forty-seven*, Madison, WI, 1848, p.146-191.

30 Calculado a partir de dados de *Naturalization Laws*, 87.

federal para os territórios de Oregon e Minnesota.³¹ No final dos anos 1850, Kansas, Minnesota e Oregon adotaram o sufrágio para os estrangeiros, e depois da Guerra Civil mais uma dúzia de estados do Sul e do Oeste fizeram o mesmo (mais uma vez acompanhados por vários territórios administrados pelo governo federal). Além da região Nordeste, o sufrágio do declarante não cidadão, portanto, tornou-se comum, permitindo que centenas de milhares de eleitores anteriormente excluídos fossem às urnas.³² Embora a constitucionalidade do sufrágio estrangeiro tenha sido alvo de debates acalorados na metade do século XIX (os oponentes costumavam afirmar que os estados estavam usurpando o poder federal ao conferir o direito de voto a quem não havia sido naturalizado), os tribunais estaduais defenderam essa disposição com consistência.³³ Em 1840, por exemplo, a Suprema Corte de Illinois afirmou que a Constituição do estado concedeu "o direito de sufrágio para os que, por meio de habitação e permanência, identificaram seus interesses e sentimentos com a cidadania [...] embora possam não ser nem nativos nem cidadãos adotados".³⁴

---

31 Para um exame das políticas que conduzem à lei de Michigan, ver Formisano, R. P., *The Birth of Mass Political Parties, Michigan, 1827-1861*, Princeton, NJ, 1971, p.81-101; ver também Dorr, H. M. (org.), *The Michigan Constitutional Conventions of 1835-36, Debates and Proceedings*, Ann Arbor, MI, 1940, p.177-257, 511; em relação a Indiana, ver Kettleborough, *Constitution Making in Indiana*, v.1, p.xcvi-xcix, civ-cix; e *Report of the Debates and Proceedings of the Convention for the Revision of the Constitution of the State of Indiana*, Indianapolis, IN, 1850, p.1292-1305; para datas de leis específicas, ver artigos de Raskin, Rosberg e Neuman.

32 Para uma crônica parcial dos estados que adotaram o sufrágio estrangeiro, ver Neuman, Alien Suffrage, p.297-300; ver também Raskin, Legal Aliens, p.1391-1470; e Rosberg, Aliens and Equal Protection, p.1095-1099. Como Rosberg aponta, há alguma incerteza sobre o número de estados que já tiveram disposições de sufrágio estrangeiro em parte pois tais disposições têm aparecido nos estatutos, em vez de cláusulas constitucionais; tabelas A.4 e A.12 listam todos os estados em que eu encontrei essa disposição. O mais recente e detalhado relato de votação de não cidadãos nos Estados Unidos está em Hayduk, R., *Democracy for All*: Restoring Immigrant Voting Rights in the United States, New York, 2006. A lista de Hayduk dos estados que alguma vez permitiram o sufrágio estrangeiro (e quando o fizeram) difere um tanto da minha, de um modo não parece ter consequências em termos de interpretação (ver especialmente p.15-25). Hayduk ressalta justamente o fato de que o Congresso sancionou repetidamente o voto do não cidadão em territórios federais no século XIX. Ver também Mcculloch, A.J., *Suffrage and Its Problems*, Baltimore, MD, 1929, p.140-141. Para os debates sobre o sufrágio estrangeiro, ver *Debates Indiana 1850*, v.2, Indianapolis, IN, 1850, p.1292-1305; *Report of the Debates and Proceedings of the Convention for the Revision of the Constitution of the State of Kentucky, 1849*, Frankfort, KY, 1849, p.445-617.

33 Quaife, *Convention of 1846*, p.235-238.

34 Spragins *versus* Houghton, 3 Ill. (2 Scam.) p.377, 408 (1840); ver também Neuman, Alien Suffrage, p.300-310.

Alexander Keyssar

Fontes de expansão

> Deve ser lembrado, senhor, que os operários de fábricas estão crescendo depressa e seus empregadores podem levar um grande número deles para as urnas.
> Senhor, se um grande número deles for às urnas para votar, um grande número irá lutar contra os inimigos de sua pátria amada.
> – Debate Legislativo, Connecticut, 1818

Por que o direito de voto foi ampliado – e de forma tão impressionante? Por que os requisitos de propriedade foram descartados em quase todos os lugares, e os requisitos de contribuição tributária abandonados na maioria dos estados? Por que os homens que não eram nem mesmo cidadãos foram autorizados a votar? Por que, em suma, o sufrágio disseminou-se em quase toda parte nos Estados Unidos, Norte e Sul, ao longo da costa e no interior?

Como seria de esperar, nenhum fator individual pode explicar essa irrupção de democracia – nem mesmo um fator tão amplo como a fronteira de Frederick Jackson Turner. Apesar da sagacidade, a famosa visão de Turner da fronteira como uma força democratizante não pode explicar a democratização relativamente precoce de grande parte da costa oeste.[35] A tão celebrada ampliação do sufrágio durante a primeira metade do século XIX de fato foi gerada não por uma mudança, mas várias; pela convergência de diversos fatores, presentes em diferentes combinações nos estados individuais. Entre eles, três importantes avanços socioeconômicos e institucionais: as mudanças generalizadas e significativas na estrutura social e nas composições sociais da população do país; o aparecimento ou expansão de condições sob as quais os interesses materiais dos emancipados poderiam ser servidos pela ampliação do direito de voto; e a formação de partidos políticos de ampla base que competiam de forma sistemática por votos.

O fator mais fundamental talvez tenha se dado quando todos os estados que haviam tido requisitos de propriedade em 1790 testemunharam um recrudescimento no número e proporção de homens adultos incapazes de atender a esses requisitos. Ao longo de toda a costa leste, de Boston a Nova York, em Baltimore, Richmond, Wilmington e Carolina do Norte, houve um aumento rápido da população urbana, que engrossava as fileiras daqueles

---

35 Turner, F.J., Contributions of the West to American Democracy, *Atlantic Monthly*, 91, janeiro de 1903, p.83-96; Id., *The Frontier in American History*, New York, 1920, p.192. Donald Frary e Charles Seymour também desenvolvem um argumento que apoia a noção de fronteira como uma influência democratizante, mas isso é contestado por Avery Craven e Walter Johnson. Frary, D.; Seymour, C., *How the World Votes*: The Story of Democratic Development in Elections, v.1, Springfield, IL, 1918, p.228-233; Craven, A.; John, W., *The United States*: Experiment in Democracy, Boston, 1947, p.288. Ver também Pessen, E., *Jacksonian America*: Society, Personality, and Politics. Homewood, IL, 1969, p.128-129, 157-158.

que não possuíam bens imóveis e, por vezes, propriedade alguma. Artesãos, "mecânicos", operários, mesmo os pequenos comerciantes e lojistas – uma fatia cada vez maior e importante da população de quase todas as cidades e grandes cidades foi desclassificada por razões econômicas.[36] Em alguns estados houve também um aumento na proporção de agricultores que não atendiam os requisitos de propriedade – ou porque eram arrendatários, ou suas propriedades eram demasiado pequenas, ou por causa de mudanças nos padrões de arrendamento. Tanto no norte da Louisiana como a oeste da Carolina do Norte, por exemplo, o rápido crescimento de condados e paróquias recém-colonizadas, dominados por pequenos agricultores em terras recentemente autorizadas, resultaram num aumento acentuado da população de não votantes.[37] Um padrão semelhante resultou na mudança, na Virginia, dos contratos vitalícios de arrendamento (que eram contados como propriedades plenas) para concessões de curto prazo (que não eram).[38] No Norte, o arrendamento de fazendas estava em ascensão, e em alguns locais, incluindo o norte de Nova York, os agricultores que compravam terra por meio de hipotecas pagas a prestação não eram elegíveis até que a última parcela fosse paga e a posse legal de suas terras fosse garantida.[39] Entrementes, no Oeste, o processo lento, incômodo e irregular de ganhar o direito de posse da terra estava impedindo muitos colonos de votar.[40] Engrossando as fileiras dos sem voto no Norte havia centenas de milhares de imigrantes excluídos por requisitos de cidadania cada vez mais generalizados.

Essas mudanças na estrutura social criaram grupos significativos e crescentes de homens que eram participantes integrais da vida econômica e social, mas que careciam de direitos políticos. Como era de esperar, às vezes esses próprios cidadãos inelegíveis exerciam uma pressão considerável para ampliar o direito de voto, sobretudo quando estavam concentrados em cidades, bairros ou distritos rurais distintos. Entre 1790 e 1835, do Sudeste até Michigan, homens sem voto solicitaram legislaturas e convenções constitucionais para a ampliação dos requisitos do sufrágio. A decisão precoce de Maryland para tirar as qualificações de propriedade foi

---

36 Green, *Constitutional Development*, p.159-162; Pole, J. R., Representation and Authority in Virginia from the Revolution to Reform. In: *Journal of Southern History*, 24, fevereiro de 1958, p.35; Pole, *Political Representation*, p.314-17.
37 Shugg, R. W. *Origins of Class Struggle in Louisiana:* A Social History of White Farmers and Laborers During Slavery and After, 1840-1875. Baton Rouge, LA, 1939, p.120-128; 120-128; Howard, P. H. *Political Tendencies in Louisiana*, Baton Rouge, LA, 1957, p.24-25; Green, Constitutional Development, p.viii, 190-195; 300; Chandler, Suffrage in Virginia, p.21-38.
38 Williamson, C., *American Suffrage:* From Property to Democracy, 1760-1860. Princeton, NJ, 1960, p.228-229.
39 Peterson, M. D. (org.), *Democracy, Liberty, and Property* – The State Constitutional Conventions of the 1820s, Indianapolis, IN, 1966, p.135; Frary e Seymour, *World Votes*, v.1, p.233.
40 Williamson, *American Suffrage*, p.210-212.

acelerada por anos de agitação por parte dos moradores sem propriedade (incluindo muitos "mecânicos") da Baltimore politicamente dominante; na década de 1840, os homens que não cumpriam o requisito de propriedade plena senatorial da Carolina do Norte realizavam comícios em massa para exigir o direito de voto em todas as eleições, enquanto os estrangeiros alemães e irlandeses requeriam sua própria emancipação em Milwaukee.[41] Na Virginia, a guerra de 1812 – que, segundo o historiador J. R. Pole, "foi o maior estímulo único para o movimento de extensão do sufrágio" – criou as condições que aceleraram esses protestos, conferindo-lhes um tom patriótico. Quando reunidos para serem recrutados para a milícia, os homens assinaram petições afirmando e protestando contra a privação dos direitos de voto. Em um ajuntamento de tropas de mil homens em Shenandoah, setecentos afirmaram que não podiam votar; em Loudoun, o número era de mil do total de 1.200 homens.[42]

Talvez a expressão mais eloquente de protesto que emanou das próprias pessoas privadas do direito de voto tenha sido o "Memorial dos Não Proprietários da Cidade de Richmond", apresentado em 13 de outubro de 1829, à Convenção Constitucional de Virginia. O Chefe de Justiça John Marshall, que não era nada solidário com os não proprietários, entregou o memorial à convenção, sem comentários. Num tom mais irritado que suplicante, o memorial acusava que o requisito de propriedade plena da Virginia era uma usurpação injusta de poder, que violava a célebre Declaração de Direitos celebrada da *commonwealth:*

> [Isso] cria uma distinção odiosa entre membros de uma mesma comunidade; priva de toda ação, na promulgação das leis, uma grande parte dos cidadãos, obrigados por elas, e cujo sangue e tesouro estão empenhados em mantê-las, e empossa uma classe favorecida, não por consideração aos seus serviços públicos, mas aos seus bens pessoais, o maior de todos os privilégios.

Os que não eram proprietários plenos, "abrangendo uma grande parte, provavelmente a maioria dos cidadãos adultos do sexo masculino", ridicularizavam a noção de que a posse da terra estabelecesse que um homem

---

41 Steffen, C. G. *The Mechanics of Baltimore:* Workers and Politics in the Age of Revolution, 1763-1812, Urbana, IL, 1984, p.121; Morgan, E. S., *Inventing the People*, New York, 1988, p.185-186; Pole, *Political Representation*, p.318; Wilentz, S., *Chants Democratic:* New York City and the Rise of the American Working Class, 1788-1850. New York, 1984, p.175; Bassett, J. S., Suffrage in the State of North Carolina, 1776-1861. In: *American Historical Association:* Annual Report of the American Historical Association for 1895. Washington, DC, 1896, p.281; *Michigan Conventions 1835-36*, p.74; GREEN, *Constitutional Development*, p.266; Pole, Political Representation, p.307; Conzen, K. N., *Immigrant Milwauke, 1836-1860:* Accommodation and Community in a Frontier City. Cambridge, MA, 1976, p.195.

42 Pole, *Political Representation*, p.307-309; Id., Representation in Virginia, p.33-34.

era "mais sábio ou melhor". "Virtude" e "inteligência" não estavam "entre os produtos do solo". O memorial também ressaltou que os homens sem-terra não eram considerados "ignorantes" ou "depravados" para servir na milícia:

> Na hora do perigo eles não traçaram distinções injustas entre os filhos da Virginia. As listas de recrutamento não passaram por nenhum escrutínio, sem comparação com os livros de registro da terra, com vista a eliminar aqueles que não estavam nas fileiras de homens livres. Se os cidadãos sem-terra foram expulsos de forma ignominiosa das urnas em tempo de paz, pelo menos eles foram generosamente convocados, na guerra, para o campo de batalha.

Os não proprietários admitiam que o direito de sufrágio era um "direito social", em vez de um "direito natural", e que "deve necessariamente ser regulamentado pela sociedade. Por razões óbvias, por consenso quase universal, mulheres e crianças, estrangeiros e escravos estão excluídos". No entanto, essas exclusões não eram "argumento algum para a exclusão de outros" ao longo das linhas econômicas indefensáveis. "Fomos ensinados por nossos pais que todo o poder é exercido pelo povo e derivado do povo, e não dos proprietários livres", o memorial afirmou, ecoando a Declaração de Direitos. "Só merece ser considerado livre, ou ter uma garantia de seus direitos, quem participa na formação de suas instituições políticas".[43]

Por mais poderosas que tenham sido suas palavras, os não proprietários de Richmond tiveram pouco sucesso: a convenção de Virginia de 1829-1830, apesar da presença de um grupo extraordinário de notáveis políticos, produziu uma lei de sufrágio desorganizada e confusa, que com efeito mantinha um requisito de propriedade plena. "Ninguém pode entender isso", concluiu um contemporâneo[44] (para o texto incompreensível, consulte a Tabela A.2). Este resultado decepcionante, mas ilustrativo, reflete um impasse na vida política muito controversa da *commonwealth*. Por quase três décadas, os residentes dos condados do Oeste que cresciam rapidamente haviam clamado por uma nova constituição: em primeiro lugar, entre as mudanças que eles (e seus aliados dispersos da região Leste) buscavam constava a abolição do requisito de plena propriedade para votar e uma redistribuição das cadeiras na Câmara Baixa do Legislativo, com base apenas na população branca de cada condado. O pai fundador mais reverenciado da Virginia, Thomas Jefferson, havia aderido a este clamor por reforma. Em 1816, ele escreveu uma carta para um dos líderes do movimento de reforma endossando o sufrágio para todos os homens

---

43 Peterson, *Democracy*, p.377-387; ver também Pole, *Political Representation*, p.320-321.
44 Chandler, Suffrage in Virginia, p.32-44.

brancos livres. Em 1824, pouco antes de sua morte, ele criticou o governo do Estado por violar "o princípio dos direitos políticos iguais".[45]

No entanto, os proprietários de escravos do Leste que dominavam o governo da *commonwealth* haviam resistido violentamente a essas mudanças; a "aristocracia rural odiosa" (como eram chamados pelos reformadores) estava profundamente relutante até em realizar uma convenção constitucional, temendo tanto a perda imediata de poder político como a possibilidade de colocar em movimento uma dinâmica de democratização que pudesse finalmente solapar a própria escravidão. Quando finalmente foram forçados a realizar uma convenção por um referendo popular, os conservadores da Virginia lutaram com unhas e dentes contra cada proposta importante de mudança. Graças a um sistema de seleção de representantes que favorecia os condados do Leste, eles prevaleceram.[46]

A convenção de Virginia de 1829-1830 foi uma vívida demonstração das conexões entre o assunto do sufrágio com outras questões de poder e representação política. A convenção também demonstrou as dificuldades enfrentadas por homens que careciam do direito de voto quando procuravam o poder político. Os indivíduos sem propriedade plena de Richmond, bem como seus numerosos aliados sem acesso ao voto no Oeste não conseguiam gerar reformas constitucionais simplesmente assinando petições e organizando reuniões. Como acontecia em toda a nação, todos os que eram privados dos direitos de voto eram incapazes de precipitar mudanças por si próprios. A ampliação do direito de voto deveu-se a alguns homens já empoderados com tal direito, que defenderam ativamente a causa da expansão do sufrágio.

Por que os membros eleitores da comunidade às vezes escolhiam partilhar seu poder político com outros? Em numerosos casos, porque viam interesses diretos em ampliar o eleitorado. Um desses interesses era a prontidão militar e a defesa da república. Na esteira da Guerra Revolucionária e, novamente, após a Guerra de 1812, muitos cidadãos de classe média concluíram que a extensão do direito de voto para as "camadas inferiores" aumentaria sua própria segurança e ajudaria a preservar seu modo de vida, garantindo que esses homens continuariam a servir no exército e nas milícias. A experiência do país durante a guerra de 1812 ressaltou essa preocupação: o governo federal tinha grande dificuldade de recrutamento e retenção de soldados e acabou por ter de recorrer a forças de milícia para reforçar o exército.[47]

---

45 Sutton, *Revolution to Secession*, p.60-66.
46 Ibid., p.72-103; Shade, W. G., *Democratizing the Old Dominion:* Virginia and the Second Party System, 1824-1861. Charlottesville, VA, 1996, p.59-77.
47 Hickey, D. R., *The War of 1812:* A Forgotten Conflict, Urbana, IL, 1989, p.110-113, 221-223.

Em quase todos os debates subsequentes sobre o sufrágio, de Nova York a Illinois, a Massachusetts, ao Alabama, o tema dos soldados era invocado – não apenas como uma questão de imparcialidade (como era injusto negar o voto aos "soldados pobres e fortes que derramam seu sangue em defesa dessa nação"), mas também como uma questão de segurança.[48] Em Connecticut, os líderes preocupados expressavam o ponto de vista de que as milícias estaduais não haviam se saído bem durante a guerra porque os homens que serviam não mostravam entusiasmo em proteger um governo eleito sem sua participação; em 1820, o representante da convenção de Massachusetts, Reverendo Joseph Richardson, temia que o "ardor" dos privados de voto seria "esfriado [...] quando fossem convocados a defender sua nação". Entre 1817 e 1820, três estados – Connecticut, Nova York e Mississipi – dispensaram os requisitos de propriedade ou contribuição tributária aos membros da milícia. Trinta anos depois, o candidato governamental da Carolina do Norte, David. S. Reid, declarou que "gostaria de ver os homens corajosos que arriscavam suas vidas na guerra contra o México recebidos nas urnas em termos de igualdade".[49]

No Sul, a questão teve um elemento adicional: conceder o direito de voto a todos os sulistas brancos era um meio de garantir que os brancos pobres servissem nas patrulhas de milícias com o fim de proteger contra as rebeliões de escravos. Por mais que os reacionários inflexíveis como John Randolph, da Virginia, temessem que o sufrágio mais amplo desfiaria a trama da sociedade escravocrata, havia outros líderes políticos que acreditavam que um sufrágio maior contribuiria para a solidariedade entre os brancos. Um delegado da convenção da Virginia observou de forma incisiva que "todos os estados escravistas estão se aproximando de uma crise realmente alarmante, um tempo que demandará homens livres – quando todo homem deverá ocupar seu posto". Portanto, não seria "sábio [...] convocar pelo menos todo ser humano branco livre e unir a todos em um mesmo interesse comum e governo?".[50]

---

48 *Debates and Proceedings in the State Convention Held at Newport, September 12th, 1842, For the Adoption of a Constitution of the State of Rhode Island*. Providence, RI, 1859, p.36, 45-47, 53-60; Quaife, *Convention of 1846*, p.223-235; *Constitution New York 1846*, p.1015-1016; Green, *Constitutional Development*, p.190-195, 269; Cole, *Constitutional Debates 1847*, p.516, 532, 535, 543-544, 561, 574-575, 577-578, 603, 605-606; *Constitution of the State of New York 1821*. Albany, NY, 1849, p.77-78; Jones, S., *A Treatise on the Right of Suffrage*, Boston, 1842, p.150; *New York Debates 1821*, p.118, 121, 141, 144, 179; *American Mercury*, 9 jun. 1818.

49 Williamsom, *American Suffrage*, p.188; Massachusetts Convention of Delegates, *Journal of Debates and Proceedings in the Convention of Delegates, 1821*, Boston, 1853, p.253; Butler, L. S. (org.), *The Papers of David S. Reid*, v.1, 1993-1997, p.253; Shade, *Democratizing the Old Dominion*, p.58.

50 Peterson, *Democracy*, p.280, 408-409; Smith, R. M., *Civic Ideals*: Conflicting Visions of Citizenship in U.S. History. New Haven, CT, 1997, p.173; Sutton, *Revolution to Secession*, p.88-89, 96; Freehling, A.G., *Drift Toward Dissolution*: The Virginia Slavery Debate of 1831-32. Baton

O interesse próprio econômico também desempenhou um papel na expansão do direito de voto, sobretudo no Meio-Oeste. À medida que os territórios começavam a se organizar em estados, os habitantes de regiões escassamente povoadas aceitaram o sufrágio do homem branco, em parte porque acreditavam que um empoderamento do direito de voto mais extenso encorajaria a colonização e isso faria subir o valor da terra, estimular o desenvolvimento econômico e gerar receitas fiscais. Após 1840, preocupações semelhantes ajudaram a impulsionar as leis do sufrágio estrangeiro, à medida que os novos estados do antigo Noroeste competiam entre si por colonos. A concessão de plenos direitos políticos aos imigrantes pareceu ser vantajosa em termos econômicos, bem como democráticos; que isso tenha sido assim demonstrou a conveniência – ou pelo menos a conveniência percebida – do direito de voto.

Em nenhum lugar isso foi defendido com maior vigor (embora sem sucesso) do que em Illinois, onde a convenção constitucional se desenrolava contra o pano de fundo de uma montanha de dívida pública. "É a nossa política, como um estado sobrecarregado de dívidas e pouco povoado, restringir o direito de sufrágio, e, assim, impedir a imigração para o nosso solo?", questionou um delegado da convenção. "Não deveríamos [...] estender ao mundo o maior incentivo para que os homens venham até nós, para cultivar nossas pradarias, trabalhar em nossas minas e desenvolver os vastos e inesgotáveis recursos de nosso estado?", indagou um representante do condado de Joe Davies. "Não podemos obter esta classe de população sem estender-lhes incentivos iguais aos de outros estados, e como estamos sobrecarregados com uma dívida, nossos incentivos devem ser maiores do que em outros lugares."[51]

Talvez a maneira mais comum pela qual a prosperidade dos já emancipados estivesse concretamente ligada à causa da reforma do sufrágio tenha sido por meio de partidos políticos e competição eleitoral. No início do século XIX, os partidos federalista e republicano competiam ativamente por votos em muitos estados; em outros, (como Nova York na década de 1820), as disputas entre facções políticas organizadas eram comuns. Na década de 1830 a competição entre os Whigs e os Democratas dominava a vida política, refletindo a criação de um sistema forte e vibrante de partidos

---

Rouge, LA, 1982), p.72. Ver também *Proceedings of the Maryland State Convention, to Frame a New Constitution. Commenced at Annapolis, November, 1, 1850,* Annapolis, MD, 1850, p.136.

51 Cole, *Constitutional Debates 1847,* p.517-518, 525, 553, 570-608; *Diário da convenção reunida em Springfield, 7 de junho de 1847, em cumprimento de um ato da assembleia geral do Estado de Illinois, intitulada "Um ato para estabelecer a convocação de uma convenção", aprovado em 20 de fevereiro de 1847, para a finalidade da alteração, emenda, ou revisão da constituição do Estado de Illinois;* Springfield, IL, 1847, p.47-48, 76-77, 180, 196-205; *Journal of the Convention for the Formation of a Constitution for the State of Iowa, Begun and Held at Iowa City, First Monday of May Eighteen Hundred and Forty-Six.* Iowa City, IA, 1846, p.52-53.

nacionais: não apenas as eleições eram contestadas de forma sistemática, mas a lealdade e a identificação com o partido tornaram-se elementos de destaque da vida pública. Nessa cultura política competitiva, a questão da reforma do sufrágio ligava-se de modo inevitável às rivalidades partidárias.

Até certo ponto, especialmente durante o primeiro quartel do século XIX, o envolvimento dos partidos políticos em debates sobre o sufrágio era um reflexo direto das diferenças ideológicas, uma consequência de crenças e valores. Os federalistas, arraigados entre as elites do Nordeste e confiantes em sua própria liderança, tendiam a opor-se a qualquer ampliação do direito de voto; os republicanos jeffersonianos, mais igualitários, viam a expansão de modo mais favorável. Décadas mais tarde, a diferença ideológica entre os Whigs e o Democrata foi ainda mais acentuada. Os democratas, herdeiros dos jeffersonianos, adotaram uma visão individualista e competitiva da sociedade, em que a busca do interesse próprio era completamente legítima, e em que todos os cidadãos (brancos) tinham acesso aos direitos políticos, em parte para se defender contra as invasões do governo. Os Whigs, por outro lado, aderiram a uma visão social mais orgânica e hierárquica, acreditando num estado mais ativo, entendendo que seria melhor se os assuntos públicos fossem conduzidos pelos líderes "naturais" da sociedade. Assim, tendiam a resistir aos esforços de ampliação do sistema político.[52]

Contudo, a importância dos partidos políticos na evolução do sufrágio ultrapassou as questões ideológicas: a dinâmica elementar da competição eleitoral criou um estímulo para a reforma. Em poucas palavras, num ambiente eleitoral competitivo, os partidos estavam sempre alertas para a vantagem (ou desvantagem) potencial de conceder direito de voto a novos eleitores e possíveis partidários. Os resultados das campanhas eleitorais podiam facilmente depender do tamanho e forma do eleitorado; portanto, era natural que os partidos, ao menos em algumas circunstâncias, tentassem ampliar o direito de voto por querer vencer as eleições, independente de suas opiniões acerca da democratização.

Essas dinâmicas possivelmente não tiveram um papel relevante na evolução do sufrágio entre 1790 e meados da década de 1820. Ainda que os

---

52 Ashworth, J. *"Agrarians" and "Aristocrats":* Party Political Ideology in the United States, 1837-1846, London, 1983, p.1, 8-36, 53-57, 61, 114-115, 153, 161, 225; em relação à raça ver ibid., p.221-223; Kruman, M. W., The Second American Party System and the Transformation of Revolutionary Republicanism. *Journal of the Early Republic,* 12, 1992, p.525-530; Benson, L., *The Concept of Jacksonian Democracy:* New York as a Test Case, Princeton, NJ, 1961, p.10-11; Formisano, R. P., *The Transformation of Political Culture: Massachusetts Parties, 1790s-1840s.* New York, 1983, p.268-278; Silbey, J. H., *The American Political Nation, 1838-1893.* Stanford, CA, 1991, p.8-10, 30-31; Morone, J. A., *The Democratic Wish:* Popular Participation and the Limits of American Government. New York, 1990, p.86-87; Brooke, J. L., *The Heart of the Commonwealth.* New York, 1989, p.247-248; Welter, R., *The Mind of America, 1820-1860.* New York, 1975, p.179-235.

partidos e facções existissem de fato, a arena política não era demasiado competitiva, sobretudo quando os federalistas começaram a desintegrar-se diante da Guerra de 1812. O mais importante é que a participação popular na política eleitoral era limitada: os níveis de comparecimento às urnas eram baixos, e muitos cargos eram preenchidos por nomeação ou pelo voto legislativo, em vez de popular. Em alguns estados, nem chegava a haver votação popular para a presidência. As instituições da política mudaram de maneira notável no final da década de 1820 e durante a de 1830, no entanto, com a disseminação das eleições populares, a formação do Partido Democrático como primeira organização política com o apoio da massa da nação (e do mundo ocidental), e o surgimento subsequente do segundo sistema partidário. A política eleitoral tornou-se uma forma de teatro público, os próprios partidos começaram a imprimir votos escritos (julgados aceitáveis pelos tribunais), a mobilização dos eleitores tornou-se uma atividade decisiva tanto para os democratas quanto para os Whigs e o comparecimento às urnas subiu de modo impressionante, de 27% em 1824 a 56% em 1828, e a 78% em 1840. Foi nesse universo político mais moderno que a busca partidária de novos eleitores ficou claramente visível. A adoção democrática do sufrágio estrangeiro, por exemplo, em parte tinha a motivação inequívoca de registrar e ganhar o apoio de eleitores imigrantes.[53]

Além disso, a natureza da competição partidária era tal que se algum partido ou facção – por convicção ou interesse político – promovesse um sufrágio mais amplo, seus adversários sentiam a pressão de capitular.[54] Essa dinâmica era manifestada de maneira mais distinta em circunstâncias em que diferentes restrições ao sufrágio aplicavam-se a diferentes cargos. Em Nova York e na Carolina do Norte, por exemplo, os eleitores deveriam atender um rígido requisito de propriedade para participar das eleições senatoriais, enquanto um número muito maior de pessoas era elegível para votar em deputados estaduais. Como resultado, quando alguma organização política começava a apoiar a abolição do requisito de propriedade para as eleições senatoriais, tornava-se arriscado em termos políticos para as outras apoiar o *status quo* – porque seus partidos (ou facções, no caso de Nova York), poderiam ser punidos nas urnas por

---

53 Aldrich, J. H., *Why Parties? The Origin and Transformation of Political Parties in America*, Chicago, 1995, p.97-115; Porter, *History of Suffrage*, p.124-125; Neuman, "We Are the People", p.292-310; Shade, *Democratizing the Old Dominion*, p.108-109; Scalia, L. J., *America's Jeffersonian Experiment*: Remaking State Constitutions, 1820-1850. DeKalb, IL, 1999, p.7-8; Fredman, *Australian Ballot*, p.ix, 21-23; Evans, *History of the Australian Ballot*, p.1-16.

54 Para estudos da dinâmica partidária que contribuiu para a reforma do sufrágio em diferentes estados, ver Frary e Seymour, *World Votes*, v.1, p.233; Benson, *Concept of Jacksonian Democracy*, p.7-11; Formisano, *Birth of Mass Political Parties*, p.81-101; Howard, *Political Tendencies*, p.51-53; Adams, W. H., *The Whig Party of Louisiana*, Lafayette, LA, 1973, p.41-49; Shugg, *Origins of Class Struggle*, p.126-131.

homens que já estavam votando em algumas eleições.⁵⁵ Uma situação semelhante podia acontecer se houvesse uma lacuna considerável entre a regulamentação de votos municipais e estaduais, como ocorreu em St. Louis na década de 1850.⁵⁶

Esta era a sequência de eventos que se desenrolavam de um modo espetacular na Carolina do Norte no final da década de 1840 e início da década de 1850. A política de Estado havia sido dominada pelos Whigs até que David S. Reid, um candidato democrata a governador sem muita chance, abraçou a causa da reforma do sufrágio, o que surpreendeu um pouco seus colegas democratas. Na eleição de 1848, Reid saiu-se muito melhor do que o esperado (não havia requisito de propriedade em eleições para governador) e, auxiliado por uma onda de apoio dos sem-terra, foi eleito governador em 1850, prometendo uma emenda constitucional para eliminar o requisito de propriedade para a votação senatorial. Uma vez eleito (e reeleito), Reid seguiu esse objetivo, declarando que o "direito de voto eleitoral é o direito mais caro ao cidadão americano" e queixando-se de que 50 mil homens brancos livres eram privados do direito de voto pela Constituição do estado. Diante da realidade política, os Whigs abandonaram sua oposição à reforma do sufrágio: no início da década de 1850, eles se deram conta da sabedoria de aprovar de maneira tácita uma medida que haviam denunciado em 1848 como "um sistema de comunismo injusto e jacobino".⁵⁷

Uma sequência de eventos mais comum se deu quando dois partidos estavam bastante equilibrados e a ampliação do direito de voto possivelmente beneficiaria um deles em especial. Em Connecticut, por exemplo, os republicanos tinham muito mais a ganhar da abolição dos requisitos de propriedade do que os federalistas; na Pensilvânia, em 1837, os democratas esperavam se beneficiar de uma redução para metade do requisito de residência; e por todo o Meio-Oeste, o Partido Democrático parecia atrair muito mais eleitores estrangeiros do que os Whigs.⁵⁸ Em cada um desses

---

55 Frary e Seymour, *World Votes*, v.1, p.233; Benson, *Concept of Jacksonian Democracy*, p.10-11; Hanyan, C., *DeWitt Clinton and the Rise of the People's Men*. Montreal, Canada, 1996, p.233-234.
56 Mering, *Whig Party*, p.71-75.
57 Bassett, Suffrage, p.282; ver também ibid., p.281-284; Green, *Constitutional Development*, p.266-270; Kruman, Second American Party System, p.531; Jeffrey, T. E., Beyond "Free Suffrage": North Carolina Parties and the Convention Movement of the 1850s. *North Carolina Historical Review*, 62, 1985, p.393-394, 415; Id., "Free Suffrage" Revisited: Party Politics and Constitutional Reform in Antebellum North Carolina. *North Carolina Historical Review*, 59, 1982, p.24-30, 35-38; Papers of David Reid, v.1, Raleigh, NC, 1933, p.xxxv-xxxix, 231, 249; Ibid., v.2, p.84.
58 Pole, J. R., Suffrage Reform and the American Revolution in New Jersey. *Proceedings of the New Jersey Historical Society*, 74, julho de 1956, p.581; Kettleborough, *Constitution Making in Indiana*, v.1, p.xcvii; *Journal of the Convention to Form a Constitution for the State of Wisconsin 1848*, p.168, 175-178; Mueller, H. R., *The Whig Party in Pennsylvania*: Studies in History, Economics, and Public Law. New York, 1922, p.36-37; Williamson, *American Suffrage*, p.184-185;

exemplos, e em muitos outros, o apoio à democratização originou-se em parte pelos interesses partidários.[59] No entanto, quando a reforma do sufrágio parecia possível, o que se poderia chamar de uma dinâmica de final de jogo veio à tona: os partidos que anteriormente resistiam à reforma renunciavam a sua oposição, apesar de suas convicções, por não querer correr o risco de contrariar um novo bloco de eleitores. Nas décadas de 1840 e 1850, por exemplo, tanto em Ohio como em Nova Jersey, os Whigs acabaram por render-se às exigências democráticas porque temiam o prejuízo político que poderia resultar de parecerem hostis aos homens que, de qualquer maneira, poderiam muito bem ganhar o direito de voto.[60]

Essas dinâmicas partidárias também apontam para as formas em que o sufrágio às vezes foi expandido como uma conciliação política ou concessão tática. A convenção de Massachusetts de 1820-1821, por exemplo, foi dominada por uma facção bem organizada de conservadores que, de maneira geral, opunha-se à democratização do governo estadual: como aconteceu em Nova York (e mais adiante na Virginia), a convenção constitucional havia sido forçada a eles. Os conservadores de Massachusetts entretanto, estavam dispostos a tolerar a expansão do direto de voto contanto que as cadeiras do poderoso senado estadual continuassem a ser alocadas com base na propriedade, em vez da população.[61] De modo semelhante, na Carolina do Norte, o consentimento final dos Whigs mais conservadores em "liberar o sufrágio" para as eleições senatoriais foi induzido por seu desejo de manter um sistema favorável de distribuição do poder legislativo e para se defender de uma convenção constitucional que pudesse adotar novas reformas.[62] As conciliações partidárias e as manobras táticas marcaram também a convenção de Nova Iorque de 1821 e a convenção definitiva de "reforma" na Virginia, em 1850.[63] Admitir a reforma do sufrágio poderia ser um meio de jogar um balde de água fria nos movimentos democráticos e, ao mesmo tempo, manter ou reconstruir as estruturas institucionais que mantivessem no poder as facções dominantes e as elites.

Maizlish, S. E., *The Triumph of Sectionalism:* The Transformation of Ohio Politics, 1844-1856. Kent, OH, 1983, p.176-178; Streeter, F. B., *Political Parties in Michigan, 1837-1860.* Lansing, MI, 1918, p.27-29, 165; Cole, *Constitutional Debates of 1847,* p.551, 567; para os debates acerca do voto estrangeiro, ver ibid., p.524-608.

59 Morris, J. M., *A Neglected Period of Connecticut's History, 1818-1850.* New Haven, CT, 1933, p.291-317; Davis, P. C., *The Persistence of Partisan Alignment:* Issues, Leaders, and Voters in New Jersey, 1840-1860. Ann Arbor, MI, 1978, p.106-112.

60 Ashworth, *"Agrarians" and "Aristocrats",* p.153-154; Kruman, Second American Party System, p.531-532; Id., Legislatures and Political Rights. In: Silbey, J. H. (org.), *Encyclopedia of the American Legislative System,* v.3, New York, 1994, p.1240.

61 Sheidley, *Sectional Nationalism,* p.39-59.

62 Jeffrey, "Free Suffrage" Revisited, p.25-45; Id., Beyond Free Suffrage, p.415; Id., *State Parties and National Politics:* North Carolina, 1815-1861. Athens, GA, 1989, p.206-215.

63 Sutton, *Revolution to Secession,* p.122-141; Shade, *Democratizing the Old Dominion,* p.264-283; Galie, P. J., *Ordered Liberty:* A Constitutional History of New York. New York, 1996, p.75-91.

Ideias e argumentos

Juntamente com as mudanças na estrutura social e nas instituições políticas, e certamente relacionado a elas, havia outro fator que teve um papel fundamental na expansão do sufrágio: uma mudança nas ideias e valores políticos predominantes. Em poucas palavras, era cada vez maior o número de americanos que passaram a acreditar que o povo (ou pelo menos o povo masculino – "todo bípede maduro e implume que usa chapéu em vez de touca") era e deveria ser soberano e que o "povo" soberano incluía muitos indivíduos que não eram proprietários. As restrições ao direito de voto que pareciam normais ou convencionais em 1780 passaram a ser consideradas arcaicas nas décadas seguintes. O ponto de vista muito citado de Franklin de que o direito de voto deveria pertencer ao homem e não ao jumento começou a ser sensato em vez de radical. A mudança no temperamento político ficou evidente nas decisões dos estados aceitos pela União após 1800 de não impor requisito pecuniário algum ao sufrágio. Veio à tona também em toda a nação, por meio dos jornais, no tratado ocasional, o debate público: no William & Mary College, tanto em 1808 como em 1812, os alunos de graduação que fizeram o discurso de formatura aproveitaram a ocasião para declarar seu apoio ao sufrágio universal. "A massa do povo", anunciou um jornal em 1840, "é honesta e capaz de governo autônomo". Nem todos aceitaram essas ideias, mas a maré do pensamento político estava fluindo na direção da democracia.[64]

Esta inclinação ideológica, baseada em mudanças sociais que varreram o país, era facilmente perceptível em numerosas convenções constitucionais que debatiam e agiam a partir das propostas para ampliar o direito de voto. Estes debates geralmente eram acalorados, e muitas das opiniões expressas ecoavam aquelas ouvidas no final do século XVIII. Mas o espectro ideológico havia mudado, seu ponto central deslizava para a esquerda – o que se refletiu não só na substância, mas na ênfase, no tom e na linguagem dos debates.

Os representantes que defendiam a eliminação dos requisitos de propriedade (o obstáculo maior a um sufrágio mais amplo), desde o início foram mais agressivos e mais confiantes em seus argumentos do que seus predecessores durante o período revolucionário. Esses representantes prestavam homenagens retóricas aos pais fundadores, mas ressaltavam que os "autores", infelizmente, haviam "mantido um resquício de antigos

---

[64] Chandler, Suffrage in Virginia, p.26; Curtis, G. T., *Letters of Phocion*, s.l., s.d., *Daily Advertiser and Courier*, Boston, 1853, p.117; Ashworth, *"Agrarians" and "Aristocrats"*, p.10. Para uma narração cronológica detalhada da política da época, incluindo os relatos das políticas de expansão do sufrágio, em alguns estados, ver Wilentz, S., *The Rise of American Democracy: Jefferson to Lincoln*. New York, 2005, especialmente p.99-201.

preconceitos", e que havia chegado o momento de "descartá-los". Como observou Nathan Sanford, senador aposentado de Nova York, em 1821, as ideias que configuraram as primeiras constituições vinham de "precedentes britânicos", da noção britânica de "três estados" que deveriam ser representados no Parlamento. "Mas aqui existe apenas um estado – o povo." David Buel, um jovem advogado do condado de Rensselaer, ressaltou que as condições sociais haviam mudado: "sem a menor depreciação da sabedoria [...] dos autores", era preciso ficar claro que a adoção dos requisitos de propriedade vieram como resposta a "circunstâncias que na época os influenciaram, mas que já não deveriam ter peso".[65]

Os representantes da reforma atacaram frontalmente a noção de que os proprietários fossem de algum modo mais bem qualificados para votar do que os não proprietários. "A consideração pelo país", argumentou J. T. Austin, de Boston, em 1820, "não depende de propriedades, mas de instituições, leis, hábitos e associações". William Grifith de Nova Jersey, escrevendo sob o nome de Eumenes, declarou que era simplesmente um preconceito irracional, não sustentado por nenhuma prova, alegar que a posse de "cinquenta libras de propriedade livre de ônus" tornava alguém "mais homem ou cidadão", "mais honesto" ou "mais sábio que seu vizinho que tem apenas dez libras". Os não proprietários eloquentes de Richmond deram um passo além em 1829: "atribuir a uma propriedade territorial dons morais ou intelectuais seria realmente considerado ridículo, não fosse a gravidade com que a proposição é mantida, e ainda mais pelas graves consequências que dela decorrem". Ligado a esses pontos de vista havia uma completa e, às vezes, desdenhosa desconsideração pela noção blackstoniana que apenas os bens imóveis davam a um homem a independência suficiente para ser um eleitor de confiança. Um representante da Virginia, após uma análise minuciosa e lógica da afirmação de que a ampliação do direito de voto permitiria que os ricos manipulassem os pobres, concluiu que o "teste da propriedade livre" não tinha méritos "a menos que haja algo na posse da terra que, por encanto ou magia, converta um homem frágil e que comete erros em um ser infalível e impecável".[66]

Alguns defensores da reforma insistiam, como haviam feito seus predecessores no final do século XVIII, que votar era um direito natural ou universal. O nova-iorquino James Cheetham, ao escrever em 1800, invocou a Declaração da Independência ("todos os homens são criados iguais") para apoiar a noção de que "o direito ao sufrágio não pode pertencer a

---

65 *Massachusetts Debates 1821*, p.256; *Debates New York 1821*, p.97; Peterson, *Democracy*, p.199-200.

66 *Massachusetts Debates 1821*, p.252; Griffith, W., *Eumenes, sendo uma coleção de artigos escritos com o propósito de expor alguns dos erros e omissões mais proeminentes da constituição de Nova Jersey*. Trenton, NJ, 1799, p.46; *Peterson, Democracy*, p.381-382, 402-403; ver também um dos primeiros tratados americanos sobre o assunto, Hillard, I., *The Rights of Suffrage*, Danbury, CT, 1804.

um homem sem pertencer a outro; não pode pertencer a uma parte sem pertencer ao todo".[67] No final da década de 1840 e na de 1850, os defensores mais radicais da democracia reuniram argumentos de direito natural para apoiar o direito de voto de afro-americanos, mulheres, estrangeiros e indigentes. Entretanto, de modo geral, os argumentos relativos aos direitos naturais ou universais eram raros nos debates das convenções, ao menos em parte porque os defensores da reforma tinham plena consciência de que esses argumentos provocariam de imediato o contra-ataque da caixa de Pandora conservadora. Josiah Quincy, um firme defensor dos requisitos de propriedade, saltou sobre a alegação de um reformador de Massachusetts de que "todo homem cuja vida e liberdade é tornada sujeita às leis, deveria, portanto, ter uma voz na escolha de seus legisladores". Será que essa argumentação, inquiria Quincy, "não é igualmente aplicável às mulheres e aos menores? [...] A negação desse direito aos últimos mostra que o princípio não é legítimo".[68]

Para evitar esses contra-ataques, muitos dos que eram favoráveis a um sufrágio mais amplo refugiavam-se no argumento de que votar era um "direito" qualificado que apenas algumas pessoas possuíam. *Niles' Register,* a voz dos interesses da produção industrial em Connecticut, sustentava que votar era "o direito natural de todo cidadão, o qual é obrigado pela lei a prestar serviços pessoais ao estado, ou ajudar sua receita com dinheiro". De maneira semelhante, um representante da convenção de Ohio no início da década de 1850 insistia que votar era "uma questão de direito" para "um homem que está sujeito ao governo e arca juntamente com suas obrigações". Em 1846, em Nova York, um representante solicitou com insistência que fossem concedidos aos negros "os direitos comuns dos homens livres".[69]

Como sugere essa linguagem, a maioria dos proponentes de um sufrágio expandido, ao mesmo tempo em que rejeitava a visão conservadora de que o direito de voto era um privilégio que o estado poderia limitar do modo que quisesse, tomava a posição de que votar era um direito, mas um direito que deveria ser merecido: pagando impostos, servindo na milícia ou até trabalhando nas estradas públicas. Como colocou Nathan Sanford, "aqueles que arcam com os encargos do estado deveriam escolher aqueles que o governam".[70] Essa proposição simples se entrosava bem com a retórica

---

[67] Cheetham, J., *A Dissertation Concerning Political Equality, and the Corporation of New York*. New York, 1800, p.vi, 25.
[68] *Massachusetts Debates 1821*, p.250; para argumentos semelhantes, ver também ibid., p.247, bem como Curtis, *Phocion*, p.118-119.
[69] *Journal of the Convention of the State of New York, Begun and Held at the Capitol in the City of Albany, On the First Day of June, 1846*. Albany, NY, 1846, p.1016; *Niles' Register*, 21 out. 1820, p.115; *Debates Ohio 1850-1851*, v.2, p.635.
[70] *Debates New York 1821*, p.97.

da revolução, e o princípio emprestou força às exigências de que todos os contribuintes votassem e de que era uma injustiça recusar o direito de voto àqueles que lutaram pela nação e serviram em suas milícias (o argumento do serviço militar também era mobilizado para apoiar o empoderamento do direito de voto de estrangeiros e afro-americanos).[71] Havia, com certeza, uma incoerência gritante na proposta de aplicação deste princípio: a exclusão das mulheres que pagavam impostos e compartilhavam os encargos do estado. Mas esta era uma inconsistência que a maioria considerava fácil de ignorar.

A centralidade da noção de um direito merecido deixou claro que o objetivo da maioria dos reformadores do sufrágio não era um direito universal ao voto, mas o empoderamento do que o nova-iorquino Samuel Young descreveu como "a classe intermediária". O futuro presidente Martin Van Buren foi mais preciso ao manipular a convenção de Nova York na direção da rejeição do *status quo* e das exigências, por parte de uma facção radical, de um sufrágio universal. O objetivo declarado de Van Buren era "cobrir com o direito de sufrágio" uma "classe de homens composta de mecânicos, profissionais liberais e pequenos proprietários" que constituíam os "ossos, medula e músculos da população do estado". Esses homens, é claro, compreendiam uma base eleitoral do Partido Democrata cuja formação contou com a colaboração tão decisiva de Van Buren.[72]

Subjacente a esses argumentos para a expansão do sufrágio para incluir "mecânicos, homens profissionais [...] pequenos proprietários" e outros como eles, havia uma visão curiosamente estática do futuro. Embora os conservadores (como será discutido) levantassem muitas vezes o espectro do crescimento do setor industrial e o surgimento de um grande proletariado urbano, os reformadores – no Nordeste, entre 1800 e 1830 e bem mais tarde no Meio-Oeste – descartavam esse espectro como uma tática de medo. David Buel, por exemplo, reconhece que se acreditasse que o setor industrial se tornaria predominante e que enormes disparidades de riqueza pairavam no futuro da nação, então ele "hesitaria em ampliar o direito de sufrágio"; ao contrário, ele estava convencido de que "os agricultores neste país serão sempre mais numerosos que todos os outros setores de nossa população". Além disso, a "suposição de que, em algum dia futuro, quando os pobres se tornem numerosos [...] eles possam erguer-se, na majestade de sua força, e usurpar as propriedades de terra de seus donos, é tão improvável de acontecer que devemos deixar de lado todo medo originado dessa

---

71 Para exemplos de argumentos sobre o serviço militar e serviço da milícia, consulte *Niles' Register*, 21 out. 1820, p.115; *Debates New York 1821*, p.118, 121, 141, 179; *Journal New York 1846*, p.1015-1016; Williamson, *American Suffrage*, p.188, 227; *Convention 1847 Illinois*, p.513, 532; Quaife, *Convention of 1846*, p.249-250.

72 Williamson, *American Suffrage*, p.202; *Debates New York 1821*, p.130; Benson, *Concept of Jacksonian Democracy*, p.7-10.

fonte". Suas opiniões foram apoiadas pelos representantes da convenção por toda a nação, incluindo o temível Daniel Webster.[73]

O movimento pela expansão do direito de voto, assim, foi baseado na convicção de que os Estados Unidos relativamente agrário e igualitário do início do século XIX teria um caráter permanente. Raramente um reformador, como J. T. Austin, de Boston, afirmava que o sufrágio seria ampliado mesmo se de fato nos tornássemos "um grande povo da indústria". "Deus nos livre", declarou Austin, mas se isso acontecesse, ele astutamente observou que seria "melhor deixar [...] os trabalhadores nas fábricas" votarem. "Ao recusar esse direito a eles, você os disporá contra as leis; mas dê-lhes os direitos de cidadania [...] e você os desarmará."[74]

A discussão contra os requisitos de propriedades ganhou impulso e tornou-se mais fácil de fazer a cada década que passava, em parte porque os reformadores citavam um número crescente de estados em que não vigorava nenhum requisito de propriedade e nem por isso havia ocorrido alguma calamidade. David Buel já havia dado sua opinião em 1820. Uma década depois, um representante da convenção de Virginia alegou que não havia requisitos de propriedade em "22 das 24 repúblicas irmãs", nenhuma das quais terminara em "tumultos, confusão, discórdia civil, e, finalmente, o despotismo".[75] No Sul, o impulso para a reforma foi reforçado pelo aumento da ansiedade em relação às revoltas de escravos e a crescente fusão de argumentos pró-sufrágio com a defesa da escravidão. Conforme colocou o senador Charles Morgan na convenção de Virginia de 1829-1830, "devemos difundir amplamente a base de nosso governo, que todos os homens brancos têm um interesse direto em sua proteção".[76]

Em resposta a esse conjunto de argumentos, os defensores conservadores dos requisitos de propriedade, presentes com muita veemência em todas as convenções, propunham as mesmas ideias apresentadas no século XVIII, mas com ênfases diferentes e em diferentes proporções. Os conservadores insistiam que o voto não era uma questão de direito, mas "totalmente uma questão de conveniência" e, como observado anteriormente, eram rápidos em apontar as inconsistências de qualquer argumento acerca de direitos apresentado pelos reformadores. Eles também sustentavam, nas palavras de Samuel Jones, autor de um longo tratado publicado em 1842, que "quanto à questão, quem deve ser admitido ao exercício do direito de sufrágio, a segurança pública deveria governar". Os conservadores mais contundentes, como Warren Dutton, de Massachusetts, afirmavam que "neste país, onde os meios de subsistência eram tão abundantes e a demanda por mão de

---

73 Peterson, *Democracy*, p.202-205; Williamson, *American Suffrage*, p.192, 202.
74 *Massachusetts Debates 1821*, p.253.
75 Peterson, *Democracy*, p.197-198, 404.
76 Williamson, *American Suffrage*, p.231-232; Peterson, *Democracy*, p.407-410.

obra grande" todo homem que não consegue adquirir uma propriedade era "indolente ou corrompido".[77]

Cabe destacar, no entanto, que raras vezes os conservadores reiteraram o argumento blackstoniano clássico segundo o qual a posse da propriedade, por si só, poderia proporcionar a "independência" exigida dos eleitores. Ainda que a ideia, de fato, viesse à tona em algumas ocasiões e que Josiah Quincy tentasse uma breve – e rapidamente ridicularizada – evocação de Blackstone, com o argumento de que os requisitos de propriedade em realidade ajudavam os pobres mais que os ricos, a vinculação do século XVIII entre a independência e a posse de bens ou da propriedade plena era quase inexistente no debate público. Se os olhos falíveis e, por vezes, cansados de um leitor de transcrições de convenções podem ser confiados, a frase outrora emblemática de que o direito ao voto não deveria ser concedido a "pessoas que estão em tão má situação que não têm vontade própria" nunca foi proferida nas convenções constitucionais. Esta imagem poderosa do final do século XVIII simplesmente não se ajustava às realidades ou valores sociais das décadas de 1820 e 1830.[78]

De fato, como destacou Gordon Wood, os conservadores do século XIX – diante da acusação de serem, no fundo, aristocratas – cessaram de alegar que a titularidade da propriedade territorial tinha uma ligação intrínseca com o caráter de um homem, que a propriedade real era uma fonte de distinção, independência e imparcialidade. Em vez disso, recuaram para a defesa da agricultura como um interesse econômico por excelência e para a celebração das virtudes daqueles que cultivavam a terra. Entre os agricultores, declarou James Kent, o nova-iorquino federalista (e mais tarde membro do Partido dos Whigs), "sempre esperamos encontrar moderação, frugalidade, ordem, honestidade e um devido senso de independência, liberdade e justiça [...] seus hábitos, simpatias e ocupações forçosamente inspiram-lhes um senso correto de liberdade e justiça". Na Virginia, alegava-se que proprietários plenos mereciam direitos políticos especiais porque pagavam a maior parte dos impostos do estado e proporcionavam os fundos para as guerras. Esses argumentos, é claro, recendiam menos a aristocracia, mas enfraqueciam a noção de que os proprietários de terra possuíam qualidades especiais que os autorizavam a exercer uma parcela desproporcional de poder político.[79]

Na verdade, a questão conservadora pela manutenção dos requisitos de propriedade, sobretudo no Nordeste, baseava-se menos nas alegadas

---

77 *Massachusetts Debates 1821*, p.247; Jones, *Treatise*, p.84.
78 *Massachusetts Debates 1821*, p.251; para um exemplo do argumento blackstoniano, ver o relatório sobre o Poder Legislativo de Connecticut em *American Mercury*, 9 jun. 1818.
79 Wood, G. S., *The Radicalism of the American Revolution*. New York, 1992, p.269-270; *Debates New York 1821*, p.193; Peterson, *Democracy*, p.391-393.

virtudes dos proprietários do que no medo de que o crescimento da indústria criasse um proletariado urbano grande, sem propriedade e perigoso. Esta era uma reencarnação parcial do argumento blackstoniano, com suas contradições internas, mas de uma forma mais ansiosa, medrosa e industrial. "Os produtores estão aumentando rapidamente, e seus empregadores podem levar um grande número deles às urnas", declarou um legislador de Connecticut. Em Massachusetts, Josiah Quincy desenvolveu o argumento em detalhes:

> Tudo indica que os destinos do país vão resultar no estabelecimento de um grande interesse de produção na *commonwealth*. Não há nada na condição de nosso país para impedir que os produtores sejam absolutamente dependentes de seus empregadores, aqui como são todos os outros lugares. Todo o corpo de cada estabelecimento industrial, portanto, será de votos inoperantes, contados por cabeça, pelo seu empregador. Que os senhores do país considerem como poderia afetar os seus direitos, liberdades e propriedades, se em todos os condados da *commonwealth* surgisse, como deve acontecer com o tempo, um, dois ou três estabelecimentos industriais, cada qual enviando, conforme o caso, entre um e oitocentos votos às urnas, dependendo da vontade de um empregador, um grande capitalista. Nesse caso será que julgariam esta condição sem nenhuma consequência? Atualmente é de pouca importância. Em ternos prospectivos, de muito grande.[80]

Quincy estava, de fato, afirmando que os trabalhadores da indústria "não teriam vontade própria". Ao mesmo tempo, chanceler Kent, também conservador, expressou o medo contrário, e mais comum: que aqueles que trabalhavam na indústria teriam demasiada vontade própria e poderiam ameaçar os interesses da propriedade. Um requisito de propriedade para o senado de Nova York, argumentava Kent, era necessário para proteger:

> contra o capricho do conjunto heterogêneo de pobres, imigrantes, operários diaristas e essas classes indefiníveis de habitantes, os quais um estado e uma cidade como a nossa é calculada para convidar. Este não é um alarme imaginário. O sufrágio universal põe em risco a propriedade e coloca no poder dos pobres e dos devassos o controle dos ricos.

Kent prossegue afirmando que:

> Há uma tendência constante na sociedade humana, e a história de todos os tempos a comprova, há uma tendência nos pobres de cobiçar e compartilhar o que pilharam dos ricos; no devedor, de relaxar ou evitar a obrigação de contratos; na

---

80 *Massachusetts Convention 1821*, p.251-52; *American Mercury*, 9 jun. 1818.

maioria, de tiranizar a minoria e pisotear seus direitos; no indolente e perdulário, de lançar todos os encargos da sociedade sobre os diligentes e os virtuosos.

Embora Nova York ainda fosse dominada pelos cultivadores do solo, estava seguindo um rumo, de acordo com Kent, que levaria a desigualdades geradoras de amargos conflitos de classe.

> A desproporção entre os homens proprietários e os sem propriedade está aumentando dia a dia; e será enganoso esperar que nosso povo continue sendo formado pelos mesmos pequenos proprietários que nossos ancestrais [...] À medida que nossa riqueza cresce, o mesmo acontecerá com nossos pobres [...] O que tem sido o progresso da cidade de Nova York? Em 1773, ela continha apenas 21 mil habitantes; em 1821, 123 mil almas. Sem dúvida, está destinada a se tornar a Londres da América [...] E será que os senhores podem dizer, com seriedade e honestidade, que não se deve recear nenhum perigo desse material combustível que uma cidade dessas com certeza deve incluir? [...] O interesse do homem pobre está sempre em oposição ao seu dever; e seria esperar demais da natureza humana que esse interesse não seja consultado.[81]

É evidente que Kent e seus diversos aliados não estavam apenas receosos de que os não proprietários carecessem de um juízo sensato e independente; eram claramente hostis aos trabalhadores industriais e aos pobres da cidade. Não somente a "mistura heterogênea" seria cobiçosa e ameaçadora, mas também, nas palavras de outro representante de Nova York, uma fonte de "ignorância, depravação e corrupção". Esse futuro imaginado forçava Kent à recusa "a render-me ao direito do sufrágio universal. Esse princípio democrático não pode ser contemplado sem terror".[82]

Visões semelhantes de uma população urbana perigosa e degenerada eram evocadas, no Meio-Oeste, pelos opositores ao sufrágio dos estrangeiros. Em 1847, um representante de Illinois declarou que "a maioria dos estrangeiros que veio para cá" era "ignorante, e [...] ninguém além desses, e os delinquentes e indigentes, vieram para cá". Outro, alegando que Massachusetts já estava dispendendo enorme somas para auxiliar "sua população de indigentes estrangeiros" temia que as massas urbanas do Nordeste logo viesse para Illinois "votar em concorrência com nossos próprios cidadãos,

---

81 *Debates New York 1821*, p.115-116; parte do que é citado é de uma versão um pouco diferente do discurso de Kent, reimpresso em Peterson, *Democracy*, p.193-197. Kent, como muitos de seus ancestrais blackstonianos, na verdade expressou ambos os argumentos (de que os trabalhadores seriam controlados por seus empregadores e que iriam subir de forma independente, contra os interesses da propriedade), por mais contraditórios que fossem os dois argumentos. No entanto, sua ênfase, ao contrário de Quincy, era no temor que os indigentes urbanos tomassem a propriedade dos ricos em seu próprio interesse.
82 *Debates New York 1821*, p.115-116, 128, 137, 143.

mesmo enquanto sugam de nós o sangue vital de nossos peitos". Por toda parte os conservadores exprimiam o temor de que a eliminação dos requisitos de propriedade inevitavelmente faria a nação despencar pela ladeira escorregadia que conduzia ao sufrágio universal. "Uma vez liberado o requisito de propriedade plena", escreveu um representante da Virginia em 1825, "em breve veremos que cada argumento contra esse requisito será esgotado para justificar e exigir o sufrágio universal e, em poucos anos, esse mal supremo se imporá a nós". Além disso, advertiu Kent de modo agourento, "o sufrágio universal, uma vez concedido, é concedido para sempre, e nunca poderá ser anulado[...]. Por mais nocivo que seja o precedente em suas consequências, ou por mais fatal em seus efeitos, o sufrágio universal não poderá ser revogado ou controlado, a não ser pela força da baioneta".[83]

Talvez por ironia, o retrato feito pelos conservadores do futuro da nação revelou-se muito mais correto que a visão benigna e estática oferecida pelos reformadores republicanos e democratas. Todavia a perspectiva de uma sociedade dominada por fábricas de produção e cidades em que abundavam centenas de milhares de trabalhadores pobres e sem raízes não parecia crível para a maioria dos americanos em 1820 ou até mesmo 1840. Na ausência dessa ameaça, os argumentos dos conservadores para preservar ou (como na Pensilvânia na década de 1830) reinstituir os requisitos de propriedade foram pouco convincentes, bem como incongruentes, com os valores políticos aceitos de maneira geral. A concessão de direitos políticos exclusivos para os proprietários de terra ou outros que possuíssem propriedades importantes de fato tinha um sabor de aristocracia e era realmente inconsistente com a retórica praticamente igualitária da revolução e do início da república.

Em contrapartida, uma aura de justiça do senso comum envolvia a noção básica dos reformadores de que qualquer um que compartilhasse as obrigações impostas pelo governo deveria ter uma voz na escolha desse governo. Na sociedade cada vez mais urbana, numerosa e ativa da América jacksoniana, um grande número de homens sem propriedades eram considerados pelos seus vizinhos, parentes e amigos como totalmente capazes e dignos de exercer o direito de voto. "Se um homem pode *pensar* sem ser proprietário, ele pode *votar* sem ser proprietário", observou um representante da convenção da Louisiana de 1845.[84] Por mais bitolada que fosse sua visão do futuro, os defensores de um sufrágio mais extenso apresentavam argumentos que estavam mais de acordo com as tendências e a experiência da maioria da população. Samuel Jones avaliou muito mal a tendência da época quando escreveu em 1842 que "o princípio do direito

---

83 Cole, *Constitutional Debates of 1847*, p.534-535, 594-595; Green, *Constitutional Development*, p.190-195; Peterson, *Democracy,* p.196-197.
84 Shugg, *Origins of Class Struggle*, p.126.

natural e de nosso próprio governo, de que todos os homens são criados iguais" não deveria influir de nenhum modo sobre a extensão do sufrágio e que "o sufrágio universal [...] seria uma violação grosseira do mesmo". Para a maioria dos americanos, esse princípio muito citado não podia ser facilmente dissociado do direito de voto, e o princípio criou uma presunção forte, embora nem sempre articulada, em favor da concessão do direito de voto para homens adultos e brancos.[85]

Essa presunção contribuiu não só para a erradicação das qualificações de propriedade, mas também para a abolição muitíssimo rápida dos requisitos de contribuição tributária em todos os estados, com exceção de alguns. Por volta de 1855, metade dos estados que haviam exigido a contribuição tributária – inclusive aqueles que a haviam escolhido em substituição à titularidade da propriedade – a haviam descartado. Na verdade, Massachusetts e Pensilvânia, assim como outros estados, votaram para manter as disposições fiscais com o fundamento de que *apenas* aqueles que compartilhavam os encargos financeiros do estado deveriam ter voz no governo. Em outros lugares, no entanto, esse último grande vínculo explícito entre as circunstâncias econômicas de uma pessoa e o sufrágio – um vínculo tão favorecido por muitos reformistas democráticos das décadas de 1810 e 1820 – foi se dissolvendo com pouco alarde. Até o início da Guerra Civil, as disposições fiscais foram eliminadas até mesmo da maioria das eleições municipais.[86]

As mudanças na ideologia foram apenas em parte responsáveis. As estipulações tributárias também eram combatidas por muitos Whigs, bem como por democratas, porque eram de difícil aplicação e causavam grandes fraudes. Além disso, os requisitos de contribuição tributária expressos em termos gerais podiam ser difíceis de se traduzir em políticas concretas coerentes. Em Nova York, por exemplo, o legislativo estadual lutou com problemas que surgiram entre locadores e locatários na década de 1820: se um locatário pagasse o imposto sobre um imóvel, o locador proprietário seria então privado do direito de voto? Ou, se o locador pagasse o imposto, provavelmente com o aluguel pago pelo locatário, então este perderia seu direito de voto? Em 1825, o governador DeWitt Clinton referia-se a esses problemas como uma razão para abolir totalmente o requisito tributário; ele também destacou que a eliminação aguardada de um imposto estadual geral poderia terminar fazendo que massas de trabalhadores perdessem seu direito de voto. Em 1826, deixando de lado os argumentos em favor do sufrágio por meio de contribuição tributária, que haviam sido expressos

---

85 Jones, *Treatise*, p.180.
86 Williamson, *American Suffrage*, p.263-272; Branning, R. L., *Pennsylvania Constitutional Development*, Pittsburgh, PA, 1960, p.25. Mesmo o estado mais democrático, Vermont, impôs os requisitos de propriedade para votar nas eleições locais ao longo da primeira metade do século XIX.

com tanta persuasão por Nathan Sanford, Martin van Buren e David Buel apenas seis anos antes, Nova York removeu a qualificação por contribuição tributária por meio de uma emenda em sua Constituição.[87]

Com a ascensão do segundo sistema partidário, as restrições à contribuição tributária também foram solapadas pela dinâmica da política partidária: os partidos e facções disputavam vestir o manto cada vez mais popular da democracia, ao mesmo tempo em que acusavam-se mutuamente de eludir a lei em benefícios próprio. Em geral, as campanhas para encerrar os requisitos de contribuição tributária eram lançadas pelos democratas, mas os Whigs aproveitavam a onda de forma rápida, tanto para reforçar suas credenciais democráticas como por acreditar que os democratas estavam sendo corruptos e burlando a lei de qualquer maneira. Nos estados do Sul, como Louisiana e Virginia, a eliminação das exigências de contribuição tributária era vista, mais uma vez, como uma argamassa que solidificava o edifício da supremacia branca.[88]

Assim, em meados do século XIX, a nação havia dado passos significativos em direção ao sufrágio universal para homens brancos. Estimulados pelo desenvolvimento da economia, as mudanças na estrutura social, a dinâmica da política partidária, a difusão dos ideais democráticos, as experiências de guerra e a necessidade de manter as milícias, todos os estados, o governo federal e as municipalidades haviam desmantelado os obstáculos mais fundamentais à participação dos homens nas eleições. O impacto dessas reformas no tamanho do eleitorado variou de estado para estado e é difícil avaliar com precisão, mas certamente foi grande. Um estudo cuidadoso de Nova York antes de 1820 indica que dois terços dos homens adultos eram incapazes de atender o requisito de propriedade plena para votar para o senado, e um terço era incapaz de atender o requisito muito menor de propriedade para votar pelo legislativo; portanto, as reformas triplicaram o eleitorado para as eleições senatoriais e aumentaram-no em 50% para a assembleia legislativa. Da mesma maneira, na Carolina do Norte a abolição do requisito de propriedade plena dobrou o eleitorado para as eleições senatoriais, enquanto as reformas de 1851 na Virginia, postas em prática em todas as eleições, aumentou o tamanho do estado como entidade política em 60%.[89]

---

87 Williamson, *American Suffrage*, p.204-207, 255-272.
88 Ibid., p.255-256, 263-272; Bartlett, M. G., *The Chief Phases of Pennsylvania Politics in the Jacksonian Period*, Allentown, PA, 1919, p.128; Pessen, *Jacksonian America*, p.128-129; Chute, M. G., *The First Liberty:* A History of the Right to Vote in America, 1619-1850. New York, 1969, p.313.
89 McCormick, R. P., Suffrage Classes and Party Alignments: A Study in Voter Behavior. *Mississippi Valley Historical Review*, 46, dezembro de 1959, p.397-410; Williamson, *American Suffrage*, p.241.

As consequências não foram tão notáveis em todos os lugares (em Nova Jersey e Massachusetts, por exemplo, o crescimento do eleitorado foi mais modesto), mas em todo estado em que os requisitos de propriedade e contribuição tributária foram abolidos, milhares e, às vezes, dezenas de milhares de homens foram empoderados com o direito de voto. A expansão do sufrágio, de fato, desempenhou um papel fundamental no súbito aumento da participação política nas décadas de 1830 e 1840, quando o comparecimento às urnas em algumas localidades alcançou 80% dos cidadãos adultos do sexo masculino. A declaração de Tocqueville de que "o povo reina sobre o mundo político americano assim como Deus reina sobre o universo" era mais do que um pouco hiperbólica, mas seu entusiasmo comemorativo tinha uma correspondência muito mais estreita com a realidade americana de 1850 do que teria em 1800.[90]

---

90 Tocqueville, A. de, *Democracy in America*. London, 1835, p.53; Brooke, *Heart of the Commonwealth*, p.325-326; Gienapp, W. E., Politics Seem to Enter into Everything: Political Culture in the North, 1840-1860. In: Maizlish, S. E. e Kushma, J. J. (orgs.), *Essays on American Antebellum Politics, 1840-1860*. College Station, TX, 1982, p.15-22, 62-65; Burnham, W. D., Those High Nineteenth-Century American Voting Turnouts: Fact or Fiction? *Journal of Interdisciplinary History* 16, 1986, p.613-644; Williamson, *American Suffrage*, p.195; Watson, H., *Liberty and Power:* The Politics of Jacksonian America. New York, 1990, p.232; McCormick, Suffrage Classes, p.405-410; Id., New Perspectives on Jacksonian Politics. *American Historical Review,* 65, janeiro de 1960, p.291-298; Formisano, R. P., Boston, 1800-1840: From Deferential-Participant to Party Politics. In: Formisano, R. P. e Burns, C. K. (orgs.), *Boston 1700-1980:* The Evolution of Urban Politics. Westport, CT, 1984, p.34-35; Burnham, W. D., The Turnout Problem. In: Reichley, A. J. (org.), *Elections American Style*. Washington, DC, 1987, p.113-115.

3
Retrocessos e desvios

> De acordo com nosso consenso do direito de sufrágio universal, não faço qualquer objeção [...], mas, se a finalidade do proponente da resolução for estender o direito de sufrágio para as mulheres e os negros, eu sou contra. "Todo cidadão do sexo masculino, livre e branco, acima de vinte e um anos" – compreendo esta formulação como a medida do sufrágio universal.
>
> Mr. Kelso, Debates Constitucionais
> em Indiana, 1850

A história raramente se move em linhas retas e simples, e a história do sufrágio não é exceção. Por mais relevante que fosse a ampliação do direito de voto na primeira metade do século XIX, isso não conta toda a história anterior à Guerra Civil. Embora o impulso dominante da mudança jurídica tenha sido aumentar o número de eleitores, as leis aprovadas referentes aos requisitos de votação foram mais rigorosas. Algumas delas foram de origem administrativa, conferindo especificidade a mandatos constitucionais formulados em termos vagos. Outras haviam sido concebidas para preencher quadrantes específicos do grande espaço aberto pela supressão dos requisitos de propriedade e de contribuição tributária. Outras ainda foram uma resposta às profundas mudanças de ordem econômica, social e política que transformavam a nação: à medida que os Estados Unidos tiveram de enfrentar o impacto da industrialização, os conflitos regionais, a imigração e a expansão para o Oeste, as primeiras nuvens de uma reação antidemocrática se formavam no horizonte.

Alexander Keyssar

Mulheres, afro-americanos e nativos americanos

Um dos primeiros atos de restrição do sufrágio, ou retração, foi a privação do direito de voto das mulheres em Nova Jersey, em 1807. Tanto a Constituição estadual de 1776 como uma lei eleitoral aprovada em 1790 concediam o direito de voto a todos os "habitantes" que reuniam os requisitos: a interpretação local foi de que as mulheres que eram proprietárias podiam votar. A política de Nova Jersey foi excepcional – ainda que em toda a nova nação existissem indivíduos que seguissem a lógica dos argumentos da "participação na sociedade" para além da fronteira costumeira do gênero, e concluíam que as mulheres (como as viúvas), na condição de proprietárias e sem dependência legal dos homens, deveriam receber o direito de voto. O motivo pelo qual o estado de Nova Jersey seguiu esse ponto de vista minoritário não é claro, mas o empoderamento do direito de voto das mulheres com certeza não foi acidental e parece ter sido baseado, ao menos em parte, na política entre facções. À medida que os diferentes grupos políticos lutavam pela supremacia durante e logo após a revolução, tentavam ampliar seus potenciais eleitores, entre os quais a população feminina.

No entanto, o que a política partidária podia dar, ela também podia tirar. No início do século XIX, o equilíbrio de poder político havia mudado, as acusações de fraude eleitoral eram excessivas e os federalistas, bem como dois grupos concorrentes de republicanos, concluíram que não era mais vantajoso ter todos os "habitantes" – inclusive as mulheres, os estrangeiros e os afro-americanos – no eleitorado. Depois que o impulso de renovar a vida política havia sido reforçado por uma eleição claramente corrupta para selecionar o local para um fórum judiciário no condado de Essex, o poder legislativo de Nova Jersey encarregou-se de declarar que "nenhuma pessoa poderá votar em qualquer eleição do estado ou município para representantes do governo dos Estados Unidos ou deste estado, exceto se essa pessoa for um cidadão do sexo masculino de cor branca". Aqueles que apoiaram esta retração fizeram pouca ou nenhuma menção à falta de capacidade de votar das mulheres; os legisladores estavam simplesmente combatendo a corrupção, corrigindo um "defeito" na Constituição e esclarecendo "dúvidas" sobre a composição do eleitorado. Uma vez corrigido esse defeito constitucional, as mulheres em todos os lugares do país foram impedidas de votar.[1]

---

1 Kelso citado em *Report of the Debates and Proceedings of the Convention for the Revision of the Constitution of the State of Indiana*, Indianapolis, IN, 1850, p.172; Klinghoffer, J. A. e Elkin, L., "The Petticoat Electors": Women's Suffrage in New Jersey. *Journal of the Early Republic*, 12, 1992, p.161-193; Wright, M. T., Negro Suffrage in New Jersey, 1776-1875. *Journal of Negro History*, 33, abril de 1948, p.176; Gertzog, I. N., Female Suffrage in New Jersey, 1790-1807. *Women and Politics,* 10, 1990, p.52-57; McCormick, R. P., *The History of Voting in New Jersey:* A Study of the Development of Election Machinery, 1664-1911. New Brunswick, NJ,

O direito de voto

Os afro-americanos eram o alvo de um movimento muito mais amplo no Norte, bem como em algumas zonas do Sul, onde os negros livres haviam votado algumas vezes. As tabelas A.4 e A.5 deixam claro que o número de estados que excluíram de modo formal os afro-americanos livres era relativamente pequeno na fundação da nação, mas aumentou de forma constante entre 1790 e 1850. Os estados que haviam permitido o voto aos negros durante os primeiros anos de independência, incluindo Nova Jersey, Maryland e Connecticut, limitaram o direito de voto aos brancos antes de 1820. Nova York excluiu a grande maioria dos negros (instituindo um conjunto de requisitos de propriedade e residência específico em termos raciais) na mesma constituição em que removeu as qualificações de propriedade para os brancos. Em 1835, a Carolina do Norte acrescentou a palavra "branco" aos seus requisitos constitucionais, e a Pensilvânia, que tinha uma constituição tão liberal durante a era revolucionária, fez o mesmo em 1838, dois anos após sua suprema corte decidir que os negros não podiam votar porque eram não "homens livres". De igual importância, todos os estados que entraram na união depois de 1819 proibiram o voto aos negros. No final dos anos 1840 e início dos anos 1850, além disso, muitos estados (incluindo Nova York, Ohio, Indiana e Wisconsin) reafirmaram suas exclusões raciais, seja em convenções constitucionais, seja por referendos populares. Por volta de 1855, apenas cinco estados (Massachusetts, Vermont, New Hampshire, Maine e Rhode Island) não discriminavam os afro-americanos, e estes estados continham apenas 4% da população negra livre do país. Cabe destacar que o governo federal também proibiu o voto aos negros nos territórios sob seu controle; em 1857, a Suprema Corte decidiu que os negros, livres ou escravos, não poderiam ser cidadãos dos Estados Unidos.[2]

As fontes deste impulso excludente se deslocaram um pouco ao longo do tempo. No início do período, havia uma qualidade quase prosaica nas decisões de barrar os afro-americanos, que eram geralmente considerados inferiores e carentes das potenciais virtudes republicanas. Uma vez que os escravos eram impedidos de votar, e a maioria dos negros livres não poderia cumprir os requisitos de propriedade e contribuição tributária, as

---

1953, p.93-100; Berthoff, R., Conventional Mentality: Free Blacks, Women, and Business Corporations as Unequal Persons, 1820-1870. *Smith College Studies in History*, 1, outubro de 1915-julho de 1916, p.67-85; Kruman, M. W., *Between Authority and Liberty:* State Constitution Making in Revolutionary America. Chapel Hill, NC, 1997, p.103-106.

2 Burns, J. M., *The Vineyards of Liberty*. New York, 1982, p.392-393; Chute, M. G., *The First Liberty:* A History of the Right to Vote in America, 1619-1850. New York, 1969, p.313; Wesley, C. H., Negro Suffrage in the Period of Constitution-Making, 1787-1865. *Journal of Negro History*, 32, abril de 1947, p.152-156; *The Seventh Census of the U.S.:1850*, v.4. Washington DC, 1850, p.83; Smith, R. M., *Civic Ideals:* Conflictig Visions of Citizenship in United States History. New Haven, CT, 1997, p.263-268. Segundo indicado nas notas às tabelas A.4 e A.5, a Geórgia não proibia negros constitucionalmente, e a história legal é obscura, mas parece certo que negros livres não votavam.

barreiras raciais expressas de maneira formal afetariam relativamente poucas pessoas, sobretudo no Norte. No entanto, a cada década que passava, a população negra livre crescia, a abolição dos requisitos de propriedade tornou o voto possível para os negros pobres e iletrados, e crescia a apreensão dos habitantes dos estados do Norte com a perspectiva de atrair migrantes negros do Sul.

Mais importante, talvez, foi uma irrupção do racismo: ao mesmo tempo que o sentimento abolicionista crescia, as atitudes fortemente antagônicas, temerosas e hostis em relação aos negros também eram notáveis. Este endurecimento das atitudes era perceptível na linguagem com a qual o tema era abordado. Na convenção de Nova York, em 1821, por exemplo, um representante que se opunha ao sufrágio dos negros com bastante moderação havia descrito os negros como "um povo peculiar, incapaz, na minha opinião, de exercer esse privilégio com algum tipo de critério, prudência ou independência". Vinte e cinco anos depois, um de seus sucessores na "convenção do povo" de 1846, declarou com beligerância que "a natureza revolta-se com a proposta" da conquista do direito de voto dos negros.[3]

Em alguns estados, a questão tornou-se emaranhada na política partidária. Em Nova York, por exemplo, as facções republicanas eram hostis ao voto entre 1810 e 1820, em parte porque temiam (corretamente) que os negros constituiriam um bloco eleitoral federalista, especialmente na cidade de Nova York; os negros ativos na política, em todo o Norte, tendiam a apoiar os federalistas pela oposição que faziam à escravidão. Da mesma forma, nas décadas seguintes, a oposição democrática ao sufrágio afro-americano foi reforçada com a (igualmente correta) convicção de que a maioria dos negros votariam nos Whigs – que eram mais antagônicos à escravidão e que, apesar de seu conservadorismo nas questões de classe, conseguiam imaginar um lugar para os eleitores afro-americanos numa ordem social orgânica. A composição dos dois principais partidos, no entanto, tendia a se dividir sobre a questão, e fora dos estados de fronteira (assim como no Sul, é claro), as apostas eleitorais eram baixas. No Norte, em 1850, os negros constituíam mais de 2% da população em apenas um estado, Nova Jersey, e muitas áreas que testemunharam acalorados debates sobre o assunto (por exemplo, Ohio e Indiana) tinham populações que eram menos de 1% negras. O voto dos negros, porém, era decisivo numa eleição controversa na Pensilvânia na década de 1830, fato que contribuiu para a adoção de uma exclusão racial na Constituição de 1838.[4]

---

3 Peterson, M. D. (org.), *Democracy, Liberty, and Property* – The State Constitutional Conventions of the 1820s. Indianapolis, IN, 1966, p.215; *Journal of the Convention of the State of New York, Begun and Held at the Capitol in the City of Albany, On the First Day of June, 1846*. Albany, NY, 1846, p.1027.

4 *Eight U.S. Census, Population of the United States in 1860*. Washington, DC, 1864, p.ix; Benson, L., *The Concept of Jacksonian Democracy:* New York as a Test Case. Princeton, NJ, 1961,

De fato, o antagonismo do Norte ao voto dos negros era baseado muito menos na política partidária do que nas atitudes hostis ou, na melhor das hipóteses, no ar de superioridade dos brancos em relação aos negros. Diversos representantes das convenções, muitas vezes munidos de petições de eleitores contra o sufrágio dos negros, reiteravam a ideia de que o sufrágio não era um direito natural, mas uma "espécie de empoderamento concedida ou negada, conforme exigisse o bem público", e tinham a posição inflexível de que os negros careciam por completo das qualidades que servem ao bem público. "Nenhum negro puro tem desejos e necessidades como as outras pessoas", declarou um representante eleito de Indiana em 1850. "A distinção entre essas raças foi feita pelo Deus da Natureza", insistiu outro. "A raça negra foi marcada e condenada à servidão pelo decreto da Onipotência, e o homem, que é fraco, deveria alegar que consegue eliminar a lepra que Deus impôs sobre ele?". "Todo negro era um ladrão, e toda mulher negra, coisa muito pior", observou um porta-voz de Wisconsin. Mesmo em liberdade, os negros não poderiam ser "elevados" o bastante para igualar-se aos brancos, e qualquer política que promovesse a "mistura" das raças só levaria à "degradação do homem branco". Na Filadélfia, cuja população afro-americana era maior do que o habitual (9% em 1830), essas atitudes extravasavam nas ruas, alimentando conflitos raciais recorrentes no final da década de 1820 e na de 1830. Na verdade, o medo da migração negra ajudou a alimentar a demanda pela anulação do direito ao voto dos negros: não só na Pensilvânia, mas em Nova York, Wisconsin e em outros lugares, os representantes nas convenções alegavam que a conquista do sufrágio pelos negros só encorajaria os escravos alforriados e fugitivos a se bandear para seus estados. Um representante de Wisconsin insistia em que uma extensão do sufrágio "faria que o nosso estado fosse infestado de escravos fugidos do Sul". Os negros, na época, constituíam 0,2% da população do estado.[5]

---

p.303-320; Field, P. E., *The Politics of Race in New York:* The Struggle for Black Suffrage in the Civil War Era. Ithaca, NY, 1982, p.28-77; Snyder, C. M., *The Jacksonian Heritage, Pennsylvania Politics, 1833-48*. Harrisburg, PA, 1958, p.105; Williamson, C., *American Suffrage:* From Property to Democracy, 1760-1860. Princeton, NJ, 1960, p.189-190; Morris, J. M., *A Neglected Period of Connecticut's History, 1818-1850*. New Haven, CT, 1933, p.318-331; Wright, Negro Suffrage, p.174-175; Litwack, L. F., *North of Slavery:* The Negro in the Free States, 1790-1860. Chicago, 1961, p.79-90; Malone, C., *Between Freedom and Bondage*: Race, Party, and Voting Rights in the Antebellum North. New York, 2008, p.13. O estudo de Malone é rico em detalhes, particularmente no que diz respeito a Nova York, Pensilvânia, Rhode Island e Massachusetts.

5 Quaife, M. M. (org.), *The Convention of 1846*, Publications of the State Historical Society of Wisconsin, Collections, v.27, Constitutional Series, v.2. Madison, WI, 1919, p.214-216, 223-225, 278; *Proceedings and Debates of the Convention of the Commonwealth of Pennsylvania to Propose Amendments to the Constitution, Commenced at Harrisburg*, 2 maio 1837, v.9. Harrisburg, PA, 1838, p.321; *Report of the Debates and Proceedings of the Convention for the Revision of the Constitution of the State of Indiana*. Indianapolis, IN, 1850, p.233, 247, 251; *The Constitution of*

Os negros do Norte, é claro, resistiram às campanhas para eliminar seus direitos políticos. Na Filadélfia, uma reunião de afro-americanos emitiu uma declaração pública cheia de indignação, chamada *Apelo de quarenta mil cidadãos, ameaçados de privação do direito de voto, ao povo de Pensilvânia*. "Pedimos uma voz na disposição de recursos públicos que nós próprios ajudamos a ganhar; reivindicamos o direito de sermos ouvidos, de acordo com o número de nossa população, em relação a todas as grandes medidas públicas que envolvem nossas vidas e destinos", manifestava a declaração. Da mesma forma, a população afro-americana de Nova York protestou contra o requisito discriminativo de propriedade e, em Providence, os negros – graças a uma situação política de extraordinária complexidade – conseguiram recuperar seus direitos políticos.[6]

Alguns brancos também eram defensores contundentes do sufrágio dos negros, a partir do início do século XIX até a década de 1850. Em 1821, em Nova York, um representante rebateu a afirmação de que os negros eram um "povo singular", ao afirmar que, em vez disso, eles "tinham uma má sorte singular", e que a sociedade branca deveria esforçar-se para ajudar. Em todas as grandes convenções estaduais, havia representantes que argumentavam que, se os negros eram homens, então mereciam possuir os direitos dos homens. Em 1846, um representante de Nova York "convocou uma convenção para decidir se as pessoas de cor eram homens ou não. Se fossem homens, reivindicava para eles o gozo dos direitos comuns dos homens; caso contrário, que fizessem deles escravos seus e de seus filhos e esmaguem-nos no pó para sempre".[7] Naquele mesmo ano, um representante de Wisconsin desenvolveu este argumento moral de forma mais ampla e eloquente, baseando o caso em princípios religiosos e políticos:

> o sentimento de que "todos os homens nascem livres e iguais" é um princípio justo e correto [...] o negro tem direitos tão sagrados e tão caros como qualquer outra raça, e [...] esses direitos só podem ser garantidos mediante o colocar em suas mãos o instrumento de defesa – o voto – que é oferecido por nossas instituições como a salvaguarda dos direitos políticos. Vivemos, como tem sido muitas vezes repetido nesta sala, numa época de democracia progressiva, numa época cuja característica é um espírito que rompe as barreiras e superstições do passado

---

the State of New York, 3 nov. 1846. Albany, NY, 1849, p.1034; Ryan, D. J., *History of Ohio:* The Rise and Progress of an American State. New York, 1912, p.115; *Report of the Debates and Proceedings of the Convention for the Revision of the Constitution of the State of Ohio, 1850-1851,* v.2. Columbus, OH, 1851, p.635-638; Curry, L. P., *The Free Black in Urban America, 1800-1850.* Chicago, 1981, p.216-219, 329n; Malone, *Freedom and Bondage,* p.57-100, especialmente p.67.

6 Curry, *Free Black,* p.216-224.
7 Peterson, *Democracy,* p.225; *Journal New York 1846,* p.1029. Ver também *Debates Indiana 1850,* p.245.

e olha pelos disfarces de posição e nação para uma natureza comum, vinda de um Deus imparcial. Em termos políticos, as prerrogativas de alguns que governam são descartadas, e os direitos de todos são considerados [...] esse espírito está inaugurando uma lei formidável da humanidade, mais abrangente do que todas as outras, que enxerga mais longe do que a pele para dizer quem tem direitos e quem deve ser mantido no gozo livre do que o Deus da natureza lhes deu [...]. Porque um homem nasce com uma pele escura, ele deve ser privado para sempre dos direitos políticos! Esta é uma doutrina terrível, condenável e tão falsa quanto terrível. É uma doutrina que não vai resistir ao escrutínio do espírito da época, nem seus defensores se encontrarão de mãos limpas num tribunal onde não há respeito pelas pessoas.[8]

Este discurso ecoou em um estado após o outro, em petições de cidadãos brancos e negros, e pelos próprios representantes das convenções; o argumento era reforçado pela afirmação de que a concessão do voto aos negros ajudaria a elevar sua condição, enquanto a privação desse direito seria motivo de um "estigma" que lançaria "um obstáculo no caminho de seu aprimoramento". O procurador Charles Chauncy afirmava, na Pensilvânia, em 1838, que é "nosso dever fazer tudo o que estiver ao nosso alcance para elevar e melhorar a condição da raça de cor [...] em vez de exclui-la". Outros defensores salientavam a ambiguidade do próprio termo "branco": "Será que implica apenas os anglo-saxões?", perguntava um representante de Ohio. "Será que inclui todos os caucasianos? Esta interpretação incluiria muitas pessoas mais escuras do que outras, que seriam excluídas". Outros ainda faziam o jogo militar, citando o louvor do general Andrew Jackson aos soldados negros que pegaram em armas durante a guerra de 1812, e insistindo que, para aqueles que lutaram pelo seu país e podem lutar novamente, não se deve recusar o direito de voto.[9]

Esses argumentos, convincentes como podem soar aos ouvidos do século XX, não tinham muito peso, quer nas convenções constitucionais, quer entre a população em geral. O sufrágio negro era uma questão carregada de emoções, que não podia ser tratada com argumentos racionais ou sutis distinções. Em poucas convenções os votos sobre o tema passavam ao largo; na convenção de Indiana em 1850, um representante chegou a oferecer com sarcasmo a emenda "que todas as pessoas que votarem em favor do sufrágio negro devem ser privadas dos direitos políticos". Os líderes políticos muitas vezes manifestavam o temor de que uma constituição que

---

8 Quaife, *Convention of 1846*, p.241-248.
9 *Journal New York 1846*, p.1016; *Debates Ohio 1850-1851*, v.2, p.549-551; Akagi, R. H., The Pennsylvania Constitution of 1838, *Pennsylvania Magazine of History and Biography*, 47, 1924, p.318-319, 354; *Proceedings of Pennsylvania, 1838*, p.232. As tentativas de definir "branco" muitas vezes terminavam em casos judiciais; ver, por exemplo, dois casos de Ohio decididos em 1842, Jeffries *versus* Ankeny, 11 Ohio 372, 1842, e Thacker *versus* Hawk, 11 Ohio 376, 1842. Para um exemplo de uma petição de negros, ver Wright, Negro Suffrage, p.185-186.

incluísse o sufrágio negro não seria ratificada pelo eleitorado, e é provável que tivessem razão. Com a exceção de Rhode Island, todos os referendos populares realizados sobre o tema resultaram em orientações indiscutíveis para o sufrágio exclusivamente branco. Grande parte da população acreditava que os negros eram inferiores e, fora dos estados escravagistas, temia sua presença. Parecia muito provável que a permissão de voto aos afro-americanos abriria as portas para a migração e a "mistura de raças" e, assim, diminuiria a importância da branquitude e da cidadania.[10]

Os direitos políticos de outra minoria racial da nação, os nativos americanos, eram parte de uma questão menos provocadora. Na verdade, no Texas expressava-se o temor de que "hordas" de índios mexicanos "entrarão aqui [...] e vencerão você nas urnas, ainda que você seja invencível nas armas". Na convenção fundadora da Califórnia, um representante manifestou a convicção – certamente compartilhada por muitos – de que era "absolutamente necessário" incluir uma disposição constitucional que "impeça que as tribos selvagens votem". Além disso, muitas convenções constitucionais realizaram breves debates sobre se os índios eram "brancos" ou não. A convenção de Michigan, por exemplo, chegou à notável conclusão de que os índios deveriam ser considerados "brancos", porque a palavra simplesmente significava "não negros": "a palavra branco foi usada em contradição com o negro apenas, e embora o índio fosse de cor acobreada, ele não deveria ser classificado entre os últimos". A visão predominante em grande parte do país, no entanto, foi de que os nativos americanos, fossem oficialmente brancos ou não, não deveriam ser excluídos do direito de voto por motivos *raciais*: contanto que fossem "civilizados" e contribuintes, deveriam ter o direito de votar. Como aconteceu com muitas políticas para os nativos americanos no século XIX, os índios eram vistos como possuindo o potencial natural (embora incivilizado) para a plena pessoalidade (branca).[11] (Ver Tabela A.4.)

No entanto, a capacidade dos nativos americanos de participar na política foi reduzida entre 1790 e 1850. Em alguns estados, eles eram barrados porque haviam finalmente sido considerados não brancos em termos legais, e apenas os brancos tinham o direito de voto. De modo mais definido,

---

10 *Journal New York 1846,* p.1035; *Debates Indiana 1850,* p.232; ver também ibid., p.228, 253-254, 277-280; Smith, R. B. e Benedict, A. B. (orgs.), *The Verified Revised Statutes of the State of Ohio, including All Laws of a General Nature in Force January 1st, 1890,* v.1, Cincinnati, OH, 1891, p.236, 458-459; Curry, *Free Black,* p.224. Relativo aos desenvolvimentos incomuns em Rhode Island, ver Malone, *Freedom and Bondage,* p.101-142.

11 Montejano, D., *Anglo and Mexicans in the Making of Texas, 1836-1986.* Austin, TX, 1987, p.38-39; Brown, F. R., *Report of the Debates in the Convention of California of the Formation of the State Constitution, in September and October, 1849.* Washington, DC, 1850, p. 67; ver também ibid., p.61-75, 305-309; Dorr, H. M. (org.), *The Michigan Constitutional Convention of 1835-36, Debates and Proceedings.* Ann Arbor, MI, 1940, p.246.

os nativos americanos foram impedidos de chegar às urnas por meio de uma série de decisões judiciais e declarações legais que delimitavam sua capacidade de se tornarem cidadãos. O estatuto de cidadania dos nativos americanos era ambíguo no direito americano inicial (a Constituição especificava que os índios "não tributados" não deveriam ser contados no censo para fins de rateio legislativo), mas, começando com as decisões históricas do presidente Marshall da Suprema Corte na década de 1830, seu estatuto jurídico passou a ser esclarecido numa direção negativa. As tribos indígenas eram "nações domésticas, dependentes", segundo Marshall, e, assim, os índios como indivíduos, vivendo com suas tribos, eram estrangeiros, ainda que nascidos nos Estados Unidos. Vinte anos mais tarde, a decisão Dred Scott confirmou esta interpretação, embora sugerindo um caminho para a cidadania: os índios (ao contrário dos negros), se deixassem suas tribos e se estabelecessem entre os brancos, "poderiam ter todos os direitos e privilégios que pertencem a um imigrante de qualquer outro povo estrangeiro". Mais ou menos ao mesmo tempo, no entanto, o procurador-geral decidiu que os índios não poderiam tornar-se cidadãos por meio do processo convencional de naturalização, porque as leis de naturalização aplicavam-se apenas aos brancos e aos estrangeiros, e os índios não eram, na verdade, estrangeiros, porque "eles nos devem fidelidade". O resultado desse "Ardil--22"[12] jurídico foi que os índios poderiam tornar-se cidadãos apenas por tratado ou por atos especiais do Congresso, mesmo que se estabelecessem entre os brancos e pagassem impostos.[13]

O Congresso, de fato, tentou naturalizar algumas tribos em sua totalidade, geralmente em troca de um acordo tribal de aceitar uma cota limitada de terra, mas as ações do Congresso afetavam apenas um pequeno número de nativos americanos. Enquanto isso, vários estados formalmente passavam a privar todos os índios do direito de voto, ou os índios "não tributados", ou membros de tribos específicas, enquanto outros expressamente limitavam o sufrágio aos cidadãos ou índios "civilizados", que "não eram membros de nenhuma tribo" (o estado da Geórgia até deu plenos direitos de cidadania para os índios Cherokee nomeados individualmente que abdicaram de quaisquer reclamações legais para suas terras). Embora estas últimas disposições fossem comumente interpretadas como extensões do direito de voto, sua aplicabilidade foi limitada. Em geral, os nativos

---

12 "Ardil-22" é uma expressão cunhada pelo escritor Joseph Heller em seu romance de mesmo nome, que descreve uma situação paradoxal, na qual uma pessoa não pode evitar um problema por causa de restrições ou regras contraditórias. (N.E.)

13 Wolfley, J., Jim Crow Indian Style: The Disenfranchisement of Native Americans, *American Indian Law Review,* 16, 1991, p.167-202; Lee, R. A., Indian Citizenship and the Fourtheenth Amendment. *South Dakota History,* 4, 1974, p.199-206; Cohen, F., *Handbook of Federal Indian Law,* Chalottesville, VA, 1982, p.157-158.

americanos eram vistos como potenciais eleitores, mas poucos foram de fato capazes de votar durante o período anterior à Guerra Civil.[14]

Indigentes, criminosos e migrantes

Além das restrições voltadas para as identidades das pessoas, houve a aprovação de leis para regular seu comportamento. Ao definir – e redefinir – os limites da organização política do país, cada estado enfrentava não só as questões de raça e gênero, mas também as de homens brancos adultos que ocupavam as margens sociais da comunidade. Apesar da abolição dos requisitos de propriedade, a maioria dos americanos não acreditava que todos os homens brancos adultos tinham direito à plena participação na comunidade política.

Uma restrição preservava um vínculo entre a situação econômica e a conquista de direitos políticos: doze estados negaram o direito de voto aos indigentes entre 1792 e o final do século XIX (ver Tabela A.6). Embora a definição exata de "indigente" tenha sido tema de debates nas convenções constitucionais e nos tribunais, estas leis claramente visavam os homens que recebiam assistência pública de suas comunidades ou do estado: aqueles que viviam em asilos de pobres, ou que recebiam uma "assistência ao ar livre" (geralmente sob a forma de alimentos, combustível, ou pequenas quantidades de dinheiro), enquanto residiam em casa. Essas exclusões dos indigentes não eram remanescentes arcaicos de precedentes coloniais: em geral tratavam-se de novos dispositivos constitucionais, muitas vezes adotados nas mesmas convenções que haviam abolido os requisitos de propriedade ou de contribuição tributária.[15]

A exclusão dos indigentes constituiu uma rejeição direta das reivindicações de que o sufrágio é um direito que deve ser universal entre os homens brancos: definiu uma nova fronteira na organização política, deixando claro que os indivíduos tinham de manter um nível mínimo de autossuficiência econômica a fim de possuir direitos políticos. A justificação para estas medidas foi blackstoniana: um homem que aceita assistência pública abandona sua independência e, portanto, perde a capacidade de funcionar como um cidadão. Os indigentes, de acordo com um representante de Delaware, não eram "homens alforriados no sentido mais amplo". "A teoria de nossa Constituição", declarou Josiah Quincy, "é que a pobreza extrema – que é a

---

14 Wolfley, Jim Crow, p.171-172; Adams, M. J., *The History of Suffrage in Michigan*. Ann Arbor, MI, 1898, p.21-25; *Acts of the General Assembly of the State of Georgia*. Milledgeville, GA, 1840, p.32; ver também Tabela A.4.
15 Steinfeld, R. J., Property and Suffrage in the Early American Republic. *Stanford Law Review*, 41, janeiro de 1989, p.335-372.

indigência – é incompatível com a independência"; "Quando um homem está tão oprimido pelo infortúnio, a ponto de se tornar um recluso de um asilo de pobres [...] ele cede seus direitos de maneira voluntária", afirmou um membro do comitê de Nova Jersey, que elaborou sua lei em 1844. Os defensores destas leis muitas vezes invocavam uma imagem vívida, embora implausível, de administradores ou donos de albergues pondo em marcha os indigentes até às urnas e os instruindo a votar.[16]

A perspectiva de privar os moradores mais pobres de uma comunidade do direito de voto causou algum desconforto, e até mesmo indignação, entre os cidadãos de ambos os partidos. Na convenção de Nova Jersey de 1844, o representante democrata David Naar, um juiz e judeu sefardita cuja família havia recentemente emigrado das Índias Ocidentais, contestou fortemente que "os indigentes fizeram uma entrega voluntária de suas liberdades". "Será que alguma pessoa se torna indigente por sua própria vontade e escolha? Ninguém, senhor, exceto por uma circunstância inevitável!". Ele também salientou que "os homens que trabalham [...] por vezes são oprimidos pelo infortúnio, e devem eles ser privados do direito de voto? Qual de nós pode dizer que não poderia se tornar um indigente um dia ou outro?". Um ex-bispo dos pobres apoiou Naar, dizendo que "ele tinha visto os cidadãos das primeiras famílias em nosso Estado a cargo dos albergues por causa do infortúnio: e agora vamos definir uma marca sobre eles e classificá-los com os criminosos?". Em vários estados, como Wisconsin, a ideia de privar os desafortunados do direito de voto era muito repulsiva, levando à rejeição de propostas de exclusões de indigentes; em outros lugares, e com o apoio de alguns federalistas, republicanos, democratas e Whigs, os indigentes foram circunscritos do lado de fora da organização política.[17]

Conforme salientou com perspicácia o historiador de Direito Robert Steinfeld, as leis de exclusão dos indigentes expressavam uma mudança no conceito vigente de independência, uma mudança precipitada pela abolição dos requisitos de propriedade. A independência passou a ser percebida menos em termos econômicos do que em termos legais: os indigentes eram legalmente dependentes daqueles que dirigiam asilos de pobres e prestavam assistência, e muitas vezes eram obrigados a realizar um trabalho em troca de ajuda. Enquanto eram pobres (em geral as leis eram interpretadas pelos tribunais de modo a aplicar-se apenas aos homens que recebiam

---

16 Gouge, W. M., *Debates of the Delaware Convention, for Revising the Constitution of the State, or Adopting a New One, Held at Dover, November, 1831*. Wilgminton, DE, 1831, p.15; Steinfeld, Property and Suffrage, p.358; *Proceedings of the New Jersey State Constitutional Convention of 1844*, Trenton, NJ, 1942, p.88.

17 *Proceedings New Jersey 1844*, p.87-91, 430-433; Quaife, *Convention of 1846*, p.208-209; Pole, J. R., The Suffrage in New Jersey 1790-1807. *Proceedings of the New Jersey Historical Society*, 71, janeiro de1953, p.3-8. Sobre David Naar, ver Patt, R. M., *The Sephardim of New Jersey*, New Brunswick, NJ, 1992.

ajuda à época das eleições), faltava-lhes a "propriedade de si próprios", o que limitava sua capacidade de agir ou votar de forma independente. De maneira implícita, a exclusão dos indigentes definia uma distinção entre os assalariados, os quais eram considerados por muitos como independentes o bastante para ter direito de voto, e os homens que haviam cedido o controle legal de seu próprio tempo e trabalho. Contudo, como sugeriu Naar, havia também uma vantagem de classe nessas leis – uma vez que constituíam uma advertência para os trabalhadores pobres de que o infortúnio ou a insuficiente diligência no trabalho os privaria de seus direitos políticos. Essa advertência, como Naar certamente sabia, repercutia ainda mais – e parecia ainda mais injusta – após o agudo declínio econômico de 1837.[18]

O direito de voto também foi recusado a outro grupo de homens que violavam as normas sociais vigentes, aqueles que tinham cometido crimes, especialmente delitos graves, ou os chamados crimes infamantes (crimes que tornavam uma pessoa inelegível para servir de testemunha num processo judicial). A privação do direito de voto por causa de crimes tinha uma longa história no Direito inglês, europeu e até mesmo romano, e não foi surpreendente que o princípio de atribuição de inabilidade civil ao cometimento de crimes tenha aparecido no direito americano também. A justificativa para essas sanções era direta e ostensiva: a privação do direito de voto, quer de modo permanente, quer por um período de tempo, servia como retribuição pelo cometimento de um crime e como um impedimento para o comportamento criminoso futuro. Os homens que haviam cometido crimes também eram julgados inadequados para governar a si próprios (e portanto, os outros) e indignos de desfrutar do privilégio do voto.[19]

Os estados começaram a incorporar dispositivos relativos à perda dos direitos políticos motivada por crimes em suas constituições durante os primeiros anos da república. Entre 1776 e 1821, onze constituições estaduais proibiram de maneira expressa que os homens com condenações penais votassem, ou (mais comumente) autorizaram seus poderes legislativos a promulgar leis que privavam do direito de voto os homens condenados por crimes infamantes, ou crimes específicos, como perjúrio, suborno e apostas sobre eleições (ver Tabela A.7). Às vésperas da Guerra Civil, mais de duas dezenas de estados excluíram aqueles que tinham cometido crimes graves, com muitos dos dispositivos de cassação do direito de voto decretados na

---

18 Steinfeld, Property and Suffrage, p.335-372; Russell, C. T., *The Disfranchisement of of Paupers:* Examination of the Law of Massachussetts, v.14, Boston, 1849, p.341-344; cf. Montgomery, D., *Citizen Worker:* The Experience of Workers in the United States with Democracy and the Free Market During the Nineteenth Century. New York, 1993, p.22.

19 Manza, J. e Uggen, C., *Locked Out:* Felon Disenfranchisement and American Democracy. New York, 2006, p.22-28; Itzkowitz, H. e Oldak, L., Restoring the Ex-Offender's Right to Vote: Background and Developments. *The American Criminal Law Review*, 11, 1973, p.695, 721-727.

sequência da abolição dos requisitos de propriedade e contribuição tributária. Em quase todos os casos, a cassação do direito de voto tinha um caráter permanente implícito, embora a Constituição de Nova York de 1846 tenha estipulado que os homens que haviam sido perdoados por seus crimes seriam reintegrados nos cadernos de votação, um princípio provavelmente aplicado em outros lugares também. Apesar de tais atos constitucionais e legislativos raramente terem ocasionado muitos debates, é notável que esses dispositivos não tenham sido nem universais nem uniformes (é igualmente notável que estes mesmos anos testemunharam a aplicação das leis excluindo expressamente outro grupo de cidadãos "impróprios", os doentes mentais. Consultar a Tabela A.9. e o Capítulo 9).[20]

Em vários estados, a conquista do direito de voto também foi limitada mediante o aumento dos requisitos de residência estaduais ou locais

---

20 Manza e Uggen, *Locked Out*, p.44-55, 237-240. Como eles notam, a listagem cronológica de Manza e Uggen de prescrições de privação do direito eleitoral de criminosos difere ligeiramente da minha; eu também estou menos inclinado do que eles a ver dimensões raciais, mais do que de classe, nestas leis anteriores à Guerra de Secessão. No que diz respeito às leis em estados específicos e os debates envolvendo sua decretação, ver *Journal of the Convention assembled at Springfield, June 7, 1847, in pursuance of an act of the general assembly of the State of Illinois, entitled "an act to provide for the call of a convention," approved February 20, 1847, for the purpose of altering, amending, or revising the constitution of the State of Illinois*. Springfield, Il., 1847, p.47; *Journal of the Proceedings of the Convention of Delegates, Convened at Hartford, August 26, 1818, for the purpose of forming a Constitution of Civil Government of the People of the State of Connecticut*. Hartford, CT, 1901, p.47; *Debates Indiana 1850, 65, 913; Proceedings New Jersey 1844*, p.1, 4, 95-99, 433; *Journal of the Illinois Constitutional Convention 1818. Journal of Illinois State Historical Society*, 6, outubro de 1913, p.373; Kettleborough, C., *Constitution Making in Indiana:* A Source Book of Constitutional Documents with Historical Introduction and Critical Notes, v.1, Indianapolis, IN, 1916, p.58, 108, 224-225, 249, 306; Dorr, *Michigan 1835-36 Debates*, p.170-173; *Journal of the Convention to form a constitution for the state of Wisconsin with a sketch of the debates, begun and held at Madison, on the fifteenth day of December, eighteen hundred and forty-seven*. Madison, WI, 1848, p.144, 514-515, 639; *Comparative View of the State Constitutions, Manual for the New York State Constitutional Convention, 1846*. Albany, NY, 1849, p.184, 240-260; *The Debates and Journal of the Constitutional Convention of the State of Maine 1819-1820*, Augusta, ME, 1894, p.123-125; *Journal New York 1846, 2; Journal of the Proceedings of the Convention met to form a Constitution and a system of state Government for the People of Arkansas:* At the Session of the Said Convention held at Little Rock in the Territory of Arkansas which commenced on the fourth day of January, and ended on the thirtieth day of January, one thousand eight hundred and thirty-six. Little Rock, AR, 1836, p.23; *Journal in the Committee of the whole, of the convention of the people of the state of Delaware, assembled at Dover, by their delegates, December 7 and 8, 1852, and afterwards, by adjournment from March 10 to April 30, 1853*. Wilgminton, DE, 1853, p.77; *Constitution of the State of Indiana: Adopted in Convention at Corydon, on the 29th of June, A.D. 1816*. Washington, DC, 1816, p.22; Swan, J. R. (org.), *Statutes of the State of Ohio, in Force August 1854*. Cincinnati, OH, 1854, art. 4, seções 1-5, p.xxiii; Duer, J. et al., *The Revised Statutes of the State of New York*. Albany, NY, 1846, p.129; Taylor, G. F., Suffrage in Early Kentucky. *Register of the Kentucky Historical Society*, 61, janeiro de 1963, p.31. Para um interessante debate sobre tais prescrições, ver Brown, J. R. (org.), *Report of the Convention of California* (1849), registrado, de acordo com ato do Congresso por J. Ross Brown, no District Court of the District of Columbia, 1850, p.253-254. No que diz respeito aos mentalmente doentes, ver a discussão no Capítulo 9 deste volume.

(conforme mencionado no capítulo anterior, o inverso era verdadeiro em algumas localidades). A necessidade de regras de residência foi unânime: sobretudo na ausência de requisitos de propriedade ou contribuição tributária, parecia sensato restringir o empoderamento político para aqueles que conheciam as condições locais e que poderiam ter um interesse no resultado das eleições. O período necessário de residência tendia a ser menos óbvio. Em média, o requisito era de um ano no estado e três ou seis meses num distrito municipal ou condado, mas havia defensores árduos de períodos mais longos e mais curtos.[21]

Aqueles que eram favoráveis aos requisitos de residência por um longo período geralmente procuravam evitar que "os vagabundos e desconhecidos", "os peregrinos" ou visitantes temporários de qualquer tipo votassem. "Há pouca propriedade", observou James Fenimore Cooper, "em admitir que uma parte flutuante da população tenha uma participação" no governo. A maioria dessa população flutuante era composta de operários, considerados ignorantes das condições locais e uma fonte de fraude eleitoral. Em 1820, foi noticiado que "centenas de homens [...] de New Hampshire" iam em bandos para Massachusetts todas as primaveras para votar nas eleições; em Wisconsin, representantes da convenção defendiam um longo período de residência para excluir uma "classe numerosa" dos mineiros migrantes de Illinois; em Ohio, os "trabalhadores braçais temporários, sem teto, dos barcos do canal", eram considerados determinantes para o resultado das eleições em cidades que beiravam os canais. Noutras partes do Meio-Oeste, os temores se concentravam nos trabalhadores das estradas de ferro (cujos votos supostamente poderiam ser controlados pelas corporações ferroviárias), e nos trabalhadores agrícolas que podiam ser enviados de condado em condado para fins políticos. Essas preocupações se tornaram mais agudas à medida que o desenvolvimento econômico aumentava a visibilidade dos migrantes. No entanto, a ansiedade sobre a população transitória em geral era anulada por aqueles que acreditavam que os requisitos de períodos longos de residência fariam os "trabalhadores mecânicos errantes" perder de maneira injusta os direitos de cidadão, homens que "a pobreza obrigava a se transferirem de um município para outro", ou até mesmo os agricultores que geralmente arrendavam sua terra por um ano ou dezoito meses e depois seguiam em frente. Alguns habitantes do Meio-Oeste também

---

21 Também deve ser notado que muitos estados durante esse período tentaram esclarecer o significado de residência, e, assim fazendo, excluíram explicitamente como residentes soldados e marinheiros que estavam temporariamente estacionados em seu estado, bem como estudantes universitários. Ver, por exemplo, Quaife, *Convention of 1846*, p.743; *Convention Wisconsin*, 1847, p.207-208, 268-269; *Proceedings New Jersey 1844*, p.92-101, 429; *Comparative View 1846*, p.184; *Constitution New York 1846*, p.8; e o caso de Massachusetts, Williams *versus* Whiting, 11 Mass. 424, 1814.

argumentavam que os períodos mais curtos de residência incentivariam o assentamento tão necessário.[22]

Como era de se esperar, havia uma dimensão partidária nesses debates. Os federalistas, e depois os Whigs, tendiam a favorecer os períodos mais longos de residência, por recear os instáveis e os pobres, e suspeitavam que a maioria dos moradores transitórios votaria para os republicanos ou democratas. Os democratas compartilhavam esta análise, defendendo requisitos de residência mais curtos, na esperança de dar direito de voto a maior número de seus próprios partidários. Esta divisão tornou-se mais acentuada na década de 1840, conforme a questão se infunde com as atitudes populares em conflito e, por vezes, antagônicas em relação à mobilidade dos nascidos estrangeiros.[23]

A maioria desses debates resultou num impasse, mas alguns estados de fato acabaram por alongar seus requisitos de residência. Nova York, em 1821, fê-lo por aqueles que não atendiam os requisitos de contribuição tributária para a votação legislativa. Maryland adotou o requisito local de seis meses em 1850, visando quase inteiramente a população imigrante de Baltimore; Virginia, no mesmo ano, aumentou a residência do estado de um ano para dois. Além disso, a Flórida aprovou um requisito de residência excepcionalmente longo de dois anos em 1838. Em 1845, uma coalizão de Whigs e democratas nos condados do sul da Louisiana, temendo o poder potencial de imigrantes inundando Nova Orleans, conseguiu duplicar o requisito de residência do estado de um ano para dois, e ao mesmo tempo exigia uma residência de um ano completo no condado. A residência também poderia ser anulada por uma ausência de noventa dias ou mais. Enquanto isso, em Ohio, uma série complexa e até desconcertante de leis foi aprovada, já que os Whigs e os democratas disputaram regras de residência por mais de duas décadas. O resultado foi a manutenção de um requisito estadual de residência com um ano de duração e um requisito local mais curto, com a nomeação de juízes eleitorais com o poder de rejeitar qualquer pretensão do eleitor para ser um residente legal. Isto foi seguido pela aprovação de uma lei patrocinada pelos Whigs que instituiu

---

22 Jones, S. R., *A Treatise in the Right of Suffrage*. Boston, 1842, p.127, 169; *Journal of the Convention of the State of Mississipi: Held in the Town of Jackson*. Jackson, MI, 1832, p.45-63; *Debates Indiana 1850,* p.1295-1307; *Debates Ohio 1850-51,* v.2, p.9-10; *Journal New York 1846*, p.111; *Convention Wisconsin*, 1847, p.129; Quaife, *Convention of 1846*, p.208; *Massachusetts Convention of Delegates, Journal of Debates and Proceedings in the Convention of Delegates, 1821*. Boston, 1853, p.249-250, 554-555; Sharpless, I., *Two Centuries of Pennsylvania History*. Philadelphia, 1900, p.311; Mueller, H. R., *The Whig Party in Pennsylvania*. New York, 1922, p.36-37; Cooper, J. F., *The American Democrat,* 1838; reimpr., New York, 1956, p.140-144.

23 Sharpless, *Pennsylvania History*, p.311; Winkle, K. J., *The Politics of Community:* Migration and Politics in Antebellum Ohio. Cambridge, UK, 1988, p.60-85; Shugg, R. W., *Origins of Class Struggle in Louisiana:* A Social History of White Farmers and Laborers During Slavery and After, 1840-1875. Baton Rouge, LA, 1939, p.128-131.

um novo sistema de recenseamento eleitoral aplicável apenas a comunidades e cidades selecionadas, e aos "condados do canal" onde as taxas de transitoriedade eram altas.[24]

Registro e imigração

Ohio não foi o único estado onde a preocupação com a população em curta permanência – sobretudo as pessoas de origem estrangeira – desencadeou o interesse na criação de sistemas formais de registro eleitoral. Massachusetts havia adotado um sistema de registro em 1801, Carolina do Sul instituiu um requisito de registro limitado para a cidade de Columbia em 1819, e Nova York considerou a possibilidade em 1821 (e exigia que os eleitores apresentassem "provas adequadas" de sua elegibilidade). No entanto, a maioria dos estados não mantinha listas oficiais de eleitores nem exigia que os eleitores se registrassem antes das eleições.[25]

A partir da década de 1830, a ideia de registro tornou-se mais popular, sobretudo entre os Whigs, que acreditavam que a população de passagem e os estrangeiros inelegíveis estavam lançando seus votos para o Partido Democrata. Ao mesmo tempo, um caso histórico do tribunal Massachusetts, Capen *versus* Foster, decidiu que as leis de registro não eram imposições inconstitucionais de novas qualificações de voto, mas medidas razoáveis para regular o procedimento das eleições. Em 1836, a Pensilvânia aprovou sua primeira lei de registro, que exigia que os peritos avaliadores na Filadélfia (e somente na Filadélfia) elaborassem listas de eleitores qualificados: nenhuma pessoa ausente da lista era autorizada a votar. Embora o objetivo proclamado da lei fosse reduzir as fraudes, os opositores insistiram que sua real intenção era reduzir a participação dos pobres – que com frequência estavam ausentes quando os avaliadores chegavam em suas casas, e que não tinham placas de identificação "grandes e de latão" em suas portas. Na convenção constitucional de 1837, os delegados democratas de Filadélfia responderam por meio da introdução de uma emenda constitucional que

---

24 Winkle, *Politics of Community*, p.60-85; Smith, J. A., *The Growth and Decadence of Constitutional Government*. New York, 1930, p.37-38; Green, F. M., *Constitutional Development in the South Atlantic States, 1776-1860:* A Study in the Evolution of Democracy. Chapel Hill, NC, 1930, p.280-285; Shugg, *Origins of Class Struggle*, p.128-131; Howard, P. H., *Political Tendencies in Louisiana*, Baton Rouge, LA, 1957, p.51-53; *Comparative View 1846*, p.143-144, 148; ver também Way, P., *Common Labour:* Workers and the Digging of North American Canals 1780-1860. Cambridge, UK, 1993, p.180-181.

25 Harris, J. P., *The Registration of Voters in the United States*. Washington DC, 1929, p.67-70; *A Report of the Debates and Proceedings of the Convention of the State of New York; Held at the Capitol in the City of Albany on the 28th Day of August 1821*. New York, 1821, p.148.

determinava um sistema de registro uniforme em todo o estado: a proposta foi derrotada de forma estrondosa pelos representantes rurais.[26]

Em Nova York, a década de 1830 testemunhou o início de uma luta partidária prolongada em relação ao registro de eleitores. As primeiras propostas de um registro foram concebidas com a intenção inequívoca de impedir a votação dos imigrantes católicos irlandeses e, assim, reduzir a força eleitoral democrática. Em 1840, os Whigs conseguiram aprovar uma lei de registro que valia apenas para a cidade de Nova York, onde havia a maior concentração de eleitores irlandeses. A lei foi revogada dois anos depois, mas ao longo dos anos 1840 e 1850 uma coalizão emergente de republicanos e *Know-Nothings* continuava a pressionar por um sistema formal de registro eleitoral. (Em relação ao partido *Know-Nothing*, consulte o Capítulo 4.) Em Connecticut, da mesma forma, os Whigs aprovaram uma lei de registro eleitoral em 1839. Já que não se exigia que os registradores viessem de ambos os partidos, os democratas denunciaram o ato como uma "lei de cassação do direito de voto" e a substituíram, em 1842, por uma lei que passava a obrigação de registro eleitoral dos eleitores para os funcionários municipais. As propostas de registro também eram sugeridas em outros estados. No entanto, em quase todos os lugares situados fora do Nordeste, os sistemas de registro eram rejeitados como medidas partidárias que enfraqueceriam o Partido Democrata e, ao mesmo tempo, infringiriam os direitos dos imigrantes e dos pobres.[27]

A apreensão relativa à votação de imigrantes na década de 1840, sobretudo no Nordeste, também deu origem a ideias novas e não experimentadas para limitar o sufrágio. Em Nova York, Nova Jersey, Indiana, Maryland e Missouri, as convenções constitucionais cogitaram sobre propostas para instituir testes de proficiência de leitura, ou até mesmo testes de alfabetização na língua inglesa para os eleitores em potencial. "O mínimo que podemos exigir", observou um delegado de Nova Jersey, em 1844, "é esta simples manifestação de inteligência." Essa lei, segundo ele, iria incentivar os pais a educar seus filhos. "Que os pais entendam – que as mães entendam, que antes de seus filhos usarem o libré dos americanos livres, eles devem ser capazes de ler." Samuel Jones declarou a questão com mais severidade: "as pessoas totalmente destituídas de educação não possuem inteligência suficiente para que possam exercer o direito de sufrágio de

---

26 Harris, *Registration of Voters*, 69-70; Massachusetts, *Acts and Laws, 1801*, cap.38; *Journal New York 1846*, p.148, 176-177; Capen *versus* Foster, 29 Mass, 485, 1832.

27 Silbey, J. H., *The Partisan Imperative*. New York, 1985, p.141-153; Williamson, *American Suffrage*, p.273-277; *Constitution New York 1846*, p.65; *Proceedings of the Maryland State Convention to Frame a New Constitution. Commenced at Annapolis, November, 1, 1850*. Annapolis, MD, 1850, p.82; *Proceedings of the New Jersy State Constitutional Convention of 1844*. Trenton, NJ, 1942, p.86-92; Kettleborough, *Constitution Making of Indiana*, v.1, p.ciii, cx-cxiii, 396-465; *Convention Wisconsin*, 1847, p.144.

forma benéfica para o público". Ainda que a imagem de um eleitorado educado tivesse óbvios atrativos, estas propostas foram rapidamente refutadas: havia cidadãos muitos bons e decentes, que por acaso eram analfabetos ou mal alfabetizados (mesmo Andrew Jackson, alegou-se, tinha dificuldade em soletrar seu próprio nome), mas eram perfeitamente capazes de exercer com responsabilidade o direito de voto. Sem um sistema de educação universal, além disso, um requisito de alfabetização seria, como um delegado colocou, "um golpe para os pobres".[28]

Os defensores da restrição também apresentaram outra proposta dirigida de modo explícito aos imigrantes: eles tentaram impedir que os cidadãos naturalizados votassem até que tivessem mantido a cidadania por um, cinco, dez, ou mesmo vinte e um anos. O objetivo expresso da proposta era impedir a naturalização partidária e em massa de imigrantes, que supostamente ocorria na véspera das eleições; a proposta também daria aos imigrantes tempo de se familiarizar de forma plena com as normas e valores americanos (e diminuir o voto democrático). Na década de 1840 e início da de 1850, leis desse tipo foram propostas em Nova York, Nova Jersey, Missouri, Maryland, Indiana e Kentucky. No entanto, foi somente após o êxito do *Know-Nothing* no fim da década de 1850 (ver Capítulo 4) que se impôs realmente restrições de alfabetização ou "período de espera", embora Nova York, em 1846, de fato tenha instituído um sistema por meio do qual os registradores podiam interrogar os cidadãos naturalizados e exigir por escrito a prova de sua elegibilidade. Cabe destacar que a preocupação com os eleitores imigrantes no Nordeste aumentava precisamente no mesmo momento em que muitos estados do Meio-Oeste estendiam o direito de voto para os estrangeiros não declarantes.[29]

No início da década de 1850, em suma, vários grupos ou categorias de homens (e um grupo de mulheres) tinham perdido os direitos políticos que possuíam meio século antes. Embora o direito de voto de modo geral tivesse sido ampliado, novas barreiras foram erguidas, alvejando populações específicas e menores (ver Tabela A.9). Essas barreiras eram expressões da relutância do país em adotar o sufrágio universal, dos limites aos impulsos democráticos que caracterizaram a época. Após a década de 1820, essas barreiras, bem como as propostas de restrições adicionais em relação ao

---

[28] Jones, *Treatise*, p.132; *Proceedings New Jersey 1844*, p.100-103; ver também ibid., p.96, 434; Kettleborough, *Constitution Making in Indiana*, v.1, p.cxv-cxvii; *Journal New York 1846*, p.2, 91.

[29] *Arguments Proving the Inconsistency and Impolicy of Granting to Foreigners the Right of Voting by a Disciple of the Washington School*, 1810; reimpr., Philadelphia, 1844; *Speeches of Hon. Garrett Davis delivered in the Convention to Revise the Constitution of Kentucky, December 1849*. Frankfort, KY, 1855; *Proceedings New Jersey 1844*, p.76-87; *Proceedings Maryland 1850*, p.94; *Journal New York 1846*, p.129; Duer, J., Butler, B. e Spencer, J., *The Rivised Statutes of the State of New York*, v.1, Albany, NY, 1846, p.138-139: *Debates Indiana 1850*, p.1304; Porter, K. H., *A History of Suffrage in the United States*. Chicago, 1918, p.115-118.

direito de voto, também foram uma resposta à mudança socioeconômica; na medida em que a economia tornava-se mais industrial, grande número de imigrantes chegaram ao litoral do país, e a crise iminente relativa à escravidão ameaçava liberar um número significativo de afro-americanos, não só da escravidão, mas do Sul. Apesar do *ethos* democrático da época, a transformação da sociedade americana estava pondo em marcha uma contracorrente de apreensões acerca de uma política amplamente democrática, apreensões que viriam a ser arautos de acontecimentos futuros.[30]

Democracia, a classe trabalhadora e o excepcionalismo americano

Os americanos há muito tempo se orgulham do que consideram como qualidades excepcionais do desenvolvimento político nos Estados Unidos, as qualidades que distinguem a história americana da de outras nações, sobretudo as europeias. Cabe destacar, entre estas características excepcionais, a longa tradição de democracia política e o papel relativamente pequeno desempenhado pela categoria de classe na vida social e na política americana. Durante grande parte do século XX, os estudiosos e escritores relacionaram esses dois ingredientes, localizando sua convergência no empoderamento político excepcionalmente precoce e bastante inconteste da classe trabalhadora norte-americana nos anos que precederam a Guerra Civil. De acordo com a narrativa clássica e amplamente aceita, os trabalhadores americanos – ao contrário de suas contrapartes em quase toda a Europa – ganharam o sufrágio universal (ou, pelo menos, o sufrágio universal do homem branco) no início do processo de industrialização e, portanto, nunca se viram forçados a se organizarem coletivamente para lutar pelo direito de voto. Como resultado, os trabalhadores foram capazes de tratar de suas reivindicações por meio do processo eleitoral, não se viram forçados a formar partidos trabalhistas e desenvolveram apegos partidários às organizações políticas tradicionais. Tudo isso, ou assim tem-se argumentado, teve profundas implicações para a evolução posterior da política e a mão de obra americanas, incluindo a ausência de um movimento socialista expressivo nos Estados Unidos.[31]

---

30 Para um exemplo articulado dessas reservas para ampliar o direito de voto, ver Jones, *Treatise*, p.20-21.
31 Para exemplos desses pontos de vista (e muitos outros poderiam ser citados), ver Perlman, S., *A Theory of the Labor Movement* (New York, 1928); Commons, J. R. e Sumner, H. I., *History of Labor in the United States*, v.1. New York, 1926; Bridges, A., Becoming American: The Working Classes in the United States Before the Civil War. In: Katznelson, I. e Zolberg, A. R. (org.), *Working-Class Formation:* Nineteenth-Century Patterns in Western Europe and the United States. Princeton, NJ, 1986, p.37-38; Dawley, A., *Class and Community:* The Industrial Revolution in Lynn. Cambridge, MA, 1976.

A versão tradicional tem, de fato, alguma validade. Muitos trabalhadores americanos realmente tiveram acesso ao direito de voto décadas antes de seus semelhantes na Europa (embora não esteja claro quanto tempo). Além disso, conforme salientou o historiador do trabalho David Montgomery, a aquisição do direito de voto por milhares de artesãos e mecânicos na América anterior à guerra levou a importantes mudanças legislativas que serviram aos interesses dos trabalhadores.[32]

No entanto, a narrativa tradicional, fundamentada em uma história do sufrágio triunfalista, ou da perspectiva dos Whigs, perde uma dimensão crítica da história. Simplificando: na medida em que a classe trabalhadora estava realmente empoderada com o sufrágio durante a era anterior à Guerra Civil (e não se deve ignorar que as mulheres, negros livres e imigrantes recentes constituíam uma grande parcela da classe trabalhadora), essa conquista foi em grande parte uma consequência não intencional das mudanças nas leis de sufrágio. As convenções constitucionais que removeram os requisitos de propriedade e até de contribuição tributária não pretendiam estender o sufrágio às centenas de milhares de operários fabris especializados, aos diaristas e trabalhadores não qualificados que se tornaram uma característica tão proeminente e perturbadora da paisagem econômica em meados da década de 1850 – e com certeza não os imigrantes, especialmente os irlandeses católicos que eram operários especializados, diaristas e trabalhadores não qualificados.

Ainda que conservadores como James Kent e Josiah Quincy tivessem alertado que reduzir os entraves à votação acabaria dando poder político substancial para essa população indesejável, os defensores da reforma do sufrágio não levaram em conta essa possibilidade. O nova-iorquino David Buel, como será recordado, declarou que se ele compartilhasse a visão de Kent sobre o futuro, não teria defendido a eliminação dos requisitos de propriedade. Buel, no entanto, estava convencido de que Nova York permaneceria um estado essencialmente agrícola e que não havia nada a temer da população urbana relativamente pequena de Nova York. Da mesma forma, Martin Van Buren, outro fervoroso defensor de um direito de voto mais amplo, deixou claro que se opunha ao "sufrágio universal" e que as revisões constitucionais de 1820 se destinavam apenas a estender o direito aos estratos medianos respeitáveis da sociedade.[33]

De fato, a ampliação do direito de voto na América anterior à guerra aconteceu antes que a revolução industrial tivesse avançado e que suas

---

32 Montgomery, *Citizen Worker*, p.24-50. Uma questão quantitativa importante emerge aqui: que porcentagem de trabalhadores americanos (ou trabalhadores do sexo masculino) teve direito ao voto durante este período? É digno de nota que esta questão (a qual, como observado no prefácio, lançou o presente estudo) nunca foi investigada de modo sistemático.

33 Meyers, M., *The Jacksonian Persuasion:* Politics and Belief. Stanford, CA, 1957, 247 n.6, 248-249; Montgomery, *Citizens Workers*, p.3-5, 17-18; *Proceedings New York 1821,* p.140-146.

O direito de voto

consequências sociais fossem claras ou visíveis. Os dados apresentados nas tabelas A.2 e A.8 conferem um poder factual e estatístico a este ponto. Como é indicado nessas tabelas, havia relativamente poucos trabalhadores fabris nos estados do Norte quando os requisitos de propriedade foram abolidos ou novas constituições sem restrições de propriedade foram adotadas (uma vez que o Sul se manteve essencialmente agrícola, esses estados foram omitidos da Tabela A.8). Em Nova York, em 1820, por exemplo, as pessoas que trabalhavam na agricultura excediam em número as do setor manufatureiro e do comércio combinados, numa proporção de quase 4 para 1; em Illinois, a proporção era de 10 para 1; mesmo em Massachusetts, a proporção era de 3 para 2. Em todos os lugares nos Estados Unidos, o número de pessoas dedicadas à agricultura era muito superior ao dos trabalhadores da indústria quando foram abolidos os requisitos de propriedade e de contribuição tributária. O enorme aumento na produção começou após 1820, e em alguns lugares, depois de 1840. Esse aumento levou a uma mudança radical na proporção de agricultores para trabalhadores: em 1850, os trabalhadores agrícolas foram excedidos em número em cinco estados. Mas essa tendência nova e permanente da importância relativa da indústria ocorreu vinte anos ou mais após a mudança das leis de sufrágio.

O que isto indica, sem dúvida, é que o sistema de governo americano não tomou uma decisão deliberada e consciente de conceder o direito de voto à classe trabalhadora incipiente que estava sendo criada pela revolução industrial. Massachusetts, Nova York, Pensilvânia e outros estados optaram, de fato, por confiar o voto aos agricultores que arrendavam a terra, de preferência aos proprietários, aos pequenos comerciantes que possuíam pouca ou nenhuma propriedade e aos artesãos e mecânicos que constituíam a classe trabalhadora visível – e não muito grande – do começo do século XIX. Esses homens tinham a reputação de possuir as virtudes republicanas de masculinidade, autossuficiência e independência de julgamento, que se considerava requisitos dos eleitores. Um emprego estável e respeitável, bem como uma propriedade, tornavam um homem digno da cidadania política plena. No entanto, poucos dos representantes das convenções constitucionais – e provavelmente poucas das pessoas que os elegeram – acreditavam que o sufrágio devia ser tão universal a ponto de incluir um grande proletariado urbano, do tipo que existia na Inglaterra e que, era o que se esperava, nunca se tornaria parte do mundo americano. Esse proletariado apareceu, por fim, nesse lado do Atlântico, mas apenas após as leis de sufrágio terem sido reformadas em quase todos os lugares. A ampliação do sufrágio nos Estados Unidos aconteceu na ausência de uma classe trabalhadora industrial grande ou muito desenvolvida.[34]

---

34 Eu discordo da conclusão de Montgomery (*Citizen Worker*, p.22) de que o "contrato de salário" tomou seu lugar ao lado da posse de propriedade como um "emblema de participação

Essa perspectiva comparativa pode ser estendida para o Sul. Na Europa (e em outras partes) a resistência ao sufrágio universal se baseava não apenas na oposição ao empoderamento político dos trabalhadores da indústria, mas de uma oposição igualmente poderosa à extensão de direitos políticos aos camponeses – aos milhões de homens, muitos deles analfabetos, que viviam na pobreza, fazendo o trabalho pesado das propriedades ou fazendas, grandes e pequenas. O campesinato americano, no entanto, era peculiar: havia sido escravizado. Como Benjamin Watkings Leigh observou na convenção constitucional da Virginia de 1829, "os escravos, na parte leste deste estado, preenchem o lugar dos camponeses da Europa. Em todos os países civilizados sob o sol", Leigh argumentou, "deve haver alguns que trabalham para ganhar o pão de cada dia" e que, por isso, não estão em condições de "entrar nos assuntos políticos". Na Virginia e em todo o Sul, aqueles que trabalharam pelo pão de cada dia eram escravos afro-americanos – e por causa da condição de escravos, nunca se tornaram parte do cálculo, ou política, da reforma do sufrágio. Quando os líderes políticos da Virginia, Carolina do Norte ou Alabama decidiram abolir os requisitos de propriedade ou contribuição tributária, não tinham a mais remota ideia de que suas ações estenderiam o direito de voto aos milhões de homens negros que trabalhavam duro nas plantações de algodão e fazendas de tabaco da região.[35]

Assim, tanto no Sul como no Norte, as barreiras econômicas para a extensão do sufrágio foram retiradas em contextos sociais e institucionais que levaram os líderes políticos a acreditar que as consequências de suas ações seriam limitadas, muito mais limitadas do que teriam sido na Europa. A ampliação relativamente precoce do direito de voto nos Estados Unidos não era apenas, nem mesmo principalmente, a consequência de um característico compromisso americano com a democracia, da insignificância da classe, ou de uma crença na extensão dos direitos políticos às classes subalternas. Em vez disso, essa extensão precoce ocorreu – ou, pelo menos, foi possibilitada – porque os direitos e poderes das classes subalternas, desprezadas e temidas, tanto nos Estados Unidos quanto na Europa, não estavam em questão quando as reformas de sufrágio foram adotadas. O equivalente americano do campesinato não iria ser empoderado com o direito de voto de qualquer maneira, e a paisagem social incluía poucos trabalhadores industriais. O que foi excepcional nos Estados Unidos foi uma configuração incomum de circunstâncias históricas que permitiram que as leis de sufrágio fossem liberalizadas antes que os homens que trabalhavam de sol a sol nas fábricas e nos campos se tornassem atores políticos significativos em termos numéricos.

---

na sociedade". Embora possa ser verdadeiro para os trabalhadores habilitados, o contrato de salário não fortaleceu da mesma maneira os não habilitados e semi-habilitados.
35 *Proceedings and Debates of the Virginia State Convention of 1829-30*. Richmond, VA, 1830, p.158.

Um caso exemplar: a guerra em Rhode Island

A exceção que confirma a regra – pelo menos para o Norte – foi Rhode Island, onde um requisito de propriedade continuou em vigor até muito tempo depois de uma classe operária industrial considerável ter surgido. Rhode Island não elaborou uma nova Constituição durante a era revolucionária e continuou a ser regida por um estatuto colonial que concedia o direito de voto aos "homens livres"; conforme a definição da Assembleia Geral, este termo incluía apenas aqueles que possuíam bens imóveis no valor de 134 dólares, ou um imóvel alugado por, no mínimo, 7 dólares. No século XVIII, cerca de três quartos de todos os homens adultos podiam atender a essas exigências. O rápido crescimento de Providence e dos centros industriais (sobretudo as fábricas têxteis) no Blackstone Valley, no entanto, mudou a proporção de maneira espetacular: na década de 1830, bem menos do que a metade dos homens brancos adultos no estado podiam votar, e muitos dos que careciam do direito de voto eram trabalhadores imigrantes. Para agravar a má distribuição do poder político, havia um sistema de rateio legislativo que favorecia altamente os municípios rurais na metade sul do estado.[36]

Várias facções políticas diferentes, bem como os próprios indivíduos privados de seus direitos, tentaram promover uma reforma do sufrágio durante o primeiro quartel do século XIX, mas foram rejeitados por uma coalizão de conservadores e proprietários rurais que controlavam o poder legislativo e apreciavam, entre outros benefícios, impostos mínimos e pouco frequentes sobre a propriedade territorial. A oposição à Carta colonial ganhou força, no entanto, no início dos anos 1830; foi provocada inicialmente por um grupo de operários radicais, dos quais o carpinteiro e ativista Seth Luther tornou-se o porta-voz mais célebre. Luther, que tinha servido uma temporada na prisão por dívidas no início dos anos 1820, era um orador talentoso e um dos críticos mais importantes das desigualdades criadas pela industrialização na Nova Inglaterra. Em seu discurso sobre o direito de livre sufrágio, ele alegou que havia "doze mil vassalos" em Rhode Island

> que se submetem a ser tributados sem seu próprio consentimento, que são obrigados a fazer o serviço militar para defender o país da invasão estrangeira e da agitação social doméstica; a proteger propriedades que não são as suas próprias; na verdade, que são obrigados, pela vontade de uma minoria, a arcar com todas as obrigações de um governo nominalmente livre e, contudo, não têm voz na escolha dos governantes e na administração desse governo.

---

36 Gettleman, M. E., *The Dorr Rebellion* – A Study in American Radicalism, 1883-1849. New York, 1973, p.6-7; Williamson, *American Suffrage*, p.243-245; Dennison, G. M., *The Dorr War: Republicanism in Trial, 1831-1861*. Lexington, KY, 1976, p.14, 28.

Luther denunciou o preconceito de classe que impedia os operários de votar, insistiu que as leis de Rhode Island violavam a garantia da Constituição federal de uma forma republicana de governo, e sugeriu que a Declaração de Independência fosse reescrita para indicar que "todos os homens são criados iguais, exceto em Rhode Island".[37]

Apesar da retórica inflamada de Luther e em parte porque os operários se tornaram pessimistas acerca da possibilidade de conquista do direito de voto, o movimento pela reforma do sufrágio (e redistribuição) foi assumido por um grupo de reformadores da classe média, muitos dos quais eram Whigs. Eram liderados por Thomas Dorr, um advogado bem-sucedido de Providence, de uma próspera família de Rhode Island. Dorr, que tinha frequentado Exeter e entrado em Harvard aos quatorze anos, era conhecido como um homem de integridade e princípios, que claramente abraçava causas que considerava justas. Os reformadores lançaram um Partido Constitucionalista que procurou escrever uma nova constituição estadual e corrigir inúmeros defeitos no governo do estado. Após dois anos de agitação, conseguiram convencer a Assembleia Geral a realizar uma convenção constitucional – que passou a rejeitar por margens esmagadoras as demandas por sufrágio de contribuintes, a redistribuição e o abandono da Carta colonial. É claro que estava em jogo nada menos do que o controle do governo do estado: a combinação de amplos direitos políticos e de redistribuição produziria uma mudança drástica no poder, contra a qual os proprietários de terras se opunham fortemente.[38]

O conflito chegou a um ponto de ebulição em 1841, quando os mecânicos e os operários, acreditando que nunca poderiam reparar nenhum de seus problemas econômicos até que possuíssem direitos políticos, formaram uma nova organização militante de sufrágio. Suas demandas por mudança foram apoiadas não só pelos reformadores de meados da década de 1830, mas também pelo Partido Democrata, que viu uma expansão do direito de voto como a chave para seu próprio destino eleitoral. Na época, Dorr já tinha abandonado os Whigs e se tornado chefe do Partido Democrata de Rhode Island. Esta ampla coalizão de defensores da reforma ridicularizou abertamente a constituição existente do Estado como um anacronismo. "Se a soberania não reside no povo, onde diabos ela reside?", inquiriu um membro da nova Associação de Sufrágio de Rhode Island.[39]

Convencida de que novos apelos ao governo do estado seriam em vão, a Associação de Sufrágio convocou uma Convenção do Povo, em outubro de 1841. Nesta, foi elaborada uma nova constituição que concedia o

---

37 Luther, S., *An Address on the Right of Free Suffrage*. Providence, RI, 1883, p.14-16, 23; Gettleman, *Dorr Rebellion*, p.8-9.
38 Gettleman, *Dorr Rebelion*, p.21-28; Dennison, *Dorr War*, p.13-19.
39 Dennison, *Dorr War*, p.37, 43-45; Gettleman, *Dorr Rebellion*, p.25-35.

direito de voto para todos os homens brancos adultos que cumprissem o requisito de residência de um ano; além disso, o poder legislativo foi redistribuído para aumentar a representação de Providence e das cidades industriais do Norte. A questão mais controversa a vir à tona na convenção foi o sufrágio negro: depois de um longo debate, formado em parte pelo medo de incluir um elemento potencialmente impopular no que já era um documento radical, a Convenção do Povo votou para restringir o sufrágio aos brancos, uma decisão que levou tanto os negros quanto os abolicionistas a se oporem ao novo movimento do sufrágio.[40]

Os defensores da Convenção do Povo organizaram um referendo estadual sobre a nova Constituição: para sua alegria, quando os votos foram contados em janeiro de 1842, 14 mil pessoas, uma clara maioria de todos os homens adultos de Rhode Island, haviam votado para ratificar sua constituição. Para Dorr e seus seguidores, essa expressão da vontade popular significou que sua constituição era agora o direito legítimo e fundamental do Estado; foram ainda mais encorajados quando uma constituição alternativa, proposta pela Convenção dos proprietários de terra (representando o governo da constituição), foi derrotada em um referendo. A tensão aumentou durante a primavera de 1842, à medida que defensores e opositores da expansão do sufrágio denunciaram uns aos outros em confrontos de rua, em guerras de panfleto, turnê de palestras e apelos retóricos para o governo federal. As tensões foram agravadas ainda mais quando os reformadores passaram a realizar eleições sob a nova Constituição: apesar do decepcionante comparecimento às urnas, um novo poder legislativo foi eleito e Dorr se tornou governador.[41]

Enquanto isso os conservadores, agora organizados como o Partido da Lei e da Ordem, conseguiram convencer a Assembleia Geral a aprovar uma série de leis destinadas a "certas pessoas inescrupulosas[...] esforçando-se para levar a cabo um plano para a subversão do nosso governo". Essas leis (chamadas de leis algerinas pelos sufragistas, em referência ao tirano contemporâneo bem conhecido, o Dey de Algiers) impuseram penas severas para aqueles que eram candidatos nas eleições não autorizadas e para aqueles que presidiam reuniões realizadas sob a Constituição do Povo. Qualquer pessoa que tentasse assumir o cargo sob a Constituição do Povo seria culpada de traição e sujeita à prisão perpétua.[42]

As leis algerinas cindiram com sucesso a Associação do Sufrágio – já que muitos apoiadores da reforma estavam relutantes em arriscar penas de prisão pela causa. Um medo crescente de um conflito civil ou mesmo militar, além disso, levou muitos adeptos moderados da reforma do sufrágio

---

40 Gettleman, *Dorr Rebellion,* p.25-35, 42-47, Montgomery, *Citizen Worker,* p.19-21.
41 Ibid., p.64-83.
42 Ibid., p.64-90; Dennison, *Dorr War,* p.33, 53.

a se distanciarem de Dorr e seus aliados mais radicais da classe trabalhadora em geral. No entanto, no início de maio, o governo do povo marchou até Providence cercado por milhares de simpatizantes, incluindo companhias de milícias armadas, para empossar Dorr como governador e abrir uma sessão inaugural do novo poder legislativo. Esse poder legislativo imediatamente empossou autoridades estaduais, aprovou uma ampla gama de novas leis e revogou as restrições algerinas à atividade política. O novo legislativo também instruiu Dorr a informar o presidente e o Congresso dos Estados Unidos que Rhode Island tinha um novo governo.[43]

Durante várias semanas depois disso, as coisas mantiveram-se num impasse, em que dois grupos diferentes alegavam ser o governo legítimo do estado. A atenção do país estava cravada no conflito sem precedentes e as reações seguiam de perto as linhas partidárias. Os democratas, incluindo Andrew Jackson e Martin Van Buren, seguiam os partidários de Dorr, endossando o direito do "povo" para "alterar e fazer emendas em seu sistema de governo quando a maioria assim o deseja". Os Whigs, em contrapartida, denunciaram os reformadores como defensores perniciosos de rebelião e anarquia.[44]

O impasse foi resolvido na noite de 18 de maio, quando Dorr e um pequeno grupo de seguidores armados tentaram exercer seu poder soberano, reunindo-se em frente ao State Arsenal e exigindo que este fosse entregue a eles. Quando suas reivindicações foram recusadas, eles atacaram o local, mas ambos os canhões negaram fogo e os partidários de Dorr foram derrotados. O próprio Dorr logo saiu do estado, seus seguidores se dispersaram e alguns, incluindo Seth Luther, foram enviados para a prisão. No decurso dos meses seguintes, os defensores radicais do sufrágio tentaram algumas outras aventuras militares (resultando em várias mortes), com resultados igualmente desanimadores e tragicômicos. O governo da Carta Constitucional permaneceu no controle do estado, apoiado por tropas federais enviadas pelo presidente John Tyler do Partido dos Whigs; o apoio político de Dorr foi retirado pelo desânimo em relação às suas façanhas políticas arriscadas, e a Guerra de Dorr terminou com mais gemidos do que estrondos. Em 1843, Dorr, depois de passar mais de um ano em quase-exílio (sobretudo nos estados controlados pelos democratas, que se recusaram a persegui-lo), voltou a Rhode Island, onde logo foi preso, acusado de traição e condenado à prisão perpétua e trabalhos forçados. Vinte meses depois, sua saúde estava arruinada pelo cárcere e ele foi discretamente libertado, em parte a mando de seus antigos adversários.[45]

---

43 Gettleman, *Dorr Rebellion*, p.101-103.
44 Ashworth, J., *"Agrarians" and "Aristocrats"*: Party Political Ideology in the United States, 1837-1846. London, 1983, p.225-229.
45 Gettleman, *Dorr Rebellion*, p.89-144, 160-173; Dennison, *Dorr War*, p.96.

Apesar de sua vitória, o Partido da Lei e da Ordem e o governo da Carta foram castigados ao menos com moderação pelos acontecimentos de 1841-1842 e elaboraram uma nova constituição com um sufrágio um pouco mais amplo. Todos os homens adultos nativos teriam a permissão de voto se atendessem um requisito mínimo de contribuição tributária; mantendo coerência com os princípios dos Whigs (e talvez por gratidão pela falta de apoio a Dorr), os conservadores também estenderam o direito aos contribuintes negros. Mas os grupos de operários imigrantes, muito mais numerosos, que haviam apoiado a rebelião, não foram tratados com tanta generosidade. Os cidadãos naturalizados estrangeiros foram obrigados a atender o requisito de propriedade existente, bem como um requisito longo de residência. Além disso, apenas os proprietários podiam votar para a Câmara Municipal de Providence, ou em relação a qualquer assunto que afetasse a fiscalização e a política financeira em todas as grandes e pequenas cidades. O eleitorado em vigor permaneceu circunscrito por classe e fronteiras étnicas, e o estado entrou numa era de apatia política, em que poucas pessoas se preocupavam em votar.[46]

O último capítulo jurídico da rebelião foi escrito na decisão da Suprema Corte sobre a caso histórico de Luther *versus* Borden em 1848. O caso havia surgido em 1842, quando Martin Luther, um sufragista, processou Luther Borden pelo arrombamento e entrada ilegal na habitação. Borden havia sido oficial militar de Rhode Island, enviado pelo governo da Carta para prender Luther. Os sufragistas alegaram que o governo que havia despachado Borden havia sido anulado pela ratificação da Constituição do Povo e, portanto, que Borden não tinha nenhuma autoridade legal para entrar na casa de Luther e prendê-lo. A alegação de que a Constituição do Povo havia se tornado o modelo legítimo do governo de Rhode Island foi justificada com o apelo ao artigo 4 da Constituição dos EUA, que garantia a cada estado "uma forma republicana de governo". O que estava em jogo no processo era a capacidade, sob a lei federal, de uma maioria popular de qualquer estado de criar ou recriar suas próprias instituições de governo. A Suprema Corte se esquivou da questão, mostrando pouca simpatia pelos sufragistas e nenhum apoio judicial para a teoria de que a maioria das pessoas pode erigir seu próprio governo no lugar de outro governado por uma minoria. O Tribunal afirmou a decisão de primeira instância que Borden não havia transgredido a lei e que a definição de "uma forma republicana de governo" era uma questão política a ser decidida pelo "Departamento Político" e não pelo judiciário.[47] Com efeito, o

---

46 Williamson, *American Suffrage*, 259, Ver também Sterne, E. S., *Ballots and Bibles:* Ethnic Politics and the Catholic Church in Providence. Ithaca, NY, 2004, p.13-35.
47 Note, Political Rights as Political Questions: The Paradox of *Luther v. Borden*. *Harvard Law Review*, 100, 1987, p.1127-1145; Gettleman, *Dorr Rebellion*, p.177, 199.

tribunal se recusou a interpretar a Constituição no que se refere à exigência de que os governos estaduais fossem democráticos.

Os bizarros eventos que culminaram na Guerra de Dorr não deveriam obscurecer o significado de um conflito político que envolveu o estado por mais de uma década e se apoderou da nação durante meses. Em Rhode Island, nas décadas de 1830 e 1840, a abolição dos requisitos pecuniários para votar implicariam, obviamente, a extensão do direito de voto para a maioria da classe trabalhadora, incluindo milhares de operários fabris, muitos dos quais eram católicos irlandeses. Diante dessa perspectiva, a minoria dominante do estado resistiu à reforma com uma ferocidade não vista em outros lugares. A visão pessimista do chanceler Kent acerca do futuro era uma realidade em Rhode Island em 1840 e, habitando essa realidade – contradizendo o mundo benigno de David Buel, em que os fazendeiros e outros proprietários sempre predominam – as classes média e alta estavam dispostas a atos extremos para impedir qualquer expansão significativa do direito de voto. O que aconteceu em Rhode Island destaca o fato fundamental de que as reformas da era anterior à guerra não foram concebidas ou destinadas a empoderar com o sufrágio uma classe trabalhadora grande, industrial e, em parte, nascida no estrangeiro. Além disso, há poucas razões para pensar que os outros estados industrializados teriam evitado semelhante conflito e tumulto, culminando em leis de sufrágio igualmente restritivas, caso houvessem adiado a reforma do direito de voto para as gerações seguintes.

PARTE II

RESTRINGINDO O ACESSO

> O direito de sufrágio, sendo criatura da lei orgânica, pode ser modificado ou retirado pela autoridade soberana que o conferiu, sem infligir qualquer punição sobre aqueles que são desqualificados.
>
> Anderson *versus* Baker (outubro de 1865)

Após 1850, os conflitos em torno do direito de voto aumentaram de maneira impressionante. No decorrer dos setenta anos seguintes, a questão viria à tona muitas vezes e estava sempre nos bastidores da vida política americana. Debates públicos acalorados envolviam a conquista do sufrágio pós-Guerra Civil para os afro-americanos, bem como a privação de seu direito de voto uma geração mais tarde. Os defensores do sufrágio feminino lutaram uma batalha após outra nos estados e em Washington. Os trabalhadores imigrantes, as pessoas com trabalho temporário, os nativos americanos, os indigentes e os analfabetos tinham muitas vezes que lidar com normas cujo objetivo era impedi-los de chegar às urnas.[1]

As forças diversificadas e dinâmicas que promoviam a expansão do direito de voto antes da década de 1850 permaneceram ativas. As exigências da guerra e a pressão para emancipar os soldados e ex-soldados motivaram várias iniciativas de extensão do direito de voto; os partidos políticos tentavam levar vantagem ainda com mais vigor para atrair o eleitorado; os

---

[1] Anderson *versus* Baker, 23 Md. 531 (1865), citado em Brightly, F. C., *A Collection of Leading Cases on the Law of Elections in the United States*. Philadelphia, 1871, p.38. Cf. Silbey, J. H. et al. (eds.), *History of American Electoral Behavior*. Princeton, NJ, 1978, p.141-142.

estados com baixa densidade populacional tentavam estimular o assentamento por meio de regulamentos generosos de sufrágio; as convicções democráticas arraigadas inspiraram milhares, se não milhões de pessoas a apoiar e lutar pelo sufrágio universal; e a própria população privada de voto pressionava pela inclusão no sistema político.

No entanto, houve uma alteração de ânimo depois da metade do século, marcada por uma determinação maior por parte das pessoas que pretendiam restringir o direito de voto ou limitar sua expansão. Essa alteração foi baseada nas mudanças mais profundas que ocorriam na estrutura econômica e social do país, mudanças que (entre outras coisas) ampliaram muito a classe trabalhadora industrial e agrícola. É importante ressaltar que essa classe trabalhadora que crescia e era diversificada em termos regionais – dependente e assertiva em muitas das formas que Blackstone e chanceler Kent haviam imaginado – consistia cada vez mais de homens e mulheres que eram diferentes em termos raciais, étnicos e culturais dos americanos brancos da velha cepa. No Sul, a abolição da escravidão deu origem a uma classe de homens livres que viviam em estado de interdependência e hostilidade com seus antigos senhores; estes homens livres foram emancipados durante a Reconstrução porque os republicanos no Congresso passaram a acreditar que a liberdade seria ilusória, sem direitos políticos. Ao Norte e a Oeste, milhões de estrangeiros provenientes da Irlanda, Ásia, Europa – homens e mulheres que não falavam inglês, católicos e judeus – chegavam para trabalhar nas fábricas e nas minas em rápido crescimento para construir ferrovias, estradas e cidades; eles também eram, ou poderiam vir a ser, eleitores. Ao Norte e ao Sul, assim, o eleitorado potencial em 1880 ou 1900 era muito diferente do que tinha sido em 1840.

Além disso, esses trabalhadores e as pessoas pobres – comerciantes especializados, operários fabris, mineiros, trabalhadores agrícolas, meeiros – adquiriram um pouco de força política e eleitoral, particularmente em nível local. Durante e após a Reconstrução os negros do Sul foram eleitos para cargos públicos, apresentaram programas para promover sua própria educação e bem-estar econômico e desempenharam um papel decisivo em muitas disputas eleitorais. No Norte, terceiros em favor da união dos trabalhadores tornaram-se proeminentes em inúmeras cidades, enquanto as máquinas políticas com grandes eleitorados estrangeiros mostraram seu poder na maioria dos centros urbanos. As organizações trabalhistas também formaram alianças periódicas com os principais partidos políticos, especialmente os democratas, para promover pautas legislativas trabalhistas.[2]

---

[2] Ver Gutman, H. G., *Work, Culture and Society in Industrializing America*. New York, 1976, p.234-259; LIPIN, L. M., *Producers, Proletarians, and Politicians:* Workers and Party Politics in Evansville and New Albany, Indiana, 1850-87. Urbana, IL, 1994, p.45-180, 212-246; Montgomery,

Essas mudanças, que ocorriam com grande velocidade, desdobraram-se em dezenas de maneiras diferentes em cada estado e município, gerando uma reação significativa contra a democracia e o sufrágio universal em certas camadas da sociedade americana. Os líderes brancos do Sul passaram a acreditar, com razão, que perderiam o controle de sua região se a população negra permanecesse com acesso ao direito de voto. As elites do Norte, assim como muitos americanos de classe média da velha cepa, também temiam perder o controle da política e do poder estatal para homens que não compartilhavam de seus interesses e valores. "Temos recebido", observou um artigo não assinado no *Atlantic Monthly* em 1879:

> uma imigração quase ilimitada de estrangeiros adultos, em grande parte analfabeta, da classe mais baixa e de outras raças. Acrescentamos de uma só vez quatro milhões de pessoas ou mais de negros ignorantes à nossa população eleitor [...] O resultado dessas grandes mudanças é que nosso sistema move-se com dificuldade crescente e seus defeitos se tornam mais visíveis e mais ameaçadores.

Como resultado, um

> sentimento de desconfiança e medo em relação aos detentores do poder soberano [...] está se manifestando cada vez mais entre as classes mais inteligentes da comunidade. Nenhum observador cuidadoso pode ter deixado de notar a mudança de sentimento a esse respeito [...]. Trinta ou quarenta anos atrás era considerado a maior heresia duvidar de que um governo baseado no sufrágio universal era o mais sábio e melhor que poderia ser concebido [...]. Esse não é o caso agora. Expressões de dúvida e desconfiança em relação ao sufrágio universal são ouvidas com muita frequência em conversas e em todas as partes do país.

Esses pontos de vista, de fato, ecoavam "em todas as partes do país". O animado otimismo relativo à participação popular, tão visível nas décadas de 1830 e 1840, deu lugar à apreensão e ao medo no final dos anos 1870 e 1880. A maré alta da fé na democracia nos Estados Unidos se deu em meados do século; depois disso, houve o refluxo. Nas palavras do *Atlantic Monthly*, "o princípio democrático [...] atingiu seu ponto culminante por volta de 1850".[3]

O resultado foi um longo período que se estende até a segunda década do século XX, marcado menos pela marcha exuberante da democracia do que por batalhas e escaramuças muitas vezes mesquinhas em relação ao sufrágio: enquanto vários grupos sociais e facções políticas lutavam para

---

D., *Citizen Worker:* The Experience of Workers in the United States with Democracy and the Free Market During the Nineteenth Century. New York, 1993, p.115-157.

3 "Limited Sovereignity in the United States". *Atlantic Monthly*, 43, fevereiro de 1879, p.185-192.

ampliar o direito de voto, outros lutavam, às vezes furiosamente e em geral com êxito, para bloquear o caminho rumo às urnas. Esses anos não observaram, conforme costuma-se retratar, um aumento contínuo da democracia, manchada apenas pela conhecida e excepcional cassação do direito de voto dos negros do Sul entre 1890 e 1910. Muito pelo contrário: o evento excepcional, a aberração dos padrões vigentes, foi o empoderamento do direito de voto temporário de afro-americanos nas condições extremamente incomuns de Reconstrução. A tendência dominante da época era de restrição do direito de voto: em muitos estados, os anos entre 1855 e a Primeira Guerra Mundial constituíram uma espécie de lento Termidor, um recuo gradativo das conquistas alcançadas nas décadas anteriores.

Várias histórias distintas, porém relacionadas, desdobraram-se neste período. Uma delas foram as iniciativas altamente controversas de conceder o direito de voto – e depois negá-lo – aos negros no Sul, nas décadas que se seguiram à extensão do sufrágio. A segunda foi a batalha pelos direitos políticos que envolviam homens da classe trabalhadora, muitos deles imigrantes, nas regiões Norte e Oeste. Em terceiro lugar, o movimento vacilante de sufrágio para as mulheres, uma história com sua própria dinâmica distinta e, no final desse período, uma conclusão mais feliz. Todas essas histórias incluíram ambos os episódios, de conceder e de negar o direito de voto; todas elas envolveram a intersecção de tensões de classe com diferenças raciais, étnicas, religiosas, de gênero e culturais. Em geral, tratou-se de uma história diversificada de movimentos para frente, para trás e para os lados, de peculiaridades e surpresas locais, de uma sociedade cada vez mais heterogênea em rápida mudança, lutando de um modo desajeitado com seus próprios e declarados valores políticos.

4
KNOW-NOTHINGS, RADICAIS E REDENTORES

Em janeiro de 1865, quando a Guerra Civil estava chegando ao fim, Andrew Tait e 58 outros residentes afro-americanos do Tennessee enviaram um longo abaixo-assinado para uma convenção de brancos em favor da União reunidos em Nashville para discutir as mudanças no governo do estado. Eles "muito respeitosamente" solicitaram "uma audiência paciente da Nobre Corporação com respeito a questões que afetam profundamente a condição futura de nossa raça infeliz e há muito tempo sofredora". Essas "questões" foram expostas com simplicidade. Os requerentes solicitaram à convenção "completar a trabalho iniciado pela nação em geral e abolir o último vestígio de escravidão", "cortar pela raiz o sistema de escravidão, que não é apenas um mal para nós, mas a fonte de todos os males que afligem [...] o Estado". Os requerentes solicitaram também uma transformação do sistema judicial, a fim de que os negros pudessem testemunhar no tribunal e libertar-se da "perseguição maligna" que sofriam nas mãos dos rebeldes confederados raivosos.[1]

Finalmente, eles pediram a cidadania e o direito de voto. Reconhecendo "que a proposta do sufrágio negro pode chocar o preconceito popular à primeira vista", os requerentes observaram que este não era um "argumento conclusivo contra sua sabedoria". Afinal, a opinião popular havia sustentado que os negros não poderiam ser bons soldados, afirmação esta que havia sido amplamente refutada. De fato, o serviço militar heroico dos negros

---

[1] Berlin, I., Fields, B. J., Miller, S. F., Reidy, J. P. e Rowland, L. S., *Free at Last:* A Documentary History of Slavery, Freedom, and the Civil War. New York, 1992, p.497-500.

durante a Guerra Civil era uma boa razão para empoderá-los politicamente. "Quase 200 mil de nossos irmãos hoje estão fazendo o serviço militar nas fileiras do exército da União", apontam. "Milhares deles já morreram [...]. Se nós somos chamados em campo para fazer o serviço militar contra os inimigos rebeldes, por que deveríamos ser privados do privilégio de votar [...]? Este último é tão necessário para salvar o governo como o primeiro." Chegando aos princípios mais amplos, os requerentes também observaram que "esta é uma democracia – um governo do povo". Se os homens eram "bons cidadãos cumpridores da lei [...] por que negar-lhes o direito de ter uma voz na eleição de seus governantes?". Além disso, os estados "mais ricos, inteligentes, esclarecidos e prósperos", como Massachusetts, haviam há muito tempo permitido que os negros votassem e "nunca tiveram motivos para se arrepender do dia em que lhes concederam o direito de voto".[2]

Como seria de esperar, a petição fez um apelo além dos argumentos: "Como seria infinito o amor do cidadão de cor [...] quão entusiasmada e duradoura seria essa gratidão", Tait e seus companheiros residentes escreveram, "se seus irmãos brancos os tomassem pelas mãos e dissessem: 'Vocês têm sido sempre leais ao nosso governo; doravante serão eleitores'". Várias semanas depois, a Convenção da União votou a favor de uma emenda constitucional estadual para abolir a escravidão – mas recusou-se a agir quanto à questão do sufrágio.[3]

Imigrantes e *Know-Nothings*

Os primeiros alvos da mudança do clima político do país na década de 1850 foram os imigrantes da classe trabalhadora, sobretudo os de origem irlandesa. Embora isso tenha sido prenunciado pelos debates públicos da década de 1840, apenas na década seguinte emergiu um movimento nativista desenvolvido, precipitado por uma extraordinária onda de imigração depois de 1845. Entre este ano e 1854, cerca de 3 milhões de estrangeiros chegaram, o equivalente a cerca de 15% da população em 1845; só em 1854, o fluxo atingiu um recorde de 427.833, uma cifra que não seria superada até a década de 1870. A maioria desses imigrantes vinha da Irlanda ou da Alemanha; os irlandeses, em particular, permaneciam nas cidades da região Nordeste; na metade da década de 1850, mais de um quinto de todos os moradores de Boston e Nova York eram de origem irlandesa.[4]

---

2 Ibid., p.500-505.
3 Ibid.
4 Gienapp, W. E., *The Origins of the Republican Party 1852-1856*. New York, 1987, p.93; Eric, S., *Rainbow's End:* Irish-Americans and the Dilemmas of Urban Machine Politics, 1840-1985. Berkeley, CA, 1988, p.26; Haynes, G. H., The Causes of Know-Nothing Success in Massachusetts, *American Historic Review*, 3, 1897-1898, p.70-71.

O direito de voto

Os imigrantes que chegavam nos Estados Unidos durante este período (e na maioria dos outros períodos) eram de dois tipos. Alguns – para empregar as categorias desenvolvidas pelo historiador Dirk Hoerder – eram "colonos", que em geral pretendiam ser fazendeiros e comprar terra; via de regra eram agricultores ou artesãos em seu país de origem e muitas vezes traziam consigo capital suficiente para comprar uma pequena quantidade de terra ou iniciar um negócio. A distinção entre estes dois fluxos de imigrantes foi muito importante em toda a história dos Estados Unidos, em parte porque a população nativa tendia a dar respostas mais positivas aos colonos de classe média do que aos trabalhadores.[5]

De fato, na década de 1850, os colonos estrangeiros não só eram acolhidos nos Estados Unidos, mas muitas vezes incentivados a participar da política. Conforme foi observado no Capítulo 2, as leis que permitiam que os não cidadãos declarantes votassem após um período limitado de residência foram aprovadas em Wisconsin, Minnesota, Michigan, Indiana, Oregon, Kansas e no território de Washington entre 1848 e 1859. Todos esses estados eram essencialmente agrícolas, muito pouco povoados e tinham a esperança de incentivar a colonização: sua população de imigrantes, reais e potenciais, consistiam principalmente de agricultores. Um representante da Convenção Constitucional de Indiana em 1850 apoiou o empoderamento do direito de voto dos não cidadãos, com a observação de que a maioria dos imigrantes do estado era de alemães "honestos, honrados e trabalhadores": "onde quer que eles ocupem, por mais deserto que seja o local [...] eles logo fazem que floresça como uma rosa". Embora houvesse sempre dissidentes, as convenções constitucionais estaduais comumente adotavam leis de sufrágio por meio de grandes e decisivas maiorias.[6]

Entretanto, em relação aos trabalhadores, a história era outra. Em geral, eram pobres, moravam apinhados em bairros urbanos densamente

---

[5] Herder, D. (org.), *Labor Migration in the Atlantic Economics:* The European and North American Working Classes During the Period of Industrialization. Westport, CT, 1985, p.3-31; para o século XVIII, cf. Bailyn, B., *The Peopling of British North America*. New York, 1986, e id., *Voyagers to the West:* A Passage in the Peopling of America on the Eve of the Revolution. New York, 1986. No século XX, a distinção colono-trabalhador também parece pertinente, embora ela mude de forma: os migrantes altamente educados, como os médicos e engenheiros, têm muitas das características dos "colonos", ao passo que os "trabalhadores" não qualificados ainda existem em abundância. Esta distinção geralmente coincide com – mas não é idêntica a – fluxos de migração de diferentes países; em muitas instâncias, além disso, os colonos pretendem ficar nos Estados Unidos de modo permanente, enquanto os trabalhadores não.

[6] *Report of the Debates and Proceedings of the Convention for the Revision of the Constitution of the State of Indiana, 1850.* Indianapolis, IN, 1850, p.1295, 1300, 1302, 1312; Raskin, J. B., Legal Aliens, Local Citizens: The Historical, Constitutional, and Theoretical Meanings of Alien Suffrage. *University of Pennsylvania Law Review*, 141, 1993, p.1406-1409; Rosberg, G. M., Aliens and Equal Protection: Why Not the Right to Vote? *Michigan Law Review*, 75, 1977, p.1098; Neuman, G. L.,"We Are the People": Alien Suffrage in German and American Perspective, *Michigan Journal of International Law*, 13, 1992, p.298.

povoados e muitas vezes miseráveis; eram descritos como turbulentos, em vez de "honestos, honrados e trabalhadores"; e a maioria era composta de irlandeses católicos. Ainda que seu trabalho fosse bem-vindo e houvesse uma grande empatia em relação à pobreza desesperada que os havia impelido a emigrar, sua religião, etnia e classe convergiam para lançar dúvidas sobre a conveniência dessas pessoas como membros da comunidade política. O recrudescimento do sentimento anti-imigrante na década de 1850, embora muitas vezes expresso em termos mais gerais, tinha raízes na antipatia à inconfundível classe trabalhadora irlandesa. Em particular, o único estado que aboliu o sufrágio de contribuintes durante este período foi Illinois, onde já havia uma população irlandesa substancial em Chicago.[7]

Aqueles que se opunham à participação dos imigrantes na política citavam várias razões. Parte da população nativa considerava que os imigrantes recém-chegados, mesmo os cidadãos, careciam de suficiente preparo em relação aos valores americanos e ao funcionamento da democracia americana; outros temiam que os católicos fossem controlados pelo Papa e que teriam a intenção de enfraquecer a sociedade protestante. Eram muito comuns as acusações de que os imigrantes corrompiam as eleições, votando de forma ilegal e vendendo seus votos, assim como as histórias de naturalizações em massa com motivações políticas nos dias que antecediam as eleições (essas naturalizações certamente ocorriam, embora não seja claro que elas fossem ilegais; as acusações mais gerais de corrupção, de acordo com a pesquisa histórica recente, eram muito exageradas). As objeções dos Whigs e depois dos republicanos foram fortalecidas pela tendência de muitos imigrantes a beber álcool e votar nos democratas, enquanto os abolicionistas passaram a considerar os imigrantes como um bloco de eleitores a favor da escravidão que ajudaria a manter a aristocracia rural no poder no Sul.[8]

Conforme observado anteriormente, esses sentimentos foram traduzidos em uma série de propostas na década de 1840, a maioria das quais não foi aprovada pelas convenções constitucionais ou pelo poder legislativo

---

7 Funchion, M. F., The Politic and Nacionalist Dimensions. In: McCaffrey, L. J. et al. (orgs.), *The Irish in Chicago*. Urbana, IL., 1987, p.62; cf. Porter, K. H., *A History of Suffrage in the United States*. Chicago, 1918, p.122.

8 Ernst, R., *Immigrant Life in New York City, 1825-1863*. New York, 1949, p.162; Foner, E., *Free Soil, Free Labor, Free Men:* The Ideology of the Republican Party Before the Civil War. New York, 1970, p.230-231; Anbinder, T., *Nativism and Slavery:* The North Know Nothing and the Politics of the 1850s. New York, 1992, p.122; Le Barnes, J. W., *The Amendment to the Constitution Argument of John W. Le Barnes, Enquire, upon the Unconstitucionality Injustice and Impolicy of the Proposed "Two Years Amendment"*. Boston, 1859, p.10; Vocoli, R., *The People of New Jersey*. Princeton, NJ, 1965, p.138-139; ERIC, *Rainbow's End,* p.27; Gienapp, W. E., "Politics Seem to Enter into Everything": Political Culture in the North, 1840-1860. In: Maizlish, S. E. e Kushma, J. J. (eds.), *Essays on American Politics, 1840-1860*. College Station, TX, 1982, p.22-28.

estadual.[9] Porém o nativismo político passou para o primeiro plano da cena política quando o movimento *Know-Nothings* apareceu em cena em 1853-1854. No início, tratava-se de uma organização secreta chamada Order of the Star Spangled Banner [Ordem da Bandeira Estrelada]. Os *Know-Nothings* vieram a público em 1853, organizaram um novo partido político, o Partido Americano, e, por alguns anos, atraíram os holofotes da política americana. Dominaram a vida política na região Nordeste, partes do Meio-Oeste e até mesmo nos estados do Sul em que as populações de imigrantes eram consideráveis, como a Louisiana e Maryland. Sua alcunha *Know-Nothing* [lit. "Não sei nada"] surgiu a partir da instrução da Ordem aos seus membros de que se recusassem a dizer alguma coisa sobre ela aos não membros.[10]

Em 1854 os *Know-Nothings* contavam com um milhão de membros, bem como alojamentos em todos os estados do Norte. Suas plataformas e programas, que variavam de um estado a outro, continham uma mistura estranha e inconstante de ingredientes. Por um lado, os *Know-Nothings* expressavam desprezo pelo sistema partidário existente, opunham-se à prorrogação da escravidão e aprovaram uma série de reformas realmente progressistas, incluindo o fortalecimento das leis de direito de retenção para os mecânicos, os direitos de propriedade para as mulheres casadas e uma expansão de escolas públicas não sectárias. Ao mesmo tempo, deram voz à intolerância étnica e religiosa pura e simples, denunciando e ridicularizando os imigrantes em geral e os católicos em particular. Para aderir à Ordem era preciso ser americano nativo, branco, do sexo masculino, sem conexão pessoal ou familiar com o catolicismo.[11]

Embora o nativismo dos *Know-Nothings* fosse baseado, em parte, na desaprovação do comportamento social dos imigrantes (por exemplo, sua

---

9 Kettleborough, C., *Constitution Making in Indiana:* A Source Book of Constitutional Documents with Historical Introduction and Critical Notes, v.1. Indianapolis, IN, 1916, civ-cv e ibid., v.2, Indianapolis, IN, 1916, p.11-16, 40; *Debates Indiana 1850*, 1295ff.; *Journal of the Convention of the State of New York, Begun and Held at the Capitol in the City of Albany, on the First Day of June, 1846*. Albany, NY, 1846, p.1036; Porter, *History of Suffrager*, p.116-118; Bromage, A. W., Literacy and the Electorate: Expansion and Contraction of the Franchise. *American Political Science Review*, 24, 1930, p.951; Shugg, R. W., *Origins of Class Struggle in Louisiana:* A Social History of White Farmers and Laborers During Slavery and After, 1840-1875. Baton Rouge, LA, 1939, p.128-129; Vecoli, *New Jersey*, p.138-141.

10 Sobre o Sul, ver Ovenlyke, W. D., *The Know-Nothing Party in the South*. Baton Rouge, LA, 1950; Soulé, L. C., *The Know-Nothing Party in New Orleans:* A Reappraisal. Baton Rouge, LA, 1961; Baker, J. H., *Ambivalent Americans:* The Know-Nothing Party in Maryland. Baltimore, MD, 1977.

11 Anbinder, *Nativism and Slavery*, p.103; Gienapp, *Origins of the Republican Party*, p.92-96; Maizlish, S. E., The Meaning of Nativism and the Crises of the Union: The Know-Nothing Movement in the Antebellum North. In: Maizlish e Kushma (orgs.), *Essays on the American Antebellum Politics, 1840-1860*. College Station, TX, 1982, p.168, 181; McCormick, R. P., *The History of Voting in New Jersey:* A Study of the Development of the Election Machinery, 1664-1911. New Brunswick, NJ, 1953, p.142-143. Na Louisiana, notavelmente, os Know-Nothings cessaram sua plataforma religiosa e exclusão religiosa. Soulé, *Know Nothing Party*, p.66.

alegada intemperança e propensão ao crime), seu núcleo era político: eles temiam que os imigrantes, sobretudo os católicos, exercessem demasiado poder eleitoral e o usassem para subverter os valores e instituições americanas. Para combater esta ameaça, propuseram uma mudança nas leis federais que exigiria um período de espera de 21 anos (em vez de 5) antes da naturalização – ou até mesmo a negação permanente da cidadania aos estrangeiros. Os *Know-Nothings* também defendiam mudanças significativas nas leis de voto do Estado, incluindo os sistemas de registro, testes de alfabetização e, na ausência de uma mudança nas leis de naturalização, um período de residência posterior à naturalização de 21 anos, ou de 14, antes que um homem não nativo pudesse votar. Como reconheciam que o país havia se beneficiado com o trabalho dos imigrantes, os *Know-Nothings* nunca aprovaram a suspensão da imigração. O que buscavam, em vez disso, era restringir os direitos políticos dos imigrantes até que eles tivessem se "nacionalizado" por meio da imersão prolongada no modo de vida americano.[12]

Os *Know-Nothings* surpreenderam a elite política do país, tendo enorme sucesso eleitoral entre 1854 e 1856. Venceram as eleições para governador em nove estados e controlaram o poder legislativo em pelo menos uma meia dúzia; seu voto foi particularmente forte nos estados e cidades com populações consideráveis de imigrantes, incluindo Massachusetts, Maine, Connecticut, Nova Jersey, Nova York, Michigan e partes de Ohio, além de cidades como Baltimore, New Orleans e Pittsburgh. Apoiados por um grupo bastante representativo e amplo da sociedade, incluindo muitos comerciantes, fabricantes, profissionais e trabalhadores nativos, que viam os imigrantes como concorrentes para as vagas de emprego, os *Know-Nothings* tiveram êxito suficiente para obliterar o vacilante partido dos Whigs e surgir por um breve tempo como a principal alternativa aos democratas favoráveis aos imigrantes.[13]

Na esteira desses sucessos, os poderes legislativos estaduais e as convenções constitucionais em grande parte do Norte consideraram com seriedade a imposição de restrições a imigrantes que procuravam votar.

---

12 Gienapp, *Origins of the Republican Party*, p.96; Anbinder, *Nativism and Slavery*, p.106, 121-122.
13 Gienapp, *Origins of the Republican Party*, p.92; Maizlish, Nativism, p.166-167; Haynes, Causes, p.67-82; Tuska, B., *Know-Nothigism in Baltimore 1854-1860*, New York, s.d., p.6, 15-16, 20; Carman, H. J. e Luthin, R. H., Some Aspects of the Know-Nothing Movement Reconsidered. *South Atlantic Quarterly*, 39, abril de 1940, p.218; Anbinder, *Nativism and Slavery*, p.32-43, 128; Brooke, J. L., *The Heart of the Commonwealth*. New York, 1989, p.385-386; Formisano, R. P., *The Birth of Mass Political Parties, Michigan, 1827-1861*. Princeton, NJ, 1971, p.339; Baker, *Ambivalent Americans*, p.141-145; Holt, M. F., *The Rise and Fall of the American Whig Party*: Jacksonian Politics and the Onset of the Civil War. New York, 1999, p.845-846. Um decréscimo da atividade econômica em 1854 pode ter intensificado o antagonismo de trabalhadores nativos; sobretudo, a proporção de fazendeiros votando para os *Know-Nothings* era baixa em comparação com os habitantes de cidades e aldeias.

Os *Know-Nothings*, apoiados por alguns Whigs e posteriores republicanos, patrocinaram a legislação para revogar as disposições do sufrágio estrangeiro, instituir sistemas de registro e testes de alfabetização (a partir do qual os contribuintes, em certos casos, seriam isentos), requerer períodos longos de residência para os estrangeiros e impedir o voto aos imigrantes durante vários anos depois que fossem naturalizados. Essas leis eram necessárias, declarou um editor dos *Know-Nothings*, porque o catolicismo era um "sistema político, bem como religioso" e a "plebe irlandesa", em particular, era levada às urnas por seus padres. A maioria desses esforços, que tiveram um impulso partidário e nativista, falhou. Em alguns estados, os democratas eram bastante fortes para derrotar a legislação restritiva; em outros, os Whigs e os republicanos ajudaram a bloquear o programa dos *Know-Nothings*, por julgá-lo censurável em termos ideológicos e temerem perder o apoio eleitoral dos imigrantes alemães. Em particular, os estados como Nova Jersey e Indiana, com grande população alemã e irlandesa, rejeitaram o programa nativista. Os *Know-Nothings* também não foram capazes de alterar as leis federais de naturalização.[14]

Mas o movimento nativista teve alguns sucessos marcantes. Em Nova York, em 1859, uma coalizão de *Know-Nothings* e republicanos aprovou uma lei de registro concebida para "purificar" a urna; esta purificação foi considerada necessária apenas na cidade e no condado de Nova York. Um punhado de estados, incluindo quatro na Nova Inglaterra, aceitou uma proposta dos *Know-Nothings* de proibir os juízes estaduais de naturalizar imigrantes: os juízes federais eram preferidos, porque se acreditava que tendiam menos a tolerar as naturalizações em massa por motivos políticos. Oregon, em 1857, lidou com a ameaça de seus imigrantes, que eram chineses, em vez de irlandeses, limitando o voto aos brancos. A iniciativa chegou a ter sucesso naquelas zonas (geralmente urbanas) do Sul que haviam atraído os imigrantes: em 1860, por exemplo, a Geórgia separatista privou do direito de voto os homens brancos sem propriedades, em grande parte como uma resposta ao rápido crescimento de uma população irlandesa da classe trabalhadora em Augusta e Savannah.[15]

---

14 Haynes, Causes, p.71; Vecoli, *New Jersey*, p.138-141; Anbinder, *Nativism and Slavery*, p.255-256; Mazlish, S. E., *The Triunph of Sectionalism:* The Transformation of Ohio Politics, 1844-1856. Kent, OH, 1983, p.176-178; Gienapp, *Origins of the Republican Party*, p.427-428; Silbey, J. H., *The Partisan Imperative:* The Dynamics of the American Politics Before the Civil War. New York, 1985, p.41-142.

15 Haynes, Causes, p.72-73; Anbinder, *Nativism and Slavery*, p.137-138, 256-257; Silbey, *Partisan Imperative*, p.141-156; Tuska, *Know-Nothingism in Baltimore*, p.15-16; Gienapp, *Origins of the Republican Party*, p.428; Bernheim, A. C., The Ballot in New York. *Political Science Quarterly*, 4, 1889, p.131-134; Siegel, F., Artisans and Immigrants in the Politics of Late Antebellum Georgia. *Civil War* History, 27, 1981, p.221-230. Para questões semelhantes em Ohio, ver Anbinder, *Nativism and Slavery*, p.258-259; e Maizlish, Nativism, p.190-198, 221-230; ver também *Journal of the Constitutional Convention of the State of Oregon held at Salem, Commencing*

Mais importante ainda, o movimento *Know-Nothings* e seus aliados conseguiram mudar a substância da lei de sufrágio em dois estados industriais com grandes populações irlandeses da classe trabalhadora, Massachusetts e Connecticut. Seu sucesso foi mais pronunciado em Massachusetts, onde os *Know-Nothings* elegeram um governador e ganharam o controle do poder legislativo em 1854, mantendo um poder considerável ao longo da década. A maior parte do apoio aos *Know-Nothings* veio da metade leste do estado, que rapidamente se havia industrializado e tornado o lar de milhares de imigrantes irlandeses. Em 1857, Massachusetts aprovou uma lei exigindo que os eleitores em potencial demonstrassem sua capacidade de ler a Constituição e escrever seus próprios nomes; essa lei, segundo o movimento *Know-Nothings*, manteria os "irlandeses ignorantes, embrutecidos" longe das urnas (Connecticut havia aprovado uma legislação semelhante em 1855). Essa lei tinha um viés de classe e contra os imigrantes, mas seus efeitos de classe foram suavizados por uma cláusula de anterioridade que isentava todos os cidadãos com mais de 60 anos ou que já haviam votado. A legislatura *Know-Nothing* também aprovou um período de espera de catorze anos após a naturalização, que não chegou a se converter em lei só porque os complexos mecanismos de mudança constitucional requeriam que qualquer modificação fosse aprovada por uma maioria de dois terços em duas legislaturas sucessivas. Dois anos mais tarde, no entanto, os republicanos em ascensão se uniram aos *Know-Nothings* para aprovar uma emenda conciliativa, aprovada por ampla maioria popular, que impunha um período de espera de dois anos antes que os cidadãos naturalizados pudessem votar. Massachusetts e Maine também aprovaram leis segundo as quais os imigrantes deveriam apresentar seus papéis de naturalização para as autoridades locais três meses antes das eleições.[16]

Depois da metade de 1850, os *Know-Nothing* rapidamente desapareceram de vista, à medida que o nativismo era ofuscado pela política regional e o Partido Republicano ganhava o apoio de muitos ex-aliados dos *Know-Nothings*. Embora o sucesso dos republicanos se devesse, em parte, à adoção de alguns dos projetos nativistas, eles rapidamente voltaram a atenção para outras questões e ficaram cada vez mais sensíveis aos riscos políticos que corriam, sobretudo no Meio-Oeste, pela associação

---

August 17, 1857, together with the Constitution adopted by the people, November 9, 1857. Salem, OR, 1882, p.321, 361-362.

16 Anbinder, *Nativism and Slavery*, p.137-141, 254; Mulkern, J. R., *The Know-Nothing Party in Massachusetts*. Boston, 1990, p.156-158, 211, 219; Le Barnes, *Amendment*, p.8-14; Porter, *History of Suffrage*, p.118; Baum, D., Know-Nothingism and the Republican Majority in Massachusetts: The Political Realignment of the 1850s. *Journal of American History*, 64, março de 1978, p.974-976; Cole, D. B., *Immigrant City:* Lawrence, Massachusetts, 1845-1921. Chapel Hill, NC, 1963, p.34-38; Bromage, Literacy and the Electorate, p.950-951.

muito próxima com a política anti-imigrantista. Como Edward L. Pierce, um republicano de Chicago, escreveu em uma carta publicada em Boston:

> no exato momento em que o caráter dos imigrantes estrangeiros está muito melhorado, quando estamos recebendo os procedentes da Alemanha e da Suíça, que vêm com a compreensão em suas cabeças, os instintos de liberdade em seus corações e o dinheiro em seus bolsos, nós deveríamos [...] tomar cuidado [...] para não excluir um grande bem e [...] transformar nossos amigos naturais em inimigos não naturais.

Abraham Lincoln, em resposta a uma carta de americanos de origem alemã sobre a emenda de dois anos de Massachusetts, declarou que:

> Sou contra sua aprovação em Illinois, ou em qualquer outro lugar onde eu tenha o direito de me opor. Compreendendo que o espírito de nossas instituições visa à elevação dos homens, sou contra tudo o que tende a degradá-los. Tenho alguma fama de sentir comiseração pela condição oprimida do negro; e seria estranhamente inconsistente de minha parte se eu favorecesse qualquer projeto para cercear os direitos existentes dos homens brancos, embora nascidos em terras diferentes e falando línguas diferentes da minha própria.

Durante a Guerra Civil, os republicanos radicais, movidos tanto por princípios igualitários como pelo pragmatismo eleitoral, lideraram uma campanha bem-sucedida para revogar a emenda de dois anos em Massachusetts. Contudo os testes de alfabetização permaneceram em vigor, tanto neste último como em Connecticut, um lembrete permanente da primeira grande escaramuça da nação e que se tornaria uma luta prolongada para restringir os direitos políticos dos homens nascidos no estrangeiro que inundavam as cidades e locais de trabalho de uma sociedade cada vez mais industrial.[17]

Raça, guerra e Reconstrução

A Guerra Civil reorientou o debate nacional sobre o sufrágio. De um modo mais óbvio, os quatro anos de conflito armado, bem como o desafio

---

17 Anbinder, *Nativism and Slavery*, p.141-142, 248-253, 267; Le Barnes, *Amendment*, p.14; Baum, Know-Nothingism, p.975; Id., *The Civil War Party System:* The Case of Massachusetts, 1848-1876. Chapel Hill, NC, 1984, p.44-48; Gienapp, *Origins of the Republican Party*, p.423, 427, 428, 444-446; Pierce, E. L., *Letter of Edward L. Pierce, Esq. of Chicago*. Boston, 1857, p.16. Alguns historiadores do *Know-Nothingism*, incluindo Mulkern, Haynes, Holt e Formisano, consideram o movimento como uma resposta à modernização e à rápida mudança social, bem como à imigração; essas interpretações tendem a enfatizar o conteúdo quase populista do movimento.

de reconstruir a nação depois da guerra, levaram a questão do direito de voto dos negros para o primeiro plano da política nacional. Igualmente importante, o processo da luta com quanto ao empoderamento político negro levantou questões fundamentais, em grande parte ignoradas desde a redação da Constituição, sobre o papel do governo federal na determinação da amplitude do direito de voto. Ainda que os dirigentes políticos tenham por fim recuado, eles se voltaram para muito perto de uma profunda transformação dos princípios que configuravam o tamanho e a composição do eleitorado da nação.

No início da guerra, apenas cinco estados, todos da Nova Inglaterra, permitiam que os negros votassem nas mesmas condições que os brancos; um sexto, Nova York, estendeu o direito aos afro-americanos que cumpriam um requisito de propriedade. Não é surpresa que a Guerra Civil tenha desencadeado novas pressões para abolir a discriminação racial. A abolição da escravatura transformou 4 milhões de homens e mulheres em cidadãos livres, com uma nova demanda em relação aos direitos políticos; os afro-americanos eram leais partidários da causa da União e do Partido Republicano; eles também haviam lutado e morrido para preservar a União, em grandes números. De fato, em 1865, o argumento tradicional de que os homens que portavam armas deviam exercer o voto era aplicável a mais de 180 mil negros. Como o próprio General William Tecumseh Sherman observou, "quando a luta termina, a mão que solta o mosquete não pode ser privada do voto".[18]

Os próprios homens alforriados, bem como os negros do Norte, pediam – e às vezes exigiam – o direito de voto; a guerra mal havia terminado quando os homens alforriados de todo o Sul começaram a escrever petições, organizar reuniões e passeatas pelas ruas para pressionar pelo fim da barreiras raciais ao voto. Em Wilmington, Carolina do Norte, os homens alforriados organizaram uma Liga da Igualdade de Direitos, exigindo que aos negros fossem concedidos "todos os direitos sociais e políticos" que os brancos possuíam. Em 1865, a comunidade negra altamente politizada de Nova Orleans reuniu uma ampla participação numa eleição simulada para demonstrar a força de sua determinação; em Maryland, os negros realizaram convenções e marchas para promover suas demandas. Ex-soldados, ministros, negros livres e artesãos, todos desempenharam papéis de destaque nesta atividade política, apoiados por milhares de outras pessoas que insistiam que o sufrágio era seu direito e a justiça devida. Para os afro-americanos, a

---

18 Beecher, H. W., Universal Suffrage: An Argument. Discurso proferido em Plymouth Church, Brooklyn, 12 de fevereiro de 1865, Boston, p.10; Wright, M. T., Negro Suffrage in New Jersey, 1776-1875. *Journal of Negro History,* 33, abril de 1948, p.198, 211-215; Berg, M., Soldiers and Citizens: War and Voting Rights in American History. In: Adams, D.K. e Minnen, C. A. van (orgs.), *Reflexions on American Exceptionalism.* Staffordshire, UK, 1994, p.194-200.

conquista do direito de voto não só constituía um meio de autoproteção, mas um símbolo e uma expressão fundamentais de sua posição na sociedade americana.[19]

Muitos homens brancos do norte concordaram. Entre 1864 e 1868, a ala radical mais militante e igualitária do Partido Republicano incluía um número crescente de homens que abraçavam o sufrágio "imparcial" ou "universal"; intelectuais e ministros, assim como políticos, faziam apelos fortes e eloquentes pela causa igualitária. Já em 1865, por exemplo, o influente pastor protestante Henry Ward Beecher de Nova York ofereceu um argumento múltiplo pelo sufrágio universal. "A doutrina democrática ampla e radical dos direitos naturais dos homens", Beecher declarou, "deve ser aplicada a todos os homens, sem distinção de raça ou cor, ou condição". O sufrágio "não é um privilégio ou uma prerrogativa, mas um direito. Todo homem tem o direito de ter uma voz nas leis, nas magistraturas e nas políticas que o atendem. Esse é um direito inerente, não é um privilégio concedido". Beecher adicionou uma camada cristã ao argumento, afirmando que os direitos naturais foram dados por Deus, que o negro deve votar, "porque veio de Deus, e vai voltar para Deus novamente". No entanto, Beecher, assim como outros defensores do sufrágio negro, foi além da questão dos direitos. Mesmo que se rejeitasse a alegação de que o sufrágio era um direito, ele afirmava, os negros tinham "merecido" o sufrágio, por meio de seu "serviço militar heroico" e sua "inabalável fidelidade à União". Beecher também ofereceu um argumento de cautela que raramente havia sido ouvido nos debates anteriores à guerra sobre o empoderamento político das classes mais baixas. Respondendo a quem insistia que seria perigoso estender o sufrágio aos negros "ignorantes", ele afirmava:

> é muito mais perigoso ter uma grande subclasse de homens ignorantes e privados do direito de voto, homens que não são estimulados, educados nem enobrecidos pelo exercício do voto [...] ter uma classe ignorante votando é perigoso, seja de homens brancos, seja de homens negros, mas ter uma classe ignorante e impedi-la de votar é muito mais perigoso [...] o remédio para os perigos inquestionáveis dos eleitores ignorantes é educá-los por todos os meios ao nosso alcance e não excluí-los dos

---

19 Foner, E., *Reconstruction:* America's Unfinished Revolution, 1863-1877. New York, 1988, p.27, 60, 52-66, 75, 110-114; Litwack, L., *Been in the Storm So Long: The Aftermath of Slavery.* New York, 1979, p.522-536; Gillette, W., *The Right to Vote:* Politics and the Passage of the Fifteenth Amendment. Baltimore, MD, 1965, p.21-22; Wang, X., *The Trial of Democracy*: Black Suffrage and Northern Republicans, 1869-1910. Athens, GA, 1997, p.11-18; Fields, B. J., *Slavery and Freedom on the Middle Ground:* Maryland During the Nineteenth Century. New Haven, CT, 1985, p.133.

seus direitos [...] Nada prepara tão bem os homens para o sufrágio inteligente como o exercício do direito de sufrágio.[20]

Contudo, a maioria dos americanos brancos não compartilhava esse ponto de vista. No Sul, a perspectiva da conquista do sufrágio pelos negros não apenas violava dois séculos de um racismo estruturado e profundamente enraizado, mas também ameaçava o objetivo dos homens brancos do pós-guerra de recuperar o controle político, social e econômico sobre a população negra. Mais surpreendente foi a hostilidade permanente ao sufrágio afro-americano no Norte: as crenças racistas comuns na década de 1840 continuavam generalizadas após a Guerra Civil e o medo da migração negra para o Norte era intensificado pela conquista do voto. Como resultado, a causa do sufrágio imparcial sofreu uma série de derrotas eleitorais prejudiciais: entre 1863 e 1870, as propostas de estender o direito de voto aos negros foram derrotadas em mais de quinze estados e territórios do Norte. A maior parte dessas decisões procedia de referendos públicos, e a possibilidade de votar raramente estava próxima. De fato, antes da aprovação da Décima Quinta Emenda, apenas Iowa e Minnesota, em 1868, adotaram o sufrágio imparcial e o voto de Minnesota foi facilitado pelo fraseado que mascarava o tema do referendo. Ainda que a maioria dos republicanos do Norte apoiasse o sufrágio negro, os democratas se opunham com veemência e geralmente recebiam o apoio de republicanos suficientes para garantir a derrota popular ou legislativa de quaisquer reformas. Em particular, esse alinhamento partidário fazia nítido contraste com a série de eventos relativos ao voto dos imigrantes na década de 1850.[21]

Apesar da amplitude e intensidade da oposição, no entanto, a dinâmica política de reconstrução levou a uma série pioneira de passos do governo federal para substituir o controle estatal do direito de voto e conceder direitos políticos aos homens afro-americanos. No centro dessa dinâmica estavam os conflitos ocorridos entre os republicanos no Congresso e o presidente Andrew Johnson e seus partidários (geralmente) democratas após o fim da Guerra Civil. A abordagem de Johnson para a tarefa de reconstrução começada em 1865 foi a de oferecer condições brandas para os estados do Sul, para que pudessem ser restaurados rapidamente para a União. Apesar de alguma retórica vingativa inicial, o programa de Johnson exigia algumas reformas e praticamente garantia que o poder político e

---

20 Beecher, Universal Suffrage, p.5-11; ver também Willcox, J. K. H., Suffrage a Right Not a Privilege, discurso proferido para a Universal Franchise Association, 19 julho de 1867. Washington, DC, 1867.

21 Dykstra, R. R. e Hahn, H., Northern Voters and Negro Suffrage: The Case of Iowa. In: Silbey, J. H. e McSeveney, S. T. (orgs.), *Voters, Parties and Elections*. Lexington, MA. 1972, p.156-157, 203-205, 215; Wright, Negro Suffrage, p.176, 198, 202-217; Gillette, *Right to Vote*, p.25-27; Foner, *Reconstruction*, p.223.

econômico do Sul permaneceria nas mãos dos brancos, incluídos aqueles que tinham apoiado a rebelião. Alarmados com essa perspectiva e com a resistência de muitos líderes do Sul às políticas emanadas de Washington, o Congresso controlado pelos republicanos começou a formular seu próprio programa em 1866. Embora relativamente poucos republicanos naquele momento defendessem o sufrágio negro, eles de fato procuraram garantir os direitos civis dos negros e promover uma maior igualdade racial na sociedade sulista.[22]

Para promover esse fim, a maioria moderada dos republicanos no Congresso negociou a aprovação da Décima Quarta Emenda em junho de 1866. Sendo uma medida conciliatória, a emenda foi concebida para punir os dirigentes políticos confederados (impedindo-os de ocupar cargos), para afirmar a responsabilidade do Sul por uma parcela da dívida nacional e para proteger os negros sulistas sem despertar os medos raciais dos brancos do Norte. Ainda que alguns republicanos radicais (mas nem todos) tivessem denunciado a falta de vigor da emenda, esta alterou o panorama constitucional. Ao declarar que "todas as pessoas nascidas ou naturalizadas nos Estados Unidos" eram "cidadãs dos Estados Unidos e do estado onde residem", a emenda finalmente ofereceu uma definição nacional de cidadania e confirmou que os negros eram, de fato, cidadãos. A emenda também proibiu aos estados aprovar leis que "restrinjam os privilégios ou imunidades" dos cidadãos ou neguem a eles "a igual proteção das leis".[23]

Em suas referências diretas ao sufrágio, a Décima Quarta Emenda foi uma faca de dois gumes. Uma vez que a maioria dos republicanos – qualquer que fosse sua convicção pessoal – estava convencida de que os brancos do Norte não apoiariam o empoderamento de sufrágio completo dos negros, a emenda teve uma abordagem indireta: qualquer estado que negasse o direito de voto a uma parcela de seus cidadãos do sexo masculino teria sua representação no Congresso (e, portanto, o Colégio Eleitoral) reduzida na proporção equivalente à percentagem de cidadãos excluídos. A cláusula serviria para punir qualquer estado sulista que impedisse os negros de votar, sem a imposição de sanções comparáveis sobre práticas semelhantes no Norte, onde os negros constituíam uma pequena porcentagem da população. Embora esta seção da emenda equivalesse a uma desaprovação constitucional à discriminação racial, e ainda que o Congresso esperasse que isso protegesse os direitos do voto negro no Sul, a emenda, conforme apontaram os críticos, reconheceu de maneira tácita o direito dos estados individuais de erguer barreiras raciais. Wendell Phillips atacou fortemente a emenda por esta razão, chamando-a de "rendição fatal e total". De igual

---

22 Foner, *Reconstruction*, p.60, 186-187.
23 Ibid., p.131, 252, 258; Gillette, *Right to Vote*, p.22-24; Scruggs, W. L., Citizenship and Suffrage. In: *North American Review*, 177, dezembro de 1903, p.840.

importância para muitos, o uso da palavra "homem" constituiu um reconhecimento efetivo da legitimidade da exclusão das mulheres da política eleitoral.[24]

Por mais que faltasse vigor à Décima Quarta Emenda, o presidente Johnson, os sulistas brancos e os democratas do Norte se opuseram totalmente a seu teor, argumentando que ela criaria governos "híbridos" e era uma intromissão intolerável do governo federal em uma arena reservada para os estados em termos constitucionais. Tanto Johnson como os democratas fizeram uma campanha vigorosa contra a ratificação. Enquanto isso, os governos estaduais que Johnson havia favorecido no Sul codificaram legalmente diversas formas de discriminação racial, enquanto faziam pouco para impedir as campanhas de violência contra os negros e republicanos brancos que tentavam votar ou concorrer a um cargo. Em Nova Orleans, um dos incidentes mais flagrantes de violência deixou 34 negros e quatro brancos mortos, com dezenas de outros feridos, quando eles tentaram realizar uma convenção em prol do sufrágio negro. Muito perturbados por esses acontecimentos e encorajados pelas vitórias eleitorais importantes no outono de 1866, os republicanos do Congresso abordaram a questão de forma mais agressiva no inverno de 1866-1867. Cada vez mais republicanos, muitos dos quais mudavam seu ponto de vista em meio ao conjunto das circunstâncias, começavam a considerar essencial a extensão do direito de voto aos negros, para proteger os alforriados, dar ao partido republicano uma base eleitoral no Sul e tornar possível que os governos leais fossem eleitos nos estados outrora rebeldes.[25]

O Congresso sinalizou pela primeira vez sua mudança de perspectiva pela aprovação de uma lei que punha fim às qualificações raciais para votar no distrito de Columbia. Os republicanos, como Charles Summer, de Massachusetts, e Frederick Frelinghuysen, de Nova Jersey, justificaram esta ação com argumentos que podiam ter amplas consequências, e que ecoavam os do reverendo Beecher: votar era um direito que pertencia a todos os cidadãos, e os sacrifícios dos negros no campo de batalha tinham que ser reconhecidos e recompensados com o sufrágio. O presidente Johnson vetou a legislação, afirmando que era errado empoderar com o direito de voto "uma nova classe, totalmente despreparada para a democracia em razão dos hábitos e oportunidades anteriores". O Congresso cancelou o veto e, semanas mais tarde, aprovou uma lei que proibia barreiras raciais em todos os territórios federais existentes ou futuros. Indo um passo adiante, o Congresso então passou a insistir que Nebraska e Colorado

---

24 Foner, *Reconstruction*, p.241-242, 255; Gillette, *Right to Vote*, p.22-25.
25 Foner, *Reconstruction*, p.277, 314; Gillette, *Right to Vote*, p.28-29; Carter, D. T., *When the War Was Over:* The Failure of Self-Reconstruction in the South, 1865-1867. Baton Rouge, LA, 1985, p.248-250.

adotassem o sufrágio imparcial como um pré-requisito para a admissão à condição de Estado. Mesmo alguns republicanos (assim como o presidente) opuseram-se a isso, insistindo que o Congresso não tinha o poder de estabelecer regras de votação para novos estados. Os republicanos radicais, no entanto, defenderam a medida sem precedentes, argumentando que os novos estados haviam sido criações do governo federal e também que a imposição das regras de sufrágio havia sido sancionada pelo artigo 4 da Constituição, que autorizava os Estados Unidos a "garantir para cada estado nesta união uma forma republicana de governo". Sumner reconheceu que os pais fundadores haviam tolerado a discriminação e que as barreiras raciais para votar "podem ser 'republicanas' de acordo com as noções imperfeitas de um período anterior", mas insistiu que no país pós-Guerra Civil o sufrágio imparcial era um ingrediente necessário para o governo republicano.[26]

Esse auge de atividade, alimentado por contínua intransigência do Sul, culminou na aprovação da Lei de Reconstrução em março de 1867. O ato, eixo legal da Reconstrução radical, negou reconhecimento aos governos estaduais existentes no Sul e autorizou o regime militar contínuo da região sob o controle do Congresso. Para pôr fim a esse regime e ser totalmente readmitido à União, cada estado sulista era solicitado a ratificar a Décima Quarta Emenda e aprovar, por sufrágio universal, uma constituição estadual que permitisse o voto dos negros em igualdade de condições com os brancos. O presidente Johnson vetou o projeto de lei, mas seu veto foi rapidamente anulado. Para regressar à nação política, os estados da Confederação estavam agora obrigados a permitir que os negros votassem.[27]

Sob a proteção da Lei de Reconstrução, a política no Sul do país se transformou. Em 1867 e 1868, os afro-americanos, trabalhando com unionistas e republicanos brancos – a maioria dos quais vinha de circunstâncias pobres e modestas – elegeram novos governos estaduais, escreveram constituições progressistas que incluíram cláusulas de sufrágio universal e ratificaram a Décima Quarta Emenda; o entusiasmo dos negros pela participação política era tão grande, que muitas vezes os homens alforriados largavam suas ferramentas e paravam de trabalhar quando estavam sendo realizadas eleições ou convenções (a natureza progressiva dessas constituições é evidente nos detalhes das leis de sufrágio – em questões que vão desde os requisitos de contribuição tributária até a residência – referidas nas tabelas A.10 a A.15). Em junho de 1868, sete estados com sufrágio universal haviam sido readmitidos à União e o processo estava em andamento em outros lugares. Tudo isso foi conseguido apesar da oposição feroz dos brancos da elite, que

---

26 Wang, *Trial of Democracy*, p.29-35; Foner, *Reconstruction*, p.272, 314, Gillette, *Right to Vote*, p.28-32.
27 Wang, *Trial of Democracy*, p.35-40; Foner, *Reconstruction*, p.272-279; Gillette, *Right to Vote*, p.31.

temiam que uma aliança birracial de negros e brancos não pertencentes à elite resultaria na construção de uma ordem econômica e política nova e inóspita. A intensa hostilidade dos brancos da elite foi manifestada numa petição que os conservadores no Alabama enviaram ao Congresso, denunciando o empoderamento político dos "pretos":

> em sua maioria, ignorantes em geral, desconhecem totalmente os princípios dos governos livres, imprudentes, sem vontade de trabalhar, crédulos ainda que desconfiados, desonestos, mentirosos, incapazes de autocontrole e facilmente impelidos [...] à insensatez e ao crime [...] como poderá ser que eles não trarão, para grande prejuízo de si próprios, assim como de nós e nossos filhos, prejuízo, crime, ruína e barbárie nesta terra justa? [...] nós vos suplicamos, não abdiquem de seu próprio domínio sobre nós transferindo-nos para o domínio prejudicial, brutal e não natural de uma raça estrangeira e inferior.

A oposição do Sul também não era puramente retórica: a violência contra os negros e antirrepublicanos irrompeu em toda a região, geralmente encabeçada pela Ku Klux Klan, que crescia rapidamente.[28]

As realizações republicanas no Sul, no entanto, foram acompanhadas por uma sucessão de derrotas eleitorais no Norte. Não apenas os referendos de sufrágio imparcial foram derrotados em um punhado de estados, mas os republicanos sofreram fortes perdas nas eleições de 1867. Os democratas ganharam terreno desde o Atlântico até o Pacífico, vencendo em Nova York e na Califórnia e elegendo prefeitos em três das maiores cidades de Ohio. Interpretado por ambas as partes como consequência do apoio republicano ao sufrágio dos negros, essa oscilação eleitoral levou os republicanos a buscar uma base mais moderada – em parte por medo de perder a eleição presidencial de 1868 e, assim, trazer um fim prematuro à Reconstrução. Assim, o partido indicou o incontroverso general Ulysses Grant para a presidência e adotou uma plataforma que apoiava o sufrágio negro para o Sul ao mesmo tempo em que defendia o controle estatal das regras eleitorais no Norte. Apesar dessa tendência à moderação, não se saíram bem nas eleições de 1868: embora Grant tenha sido vitorioso, a margem de vitória foi surpreendentemente pequena e os democratas continuaram a ganhar terreno em redutos republicanos.[29]

---

28 Foner, *Reconstruction*, p.280-284, 330, 242, 425ff.; McPherson, J. M., *Ordeal by Fire:* The Civil War and Reconstruction. New York, 1982, p.542-545; petição citada em Benedict, M. L., *The Fruits of Victory:* Alternatives in Restoring the Union, 1865-1877. Philadelphia, 1975, p.118.

29 Foner, *Reconstruction*, p.215, 291, 314-315, 470-471; Gillette, *Right to Vote*, p.32-33, 38-39; McPherson, *Ordeal by Fire*, p.65, 529-542; Bonadio, F. A., Ohio: A Perfect Contept of All Unity. In: Mohr, J. C. (org.), *Radical Republicans in the North*: State Politics During Reconstruction. Baltimore, MD, 1976, p.85-92; ver também a perspicaz análise de edificação de

A estranha odisseia da Décima Quinta Emenda

Poucos dias após a eleição de 1868, os republicanos mudaram de curso, como radicais, dentro e fora do Congresso, anunciando que fariam pressão com uma emenda constitucional para estender o direito de voto aos afro-americanos. As eleições haviam criado um dilema para os adeptos do sufrágio imparcial. Por um lado, o declínio do apoio ao Partido Republicano, bem como os resultados dos referendos realizados em 1867 e 1868, destacaram a força e amplitude da oposição à emancipação negra. Por outro lado, os republicanos sentiam que o controle do governo nacional poderia estar escapando de seu alcance, que os sulistas brancos estavam intensificando sua oposição à igualdade dos negros e que algo tinha que ser feito logo para garantir os direitos políticos dos negros, especialmente no caso em que os democratas voltassem ao poder no Sul ou em nível nacional.

Os resultados eleitorais indicaram também que os eleitores negros poderiam ser importantes para o destino do Partido Republicano no Norte, bem como nos estados do Sul. Conforme declarou o senador Charles Sumner aos seus colegas republicanos:

> Vocês precisam de votos em Connecticut, não é verdade? Há 3 mil concidadãos nesse estado prontos para o apelo do Congresso para tomarem seus lugares nas urnas. Vocês também precisam deles na Pensilvânia, não é? Há pelo menos 15 mil naquele grande estado à espera de sua convocação [...] tenham a certeza de que eles vão todos votar naqueles que os apoiarem na afirmação da igualdade dos direitos.

Além de considerações tão pragmáticas, muitos republicanos sentiam-se desconfortáveis com as inconsistências gritantes na postura do partido em relação ao sufrágio negro no Norte e no Sul. Uma emenda constitucional, então, tinha diversas virtudes percebidas: poria fim à hipocrisia do partido, beneficiaria seus candidatos e cimentaria com firmeza os direitos políticos e o poder dos negros no Sul. Além disso, sua condição de emenda federal, em vez de ato do Congresso, poderia evitar a adjudicação constitucional nos tribunais e seria mais fácil de aprovar do que uma longa série de referendos constitucionais do estado: uma vez que saísse do Congresso, a emenda ficaria sujeita a ratificação apenas por legislaturas estaduais, a maioria das quais estavam em mãos de republicanos.[30]

---

coalizão e institucionalização incompleta em Valelly, R. M., *The Two Reconstructions:* The Struggle for Black Enfranchisement. Chicago, 2004, p.23-72.

30 Gillette, *Right to Vote*, p.32-34, 48-49; Mathews, J. M., *Legislative and Judicial History of the Fifteenth Amendment*. Baltimore, MD, 1909, p.20-21; McPherson, *Ordeal by Fire*, p.545; Benedict, M. L., *A Compromise of Principle:* Congressional Republicans and Reconstruction, 1863-1869. New York, 1974, p.325, 331.

O que se seguiu foi um debate prolongado, em janeiro e fevereiro de 1869, sobre os conteúdos e a aprovação de uma emenda do sufrágio. O debate, que se desenvolveu num Congresso controlado pelos republicanos, foi impressionante e extraordinário: os membros do Congresso estavam bem conscientes de que o assunto tinha grande importância e que marcava a primeira vez desde a convenção constitucional na Filadélfia em que o governo nacional dos Estados Unidos enfrentava de maneira direta e ampla a questão dos direitos de voto. Ambas as câmaras do Congresso reproduziam discursos eloquentes, um profundo idealismo e argumentos históricos e teóricos diversificados e cuidadosos, bem como intensas manobras políticas e uma nítida rivalidade entre as duas casas. O debate começou com um foco estratégico nos direitos dos afro-americanos, sobretudo no Sul, mas logo ampliou-se numa consideração de longo alcance acerca do significado da democracia e do poder do governo nacional. Durante vários meses, não se sabia quais seriam os resultados.

A primeira versão da emenda colocada em discussão foi de autoria do deputado George S. Boutwell, um influente republicano de Massachusetts e defensor de longa data dos direitos dos negros. A emenda simplesmente declarava que "o direito de qualquer cidadão dos Estados Unidos ao voto não será negado ou reduzido pelos Estados Unidos ou em qualquer estado por motivo de raça, cor ou condição anterior de escravidão de qualquer cidadão ou classe de cidadãos dos Estados Unidos". A crítica do projeto de Boutwell veio de duas direções. Os democratas e alguns republicanos conservadores opuseram-se a essa emenda por não acreditar que os negros fossem qualificados para votar e por considerar a emenda como uma violação dos direitos dos estados; eles citaram os jornais federalistas e os debates em Filadélfia como prova de que a sabedoria dos pais fundadores estava sendo fatalmente ignorada. Ao mesmo tempo, alguns radicais queriam uma emenda mais abrangente e completa, como a proposta pelo republicano de Ohio, Samuel Shellabarger. A emenda de Shellabarger proibia os estados de negar ou cercear os direitos de voto de qualquer homem adulto de "mente sã", exceto aqueles que haviam se envolvido na rebelião contra os Estados Unidos ou cometido outros crimes "infames". Embora a versão de Shellabarger, como a de Boutwell, tenha sido formulada de maneira negativa – sem outorgar o sufrágio de forma ativa, mas impedindo os estados de negá-lo – ela teria posto fim, de modo implícito, não apenas à discriminação racial, mas também aos requisitos de propriedade, impostos, nacionalidade e alfabetização. Este teria sido um passo gigantesco dessa versão da emenda em direção a um sufrágio de ordem e uniformidade nacional. A emenda de Shellabarger foi rejeitada de forma resoluta pela Câmara; a de Boutwell, então, foi aprovada por uma grande maioria partidária.[31]

---

31 Gillette, *Right to Vote*, p.42-54; Rives, F., Rives, J. e Bailey, G. A. (orgs.), *The Congressional Globe,* 40th Cong., 3d sess.Washington, DC, 1869, p.643, 744.

No Senado, um projeto muito semelhante ao de Boutwell foi apresentado pelo senador republicano moderado William M. Stewart, de Nevada. Apesar da oposição dos democratas à emenda, eles tinham apenas doze votos no Senado e, no início das deliberações, ficou claro que o debate se centraria na escolha entre uma emenda restrita como a de Stewart ou uma linguagem mais ampla que proibiria vários tipos de discriminação na votação e na ocupação de cargos. Uma proposta que incorporava a segunda abordagem foi apresentada pelo senador Henry Wilson de Massachusetts, um sapateiro de profissão, inimigo de longa data da escravidão e, mais tarde, vice-presidente dos Estados Unidos. A emenda de Wilson proibia a discriminação "entre os cidadãos dos Estados-Unidos no exercício do sufrágio eletivo ou no direito de ocupar cargos em qualquer Estado por motivo de raça, cor, naturalidade, propriedade, educação, ou credo". Esta versão evitou algumas das críticas levantadas contra Shellabarger, por permitir de modo tácito os requisitos de sufrágio com base na idade e residência.[32]

Wilson e seus aliados, muitos do Meio-Oeste, prepararam um poderoso arsenal de argumentos em favor de uma emenda amplamente formulada. Expressavam o temor premonitório (como havia feito Shellabarger) que uma emenda como a de Stewart ou a de Boutwell acabaria sendo contornada pelos estados do Sul, que poderiam privar os cidadãos negros do direito de voto por meio de requisitos de alfabetização, impostos ou de propriedades. Além disso, Wilson afirmava astutamente que sua proposta poderia ter a melhor chance de ser ratificada pelos estados, porque de fato ela estenderia o sufrágio a todas as pessoas (incluindo muitos defensores democratas dos imigrantes) e não daria a impressão de conceder privilégios especiais para os afro-americanos. Mas no cerne do argumento havia crenças e princípios, alguns de longa data, alguns formados pelos acontecimentos tumultuados da década anterior. O próprio Wilson havia sido um *Know-Nothing* e um nativista oportunista, cujas opiniões tinham mudado no curso da guerra e nos primeiros anos da Reconstrução. Wilson insistia que apoiava uma emenda, apesar da impopularidade do sufrágio negro, porque "é certo, absolutamente certo" – e há pouca razão, dadas as circunstâncias, para duvidar de sua sinceridade. Wilson destacou ainda que a ampliação da emenda para eliminar toda a discriminação (que não seja por idade, residência e sexo) era uma consequência lógica do raciocínio que sancionava o sufrágio dos negros. Uma emenda ampla institucionalizaria os próprios princípios que a nação alegava representar:

> Vamos dar a todos os cidadãos igualdade de direitos, e então proteger todas as pessoas nos Estados Unidos no exercício desses direitos. Quando atingirmos essa posição teremos realizado logicamente as ideias que estão na base de nossas

---

32 Gillette, *Right to Vote*, p.56-57; *Congressional Globe*, p.1009, 1014, 1035.

instituições; devemos estar em harmonia com nossas profissões; vamos ter agido como um povo realmente republicano e cristão. Até fazermos isso estaremos numa posição falsa, ilógica – uma posição que não pode ser defendida; uma posição que considero desonrosa para a nação com as luzes que temos diante de nós.

O senador John Sherman, de Ohio, reconhecendo que seus próprios pontos de vista haviam mudado ao longo do tempo, repetiu as palavras de Wilson, reconhecendo a singularidade do momento histórico ao olhar para o futuro da nação e do Partido Republicano.

Creio que, uma vez que estamos obrigados por nossa posição a adotar uma emenda à Constituição dos Estados Unidos, uma vez que a opinião pública o exige, uma vez que a necessidade de proteger as 4 milhões de pessoas libertadas nos estados do Sul nos obriga a tratar desta questão, deveríamos lidar com isto com todas as luzes de nossa civilização moderna, com todas as luzes de nossas constituições modernas, e plantar nosso trabalho sobre a base sólida do sufrágio imparcial e, pode-se dizer, universal.

Parece-me, já que o Partido Republicano está prestes a lançar as bases de um credo político, que a mais ampla e mais segura e melhor base é o sufrágio universal.[33]

Outros partidários apontavam para os benefícios mais específicos que resultariam do fim de quase todas as barreiras para a votação. Simon Cameron, da Pensilvânia, tendo em mente com clareza a agitação dos *Know-Nothings*, foi a favor da emenda de Wilson "porque convida todas as pessoas ao nosso país; o negro, o irlandês, o alemão, o francês, o escocês, o inglês e o chinês. Darei as boas-vindas a todo homem, qualquer que seja o país de onde vem, que por seu esforço possa contribuir com nossa riqueza nacional". O senador Oliver P. Morton, de Indiana, também considerava uma emenda ampla "como uma salvaguarda contra quaisquer agitações futuras de *Know-Nothings*". Além disso, Morton invocou de forma explícita a linguagem dos direitos naturais para atacar os requisitos de propriedade e de alfabetização para poder votar.

Penso que não há mais princípio, não há mais justiça na exigência de que um homem tenha certa quantidade de propriedade antes de ser autorizado a exercer esse direito que é indispensável para a proteção de sua vida, liberdade e felicidade do que há em exigir que ele tenha a pele branca. Se o direito de sufrágio é um direito natural, se ele pertence a todos os homens, porque eles têm o direito de ter uma

---

[33] *Congressional Globe*, p.672, 709, 1010, 1035-1039, 1626-1628, 1641, Apêndice: p.153-154; Mathews, *Fifteenth Amendment*, p.22-23; Gillette, *Right to Vote*, p.57. Sobre os vínculos de Wilson com os *Know-Nothings*, ver Abbott, R. H., *Cobbler in Congress:* The Life of Henry Wilson, 1812-1875. Lexington, KY, 1972, p.58-78; McKay, E., *Henry Wilson, Practical Radical:* A Portrait of a Politician. Port Washington, NY, 1971, p.88-93.

voz no governo que controla suas ações [...] como você pode fazê-la depender da propriedade?

Ele continuou:

> O mesmo pode ser dito em relação aos testes educacionais. Creio que todos os realizados neste país são fraudes [...] Quando você passa a considerar a questão do voto como um direito natural, que direito você tem de tirá-lo de um homem porque ele não sabe ler e escrever? [...] Ele tem seus direitos a defender e preservar, assim como os outros homens, e o direito de sufrágio é tão importante para ele como é para qualquer outra pessoa.

Morton também argumentou que uma emenda que trata exclusivamente de raça implica que o governo federal teria sancionado outras restrições ao voto. Tal emenda diria para os estados:

> "Embora não se possa tirar os direitos de voto de um homem por causa da cor, pode-se privá-lo do voto porque ele não tem propriedade." Estamos dispostos a nos colocar como um Senado e estarão meus amigos republicanos dispostos a se colocarem como um partido diante do país com esse fundamento?
>
> Em relação à naturalidade [...] dizemos aos Estados, "Vocês não podem excluir os homens por causa da cor, mas ainda têm a liberdade de excluí-los por causa de sua naturalidade". Estamos dispostos a dizer isso? Estou consciente de que a questão do sufrágio negro trouxe o tema perante o Congresso, mas agora que está aqui, estamos resolvidos [...] a considerar e a nos precaver contra todos os abusos que possam surgir com relação a esse assunto.[34]

Morton e outros defensores da emenda de Wilson estavam, de fato, virando a mesa em relação aos críticos da expansão do sufrágio que remontavam a John Adams; este, por longo tempo, afirmou que os argumentos sobre os "direitos" em nome de qualquer expansão específica do sufrágio abriam uma caixa de Pandora – porque os mesmos argumentos poderiam justificar a conquista do direito de voto por qualquer pessoa. Morton e Wilson reconheciam que o sufrágio negro baseado no argumento de que o voto é um direito, ou um direito natural, sugeria a implicação de que todos os cidadãos adultos do sexo masculino deveriam ser contemplados por esse direito. No entanto, ao contrário da maioria dos antecessores, em vez de evitar, eles acolheram essa implicação: para ser coerente e para deixar esta questão de lado de uma vez por todas, o direito de voto deveria tender à expansão, e não à restrição. Na verdade, a maioria dos republicanos, até mesmo os mais radicais, relutava em deixar as mulheres saírem da caixa

---

34 *Congressional Globe*, p.1036-1037, 1628, 1641, 1869.

de Pandora, mas esses defensores de uma ampla reforma constitucional estavam abrindo novos caminhos no debate público para a causa do sufrágio universal.

A emenda de Wilson não passou em branco. Surgiram críticas veementes à proposta de diferentes meios. Muitos senadores democratas permaneciam hostis ao sufrágio negro (e, portanto, à qualquer emenda) por razões de mérito. James Doolittle, de Wisconsin, sustentava que os afro-americanos eram "incompetentes para votar" e que o Congresso não deveria tentar "fazer valer essa igualdade não natural". James Bayard, de Delaware, expressava longamente o medo de que conferir o "poder político a uma raça inferior" levaria tanto ao conflito racial como à mistura do "negro e do caucasiano". Os negros, de acordo com Bayard, eram "mais animais" e "indolentes" do que os brancos e qualquer "cruzamento" das duas raças levaria à degeneração da "natureza moral" e da expectativa de vida de sua prole. Que a emenda de Wilson tenha sancionado cargos importantes aos negros, bem como o sufrágio, apenas intensificou a oposição.[35]

Alguns republicanos moderados também se opuseram às disposições referentes aos cargos importantes, enquanto outros eram contra a emenda de Wilson precisamente porque ela eliminaria uma série de barreiras ao direito de voto. Os senadores do Oeste estavam apreensivos pela possibilidade do sufrágio dos chineses. Vários republicanos do Nordeste desejavam que os estados mantivessem o poder de limitar o direito de voto dos imigrantes. Roscoe Conkling, de Nova York, uma figura poderosa no Senado, defendeu que os municípios e estados deveriam ser capazes de impor requisitos de propriedades nas eleições referentes a impostos e questões financeiras. Conforme salientaram dois importantes líderes da opinião republicana, o *New York Times* e o *Nation*, muitos republicanos de fato eram a favor do requisito de alfabetização ou dos testes educacionais e não viam nenhuma razão para descartá-los por meio de uma emenda constitucional. Por todas essas razões, os republicanos importantes, como Stewart, insistiram que a emenda de Wilson não teria chance alguma de ser ratificada, e que a proteção dos direitos dos negros no Sul dependia da aprovação pelo Congresso de uma emenda construída com mais restrições.[36]

A razão mais frequente da oposição à emenda de Wilson não era de conferir poder a um povo "inferior", mas de produzir uma transformação "radical e revolucionária" da relação entre o governo federal e os estados. Como apontou o senador James Dixon, de Connecticut, não estava em questão simplesmente quem votou, mas "quem irá criar [...] o eleitor". A emenda de Wilson daria esse poder ao governo federal e, assim fazendo,

---

35 Ibid., p.1010, Apêndice, p.165-169.
36 Ibid., p.1030, 1035, 1038; McPherson, *Ordeal by Fire*, p.545-546; Mathews, *Fifteenth Amendment*, p.30-34; Gillette, *Right to Vote*, p.58-74.

alteraria a Constituição enquanto ameaçaria a autodeterminação e a autoridade dos estados. Wilson e outros radicais responderam que a cláusula do artigo 4 sobre a "garantia republicana" já havia dado ao governo federal o poder de regular o direito de voto. No entanto, o *New York Times*, que endossou a versão da Câmara acerca da emenda, afirmou que a proposta de Wilson "desloca-se para um novo caminho, dita termos para os quais o país não está preparado e tende muito para a extinção das forças vitais da autoridade do Estado". Os democratas, é claro, tinham um amplo compromisso com a preservação do poder dos estados, mas até mesmo os republicanos moderados, no Senado e na Câmara, temiam que a emenda de Wilson perturbasse o equilíbrio do estado e da autoridade federal consagrado na Constituição. Na verdade, esses argumentos ofereceram aos críticos da emenda um meio oportuno e aparentemente íntegro de se opor à ampliação do direito de voto sem que isso soasse antidemocrático ou racista, mas também refletiram um desejo (provavelmente irrealista) de reforçar o federalismo, numa era em que as exigências da guerra e o programa econômico do Partido Republicano estavam deslocando o poder para Washington.[37]

O debate no Congresso sobre a amplitude da Décima Quinta Emenda se desenrolou no curso de um processo legislativo bizantino. Após várias semanas de discussão, o Senado de início rejeitou a emenda de Wilson e depois, pouco mais tarde, aprovou uma versão levemente revista. A resolução do Senado sofreu esmagadora rejeição da Câmara, que pediu uma comissão de conferência para resolver as diferenças entre as versões da Câmara e do Senado. O Senado recusou uma conferência e, em vez disso, aprovou uma variante mais restrita da emenda, semelhante ao projeto original de Stewart. Em resposta, a Câmara, liderada pelo deputado John Bingham de Ohio, disparou na direção oposta: aprovou uma linguagem muito próxima à da emenda de Wilson, deixando de fora apenas a proibição dos testes sobre a educação ou do requisito de alfabetização. As razões para a mudança de direção da Câmara não são claras, mas a nova proposta foi apoiada por alguns democratas que poderiam ter tido a esperança de eliminar a emenda por completo ao torná-la tão vasta que passava a ser inaceitável. Diante de uma segunda rodada de conflito entre as duas câmaras, a liderança do Congresso então nomeou uma comissão de conferência que incluía Boutwell, Conkling e Stewart entre seus membros.[38]

---

[37] *Congressional Globe*, p.705-706, Apêndice, p.285; *New York Times*, 15 fev. 1869; Gillette, *Right to Vote*, p.56-57; Benedict, *Compromise of Principle*, p.321-335.
[38] *Congressional Globe*, p.1029-1030, 1040, 1044, 1425-1428, 1440, 1466, 1625, 1627-1628; Gillette, *Right to Vote*, p.64-76, 88-90; ver também Maltz, E. M., *Civil Rights, The Constitution and Congress, 1863-1869*. Lawrence, KS, 1990, p.142-156.

A comissão de conferência assustou a todos, sobretudo Wilson e seus seguidores, por concordar com um projeto muito próximo às propostas originais de Boutwell e de Stewart: uma emenda restrita que não fazia menção alguma a cargos importantes ou sufrágio, com exceção da questão de raça. O comitê foi denunciado por ter excedido sua autoridade e traído a causa republicana: em vez de aparar as diferenças entre as duas câmaras (a incumbência habitual das comissões de conferência), ele havia apresentado uma linguagem de alcance muito mais restrito do que cada uma já havia aprovado. Um membro da comissão de conferência, o senador George Edmunds de Vermont, compartilhou esta indignação e se recusou a assinar o relatório da comissão.

Mas o tempo estava passando. O Congresso permaneceria em sessão por apenas mais alguns dias e as normas de procedimento exigiam que os relatórios de conferência fossem votados de forma direta, sem emendas substantivas. Havia muito pouco tempo para discutir um novo texto, e era arriscado adiar a questão até o próximo congresso. Portanto, diante da escolha entre uma emenda formulada de modo restrito e a possibilidade de emenda nenhuma, os defensores da democratização ampla se renderam. Wilson declarou que votaria com relutância para o relatório "coxo e hesitante" da conferência, porque "a esta hora tardia" era "o melhor que eu consigo". Morton, ainda furioso com a comissão de conferência, anunciou que iria pegar "metade de um pão por não conseguir pegar um inteiro; no entanto, quero dizer que é muito difícil aceitar a metade do pão quando um pão inteiro, ou quase inteiro, havia sido oferecido". Com vários senadores desanimados, incluindo Edmunds e Sumner que simplesmente se recursaram a votar, em 26 de fevereiro de 1869, o Congresso aprovou a Décima Quinta Emenda. Dizia simplesmente:

> O direito dos cidadãos dos Estados Unidos ao voto não será negado ou reduzido pelos Estados Unidos ou por qualquer estado por motivo de raça, cor ou condição prévia de servidão...
> O Congresso terá o poder de fazer cumprir este artigo por legislação adequada.[39]

É um fato notável que a emenda de Wilson (ou alguma variante) tenha quase conseguido aprovação, atestando as formas pelas quais a Guerra Civil e Reconstrução revigoraram e ampliaram (em alguns setores, pelo menos) as convicções democráticas que haviam prosperado na metade do século. As circunstâncias extraordinárias em torno da guerra impeliram muitos americanos a apoiar o sufrágio negro e, como aconteceu várias vezes na história americana, lidar com a questão da raça provocou um novo pensamento

---

39 *Congressional Globe*, p.1291, 1307, 1625-1641; Gillette, *Right to Vote*, p.64-65, 70-90; Benedict, *Compromise of Principle*, p.331-335.

sobre os direitos democráticos em geral. No final dos anos 1860, grandes segmentos da cidadania da nação e da liderança política estavam preparados para acolher o sufrágio universal masculino e alguns homens estavam dispostos até mesmo a endossar o sufrágio feminino (ver Capítulo 6). Esses pontos de vista, mantidos principalmente pelos republicanos, certamente eram coerentes com a ideologia de "mão de obra livre" do partido e sua visão de uma nação povoada por cidadãos independentes, autônomos. No entanto, o acolhimento do sufrágio universal masculino foi notável, dada a associação demasiado recente do Partido Republicano com o nativismo e os *Know-Nothings*, bem como as suas ligações com o partido dos Whigs que muitas vezes havia se oposto à ampliação do direito de voto. Assim como tinha acontecido na época da Revolução Americana, as pessoas estavam mudando a forma de pensar e as ideologias se reajustavam às novas necessidades. Era conveniente que Henry Wilson, sapateiro autodidata, de início eleito para o Senado por uma legislatura *Know-Nothing* e mais conhecido como político prático do que ideólogo, se tornasse o líder da campanha do sufrágio universal no final da década de 1860.

Por que o Congresso não aprovou uma versão mais ampla da Décima Quinta Emenda é uma questão para a qual uma resposta satisfatória poderia exigir um livro inteiro. No entanto, mesmo sem um estudo aprofundado das manobras, politicagem e casualidade que deve ter estado presente nos bastidores, algumas coisas parecem claras. Uma delas é que a versão restrita da Décima Quinta Emenda pode ter representado o ponto central da política americana, a opinião de consenso até mesmo dentro do Partido Republicano. A maioria dos republicanos – e a maioria dos americanos – não percorreu o mesmo caminho ideológico que Henry Wilson e Oliver Morton. Eles aceitaram o sufrágio negro, mas não estavam preparados para libertar os outros habitantes da caixa de Pandora. Conformou assinalou o *New York Times* de modo aprovador, as mudanças na lei de sufrágio "não surgiram a partir da condenação de injustiças ou de falta de equidade [...] mas das novas crises criadas do progresso e dos resultados da Guerra Civil". De fato, os debates no Congresso revelaram os limites e as arestas do pensamento democrático e da prática política entre os republicanos, bem como dos democratas. Os obstáculos principais para uma maior democratização foram as preocupações sobre etnia e classe (além de sexo) que haviam sido tão proeminentes na década de 1850 e que ainda formavam o pensamento de muitos líderes políticos. O que os adversários de uma emenda ampla rejeitavam finalmente era a abolição da discriminação com base no nascimento, religião, propriedade e educação. Queriam manter o poder de limitar a participação política dos irlandeses e chineses, dos nativos americanos e dos aglomerados cada vez mais visíveis de trabalhadores analfabetos e semiletrados que se juntavam nas cidades do país. Henry Adams observou com astúcia que a

Décima Quinta Emenda foi "mais notável por tudo o que não contém do que pelo conteúdo".[40]

Questões étnicas e de classe permaneceram importantes durante o processo de ratificação. Na costa oeste, especialmente na Califórnia, a oposição à Décima Quinta emenda foi alimentada pelo furor antichinês que azedaria a política da região por décadas: os brancos, incluindo muitos brancos da classe trabalhadora, temiam que a emenda emancipasse os chineses, encorajasse o aumento da imigração chinesa e reduzisse os salários e os padrões de vida dos trabalhadores brancos (a impossibilidade de os chineses se tornarem cidadãos no final dos anos 1860 pouco fez para extinguir esses medos). Em consequência, os legislativos estaduais nos estados do Oeste (exceto Nevada) recusaram-se a ratificar a emenda, apesar da minúscula presença afro-americana na região.[41]

Um drama ainda mais barroco se desenrolou em Rhode Island. A classe média republicana do estado estava dividida em relação à emenda, por causa de uma alegação muito disseminada de que os irlandeses poderiam ser considerados uma raça e que o requisito de propriedade da *Commonwealth* para aqueles nascidos no estrangeiro, portanto, seria interpretado como discriminação racial. Os democratas também estavam divididos; uma facção estava disposta a derrubar o partido nacional de oposição à emenda na esperança de poder, de fato, empoderar com o direito de voto os trabalhadores imigrantes sem propriedade. No final, Rhode Island acabou ratificando a emenda, mas apenas em 1870, muito tempo depois dos outros estados da Nova Inglaterra, e só quando parecia que o voto do estado podia ser essencial para a aprovação. O que tornou este conflito político especialmente curioso – e revelador das ligações complexas entre classe e raça – foi o fato de que os negros haviam conquistado o direito de voto em Rhode Island desde a década de 1840.[42]

Por essas razões, entre outras, a ratificação não parecia ser uma coisa certa. Embora o momento fosse mais propício do que nunca (os republicanos controlavam a maior parte das assembleias estaduais e o presidente Grant apoiava ativamente a medida), a oposição à emenda era generalizada e intensa; ela foi aprovada com facilidade apenas na Nova Inglaterra, onde os negros já votavam, e no Sul, onde o governo federal já tinha intervindo para obrigar o sufrágio negro (a ratificação da emenda foi uma condição para ser readmitido na União para quatro estados do Sul). Em outros lugares, as batalhas relativas à ratificação foram renhidas e muito partidárias. Os democratas argumentaram que a emenda violava os direitos dos estados, aviltava a democracia pela emancipação de pessoas "analfabetas e

---

40 *New York Times*, 8 mar. 1869; Foner, *Reconstruction*, p.446.
41 Gillette, *Right to Vote*, p.147-154; Foner, *Reconstruction*, p.446.
42 Gillette, *Right to Vote*, p.148-157; Foner, *Reconstruction*, p.446-447.

inferiores" e prometia gerar uma mistura profana (e contraditória) de casamentos mistos e guerra racial. Os legisladores republicanos responderam que os homens negros haviam merecido o direito de voto por meio de seu heroísmo como soldados e que a emenda era necessária para finalmente pôr um fim à questão dos direitos dos negros; dados os estreitos limites da emenda, muitas vezes evitaram reivindicar o sufrágio como um direito universal. O que nenhum partido mencionou muito foi que interesses partidários estavam em jogo, especialmente nos estados da fronteira, do Meio-Oeste e do Meio-Atlântico, onde a população negra poderia estimular as fortunas dos republicanos. No final, a maioria desses debates foram ganhos pelos republicanos, e a Décima Quinta Emenda tornou-se parte da Constituição em fevereiro de 1870.[43]

Os afro-americanos comemoraram exultantes a ratificação da emenda. Milhares de eleitores negros, incluindo veteranos militares com suas esposas e filhos, marcharam em desfiles triunfantes. Frederick Douglass, falando em Albany no final de abril, declarou que a emenda "significa que somos colocados em pé de igualdade com todos os outros homens [...] que a liberdade deve ser um direito de todos". Os abolicionistas de longa data, como William Lloyd Garrison e Wendell Phillips, não estavam menos entusiasmados: a emenda, de acordo com Phillips, era "o ato mais grandioso e mais cristão jamais contemplado ou realizado por qualquer Nação". Entre os cidadãos menos engajados e ativistas, os sentimentos eram mais suaves, evocando a opinião satisfeita, mas cansada, que o *New York Times* havia expressado em março 1869. "A adoção desta emenda irá pôr termo a maiores tumultos sobre o tema", divulgou o editorial do jornal, "e, assim, deixa o governo do país livre para lidar com os seus interesses materiais e com [...] questões mais urgentes". Na condição de deputado e posterior presidente, James Garfield observou que já que eles foram empoderados com o sufrágio, "o destino" dos afro-americanos estava "em suas próprias mãos".[44]

A Décima Quinta Emenda foi certamente um marco na história do direito de voto. Estimulado pela pressão dos negros, por profundas convicções ideológicas, pela competição partidária e por condições extraordinárias criadas por uma guerra, o governo federal estendeu o direito de voto a mais de um milhão de homens, que apenas uma década antes haviam sido escravos. Com uma velocidade que refletia as circunstâncias em rápida mudança, o Congresso e as assembleias estaduais criaram leis que seriam impensáveis em 1860, ou mesmo em 1865. Na Décima Quarta e Décima Quinta Emenda as palavras *direito de voto* foram escritas na Constituição do

---

43 Gillette, *Right to Vote*, p.79-139; Wang, *Trial of Democracy*, p.49-51.
44 Phillips e Douglass citados em Wang, *Trial of Democracy*, p.50-53; *New York Times*, 8 mar.1869; Garfield citado em Foner, *Reconstruction*, p.449.

país pela primeira vez, anunciando um papel novo e ativo para o governo federal na definição de democracia. No entanto, por mais importantes que tenham sido essas realizações, as limitações da Décima Quinta Emenda foram, como Henry Adams apontou, tão significativas quanto seu conteúdo: as celebrações da comunidade negra logo se revelariam prematuras e a tensão não resolvida entre as autoridades federais e estaduais vibraria por mais um século. Ao contrário da conclusão otimista do *New York Times*, a nação não havia chegado a um resultado na questão do sufrágio negro.

Os efeitos menos importantes da guerra

A Guerra Civil também teve um impacto sobre outros assuntos relacionados com o sufrágio. Um desdobramento incomum, mas não surpreendente, foi o surgimento de uma nova qualificação: a lealdade. Tanto a Lei de Reconstrução Federal como as constituições adotadas pelos governos de reconstrução em meia dúzia de estados sulistas cassaram o direito de votos de confederados proeminentes por causa de seu papel na rebelião. Apesar de disposições mais draconianas terem sido consideradas – em 1868 uma Virginia conservadora irritada reclamou que no projeto de Constituição deveria constar "nenhum homem branco deve votar" – essas medidas punitivas acabaram afetando apenas alguns milhares de homens, em geral de forma temporária.[45]

Outras consequências da guerra tomaram a direção oposta, a da expansão do direito de voto. Pela primeira vez, os estados foram obrigados a lidar de frente com a questão do voto por correspondência: relutantes em negar o direito de voto para os homens que portam armas para defender a União, dezenove estados aprovaram leis que permitiam o voto aos soldados em campo. Com esse ato, eles estabeleceram um precedente para flexibilizar os vínculos entre a residência e a participação nas eleições. A experiência da guerra também levou ao empoderamento do sufrágio de alguns veteranos militares que não conseguiam cumprir as qualificações existentes: Massachusetts, por exemplo, votou para isentar os ex-soldados da exclusão de indigentes em sua constituição.[46]

---

[45] Foner, *Reconstruction*, p.272-278, 323-324; Chandler, J. A. C., *The History of Suffrage in Virginia*. Baltimore, MD, 1901, p.56-64.

[46] *Journal of the Constitutional Convention of the State of Illinois*. Springfield, IL., 1862, p.191, 1021; *General Laws and Joint Resolutions, Memorials and Private Acts, Passed at the Third Session of the Legislative Assembly of the Territory of Colorado*. Denver, CO, 1864, p.77-78; Burr, A. G., Address to the People of Illinois, discurso proferido em março de 1862. Springfield, IL., 1862, p.53; McCrary, G., *A Treatise on the American Law of Elections*. Chicago, 1880, p.46; *Journal of the Constitutional Convention of New York 1872-73*, p.22, 167-169, 176, 197-198, 338-339, 457; *Debates and Proceedings of the Pennsylvania Constitutional Convention, 1872-73*, v.2, p.29-32;

Da mesma forma, os estrangeiros declarantes, muitos dos quais estavam servindo ou haviam servido no exército, foram contemplados com o sufrágio em dez estados ou territórios federais na década de 1860. A guerra, no entanto, atribuiu novas restrições para o voto do não cidadão. Depois de uma série de ações jurídicas contestadas nos estados, o Congresso especificou em 1863 que os estrangeiros que haviam declarado sua intenção de se tornarem cidadãos estavam sujeitos ao alistamento militar. Um pouco mais tarde, o presidente Lincoln assinou uma proclamação oferecendo aos estrangeiros declarantes a escolha de se tornar elegível para o alistamento ou renunciar à intenção de se tornar cidadãos e deixar o país no prazo de 65 dias. Uma exceção foi feita para os declarantes que já haviam votado: eles não receberam a opção de renúncia e ficaram imediatamente vulneráveis ao alistamento. O caminho que conectava o serviço militar à votação começara a fazer o tráfego circular em ambas as direções.[47]

O Sul redimido

> Não posso fazer justiça a meus próprios sentimentos sem [...] comentar sobre [...] aquela grande Décima Quinta Emenda [...] os corações do povo da Virginia nunca a aprovaram e os verdadeiros virginianos nunca poderão aprová-la. Não acreditamos que o homem de cor é igual ao homem branco e é isso o que a Décima Quinta Emenda significa.
>
> Gostaria de me expressar publicamente aqui como sendo contrário ao que é conhecido como sufrágio universal. Acredito que o maior erro que as pessoas de todos os tempos cometeram foi quando a Convenção de 1850 o adotou. Acredito que o direito ao voto, como é geralmente concebido por alguns políticos ignorantes, não é um direito, mas um privilégio.
>
> R. L. Gordon, Convenção Constitucional
> da Virginia, 1901-1902

Mesmo antes que a Reconstrução chegasse a um fim quase formal em 1877, os direitos de voto dos negros estavam sob ataque. As eleições foram muito disputadas e os sulistas brancos, em busca de "redimir" a região do governo republicano, fizeram tentativas legais e extralegais para limitar a

---

Official Report of the Proceedings and Debates of the Third Constitutional Convention of Ohio, 1873, v.2. Cleveland, OH, 1874, p.1937-1938; Kruman, M. W., Legislatures and Political Rights. In: Silbey, J. H. (org.), *Encyclopedia of the American Legislative System*, v.3. New York, 1994, p.1241. A Pensilvânia também tentou tirar o direito de voto de desertores de modo permanente, mas a lei foi declarada inconstitucional numa corte estadual porque constituía uma restrição legislativa de um direito constitucional.

47 Neuman, We are the People, p.298; Rosberg, Aliens and Equal Protection, p.1096, 1099; Raskin, Legal Aliens, p.1408-1415; Kruman, Legislatures, p.1245-1253.

influência política dos homens alforriados. No início da década de 1870, tanto no Sul como nos estados fronteiriços, as zonas eleitorais tiveram seus limites políticos alterados (isto é, foram remodelados por razões partidárias), as seções eleitorais foram reorganizadas e os locais de votação fechados para impedir a participação política dos negros. Os estados da Geórgia, Tennessee e Virginia reinstituíram os requisitos financeiros para a votação, enquanto as autoridades locais muitas vezes tornaram difícil que os alforriados pagassem os impostos para poder votar.[48]

Muito mais impressionante foi uma onda que o historiador Eric Foner chamou de "terror contrarrevolucionário", que varreu o Sul entre 1868 e 1871. Agindo como o braço militar, ou paramilitar, do Partido Democrata, a Ku Klux Klan organizou campanhas violentas contra os negros que tentavam votar ou ocupar cargos, bem como seus aliados republicanos brancos. Só em 1870, centenas de homens alforriados foram mortos e muitos mais gravemente feridos pelo furor justiceiro de caráter político. A Klan nunca foi altamente centralizada e as ações em geral eram iniciadas por grupos locais, mas sua presença foi sentida em toda a região. Brancos de todas as classes (mas não todos os brancos) apoiaram a Klan e sua liderança quase sempre era extraída dos elementos mais "respeitáveis" da sociedade; o apoio era tão difundido que os governos estaduais republicanos, bem como as autoridades locais, comumente consideravam impossível conter a violência ou condenar os infratores nos tribunais de justiça.[49]

O governo nacional não ficou de braços cruzados. Em maio de 1870, avançando os limites de seus poderes constitucionais, o Congresso aprovou o Enforcement Act [Ato de Aplicação da Lei] que cerceou a votação de um crime federal, passível de punição nos tribunais federais – que, presumivelmente, eram mais confiáveis do que os tribunais estaduais. Este primeiro ato de aplicação da lei foi seguido por outros, incluindo o Ato Ku Klux Klan, que, entre suas disposições, autorizava o presidente a enviar o exército para proteger o processo eleitoral. Esses atos, esforços pioneiros para fazer cumprir as Décima Quarta e Décima Quinta Emendas com a máquina federal, deram apoio suficiente para que as autoridades estaduais e locais simpatizantes produzissem sanções severas para a Klan e organizações análogas. Como resultado, a violência diminuiu em 1872. No entanto, alguns anos mais tarde houve um recrudescimento da violência e desta vez o governo federal respondeu com menos vigor. Em meados da década de 1870, muitos republicanos do Norte, incluindo o presidente Grant, tinham

---

48 Gordon citado em Lindsay, J. H., comp., *Report of the Proceedings and Debates of the Constitutional Convention, State of Virginia, held in the city of Richmond, June 12, 1901 to June 24, 1901*. Richmond, VA, 1906, p.3061-3062, Gillette, W., *Retreat from Reconstruction, 1869-1879*. Baton Rouge, LA, 1979, p.37-41; Foner, *Reconstruction*, p.422-423.
49 McPherson, *Ordeal by Fire*, p.564-566; Foner, *Reconstruction*, p.424-435, 559-560.

perdido seu entusiasmo pelo policiamento do Sul; preocupados com uma depressão econômica e os conflitos de trabalho no Norte, e exaustos, se deixaram levar por uma "política de não interferir". Em setembro de 1875, um jornal republicano se referiu às Emendas Décima Quarta e Décima Quinta como "letra morta".[50]

Os redentores que estavam ganhando poder em todo o Sul na década de 1870 tinham objetivos que eram ao mesmo tempo políticos, sociais e econômicos. De modo mais imediato, trataram de expulsar os republicanos do poder e eleger os democratas, um objetivo difícil de alcançar num Sul totalmente contemplado pelo sufrágio. Limitar o voto negro, portanto, era um meio para um fim preciso. Mas era mais do que isso: afastar das urnas os homens alforriados também foi um modo de repudiar as reivindicações mais amplas à igualdade, uma maneira de devolver os negros ao "seu lugar", de deixar claro que, qualquer que fosse o conteúdo da Décima Quarta Emenda, os negros não gozavam de plena cidadania.

Havia dimensões de classe importantes nessa pauta política e racial. Os alforriados não só eram homens de uma raça diferente, mas também constituíam a principal oferta de trabalho do Sul agrícola. A extensão do sufrágio e a Reconstrução ameaçaram o controle dos brancos sobre a mão de obra negra necessária, e os proprietários de terra e comerciantes brancos procuraram tanto deter a erosão da disciplina do trabalho como utilizar o Estado para fazer cumprir sua dominação. Não foi por acaso que a Klan tivesse como alvo os negros bem sucedidos em termos econômicos, ou que tentasse evitar que os homens alforriados possuíssem terras. Quando os governos redentores chegaram ao poder, em geral aprovavam leis draconianas contra a vadiagem (sujeitando qualquer pessoa sem trabalho a possível prisão), bem como uma legislação que proibia aos trabalhadores de abandonar seus empregos antes da expiração dos contratos. Os redentores também promulgaram leis com punições severas para pequenos furtos, deram aos senhorios o controle completo das plantas cultivadas por arrendatários e reduziram a proporção das receitas fiscais que iam para a educação e melhorias sociais. A resistência ao voto negro estava enraizada no conflito de classes, bem como o antagonismo racial.[51]

O ritmo da Redenção foi acelerado pela eleição presidencial de 1876 e pela posterior remoção das últimas tropas federais do Sul. Aproximadamente no mesmo período, a Suprema Corte de Justiça (nos casos EUA *versus* Cruikshank e EUA *versus* Reese) contestou as principais disposições dos atos de aplicação da lei, em grande parte, com o fundamento de que os atos eram vagamente formulados e muito associados à questão da raça

---

50 Gillette, *Retreat from Reconstruction*, p.37, McPherson, *Ordeal by Fire*, p.566-567; Foner, *Reconstruction*, p.454-457, 558, 586; Wang, *Trial of Democracy*, p.57-92, 118-119.
51 Foner, *Reconstruction*, p.423-424, 428-429, 587-596.

para serem aplicáveis no âmbito da Décima Quinta Emenda. Em 1878, além disso, os democratas ganharam o controle das duas casas do Congresso pela primeira vez em vinte anos. O resultado desses eventos – que refletiam a crescente fadiga do Norte quanto à questão dos direitos dos negros – foi confiar a administração de leis de voto no Sul aos governos estaduais e locais. Entre 1878 e 1890, o número médio de processos federais lançados anualmente sob os atos de aplicação da lei caiu abaixo de cem; só em 1873, eram mais de mil.[52]

No extremo Sul, o Partido Republicano se desintegrou sob o ataque da Redenção, mas em outros lugares o partido persistiu, e de forma ampla, ainda que números cada vez menores de negros continuassem a exercer o direito de voto. Às vezes eles conseguiam formar alianças com os brancos pobres do interior e até mesmo com alguns emergentes industriais simpatizantes com as políticas pró-negócios dos republicanos. A oposição aos democratas redentores conservadores dominados pelos agricultores, portanto, não desapareceu: as eleições foram contestadas pelos republicanos, por facções dentro do Partido Democrata, e, finalmente, pela Aliança dos Fazendeiros e Populistas. Consequentemente, os Redentores, que controlavam a maioria dos legislativos estaduais, continuaram a tentar encolher o eleitorado negro (e a oposição branca) por meio da influência ilegal nas eleições, sistemas de registro, configurações complicadas de votação e o voto secreto (que serviu efetivamente como um teste de alfabetização). Quando necessário, eles também recorriam à violência e à contagem fraudulenta de votos. Em 1883, um homem negro na Geórgia declarou a uma comissão do Senado que "nós somos maioria aqui, mas a gente pode votar até que os olhos saltem para fora ou sua língua caia para fora, e não se consegue contar os votos dos homens de cor nas caixas deles; tem um buraco no fundo das caixas que de alguma forma deixa escapar nossos votos".[53]

Esse período de limbo e contestação, de participação coexistindo com esforços de exclusão, começou a chegar ao fim em 1890. Um ingrediente fundamental na mudança foi o fracasso do Congresso em aprovar o *Lodge Force Bill* [Projeto de Lei das Eleições Federais]. Este teve suas origens tanto na indignação republicana com a orientação das eleições no Sul como na política partidária nacional. As eleições nacionais estavam extremamente próximas e foram muito controversas no final das década de 1870 e na década de 1880; as maiorias parlamentares eram instáveis; e, em 1884,

---

52 Wang, *Trial of Democracy*, p.120-121, 161, 300; Grofman, B. et al., *Minority Representation and the Quest for Voting Equality.* New York, 1992, p.6-7.

53 Foner, *Reconstruction*, p.588-593; Kousser, J. M., Suffrage. In: Greene, J. P. (org.), *The Encyclopedia of American Political History*, v.3. New York, 1984, p.1245-1247; Id., *The Shaping of Southern Politics*: Suffrage Restriction and the Establishment of the One-Party South, 1880-1910. New Haven, CT, 1974, p.11-44; Fleming, W. L. (org.), *Documentary History of Reconstruction*, v.2. New York, 1966, p.434-435.

Grover Cleveland se tornou o primeiro presidente democrata desde antes da Guerra Civil. Aos olhos de muitos republicanos, o sucesso dos democratas, sua capacidade de exercer o poder nacional, era ilegítimo, dependente de violações massivas da Décima Quinta Emenda no Sul. Em sua plataforma de 1888, os republicanos acusaram – e muitos acreditavam – "que a atual administração e a maioria democrata devem sua existência à supressão dos votos por uma anulação criminal da Constituição e das leis dos Estados Unidos". Depois das eleições daquele ano, os republicanos tiveram a chance de fazer algo sobre isso: eles haviam ganhado a presidência e o controle das duas casas do Congresso.[54]

Com o apoio do presidente Benjamin Harrison, os parlamentares republicanos, liderados por dois dirigentes de Massachusetts, George Frisbie Hoar, no Senado, e Henry Cabot, na Câmara, elaboraram uma legislação para expandir e fortalecer os atos aplicação da lei de 1870. Embora a Suprema Corte, em meados da década de 1880, houvesse mudado de curso e mantido várias disposições desses atos, os republicanos estavam convencidos de que um remédio mais forte era necessário, tanto para acabar com a supressão do voto negro no Sul do país como para eliminar o crescente problema da fraude nas eleições parlamentares em toda a nação. O projeto de lei que elaboraram, o Projeto das Eleições Federais, foi ostensivamente apartidário e não secional em seus objetivos: autorizou os tribunais itinerantes federais, sob requisição de um pequeno número de cidadãos de qualquer distrito, a nomear supervisores federais de eleições para o Congresso. Estes supervisores foram incumbidos de uma série de responsabilidades, que incluíram a participação das eleições, a inspeção das listas de registro, a verificação de informações prestadas pelos eleitores suspeitos, conduzir juramentos a eleitores vetados, impedir o voto aos imigrantes ilegais e atestar a correção da contagem. Igualmente importante, o projeto deu a funcionários e tribunais federais o poder de revogar os resultados eleitorais que haviam sido declarados e certificados por autoridades estatais. Embora o projeto de lei de 75 páginas tenha feito pouca menção à força (o rótulo de "projeto de lei da força" foi aplicado por adversários), a versão da Casa (mas não do Senado) de fato autorizou o presidente a utilizar o exército, se necessário, para garantir a condução legal das eleições.[55]

A maioria dos republicanos apoiou o Projeto de lei de Eleições Federais por uma mistura de razões partidárias e de princípios. Os republicanos certamente teriam a ganhar com eleições justas no Sul e eleições menos corruptas em algumas cidades do Norte governadas pelos democratas; era

---

54 Wang, *Trial of Democracy*, p.216-232.
55 *Congressional Record*, 51st Cong., 1st sess., v.21, parte 7, 1890, p.6537-6567, 2d sess., v.22, parte 1, 1890, p.21-26; Fry, J. A., *John Tyler Morgan and the Search for Southern Autonomy*. Knoxville, TN, 1992, p.54-55: Wang, *Trial of Democracy*, p.209-211.

também provável que teriam o controle da máquina federal que estavam tentando criar. No entanto, o projeto de lei implicava mais do que a tentativa de agarrar vantagens partidárias. Homens como Hoar, que havia votado pelos atos de aplicação da lei na década de 1870, eram os herdeiros parciais dos republicanos radicais, horrorizados com o que estava ocorrendo no Sul, enfurecidos porque as vitórias duramente conquistadas da guerra e da Reconstrução estavam sendo neutralizadas por fraude e violência. Hoar acreditava que a igualdade de direitos era um valor fundamental do Partido Republicano e que "em todas estas dificuldades e problemas raciais, as falhas têm sido dos anglo-saxões". Lodge, mais novo e mais ambicioso, aspirava à cadeira de Charles Sumner no Senado, havendo por um bom tempo nutrido sentimentos abolicionistas e radicais. Os homens alforriados, argumentou com convicção num discurso que ecoava os debates sobre a Décima Quinta Emenda,

> pegavam seus mosquetes e iam para a linha de frente por regimentos. Morriam às centenas nas trincheiras e no campo de batalha lutando para o governo, que até aquele momento só fizera apertar ainda mais firme suas correntes [...]. Essa lealdade e fidelidade [...] exigia alguma recompensa um pouco melhor [...] do que o negro alguma vez recebeu.

Lodge continuou:

> O governo que tornou o homem negro um cidadão é obrigado a protegê-lo em seus direitos como cidadão dos Estados Unidos, e é um governo covarde se não o fizer! Nenhum povo pode se dar o luxo de escrever qualquer coisa em sua Constituição e não sustentá-la. A incapacidade de fazer o que é certo traz sua própria punição para as nações e para os homens.[56]

É claro que os democratas se opuseram com fúria ao projeto de lei, denunciando-o como "um plano para roubar o povo dos Estados Unidos do direito mais caro da cidadania norte-americana". Argumentaram que o projeto era partidário, hipócrita, desnecessário, dispendioso demais e potencialmente ditatorial; além disso, alegaram que era uma reivindicação inconstitucional de dominação federal sobre os estados (os republicanos defenderam a constitucionalidade do projeto de lei, citando tanto a Décima Quarta Emenda como casos da Suprema Corte da década de 1880). Na Câmara, onde o projeto de lei chegou a ser votado, nenhum democrata o apoiou.[57]

---

56 *Congressional Record*, 51st Cong., 1st sess., v.21, parte 7, 1890, p.6543; Hoar, G. F., *Autobiography of Seventy Years*, v.2, New York, 1903, p.150-165; Garraty, J. A., *Henry Cabot Lodge*: A Biography. New York, 1953, p.116-125.

57 *Congressional Record*, 51st Cong., 1st sess., v.21, parte 7, 1890, p.6548-6554, 6672-6675, 2d sess., v.22, parte 1, 1890, p.75-80; Wang, *Trial of Democracy*, p.239-246; Logan, R. W., *The Negro in American Life and Thoughts:* The Nadir, 1877-1901. New York, 1903, p.62-66.

No entanto, o que afundou o Projeto de Lei das Eleições Federais não foi a hostilidade democrática, mas manobras parlamentares, a casualidade e a divisão entre os republicanos. Dentro do Partido Republicano, os debates sobre a ideologia como estratégia política estiveram fermentando desde a Reconstrução. De um lado estavam aqueles que, como Hoar, acreditavam que a identidade do partido devia estar ligada à igualdade de direitos e que sua melhor chance de dominação política nacional era dissolver a sólida democracia do Sul insistindo no sufrágio negro, em um "escrutínio livre e uma contagem justa". Os dissidentes desse ponto de vista, como o poderoso senador Matthew S. Quay, da Pensilvânia, preferiam ressaltar a visão do partido em favor do desenvolvimento capitalista, econômico, as perspectivas pró-tarifárias; estavam convencidos de que essa abordagem atrairia um novo eleitorado branco no Sul, enquanto reforçaria o apoio republicano em outros lugares. Embora os seguidores desse ponto de vista se opusessem necessariamente ao projeto de lei eleitoral, não consideravam que fosse uma legislação essencial ou de alta prioridade.

Como resultado, o projeto ficou parado no Senado depois de ter sido por pouco aprovado pela Câmara (graças à manutenção enérgica da disciplina partidária por meio do orador Thomas Reed). Quay e seu colega de Pensilvânia, J. Donald Cameron, manobraram para adiar a consideração do projeto de lei até a curta sessão do Congresso, porque queriam que o Senado agisse em primeiro lugar em relação à tarifa de McKinley. Então, durante a sessão curta, os republicanos da prata do Oeste, liderados pelo senador Stewart de Nevada, juntaram-se aos democratas para novamente adiar a discussão, de modo a permitir que o Congresso considerasse uma medida relacionada com a cunhagem da prata. Stewart, que tinha sido um dos principais autores do projeto final da Décima Quinta Emenda, se opôs ao *Lodge Force Bill,* alegando que era inaplicável e que só o tempo e a educação poderiam consertar a divisão racial no Sul. Quando o projeto de lei das eleições finalmente foi debatido, foi recebido por uma obstrução democrata que terminou no início de 1891 quando o Senado, para a surpresa de muitos, votou na suspensão do debate para se dedicar a uma lei de distribuição [*apportionment act*]. Este procedimento decisivo de votação, que terminou de fato com o projeto de lei eleitoral, foi aprovado no Senado por um resultado de 35 a 34, com dezenove abstenções.[58]

---

58 Brown, G. R. (org.), *Reminiscences of Senator William M. Stewart of Nevada.* New York, 1908, p.297-307; Wang, *Trial Of Democracy*, p.228-252; Burdette, F. L., *Filibustering in the Senate.* Princeton, NJ, 1940, p.51-57; Elliot, R. R., *Servant of Power:* A Political Biography of Senator William M. Stewart. Reno, NV, 1983, p.127-131; Fowler, D. G., *John Coit Spooner:* Defender of Presidents. New York, 1961, p.132-158; Hirshson, S. P., *Farewell to the Bloody Shirt:* Northern Republicans and the Southern Negro, 1877-1893. Bloomigton, IN, 1962, p.143-165; Socolofsky, H., *The Presidency of Benjamin Harrison.* Lawrence, KS, 1987, p.60-65; Bensel, R., *Sectionalism and American Political Development:* 1880-1980. Madison, WI, 1984, p.76-78.

A votação no Senado trouxe os esforços do Congresso para forçar a Décima Quinta Emenda a um impasse. Mais uma vez, por uma pequena margem, o governo federal recuou de uma expansão significativa de seu papel na formação da lei eleitoral e garantia dos direitos democráticos; mais uma vez, isso ocorreu não somente porque a nação e o Congresso estivavam divididos, mas também por causa das negociações políticas dos bastidores e os acidentes de *timing*. A decisão do Congresso, em janeiro de 1891, não teve tantas consequências como suas ações em relação à Décima Quinta Emenda; apesar disso, sinalizou para o Sul que o governo federal não estava preparado para agir de forma enérgica para garantir os direitos de voto dos negros. Vários anos depois, quando os democratas novamente ganharam o controle tanto do Congresso quanto da presidência, eles amplificaram esse sinal revogando os atos de aplicação da lei da década de 1870. Não importava o que dissessem as Emendas Décima Quarta e Décima Quinta no papel, o direito de voto estava de volta nas mãos dos estados. Somente com a chegada da década de 1960, quando o Projeto de Lei das Eleições Federais reencarnou como Lei dos Direitos de Voto de Lyndon Johnson, foi que o Congresso considerou novamente a sério a intervenção federal na política do Sul.[59]

O ano de 1890 também marcou o início de esforços sistemáticos por parte dos estados do Sul para privar os direitos de voto dos eleitores negros de forma legal. Diante dos desafios eleitorais recorrentes, a despesa irritante das compras de votos e a controvérsia em torno de epidemias de fraude e violência, os democratas decidiram solidificar sua posição no Sul modificando as leis eleitorais, de forma a excluir os afro-americanos sem violar abertamente a Décima Quinta Emenda. Os experimentos com essas estratégias legais haviam ocorrido nas décadas de 1870 e 1880, mas foi entre 1890 e 1905 que se tornaram a principal arma na aplicação e institucionalização da lei do Redentor. Ao implantar essa arma, os democratas brancos reverteram o processo das disposições amplamente progressistas do direito ao voto que haviam sido gravadas na maioria das constituições estaduais da época da Reconstrução (tabelas A.10 a A.15).[60]

Mississippi abriu o caminho em 1890. Perturbado com a consideração do governo federal sobre um Projeto de Lei de Eleições Federais, o senador James Z. George, que havia desempenhado um papel fundamental na libertação violenta do estado em relação ao governo republicano, liderou uma campanha para realizar uma convenção constitucional que transformaria as leis de sufrágio do Mississippi. O impulso para a restrição veio em grande

---

59 Wang, *Trial of Democracy*, p.225-259.
60 Como a história da perda do direito de voto dos negros (e de alguns brancos indigentes) é bem conhecida e bem documentada, aqui ela é sumarizada. Para um relato completo e persuasivo, ver Kousser, *Shaping of Southern Politics*.

parte das elites do Estado e os condados do Black Belt e, inicialmente, foi contestado por democratas e populistas em locais em que os brancos predominavam. Depois de conceder concessões aos municípios brancos relativas à distribuição e outras questões, George e seus aliados garantiram a aprovação de disposições que removeriam os negros da vida política do Mississippi, ainda que aderindo tecnicamente à Décima Quinta Emenda. Estas disposições incluíam um grande aumento do requisito de residência ("o preto é [...] uma tribo nômade", opinou o procurador-geral do estado), a instituição um imposto de dois dólares e a imposição de um teste de alfabetização que exigia que os potenciais eleitores demonstrassem que poderiam compreender e interpretar a Constituição.[61]

Em pouco tempo, outros estados seguiram o exemplo, adotando – em diferentes tipos de combinações – as taxas eleitorais, as taxas eleitorais cumulativas (exigindo o pagamento de tarifas passadas, além das correntes), os testes de alfabetização, as leis do voto secreto, os requisitos de residência por longo tempo, os sistemas de registro elaborados, múltiplos e confusos arranjos de urnas eleitorais e, por fim, as eleições primárias dos democratas restritas aos eleitores brancos. As leis de exclusão criminal também foram alteradas para cassar os direitos de voto de homens condenados por delitos menores, como a vadiagem ou bigamia. Às vezes essas restrições eram escritas em constituições estaduais; em outros lugares, simplesmente eram aprovadas como leis pelos legislativos estaduais (ver tabelas A.10, A.11, A.13, A.14, A.15). O objetivo primordial dessas restrições, geralmente sem disfarces, era manter os negros pobres e analfabetos – e no Texas, os americanos de origem mexicana – longe das urnas. "O grande princípio subjacente deste movimento da Convenção [...] era a eliminação do negro da política deste Estado", destacou um representante da convenção constitucional da Virginia de 1901-1902. Os testes de alfabetização serviam bem a esse objetivo, uma vez que 50% de todos os homens negros (assim como 15% de todos os brancos) eram analfabetos, e até mesmo as baixas taxas fiscais eram um impedimento para os pobres. É de se notar que foi durante este período que o significado da taxa de votação mudou: enquanto antes se referia a um imposto por cabeça que todo homem tinha que pagar e que, por vezes, poderia ser utilizado para preencher um requisito tributário de votação, passou a ser entendido como um imposto que a pessoa tinha que pagar para votar.[62]

---

61 Kousser, *Shaping of Southern Politics*, p.139-145.
62 *Virginia Proceedings, 1901*, p.2067; Brooks, R. C., *Political Parties and Electoral Problems*. New York, 1923, p.364-365; Kousser, *Shaping of Southern Politics*, p.5, 63-65; McPherson, *Ordeal by Fire*, p.618-619; Woodward, C. V., *Origins of the New South*. Baton Rouge, LA, 1951, p.321-349. Como Kousser explica (p.50), múltiplos arranjos das urnas eleitorais requeriam que os eleitores votassem para cada cargo (ou grupo de cargos) numa urna eleitoral separada. Os que fossem colocados na urna errada não seriam contados, e a ordem das urnas podia

Muitas das leis que se referiam à privação do direito de voto foram concebidas expressamente para ser administradas de forma discriminatória, permitindo o voto dos brancos e ao mesmo tempo impedindo o dos negros. Pequenos erros em procedimentos de registro ou marcação de cédulas podiam ou não ser ignorados dependendo da veneta das autoridades eleitorais; o pagamento das taxas eleitorais podia ser fácil ou então oferecer dificuldades; os recibos das taxas podiam ou não ser emitidos. A discriminação também estava implícita nos testes de alfabetização, com suas cláusulas de "compreensão": os funcionários que administravam o teste poderiam (e o faziam) julgar se a "compreensão" de um eleitor em potencial era adequada. "A discriminação! Ora, isso é precisamente o que nos propomos", entoou o futuro senador Carter Glaass na convenção constitucional da Virginia de 1901-1902. "Foi exatamente para isso que esta Convenção foi eleita: para discriminar até o extremo da ação permissível, sob as limitações da Constituição Federal, tendo em vista a eliminação de cada eleitor negro de forma legal, sem o prejuízo material da força numérica do eleitorado branco". A discriminação, bem como o embuste da Décima Quinta Emenda, também foi o objetivo das famosas cláusulas de anterioridade, que isentavam os homens dos requisitos de alfabetização, impostos, residência, ou propriedade se tivessem realizado o serviço militar ou se seus ancestrais tivessem votado na década de 1860. A primeira cláusula sulista de antiguidade foi adotada na Carolina do Sul em 1890; com requintada ironia regional, foi inspirada na lei anti-imigrante de Massachusetts de 1857.[63]

Essas leis não eram aprovadas sem controvérsia. Ao contrário das imagens de um Sul sólido e monolítico do século XX, havia uma grande oposição de homens brancos a novas restrições ao direito de voto: muitos brancos do interior, os pequenos agricultores, populistas e republicanos, viam essas leis como um meio de suprimir a dissidência, uma tentativa partidária de agarrar o poder, imbuída de interesse próprio por parte da elite dominante, quase sempre os democratas do Cinturão Negro. A legislação, assim, nem sempre era decretada quando proposta pela primeira vez, e havia às vezes debates prolongados e amargos sobre os perigos da "reforma". Vozes igualitárias se elevaram, insistindo que era "errado" ou "ilegal" privar "até mesmo um dos mais humildes dos nossos cidadãos de seu direito de voto [...] por mais humilde ou pobre, ou ignorante, ou negro

---

ser mudada diversas vezes para enganar os eleitores analfabetos. No que diz respeito aos esforços fracassados de cancelamento de direito de voto em Maryland (com a exceção de algumas requisições de propriedade local), ver Callcott, M. L., *The Negro in Maryland Politics, 1870-1912*. Baltimore, MD, 1969. Para o Texas, ver Montejano, D., *Anglos and Mexicans in the Making of Texas, 1836-1986*. Austin, TX, 1987, p.140-145.

63 *Virginia Proceedings, 1901*, p.3076-3077; Kousser, *Shaping of Southern Politics*, p.47-50, 59, 83-86.

que ele fosse". Os críticos também sustentavam que "é mais seguro, mais fácil e mais viável governar as pessoas ignorantes como concidadãos do que como sujeitos". Mais comumente, manifestavam-se apreensões sobre o potencial das leis de tirar os direitos de voto de brancos. Um representante de um condado do Texas com predomínio de homens brancos perguntou se o projeto de imposto de votação tinha uma "intenção oculta", já que "afligia o homem pobre e apenas o homem pobre". No entanto, os defensores da restrição do sufrágio afogaram essas objeções sob a ênfase retórica na urgência de privar os negros do direito de voto, e ao mesmo tempo garantir aos brancos que seus direitos políticos não seriam subvertidos. "Eu disse ao povo de meu país antes que me enviassem para cá", declarou R.L. Gordon à convenção constitucional da Virginia em 1901, "que eu pretendia [...] privar dos direitos de voto todos os negros que eu pudesse sob a Constituição dos Estados Unidos, e tão poucos brancos quanto possível".[64]

Apesar de tais afirmações muitos defensores da chamada reforma eleitoral estavam bem satisfeitos com a perspectiva de se desvencilhar dos brancos pobres junto com os afro-americanos. Uma ironia quase despercebida induzida pela Décima Quinta Emenda foi a de ter levado os democratas sulistas a ressuscitar os obstáculos de classe à votação, no lugar dos raciais. Essa ressurreição era totalmente compatível com os pontos de vista conservadores e os interesses de muitos dos latifundiários, brancos patrícios, principais motores da privação de direitos. "Acredito na virtude de um requisito de propriedade", proclamou Gordon da Virginia, que, conforme já foi observado, censurou abertamente a aceitação de seu Estado do sufrágio universal em 1850. Ao que tudo indica, os pontos de vista de Gordon eram compartilhados por políticos no Alabama, que alteraram o preâmbulo da Constituição do Estado em 1901, reclassificando o sufrágio como um "privilégio", em vez de um "direito". Como revelam as tabelas A.11 e A.13, a constituição progressiva do Alabama de 1875 havia proibido de maneira expressa ambos os requisitos de propriedade e de educação para o sufrágio; a nova Constituição impôs uma amálgama dos dois. Da mesma forma, um jornal de Nova Orleans atacou o sufrágio universal como "imprudente, irracional e ilógico", e as leis de privação dos direitos da Louisiana pretendiam atingir não apenas os negros, mas uma máquina política apoiada por brancos da classe trabalhadora, muitos deles italianos. Um representante do Alabama declarou em público seu desejo de eliminar homens brancos "ignorantes, incompetentes, depravados" do eleitorado, enquanto um representante da Virginia reavivou a noção de representação virtual, numa tentativa de atenuar a importância de uma

---

64 *Virginia Proceedings, 1901*, p.3046-3047, 3056, 3058-3059, 3060-3061; ver também ibid., p.3062-3076. Citações sobre o Texas de Kousser, *Shaping of Southern Politics*, p.58, 112, 200-201.

legislação que afastaria muitos brancos das urnas. Essas declarações, além disso, não eram mera fachada projetada para mascarar a intenção racial das novas leis; conforme apontou o historiador J. Morgan Kousser, era muito mais arriscado para os políticos a sanção pública da privação dos direitos dos brancos do que a exigência da exclusão dos negros.[65]

Na verdade, o esforço do final do século XIX para transformar o eleitorado do Sul teve um fundamento sólido nas preocupações de classe, bem como no antagonismo racial. A privação dos direitos de brancos pobres não só era palatável a muitos de seus irmãos mais abastados, mas a exclusão de eleitores negros também tinha dimensões significativas de classe. Livrar o eleitorado dos negros era um meio de tornar a maioria dos trabalhadores agrícolas do Sul rural impotentes em termos políticos, de restaurar o "campesinato" à sua condição política anterior à Guerra Civil. Dar esse passo permitiria que a agricultura pós-escravidão fosse organizada e o desenvolvimento econômico, promovido, enquanto os proprietários de terras e empresários exerciam o controle incontestado do Estado.

De fato, as classes superiores não estavam sozinhas na defesa da privação dos direitos dos negros: o movimento foi apoiado de modo ativo por muitos brancos pobres e da classe média baixa, do mesmo modo como a tentativa dos *Know-Nothings* de fazer os imigrantes perderem o direito de voto foi apoiada por alguns trabalhadores nativos. No entanto, a presença de um cisma racial e político no seio das classes mais baixas não abrandou (embora tenha complicado e disfarçado) a vantagem de classe da privação dos direitos. No Cinturão Negro, os municípios produtores de algodão que permaneceram no núcleo da economia do Sul, a grande maioria da população trabalhadora era vulnerável às novas leis; na região de modo geral, a ameaça de uma aliança eleitoral problemática entre negros e brancos pobres podia ser eliminada. Conforme os historiadores já notaram há muito tempo, a ordem política do novo Sul foi estruturada por classe, bem como pelo domínio racial. Nas palavras de um sindicalista do Alabama, "os legisladores [...] fizeram o povo acreditar que [a lei de privação dos direitos] foi posta ali para privar os negros do direito de voto, mas na verdade foi para privar o trabalhador do direito de voto".[66]

---

65 *Virginia Proceedings, 1901,* p.3062, 3069, 3074; Kousser, *Shaping of Southern Politics,* p.68-71, 129, 168-171, 191, 246-249; Schott, M. J., Progressives Against Democracy: Electoral Reform in Louisiana, 1894-1921. *Louisiana History,* 20, 1979, p.247-260.

66 Ver Kousser, *Shaping of Southern Politics,* p.238-250; cf. Rusk, J. G. e Stucker, J. J., The Effect of Southern System of Election Laws on Voting Participation. In: Silbey, J. H. et al. (orgs.), *The History of American Electoral Behavior.* Princeton, NJ, 1978, 220ff.; Drake, J. B., Making Voting Compulsory. In: *Machinists' Monthly Journal,* 19, agosto de 1907, p.759-760; sobre a Carolina do Norte, ver Gilmore, G. E., *Gender and Jim Crow*: Women and the Politics of White Supremacy in North Carolina, 1896-1920. Chapel Hill, NC, 1996, p.119-125, 256n.

Sem dúvida, as leis funcionaram. No Mississippi, após 1890, menos de 9 mil entre 147 mil negros em idade de votar foram registrados para votar; na Louisiana, onde mais de 130 mil negros eram registrados para votar em 1896, o número caiu para surpreendentes 1.342 em 1904. Em toda a região, o eleitorado negro foi dizimado e muitos brancos pobres (assim como os americanos de origem mexicana) compartilharam seu destino. É impossível determinar o número de pessoas que foi barrado das urnas, mas o que se sabe é que tanto o registro como o comparecimento (calculado como o percentual de votos expressos dividido pelo número de homens em idade de votar) caiu de forma vertiginosa depois que as leis eleitorais foram reconfiguradas. Em 1910, na Geórgia, apenas 4% de todos os homens negros foram registrados para votar. No Mississippi, a participação eleitoral havia ultrapassado 70% em 1870, e aproximou-se de 50% na década seguinte à chegada dos Redentores ao poder: no início do século XX, havia caído para 15% e permaneceu nesse nível durante décadas. No Sul de modo geral, os níveis de comparecimento de 60 a 85% na época pós Reconstrução caíram para 50% para brancos e dígitos inexpressivos para os negros. A ampliação do sufrágio, que foi um dos sinais das conquistas da Reconstrução, havia sido revertida, e a reversão devolveu o eleitorado sulista às proporções anteriores à Guerra Civil, na melhor das hipóteses. Assim como Henry Wilson e seus aliados haviam previsto, o Sul aproveitou-se com sucesso da estreiteza da Décima Quinta Emenda para contornar e minar sua intenção.[67]

O que isso significou para a história do século XX no Sul é bem conhecido: grande parte da população afro-americana permaneceu sem o direito de voto até a década de 1960; a participação eleitoral manteve-se baixa e o regime de partido único dos democratas conservadores tornou-se a norma. Vistos através de uma lente mais ampla, esses acontecimentos também significavam que, numa grande região dos Estados Unidos, a tendência do século XIX em direção à democratização havia sido não só freada mas revertida: as instituições cada vez mais igualitárias e e os avanços conquistados antes da Guerra Civil foram solapados, enquanto as barreiras de classe à participação eleitoral foram fortalecidas ou reavivadas. As reformas jurídicas do final do século XIX e início do século XX criaram não apenas uma região de partido único, mas uma forma de governo segmentado em classes e racialmente exclusivo. Os grandes segmentos da classe trabalhadora rural, agrícola – os camponeses do país – encontravam-se novamente privados do direito de voto e a industrialização, que se tornou cada vez mais importante para a região após 1880, realizou-se em uma sociedade profundamente antidemocrática.

---

67 Kousser, *Shaping of Southern Politics*, p.43-44, 60-62, 236-237; Bensel, *Sectionalism*, p.81; Campbell, B. A., *The American Electorate: Attitudes and Action*. New York, 1979, p.24; Rusk e Stucker, Effect of the Southern System, p.200, 247-248; Wang, *Trial of Democracy*, p.260-261.

Tudo isso, deve-se notar, ocorreu sem grande protesto do Norte. Embora os políticos e os jornais republicanos costumassem criticar as leis de privação dos direitos, o Projeto de Eleições Federais de 1890 nunca foi reavivado e as tentativas dispersas de fazer cumprir a Décima Quarta Emenda por meio da redução da representação parlamentar dos estados sulistas ganharam pouco apoio. De igual importância, a Suprema Corte confirmou a legalidade de todas as principais técnicas de privação dos direitos. Em 1898, por exemplo, ela decidiu que o teste de alfabetização do Mississippi não violava a Décima Quinta Emenda, porque a lei que havia criado o teste não havia sido, em si, concebida para discriminar os negros. Essa norma constitucional, aplicada de forma ampla na Era Dourada e durante a era progressiva, contradizia ambas as consequências das leis de privação dos direitos e as intenções explicitamente discriminatórias proclamadas pelos seus autores. Para dificultar ainda mais o cumprimento da mencionada emenda, o Tribunal também determinou que o governo federal tinha o poder de cobrar os estados, mas não os atores individuais, com violações dos princípios do documento: uma pessoa que interferisse com a tentativa de um afro-americano de votar estava além do alcance da lei federal.[68]

As únicas exceções à disposição extraordinária da Corte de ignorar as realidades da vida política sulista surgiram em 1915, quando se decidiu que as cláusulas de anterioridade em Oklahoma e Maryland eram tão obviamente discriminatórias que violavam a Décima Quinta Emenda. No entanto, em 1915 as novas estruturas eleitorais do Sul encontravam-se sólidas e as cláusulas de anterioridade, de qualquer maneira, eram apenas partes secundárias do sistema. O Norte, com efeito, tolerava a privação dos direitos no Sul – em parte por cansaço, em parte por causa dos interesses partidários do Partido Democrata, e em parte porque os nortistas também vinham perdendo a fé na democracia.[69]

---

[68] Reynolds, J. F., *Testing Democracy:* Electoral Behavior and Progressive Reform in New Jersey, 1880-1920. Chapel Hill, NC, 1988, p.122-123; Holocombe, A., *State Government in the United States.* New York, 1926, p.85-86; *Williams v. Mississippi,* 170 U.S. 213, 1898; Beth, L. P., *The Development of American Constitution 1877-1917.* New York, 1971, p.110-111; Kousser, *Shaping of Southern Politics,* p.57, 250-257; Wang, *Trial of Democracy,* p.253-266; Smith, R., *Civic Ideals:* Conflicting Visions of Citizenship in United States History. New Haven, CT, 1997, p.383-385, 428-429, 451-453.

[69] *Guinn v. United States,* 238 U.S. 347, 1915; *Myers v. Anderson,* 238 U.S. 368, 1915; sobre um protesto trabalhista contra as leis sulistas, ver *United Mine Workers' Journal,* 14 ago. 1913, p.7.

5
A REDENÇÃO DO NORTE

> A grande maioria do povo americano tem sido, desde que o país foi colonizado, de proprietários, contribuintes e pessoas de considerável inteligência e experiência em negócios, e a razão pela qual o estabelecimento do sufrágio universal pela abolição da requisito de propriedade surgiu tão facilmente é que isso não causou nenhuma mudança prática na sede da soberania. O poder permaneceu exatamente onde sempre tinha estado. Os acréscimos feitos aos eleitorados, na forma de eleitores ignorantes e sem dinheiro, eram tão insignificantes que não atraíam nenhuma atenção e não produziram nenhuma mudança no caráter da legislação ou da administração. Só agora, em nossos dias, e só nas grandes cidades, que a possibilidade da ruptura do poder político com a inteligência e a propriedade se apresentou às pessoas como uma questão prática, e os resultados do primado da simples maioria numérica têm sido visíveis. Se essa ruptura já estivesse presente quando o governo foi fundado, a forma republicana certamente nunca teria sido adotada, ou, se tivesse sido adotada, nunca poderia ter sido mantida, e o país há muito tempo teria seguido o caminho das repúblicas da América do Sul. Nenhum dos homens entre aqueles que formaram a maior parte dos primeiros colonos jamais teria tentado a formulação de um sistema político em que o poder pudesse ser entregue nas mãos do proletariado; e os homens que formaram e derrubaram todas as restrições sobre o direito de voto eleitoral na primeira metade deste século só fizeram isso, por mais democráticos que fossem, porque viram claramente que a mudança não roubaria nem a propriedade nem a inteligência de sua supremacia
>
> Anonymous, *Nation*, 26 de abril de 1877

A política do final do século XIX era uma atividade frenética, intensamente partidária, envolvendo a energia e atenção de milhões de pessoas. As eleições nacionais eram muito disputadas, o controle do Congresso mudava de mãos muitas vezes; os presidentes eram eleitos por margens muito estreitas e às vezes com menos da maioria do voto popular. No Oeste, bem como no Norte, a política era uma atividade de massas, moldada por organizações partidárias cada vez mais profissionais: as manifestações públicas e os desfiles eram comuns; o comparecimento eleitoral era elevado; as máquinas políticas urbanas, republicanas e (com mais frequência) democratas negociavam favores por votos e lealdade de centenas de milhares de moradores da cidade. Embora as identificações partidárias fossem fortes, os terceiros partidos surgiam com frequência; cabe notar que muitas vezes ganhavam uma influência substancial nos governos estaduais e locais. Os partidos Greenback Labor Party [Partido Greenback], Knights of Labor [Cavaleiros do Trabalho], Grange [Granja], Farmers'Alliances [Alianças dos Agricultores], People's Party [Partido Popular], Socialist Party [Partido Socialista] –, todos exerceram um poder local ou até mesmo estadual em algum momento entre o final da Guerra Civil e a virada do século.

As questões que animavam a vida política eram grandes, provocadas pela rápida expansão da industrialização, avivadas por conflitos de classe e interesses de grupos. As tarifas e a massa monetária (que afetavam os preços e a disponibilidade de crédito) eram temas de cada eleição nacional. As taxas e regulamentação ferroviárias costumavam dominar as disputas políticas estaduais. Os habitantes da cidade lutavam pelo desenvolvimento e financiamento de água, esgoto e sistemas de transporte, cada vez mais necessários. Implícitos em todas essas questões estavam os conflitos sobre o poder corporativo e a incerteza acerca do papel adequado do Estado: os agricultores e transportadores pressionavam os estados e Washington para protegê-los contra a depredação das estradas de ferro que controlavam o acesso aos mercados; os trabalhadores solicitavam uma legislação para reduzir as horas de trabalho; pequenas empresas clamavam contra os monopólios; e os consumidores urbanos exigiam regulamentação de empresas de serviços públicos. Na verdade, nem tudo dizia respeito a questões sérias e economia política: a venda de bebidas alcoólicas, por exemplo, era um problema de vida ou morte em muitas eleições. No entanto, em geral, a política girava em torno das miríades de consequências do triunfo cada vez mais evidente do capitalismo industrial.

Depois de 1900, ou após a eleição crítica de 1896, a qual produziu um alinhamento partidário novo e duradouro, o tom da vida política mudou, embora as questões dominantes tenham permanecido as mesmas. O destino do Sul foi estabelecido (removendo um assunto polêmico fundamental da arena política), o Partido Republicano dominou com segurança a maior parte do Nordeste e Centro-Oeste e as rebeliões de terceiros partidos tornaram-se raras. O comparecimento eleitoral caiu no Norte e no Sul, enquanto que os principais partidos políticos sofreram um declínio no entusiasmo e na lealdade. A linguagem apocalíptica da política do final do século XIX – uma linguagem de crise e de conflito percebido – deu lugar a um modo de expressão mais metálico e otimista, de resolução de problemas e habilidade. Os reformadores progressistas tentaram controlar, sem desafiar frontalmente, o poder corporativo, utilizar o Estado para conter o conflito econômico e burocratizar os instrumentos de governança. Os progressistas também continuaram seus esforços para limpar a política de corrupção, diminuir a influência dos partidos e tornar a administração pública mais eficiente. Graças em parte aos esforços desses reformadores e de seus antecessores do final do século XIX, a maioria das principais características do estado americano moderno havia sido erguida em 1920, na fundação de uma economia industrial nacional igualmente moderna.

Perdendo a fé

A Guerra Civil e a crise em torno da extensão do sufrágio aos negros proporcionaram apenas um controle temporário contra a corrente de sentimentos antidemocráticos que de início turvaram as águas políticas na década de 1850. Em meados da década de 1870, poucos anos após a passagem da Décima Quinta Emenda, os principais intelectuais e políticos manifestaram profundas reservas sobre o sufrágio universal – que é como descreveram a amplitude do direito de voto na esteira da Guerra Civil. Ainda que muitos houvessem sido abolicionistas e apoiado a campanha republicana pelo sufrágio negro, esses críticos lamentaram publicamente a expansão do direito de voto ocorrida antes de meados do século, e se opuseram ao sufrágio universal em termos muito mais amplos e sistemáticos que os *Know-Nothings* haviam feito. Suas críticas de um amplo sufrágio não eram meras renovações do conservadorismo do início do século XIX. Fundamentados nas realidades da sociedade capitalista industrial, eles compunham uma crítica mais moderna de democracia, capaz de influenciar e justificar as leis de voto até o século XX.

Os críticos mais influentes do sufrágio universal estavam agrupados nas cidades do Nordeste, sobretudo em Boston e Nova York. De origem protestante, muitas vezes da elite, em geral republicanos, mas apenas vagamente ligados ao partido, eles constituíam uma *intelligentsia* autoconsciente e publicavam suas opiniões em revistas de grande circulação, como *Atlantic Monthly, Nation, North American Review*. Entre esse grupo estavam o historiador Francis Parkman, o editor E.L. Godkin, o descendente de dois presidentes, Charles Francis Adams Jr., e, posteriormente, os acadêmicos importantes da Ivy League. No entanto, o balanço do pêndulo para longe do sufrágio irrestrito nunca esteve confinado a esse pequeno grupo de intelectuais reformistas ou da classe a que pertenciam; em toda a nação, figuras políticas expressaram preocupações semelhantes. O mesmo aconteceu com os jornais: O *Washington Post* em 1899, por exemplo, pediu que "os pobres brancos" sulistas e os brancos "sans-culottes" em todos os lugares fossem privados do direito ao voto. Esses sentimentos criaram raízes até mesmo entre os segmentos mais estáveis e estabelecidos da classe trabalhadora. Como costumava acontecer, as restrições ao sufrágio para os que estão na parte inferior da escala social recebiam o apoio dos homens que estavam apenas um degrau acima.[1]

Uma fonte dessa reação conservadora foi o curso sombrio de eventos no Sul: não apenas a Redenção ganhava terreno, mas circulavam relatos por toda parte (embora em grande parte inexatos) de que os governos da Reconstrução eleitos com votos negros eram incompetentes e corruptos. Os principais desencadeadores desse giro ideológico, no entanto, residiam no Norte, nas transformações impressionantes – até mesmo chocantes – na vida econômica e social que reverberavam na política de forma inevitável. Entre 1865 e 1900, os Estados Unidos se tornaram a nação industrial líder no mundo, e sua produção industrial eclipsou a da agricultura. Enquanto a população do país se elevou de cerca de 35 milhões para quase 75 milhões, o emprego não agrícola triplicou: na virada do século, mais de 10 milhões de pessoas trabalhavam na indústria manufatureira, mineração, construção e de transporte.[2]

Quando os americanos que haviam atingido a maioridade nas décadas de 1840 e 1850 voltaram o olhar para fora após a Guerra Civil, o que eles viram foi estranho e perturbador: novas indústrias, locais de trabalho grandes e impessoais, empresas privadas que exerciam um enorme poder econômico e político, e panes econômicas que criaram novos problemas como o desemprego em massa. Eles viram fazendas abandonadas, ferrovias cruzando vastas extensões de país, e, dolorosamente, cidades de tamanho e complexidade sem precedentes. Em 1870, apenas Nova York e Filadélfia tinham populações superiores a 500 mil; por volta de 1910, eram oito cidades, três das quais continham mais de 1 milhão de pessoas. Além disso, cada vez mais eram governadas por organizações políticas, ou máquinas, como os críticos as chamavam, que as elites tradicionais não podiam controlar, ou mesmo entender.

---

[1] *Washington Post*, 20 fev. 1899, citado em *Coast Seamen's Journal*, 8 mar.1899, p.7; ver também troca de cartas entre Smith, E. B. e Morse, E. L. C., *Nation*, 9 jul. 1903. O termo *sansculottes* é da Revolução Francesa: referia-se vagamente aos homens urbanos do povo que apoiavam a república jacobina.

[2] Foner, E., *Reconstruction:* America's Unfinished Revolution, 1863-1877. New York, 1988, p.497-498.

O que os americanos também testemunhavam – e, aparentemente, temiam – era o crescimento extremamente rápido de uma classe trabalhadora imigrante. Interrompido pela Guerra Civil, o fluxo de imigrantes que havia começado na década de 1840 reiniciou rapidamente após Appomattox: as indústrias em expansão da nação precisavam de mão de obra, o que foi fornecido por homens e mulheres da Europa e, em muito menor medida, da Ásia e do México. Entre 1865 e a Primeira Guerra Mundial, cerca de 25 milhões de imigrantes viajaram para os Estados Unidos, o que representava uma grande parte da população do país na Primeira Guerra Mundial, de cerca de 100 milhões. A grande maioria desses imigrantes era formada de trabalhadores sem propriedade, e não de colonos. Os alemães e irlandeses continuavam a chegar, acompanhados por um número crescente de europeus do Sul e do Leste: homens e mulheres que não falavam inglês, cujas culturas eram estrangeiras, a maioria dos quais eram católicos ou judeus. Em 1910, a maioria dos residentes urbanos era de imigrantes ou filhos de imigrantes, e a enorme classe trabalhadora do país era predominantemente de estrangeiros, nativos de pais estrangeiros, ou negros.[3]

Aos olhos de muitos norte-americanos da velha cepa, essa massa de trabalhadores imigrantes constituía um acréscimo indesejável para o eleitorado. Pobres, sem educação, ignorantes das tradições americanas, os homens nascidos no estrangeiro que povoavam as indústrias do país pareciam não ter o discernimento, o conhecimento e o compromisso com os valores norte-americanos necessários para uma participação salutar nas eleições. Não era sua condição de estrangeiros ou sua posição de classe, apenas, que os tornava suspeitos, mas, com efeito, a combinação das duas coisas, a fusão de classe e os atributos e interesses culturais, a fusão da pobreza, dependência, ignorância, diferença e militância. Um sinal da inadequação dos imigrantes como eleitores era sua inclinação aparente para o radicalismo. Estes eram os eleitores que apoiaram as campanhas quase populistas, e anti-*establishment* do "demagogo" Ben Butler em Massachusetts na década de 1870, assim como os Cavaleiros do Trabalho e os candidatos socialistas em décadas posteriores; estes eram os homens que supostamente atiraram bombas em Haymarket em 1886, que fizeram greve e provocaram distúrbios contra as ferrovias em 1877, em Pullman em 1894 e em Lawrence em 1912. Não deve ter sido coincidência que vários ataques importantes ao sufrágio universal tenham sido publicados imediatamente após as greves de 1877 e a campanha de Butker em 1878.

A prova igualmente convincente de sua inaptidão foi o apoio que os eleitores pobres, nascidos no exterior, deram para as máquinas políticas, o domínio exercido sobre os eleitores pelos líderes políticos. A política

---

3 Gutman, H. G., *Power and Culture:* Essays on the American Working Class. New York, 1987, p.380-394.

clientelista das máquinas, baseada na lealdade étnica e na troca de favores para votos, parecia ser uma praga, incubada em bairros de imigrantes e infectando todo o corpo político. No final dos anos 1860, essa praga política levou a notória e corrupta rede Tweed ao poder em Nova York, e nas décadas seguintes, máquinas apenas um pouco menos notórias floresciam em cidades como Boston, Filadélfia, Cleveland e São Francisco.

Dessa forma, os críticos do sufrágio universal baseavam seus pontos de vista na alegação de que os princípios democráticos tão celebrados nas décadas anteriores haviam se tornado obsoletos ou até arriscados em razão das mudanças ocorridas na composição do eleitorado. O autor anônimo do artigo de 1877 publicado no *Nation* (citado na abertura deste capítulo) ofereceu o argumento histórico (provavelmente correto) de que "a forma republicana certamente nunca teria sido adotada" e "as restrições ao direito eleitoral" nunca teriam sido removidas antes de 1850 se as gerações anteriores tivessem que enfrentar a perspectiva de entregar o poder "nas mãos do proletariado". O historiador mais famoso dos Estados Unidos, Francis Parkman, expôs esse aspecto mais vividamente em "O fracasso do sufrágio universal", um artigo de ampla divulgação publicado em 1878:

> Uma cidadezinha da Nova Inglaterra dos tempos de outrora, ou seja, de cerca de quarenta anos atrás, teria sido governada de forma segura e boa pelos votos de todos seus habitantes; mas, agora que a cidadezinha se transformou numa cidade populosa, com suas fábricas e oficinas, seus acres de conjuntos habitacionais, milhares e dezenas de milhares de trabalhadores incansáveis, estrangeiros em sua maioria, para quem a liberdade significa licenciosidade e política significa pilhagem, para quem o bem público não é nada e seus próprios interesses mais insignificantes são o mais importante, que amam o país pelo que podem tirar dele, e cujos ouvidos estão abertos às sugestões de cada agitador malandro, o caso muda completamente, e o sufrágio universal passa a ser uma bênção questionável.

Talvez de forma consciente, a análise retrospectiva de Parkman reproduzia claramente a famosa predição do chanceler Kent, em 1821, de que um sufrágio amplo colocaria em risco a nação com a expansão do setor industrial.[4]

De fato, os opositores da sufrágio universal consistentemente expressaram suas opiniões em linguagem impregnada com classe, hostilidade étnica e racial; num contraste impressionante com a década de 1850, a linguagem anticatólica era rara e calada.[5] "Sufrágio universal só pode significar, num

---

4 Parkman, F., The Faillure of Universal Suffrage. *North American Review*, 263, julho/agosto de 1878, p.7.
5 Parkman, por exemplo, fez uma breve referência a "padres" mas, fora isso, não mencionou o Catolicismo.

inglês bom e claro", escreveu o neto de John Quincy Adams, Charles Francis Adams, Jr., "o governo da ignorância e da depravação: isso significa um proletariado europeu e, sobretudo, celta, na costa leste; um proletariado africano nas margens do Golfo, e um proletariado chinês no Pacífico". Em 1883, o eminente geólogo Alexander Winchell denunciou os "males que germinam no sistema americano do sufrágio universal". Os Estados Unidos devem "diminuir o poder das piores classes [...] negar a existência de classes entre nós é contestar a tabuada de multiplicar". Ao escrever de Nova York em 1890, Edward Godkin, editor do *Nation*, jornal influente e de ampla divulgação, queixou-se que "foi lamentável que a mudança na constituição desse estado em 1846 que estabeleceu o sufrágio universal tenha ocorrido junto com o início da grande maré de emigração que se seguiu à fome irlandesa. O resultado foi que a cidade logo foi inundada com uma grande massa de eleitores ignorantes". No início do século XX, o escritor e ex-diplomata William L. Scruggs concluiu que "em última análise, o sufrágio universal é apenas um outro nome para um governo da multidão autorizado; e um governo da multidão autorizado não passa de uma 'anarquia organizada', pura e simples". Uma década depois, outro crítico lamentou o fato de que "o imprevidente, o ignorante, o cruel, o estúpido, o preguiçoso, o bêbado, o sujo" – toda a massa da escória e ralé da sociedade – tinha o mesmo poder eleitoral que "o maduro, o útil, o trabalhador, o inteligente". No Texas, os imigrantes mexicanos foram descritos como uma "ameaça política", como "estrangeiros que reivindicam a cidadania americana, mas que são tão ignorantes sobre as coisas americanas como uma mula".[6]

Além de sua ignorância e depravação, o que era questionável em relação a esses eleitores era que supostamente tinham a tendência de votar de forma ilegal, irresponsável e contra os interesses de seus superiores. As acusações de corrupção e fraude da naturalização se repetiam sem cessar: os resultados eleitorais eram distorcidos pelo "moinhos da naturalização", que, com a ajuda de "perjuros profissionais e manipuladores políticos", transformavam milhares de imigrantes em cidadãos nas semanas anteriores às eleições (o quanto essas acusações tinham ou não fundamento será discutido em detalhes mais adiante neste capítulo). Além disso, mesmo

---

6 Adams Jr., C. F., The Protection of the Ballot in National Elections. *Journal of Social Science,* 1, jun. 1869, p.108-109; Winchell, A., The Experiment of Universal Suffrage. *North American Review,* 136, fevereiro de 1883, p.129; Scruggs, W. L., Citizenship and Suffrage. *North American Review,* 177, dezembro de 1903, p.844-845; Scott, F. J., *The Evolution of Suffrage*. New York, 1912, p.7; Holli, M. G., *Reform in Detroit*: Hazen S. Pingree and the Urban Politics. New York, 1969, p.172; Montejano, D., *Anglos and Mexicans in the Making of Texas, 1836-1986*. Austin, TX, 1987, p.130-131. Para uma expressão mais ampla do antagonismo racial (contra não anglo-saxões de todos os tipos), ver Strong, J., *Our Country*: Its Possible Future and Its Present Crisis. New York, 1886. Cf. Bryce, J., *The American Commonwealth*, v.2. New York, 1941, p.103.

que os votos fossem legais, eram expressos de forma inadequada, trocados por empregos ou favores de um chefe. "O sufrágio não passa de um meio de subsistência [para o imigrante]", observou o reformador e economista do trabalho John R. Commons. Vários críticos, incluindo Winchell, apresentavam um espectro blackstoniano atualizado em que, no lugar de um demagogo da classe trabalhadora, em vez de um aristocrata, se aproveitava dos pobres: o sufrágio universal, dizia ele, "estabelece o caminho para a demagogia. O eleitor ignorante, sem cultura, ou dissoluto de bom grado cede às convicções políticas de alguém de sua própria classe".[7]

Outros afirmavam de modo descarado que os eleitores pobres constituíam uma ameaça à propriedade. "Talvez não exista uma experiência mais doce no mundo do que a de um trabalhador sem um tostão [...] que descobre que, votando da maneira certa, ele pode privar o comerciante rico ou armador de uma parte de seus ganhos", escreveu um crítico. O sufrágio universal "dá poder para o ataque comunista à propriedade", concluiu Parkman. "O comunismo e o caos social são a única finalidade possível dessa tendência", repetiu Winchell. Expressando o assunto de forma mais ampla, e provavelmente com maior precisão, Parkman concluiu que as "massas" tinham valores antitéticos à tradição americana: "Liberdade era a palavra de ordem dos nossos pais, e é a nossa própria também. Mas, em seus corações, as massas da nação acalentam desejos não só diferentes, mas inconsistentes com isso. Elas querem a igualdade, mais do que liberdade".[8]

Diante dos "males" provenientes de um sufrágio amplo, esses críticos repudiaram totalmente a noção, tão comum em meados do século XIX, de que o voto é um direito ou até mesmo um direito natural ou inalienável. Já em 1865, Godkin sustentou que o sufrágio "não era um direito, mas uma confiança depositada em cada indivíduo, mais para o benefício do resto da nação do que para seu próprio". Naquele mesmo ano, um tribunal de Maryland decidiu que o sufrágio não estava "entre os direitos de propriedade ou pessoa"; em vez disso, era "uma questão de mera política de estado". Parkman foi ainda mais hostil, ridicularizando a "teoria dos direitos inalienáveis", como "uma afronta à justiça e ao bom senso", refletindo uma "superstição [...] em relação ao voto".

> Os meios são confundidos com o fim. O bom governo é o fim, e a votação de nada vale, exceto na medida em que ajuda a atingir esse fim. Qualquer homem razoável renunciaria de bom grado a seu privilégio de deixar cair um pedaço de

---

7 Grose, H. B., *Aliens or Americans?*, Cincinnati, OH, 1906, p.214-216; ver também ibid., p.248-249, 255; Winchell, Experiment, p.126-127, 131; Commons, J. R., *Races and Immigrants in America*. New York, 1907, p.220-221.
8 The Crime Against the Suffrage in Washington. In: *Nation*, 26, 27 jun. 1878, p.415; Parkman, Faillure of Universal Suffrage, p.4, 8; Smith, R. M., *Emigration and Immigration:* A Study in Social Science. New York, 1890, p.83-90.

papel numa caixa desde que um bom governo fosse assegurado a ele e a seus descendentes.[9]

Trinta anos depois, essas opiniões ainda eram correntes. Um editorial do *Outlook* (um "jornal da família" cristão), por exemplo, justapôs a teoria do sufrágio como um direito com a noção de que era uma questão de eficácia, um "meio para um fim". "Um ponto de vista é que o sufrágio é um direito natural; que é a prerrogativa do homem livre; que cada homem de sã natureza, mental e moralmente, e maior de idade, tem o direito a uma parte igual a de seus semelhantes no governo do Estado, do qual é membro." Por outro lado, o "outro ponto de vista", que era endossado pelo *Outlook*,

> é que o sufrágio é simplesmente um meio para o exercício das funções do governo [...] que ninguém tem o direito de participar desse governo a menos que seja competente para saber quais são os direitos de seus concidadãos e tomar todas as medidas necessárias para a sua proteção; que o sufrágio é apenas um meio para um fim, e esse fim é um governo justo, e que quaisquer que sejam as condições de sufrágio em um determinado momento e em uma dada comunidade particular que garantam o melhor governo, são as condições que a comunidade deve adotar e manter.

A implicação desse raciocínio era inequívoca: se o sufrágio era apenas um "meio para um fim", e se o sufrágio amplo produzia maus governos, então era perfeitamente legítimo estreitar os portais da cabine de votação. Por ironia, talvez, a recusa da noção de que o sufrágio era um direito foi facilitada pela agitação contemporânea do sufrágio feminino: invertendo o argumento do "declive escorregadio", os críticos diziam que, uma vez que as mulheres não votavam, o sufrágio, obviamente, não era um direito.[10]

Nem todos aceitavam essa lógica restritiva, mesmo entre a elite. Muitos partidários do sufrágio negro no Sul continuavam a insistir que o voto era um direito, assim como os defensores do sufrágio feminino; além disso, alguns nortistas liberais contestaram publicamente os críticos da democracia. Uma refutação especialmente alusiva veio de John Martin Luther Babcock, que em 1879 publicou "O direito do voto: uma resposta a Francis Parkman e outros que afirmaram 'o fracasso do sufrágio universal'". Babcock, um ministro e poeta antigo de Groton, Massachusetts, estava alarmado pela explosão de ataques ao "sufrágio universal, ou o que neste país é chamado de tal", especialmente porque os ataques emanavam de "um elemento que alega ser o 'melhor' em nossa sociedade". A "resposta"

---

9 Godkin, E. L., The Democratic View of Democracy. *North American Review*, 101, julho de 1865, p.109-110, 113-114; *Anderson v. Baker*, 23 Md.531 (1865) citado em Brightly, F. C., *A Collection of Leading Cases on the Law of Elections in the United States*. Philadelphia, 1871, p.33-34; Parkman, Faillure of Universal Suffrage, p.10, 20.
10 *The Outlook*, 68. 27 jul. 1901, p.711-712; Scruggs, Citizenship and Suffrage, p.839-840.

de Babcock para Parkman e outros tinha várias vertentes. Ele argumentou que "a ideia de direitos humanos" era "a salvaguarda tanto da sociedade como do homem [...] Alguém pode estar disposto, com o fim de desacreditar a votação, a repudiar a ideia de direitos naturais; mas também deverá estar disposto a repudiar as lições mais inspiradoras de nossa história". Concentrando a atenção nas dimensões de classe das opiniões de Parkman, Babcock salientou que o voto era um baluarte necessário contra a exploração, que as "multidões pobres podem ser oprimidas pela segurança" se não tiverem "poder político". Um sufrágio amplo, além disso, era do interesse de todas as classes, porque "uniria os diferentes elementos da sociedade numa comunhão harmoniosa" e porque, sem ele, o sistema político conteria "as sementes da dissolução violenta". Babcock reconheceu as imperfeições e corrupção da vida política contemporânea, mas insistiu em que tais falhas não eram peculiares a um "sistema de governo" democrático. A "República", afirmou, seria "aperfeiçoada [...] por meio do estabelecimento de justiça e equidade entre os homens", e não pela "derrubada" dos "direitos naturais".[11]

Os argumentos de Babcock eram repetidos e complementados por vários outros escritores e figuras políticas. A maioria insistia que o sufrágio era de fato um direito, que a sociedade "deve dar o voto a cada homem, simplesmente porque é um homem". Um pouco menos comum era o argumento (extraído, em parte, os escritos de John Stuart Mill) de que a posse do sufrágio era educacional, que serviria para estimular e elevar os pobres e os ignorantes, criando um sistema de governo mais sábio e mais sólido no longo prazo não muito distante. Alguns defensores da democracia descartavam o medo de que "os trabalhadores se unirão em apoio a medidas destinadas a seu benefício na condição de classe, sem levar em conta o bem-estar de outras classes": a classe trabalhadora, eles insistiram, simplesmente era diversificada e dividida demais para formar um bloco eleitoral. Outros, incluindo o ex-congressista republicano e abolicionista George W. Julian, defendiam que os "males que agora denigrem nossa política" devem ser atribuídos não ao sufrágio universal, mas a "corporações", "capitalistas" e "uma liderança mercenária e corrupta". A noção de que os homens com propriedade eram os melhores guardiões da república, de fato, parecia desaparecer diante do histórico dos barões da indústria: "os homens ricos controlam nossas corporações ferroviárias", salientou um colaborador do *Nation*. "Qual tem sido o grau de honra e respeito pelo bem público com que estes estabelecimentos são geridos?"[12]

---

[11] Babcock, J. M. L., The Right of the Ballot: A Reply to Francis Parkman and Others Who Have Asserted "The Faillure of Universal Suffrage", reimpresso a partir de *Boston Herald*, 15 mar. 1879. Boston, p.4-13.

[12] Sincere Demagogy. *Atlantic Monthly*, 44, outubro de 1879, p.489-490; Universal Suffrage. *Nation*, 3, 8 nov. 1861, p.371-372; Julian, G. W., Suffrage as Birthright. *International Review*, 6, 1879, p.16-17. Para outros exemplos, ver Thorpe, F. N., A Century Struggle for the Franchise

O direito de voto

O contra-ataque intelectual aos críticos do sufrágio universal deixou claro que os liberais do Norte, "homens de letras", aqueles que nas décadas seguintes seriam chamados de formadores de opinião, estavam profundamente divididos sobre a questão. Havia os defensores apaixonados de um sufrágio amplo, assim como havia os críticos fervorosos, e não há nenhuma maneira de saber quantos homens, de letras ou outros, estavam de cada lado. O que foi notável sobre este debate público – que prenunciou e depois espelhou os debates em assembleias legislativas por todo o país – não era a força relativa dos dois campos, mas, com efeito, o fato de que o próprio debate tenha acontecido. No período de poucos anos da aprovação da Décima Quinta Emenda, um segmento significativo da comunidade intelectual estava anunciando sua desconfiança em relação à democracia e rejeitando a alegação de que o sufrágio fosse um direito. O discurso mudou, e a amplitude do sufrágio, sobretudo a extensão do sufrágio aos pobres, aos sem educação e aos estrangeiros, era mais uma vez um assunto vivo.

Em contraste com os debates das décadas de 1830 e 1840, os defensores de um sufrágio amplo estavam de volta na defensiva: os termos da discussão pública estavam sendo definidos por homens que acreditavam que o sufrágio universal tinha falhado, que não era viável nem desejável no mundo industrial socialmente heterogêneo industrial do final do século XIX. Conforme dezenas de comentaristas contemporâneos mencionaram, as marés do pensamento político haviam mudado novamente, e essa mudança resistiu adentrando boa parte do século XX. Em 1918, dois historiadores de Yale concluíram dois volumes de uma história comparada sobre a votação com o comentário de que "se o Estado dá o voto para os ignorantes, eles vão cair na anarquia hoje e no despotismo amanhã". Uma década depois, William B. Munro, professor de história e ciência política em Harvard, declarou que "eliminar o estrato menos inteligente" do eleitorado era essencial para o bem-estar da nação.[13]

---

in America. *Harper's Magazin,* 94, janeiro de 1897, p.207-215; *Commons, Races and Immigrants,* p.184; Maeterlinck, M., Universal Suffrage. *The Bookman,* 19, março/agosto de 1904, p.133-135; Smith, E. B., Debasement of Suffrage. *Nation,* 77, 9 jul. 1903, p.28-29. Cf. McGerr, M., *The Decline of Popular Politics:* The American North, 1865-1928. New York, 1986, p.45-52.

13 Entre os comentadores que observaram um declínio da crença num sufrágio amplo (em acréscimo àqueles expressamente citados antes) estavam Schouler, J., Evolution of the American Voter. *American Historic Review,* 2, julho de 1897, p.669; *Common, Races and Immigrants,* p.3-4; Morse, E. L. C., The Debasement of Suffrage. *Nation,* 76, 25 jun. 1903, p.515; Id., The Suffrage Again. *Nation,* 77, 30 jul. 1903; Edward L. Godkin, *Problems of Modern Democracy*: Political and Economic Essays, ed. Morton Keller, Cambridge, MA, 1966, p.123; Topics of the Time: A Recent Election and Universal Suffrage. *Century Magazine,* 67, janeiro de 1904, p.474-475; cf. Kousser, J. M., *The Shaping of Southern Politics:* Suffrage Restriction and the Establishment of the One-Party South, 1880-1910. New Haven, CT, 1974, p.251-252; Foner, *Reconstruction,* p.492-493; McGerr, *The Decline of Popular politics,* p.43-45; McGerr atribuiu o artigo na epígrafe do capítulo a Jonathan B. Harrison. As duas citações são de Charles Seymour e Donald P. Frary, *How the World Votes:* The Story of Democratic Development in

Apesar do diagnóstico compartilhado, os intelectuais e reformistas que estavam perdendo a fé no sufrágio universal não tinham a mesma opinião sobre a prescrição. Alguns, como Godkin, acreditavam que nada poderia ser feito para diminuir o eleitorado. "É provável que nunca tenha havido um sistema de governo tão fácil de atacar e ridicularizar", escreveu em 1894, "mas nunca existiu governo algum no mundo do qual parecia haver tão poucas perspectivas de libertação. Ele tem, apesar de suas imperfeições e esquisitices, algo da majestade da desgraça". Sob a retórica sonora de Godkin havia uma percepção sagaz das realidades políticas: introduzir novas barreiras ao sufrágio era muito mais difícil do que simplesmente manter aquelas já existentes. Os homens que tinham o direito de voto e seus representantes podiam combater e punir politicamente aqueles que tentavam tirar esse direito. Portanto, Godkin considerava "um mero desperdício de tempo discursar contra" o sufrágio universal: o desafio dos "homens educados" era desenvolver formas de ter um bom governo apesar do sufrágio universal.[14]

As propostas para a consecução desse objetivo começaram a abrir caminho na cena pública na década de 1870 e lá permaneceram por décadas. Entre elas constavam: eleições menos frequentes e em geral, no lugar do voto distrital; o aumento da responsabilidade pública em relação aos detentores de cargos; o controle estatal sobre os âmbitos indispensáveis da administração municipal. Outra proposta que recebeu considerável atenção foi a remoção dos cargos públicos da esfera eleitoral, sujeitando-os à nomeação. Como o *Atlantic Monthly* observou em 1879, "o direito de voto não pode ser retirado, mas os sujeitos do voto podem ser muito reduzidos". Era "absurdo" envolver o eleitorado na "seleção de juízes e delegados de polícia, promotores públicos, tesoureiros estaduais e procuradores-gerais, os diretores de escola e os engenheiros civis". A democracia com efeito poderia ser salva ao se circunscrever seu domínio.[15]

Outros críticos eram mais otimistas em relação às possibilidades de mudar o tamanho e a forma do eleitorado. Alguns defendiam a reinstituição dos requisitos de propriedade e impostos, ou a imposição de testes de alfabetização aos eleitores em potencial. Além disso, também foram propostas abordagens mais sutis, como os períodos mais longos de residência; leis de naturalização mais rigorosas; períodos de espera antes que novos cidadãos pudessem votar; leis eleitorais complexas e sistemas elaborados de recenseamento eleitoral. Onde quer que essas ideias se originassem, sua aprovação pelos famosos porta-vozes liberais ajudava a acelerar sua

---

Elections, v.2. Springfield, IL., 1918, p.321-322; Munro, W. B., Intelligence Tests for Voters. *Forum*, 80, dezembro de 1928, p.828-830.
14 Godkin, *Problems of Modern Democracy*, p.146-147, 201-202.
15 Limited Sovereignity in the United States. *Atlantic Monthly,* 43, fevereiro de 1879, p.190-193.

circulação pelas culturas políticas do Norte e do Oeste, onde logo adquiriam uma vida e importância que ultrapassavam em muito o mundo dos intelectuais do Nordeste.[16]

Purificando o eleitorado

A legislação relativa às eleições na maioria dos estados foi revista muitas vezes entre a Guerra Civil e a Primeira Guerra Mundial. Muitos estados, novos e antigos, realizavam convenções constitucionais que definiam ou redefiniam a forma do eleitorado, bem como as linhas gerais do processo eleitoral. Os congressos estaduais elaboraram estatutos cada vez mais detalhados, que enunciavam procedimentos eleitorais de todos os tipos: o momento certo das eleições, a localização de locais de votação, as horas em que as urnas seriam abertas, a configuração das cédulas e a contagem dos votos. Assim como havia acontecido antes da Guerra Civil, muitas dessas leis eram diretamente administrativas, criando máquinas eleitorais necessárias e traduzindo amplos preceitos constitucionais em regras concretas e com força de lei.[17]

Outras leis foram mais controversas, inspiradas por interesses partidários, aprovadas para influenciar o resultado das eleições. Entre elas, destacavam-se as leis que afetavam o peso ou valor dos votos emitidos. A distribuição das cadeiras nas assembleias legislativas estaduais, bem como no Congresso, era uma questão fundamental, gerando conflitos recorrentes, sobretudo entre as zonas urbanas e rurais. Vinculada à distribuição estava a localização dos limites distritais nos estados e nas cidades: as divisões arbitrárias nas zonas eleitorais para obter vantagens era uma forma rotineira de combate político, praticada por ambos os principais partidos e uns contra os outros, e contra quaisquer organizações políticas arrivistas. Da mesma forma, as normas técnicas referentes à presença de partidos e candidatos nas urnas eram também temas de disputa, uma vez que poderiam encorajar ou desencorajar terceiros partidos e alianças de chapas. Os minúsculos detalhes

---

16 Holli, *Reform in Detroit*, p.172-174; Winchell, Experiment, p.125, 133-134; Scruggs, Citizenship and Suffrage, p.845-846; Parkman, Failure of Universal Suffrage, p.5, 12-13, 20.
17 A história das leis eleitorais apresentada aqui é baseada nas seguintes fontes: todas as transcrições existentes dos debates e procedimentos de convenções constitucionais levadas a cabo em todos estados durante esse período; todas as constituições e emendas estaduais em vigor a qualquer época entre 1870 e 1920; um exame sistemático dos estatutos e leis baseadas em decisão judicial em, grosso modo, uma dúzia de estados; um quadro menos sistemático de estatutos e leis baseadas em decisão judicial em outros estados; e fontes secundárias. Todas citações e leis citadas são indicadas em notas, mas generalizações mais amplas são baseadas nessas fontes também; ver também as tabelas e fontes no apêndice.

legais podiam configurar, e realmente o faziam, as opções oferecidas aos eleitores e o peso dos votos individuais.[18]

No entanto, as leis mais importantes permaneciam aquelas que determinaram o tamanho e os contornos do eleitorado. Estas eram de dois tipos. Em primeiro lugar, e as mais importantes, foram as que estabeleceram os requisitos fundamentais que um homem (ou mulher) deveriam atender a fim de se tornar um eleitor. A segunda, de importância crescente, estabelecia os procedimentos que um eleitor em potencial tinha que seguir para participar das eleições. Ambos os tipos permaneceram sob o controle do Estado, uma vez que a Constituição e as cortes federais continuavam a dizer pouco sobre o sufrágio, exceto no que diz respeito à raça. Em cada estado foram propostas mudanças no direito substantivo e no direito processual, que eram debatidas e muitas vezes davam origem a reformas, gerando conflitos políticos e ideológicos.

As mudanças legais consideradas pelas convenções constitucionais e o poder legislativo aconteciam em ambas as direções. Algumas eram destinadas a ampliar o sufrágio – seja substancialmente (por exemplo, por meio da eliminação de requisitos fiscais), seja processualmente (por exemplo, mantendo as urnas abertas por mais tempo, para facilitar que os trabalhadores votassem). No início do século XX, vários estados, alarmados com o declínio da participação nas classes média e alta, pensaram até em tornar o voto obrigatório, tornando o exercício do sufrágio tanto uma obrigação quanto um direito.

No entanto, o que mais caracterizou a época foram as tentativas de reforçar os requisitos de voto. Justificadas como medidas para eliminar a corrupção ou produzir um eleitorado mais competente, essas tentativas incluíram a introdução de testes de alfabetização, o aumento dos períodos de residência, a eliminação das disposições que permitiam o voto aos estrangeiros não cidadãos, a restrição das eleições municipais aos proprietários ou contribuintes e a criação de procedimentos complexos e incômodos

---

18 Peter Argersinger analisou com competência muitas das leis técnicas que influenciaram resultados políticos durante a "Era Dourada"; ver A Place on the Ballot: Fusion Politics and Antifusion Laws. *American Historical Review,* 85, abril de 1980, p.287-306; Id., The Value of the Vote: Political Representation in the Gilded Age. *Journal of American History,* 76, junho de 1989, p.59-90; Id., New Perspectives on Election Fraud in the Gilded Age. *Political Science Quarterly,* 100, 1985-86, p.669-687; Id., Regulating Democracy: Election Laws and Dakota Politics, 1989-1902. *Midwest Review,* 5, 1983, p.1-19. Ver também Buenker, J., The Politics of Resistance: The Rural-Based Yankee Republican Machines of Connecticut and Rhode Island. *New England Quarterly,* 47, junho de 1974, p.212-237; McDonald, T. J., *The Parameters of Urban Fiscal Policy:* Socioeconomics Changes and Political Culture in San Francisco, 1860-1906. Berkeley, CA, 1986, p.160; Cole, D. B., *Immigrant City:* Lawrence, Massachusetts, 1845-1921. Chapel Hill, NC, 1963, p.42-49. Para exemplos de opinião contemporânea sobre as desigualdades inerentes ao voto distrital, ver Stetson, S., *The People's Power or How to Wield the Ballot.* San Francisco, 1883; e Legal Disfranchisement. *Atlantic Monthly,* 69, abril de 1982, p.542-546.

de registro. Tirar o direito de voto dos eleitores era uma operação politicamente delicada, que, em geral, tinha que ser realizada de modo indireto e sem despertar a ira de grupos grandes e concentrados de eleitores.[19]

A dinâmica política da reforma é de difícil caracterização: uma compreensão mais profunda exigiria dezenas de estudos aprofundados dos estados e cidades individuais. Ainda assim, certos padrões abrangentes são visíveis. Os esforços para restringir o sufrágio geralmente emanavam das classes média e alta, de negócios e interesses rurais, bem como profissionais; a resistência a esses esforços, assim como o sentimento em favor de requisitos de voto menos rígidos, tendiam a concentrar-se na classe trabalhadora urbana. Os republicanos eram muito mais propensos do que os democratas e os defensores de terceiros partidos a favorecer as reformas restritivas. A concorrência partidária desempenhou um papel maior e a ideologia, um menor, do que aconteceu durante os primeiros dois terços do século XIX. As questões de recrutamento militar e mobilização não eram um fator importante até a Primeira Guerra Mundial.[20]

No entanto, havia exceções para quase todas essas tendências. A formação partidária não era consistente, seja em termos geográficos ou ao longo do tempo; as classes média e alta nunca foram homogêneas em suas opiniões ou interesses; os segmentos de uma classe trabalhadora etnicamente dividida e fluida defendiam em algumas ocasiões a causa da restrição; e as máquinas políticas, por muito tempo consideradas como motores potentes de expansão eleitoral, às vezes julgavam que era de seu interesse congelar o tamanho do eleitorado. A política de sufrágio era moldada por vetores de classe, etnia e partido, mas esses vetores nunca eram idênticos nem mesmo paralelos de uma forma consistente. As linhas de batalha se estendiam ainda mais pela sombra onipresente das demandas de sufrágio feminino e pelas vias indiretas das propostas que apenas parcialmente tiravam os direitos de voto (ou os concediam) a membros de grupos específicos Tratava-se mais de uma guerrilha do que de uma guerra de trincheiras.

---

19 O tema da votação compulsória ainda espera ser historiado. Ver Smith, J. A., *The Growth and Decadence of Constitutional Government*. New York, 1930, p.54; Conkling, A. R., *City Government in the United States*. New York, 1895, p.200; Hart, A. B., The Exercice of the Suffrage. In: *Political Science Quarterly*, 7, junho de 1892, p.307-329; Holls, F., Compulsory Voting. In: *Annals of the American Academy of Political and Social Science*, 1, 1890-91, p.586-614; *Debates in the Massachusetts Constitutional Convention, 1917-1818,* v.3. Boston, 1920, cap. 8.

20 As duas melhores monografias que tratam da política da história eleitoral (as de McCormick e Reynolds, citadas aqui) são ambas sobre Nova Jersey.

O dinheiro e o voto

> Se a lei de Massachusetts havia sido concebida de propósito com o objetivo de manter os operários longe das urnas, dificilmente poderia ter conseguido essa meta com maior eficácia. É provável que tenha sido elaborada apenas com esse propósito sinistro em vista. Para se registar, o trabalhador precisa perder um dia ou, pelo menos, meio dia para se apresentar pessoalmente e confirmar seu direito de voto – um sacrifício nada pequeno, no caso dos trabalhadores mal dirigidos e mal pagos nas fábricas de algodão e outras indústrias mal remuneradas. Então, mais uma vez, o pagamento do imposto de votação de dois dólares é um pré-requisito para votar...
>
> A lei referente ao registro e imposto de votação de Massachusetts é essencialmente injusta e antiamericana. Praticamente rebaixa o direito de sufrágio a uma parte da máquina de coleta de impostos, e, em vez de torná-lo realmente, como é em teoria, o direito natural de todo cidadão americano [,] o torna um privilégio a ser garantido por um pagamento em dinheiro.
>
> – *Journal of United Labor* (Cavaleiros do Trabalho), 1889

Ao contrário das ideias reconhecidas, os requisitos econômicos para o voto não eram um assunto encerrado depois de 1850. Além de ser ressuscitado no Sul, esses requisitos persistiram em alguns estados do Norte e foram revividos ou debatidos novamente em outros (ver tabelas A.10 e A.11). Embora difíceis de justificar por violar normas ideológicas populares, os requisitos econômicos continuavam a oferecer aos oponentes do sufrágio universal um meio direto e potencialmente eficiente de selecionar e excluir os eleitores indesejáveis.

A impopularidade dos requisitos econômicos se manifestou em três estados (Massachusetts, Rhode Island e Delaware), que aboliram os requisitos de propriedade de longa data, ou as exigências fiscais, no final do século XIX. Em Massachusetts, a abolição foi realizada pelos democratas, com substancial apoio dos trabalhadores e irlandeses católicos. Durante décadas, o requisito fiscal serviu como um obstáculo ao voto dos pobres e como um dreno nas finanças de ambos os partidos políticos, que muitas vezes pagavam os impostos de seus eleitores. Até o final de 1880, o Partido Democrático, com mais adeptos da classe trabalhadora e, portanto, maior exposição financeira, supostamente estava gastando 50 mil dólares em cada eleição para pagar os impostos de votação de seus seguidores. Aproveitando-se de um breve momento de força eleitoral estadual, os democratas fizeram pressão por uma emenda constitucional que revogava o requisito fiscal em 1891. Ao fazer campanha pela revogação em face da oposição conservadora vociferante, o governador William Russell alegou que o "imposto priva um homem de seu voto apenas por causa de sua pobreza" e advertiu que a privação continuada só levaria os pobres a adotar meios violentos de buscar a mudança. De acordo com o prefeito de Boston, a abolição do imposto de votação levou a um aumento imediato de 21% no número de pessoas nas listas de votação da cidade.[21]

Na vizinha Rhode Island, o Partido Democrata também liderou uma campanha contra os requisitos econômicos, mas com resultados menos satisfatórios (Rhode Island foi o último estado a exigir a propriedade como requisito de voto). Aprovadas na década de 1840, suas leis eleitorais permitiam que os cidadãos nascidos no estrangeiro votassem nas eleições estaduais apenas se fossem proprietários; as leis também impediam de votar nas eleições municipais em Providence todos os que não eram pro-prietários. Aliadas a um sistema de distribuição muito tendencioso em favor dos eleitores rurais, essas leis – que privaram do direito de voto cerca de um quinto dos homens do estado e quase 80% de eleitores potenciais municipais em Providence – mantiveram, de forma muito eficaz, uma elite republicana no poder.

Por volta de 1880, no entanto, os republicanos estavam hesitantes, em parte por causa da crescente força eleitoral dos filhos de imigrantes irlandeses nascidos nos Estados Unidos, e por causa da corrupção tão flagrante que repelia alguns de seus eleitores tradicionais. Apoiados por uma coalizão de reformadores da classe média, defensores do sufrágio feminino e trabalhadores, os democratas pressionaram com sucesso os republicanos para realizar um referendo sobre o sufrágio em 1888. O eleitorado, em seguida, aprovou a emenda Bourn, que eliminava o requisito estadual de propriedade para os imigrantes. A vitória, porém, foi incompleta: a emenda Bourn estendeu o requisito de propriedade das eleições municipais para todas as cidades, bem como para as reuniões municipais que tratavam de questões financeiras. Ao mesmo tempo, impôs um requisito de registro anual aos eleitores sem propriedades. Por conseguinte, a reforma do sufrágio permaneceu um problema em Rhode Island em pleno século XX, com os democratas introduzindo anualmente a legislação para revogar os requisitos municipais de propriedade. Estes esforços deram frutos apenas

---

21 Blodgett, G., *The Gentle Reformers*: Massachusetts Democrats in the Cleveland Era. Cambridge, MA, 1966, p.117-118; Baum, D., *The Civil War Party System:* The Case of Massachusetts, 1848-1876. Chapel Hill, NC, 1984, p.11-13; Matthews, N., *Municipal Charters*. Cambridge, MA, 1914, p.20. Cortes de Massachussets também têm decretado que homens que tenham sido isentos de taxação por causa da indigência por dois anos sucessivos antes de terem setenta anos (época na qual eles eram isentos de taxação em razão da idade) não estavam aptos a votar. McCrary, G. W., *A Treatise on the American Law of Elections*. Chicago, 1880, p.64-65. No que diz respeito a Delaware, ver *Debates and Proceedings of the Constitutional Convention of the State of Delaware, Commencing December 1, 1896*. Milford, DE, 1958, v.1, p.333-340, 770-776; Ibid., v.2, p.1141-1170; Ibid., v.5, p.3495-3501. McGovney, D. O., *The American Suffrage Medley*: The Need for a National Uniform Suffrage. Chicago, 1949, p.116. Delaware por um tempo impôs uma taxa de registro no lugar de uma taxa de votação.

em 1928, quando homens e mulheres sem posse de bens finalmente foram autorizados a votar nas eleições municipais.[22]

Na Pensilvânia, as tentativas de revogar o requisito de contribuinte tinham menos sucesso ainda. A questão veio à tona na convenção constitucional de 1872-1873: o comitê da convenção do sufrágio recomendou que o requisito tributário fosse descartado, recomendação que foi apoiada por democratas e republicanos reformistas, incluindo o presidente do comitê H. Nelson McAllister. McAllister, apresentando o relatório do comitê, argumentou que "o direito de sufrágio" talvez não fosse um "direito pessoal absoluto", mas era um "direito social natural", que pertencia "a um homem porque ele é um homem", não "porque ele é um contribuinte". O presidente julgava repugnante a perspectiva de "excluir do direito de sufrágio qualquer homem na face da terra pelo fato de ele ser pobre". No entanto, McAllister e seus aliados depararam-se com a poderosa máquina política republicana que governou o estado por décadas, e que era famosa por pagar os impostos de seus partidários. William Darlington, um republicano da máquina, se opôs com vigor a essa "mudança fundamental" nas leis do estado, uma mudança que permitiria "o voto daqueles [...] que não têm nenhuma forma de participação no governo". Seu colega, Charles Bowman, declarou que "nunca votaria" em favor de uma proposta "em que os vagabundos e os desgarrados terão o direito de se aproximar das urnas e depositar um voto que contará tanto quanto o voto de um homem cuja propriedade é tributada em milhares de dólares". Graças mais a sua força política do que ao poder de seus argumentos, os defensores de um requisito de contribuição tributária venceram a disputa e o requisito foi transferido para a nova Constituição. Quinze anos mais tarde, os adversários patrocinaram uma emenda constitucional para revogar o requisito, mas o eleitorado, mobilizado pela máquina ainda poderosa (agora liderada por Matthew Quay, que desempenhou um papel fundamental na derrota do projeto de lei *Lodge Force Bill*), rejeitou a emenda de forma esmagadora. Até a década de 1930, o único sucesso alcançado pelos reformistas foi a aprovação de uma lei, em 1897, cujo cumprimento era débil e que exigia que os próprios cidadãos pagassem os seus impostos.[23]

---

22 Sterne, E. S., *Ballots and Bibles:* Ethnic Politics and the Catholic Church in Providence. Ithaca, NY, 2004, p.60-107; Buenker, Politics of Resistance, p.222-236; McSeveney, S. T., *The Politics of Depression*: Political Behavior in the Northeast, 1893-1896. New York, 1972, p.13-14.

23 *Debates and Proceedings of the Pennsylvania Constitutional Convention, 1872-73,* v.1, Harrisburg, PA, 1873, p.626-634, 639-646, 649-657, 707, 711; Harlan, A. D., *Pennsylvania Constitutional Convention 1872 and 1873:* Its Members and Officers and the Result of Their Labor. Philadelphia, 1873; Branning, R. L., *Pennsylvania Constitutional Development.* Pittsburgh, PA, 1960, p.93-94, 135; McPherson, E., *A Hand-Book of Politics For 1890.* Washington, DC, 1890, p.57; Woodruff, C. R., Election Methods and Reforms in Philadelphia. *Annals of the American Academy of Political and Social Science,* 17, março de 1901, p.192-195.

Enquanto isso, um punhado de estados que não possuíam os requisitos de propriedade ou de contribuição tributária, cogitaram na imposição dos mesmos, causando conflitos nas convenções constitucionais em Indiana, Ohio, Colorado, Missouri e Texas (a última ocorreu em 1875, muito antes do grande movimento da revogação do direito de voto no Sul). Na década de 1870, o eleitorado do Maine rejeitou por estreita margem a adoção do primeiro requisito de contribuição tributária do estado, e a Convenção Constitucional da Califórnia de 1878-1879, que expressamente proibiu os requisitos de propriedade, não inscreveu em sua Constituição uma proibição semelhante sobre as restrições ao imposto eleitoral.[24]

Em muitas localidades houve debates sérios em relação à adoção de requisitos econômicos mais palatáveis em termos políticos: aqueles seletivos, que se aplicariam em algumas eleições mas não em outras. A disputa mais famosa ocorreu em Nova York no final dos anos 1870, quando uma comissão nomeada pelo governador democrata, Samuel Tilden, recomendou a criação de um conselho de finanças para controlar a tributação e os gastos em cada uma das cidades do estado. Nas maiores cidades, esse conselho deveria ser eleito por homens que tinham propriedades e que haviam pago dois anos de impostos sobre os bens avaliados em 500 dólares ou mais; os potenciais eleitores também podiam se tornar elegíveis demonstrando que haviam pago uma renda anual durante dois anos de pelo menos 250 dólares. Em cidades menores, os mesmos princípios seriam aplicados, mas as avaliações eram mais baixas. Destinada à máquina democrata de Nova York e aos eleitores da classe trabalhadora em todo o estado, essa proposta foi aprovada pela comunidade empresarial, a elite social e financeira do estado, políticos proeminentes, os principais jornais e revistas, e líderes reformistas liberais, como Godkin. Caracterizada por partidários como um meio de redução de impostos e deixando claro para os eleitores "que os assuntos municipais são assuntos de negócios, a serem geridos com os princípios dos negócios", a medida teria privado a maioria considerável da população urbana do estado de participar nas decisões que afetavam os impostos ou despesas municipais. Os republicanos apresentaram a medida ao poder legislativo como uma emenda constitucional, sendo aprovada em 1877. Nova York, no entanto, exigiu que as emendas propostas fossem

---

24 *Debates and Proceedings of the Constitutional Convention of the State of Illinois, 1869,* v.1, Springfield, 1870, p.736; Loeb, I. e Shoemaker, F. (orgs.), *Debates of the Missouri Constitutional Convention of 1875,* v.12, Columbia, 1944, p.343-365; Kettleborough, C., *Constitution Making of Indiana,* v.2, Indianapolis, IN, 1916, p.365, 370, 387, 394; Russell, C. T., *Manhood Suffrage Under Constitutional Guaranty:* An Argument in Favor of Rescinding the Provision in the State Constitution Establishing the Payment of a State or Country Tax as a Qualification of Voters. Boston, 1879, p.11; *Debates and Proceedings of the Constitutional Convention of the State of California, 1878,* v.1., Sacramento, CA, 1880, p.86; *Debates in the Texas Constitutional Convention of 1875.* Austin, TX, 1930, p.167-189.

aprovadas por dois períodos legislativos sucessivos antes de ser submetida à votação popular, e no ano seguinte – infelizmente para os defensores dos requisitos municipais de propriedade – os democratas ganharam uma maioria legislativa e bloquearam a aprovação da emenda.[25]

Embora derrotados em Nova York, os requisitos econômicos seletivos ou municipais foram impostos em cidades espalhadas por todo o país. O poder legislativo em Maryland tinha autoridade para impor requisitos de contribuição tributária em todas as eleições municipais, e fez isso em inúmeras vilas e cidades, incluindo Annapolis. Os requisitos de impostos municipais também apareceram no Kentucky, Vermont, Texas e, por fim, em algumas comunidades em Nova York, assim como Rhode Island. Michigan, em 1908, decidiu que somente os donos de propriedades tributáveis poderiam votar em qualquer questão do referendo "que envolvesse a despesa direta de dinheiro público ou a emissão de títulos". Arizona, Oklahoma e Utah aprovaram uma legislação semelhante e Nova York, em 1910, restringiu a votação do conselho escolar aos pais de crianças em idade escolar e aos donos de propriedades no distrito escolar. Kansas, no início do século XX, adotou uma técnica que seria imitada por décadas: criou novas entidades governamentais – conselhos de drenagem, neste caso – que possuíam poderes altamente específicos, mas decisivos, e para os quais apenas os contribuintes poderiam votar (para obter uma lista dos vários requisitos de imposto e de propriedade, consulte as tabelas A.10 e A.11).[26]

A legalidade dos pré-requisitos econômicos seletivos para a votação foi afirmada de forma consistente pelas cortes de justiça. Em 1902, por exemplo, a Corte de Apelação de Nova York aprovou uma lei estadual que permitia que a aldeia de Fulton restringisse a votação de assuntos financeiros aos donos de propriedades na aldeia. Estabelecendo uma distinção entre o direito de voto nas eleições estaduais gerais e o direito de voto relativo aos assuntos financeiros municipais, o tribunal decidiu que o

---

25 The Rights of Taxpayers. *Harper's Weekly,* 21, 7 abr. 1877, p.263; Municipal Politics. *Harper's Weekly,* 21, 28 abr. 1877, p.323; Voting in Cities. *Harper's Weekly,* 21, 29 set. 1877, p.758-759; The City Amendments. *Harper's Weekly,* 21, 10 nov. 1877, p.879; Distrust of the People. *Harper's Weekly,* 29, 9 maio 1878, p.187; The Constitutional Amendment on City Government. *Nation,* 26, 14 fev. 1878, p.108-109; McGerr, *Decline of Popular Politics,* p.49. Para um argumento em favor de uma requisição de pagamento de taxas para municipalidades enquanto fixando "sufrágio universal" para eleições estaduais, ver Mills, C., Universal Suffrage in New York. *The International Review,* 8, 1880, p.199-211.

26 McGovney, *American Suffrage Medley,* p.113; *Journal of the Constitutional Convention of the State of Texas, 1875.* Galveston, TX, 1875, p.53, 139, 176, 315; Fink, L., *Workingmen's Democracy:* The Knights of Labor and American Politics. Urbana, IL. 1983, p.72; Act of 22 February 1905, cap. 215, Kan. Laws, 1905, p.306, 312, 314. Maryland deu às municipalidades o poder de limitar o direito de voto a pagadores de taxas por meio de leis públicas locais. Ver, por exemplo, Md. *Pub. Loc. Laws,* art. 12, seção 74, 1888. Essas leis municipais, que geralmente tinham que ser passadas pelos conselhos da cidade e pelas legislaturas estaduais, eram difíceis de rastrear, e a listagem aqui não é abrangente.

legislativo tinha o direito e o dever "de proteger os contribuintes de cada cidade e aldeia no estado". "E que método melhor e mais eficaz de prevenir [...] abusos e proteger [...] os contribuintes poderia ser concebido", questionou a corte, "do que restringir o direito de voto das propostas de empréstimo financeiro ou da contração de dívidas às pessoas que estão sujeitas a serem taxadas para o pagamento dessas dívidas?". Da mesma forma, a Suprema Corte do Kansas encontrou uma maneira de regulamentar a constitucionalidade do requisito de contribuição tributária para as eleições do conselho de drenagem, apesar do fato de que a constituição do Kansas, assim como muitas outras escritas na metade do século, proibia de maneira expressa os requisitos de impostos para a votação. A corte concluiu que o precedente estabelecido pela extensão do sufrágio às mulheres nas eleições para o conselho escolar deixou claro que as disposições da Constituição do estado aplicava-se apenas para os cargos e eleições mencionados de forma explícita na própria Constituição. A Suprema Corte dos EUA deixou claro que também não viu nada de inconstitucional acerca dos requisitos de contribuição tributária ou de propriedade no caso *Myers versus Anderson* em 1915. Embora a Corte tenha anulado a lei de Maryland que limitava o sufrágio em Annapolis aos contribuintes, fê-lo apenas por causa de uma cláusula de isenção que permitia o voto aos não pagadores de impostos que fossem descendentes de eleitores legais em 1868. Assim, a Corte considerou a lei racialmente discriminatória em violação da Décima Quinta Emenda; ao mesmo tempo, no entanto, observou que a discriminação econômica na forma de um requisito de propriedade era considerada "livre de objeção constitucional".[27]

Esse mesmo raciocínio permitiu que numerosos estados continuassem a excluir os pobres do sufrágio. Como a Tabela A.6 indica, uma dúzia de estados, todos do Nordeste e do Sul, impediram o sufrágio a qualquer homem que recebesse auxílio público. Além disso, quatro estados excluíram os internos em asilos ou instituições de caridade, e muitos mais em todo o país proibiram esses internos de ganhar uma residência legal na cidade em que estava localizada a instituição. Os indigentes, portanto, não poderiam votar, a menos que pudessem viajar para sua comunidade de origem, uma perspectiva improvável. Com a exceção do Arkansas, nenhum estado revogou sua lei de exclusão dos indigentes, ao passo que muitos dos estatutos que visavam os internos foram aprovados após a Guerra Civil.[28]

---

27 *Spitzer versus Village of Fulton,* 64 N. E. 957, 958, N.Y. 1902; *Myers versus Anderson,* 238 U.S. 368, 380, 1915; *State ex rel. Gilson versus Monahan,* 72 Kan 492, 1905. Ver também *Hanna versus Young,* 84 Md. 179, 1896.
28 Para um exemplo de um debate constitucional sobre essa questão, ver *Debates Pennsylvania 1872-73,* v.1, 706-710. O número preciso de exclusões de indigentes de fato não é claro. A Tabela A.6 lista todos aqueles que fui capaz de detectar. Robert Steinfeld acredita que havia

O alcance das leis, no entanto, foi reduzido. Qualquer que fosse a ambiguidade que pudesse ter existido sobre a definição de pobre, aceitava-se no final do século XIX que o termo aplicava-se apenas aos homens que recebiam auxílio público. Os legislativos e tribunais também tomaram medidas para esclarecer as dimensões temporais das exclusões, geralmente (mas nem sempre), especificando que um homem seria barrado nas urnas apenas se fosse um mendigo na ocasião de uma eleição: o pauperismo prévio não era motivo para a cassação do direito de voto. Em Massachusetts, a Câmara dos Deputados pediu à Suprema Corte Judiciária em 1878 para dar um parecer consultivo sobre "se uma pessoa que reconhecidamente tenha sido indigente, e deixou de ser, deveria esperar algum período definido de tempo antes de exercer o direito de voto". A corte concluiu que não era necessário esse período de "sursis". "A desqualificação do pauperismo ou da tutela, assim como a da situação jurídica de um estrangeiro ou da menoridade, não precisa ter cessado de existir por qualquer período de tempo definido a fim de permitir a um homem [...] exercer o direito de voto." New Hampshire foi menos generosa: qualquer um que recebesse ajuda no prazo de noventa dias de uma eleição seria desclassificado.[29]

Apesar das limitações temporais, as exclusões dos indigentes impediram que milhares de homens em Massachusetts (e talvez centenas de milhares de pessoas em todo o país) votassem. Igualmente importante, o aspecto disciplinar da lei permanecia nítido: a razão pela qual a Câmara dos Representantes de Massachusetts procurou um parecer da Suprema Corte Judiciária é que esperava aplicar a lei de exclusão dos indigentes a todos os homens que haviam recebido ajuda em qualquer momento durante o ano anterior à eleição. Para isso, cogitou em requerer aos supervisores locais dos indigentes o relato dos nomes desses homens para os funcionários eleitorais. A preocupação do legislativo decorria do aumento dramático no número de pessoas que procuravam assistência pública durante a depressão prolongada da década de 1870. Apesar das evidências abundantes de que essas pessoas estavam sem emprego "não por culpa própria", muitos cidadãos respeitáveis estavam convencidos de que os homens que procuraram auxílio eram "preguiçosos", "ociosos" e "vagabundos" que precisavam ser disciplinados: não coincidentemente, o mesmo legislativo que procurou estender a lei de exclusão dos indigentes aprovou uma legislação "antivagabundos", tornando crime que um homem desempregado viajasse de cidade em cidade em busca de trabalho. Como notou Charles T. Russell, um crítico dessas leis, aqueles que defendiam a redefinição do indigente

---

muito mais, mas ele não oferece uma lista abrangente; ver Steinfeld, Property and Suffrage. *Stanford Law Review*, 41, janeiro de 1989, p.372-373.

29 *Massachusetts Report 124, Cases Argued and determined in the Supreme Judicial Court of Massachusetts, January-June, 1878*. Boston, 1879, p.596-598.

para incluir "uma pessoa que no prazo de um ano tenha recebido assistência pública" acreditavam que os indigentes não eram infelizes, mas indignos, e que "uma vez indigente, sempre um indigente".[30]

Que a exclusão dos indigentes pudesse servir como um meio de disciplina social também ficou claro no decorrer de uma greve em New Bedford, Massachusetts, em 1898. Quando os trabalhadores têxteis em greve buscaram assistência pública para ajudá-los financeiramente ao longo dos meses sem salário, foram notificados por funcionários municipais que o recebimento desse auxílio os desqualificaria para votar na eleição seguinte. A notificação provocou um alvoroço em New Bedford, sobretudo quando um grevista, apesar de caso de doença em sua família, retirou seu pedido de assistência para não ser privado do direito de voto. Depois que o prefeito tinha sido informado sobre sua situação, foi buscada a orientação jurídica do procurador municipal que, em seguida, trouxe à luz o parecer da Suprema Corte Judicial de 1878 e anunciou que os beneficiários de assistência podiam votar se houvesse deixado de receber auxílio até o dia da eleição. O relatório do procurador foi notícia de primeira página na cidade em que a maioria da população era de classe trabalhadora; os defensores da revogação do direito ao voto recuaram. No entanto, a mensagem era clara: a pobreza poderia custar aos operários seus direitos políticos. Buscar a ajuda do estado tinha um preço e poderia transformar um trabalhador carente em algo menos do que um cidadão pleno. A revista de circulação nacional do sindicato dos maquinistas informou sobre o caso em detalhes, observando que "se a classe capitalista conseguisse roubar o voto de todos os homens forçados a solicitar auxílio público, não demoraria muito para que uma grande porcentagem de nossos cidadãos fossem privados do direito ao voto. Não há nada que eles temam tanto como um voto".[31]

---

30 Steinfeld, Property and Suffrage, p.372-373; Russell Jr., C. T., *The Disfranchisement of Paupers*. Boston, 1878, p.3-5, 19-31; no que diz respeito à definição legal de indigente e a uma tentativa de mudar o resultado de uma eleição porque um homem que era alegadamente um indigente tinha conseguido permissão para votar, ver Loring, E. P. e Russell Jr., C. T., *Reports of Contested Elections in the Senate and House of Representatives of the Commonwealth of Massachusetts*. Boston, 1886, p.139-142. Sobre desemprego e vagabundos, ver Keyssar, A., *Out of Work: The First Century of Unemployment in Massachusetts*. New York, 1986, p.130-142.

31 *The Mourning Mercury*, New Bedford, MA, 1 fev. 1898, artigo de jornal não identificado no *Ashley Scrapbooks*, v.9, New Bedford Public Library, *Machinists' Monthly Journal*, abril de 1898, p.192-193.

Alexander Keyssar

Imigrantes indesejáveis

> Na minha opinião, sempre que os Estados Unidos se encontrarem em guerra com um país estrangeiro e perceberem a necessidade de soldados, a necessidade de corpos fortes, braços musculosos e corações valentes, eles serão bastante liberais para estender o direito de sufrágio e os recursos para adquirir a cidadania a nossos companheiros estrangeiros. Mas em tempos de paz profunda, quando os alarmes terríveis da guerra não estão soando pela terra, eles recaem no velho padrão e os obrigam a passar por um período de aprendizagem antes de se tornarem eleitores ou cidadãos dos Estados Unidos.
>
> – Mr. Burns, Convenção Constitucional de Ohio, 1874

As restrições econômicas abertamente baseadas em questões de classe foram acompanhadas por mudanças jurídicas cujo fim expresso era reduzir o número de imigrantes "indesejáveis" com o direito de voto. A partir da década de 1890, a nação testemunhou o crescimento de um movimento significativo para restringir a imigração por completo; uma de suas origens foi a ansiedade generalizada da classe média com o impacto dos estrangeiros na política, sobretudo na política urbana. No entanto, o esforço para manter os imigrantes longe das urnas foi um pouco distinto do movimento pela restrição absoluta, e deu frutos muito antes de o Congresso aprovar os atos pioneiros de restrição e de cotas em 1921 e 1924.[32]

Um passo fundamental nesta campanha foi a revogação das leis estaduais que permitiam o voto aos declarantes não cidadãos (aqueles que haviam morado nos Estados Unidos por dois anos e preenchido uma declaração formal de sua intenção de se tornar cidadãos). Conforme descrito no Capítulo 2, essas leis eram comuns no Meio-Oeste em meados do século XIX e também foram aprovadas em algumas partes do Sul e do Oeste após a Guerra Civil. No entanto, mesmo antes da aprovação da última dessas leis, nas décadas de 1880 e 1890, o pêndulo da opinião pública havia começado a oscilar na direção oposta (ver Tabela A.12). À medida que a proporção de trabalhadores imigrantes para a condição de colonos subia, e a necessidade de incentivar a colonização diminuía, a concessão do direito de voto para os não cidadãos parecia cada vez mais indesejável e arriscada.

Na Convenção Constitucional de Ohio, em 1873-1874, por exemplo, uma recomendação do comitê em favor de estender os direitos políticos

---

[32] Burns citado em *Official Report of the Proceedings and Debates of the Third Constitutional Convention of Ohio, 1873*. Cleveland, OH, 1874, p.1903-1904. Muitos trabalhadores, é claro, também vieram a favorecer restrições à imigração, mas o fizeram porque temiam competição econômica e depreciavam a influência de imigrantes na vida política.

aos estrangeiros declarantes causou dias de debates violentos. Ohio era um dos poucos estados do Meio-Oeste que não havia autorizado o voto ao não cidadão, e os defensores da nova lei, muitos deles democratas e alguns de origem estrangeira, propuseram diversos argumentos para alinhar o estado com seus vizinhos. A concessão do direito de voto aos estrangeiros que haviam entrado com os "primeiros papéis" incentivaria a migração, vincularia os imigrantes às instituições americanas e premiaria de forma justa os estrangeiros leais que haviam lutado na Guerra Civil, ou que pudessem servir nas forças armadas no futuro. Negar aos não cidadãos o voto era estigmatizar os nascidos no exterior, e dava a entender que eles eram inferiores aos negros recém-empoderados com o sufrágio. Os opositores do sufrágio estrangeiro responderam com imagens parkmanescas de miseráveis ignorantes, nascidos no exterior, incapazes de participar da política democrática. Afirmavam também que o sufrágio deveria derivar da cidadania, que era inconstitucional que o estado usurpasse a autoridade do governo federal para criar cidadãos, e que era "perigoso conceder o sufrágio às pessoas que devem lealdade às potências estrangeiras". Refletindo o calor de um debate concomitante sobre o sufrágio feminino, alguns adversários ainda sustentavam que seria inconveniente, se não injusto, estender o direito aos homens estrangeiros, enquanto as mulheres permaneciam sem o direito de voto.

Emoções intensas mesclavam-se a esses argumentos da oposição, uma xenofobia remanescente do movimento *Know-Nothings* juntamente com novas inquietudes intensificadas em relação à igualdade racial. Lewis D. Campbell, um representante da pequena cidade de Butler, insistiu que as disposições de igualdade racial das Emendas Décima Quarta e Décima Quinta aumentavam a ameaça da imigração. Se o sufrágio estrangeiro fosse autorizado,

> será concedido não só ao estrangeiro não naturalizado que vem para cá dos países da Europa, mas também para o africano não naturalizado que pode ser trazido [...] pelo Dr. Livingstone; e caso ele capture nas selvas daquela terra incivilizada [...] um exemplar do elo entre o homem e o animal, conforme foi descrito pela teoria de Darwin, e trazê-lo para Ohio, esse elo poderia não só reivindicar a cidadania nos Estados Unidos, mas sem a naturalização [...] reivindicar a soberania, a condição de eleitor, um cargo público [...]. Os chineses, os japoneses, e até mesmo os asantes, que agora estão em guerra com a Inglaterra [...] poderiam tornar-se eleitores.

Campbell também temia que os ricos "capitalistas estrangeiros", como "os Rothschilds", pudessem controlar as eleições americanas "colonizando" os estrangeiros em distritos eleitorais decisivos. É impossível determinar o quão difundido era o medo dos negros, dos judeus e do elo perdido, mas Campbell, um republicano que virou um congressista democrata e vice-presidente da convenção constitucional, não era o único representante a expressar preocupações xenófobas. Após uma semana de debate, a proposta de conceder o sufrágio aos estrangeiros em Ohio foi derrotada.[33]

O debate em Ohio era prolongado e animado ao extremo, mas não havia nada de incomum sobre seu conteúdo ou sobre o resultado da votação: a maioria dos estados rejeitou as propostas do sufrágio estrangeiro no final do século XIX e, começando com o território de Idaho, em 1874, os estados que haviam permitido o voto aos não cidadãos começaram a revogar as disposições sobre os estrangeiros declarantes. Essa reversão ganhou força na esteira da depressão da década de 1890 e após o assassinato do presidente McKinley por um imigrante em 1901; acelerou novamente durante e após a Primeira Guerra Mundial, quando as preocupações sobre a lealdade dos nascidos no estrangeiro contribuíram para uma rara instância de contração do sufrágio durante a guerra. O último estado a permitir o voto aos não cidadãos foi o Arkansas, que aboliu a prática em 1926.[34] (Ver Tabela A.12).

Enquanto o sufrágio estrangeiro estava sendo eliminado, vários estados criaram novos obstáculos no caminho dos eleitores imigrantes: em geral, contavam com o apoio de alguns republicanos, a resistência dos democratas e a justificativa de que isso reduziria as fraudes. Um desses obstáculos era exigir que os cidadãos naturalizados apresentassem seus documentos de naturalização aos funcionários eleitorais antes de se registrar ou votar. Embora esse requisito, em si, não deixasse de ser razoável, os legisladores sabiam que era um obstáculo processual significativo para muitos imigrantes, que facilmente poderiam ter perdido seus documentos ou desconhecer o requisito. "Uma característica triste" do requisito de Nova Jersey, observou o Nova York Herald em 1888, "foi que muitas pessoas serão privadas de seu voto, já que seus documentos estão desgastados, perdidos ou extraviados". Essas leis, sobretudo quando associadas com as disposições que permitiam que qualquer um presente nas urnas contestasse as credenciais

---

33 *Debates Ohio 1873*, p.1800, 1802, 1903-1904.
34 *Debates Missouri 1875*, v.5, p.16; *Journal of the Texas Constitutional Convention 1875*, p.40-41, 92-93; Evans, T., *American Citizenship and the Right of Suffrage in the United States*. Oakland, CA, 1892, p.59; *Debates California 1878*, v.1, p.146; McCullough, A. J., *Suffrage and Its Problems*, Baltimore, MD, 1929, p.53; Holli, *Reform in Detroit*, p.67. Cf. Brewer, J. et al., *Proceedings and Debates of the Constitutional Convention of the State of Michigan, 1907*, v.2, Lansing, MI, 1907, p.1068-1078, 1270-1284. Tão tardiamente como 1917, propostas para voto estrangeiro foram introduzidas na convenção constitucional de Massachusetts, mas foram rejeitadas. Bridgeman, R. L., *The Massachusetts Constitutional Convention of 1917*. Boston, 1923, p.229; Commonwealth of Massachusetts, *The Journal of the Constitutional Convention of Massachusetts, 1917*. Boston, 1917, p.61, 76, 99, 630. Para detalhes reveladores sobre a dinâmica dessa contração do direito de votar, ver Hayduk, R., *Democracy for All: Restoring Immigrant Voting Rights in the United States*. New York, 2006, p.25-40.

dos eleitores imigrantes, colocavam um poder arbitrário substancial nas mãos de autoridades locais.[35]

Outro método que lembrava um pouco as exigências dos *Know-Nothings* era proibir o voto aos cidadãos naturalizados, a menos que a naturalização houvesse ocorrido bem antes de qualquer eleição específica. Expressas como um antídoto para as naturalizações em massa nas vésperas das eleições, essas leis colocavam um peso único aos cidadãos estrangeiros e impedia que decidissem se tornar cidadãos pelo interesse nos resultados de alguma eleição especial (uma vez que poucos estrangeiros se tornavam cidadãos assim que o período de residência mínimo de cinco anos havia expirado, essas decisões não deviam ser incomuns). De fato, em 1887, o Tribunal Superior de Justiça de Massachusetts derrubou o período de espera de um mês, obrigatório na *commonwealth*, em razão de que não era um regulamento "razoável" do processo eleitoral, mas, em vez disso, era "calculado de forma infamante, para conter e impedir o exercício dos direitos da classe à qual se aplica". Essa lógica, no entanto, não foi adotada em outros tribunais: cinco estados impuseram períodos de espera aos estrangeiros de origem. Em Nova York e na Califórnia, os imigrantes tinham que esperar um total de noventa dias após a naturalização antes de poder votar (ver Tabela A.12).[36]

As preocupações que motivaram essa campanha para manter os imigrantes longe das urnas também contribuíram para o endurecimento das leis federais de imigração e naturalização entre 1880 e 1920. Manter os imigrantes indesejáveis fora do país ou impedi-los de serem naturalizados era visto como uma das melhores "salvaguardas do sufrágio" por muitos que se mostravam apreensivos com os eleitores imigrantes. As leis de imigração e naturalização, de fato, haviam mudado muito pouco entre 1802 e a década de 1880, apesar de o Congresso, em 1870, ter aprovado uma lei especificando que os "estrangeiros de nacionalidade africana e pessoas de ascendência africana", assim como os brancos, eram elegíveis para a naturalização (exatamente o que "branco" significava foi tema de debate nos tribunais do país por décadas.) A partir de 1882, no entanto, o Congresso começou a reduzir os canais pelos quais passava o fluxo de imigrantes europeus. Naquele ano, foi promulgada uma lei que impedia os condenados, "lunáticos", "idiotas", e as pessoas passíveis de tornar-se fardos públicos de entrar nos Estados Unidos. Um imposto de 50 centavos por cabeça foi aplicado a cada imigrante, e as companhias de navegação eram obrigadas a

---

35 Show Your Papers. *New York Herald*, 17 out. 1888; *Debates Pennsylvania 1872-73*, v.1, p.89-93, 133, 529, 693-711; McSeveney, *Politics of Depression*, p.67; Conkling, *City Government*, p.196; Chandler, W. E., Methods of Restricting Immigration. *Forum*, 13, março de 1892, p.141-142.
36 *Kinen versus Wells*, 11 NE 916, 922 (Mass. 1887); *Massachusetts Statutes,* 1885, cap.345; McCrary, *Treatise*, p.64-65; Steele, W. (org.), *Revised Record of the Constitutional Convention of the State of New York. 4 May 8, 1894-September 19, 1894,* v.4, Albany, NY, 1900, p.460-478.

fazer uma triagem em seus passageiros e fornecer a passagem de volta para qualquer um cuja admissão fosse recusada. Nos anos seguintes, a lista de indesejáveis passou a incluir os trabalhadores por contrato, os polígamos, aqueles que sofriam de doenças perigosas contagiosas, os epilépticos, os mendigos e os anarquistas.[37]

Entre 1906 e 1910, o Congresso também codificou as leis de naturalização, proibindo muitos residentes estrangeiros "indesejáveis" de se tornar cidadãos, estabelecendo um limite de tempo para a validade das declarações de intenção e exigindo que os candidatos à naturalização escrevessem seus próprios nomes e apresentassem amplas provas (inclusive testemunhas) de sua elegibilidade e residência contínua nos Estados Unidos por cinco anos. Estas leis tinham o objetivo descarado de dificultar a cidadania para homens e mulheres e, na voz geral, tiveram sucesso, reduzindo a proporção de imigrantes eleitores. Alguns juízes, aliás, aplicavam um teste político decisivo para os potenciais cidadãos, recusando-se a naturalizar homens "com a menor simpatia pelos princípios do socialismo" ou o sindicalismo. Em 1912, um juiz federal em Seattle chegou a revogar a concessão de sufrágio a um cidadão naturalizado que abraçava o socialismo.[38]

A reforma mais polêmica das leis imigratórias foi a imposição de um teste de alfabetização ou educação para entrar nos Estados Unidos. Essa ideia foi apresentada pela primeira vez no Congresso por Henry Cabot Lodge, em 1895; embora tenha sido aprovada com o apoio bipartidário, foi vetada pelo presidente Grover Cleveland no início de 1897. Pelas próximas duas décadas, foi reintroduzida quase que anualmente, conquistando o apoio de uma coalizão única, se não bizarra, de profissionais do Norte, muitos republicanos, democratas sulistas, anticatólicos, antissemitas e a Federação Americana do Trabalho. Havia também um ataque inconfundível em relação à classe na proposta: conforme argumentou um defensor de forma reveladora,

> a teoria do teste educacional é que fornece um método indireto de excluir aqueles que são indesejáveis, não apenas por causa de seu analfabetismo, mas por outros motivos [...] existe uma relação bastante constante entre o analfabetismo, a

---

[37] Ver Dyne, F. V., *A Treatise of the Law of Naturalization of the United States.* Washington, DC, 1907, p.12-13, 40-61, 409-440.
[38] Reely, M. K., *Selected Articles on Immigration,* New York, 1917, p.62-64; McCullough, *Suffrage and Its Problems,* p.149, 151; Moore, J. B., Needed Reform in Naturalization. *Forum,* 13, junho de 1892, p.476; Gavit, J. P., *Americans by Choice,* Montclair, NJ, 1971, p.93, 98, 107-108, 124-126; Chandler, Methods, p.133; Everett, H. S., Immigration and Naturalization. *Atlantic Monthly,* 75, março de 1895, p.348, 351; Leschoier, D. D., Working Conditions. In: Leschoier, D. D. e Brandels, E. (orgs.), *The History of Labor in The United States,* v.3, New York, 1935, p.17-23. Para exemplos de juízes que recusaram naturalizar homens por causa de suas crenças políticas, ver *The Miners' Magazine,* 8, 4 out. 1906, p.7; Ibid., 10, 13 maio 1909, p.4; Ibid., 10, 8 jul. 1909, p.8; Ibid., p.12, 26 set. 1912, p.8.

quantidade de dinheiro trazida pelo imigrante, seu padrão de vida, sua tendência ao crime e à indigência [e] a tendência a se congregar nas favelas das cidades.

Após a virada do século, os requisitos de alfabetização para os imigrantes foram aprovados mais duas vezes pelo Congresso e vetados, pela primeira vez por William Howard Taft e, depois, por Woodrow Wilson. No entanto, durante a Primeira Guerra Mundial as preocupações com a lealdade dos nascidos no exterior, juntamente com uma nova ênfase na "americanização" dos imigrantes, deram um impulso à medida e, em 1917, o Congresso reuniu votos suficientes para anular o segundo veto de Wilson.[39]

Por mais intensas que tenham sido as apreensões sobre os imigrantes europeus pobres, não chegavam aos pés das atitudes americanas em relação aos chineses e outros asiáticos do Leste: no último trimestre do século XIX, a maioria dos americanos – e, sobretudo, os da Costa Oeste – queria não só impedir que os chineses votassem, mas também deter a imigração chinesa e até mesmo deportar aqueles que já estavam ali. O centro da agitação antichinesa era a Califórnia, que abrigava uma população considerável de migrantes chineses (porém menos de 100 mil), muitos dos quais tinham sido recrutados para ajudar a construir as estradas de ferro do país. Temidos por causa de sua disposição a trabalhar por baixos salários e desprezados por motivos raciais e culturais, os chineses nunca haviam sido uma presença política significativa porque quase sempre eram tratados como não brancos e, portanto, inelegíveis para a cidadania. No entanto, os chineses se tornaram alvo de um racismo feroz durante a depressão da década de 1870, cuja consequência foi a aprovação de uma série de leis federais, a partir de 1882, que restringia e, em seguida, suspendia a imigração chinesa (variantes posteriores da lei também proibiram os japoneses). Essa restrição, de acordo com uma comissão do Congresso, era necessária para "desencorajar o grande afluxo de qualquer categoria de população a quem o voto não podia ser confiado com segurança". Era consenso geral que os

---

39 Hall, P. F., *Immigration and Its Effect Upon the United States,* New York, 1907, p.262-280; Stephenson, G. M., *A History of American Immigration, 1820-1924,* New York, 1926, p.156-169; Smith, *Emigration and Immigration*, p.161-167; Lescohier, Working Conditions, p.23-29; Grose, *Aliens*, p.95-96; *Proceedings of the New York Convention of the Amalgamated Clothing Workers of America, 1914.* New York, 1914, p.92-93; Lane, A. T., American Trade Unions, Mass Immigration, and the Literacy Test: 1900-1917. *Labor History,* 25, 1984, p.18-24; Bukowczyk, J. J., The Transformation of the Working-Class Ethnicity: Corpororate Control, Americanization, and the Polish Immigrant Middle-Class in Bayonne, New Jersey, 1915-1925. *Labor History,* 25, 1984, p.75; Korman, G., *Industrialization, Immigrants and Americanizers:* The View from Milwaukee, 1866-1921. Madison, WI, 1967, p.148-155; House Committee on Immigration and Naturalization, "Proposed Changes in Naturalization Laws", Parte 6: *Hearings,* 66th Cong., 1.sess., outubro de 1919, 5-27; Briggs, J. W., *An Italian Passage:* Immigrants in Three American Cities, 1890-1930. New Haven, CT, 1978, p.134; Gavit, *Americans by Choice,* p.255-268; State Committee on Citizenship and Naturalization, State of Illinois, *Citizenship and Naturalization Activities in the United States,* Springfield, IL., 1937, passim.

chineses, "uma massa indigesta [...] distinta na língua, na religião pagã, inferior em qualidades mentais e morais", constituía uma dessas categorias.[40]

Mas essas leis federais não eram suficientes para satisfazer os xenófobos ocidentais. Na Califórnia, no final da década de 1870, os agitadores antichineses, liderados pelo pequeno empresário e imigrante irlandês Denis Kearney, assumiram o comando do incipiente Marxian Workingsmen's Party [Partido Marxista dos Trabalhadores] e o usaram como um veículo para tomar o controle do governo da cidade de San Francisco e ganhar influência significativa na política estadual. O programa do partido de Kearney, reminiscente dos *Know-Nothings*, continha um amálgama de propostas progressistas, contrária aos grandes negócios (e às estradas de ferro), uma retórica que denunciava os partidos políticos tradicionais e uma série de medidas destinadas a eliminar os chineses da vida econômica e política do estado. Uma proposta chegou a pedir a cassação do direito de voto de qualquer pessoa que contratasse um trabalhador chinês.[41]

Embora tivesse origem na classe trabalhadora e classe média baixa, o movimento de Kearney conseguiu angariar rapidamente um amplo apoio para os elementos antichineses de seu programa. Como resultado, a Convenção Constitucional da Califórnia de 1878-1879, densamente povoada pelos representantes dos trabalhadores, aprovou quase sem objeção uma série de artigos antichineses. Um dos representantes afirmou que, sem essas leis, Califórnia se tornaria "a Meca mercenária da escória da Ásia – uma província chinesa repugnante". Embora muitas dessas medidas tenham sido descartadas pelos tribunais, a disposição do sufrágio da Constituição de 1879 permaneceu em vigor até 1926. Ela especificava que "nenhum nativo da China" (o texto foi destinado a contornar a proibição da Décima Quinta Emenda sobre as barreiras raciais) "poderá usar os privilégios de um eleitor neste Estado". O discurso formal da convenção para o povo da Califórnia declarou que este artigo tinha "a intenção de se proteger contra uma possível mudança nas leis de naturalização que admitisse a cidadania aos chineses". Disposições semelhantes apareceram nas constituições de Oregon e Idaho.[42]

---

40 Swisher, C. B., *Motivation and Political Technique in the California Constitutional Convention, 1878-79*. Claremont, CA, 1930, p.11-16, 88-92; Saxton, A., *The Indispensable Enemy Labor and the Anti-Chinese Movement in California*. Berkeley, CA, 1971, p.113-138; *Fifteenth Census of the U.S 1930, Population*, v.2, Washington, DC, 1933, p.402; Chandler, Methods, p.135; Lescohier, Working Conditions, p.18, 32, *Congressional Record*, House, 44th Cong., 2. sess., v.5, parte 1, 28 fev. 1877, p.2004-2005; há evidência de que algumas cortes naturalizaram um pequeno número de imigrantes chineses.

41 Saxon, *Indispensable Enemy*, p.115-134; Mink, G., *Old Labor and New Immigrants in American Political Development*: Union Party and State, 1875-1920. Ithaca, NY, 1986, p.85-86.

42 Mason, P. (org.), *Constitution of the State of California, Annotated*, v.1, San Francisco, 1953, p.263-266; *Debates California 1878*, v.3, p.1018-1019, 1522; Swisher, *Motivation*, p.88-92. Vetos da votação chinesa estavam na Constituição de Oregon de 1857 e na Constituição de Idaho de 1889.

Eleitores instruídos

> O conhecimento da linguagem das nossas leis e a faculdade de informar-se sem o auxílio de suas disposições, constituiriam em si mesmos um teste, se rigorosamente aplicado, incompatível com a existência de um proletariado.
> – Charles Francis Adams, Jr. "Proteção da Cédula" (1869)

> O grande perigo da reforma proposta é que atinge a raiz do governo livre, substituindo o requisito de natureza, ou seja, o Homem, por um requisito de aquisição. O único requisito que pode seguramente ser estabelecido ao sufrágio republicano é o primeiro. Se uma república pode ser levada a admitir que o direito de voto é dependente da capacidade de ler e escrever, ela pode também consistentemente decidir que esse direito é um privilégio dependente da capacidade de pagar uma certa quantia de impostos.
> – *Coast Seamen's Journal*, 1896

Talvez o método mais popular de redução do eleitorado tenha sido o teste de alfabetização ou de educação. Massachusetts e Connecticut haviam adotado esses testes na década de 1850, e seu uso foi muito difundido no início na década de 1870, à medida que esmoreciam as recordações e mácula do movimento *Know-Nothings*. A exigência de que os eleitores fossem alfabetizados, principalmente em inglês, tinha uma série de virtudes aparentes: reduziria a "ignorância" do eleitorado e eliminaria números consideráveis de eleitores imigrantes pobres (fora do Sul, a população nativa era quase inteiramente alfabetizada); além disso, isso seria feito de uma forma mais palatável em termos ideológicos do que as restrições relativas ao pagamento de impostos ou os períodos de espera para as pessoas de origem estrangeira. Os testes de alfabetização não discriminavam abertamente certas classes ou grupos étnicos, e o próprio analfabetismo era uma lacuna remediável. Enquanto o governo federal discutia sobre o teste de educação para a cidadania, os estados começaram a cogitar a possibilidade de impor seus próprios testes em potenciais eleitores.

Um meio indireto e limitado de promover um eleitorado alfabetizado foi a adoção do voto secreto ou da cédula eleitoral australiana (que apareceu pela primeira vez na Austrália, em 1856, e depois foi introduzida na Inglaterra em 1872). Durante grande parte do século XIX, os eleitores obtinham seus votos dos partidos políticos: uma vez que as cédulas de votação geralmente continham apenas os nomes dos candidatos de um partido individual, a alfabetização não era necessária. Tudo o que se requeria do eleitor era deixar cair uma cédula numa caixa. Como as cédulas eleitorais tendiam a ser de diferentes tamanhos, formas e cores, o voto de um homem dificilmente era um segredo – para os funcionários eleitorais, chefes de partido, empregadores, ou qualquer outra pessoa observando as urnas (em teoria, um eleitor podia escrever seu próprio voto, ou "rabiscar" nomes de um partido, mas era difícil manter essas ações confidenciais). A cédula de votação australiana foi um esforço para remediar esta situação e, possivelmente, a corrupção e a intimidação que se seguia: era uma cédula padrão, em geral impressa pela cidade ou estado, contendo os nomes de todos os candidatos a cargos; o eleitor, muitas vezes de forma privada, colocava uma marca com os nomes dos candidatos ou partidos para quem ele desejava votar.[43]

A primeira experiência americana com o voto australiano, em Louisville, em 1888, foi logo seguida por sua adoção em quase todo o país. Apesar da oposição dos políticos da máquina (ou talvez por causa de sua ênfase), as virtudes democráticas da votação secreta foram bastante evidentes. Todavia a cédula australiana foi um obstáculo à participação de muitos eleitores analfabetos de origem estrangeira no Norte, como também aos eleitores negros iletrados no Sul. Em alguns estados, esse problema foi sanado com a permissão expressa de assistência aos eleitores analfabetos, ou pela anexação de emblemas do partido aos nomes dos candidatos; em outros estados, foi agravado por configurações complexas das cédulas que facilmente criavam dificuldades para os analfabetos (em 1909, um tribunal de Ohio emitiu uma declaração sem a natureza de precedente, questionando se as leis estaduais de votação constituíam um teste de educação inconstitucional e clandestino). Em diversos estados, incluindo Nova York, as regras acerca da forma material e da inteligibilidade da cédula eleitoral constituíram um campo de batalha partidário durante anos (ver Tabela A.13).[44]

---

43 Bass, H. J., The Politics of Ballot Reform in New York State, 1888-1890. *New York History,* 42, julho de 1961, p.254-262; Binney, C. C., The Merits and Defects of the Pennsylvania Ballot Law of 1891. *Annals of the American Academy of Political and Social Science,* 2, julho de 1891/junho de 1982, p.751-771; Reynolds, J. F., *Testing Democracy Electoral Behavior and Progressive Reform in New Jersey, 1880-1920.* Chapel Hill, NC, 1988, p.59; Dana, R. H., *The Australian Ballot System of Massachusetts, The City Club of New York,* 1891, p.3-4; e id., The Australian System of Voting. *Annals of the American Academy of Political and Social Science,* 2, maio de 1892, p.733-750; Bishop, J. B., The Secret Ballot in 33 States. *Forum,* 12, 1891-1892, p.587-598; Fredman, L. E., The Introduction of the Australian Ballot in the United States. *Australian Journal of Politics and History,* 13, agosto de 1967, p.204-220; Evans, E. C., *A History of the Australian Ballot System in the United States.* Chicago, 1917, p.1-31, 40-44; Knights of Labor, *Proceedings of the Fifteenth Regular Session of the General Assembly.* Toledo, OH, 10 nov. 1891, p.6; *Coast Seamen's Journal,* 2, 16 jan. 1889, p.1-2; e ibid., 3, 12 fev. 1890, p.1; *Debates California 1878,* v.1, p.1368; Argersinger, A Place on the Ballot, p.290-292, 291n; Baum, *Civil War Party System,* p.15.

44 Bass, Politics of Ballot Reform, p.254-260; Kousser, *Shaping of Southern Politics,* p.52; Allen, P., Ballot Laws and Their Workings. *Political Science Quarterly,* 21, março de 1906, p.39; Baum, *Civil War Party System,* p.16-20; Successful Ballot Laws, *Nation,* 49, 17 out. 1889, p.304; Bernheim, A. C., The Ballot in New York. *Political Science Quarterly,* 4, 1889, p.151-152; *Debates Pennsylvania 1872-73,* v.1, p.133, 146, 506-507; e ibid., v.2, p.50-95; Starr, M. e Curtis, R. H.,

Tanto antes como após a adoção do sistema de voto australiano, muitos estados cogitaram em adicionar testes de alfabetização mais diretos e sólidos aos requisitos exigidos dos eleitores. O argumento para isso tinha três aspectos. Sua essência, é claro, era que os homens analfabetos não tinham a inteligência ou conhecimento necessários para serem eleitores sábios ou até mesmo adequadas. Um eleitor que não sabe ler, insistia Godkin, "pode-se dizer que cumpre as obrigações, para todas as finalidades políticas, com incapacidade mental". Um delegado da Convenção Constitucional de Michigan de 1907 sustentava, da mesma forma, que "é da maior importância que qualquer homem que seja chamado a exercer a função da votação deve ser não só inteligente, mas também capaz de descobrir por si mesmo quais são as verdadeiras questões enfrentadas pelo povo". A segunda justificativa, que almejava sobretudo os novos imigrantes, era de que a alfabetização na língua inglesa era essencial para que a pessoa de origem estrangeira se tornasse devidamente familiarizada com os valores e as instituições americanas. A terceira era que subordinar o direito de voto ao letramento encorajaria a assimilação e a educação, o que beneficiaria a sociedade americana, tanto quanto os próprios imigrantes.[45]

Por mais razoáveis que esses argumentos soassem, em geral provocavam uma oposição veemente, em grande parte fundamentada na percepção (correta) de que os requisitos de alfabetização discriminavam os cidadãos de origem estrangeira e eram projetados para reduzir sua força eleitoral. Em Nova York, onde os testes de educação foram propostos em convenções constitucionais em 1846, 1867-1868, 1894 e 1915, um representante os ridicularizou em 1915 como "mais uma tentativa de parte das comunidades rurais deste estado de restringir a capacidade de voto da cidade de Nova York, onde o maior número de estrangeiros têm seus lares". Em muitos estados, os adversários atacavam as propostas como novas e vergonhosas versões do movimento *Know-Nothings*, insultuosas aos imigrantes e violadoras das tradições americanas: "se a capacidade de ler e escrever fosse um teste válido de votação [...] quase 50% de nossos primeiros colonos [...] os homens que são idolatrados hoje em dia como pioneiros da civilização [...] não seria autorizados a votar". A virtude a inteligência não estavam confinadas aos alfabetizados e era fundamentalmente injusto negar às pessoas os direitos e ao mesmo tempo impor-lhes

---

(orgs.), *Annotated Statutes of Illinois in Force January 1, 1896,* v.2, Chicago, 1896, cap.46, sess. 188; *Wickam v. Coyner,* 20 Ohio C.D. 756, 1900 WI, 2118, Ohio Cir 1900.

45 Godkin, Democratic View, p.119, *Revised Record of the Constitutional Convention of the State of New York:* April Fifth to September Tenth, 1915, v.3, Albany, NY, 1916, p.2931-2943, 2999-3004; Brewer, J. H., Bender, C. H. e McCurren, C. H. (orgs.), *Proceedings and Debates of the Constitutional Convention of the State of Michigan in the City of Lansing, Tuesday, October 22, 1907,* v.2, Lansing, MI, 1907, p.1235.

as obrigações da cidadania. "Você vai privar do direito de voto muitos homens que compreendem o sentido de seu voto assim como nós", declarou um representante de Michigan. "Se um homem é ignorante, ele precisa mais ainda do voto para sua proteção", insistiu um democrata de Nova York em 1868. "Se você privar um homem do direito de voto porque ele não sabe ler e escrever", argumentou um membro da convenção de Missouri em 1875, "então, na minha opinião, você não deveria recorrer a ele para consertar as estradas públicas, não deveria pedir que ele pague impostos [...] não deveria convocá-lo quando o inimigo invade seu país". Um de seus colegas chegou a satirizar o teste de alfabetização proposto e o benefício que supostamente ele traz a seu estado:

> Podemos dar um passo além, e não tenho dúvidas de que meus amigos concordarão comigo. É desejável que um homem saiba não apenas ler e escrever, mas que também seja educado em áreas adiantadas de conhecimento. Podemos graduar essa coisa; digamos que, em 1876, ele deva saber ler e escrever; que em 1878, na eleição do biênio seguinte, deva entender a geografia e que, em 1880, ele domine a aritmética; e assim vamos procedendo de maneira gradual, da aritmética à gramática inglesa, e da gramática inglesa à história, à filosofia moral e mental [...] no final do século XIX deveremos ter uma geração dos mais inteligentes, dos mais prósperos, dos mais felizes, aqui no estado do Missouri, da face do globo habitável.[46]

A oposição tinha força o suficiente para que a maioria dos estados além do Sul se recusasse a impor os testes de alfabetização. Como era de se esperar, os democratas do Norte, que contavam a população urbana pobre entre seus eleitores, em geral votaram contra os requisitos de educação. O mesmo ocorreu com os grupos étnicos organizados politicamente, fosse qual fosse sua filiação partidária – o que ajuda a explicar por que nenhum teste de alfabetização em língua inglesa foi imposto no Meio-Oeste: as comunidades alemãs e escandinavas da região, embora muitas vezes aliadas aos republicanos, se opuseram com veemência aos requisitos de educação. Missouri rejeitou um teste de alfabetização em 1875, da mesma forma que Michigan em 1907, e Illinois em várias ocasiões, até e incluindo 1920. No Novo México, um eleitorado considerável de língua espanhola chegou ao ponto de inserir por escrito na primeira Constituição do Estado que "o direito de qualquer cidadão [...] de votar [...] nunca deve ser restrito, reduzido ou prejudicado por conta da incapacidade de falar, ler ou escrever nas línguas inglesa e espanhola". Em Nova York, os democratas, apoiados

---

46 *Debates Missouri 1875*, v.4, p.158-167; *Proceedings and Debates of the Constitutional Convention of the State of New York, 1867-1868*, v.5, Albany, NY, 1868, p.3564, *Revised Record New York 1915*, v.3, p.3015-3028; *Debates Michigan 1907*, v.2, p.1236; *New York Times*, 25 ago. 1915.

pelos irlandeses e mais adiante pelas comunidades italianas e judaicas, resistiram com sucesso ao teste até após a Primeira Guerra Mundial.[47]

No entanto, em meados da década de 1920, treze estados do Norte e do Oeste estavam cassando o direito de voto de cidadãos analfabetos que atendiam todos os outros requisitos de elegibilidade (ver Tabela A.13). Em todos esses estados, o Partido Republicano era forte; vários deles tinham grandes populações de imigrantes que desempenhavam papéis importantes na competição partidária; um punhado de outros estados eram rurais em sua maior parte, com aglomerados pequenos, mas visíveis, de eleitores pobres de origem estrangeira; outros também tinham populações nativas americanas significativas. Em Massachusetts e Connecticut os republicanos foram capazes de derrotar os esforços recorrentes dos democratas para revogar as leis que haviam sido aprovadas na década de 1850. Em 1889, Massachusetts exigiu que todos aqueles que não haviam votado no período de quatro anos tinham que fazer um novo teste de alfabetização; por uma maioria de dez a um, os eleitores de Connecticut aprovaram, em 1895, uma emenda que especificava que a alfabetização deveria ser "na língua inglesa". Wyoming, onde apenas 2% da população era de estrangeiros, instituiu um requisito de alfabetização em 1889, tanto para cassar os direitos dos mineiros como para evitar um futuro influxo de imigrantes.[48]

Cinco anos depois, a Califórnia promulgou uma emenda constitucional que cassava os votos de qualquer "pessoa que não fosse capaz de ler a Constituição na língua inglesa e escrever seu nome". A emenda (cuja precursora havia sido derrotada em 1879) derivou mais da pressão do eleitorado rural do que de um conflito partidário organizado. A ideia inicialmente foi abordada na assembleia por um veterano republicano da agitação antichineses: a oposição bipartidária a ela se desintegrou em face de uma campanha e petição e, a seguir, um referendo consultivo sinalizando que quase 80% do eleitorado apoiava um requisito de educação. Destinada de um modo difuso aos chineses, americanos de origem mexicana, o "voto do estrangeiro ignorante" e aos "bandos de imigrantes despejados aqui de países estrangeiros", a emenda – que continha uma cláusula de anterioridade isentando

---

47 Bromage, A. W., Literacy and the Electorate: Expansion and Contraction of the Franchise. *American Political Science Review,* 24, novembro de 1930, p.955-956; *Proceedings of the Constitutional Convention of the State of Illinois, 1920,* v.1, s.l., 1922, p.996-999; *Debates Missouri 1875,* v.4, p.168; *Debates Michigan, 1907,* v.2, p.1234-1236; *Revised Record New York, 1915,* v.3, p.2999-3055, 3151-3168.

48 *Debates Delaware 1896,* v.2, p.1046-1050; Bromage, Literacy, p.956-959; Haynes, G. W., Educational Qualifications for the Suffrage in the United States. *Political Science Quarterly,* 13, setembro de 1898, p.496-498; *New York Times,* 25 ago. 1915; Massachusetts, *Gen. Laws,* cap.404, sess.20, 1889; *Journal and Debates of the Constitutional Convention of the State of Wyoming, 1889.* Cheyenne, WY, 1893, p.388-393.

os eleitores presentes – depois foi aprovada pelo Legislativo, com pouca oposição.[49]

Cabe destacar que Nova York, que tinha a maior população de imigrantes da nação, também aprovou uma emenda constitucional instituindo um requisito de alfabetização em 1921: os eleitores em potencial eram obrigados a passar num teste rigoroso de leitura e escrita em língua inglesa administrado pelo Conselho de Regentes, ou apresentar uma comprovação de que tinham pelo menos a educação fundamental numa escola aprovada. Apesar da derrota de propostas semelhantes nas décadas anteriores, o Legislativo dominado pelos republicanos e apoiado por organizações reformistas, como a União dos Cidadãos, conseguiu forçar a inserção da emenda na sequência da guerra e o Red Scare [Pânico Vermelho] antirradical e anti-imigrante de 1919. A emenda, que tinha o potencial de cassar o direito de voto de, entre outros, centenas de milhares de judeus de língua iídiche, foi apoiada por maioria pelos eleitores do interior do estado e chegou a atingir uma maioria até na cidade de Nova York. O apoio ao teste de alfabetização também pode ter sido reforçado pela recente extensão do sufrágio às mulheres, que, supostamente, "produziria 189 mil eleitores analfabetos a mais".[50]

O impacto potencial dessas leis de alfabetização – as quais eram sancionadas pelos tribunais – era enorme. De acordo com o censo (que se baseava no relato pessoal), havia cerca de 5 milhões de homens e mulheres analfabetos na nação em 1920, mais ou menos 8% da população com idade para votar. Outras fontes sugerem que, na verdade, o número era muito mais elevado; 25% dos homens que fizeram um teste de alfabetização do exército durante a Primeira Guerra Mundial, por exemplo, foram considerados analfabetos e outros 5%, semianalfabetos. De fato, os testes de educação nem sempre foram administrados com rigor, e vários estados "admitiam" homens e mulheres que já podiam votar. Ainda assim, os requisitos de alfabetização, do Norte e do Sul, podiam ser uma arma potente. Em Nova York (a única localidade para a qual existem dados), cerca de 15% de todas as pessoas que fizeram o teste de alfabetização em língua entre 1923 e 1929 (55 mil de 472 mil pessoas) fracassaram; parece seguro afirmar (como fizeram os contemporâneos) que um número muito maior de potenciais eleitores não fez o teste por acreditar que teria pouca chance de passar. Assim, uma estimativa razoável é que um mínimo de centenas de milhares de eleitores – e provavelmente mais de um milhão – foram barrados por

---

49 Daniels, R. e Petersen, E. F., California's Grandfather Clause: The "Literacy in English" Amendment of 1894. *Southern California Quarterly,* 50, março de 1968, p.52-54.
50 Bromage, Literacy, p.955-959; *New York Times,* 17 e 23 out. 1921; Ibid., 7, 9, 10, 11, 12 e 21 nov. 1921; Ibid., 2 e 16 dez. 1921; *Revised Record, New York 1915,* v.3, p.3002; *Journal of the Constitutional Convention of New York, Convened Wednesday, 4 December 1872.* Albany, NY, 1873, p.270-271, 283.

esses testes, fora do Sul. Em 1900, um reformista, fazendo eco a outros, lamentou que um teste de alfabetização "não vai muito longe: ele coloca o servente de pedreiro que conhece o alfabeto no mesmo nível do presidente da Universidade de Harvard". No entanto, certamente havia alguns serventes de pedreiro que não sabiam seu alfabeto bem o suficiente para atingir essa paridade elevada.[51]

Migrantes e residentes

> Ninguém sabe melhor do que o douto jurisconsulto do outro lado e os advogados deste comitê a dificuldade nos tempos modernos de comprovar a residência de uma pessoa, seja qual for sua posição na vida. Foi necessário à Suprema Corte dizer para Nat Thayer, William F. Weld e John H. Wright onde eles viviam. E quanto mais migratória a população, mais pobre a pessoa, quanto menos bens mundanos ele possui, mais difícil se torna a questão em qualquer dia ou hora específica de onde ele está residindo. Ele não é um chefe de família, não possui sequer uma mala de viagem, seus bens estão em suas costas ou no bolso, e onde ele vive é difícil, certamente difícil, dizer, seja num palácio no Back Bay, seja num chiqueiro na Ala 17.
>
> – Argumento de Arthur T. Johnson em um caso de eleição contestada, Massachusetts, 1891

Arthur T. Johnson estava certo: a dificuldade de definir ou estabelecer residência estava se tornando algo mais complexo "nos tempos modernos", e "quanto mais pobre a pessoa", maior a complexidade. Conforme um historiador de Boston descobriria quase um século mais tarde, a população daquela cidade era extremamente móvel na década de 1880, e as taxas de mobilidade subiam na medida em que se descia na hierarquia profissional. Na cidade de modo geral, apenas 64% de todos os residentes em 1880 ainda estavam vivendo uma década mais tarde; para os trabalhadores de colarinho azul, a proporção era bem menor. De fato, o número de pessoas que vivia em Boston em determinado momento na década de 1880 era três vezes maior do que o número de habitantes na mesma época. Boston não era incomum – nem a década de 1880.[52]

---

51 Windmuller, L., The Qualification of Voters. *Harper's Weekly*, 44, 13 out. 1900, p.975; Bromage, Literacy, p.948-949, 960-962; *Commons, Races and Immigrants*, p.194-195; Crawford, F. G., Operation of the Literacy Test for Voters in New York. *American Political Science Review*, 25, maio de 1931, p.342-345. Para exemplos de decisões da corte, ver *Ferayorni versus Walter*, 202 N.Y.S. 91 (N.Y. Sup. 1923); *Stone versus Smith*, 34 NE 521 (Mass. 1893); e *Guinn versus United States*, 238 U.S. 347 (1915).

52 Johnson citado em *Arguments of Charles T. Russell Jr., Counsel for the Respondents and Arthur T. Johnson and Gen. Edgar R. Champlin, Counsel for the Petitioners Before the Committee on Elections*

Dadas as vidas itinerantes de norte-americanos em geral e dos trabalhadores em particular, não é de surpreender que os requisitos de residência para as votações quase sempre estavam em discussão. No entanto, ao contrário de outras dimensões da lei eleitoral, o caráter dessas discussões costumava ser mais jurídico do que político. Os processos judiciais abundavam, já que os cidadãos contestavam sua exclusão das urnas (ou a inclusão de outros) por causa de sua incapacidade de atender os requisitos de residência. O cerne desses conflitos era a dificuldade de definir residência, sobretudo à luz da noção legal cada vez mais aceita que a mera presença física em uma comunidade, por um determinado período de tempo, não era suficiente para que uma pessoa fosse considerada residente. Como formulou a Suprema Corte do Colorado em 1896,

> Nós pensamos que a residência [...] contemplada [pela Constituição] é sinônimo de "casa" ou "domicílio", e significa uma fixação real dentro do estado, e a adoção deste como uma habitação fixa e permanente; e requer não apenas uma presença pessoal durante o tempo necessário, mas a coincidência de uma intenção de tornar o local de habitação no verdadeiro lar.

A presença física, portanto, tinha de ser acompanhada da intenção de permanecer numa comunidade por um período que os tribunais chegaram a descrever como "indefinido". Embora o conceito fosse sensato, a intenção podia ser difícil de determinar ou provar. Por conseguinte, os tribunais começaram a desenvolver critérios para medir as intenções tanto dos indivíduos como dos grupos (como os ministros e os trabalhadores ferroviários, que estavam quase sempre em movimento) à medida que tentavam aplicar as leis enunciadas em termos gerais a situações extremamente variadas. De modo geral, a insistência sobre a intenção tendia a tornar mais difícil estabelecer a residência legal, sobretudo para os homens cujas ocupações exigiam mobilidade, mas as regras costumavam ser interpretadas com bastante sensibilidade em relação às circunstâncias individuais.[53]

Embora as regras desenvolvidas pelos tribunais estaduais diferissem umas das outras, havia uniformidade numa questão fundamental: nenhuma jurisdição contestava a legitimidade de leis ou emendas constitucionais que estabelecessem requisitos de residência – até mesmo requisitos de

---

on the Part of the House. Boston, 1891, p.21. Thernstrom, S., *The Other Bostonians*, Cambridge, MA, 1973, p.16-20, 39-42, 220-230; para estatísticas indicando taxas ainda mais altas de mobilidade em San Francisco (e seu impacto na votação), ver McDonald, *Parameters*, p.119-120.

53 *Sharp versus McIntire*, 46, P. 115, 116 (Colo. 1896). Ver também *Kellogg versus Hickman*, 21 P. 325 (Colo, 1889); *Jain versus Bossen*, 62 P. 194 (Colo. 1900), *People versus Turpin*, 112 P. 539 (Colo, 1910); *Sturgeon versus Korte*, 34 Ohio St. 525 (Ohio 1878); *Esker versus McCoy*, 5 Ohio Dec. Reprint 573 (Ohio Com. PL. 1878); McCrary, *Treatise*, p.35-44.

residência por um longo período – para a votação. Em 1904, além disso, a Suprema Corte dos EUA, no caso Pope *versus* Williams, afirmou a constitucionalidade dos requisitos de residência e o empenho do estado para aplicá-los. Numa decisão sobre uma lei de Maryland que exigia que as pessoas se mudassem para o estado para fazer a declaração de intenção de residência um ano antes de votar, a Corte determinou que a "lei não viola nenhum direito federal do requerente". A lei de Maryland "não é nem uma discriminação ilegal [...] nem nega a ele a igual proteção das leis, nem é repugnante para quaisquer direitos fundamentais, ou inalienáveis dos cidadãos".[54]

Enquanto os tribunais discutiam a definição de residência, foi deixado às convenções constitucionais e, às vezes, aos legislativos, a determinação da duração adequada dos requisitos de residência. Em grande parte do país, houve um amplo consenso de que um ano de residência no estado seria necessário e suficiente para que um homem exercesse de forma responsável o direito de voto, embora em muitos estados do Meio-Oeste o período de consenso tenha sido de seis meses. Os requisitos de local, município e distrito foram mais controversos. Aqueles que eram a favor de períodos relativamente longos de residência (geralmente três a seis meses) costumavam argumentar que os eleitores precisavam de tempo para "adquirir um interesse muito amplo pela política local de um município ou distrito eleitoral" e para se tornar "identificados com os interesses da comunidade". Quase sempre, esses argumentos continham componentes de temor de classe. "Os cidadãos de qualquer distrito eleitoral têm o direito de proteção contra uma população flutuante", observou um representante de Illinois em 1870. "O nosso estado", observou um de seus colegas, "agora é um grande estado de ferrovias. Há um grande número de trabalhadores a serviço dessas várias ferrovias, que poderiam ser transferidos para uma determinada localidade [...] e os residentes permanentes teriam seus interesses derrotados por esses moradores ocasionais e temporários". Em alguns casos, os temores de classe foram dirigidos para cima: "os grandes interesses", ou "os políticos espertos" poderiam tirar proveito dos períodos curtos de residência para "colonizar" os homens num distrito específico a fim de ganhar uma eleição.[55]

Os opositores dos requisitos longos de residência responderam na mesma moeda: um membro da convenção constitucional da Pensilvânia em 1872-1873 objetou que uma norma proposta de residência num distrito eleitoral privaria dos direitos de voto milhares de operários que seriam obrigados a se deslocar de um lugar para outro para viver perto de seus

---

54 *Pope versus Williams,* 193 U.S. 621, 633 (1904).
55 *Debates Illinois 1869,* v.2, p.1272-1274, 1282; Bateman, N. e Paul Selby (orgs.), *Biographical and Memorial Edition of the Historical Encyclopedia of Illinois,* v.1, Chicago, 1915, p.368, 394.

locais de trabalho: "você vai privá-los completamente do direito de voto só porque são tão pobres e tão desafortunados que são forçados a mudar seus locais de habitação no prazo de dois meses do dia da eleição". "Os homens que fazem trabalho pesado e os mecânicos, de um modo geral", insistiu um político da Califórnia, "não podem viver em um lugar por tanto tempo quanto noventa dias". Em Nova York, na década de 1870, os residentes de alguns municípios rurais, assim como a Associação dos Professores Estaduais de Nova York, também fizeram uma petição por requisitos municipais de residência mais curtos.[56]

No final, como revela a Tabela A.14, as regras de residência não mudaram muito fora do Sul. A Califórnia e o Colorado aumentaram seus períodos requeridos de residência, muitos estados atenuaram os requisitos de distrito eleitoral e município, e Minnesota, em 1893, aprovou uma lei extraordinária que impedia a obtenção de residência por parte dos madeireiros e trabalhadores da construção civil migrantes. Como regra geral, no entanto, a questão gerou apenas uma guerra partidária silenciosa, e os padrões vigentes em 1920 eram muito semelhantes aos que vigoravam em 1870. Cabe destacar que nenhum estado no Norte ou Oeste, com exceção de Rhode Island por um breve período, adotou os requisitos punitivos de dois anos que estavam se tornando comuns no Sul do país.

Esses anos também testemunharam a codificação de regras de residência para três grupos cada vez maiores de homens cujas situações eram anômalas: os residentes de asilos e outras instituições de custódia, soldados e marinheiros, e estudantes. Como observado anteriormente, muitos estados promulgaram leis que impediam os moradores de instituições públicas de custódia (e até privadas) de se tornarem residentes legais das comunidades onde essas instituições eram localizadas. A mesma regra era aplicada aos militares, embora a maioria dos estados (para evitar o aparecimento de soldados cassados) também especificasse que os soldados e marinheiros que estavam longe de casa não perderiam a residência em suas comunidades de origem (ver Tabela A.14).

O caso mais difícil veio a ser o de estudantes de faculdades, escolas e outras instituições de ensino superior. Em muitos estados, havia uma forte propensão em favor de proibir os estudantes de obter residência nas comunidades onde frequentavam a faculdade: alegando que os alunos não eram realmente membros da comunidade, os líderes políticos mencionavam incidentes de estudantes desfilando até às urnas para votar em massa; de políticos sem escrúpulos que aliciavam estudantes para aumentar seus votos; e de estudantes (que não pagavam impostos) votando para impor

---

56 *Debates California 1878*, p.1016-1019, 1362-1363; *Debates Pennsylvania 1872-73*, v.1, p.534-535; ver também ibid., p.89, 539-540, 628-629; *Journal of New York 1872-73*, p.22, 31-32, 95-96, 281, 291-292.

aumentos de taxas aos residentes permanentes. Havia, no entanto, um grau notável de resistência a essas leis, baseada talvez na relutância em impedir o voto de homens nativos e respeitáveis de classe média. "Não consigo ver a adequação de [...] discriminar os jovens inteligentes que frequentam a faculdade", insistiu um morador da Pensilvânia em 1873. Muitos estados acabaram por especificar que os alunos não poderiam obter residência legal com a frequência nas instituições de ensino, mas os tribunais – e, algumas vezes, os legisladores também – fizeram exceção para aqueles que não tinham outros domicílios e podiam demonstrar sua intenção de permanecer na comunidade onde estavam estudando.[57]

A noção de que a residência legal estava vinculada tanto à intenção como à presença física levou os estados a considerar mecanismos para a votação a distância – para os homens e mulheres que estavam longe de casa de forma temporária, mas pretendiam voltar. Embora houvesse precedentes veneráveis para a votação de homens que não estavam fisicamente presentes nos locais de votação (por exemplo, no século XVII em Massachusetts, os homens cujas casas eram vulneráveis ao ataque de índios recebiam a permissão de votar sem sair de suas moradas), a votação em ausência era rara antes de 1860: apenas Oregon, em 1857, tornou possível o voto para os homens que estavam fora de casa em caráter temporário. No entanto, conforme observado no Capítulo 4, a Guerra Civil – e o desejo de permitir que soldados votassem durante a guerra – rompeu o elo entre a votação e a presença física na comunidade. Depois da guerra, um número crescente de estados tornou possível a votação para os soldados ausentes, sobretudo quando estavam posicionados em seu estado de origem. As leis, por vezes, especificavam que podiam votar em qualquer lugar no estado para os cargos estaduais e em qualquer lugar do distrito nas eleições parlamentares; o voto pelo correio não era a norma. A Primeira Guerra Mundial adicionou uma nova necessidade imperiosa para a questão, uma vez que cerca de três milhões de homens haviam sido recrutados para o exército. Assim, por volta de 1918, quase todos os estados haviam tomado providências para que os homens servindo nas forças armadas pudessem votar, pelo menos em tempo de guerra.[58]

---

57 *Debates Pennsylvania 1872-73*, v.1, p.152-165; *Debates Ohio 1873*, v.2, p.1860-1861, 1938-1946; *Dale versus Irwin*, 78 III, 170 (Ill, 1875); *Welsh versus Shumway*, 83 N. E. 549 (Ill. 1907); *Wickbaum versus Coyner*, 20 Ohio C.D. 765 (Ohio Cir 1900); *Parsons versus People* 70 P. 689 (Colo. 1902); McCrary, *Treatise*, p.41-44; *In re Goodman*, 40 N. E. 769 (N.Y. 1895); *Matter of Barry*, 58 N.E. 12 (N.Y. 1900).

58 Não surpreendentemente, talvez, cortes interpretavam leis lidando com os direitos de votação de soldados com considerável flexibilidade. Em 1917, por exemplo, uma corte de Nova York decretou que homens que haviam deixado suas famílias e viviam por si mesmos por um período e então uniam-se às forças armadas, podiam reivindicar as casas de suas famílias como sua residência de votação. A corte concluiu que "toda facilidade razoável devia ser providenciada para a prática e angariação de seus votos sem a estrita aplicação de todas

Os soldados abriram as portas para uma ordem política mais ampla. A lógica de permitir o voto aos militares não residentes parecia aplicar-se quase igualmente bem a outros, cujos postos de trabalho os obrigavam a ficar longe de casa no dia da eleição. A cidade do representante de Somerville na Convenção Constitucional de Massachusetts de 1917-1918 defendeu essa ideia de modo minucioso:

> Existe uma analogia muito clara [...] entre os votos dos soldados e marinheiros, por um lado, e os cidadãos como os assistentes de maquinistas e caixeiros-viajantes, por outro [...] estamos dizendo aqui [...] que os soldados e marinheiros ausentes não devem ser privados de seu direito de voto numa eleição [...] só porque o estado ou a nação estendeu sua própria mão e removeu estes homens, nessa ocasião, de seu lugar no corpo político [...] nós também temos uma situação industrial, ou melhor, um sistema industrial e, por meio desse sistema, não por culpa própria, os homens são removidos de seus lugares no corpo político e privados de seus legítimos votos. O sistema da indústria que está fazendo isso, que remove esses homens, também seria do interesse do bem público. Os sacrifícios dos soldados e marinheiros são mais espetaculares, e eles são mais impressionantes, mas para o bem comum, estes homens removidos da cabine de votação pelo sistema da indústria, estão labutando e se sacrificando. Portanto, parece-me que a analogia é perfeita.

Perfeita ou não, a analogia foi aceita de maneira geral: até o final da Primeira Guerra Mundial, mais de vinte estados haviam providenciado o voto em ausência a qualquer pessoa que pudesse demonstrar um motivo relacionado ao trabalho (e, em alguns casos, qualquer motivo) justificando a ausência no dia da eleição. Os temores de fraudes geralmente eram aliviados pelas rígidas regras e requisitos processuais de que as cédulas dos ausentes fossem idênticas às convencionais.[59]

A provisão de cédulas para os ausentes, no entanto, não levava em conta o maior problema colocado pelos requisitos de residência: sua retirada de

---

as formalidades providenciadas pela lei eleitoral". Ver *People ex rel. Brush versus Schum,* 168 N.Y.S. 391 (N.Y. Sup. 1917).
59 *Debates in the Massachusetts Constitutional Convention, 1917-1918,* v.3, Boston, 1920, p.11-12; ver também ibid., p.4-10, 13-19; Commonwealth of Massachusetts, *Bulletins for the Constitutional Convention, 1917-1918,* v.2, Bulletin 23, Boston, 1919, p.209-225; Helmer, B. B. (org.), *Revised Statutes of the State of Illinois 1917, containing all the general statutes of the state in force January 1, 1918.* Chicago, 1918, cap. 46, p.1396-1400; *Revised Record New York, 1915,* v.2, Albany, NY, 1916, p.1587-1605, 1788-1789, 1801-1822; Ibid., v.4, p.3621-32, 3671, 3680; *Law Passed as the Twentieth Session of the General Assembly of the State of Colorado,* Denver, CO, 1915, cap.76, sess.1-4, p.221-224; Ray, P. O., Absent Voters. *American Political Science Review,* 8, agosto de 1914, p.442-445; Recent Primary and Election Laws. *American Political Science Review,* 13, maio de 1919, p.264-274. Para uma indicação de apoio trabalhista para votantes ausentes, ver *Coast Seamen's Journal,* 29, 15 nov. 1916, p.6; *Seamen's Journal,* 32, 16 jul. 1919, p.2., Ibid., 32, 17 ago. 1919, p.9.

O direito de voto

todas as pessoas que mudavam de residência pouco antes de uma eleição, ou que eram transferidas de um estado para outro no ano anterior à eleição. Se aceitarmos as conclusões dos estudiosos da mobilidade geográfica, o impacto do requisito de residência com certo tempo de duração deve ter sido significativo, sobretudo entre os trabalhadores de colarinho azul, muitos dos quais se deslocavam de um lugar para outro de forma incessante. Está além do escopo deste estudo saber exatamente o quanto isso foi significativo, mas uma estimativa conservadora seria de que 5 a 10% da população adulta do país não conseguia cumprir os requisitos de residência em cada eleição; para os trabalhadores manuais, esse número era certamente maior – grande o suficiente para ter mudado potencialmente os resultados de inúmeras eleições.[60]

Mantendo o controle dos eleitores

O edifício da lei de votação adquiriu um pilar adicional entre a Guerra Civil e a Primeira Guerra Mundial: o registro na véspera da eleição. Antes da década de 1870 não havia, na maioria dos estados, listas oficiais de eleitores preparadas de antemão, e os homens que procuravam votar não eram obrigados a tomar nenhuma medida para determinar sua elegibilidade antes do dia da eleição; eles simplesmente apareciam nas urnas com quaisquer provas documentais (ou testemunhas) eventualmente necessárias. Na verdade, Massachusetts já mantinha registro dos eleitores em 1801, e alguns outros estados puseram em prática sistemas de registro antes de 1850, mas a inscrição era incomum antes da Guerra Civil. Além disso, como observado no Capítulo 3, a maioria das propostas pré-guerra para sistemas de registro foi rejeitada como desnecessária e partidária.

---

60 Essa questão será tratada num volume por vir. A estimativa oficial, muito grosseira aqui oferecida, é baseada em dados estatísticos de várias cidades coletadas em Thernstrom, *Other Bostonians*, p.16-20, 39-42, 220-230; esses indicam em geral que apenas 50 a 60% dos residentes de cidades americanas ainda viviam na mesma cidade uma década mais tarde, e que a população total em movimento era da ordem de 300% por década. A extensão plena de mobilidade (incluindo dentro de cidades ou condados) seria substancialmente mais alta. O quanto dessa mobilidade era interestadual ao invés de intraestadual não é claro (e certamente variava), mas presumivelmente 60 a 80% desse movimento registrado era intraestadual. O próprio Thernstrom concluiu que, para os anos entre 1837 e 1921, grosso modo, 1/4 da população vivendo em Boston não estava vivendo ali um ano antes: desde que o número era mais alto para ocupações de status mais baixo, a mobilidade "deve ter tirado o direito de voto de uma considerável fração da população de classe trabalhadora". Thernstrom, S., Socialism and Social Mobility. In: Lalett, J. H. M. e Lipset, S. M. (orgs.), *Failure of a Dream? Essays in the History of American Socialism*, ed. rev., Berkeley, CA, 1984, p.415. Como indicado no Capítulo 8, um cuidadoso estudo conduzido na década de 1960 sugere que leis de residência tiraram o direito de votar de 15 a 20% do eleitorado, mas é arriscado projetar tais números num passado mais distante.

Entretanto, entre a década de 1870 e a Primeira Guerra Mundial a maioria dos estados adotou procedimentos formais de registro, sobretudo nas cidades de maior porte. A justificativa da necessidade de que os eleitores se registrassem e atestassem sua elegibilidade antes das eleições era direta: isso ajudaria a eliminar a fraude e também pôr fim aos conflitos perturbadores nas urnas do dia das eleições. Sobretudo nas áreas urbanas, onde a corrupção supostamente estava concentrada e onde era menos provável que os eleitores fossem conhecidos pessoalmente pelos funcionários eleitorais, a inscrição antecipada daria ao estado o tempo de desenvolver as listas de eleitores qualificados, verificar documentos, interrogar testemunhas e conferir os requisitos daqueles que queriam votar. Embora os políticos da máquina contestassem os sistemas de registro por serem discriminatórios (sobretudo quando instituídos apenas nas cidades) e muitos funcionários de pequenas cidades os julgassem caros e pouco exequíveis, os defensores em geral conseguiam se sobrepor a essas objeções com alguma facilidade.[61]

O diabo, no entanto, escondia-se nos detalhes. Por mais direto que fosse o princípio do registro, as especificações precisas das leis de registro eram uma questão diferente e mais contestada. Com quanto tempo de antecedência das eleições um homem ou uma mulher deveria se registrar? Em que período os cartórios de registro seriam abertos? O registro seria feito no município, no bairro ou no distrito eleitoral? Quais documentos deveriam ser apresentados e emitidos? Com quanta frequência era preciso se registrar? Todas essas questões careciam de respostas e uma vez que teriam implicações inevitáveis para a composição do eleitorado, eram uma fonte frequente de controvérsia.

Três exemplos revelam as características do terreno. Em Nova Jersey, um estado com uma história longa e viva de disputas eleitorais, os republicanos instituíram os requisitos de registro em 1866 e 1867. Todos os eleitores potenciais tinham que cadastrar-se pessoalmente na quinta-feira antes de cada eleição geral: qualquer um poderia contestar as alegações de um potencial registrando, e ninguém estava autorizado a votar se seu nome não figurasse na lista. Em 1868, a democratas ganharam o controle do governo do Estado e revogaram as leis de registro, afirmando que elas penalizavam os homens pobres que não podiam se dar ao luxo de tirar uma folga de seus trabalhos para se cadastrar. Em 1870, os republicanos voltaram ao poder e reintroduziram o cadastramento, desta vez tornando-o aplicável somente

---

61 No que diz respeito à história do registro, ver Harris, J. P., *Registration of Voters in the United States*. Washington, DC, 1929, especialmente p.4-6, 65-92. No que diz respeito a Massachusetts, ver *Acts and Laws of Massachusetts,* 1801, cap.38. Para exemplos de objeções a leis de registro, ver *Debates California 1878*, p.1019; *Debates of the Maryland Constitutional Convention of 1867* (reimpresso a partir de artigos reportados em *Baltimore Sun*). Baltimore MD, 1930, p.232-237; Texas Constitutional Convention, *Debates in the Texas Constitutional Convention of 1878*. Austin TX, 1930, p.191-193.

às sete cidades com população superior a 20 mil habitantes. Seis anos depois, a lei foi estendida a todas as cidades com mais de 10 mil pessoas e às comunidades adjacentes; ao mesmo tempo, numa concessão às organizações partidárias, o processo de registro foi liberalizado, permitindo que qualquer eleitor legal (como um trabalhador do partido) inscrevesse outros por declaração juramentada. Durante estes anos e as décadas seguintes, os dois partidos também rivalizavam sobre o horário de abertura das urnas: os republicanos, quando foi possível, aprovaram leis que determinavam o fechamento das urnas ao pôr do sol, com o fundamento de que era mais provável de ocorrer a votação ilegal depois de escurecer; os democratas protestaram que as *sunset laws* [leis com prazo de expiração] impediam os trabalhadores de votar e, quando no poder, estenderam o horário até o anoitecer.[62]

Essas batalhas partidárias continuaram causando estragos (os republicanos impuseram procedimentos de registro mais rigorosos em Newark e Jersey City em 1888), embora por um tempo a principal marca do conflito tenha sido a reforma eleitoral, em vez do registro. No entanto, durante a era progressiva o registro se tornou o centro dos esforços, liderados pelos reformadores da classe média, de limitar a corrupção e reduzir a força eleitoral dos imigrantes, negros e máquinas políticas. Em 1911, um pacote de dois projetos de lei, a Lei Geran e a Lei de Práticas de Corrupção, foi introduzido na legislatura estadual por uma coalizão de independentes, republicanos e alguns democratas. Após acalorado debate, durante o qual os democratas urbanos conseguiram eliminar alguns dos aspectos mais onerosos da legislação, os projetos de lei foram aprovados, criando um sistema de registro que se aplicava a todas as cidades com uma população superior a cinco mil. O cadastramento pessoal agora era necessário, e deveria ser renovado sempre que um eleitor se mudasse ou deixasse de votar em uma eleição. Os possíveis eleitores tinham apenas quatro dias para se registrar e, no momento da inscrição, eram obrigados não só a identificar a si mesmos e sua ocupação, mas também dar os nomes dos pais, cônjuge e senhorio, bem como uma descrição satisfatória da habitação em que vivia. Não foi surpresa para ninguém que essas reformas tenham reduzido de modo acentuado o comparecimento, sobretudo entre os negros e os imigrantes.[63]

---

62 McCormick, R. P., *The History of Voting in New Jersey:* A Study of the Development of the Electoral Machinery, 1664-1911. New Brunswick, NJ, 1953, p.148-165; no que diz respeito a "leis do pôr do sol" e mudança de horários de urnas, ver também Massachusetts, *Statutes* (1869), cap.62; (1879), cap.2; (1881), cap.7; (1884), cap.299; (1905), cap.111; Merrian, C. E. e Gosnell, H. E., *Non-Voting:* Causes and Methods of Control. Chicago, 1924, p.233. Diversos estados, incluindo Massachusetts e Illinois, aprovaram leis requerendo que empregados dedicassem tempo de trabalho para votar, mas se os empregados aderiram não é claro.

63 Reynolds, *Testing Democracy*, p.49, 60-69, 121-125, 145-152; McCormick, *History of Voting in New Jersey*, p.166; Grubb, H. E. G., A Campaign for Ballot Reform. *North American Review*, 155, dezembro de 1892, p.684-693.

Em Illinois, um sistema durável de registro foi inculcado de modo satisfatório na década de 1880. Foi feito pelas elites empresariais e sociais de Chicago, que estavam consternadas pela perda de controle político da cidade para políticos democratas supostamente corruptos. Seu principal veículo de reforma foi o Union League Club, fundado em 1879 para promover um terceiro mandato para Ulysses Grant e pressionar por reformas que "preservassem a pureza das urnas". No início dos anos 1880, o clube começou a promover a reforma relativa ao registro para substituir um sistema fraco que estava em vigor desde 1865. Ao mesmo tempo, envolveu-se numa espécie de vigilância política, contratando investigadores para fiscalizar os locais de votação e oferecendo uma recompensa de 300 dólares para quem ajudasse na apreensão e condenação de qualquer pessoa que tivesse votado ilegalmente em Chicago em 1883. Apesar dos esforços do clube, os únicos eleitores "fraudulentos" apreendidos foram por fim absolvidos em tribunal. Ainda em 1885, uma lei de registro elaborada pelos membros do clube e apoiada por estabelecimentos comerciais da cidade foi aprovada pelo Legislativo estadual.[64]

A lei estipulava a criação de um conselho de comissários eleitorais, a serem nomeados pelos tribunais de condado em qualquer cidade ou município que optasse por adotar o registro (Chicago fez isso antes das eleições de 1886). Estes comissários – cada um dos quais era obrigado a depositar uma fiança de 10 mil dólares – eram responsáveis por dividir suas comunidades em distritos eleitorais que contivessem um máximo de 450 eleitores. Eles deviam nomear juízes eleitorais e funcionários que realmente administrassem o processo de registo, bem como as eleições em cada distrito eleitoral. Para se cadastrar, o eleitor em potencial tinha que comparecer pessoalmente perante os juízes eleitorais, às terças-feiras da terceira ou quarta semana antes de uma eleição. Se os requisitos de um candidato fossem contestados (por um juiz ou qualquer outro eleitor), ele era solicitado a apresentar uma declaração de elegibilidade, que depois iria ser confirmada pelos juízes. Após dois dias de inscrição, os funcionários, auxiliados pela polícia, realizavam uma investigação de porta em porta do distrito eleitoral para conferir os nomes de todos os moradores adultos do sexo masculino e compilar uma "lista de suspeitos" de eleitores registrados indevidamente. Qualquer pessoa cujo nome aparecesse na chamada lista suspeita seria removida das listas eleitorais, a menos que aparecesse perante os juízes novamente, na terça-feira, duas semanas antes de qualquer eleição

---

64 Jaher, F. C., *The Urban Establishment:* Upper Strata in Boston, New York, Charleston, Chicago and Los Angeles. Urbana, IL., 1982, p.501-505; Finegold, K., *Experts and Politicians:* Reform Challenges in Machine Politics in New York, Cleveland and Chicago. Princeton, NJ, 1995; Grant, B., *Fight for a City:* The Story of the Union League Club of Chicago and Its Times, 1880-1955. Chicago, 1955, p.68-79.

geral, e provasse de modo convincente e verificável sua elegibilidade. Um novo registro geral, repetindo todos esses procedimentos, deveria ocorrer a cada quatro anos. Este "ato que regulamenta a realização de eleições" foi modificado, na década seguinte, para exigir que um dos dois dias de inscrição fosse um sábado, que um registro geral fosse realizado a cada dois anos em vez de quatro, e que cada proprietário de uma hospedaria ou pensão desse aos juízes eleitorais os nomes e "o período de residência contínua" de todos os inquilinos.[65]

Três detalhes da lei Illinois revelaram seu impulso restringente. O primeiro foi o pequeno tamanho dos distritos eleitorais: embora justificado como um meio de assegurar a familiaridade dos eleitores aos juízes eleitorais, a criação de minúsculos distritos eleitorais significava que qualquer pessoa que se mudasse até mesmo uns poucos quarteirões provavelmente teria que se registrar outra vez e cumprir um novo requisito de residência de trinta dias. A segunda característica reveladora era mais óbvia: havia apenas dois dias possíveis para uma pessoa se registar, o que não deixava muitas opções. Finalmente, o ônus da prova, para uma pessoa que havia sido impugnada ou cujo nome tivesse aparecido na lista de suspeita singularmente rotulada era colocado sobre o próprio eleitor em potencial. Um homem cujas credenciais eram questionadas tinha que dedicar tempo e esforço para estabelecer rapidamente sua elegibilidade. O Urban League Club congratulava-se que "as bases para eleições honestas estivessem agora firmemente estabelecidas".[66]

Na Califórnia, as leis de registro evoluíram em etapas. Na década de 1850 e início da década de 1860, os homens podiam estabelecer sua elegibilidade por meio de suas próprias declarações; os temores amplamente expressos em relação a fraudes, sobretudo em São Francisco, levaram não aos estatutos, mas aos exércitos organizados de vigilantes eleitorais que mantinham um olho nas eleições. Esta vigilância informal (um termo muitas vezes invocado pela elite da cidade) foi suplantada em 1866 pela Lei de Registro da Califórnia. A lei foi promovida por uma facção com predomínio republicana do partido sindicalista: embora os democratas tivessem denunciado o projeto de lei como uma "fraude e um embuste" e "um ato de hostilidade em relação ao Partido Democrata", as preocupações generalizadas com a corrupção garantiram sua aprovação no Legislativo.[67]

---

65 "An Act Regulating the holding of elections, and declaring the result thereof in cities, villages and incorporated towns in this State, approved 19 June 1885". In: Starr, M. e Curtis, R. H. (orgs.), *Annotated Statutes of the State of Illinois, Supplement Embracing Session Laws of 1885 and 1887*. Chicago, 1887, p.244-276; Jones, W. C. e Addington, K. H. (orgs.), *Annotated Statutes of Illinois in Force January 1, 1913*, v.3, Chicago, 1913, p.2687-2688.
66 Grant, *Fight for a City*, p.79.
67 "An Act to regulate Election, passed March 23, 1850". In: Hittell, T. H. (org.), *General Laws of the State of California, 1850-1864, Inclusive*, v.1, San Francisco, 1865, p.335; Ethigton, P. J., *The*

A Lei de Registro instruía os funcionários municipais em todo o estado para preparar Grandes Registros que incluiriam os nomes de todos os eleitores legais. Para se inscrever, o eleitor em potencial tinha que comparecer pessoalmente perante o funcionário da prefeitura e apresentar provas de sua elegibilidade, caso não fosse conhecido pessoalmente pelo funcionário. Para desgosto dos democratas, os cidadãos naturalizados eram obrigados a apresentar seus documentos originais de naturalização lacrados pelo tribunal. Na ausência desses documentos, a elegibilidade de um imigrante poderia ser estabelecida somente pelo testemunho de dois "chefes de família e eleitores legais" e pela residência no estado por um ano inteiro, o dobro do requisito normal. A Lei de Registro, além disso, impunha um prazo notável aos eleitores em potencial: o registro tinha que ser concluído três meses antes de uma eleição geral.[68]

Apesar de seus medos, os democratas se saíram muito bem nas eleições de 1867 e tornaram-se defensores do registro de eleitor – em parte porque se preocupavam com futuras trapaças republicanas. Cinco anos mais tarde, o legislativo procedeu à revisão do Ato de Registro, restringindo-o em alguns aspectos e liberalizando em outros. Um procedimento especial foi criado para permitir o registro após o prazo de três meses, e o ônus probatório colocado nos cidadãos naturalizados foi suavizado. No entanto, os eleitores que se mudavam de um município para outro viam-se diante de um novo obstáculo: antes de se inscrever, tinham que apresentar uma prova escrita de que seu registo prévio havia sido cancelado.[69]

Um controle mais significativo da lei, voltado apenas a São Francisco, teve lugar em 1878. A "Lei para regulamentar o registro de eleitores e para garantir a pureza das eleições na cidade e do condado de São Francisco" foi patrocinada por republicanos e projetada, pelo menos em parte, para repelir o Partido dos Trabalhadores insurgente e anti-*establishment*. A lei tirava o controle das eleições da cidade das mãos do conselho eleito de supervisores e, em seu lugar, dava posse a um conselho de comissários que consistia no prefeito e quatro funcionários municipais nomeados; ela também criou um oficial de registro de eleitores, nomeado pelo governador, que tinha o poder de limpar os registros dos nomes suspeitos de fraude. A lei de 1878 exigia que cada eleitor se registrasse em pessoa novamente

---

Public City: The Political Construction of Urban Life in San Francisco, 1850-1900. New York, 1994, p.219-228.

68 "An Act to provide for the registration of the citizens of this State, and for the enrollment in the several election districts of all the legal voters thereof, and for the prevention and punishment of frauds affecting the elective franchise". In: *The Statutes of California, Passed as the Sixteenth Session of the Legislature, 1865-66*. Sacramento, CA, 1866, cap.265, 288-301; Ethington, *Public City*, p.220-228.

69 Ethington, *Public City*, p.227-228; *The Public Code of the State of California*, Sacramento, CA, 1872, p.169-178.

antes de cada eleição geral e, o que é mais importante, ela acabou com o registro municipal e do condado, exigindo que os eleitores se inscrevessem dentro de seu próprio distrito eleitoral. Os distritos eleitorais deveriam ser criados pelos comissários e não poderiam incluir mais de 300 eleitores. Em São Francisco, como em Chicago, qualquer homem que se mudasse de uma região muito pequena era obrigado a registrar novamente.[70]

Durante a era progressiva, as leis de registro da Califórnia passaram por revisões adicionais, facilitando o voto para muitos. Os cidadãos naturalizados que não tinham documentos não eram mais obrigados a apresentar declarações de eleitores registrados; a papelada foi padronizada; o número de locais de inscrição foi aumentado; a inscrição era permitida até 40 dias antes de uma eleição; e os eleitores que se mudavam podiam cancelar seu registro anterior durante o cadastro em seu novo local de residência. Alguns novos requisitos, no entanto, foram adicionados. O registro bianual passou a ser obrigatório em todos os lugares, não apenas em São Francisco, e todos os senhorios e donos de hospedarias foram obrigados a fornecer aos oficiais dos cartórios as listas de seus inquilinos. Se o nome de um eleitor não aparecesse nessas listas, ele receberia uma intimação pelo correio exigindo seu comparecimento perante as comissões eleitorais para comprovar sua elegibilidade no período de cinco dias. Se ele não comparecesse "na hora marcada, seu nome seria retirado do cadastro de eleitores".[71]

Os exemplos de Nova Jersey, Illinois e Califórnia sugerem a importância das letras miúdas nos estatutos extremamente longos e detalhados de registro adotados pela maioria dos estados desde a época da Guerra Civil, em razão das sequelas da Primeira Guerra Mundial. Quase em toda parte, essas leis surgiam de uma convergência entre interesse partidário e sincera preocupação com a fraude eleitoral; o quanto elas impediam os homens honestos de votar variava com o tempo e de estado a estado. A extensão do período de registro, sua proximidade com a data de uma eleição, o tamanho dos distritos de registro, a frequência de fazer um novo registro, a necessidade de provas documentais de elegibilidade, a localização do

---

70 Issel, W. e Cherny, R. W., *San Francisco, 1865-1932:* Politics, Power and Urban Development. Berkeley, CA, 1986, p.127; Melendy, H. B. e Gilbert, B. F., *The Governors of California:* Peter H. Burnett to Edmund G. Brown. Georgetown, CA, 1965, p.229; *The Journal of the Assembly during the Twenty-second Session of the Legislature of the State of California, 1877-78,* Sacramento, CA, 1878, p.192, 465, 618, 871; "An Act to regulate the registration of voters, and the secure the purity of elections in the city and county of San Francisco", Deering, F. P., *The Codes and Statutes of California, As Amended and in Force at the close of the Twenty-Sixth Session of the Legislature, 1885,* v.1, San Francisco, 1886, p.225-238.

71 Kerr, J. M. (org.), *The Codes of California As Amended and in Force at the Close of the Thirty-Sixth Session of the Legislature, 1905,* v.1, San Francisco, 1908, sess.1097, 239, sess.1094, p.233-239; Deering, J. H., *The Political Code of the State of California, Adopted March 12, 1872, with Amendments Up to and Including those of the Forty-first Session of the Legislature, 1915.* San Francisco, 1916, sess.1094, p.1097, 1098, subdivisão 2a, p.1104, 237-245.

ônus da prova – todos esses e outros eram detalhes decisivos, sujeitos a contestações, mudanças e disputas partidárias. Além disso, um exame minucioso das leis de quase duas dúzias de estados revela pouco em termos de tendências nacionais. Para citar um exemplo, alguns estados, incluindo Nova York e Ohio, começaram a insistir sobre o registro pessoal anual nas grandes cidades, enquanto outros, de forma simultânea, iam na direção de sistemas de registro permanente. Dependia muito das condições e episódios locais. Nova York, em 1908, fez um ataque aos eleitores judeus, muitos dos quais eram socialistas, ao realizar as inscrições no sábado judaico e no feriado santo do Yom Kippur.[72]

A dinâmica política revelada em Nova Jersey, Illinois e Califórnia muitas vezes era replicadas em outros lugares. Os republicanos e os independentes de classe média com mentalidade reformista tendiam a ser os principais instigadores do próprio registo e a estar por trás das disposições que pudessem exercer um impacto desproporcional sobre os eleitores pobres, nascidos no estrangeiro, sem instrução ou sujeitos à mobilidade. Da mesma forma, os legisladores de áreas rurais e semirrurais tendiam a favorecer requisitos severos de registro que se referissem apenas aos moradores das cidades (os líderes políticos rurais em geral argumentavam que seria uma dificuldade para seus eleitores viajar duas vezes em cada outono, primeiro para registrar-se e depois para votar). A resistência a sistemas de registro rígidos costumava vir dos democratas urbanos, dos políticos da máquina que consideravam, com acerto, que as novas leis eram tentativas de reduzir sua força eleitoral. Mas os alvos das leis de registro nem sempre eram as máquinas corruptas. Em 1895, os republicanos que dominavam o Legislativo de Michigan aprovaram uma lei de um novo registro expressamente projetado para privar do direito de voto os eleitores nascidos no estrangeiro que apoiavam o prefeito reformista Hazen Pingree, cuja honestidade era indiscutível. "Isso vai tirar dos registros apenas o número suficiente de votos favoráveis a Pingree para impedir que ele algum dia volte a ser prefeito",

---

[72] Harris, *Registration,* p.5, 16-17, 255; *New York Times,* 13 out. 1908. Para exemplos das leis de registro frequentemente cambiantes e detalhadas de Nova York, ver Edmonds, J. W. (org.), *Statutes at Large of the State of New York:* Containing the General Statutes Passed in the Years 1863, 1864, 1865, and 1866. Albany, NY, 1868, 88. sess. (1865), cap.740, p.584-591, 89. sess., (1866), cap.812, p.848-852; Conant, A. G. (org.), *Statutes at Large, 1875-1880.* Albany, NY, 1882, 103. sess. (1880), cap.142 at 928, 103. sess. (1880), capítulos 465, 508 a 1026, 1038; J. C. Thomson, ed., *Statutes at Large 1881-88.* Albany, NY, 1890, 104. sess. (1881), cap.18, p.4, 109. sess. (1886), cap.649, p.1007; Birdseye, C. F. (org.), *The Revised Statutes, Codes and General Laws of the State of New York,* v.1. New York, 1896, p.991-998, 1009-1012, 1023. Ver também Scarrow, H. A., *Parties, Elections and Representation in the State of New York,* 1983, p.81-83. Para exemplos de leis de registro em Massachusetts, ver Massachusetts, *Gen. Laws* (1874), cap. 376; (1877), caps. 206-208. As conclusões e observações oferecidas aqui são baseadas não apenas nas fontes citadas mas num exame sistemático das leis de registro em 22 estados. Em meados da década de 1920, quase todos os estados tinham sistemas de registro.

declarou o defensor do projeto. Os republicanos da Pensilvânia – que durante décadas resistiram às leis de registro que prejudicassem sua própria máquina política – tomaram medidas semelhantes contra a cruzada de um reformista em Pittsburgh em 1906.[73]

De fato, na maioria das cidades, as máquinas aprendiam a viver com os sistemas de registro que lhes eram impostos e a tirar proveito deles. Logo dominavam as técnicas para assegurar que seus próprios eleitores fossem registrados e, uma vez no poder, costumavam aproveitar as leis de registro como um meio de impedir outros homens e mulheres de votar. Conforme salientou o cientista político Steven Erie, uma vez arraigadas no poder, as máquinas políticas irlandesas que dominavam a política municipal em várias cidades mostravam pouco interesse em mobilizar novos eleitores, sobretudo os imigrantes da Europa Oriental e Meridional. Em alguns estados, como Massachusetts, o atrito com os irlandeses levou inúmeros novos imigrantes a apoiarem os ianques republicanos. Ao mobilizar seus próprios eleitorados e apoiar as leis incômodas de registro que dificultavam o voto para os outros, as máquinas políticas irlandesas conseguiam manter controle sobre seus gastos e ao mesmo tempo reduzir as ameaças ao seu poder – uma postura que bem pode ter contribuído para o declínio do conflito político acerca do registro durante a era progressiva. As máquinas políticas prosperaram durante este período, com e sem sistemas fortes de registro.[74]

Enquanto isso, os tribunais estaduais haviam sancionado a criação de sistemas de registro desde que não limitassem abertamente os requisitos constitucionais de votação. Mesmo quando as constituições estaduais não autorizavam ou instruíam os legislativos a aprovar leis de registro (mais de vinte o fizeram em 1920), os tribunais costumavam ser complacentes. "Um

---

73 Holli, *Reform in Detroit*, p.191-193; McSeveney, *Politics of Depression*, p.67-69; a lei de registro da Pensilvânia (Public Law 49) foi aprovada em 17 de fevereiro de 1906, e seguida pela Public Law 395 (1907). Bureau for Research in Municipal Government, *Report of the Commission to Review and Codify the Election Laws of Pennsylvania* (s.l., 1911), Apêndice G. Sobre Nova York, ver Flick, A. C. (org.), *History of the State of New York*, v.7, 1935, p.203, 206-208, 220; McCormick, R. L., *From Realignment to Reform:* Political Change in New York State, 1893-1910. Ithaca, NY, 1981, p.48-54, 106-109, 114-118, 125-127, 243-263; Scarrow, *Parties*, p.82-83. Para a complexa e controversa evolução das leis de registro na Pensilvânia, ver Harris, *Registration*, p.63-68, 78-81, 363; Klein, P. S. e Hoogenboom, A., *A History of Pennsylvania*, University Park, PA, 1980, p.357-361, 419; Beers, P. B., *Pennsylvania Politics Today and Yesterday:* The Tolerable Accommodation. University Park, PA, 1980, p.28-29, 63; Woodruff, Election Methods, p.181-204, The Ills of Pennsilvannya. *Atlantic Monthly*, 88, 1901, p.558-566; Fox, B. R., The Philadelphia Progressives: A Test of the Hofstadter-Hays Theses. *Pennsylvania History*, 34, outubro de 1967, p.372-394; *Digest of the Election Laws of Pennsylvania (As Compiled for Smull's Legislative Handbook)*, Harrisburg, 1916.

74 Eric, S. P., *Rainbow's End:* Irish-Americans and the Dilemmas of Urban Machine Politics, 1840-1985. Berkeley, CA, 1988, p.93-97, 249-250; Abrams, R. M., *Conservatism in a Progressive Era:* Massachusetts Politics, 1900-1912. Cambridge, Ma, 1964, p.50-51; para um exemplo da adaptação da máquina política a novas regras de registro, ver *New York Times*, 4 out. 1908.

sistema inteligente de registro", concluiu um tribunal de Ohio, em 1885, era um meio eficaz "de evitar fraudes, garantir a integridade nas urnas e permitir que o eleitor honesto e qualificado exerça sua influência justa". Na verdade, os tribunais por vezes anulavam os estatutos que parecessem demasiado restritivos, como aconteceu com uma lei de Ohio, que abria os cadernos de registro apenas sete dias por ano e não providenciou nenhuma cláusula para os eleitores que por acaso estivessem ausentes durante esse período. No entanto, em geral, o registro era endossado como um componente razoável de administração eleitoral. Os tribunais também confirmaram a legitimidade das leis de registro que se aplicassem apenas a determinadas classes de cidades, apesar das objeções de que tais leis violavam a cláusula de igual proteção da Décima Quarta Emenda. Como regra – com exceção do Sul, pelo menos – os tribunais aplicavam os mesmos princípios para as eleições primárias e para as eleições gerais.[75]

O impacto dessas leis era altamente variável e dependia não só dos detalhes das próprias leis, mas também da capacidade e determinação dos partidos políticos para obter o registro de seus próprios eleitores. Quantificar tanto impacto vai além do escopo deste estudo, mas pode-se dizer com certeza que as leis de registro reduziram a votação fraudulenta e impediram um grande número (provavelmente milhões) de eleitores de votar. Em cidades como Filadélfia, Chicago e Boston, apenas 60 a 70% de eleitores qualificados foram registrados entre 1910 e 1920; em bairros habitados por pobres, os valores foram significativamente menores. Em São Francisco entre 1875 e 1905, foram registrados, em média, apenas 54% dos homens adultos. O comparecimento eleitoral caiu de forma constante precisamente durante o período em que os sistemas de registro

---

75 *Daggett versus Hudson*, 3 N. E. 538 (Ohio 1885), *The People ex rel. Smith versus District Court of the Third Judicial District*, 78 P. 679 (Colo, 1904), *People ex rel. Grinnell versus Hoffman*, 8 N.E. 788 (Ill. 1886); *People ex rel. Frost versus Wilson*, 62 N.Y. 186 (N.Y. 1875); *Kineen versus Wells*, 11 N.E. 916 (Mass, 1887): Harris, *Registration,* p.305-313. As eleições primárias – para prover a direta e ostensivamente mais democrática seleção de candidatos – estavam se tornando comuns pela nação durante esse período. Embora pudesse ser alegado que as eleições primárias eram puramente negócios de partido e, assim, que os próprios partidos podiam regular o direito de votar em primárias, tanto as cortes como as legislaturas insistiam cada vez mais que as regras em primárias fossem idênticas àquelas em eleições gerais. Em estados onde existia a competição partidária, é claro, as primárias restritivas podiam prejudicar a chance de um partido de vencer eleições gerais – que é o motivo de as primárias não se tornaram um meio de restringir o direito a voto no Norte. Para um exemplo de leis sobre primárias, ver *General Laws, and Joint Resolutions, Memories and Private Acts, Passed at the Fourth Session of the Legislative Assembly of the Territory of Colorado*. Denver, CO, 1865, p.187-188; e *Laws Passed at the Extraordinary Session of the Seventheent General Assembly of the State of Colorado*. Denver, CO, 1910, cap.4, sess.11, 24. Para casos de corte sobre eleições primárias, ver *People versus Board of Election Commissoners of Chicago*, 777 N.E. 321 (Ill., 1906); *People ex rel. Phillips versus Strassheim*, 88 N.E. 821 (Ill., 1909); *Shostag versus Cator,* 91 P. 502 (Cal. 1907). Ver também Capítulo 7.

estavam sendo elaborados, e os estudiosos estimam que um terço ou mais dessa queda, em nível nacional, pode ser atribuída à adoção de sistemas de registro.[76]

Em alguns lugares o impacto foi muito mais impressionante e visível de forma imediata. Por exemplo, em Nova Jersey, a aprovação de novas leis de registro no início do século XX foi imediatamente seguida por uma queda tão acentuada no comparecimento às urnas, sobretudo nas cidades, que um jornal de New Brunswick concluiu que "os críticos que declararam que a Lei Geran resultaria na cassação do direito de voto de milhares estavam justificados". Da mesma forma, em Pittsburgh em 1907, a comissão de registro recém-criada manifestou exultante, nos livros de atas particulares de suas reuniões, que "os números falam por si em relação aos bons resultados obtidos no âmbito do funcionamento da Lei de Registro de Pessoal". O número de homens que se cadastraram para votar caiu de 95.580 para 45.819.[77]

Post scriptum: fraude, classe e motivos

Os defensores da reforma eleitoral e dos procedimentos elaborados de registro – bem como outras medidas, como a do fechamento antecipado dos locais eleitorais – invariavelmente defendiam a necessidade dessas medidas para evitar as fraudes e corrupção. Os debates legislativos eram entremeados de anedotas de fraudes nas urnas, contagem errada de votos, hordas de imigrantes em fila para votar como a máquina havia instruído, homens se atropelando de um distrito eleitoral para outro para votar cedo e muitas vezes. O objetivo da reforma, de acordo com seus defensores, não era encolher o eleitorado ou impedir certos grupos sociais de votar, mas garantir eleições honestas. Como era de se esperar, os historiadores – orientados por um registro escrito composto em grande parte pelos reformistas alfabetizados e vitoriosos – muitas vezes fizeram eco a essa perspectiva: os reformadores políticos do final do século XIX e da era progressiva têm sido comumente retratados como honestos cidadãos da

---

[76] Harris, *Registration*, p.21, 106, 263-264, 302-303. 334-349. Kousser, *Shaping of Southern Politics,* p.47-48; Kleppner, P., *Who Voted:* The Dynamics of Electoral Turnout, 1870-1980. New York, 1982, p.60-62; McDonald, *Parameters*, p.120; Reynolds, *Testing Democracy*, p.145-155. Por décadas, cientistas políticos (incluindo Walter Dean Burnham, Philip Converse, Steven Rosenstone, Raymond Wolfinger, Paul Kleppner, Richard Carlson, Frances Fox Piven, e Richard Cloward) se empenharam num produtivo debate acadêmico sobre a importância do registro na redução do comparecimento às urnas, historicamente e em anos recentes. Um sumário desse debate é apresentado em Piven, F. F. e Cloward, R., *Why Americans Don't Vote*. New York, 1988, p.89-109. Ver também Capítulo 9.

[77] Registration Commission of Pittsburgh, Minute Books, v.1. Relatório de 28 fev. 1907. Archives of Industrial Society, University of Pittsburgh; Reynolds, *Festing Democracy*, p.158.

classe média e alta que estavam tentando limpar a política, acabar com a corrupção praticada por máquinas políticas de base étnica e seus aliados comerciais sem escrúpulos.[78]

Que esses retratos sejam muito monocromáticos – e enganadores – é sugerido pelas declarações dos próprios reformadores: seu antagonismo em relação aos pobres, à classe trabalhadora e aos eleitores nascidos no estrangeiro era levemente dissimulado na melhor das hipóteses, e muitos deles acolhiam de modo descarado a perspectiva de remover esses eleitores do eleitorado. Ainda assim, a questão da fraude permanece: seria a corrupção tão gritante que os motivos dos reformadores eram exatamente o que pareciam, que suas intenções podem ser vistas como democráticas, fossem quais fossem as consequências? Será que as leis de registro e reforma eleitoral deveriam ser entendidas principalmente como armas na luta contra a fraude eleitoral, ou como técnicas para diminuir a amplitude da democracia?

Os indícios disponíveis – inevitavelmente fragmentários e irregulares – não oferecem respostas definitivas para essas questões. Por um lado, a fraude e a corrupção certamente existiam: as denúncias vinham não só dos reformadores da alta roda, mas das organizações trabalhistas e populistas; além disso, os livros de memórias dos políticos contêm numerosas admissões de práticas abusivas e ilegais. Por outro lado, estudos recentes descobriram que as alegações de corrupção generalizada estavam baseadas quase inteiramente em anedotas genéricas, de caráter emocional, apoiadas por histórias e pouca investigação sistemática ou provas. Paul Kleppner, entre outros, concluiu que o que mais impressiona não é a alta, mas a baixa quantidade de casos documentados de fraude eleitoral que podem ser encontrados. A maioria das eleições parece ter sido conduzida com honestidade: as fraudes nas urnas, o suborno e a intimidação eram a exceção, não a regra.[79]

As provas sugerem também que os políticos urbanos da máquina e seus membros étnicos não eram os únicos a contornar ou ignorar as fronteiras da legalidade. O "chefão" Boss Tweed, de Nova York, vivendo em esplendor em razão das propinas abundantes que recebia por meio de sua "organização" basicamente irlandesa, foi sem dúvida o político corrupto mais famoso do final das décadas de 1860 e 1870. Mas, talvez, o exemplo mais célebre de

---

[78] Para um exemplo da perspectiva histórica tradicional, ver Abrams, *Conservatism,* p.53. Para interpretações mais próximas às apresentadas aqui, ver Hays, S. P., The Politics of Reform in Municipal Government in the Progressive Era. *Pacific Northwest Quarterly,* 55, outubro de 1964, p.157-169; e Reynolds, *Testing Democracy,* p.122.

[79] Um exame excelente da literatura sobre fraude é apresentado em Argersinger, New Perspectives on Election Fraud, p.669-687; ver também Kleppner, P., *Continuity and Change in Electoral Politics, 1893-1928.* New York, 1987, p.168-171; Jaher, *Urban Establishment,* p.505-505. Para uma narrativa mais detalhada, ver Campbell, T., *Deliver the Vote:* A History of American Election Fraud, an American Political Tradition – 1742-2004. New York, 2005.

irregularidade eleitoral na década de 1890 tenha se dado na zona rural de Adams County, Ohio, onde 90% do eleitorado, constituído inteiramente da "antiga e excelente cepa americana", estava sendo pago para votar. Além disso, a pressão coercitiva para votar (e votar da maneira correta) vinha não só de máquinas políticas, democratas e republicanas, mas também por parte dos empregadores e das empresas.[80]

Para citar um exemplo pouco conhecido, mas vívido: em 1914, as eleições gerais foram realizadas no condado de Huerfano, Colorado, que, na época, estava envolvido numa prolongada greve de mineiros de carvão contra a companhia Colorado Fuel and Iron e várias outras empresas de carvão. A dura greve já havia produzido o infame massacre de Ludlow de famílias em greve vivendo numa cidade de tendas, mas também levou o governo federal a enviar tropas para manter a ordem. As eleições resultaram em uma vitória para a chapa republicana de candidatos, liderada pelo poderoso xerife, J.B. Farr. No entanto, a ação movida pelos democratas revelou um notável conjunto de irregularidades.

Os republicanos, que trabalhavam com a Colorado Fuel and Iron, haviam delimitado áreas eleitorais de modo que sete regiões do condado estavam localizadas inteiramente em terras de propriedade da empresa. Em dias de inscrição e no dia da eleição, os guardas da empresa recusavam-se a permitir a entrada nessas áreas de quem quer que fosse considerado membro de sindicato, agitador ou simpatizante dos trabalhadores. Os fura-greves estrangeiros que viviam nos campos de mineração, então, eram levados até as urnas por funcionários da empresa; uma vez que muitos eram analfabetos, eles recebiam cartões impressos, contendo a letra R, e sendo ilegalmente assistidos por juízes eleitorais. Estes eleitores foram instruídos a passar os cartões ao longo da cédula e colocar sua marca ao lado de qualquer nome que tivesse uma designação de partido de R. Quase 90% dos votos foram para os republicanos nessas áreas "fechadas", o suficiente para superar uma maioria democrata no resto do condado. As violações da lei eram tão flagrantes que a Suprema Corte do Colorado finalmente anulou a eleição, revogando a decisão dos juízes (republicanos) locais que alegavam não ter visto nenhuma evidência de uma votação fraudulenta.[81]

O que aconteceu em Huerfano County não era o tipo de fraude que perturbasse o os homens republicanos relativamente prósperos, que pressionavam por sistemas de registro rigorosos e outras reformas de "voto honesto". Estes reformadores, que eram tão sensíveis às práticas duvidosas

---

80 Argersinger, New Perspectives in Electoral Fraud, p.669-686; Gist, G. B., Progressive Reform in a Rural Community: The Adams County Vote-Fraud Case. *Mississippi Valley Historical Review*, 48, junho de 1961, p.60-78; Bribery as a Local Custom. *Outlook,* 97, 14 jan. 1911, p.42-44.
81 *Neeley versus Farr*, 158 P. 458 (Colo. 1916).

das máquinas políticas urbanas, raramente mencionavam os abusos por parte dos empregadores, e seu apoio aos procedimentos de registro aplicáveis apenas às cidades ignorava a possibilidade de corrupção rural. Muitos dos reformistas, além disso, acabaram por se juntar aos democratas ao fechar os olhos para a cassação do direito de voto flagrante de negros e brancos pobres no Sul. As medidas que propunham de "purificar as urnas" eram destinadas basicamente a determinadas urnas e determinados eleitores.

Isso não quer dizer que as alegações dos reformadores sobre a fraude fossem mera fachada ou esforços cínicos para mascarar as motivações partidárias ou intenções antidemocráticas; esse cinismo certamente estava presente entre alguns defensores das leis de registro e da reforma eleitoral, mas havia mais do que isso. Conforme ressaltaram Kleppner e outros, corrupção era uma palavra com muitos significados e os reformadores introduziram o termo para se referir a práticas que pareciam (para eles) inadequadas, bem como ilegais. Pagar pessoas para ganhar seu voto parecia corrupto, assim como pagar imposto de votação para que o eleitorado pudesse votar, mesmo se não houvesse um controle partidário direto ligado ao pagamento. Os reformadores também acreditavam que os votos eram corruptos quando motivados por interesse próprio, por exemplo, quando um homem votava conforme o patrão o instruía, em troca do favor de um trabalho ou uma entrega grátis de carvão.[82]

Além disso, parece bem provável que muitos defensores da regulamentação eleitoral ficassem genuinamente ofendidos pelo estado das práticas políticas: eles acreditavam que a fraude era epidêmica, sobretudo nas cidades. No entanto, essa própria crença era ligada e moldada pelas tensões de classe e etnia. Os cidadãos respeitáveis da classe média e alta acreditavam com facilidade que a fraude era galopante entre os irlandeses e os novos trabalhadores imigrantes precisamente porque viam esses homens como indignos de confiança, ignorantes, incapazes de comportamento democrático adequado, e ameaçadores. Histórias sobre corrupção e votação ilegal pareciam críveis – e podiam ser ampliadas em visões temerosas de sistemática desonestidade – porque os habitantes das favelas (como os negros no Sul) pareciam indignos e incivilizados, e porque os políticos muito desprezados da máquina estavam, de alguma forma, ganhando as eleições.

Uma analogia em nosso tempo poderia ser a noção generalizada de que muitos beneficiários da Previdência Social, geralmente negros e hispânicos, estavam "enganando o sistema" nas décadas de 1980 e 1990. Apesar da falta de provas, a história muitas vezes contada por Ronald Reagan sobre uma mulher que dirigia um Cadillac para pegar seu cheque da Previdência parecia convincente, e repercutia entre os americanos predispostos a considerar as pessoas pobres negras como preguiçosas e desonestas. A reação

---

82 Kleppner, *Continuity and Change*, p.169-170.

no fim do século XIX ao retrato que Francis Parkman fez do eleitorado foi semelhante: os líderes políticos sentiam-se justificados a modificar as leis eleitorais baseadas em relatos e impressões muito genéricas. Em ambos os casos, as críticas condenatórias generalizadas eram geradas por germes de fatos, cultivados num meio de preconceito e temores de classe e etnia.

Dois casos especiais

Crimes infamantes

Enquanto revisavam outros aspectos de suas leis eleitorais, os estados estenderam a cassação do direito de voto dos criminosos e ex-criminosos. Cerca de vinte estados haviam tomado essa medida antes da Guerra Civil; por volta de 1920, todos, com exceção de alguns, tinham feito algumas disposições relativas à restrição do sufrágio aos homens condenados por um delito penal, geralmente um crime doloso ou "infamante" que, no direito comum, proibia o autor de depor sob juramento no tribunal (ver o Capítulo 3 e Tabela A.15). No Sul, essas medidas quase sempre eram mais detalhadas e incluíam delitos menores, visando às violações da lei de menor gravidade que pudessem ser invocadas para cassar o direito de voto dos afro-americanos.[83]

Em outros lugares, as leis não tinham metas sociais claras e em geral eram aprovadas de uma forma impessoal. As convenções constitucionais e as legislaturas às vezes envolviam-se em discussões triviais sobre a mudança de definição de crime doloso e sobre as listas específicas de crimes que pudessem aduzir a cassação do direito de voto (a fraude eleitoral constava na lista de todos). Havia também algumas divergências e alguma variação, de estado para estado, relativas ao período de exclusão. Em quase todos os estados, os criminosos perdiam seu direito de voto enquanto permaneciam na prisão; em vários outros, essa perda era permanente, de forma implícita ou explícita, mas muitos estados tornaram possível que os ex-criminosos recuperassem seus direitos civis, geralmente por meio do governador. No entanto, o princípio da cassação do direito de voto raramente era contestado, tanto nas legislaturas quanto nas convenções constitucionais. Os tribunais preservavam essas leis, concluindo que os estados tinham o direito de cassar os ex-criminosos e ao mesmo tempo um forte interesse por isso. Em 1885 e 1890, a Suprema Corte dos EUA validou

---

83 The Disenfranchisement of Ex-Felons: A Cruelly Excessive Punishment. *Southwestern University Law Review,* 7, 1975, p.124-125; Shapiro, A. L., Challenging Criminal Disenfranchisement Under the Voting Rights Act: A New Strategy. *Yale Law Journal,* 103, out. 1993, p.537-542. Ver também Capítulo 4.

as leis que excluíam aos condenados por bigamia ou poligamia o direito de voto em territórios federais e no novo estado de Idaho.[84]

O amplo apoio para essas leis é digno de nota porque, conforme os analistas jurídicos modernos têm salientado, nunca houve uma justificativa especialmente persuasiva ou coerente para cassar o direito de voto dos criminosos e ex-criminosos. Em suas origens clássicas e inglesas, essas leis eram basicamente de natureza punitiva, e o impulso punitivo esteve claramente presente nos Estados Unidos durante a maior parte do século XIX. No entanto, a eficácia da cassação do direito de voto como punição foi sempre duvidosa, já que não havia nenhuma prova de que isso dissuadia crimes futuros, nem (exceto no caso de crimes eleitorais) parecia ser uma forma adequada ou significativa de punição. Talvez por esse motivo, no final do século XIX os estados foram levados a uma lógica diferente: a cassação do direito de voto dos criminosos era necessária para proteger a integridade das eleições e – nas palavras muito citadas de uma decisão do Supremo Tribunal de Alabama – "para preservar a pureza das urnas". Os defensores argumentaram que os homens que não eram confiáveis em termos legais para dizer a verdade (que era o motivo formal pelo qual não podiam testemunhar no tribunal) corromperiam o processo eleitoral. Além disso, expressaram o temor de que os ex-criminosos empoderados com o sufrágio pudessem se unir e votar para revogar as leis penais. Ambos os argumentos eram, no melhor dos casos, fundados em conjecturas.[85]

Por que, então, os criminosos e ex-criminosos eram privados do direito de voto de modo tão generalizado e com tão pouco debate? Parte da resposta, como Jeff Manza e Christopher Uggen argumentaram, reside na percepção cada vez mais difundida de que as ordens sociais mais baixas (que eram representadas de forma desproporcional nas prisões e cadeias) constituíam uma "ameaça racial" à sociedade. Tanto os afro-americanos

---

84 As discussões sobre a perda do direito de votar daqueles condenados por fraude eleitoral podem ser encontradas nas convenções constitucionais (citadas anteriormente) em Maryland, 1867; New York, 1872 e 1894; Pennsylvania, 1872-1873; Texas, 1875; Delaware, 1896; Massachusetts, 1917; Illinois, 1920. Discussões da perda do direito de votar (e perdão) de criminosos podem ser encontradas em *Debates Maryland 1867*, p.230-231; *Debates Pensilvannya 1872-73*, v.1, p.133; *Debates Missouri 1875*, v.4, p.141-151; *Debates Texas 1875*, p.259-262; *Debates Ohio 1873*, v.2, p.1952-1957. Ver também The Equal Protection Clause as a Limitation on the States Power to disfranchise Those Convicted of a Crime. *Rutgers Law Review*, 21, 1967, p.298-300; *Davis versus Beason*, 133 U.S. 333 (1890); Manza, J. e Uggen, C., *Locked Out*: Felon Disenfranchisement and American Democracy. New York, 2006, p.28-29.

85 Equal Protection Clause, p.300-301, 310-313; *Washington versus State*, 75 Ala. 582, 51 Am. Rep. 479 (Ala. 1884); The Need for Reform of Ex-Felon Disfranchisement Laws. *Yale Law Journal*, 83, 1974, p.584-587; Restoring the Ex-offender's Right to Vote: Background and Developments. *American Criminal Law Review*, 11, 1973, p.721-731; The Disefranchisement of Ez-Felons: Citizenship, Criminality, and the Purity of the Ballot Box. *Harvard Law Review*, 102, 1989, p.1302-1317; Shapiro, Challenging Criminal Disenfranchisement, p.560-563.

como os imigrantes (cujos números cresciam rapidamente) alimentavam esses temores, e as leis de cassação do direito de voto dos criminosos eram um meio, tanto simbólico como concreto, de conter a ameaça.[86] Em geral, a promulgação fácil e basicamente incontestada dessas leis implicava uma convicção tácita, mas infiltrada em todos os debates sobre o sufrágio durante este período: o eleitor deveria ser uma pessoa de princípios morais. Embora as leis estaduais raramente fizessem menção explícita à moral como um requisito para o sufrágio, e a dificuldade de impor um teste de moralidade fosse manifesta, persistia a ideia de que havia limites morais para a política. Era certamente difícil discernir ou concordar com esses limites, conforme revelaram os debates sobre as exclusões dos indigentes e a corrupção, mas era fácil distinguir e rotular os homens que haviam sido condenados por crimes.

A adesão plena à comunidade política, portanto, dependia de um comportamento adequado e, talvez, até mesmo de crenças adequadas: coexistiam com dificuldade a alegação geral de que o sufrágio era um direito e a noção ressurgente de que o estado poderia traçar uma linha entre os dignos e os indignos, que poderia determinar quem estava apto a possuir direitos políticos. Na verdade, a cassação do direito de voto dos criminosos era um ato simbólico de banimento político, uma afirmação do poder do estado de excluir aqueles que violavam as normas vigentes. É revelador que um dos processos judiciais mais importantes envolvendo essas questões trate-se de uma lei de Utah que tornava criminoso (e, portanto, sujeito à cassação do direito de voto) um homem que praticasse, ou até mesmo defendesse, a bigamia. Igualmente revelador, talvez, seja o fato de que o mesmo legislativo estadual que elaborou o teste de alfabetização de Nova York manifestou sua desaprovação das opiniões políticas de alguns cidadãos, impedindo cinco socialistas legalmente eleitos de ocupar suas cadeiras. O Presidente da Assembleia de Nova York declarou que "os votos socialistas" não seriam reconhecidos até que o partido se tornasse "completamente americano".[87]

---

86 Manza e Uggen, *Locked Out*, p.46-68; Behrens, A., Uggen, C. e Manza, J., Ballot Manipulation and the "Menace of Negro Domination": Racial Threat and Felon Disenfranchisement in the United States, 1850-2002. *American Journal of Sociology*, 109, novembro de 2003, p.559-605.
87 Ex-Felon Disenfranchisement Laws, p.581, 586-588; *Davis versus Beason,* 133 U.S. 333, 1890; Disenfranchisement of Ex-Felons, p.1304-1315; Gavit, *American by Choice*, p.401; *New York Times,* 2 abr. 1920.

Alexander Keyssar

Nativos americanos

> Mais uma vez, não há nenhuma necessidade política esmagadora, como no caso dos negros, que nos obrigue a tornar os índios em cidadãos. Quando lembramos que o nosso país está sendo invadido, ano após ano, pelas classes indesejáveis expulsas da Europa pelo fardo que são ao governo de onde nasceram; que até 70 mil imigrantes desembarcaram em nossas costas num único mês, compostos em grande parte por trabalhadores chineses, indigentes irlandeses e judeus russos; que o número está sendo aumentado pelos aventureiros de todas as terras – os comunistas da França, os socialistas da Alemanha, os niilistas da Rússia e os assassinos cortadores de garganta da Irlanda – que todas essas pessoas podem se tornar cidadãos dentro de cinco anos, e a maioria delas eleitores sob as leis do Estado, tão logo declararem suas intenções de se tornar cidadãos – bem que podemos hesitar em acolher os últimos "selvagens incultos" na condição de cidadania.
> – G. M. Lambertson, "Cidadania indígena"
> *American Law Review*, 1886

Os nativos americanos continuavam a ocupar um lugar especial na lei e na sociedade norte-americana. No final da Guerra Civil, a grande maioria, apesar de nascida nos Estados Unidos, não era cidadã, e podia obter a cidadania somente por meio de tratados, e não das leis de naturalização que se aplicavam aos estrangeiros brancos. Ao contrário dos negros e imigrantes, eles não eram necessários pelo seu trabalho, mas as terras que controlavam eram cobiçadas pelos colonos, mineiros, e empresas ferroviárias. Apesar de terem sido louvados como nobres selvagens pelos reformadores humanitários que controlavam a política indigenista durante grande parte do século XIX, eles foram alvos de uma guerra de atrito, bem como de um programa de recolonização, que rapidamente destruiu o modo de vida de algumas das maiores tribos. Eles também eram poucos em número, totalizando menos de 250 mil no nadir de sua população, em 1900.

Em 1865, a maioria dos nativos americanos não podia votar, basicamente porque não eram cidadãos; durante os sessenta anos seguintes, o caminho dos indígenas à condição de cidadania foi tortuoso e difícil. A Décima Quarta Emenda pôs as coisas em movimento com a declaração de que "todas as pessoas nascidas ou naturalizadas nos Estados Unidos, e sujeitas à sua jurisdição, são cidadãs dos Estados Unidos". Em resposta às alegações de que a emenda efetivamente transformava índios em cidadãos, o Comitê Judiciário do Senado, em 1870, publicou um relatório rejeitando essa interpretação. Os nativos americanos que mantinham relações com suas tribos, concluiu o Comitê, não nasceram sob a jurisdição dos Estados Unidos e, portanto, não estavam cobertos pela emenda. Um ano depois, uma corte distrital federal em Oregon concordou, afirmando que as tribos indígenas eram "comunidades políticas independentes" e não estavam totalmente sujeitas à jurisdição do governo nacional. Em 1884, no caso que marcou época, Elk *versus* Wilkins, a Suprema Corte dos EUA encerrou o debate sobre a questão, concluindo que a Décima Quarta Emenda não iria conferir cidadania a John Elk, um índio que havia nascido em terras tribais. A Corte alegou, ainda, que Elk, que tinha deixado sua tribo e morava em Omaha, não podia obter a cidadania simplesmente pela assimilação: se ele estava "tão avançado" a ponto de "poder sair do estado de pupilagem" era uma decisão a ser tomada pela nação sob cuja tutela ele se encontrava. Assim, o direito de voto de Elk – ele havia instaurado um processo após ter sido impedido de votar em Omaha – não estava protegido pela Décima Quinta Emenda.[88]

No entanto, foi a política formal dos Estados Unidos que incentivou a cidadania indígena e a assimilação do índio na sociedade americana. Embora o Congresso continuasse a conceder a cidadania por meio de tratados com as tribos individuais até 1871, a principal orientação da política tornou-se a atribuição da cidadania aos índios que estavam abandonando os costumes tribais e tornando-se "civilizados". Em 1887, o Congresso aprovou a Lei Loteamento Geral (ou Lei de Dawes), que concedia a cidadania a todos os nativos americanos que "tenham adotado os hábitos da vida civilizada", bem como àqueles que aceitavam loteamentos privados do que antes eram terras tribais (um objetivo fundamental do ato era liberar as terras tribais para o assentamento branco). Graças, em parte, a essa lei e, em parte, a um decreto do Congresso aprovado em 1901, mais de metade de todos os índios eram cidadãos em 1905. Este número foi aumentado após a Primeira Guerra Mundial, quando a cidadania foi conferida aos índios que haviam servido no exército e sido dispensados com honras. Finalmente, em resposta à política partidária no Oeste, à política burocrática em Washington, e ao serviço durante a guerra dos nativos americanos, o Congresso, em 1924, declarou que todos os índios nascidos nos Estados Unidos eram cidadãos.[89]

---

88 Wolfley, J., Jim Crow, Indian Style: The Disenfranchisement of Native Americans. *American Indian Law Review,* 16, 1991, p.167-175; Smith, R. M., *Civic Ideals:* Conflicting Visions of Citizenship in U. S. History. New Haven, CT, 1997, p.390-396; Houghton, N. D., The Legal Status of Indian Suffrage in the United States. *California Law Review,* 19, 1931, p.510-512.

89 Wolfley, Jim Crow, p.175-181; Allen, J. H., Denial of Voting Rights to Reservation Indians. *Utah Law Review,* 5, 1956, p.221-252; Stein, G. C., The Indian Citizenship Act of 1924. *New Mexico Historical Review,* 47, julho de 1972, p.257-270; Cohen, F., *Handbook of federal Indial Law,* Charlottesville, VA, 1982, p.639-652. O *Dawe Act* foi invocado por uma corte da Califórnia em 1917 para justificar sua recusa a acatar pela decisão Elk *versus* Wilkins, Anderson *versus* Mathews, 163 P. 902, 904 (Cal. 1917).

Enquanto isso, os estados já vinha tomando medidas por conta própria. Em Massachusetts, em 1869, por exemplo, os republicanos e ex-abolicionistas, que consideravam hipócrita negar aos índios os mesmos direitos que exigiam para os negros do Sul, conseguiram aprovar uma legislação que declarava que todos os índios eram "cidadãos da nação [...] autorizados a todos os direitos, privilégios e imunidades" da cidadania; prenunciando a Lei de Dawes, a Lei de Empoderamento Político Indígena também estipulou que todas as terras indígenas reverteriam para a propriedade individual e, portanto, poderiam ser vendidas para os não índios. No início do século XX, como a Tabela A.16 indica, quase todos os estados com populações nativas do país haviam decretado disposições constitucionais ou oficiais parecidas de duplo sentido. Por um lado – de forma implícita ou explícita – elas estendiam os direitos políticos a alguns nativos americanos, em geral, aqueles que estavam assimilados ou haviam "cortado suas relações tribais". Ao mesmo tempo, os estados privavam do direito de voto os índios que continuavam a fazer parte de tribos, ou eram "não tributados" ou "não civilizados".[90]

A política predominante era clara, embora difícil de aplicar: os nativos americanos poderiam se tornar eleitores, mas somente se cedessem ou repudiassem sua própria cultura, organização econômica e normas sociais. A condição de membro do sistema de governo era condicionada ao bom comportamento, à adoção de uma cultura e estilo de vida considerados adequados pelos estados que haviam conquistado militarmente as tribos indígenas. Uma vez que o comportamento bom e apropriado nem sempre estava disponível, muitos dos estados com as maiores populações de nativos americanos começaram a conceber novas justificativas para cassar o direito de voto dos índios após a aprovação da Lei da Cidadania, de 1924.

Soberania e autodeterminação

Um importante subproduto da evolução das leis de voto, do Sul e do Norte, foi a delimitação cada vez mais precisa dos poderes federal, estadual e municipal na determinação de lei de sufrágio. Durante a Reconstrução, o governo federal tinha afirmado sua jurisdição de uma forma sem precedentes, com a aprovação das Décima Quarta e Décima Quinta Emendas, bem como dos atos de execução. Durante várias décadas depois, a atividade federal para proteger os direitos consagrados nessas emendas persistiram,

---

90 Plane, A. M. e Button, G., The Massachusetts Indian Enfranchisement Act: Ethnic Contest I, Historical Context, 1849-1869. *Ethnohistory,* 40, 1993, p.587-618.

mesmo no Norte. Entre 1877 e 1893, mais de metade de todas as dotações federais para a supervisão eleitoral foi gasta em Nova York.[91]

No entanto, a tendência à nacionalização do direito de voto revelou-se de curta duração e fragmentária. As decisões do Congresso de adotar uma versão limitada da Décima Quinta Emenda, de revogar disposições essenciais dos atos de execução, e de não promulgar a *Lodge Force Bill* efetivamente deixaram o governo federal nos bastidores durante a maioria dos debates sobre a expansão do sufrágio. O papel de Washington foi circunscrito ainda mais por decisões da Suprema Corte que definitivamente cortaram a relação entre cidadania e sufrágio e que interpretaram a Décima Quinta Emenda no sentido de proibir apenas as formas mais flagrantes e intencionais de discriminação. De fato, os processos judiciais gerados pelas Décima Quarta e Décima Quinta Emendas levaram a uma articulação formal da supremacia do estado que estava apenas implícita na Constituição do país. Conforme declarou a Suprema Corte no caso Pope *versus* Williams em 1904, "o privilégio de votar num estado está abrangido pela jurisdição do próprio estado, a ser exercido como o estado orientar, e nos termos que possam parecer adequados, desde que, é claro, nenhuma discriminação seja feita entre os indivíduos, em violação da Constituição Federal". Os estados, com efeito, podiam fazer o que quisessem, desde que não tirassem o direito de voto dos homens apenas e abertamente por causa da raça. Se a Emenda Wilson tivesse sido aprovada, é claro, a história teria sido diferente: muitas das restrições ao sufrágio adotadas pelos estados do Norte e Oeste, bem como do Sul, teriam sido inconstitucionais. Mas aqueles que se opuseram à Emenda Wilson porque isso seria inflar o poder do governo nacional tinham ganhado uma vitória duradoura: o sufrágio em 1915 não era um interesse federal muito maior do que havia sido em 1880.[92]

Os tribunais também estabeleciam limites cada vez mais numerosos, embora às vezes irregulares, entre a autoridade constitucional do estado e o poder dos legislativos estaduais. Enquanto os estados tinham grande autonomia para definir os requisitos do sufrágio em suas constituições, os legislativos estaduais tinham muito menos liberdade de ação. O sufrágio permanecia um assunto de lei fundamental ou constitucional, mais do que estatuto: os legislativos, como regra, eram autorizados a aprovar as leis que concretizassem ou realizassem as disposições constitucionais, mas não possuíam o poder de alterar os requisitos do sufrágio. As práticas, porém, variavam entre os estados; conforme foi observado no Capítulo 4, vários legislativos do Sul promulgavam leis de cassação do direito de voto sem se dar ao trabalho de retificar suas constituições, e alguns tribunais estaduais

---

91 Bensel, R. F., *Sectionalism and American Political Development: 1880-1980*. Madison, WI, 1984, p.78, 83.
92 *Pope versus Williams,* 193 U.S. 621, 623 (1904).

permitiam que os legislativos tomassem medidas que tornassem indistintas as fronteiras entre os regulamentos processual e substantivo. Um tribunal de Nova York, por exemplo, descobriu em 1920 que "os regulamentos legislativos" podiam ser sensatos, mesmo que onerassem os cidadãos de forma desigual: "A inteligência do homem não pode conceber um método que transcenda toda a desigualdade e discriminação".[93]

Em muitos estados, por outro lado, os tribunais permitiam que os legislativos adotassem requisitos não convencionais de sufrágio em referendos ou eleições para cargos que não eram nomeados de forma explícita nas constituições estaduais. Em 1893, por exemplo, a Suprema Corte da Flórida concluiu, no caso muito citado de Lamar *versus* Dillon que "quando a Constituição não fixa o direito de sufrágio ou de prescrição dos requisitos dos eleitores, é competência da legislatura [...] fazer isso". Esse raciocínio tornou possível que a votação ficasse restrita aos contribuintes ou proprietários nas eleições estaduais que lidassem com as despesas públicas; além disso, abriu as portas para o voto das mulheres nas eleições do conselho escolar.[94]

O mesmo raciocínio reavivou a possibilidade de requisitos municipais de sufrágio diferentes dos que prevaleciam nas eleições estaduais. No entanto, ao contrário de seus predecessores do final do século XVIII e do início do XIX, esses requisitos não poderiam ser determinados somente pelas cidades e vilas. Como discutido no Capítulo 2, a subserviência legal dos municípios em relação aos estados foi bem estabelecida na lei americana de meados do século XIX: "a lei de Dillon", do juiz John Dillon – de que o poder do Estado sobre a municipalidade era "supremo e transcendente", que os municípios não tinham "o direito inerente de governo autônomo local que está além do controle legislativo" – foi articulada de forma minuciosa em um tratado histórico publicado em 1872. Apesar dos vários desafios de jurisprudência, manteve-se dominante, em parte porque os conservadores acreditavam que os interesses de propriedade seriam mais bem protegidos pelos governos estaduais do que pelas cidades. O próprio Dillon apoiou algumas restrições de contribuição tributária à votação e, finalmente, deixou a bancada para se tornar um advogado ferroviário importante. No entanto, a lei de Dillon permitia que as municipalidades e legislaturas de estado agissem em conjunto em relação aos requisitos de sufrágio bem definidos para as eleições municipais, sobretudo nos estados que promulgavam disposições com "regras da casa" para as cidades. Embora nunca tenham sido difundidos, os regulamentos bem definidos de sufrágio municipal foram adotados em

---

93 *Burr versus Voorbis,* 128 N.E. 220 (N.Y. 1920); *Sanner versus Patton,* 40 N.E. 290 (Ill. 1895); *McCafferty versus Guyer,* 59 Penn. 109 (1868) citado em Brightly, *Collection of Leading Cases,* p.44-50.
94 *Lamar versus Dillon,* 14 So. 383, 387 (Fla, 1893). No que diz respeito a mulheres, ver Capítulo 6.

Tulsa, Kansas City, Deer Park, Maryland e Oklahoma City, entre outros lugares, e continuaram a emergir durante todo o século XX.[95]

O novo universo eleitoral

> Embora a soberania esteja no povo, enquanto fato prático reside naquelas pessoas que, pela Constituição do Estado, estão autorizadas a exercer o direito de voto.
> – Juiz Thomas M. Cooley, 1868

> Não consigo tentar descrever as leis eleitorais complicadas e variáveis dos diferentes Estados.
> – James Bryce, 1888

Perto do início da Primeira Guerra Mundial, a cultura política efervescente e democrática de meados do século XIX tinha dado lugar a uma ordem política mais restrita e segmentada. Em todo o país, grandes fatias das classes média e alta, assim como partes da classe trabalhadora, haviam deixado de acreditar no sufrágio universal e agiam de acordo com suas convicções. No Sul, os negros e muitos brancos pobres tinham sido expulsos de modo indiscriminado das políticas eleitorais. No Norte e no Oeste, as exclusões se davam em menor escala, mas ainda eram numerosas: dependendo do estado ou cidade em que vivia, um homem podia ser impedido de votar por ser estrangeiro, mendigo, lenhador, anarquista, por não pagar impostos ou ter propriedade, não saber ler nem escrever, por ter mudado de um estado para outro no ano anterior, ter mudado de um bairro para outro pouco tempo antes, não possuir os documentos de naturalização, não comparecer para se registrar na terceira ou quarta terça-feira antes

---

95 McBain, H. L., *The Law and the Practice of Municipal Home Rule*. New York, 1916, p.11-16, 101-106, 145, 182-186, 581-583; Frug, G. E., The City as a Legal Concept. *Harvard Law Review*, 93, 1980, p.1062-1063, 1109-1117; MacDonald, A. F., *American City Government and Administration*, 3.ed., New York, 1941, p.63-69, 76-87, 253; Teaford, J. C., *The Unheralded Triumph: City Government in America, 1870-1900*. Baltimore, MD, 1984, p.105-122. A supremacia do estado sobre as municipalidades foi afirmada enfaticamente em Hunter *versus* Cidade de Pittsburgh, 207 U.S. 161 (1907). Em geral, não era considerado permissível para as legislaturas impor de modo unilateral requisitos de sufrágio distintivos a cidades individuais, embora elas pudessem escolher impor regulações procedurais sobre "classes" de cidades, agrupadas por população. A lei de Kansas City – que equivalia a requerimento induzido por imposto para votar – foi posteriormente declarada inconstitucional. Um argumento para um sufrágio municipal distintivo era o de que as cidades eram unidades jurídicas em vez de políticas; ver White, A., The Government of American Cities. *Forum*, 10, dezembro de 1890, p.357-372.

de uma eleição, não poder provar o cancelamento de um registro prévio, pela condenação por um crime, ou por ter nascido na China, ou numa reserva indígena. Apesar da conquista do sufrágio por algumas mulheres, que seria estendido a todas em pouco tempo, o mesmo conjunto denso de leis de votação aplicava-se a elas também. Não é nenhuma surpresa, à luz desta história legal, que o comparecimento às urnas tenha caído durante a segunda metade desse período. A votação não era para qualquer pessoa.[96]

Essa contínua contração dos direitos de sufrágio em toda a nação tinha várias causas. De uma forma mais ampla, quem exercia o poder econômico e social durante as rápidas mudanças de fins do século XIX encontrava dificuldades para controlar o estado (o que era cada vez mais necessário) nas condições de plena democratização. No Sul, a abolição da escravatura, juntamente com o início da industrialização e da necessidade premente de uma força de trabalho agrícola dócil, criavam pressões que sobrecarregavam as instituições democráticas incipientes. Nas regiões Norte e Oeste, o crescimento explosivo de indústrias de transformação e extrativa com grande quantidade de mão de obra geraram conflitos de classes numa escala que o país nunca havia conhecido. Como Max Weber observou há muito tempo, é durante os períodos de mudança econômica e tecnológica rápida que a categoria de classe se destaca mais e as questões de classe ficam mais proeminentes. Os Estados Unidos não foram o único país cujas instituições políticas foram profundamente abaladas pelas tensões do industrialismo.[97]

No entanto, por si só, esses fatores econômicos e de classe não teriam, com toda a probabilidade, produzido uma diminuição tão acentuada e generalizada das entradas nas cabines de votação. E um fato igualmente crítico foi que as ordens inferiores ameaçadoras consistiam em grande parte de homens que eram racialmente diferentes ou vinham de diferentes origens étnicas, culturais e religiosas. O que aconteceu no Sul parece inimaginável na ausência de hostilidade racial e preconceito. Da mesma forma, as mudanças nas leis de votação no Norte e no Oeste só foram

---

96 Cooley, T. M., *A Treatise on the Constitutional Limitations which rest upon the legislative power of the states of the American union*. Boston, 1883, p.758, citado em State ex. Rel. Lamar *versus* Dillon, 14 So. At 387; Bryce, *American Commonwealth*, v.2, p.146. A noção de que um novo "universo" político tenha aparecido no início do século XX originou-se com Walter Dean Burnham, o primeiro estudioso do comparecimento eleitoral às urnas nos Estados Unidos. Ver, entre as muitas obras de Burnham, The Appearance and Disappearance of the American Voter. In: Rose, R. (org.), *Electoral Participation:* A Comparative Analysis. Beverly Hills, CA, 1980, p.35-37; Id., The Changing Shape of the American Political Universe. *American Political Science Review*, 59, março de 1965, p.7-28; Id., *Critical Elections and the Mainspring of American Politics*. New York, 1970. Cf. McCormick, R. L., *The Party Period and Public Policy:* American Politics from the Age of Jackson to the Progressive Era. New York, 1986, p.274-279. Cf. também Toinet, M-F., La participation politique des ouvriers américains à la fin du dix-neuvième siècle. In: Debouzy, M. (org.), *In the Shadow of the Statue of Liberty:* Immigrant Workers and Citizens in the American Republic, 1880-1920. Saint-Denis, France, 1988.

97 Gerth, H. e Mills, C. W. (orgs.), *From Max Weber:* Essays in Sociology. New York, 1946, p.194.

possíveis e formadas com a presença de milhões de imigrantes e seus filhos, na verdade, pela própria condição estrangeira de judeus e chineses, dos católicos irlandeses e italianos, de índios e mexicanos. Suas identidades étnicas, fundidas com sua posição de classe, faziam que esses americanos novos (ou nativos) parecessem ao mesmo tempo ameaçadores e inferiores, necessários e alvos legítimos da discriminação política; reverter o direito de voto teria sido uma tarefa muito mais difícil em uma sociedade homogênea em termos raciais e étnicos. Foi a convergência da diversidade racial e étnica com a tensão de classes que alimentou o movimento para "reformar" o sufrágio.

Outro fator, certamente mais especulativo, também pode ter desempenhado um papel: a ausência de guerra. À luz do resto da história do país, não parece coincidência que esse longo tempo de contração do sufrágio tenha ocorrido durante um período prolongado de paz (os Estados Unidos iniciaram uma guerra imperial em 1898, mas foi relativamente breve, não exigiu um recrutamento em massa e foi travada em grande parte por ávidos voluntários). As condições dos tempos de guerra que costumavam gerar pressões para a expansão do sufrágio simplesmente não estavam presentes; as forças que tendiam na direção oposta, portanto, puderam triunfar mais prontamente. De fato, desde a época da Reconstrução até a Primeira Guerra Mundial, os Estados Unidos nunca tiveram um grande exército ou qualquer necessidade de uma mobilização militar. As consequências políticas da Guerra Hispano-Americana, além disso, tiveram um paralelo com o impulso antidemocrático da política interna. Em territórios anexados no exterior, o governo nacional, liderado por republicanos, privou de direitos políticos os homens que eram diferentes em termos raciais e étnicos, um passo facilmente sancionado pela alegação de que os filipinos, havaianos e cubanos não estavam preparados para a autodeterminação e que o sufrágio sempre tinha sido uma questão de conveniência. Nem mesmo a Constituição, com sua proteção muito limitada de direitos de voto, seguiu a bandeira. Os democratas sulistas aplaudiram essas políticas imperiais, vendo nelas o reconhecimento republicano da sabedoria da cassação do direito de voto no Sul.[98]

Sem dúvida, não se deve exagerar na descrição dos paralelos entre o Norte e o Sul. O que aconteceu nos estados do Sul foi muito mais draconiano, de amplo alcance e violento. A cassação do direito de voto foi maciça, e não segmentada; as leis foram aplicadas brutalmente, e sempre eram administradas com uma intenção abertamente discriminatória. Em Nova York e Massachusetts, um imigrante analfabeto podia ganhar o direito ao voto se aprendesse a ler; para um homem negro no Alabama, a

---

[98] McMaster, J. B., Annexation and Universal Suffrage. *Forum,* 26, dezembro de 1898, p.393-402; Woodward, C. V., *The Origins of the New South,* Baton Rouge, LA, 1959, p.324-326.

educação estava fora de questão, independentemente do que a lei dizia. Que a redenção do Norte tenha sido muito mais suave do que o movimento paralelo no Sul foi a prova não só da importância da raça, mas também das diferenças nas estruturas sociais e organizações políticas das regiões. A sociedade do Norte era muito fluida, heterogênea e urbana para permitir o sucesso da imposição de um projeto de tão amplo alcance como o plano de Mississippi. Além disso, a existência de um sistema partidário já competitivo, com elementos da elite e da classe média dando apoio a cada partido, implicava que os esforços da cassação do direito de voto indiscriminada – como estava previsto em Nova York na década de 1870 – certamente iriam encontrar uma resistência feroz e, provavelmente seriam derrotados. Ao mesmo tempo, a capacidade de os partidos dominantes integrarem e incorporarem muitos eleitores da classe operária e imigrantes tornou menos necessária a cassação do direito de voto em massa: o Partido Democrata no Norte (ao contrário do Partido Republicano com predomínio de negros no Sul) não ameaçava a ordem estabelecida.[99]

No entanto, no Norte e no Sul a restrição legal do sufrágio fez uma diferença. Milhões de pessoas – a maioria de classe trabalhadora e pobre – foram privadas do direito de voto nas eleições municipais, estaduais e nacionais. Sua exclusão do eleitorado implicava a alteração nos resultados de inúmeras disputas políticas, diferentes programas políticos postos em prática, diferentes juízes nomeados, diferentes taxas impostas. As insurgências de terceiros partidos foram privadas de uma base eleitoral potencial e a força relativa dos dois principais partidos, pelo menos em algumas cidades e estados, foi modificada. Muitas das instituições principais do estado moderno americano – instituições construídas e solidificadas entre a Reconstrução e a Primeira Guerra Mundial – de fato foram moldadas e aceitas por um governo que estava longe de ser democrático. Foi um símbolo apropriado da época que o Congresso tivesse votado para estender o direito de voto aos moradores do Distrito de Columbia em 1871, apenas para cassá-los alguns anos depois, transformando a cidade numa corporação municipal governada por uma comissão nomeada.[100]

---

99 Sobre os paralelos entre Norte e Sul, cf. Kousser, *Shaping of Southern Politics,* p.45-46.
100 Evans, *American Citizenship,* p.142-143, The Crime Against the Suffrage in Washington, *Nation,* 25, 27 jun. 1878, p.414-415.

6
Sufrágio das mulheres

Tirar a vigência da palavra "masculino" da Constituição custou às mulheres do país 52 anos incessantes de campanha [...]. Durante esse tempo, elas foram forçadas a conduzir 56 campanhas de referendos para eleitores do sexo masculino; 480 campanhas para conseguir que os legislativos apresentassem emendas do sufrágio aos eleitores; 47 campanhas para fazer que as convenções constitucionais estaduais inserissem por escrito o sufrágio feminino nas constituições estaduais; 277 campanhas para fazer as convenções partidárias estaduais incluírem o objetivo do sufrágio feminino; 30 campanhas para fazer as convenções partidárias presidenciais adotarem o objetivo do sufrágio feminino nas plataformas de partidos e 19 campanhas com 19 Congressos sucessivos.
– Carrie Chapman Catt e Nettie R. Shuler, *Woman Suffrage and Politics* (1926)

MR. HALFHILL: Agora, senhores, essa questão do direito de voto não é, como por vezes tem sido debatido e defendido, um direito inalienável; é um direito conferido, e deve ser conferido dentro de nossa teoria do governo e de nossa organização da sociedade.

MR. FACKLER: Se o sufrágio é um direito conferido e não natural, quem conferiu esse direito a nós?
– Convenção Constitucional de Ohio, 1912

A história do sufrágio feminino criou seu próprio caminho no cenário político. Como metade da população, as mulheres constituíam o maior grupo de adultos excluídos do direito de voto no início da nova nação e ao longo do século XIX. Seus esforços para obter esse direito persistiram por mais de setenta anos e por fim deram origem ao maior movimento de massa da nação em favor do sufrágio, bem como a um contramovimento singular de cidadãs que se opunham à própria conquista do direito de voto. As mulheres desfrutavam (ou pelo menos possuíam) relacionamentos diferentes, mais pessoais com os homens que poderiam estender o sufrágio a elas do que os outros grupos excluídos, como os afro-americanos, os estrangeiros, ou os sem-propriedade. Além disso, os debates desencadeados pela perspectiva de empoderamento com o direito de voto das mulheres tinha características incomuns, com proposições bastante convencionais sobre direitos e aptidões políticas em conflito com temores profundos e publicamente manifestos de que a participação feminina na política eleitoral prejudicasse a vida familiar e afetasse negativamente as próprias mulheres.

No entanto, apesar das características bem próprias, essa história sempre correu paralela, e muitas vezes se cruzou com outras correntes na crônica do sufrágio. O grande impulso de democratização anterior à Guerra Civil contribuiu para alimentar o movimento pelos direitos das mulheres; décadas depois, a reação contra o sufrágio universal retardou seu progresso. O sufrágio negro e o feminino eram questões intimamente ligadas em todo lugar na década de 1860 e no Sul, em boa parte do século XX; da mesma forma, os direitos de voto dos imigrantes e dos pobres exerciam pressão contínua contra as reivindicações das mulheres no Norte e Oeste. Até certo ponto, esse entrelaçamento era inerente e estrutural. As mulheres, afinal, não eram um grupo socialmente segregado, eram pretas e brancas, ricas e pobres, nascidas no estrangeiro e nativas. Mas as ligações entre a evolução do sufrágio para as mulheres e para os homens também foram moldados por mais eventos contingentes: pelos ritmos de mudança social, a dinâmica da política partidária e os acidentes do tempo histórico.

De Seneca Falls à Décima Quinta Emenda

O movimento de conquista do direito de voto das mulheres nos Estados Unidos teve seu início lendário numa convenção realizada em julho de 1848, na cidadezinha de Seneca Falls, Nova York. A convenção foi concebida por duas mulheres, Elizabeth Cady Stanton e Lucretia Mott. Esta última, da Filadélfia, já era uma figura pública bem conhecida, ministra Quaker e abolicionista ardente, reverenciada por sua qualidade compassiva e pela eloquência como palestrante. Stanton, uma geração mais jovem e filha de um juiz, era casada com Henry B. Stanton, um importante abolicionista que tinha se estabelecido em Seneca Falls, não muito longe de Rochester, pouco tempo antes. As duas mulheres eram antigas conhecidas e se reaproximaram quando Mott visitava uma amiga na cidade vizinha, Waterloo. Suas conversas levaram a uma convocação anunciada publicamente para uma "convenção" a fim de "discutir os direitos sociais, civis e religiosos da mulher".[1]

A convenção, realizada em uma igreja local e tendo Mott como palestrante, atraiu cerca de trezentas pessoas, incluindo muitos homens. A maioria dos que participaram eram de Seneca Falls, Waterloo ou Rochester; cerca de um quarto eram Quakers. Após dois dias de discussão, uma centena de participantes aprovou e assinou um conjunto de resoluções pedindo direitos iguais para as mulheres, incluindo o "seu direito sagrado ao sufrágio eleitoral". A Declaração de Sentimentos, elaborada por Stanton, teve como modelo a Declaração da Independência e proclamou "que todos os homens e mulheres são criados iguais" e protestou contra a negação às mulheres "deste primeiro direito do cidadão, o sufrágio eleitoral, deixando-as assim sem representação nas salas do Legislativo e oprimidas por todos os lados". As leis feitas apenas por homens, a declaração detalhava, relegavam as mulheres a um lugar inferior na ordem social, civil e econômica.[2]

As mulheres em todo o país careciam do direito de voto em 1848, o que refletia as crenças e valores por muito tempo incorporados na política e na cultura dos Estados Unidos e da Europa Ocidental. Ainda que fossem consideradas como adultos inteligentes, as mulheres teriam aptidões diferentes das dos homens, mais adequadas à vida privada e à esfera doméstica do que ao mundo público da política. O fator mais decisivo parecia ser que as mulheres – que eram consideradas e tratadas pela lei como membros de famílias, e não como indivíduos autônomos – eram excluídas do sistema político pela mesma razão pela qual os pobres e os não proprietários foram cassados no final do século XVIII: supostamente careciam da "independência" necessária para a participação na política eleitoral. Dependentes dos homens em termos econômicos, além de subservientes a eles na esfera legal, as mulheres, de forma blackstoniana, podiam ser controladas pelos homens e, portanto, não poderiam ser atores políticos responsáveis. Ao mesmo tempo, não se considerava que as mulheres necessitassem do sufrágio porque, numa versão de gênero da "representação virtual", seus

---

[1] Flexner, E., *Century of Struggle:* The Woman's Rights Movement in the United States, ed. rev., Cambridge, MA, 1975, p.71-77.

[2] DuBois, E. C., Beyond the Compact of the Fathers: Equal Rights, Woman Suffrage, and the United States Constitution, 1820-1876. *Journal of American History,* 74, 1987, p.841; Buhle, M. J. e Buhle, P. (orgs.), *Concise History of Woman Suffrage:* Selections from the Classic Work of Stanton Anthony, Gage, and Harper. Urbana, IL. 1978, p.96; Wellman, J., The Seneca Falls Women's Rights Convention: A Study of Social Networks. *Journal of Women's History,* 3, 1991, p.9-37; Isenberg, N., *Sex and Citizenship in Antebellum America.* Chapel Hill, NC, 1998, p.1-5, 29-32.

interesses eram defendidos pelos homens de suas famílias, possivelmente os maridos e os pais.³

Na verdade, nem todos aceitavam esses pontos de vista, mesmo no final do século XVIII. A bem conhecida advertência de Abigail Adams para que o marido "se lembrasse das senhoras" foi apenas uma expressão da convicção de que os direitos das mulheres deveriam ser ampliados, e algumas de suas contemporâneas, ao contrário de Adams, ainda acreditavam que as mulheres poderiam desempenhar um papel público na vida política. Além disso, a experiência de Nova Jersey, onde as mulheres participavam de eleições há mais de uma década, sugere que o sufrágio feminino não era impensável nem perturbava a ordem pública de um modo catastrófico. Até mesmo William Griffith, um dos francos opositores da extensão do direito às mulheres no estado, salientou que o "mal" básico causado pela votação feminina era que dava "às cidades e vilas populosas [...] uma vantagem injusta sobre o país", porque as mulheres poderiam chegar às urnas com mais facilidade nas cidades.⁴

Todavia, as mulheres permaneceram fora do governo durante toda a primeira metade do século XIX, e os esforços para promover sua inclusão eram raros. A ideia foi levantada brevemente em algumas convenções constitucionais no período anterior à Guerra Civil; Kentucky em 1838 chegou ao ponto de permitir que as viúvas proprietárias e as solteiras votassem nas eleições escolares. Mas a questão não era debatida de modo amplo durante esse período, e a maioria das referências às mulheres, nas discussões constitucionais de sufrágio, era concebida para demonstrar que a votação era um privilégio, não um direito: uma vez que todos concordavam que as mulheres não deveriam votar, é evidente que isso não poderia ser um direito. Como o marido de Abigail Adams havia notado, qualquer alegação de que o voto era um direito levava, de uma maneira lógica, à extensão do sufrágio para até mulheres e crianças.⁵

---

3 Norton, M. B., *Liberty's Daughters:* The Revolutionary Experience of American Women, 1750-1800. Ithaca, NY, 1980, p.177-193; DuBois, E. C., *Feminism and Suffrage:* The Emergence of a Independent Women's Movement in America. Ithaca, NY, 1978, p.44-45; DuBois, Beyond the Compact, p.839; Adams, M., *The Right to Be People,* Philadelphia, 1967, p. 5-7.

4 Norton, *Liberty's Daughters,* p.188-193; Griffith, W., *Eumenes,* Trenton, NJ, 1799, p.33-34; Curtis, G. T., *Letters of Phocion* (s.l., s.d., *Daily Advertiser and Courier,* Boston, 1853), p.118-119. Ver Capítulo 3.

5 Wright, M. T., *Negro Suffrage in New Jersey, 1776-1875. Journal of Negro History,* 33, abril de 1948, p.172-175; Gosnell, H. F., *Democracy, the Threshold of Freedom.* New York, 1948, p.51; Cole, A. C. (org.), *The Constitutional Debates of 1847.* Springfield, Ill., 1919, p.546; Massachusetts Convention of Delegates, *Journal of Debates and Proceedings in the Convention of Delegates* (Boston, 1821), p.250; *Proceedings of the New Jersey State Constitutional Convention of 1844* (Trenton, NJ, 1942), p.438; Quaife, M. M. (org.), *The Convention of 1846,* Publications of the State Historical Society of Wisconsin, Collections, v.2, Constitutional Series, v.2, Madison, WI, 1919, p.214-216, 271. *Report of the Debates and Proceedings of the Convention for the Revision of the Constitution of the State of Indiana, 1850.* Indianapolis, IN, 1850, p.517-519; Commonwealth of

O momento da Convenção de Seneca Falls – e do surgimento do sufrágio feminino como uma questão pública – não foi de modo algum acidental. Nas décadas anteriores a Seneca Falls houve a expansão de uma classe média urbana e semiurbana em grande parte do Norte, uma concentração crescente da cidade e de uma população urbana, de alguns profissionais que valorizavam e aceitavam uma expansão dos direitos civis, econômicos e políticos. Ao mesmo tempo, o número de mulheres na força de trabalho remunerada aumentou de modo acentuado, levando muitas mulheres a serem expostas como indivíduos, e não apenas como membros da família, às vicissitudes do mercado e às consequências das políticas estaduais. Essas mudanças na estrutura social fomentaram diversas tentativas de repensar e promover os direitos das mulheres na família, nas igrejas e na sociedade em geral. Além disso, o movimento abolicionista provou ser um terreno fértil e um campo de treinamento para os defensores dos direitos femininos: as mulheres ativamente abolicionistas estavam frustradas por serem tratadas como membros de segunda classe do movimento, enquanto alguns abolicionistas homens foram levados, pela lógica de suas próprias convicções, a abraçar a igualdade de gênero, assim como a igualdade racial.[6]

De igual importância foram os efeitos colaterais de correntes democratizantes mais amplas da época. O término das restrições de propriedade e da contribuição tributária ao voto, assim como os debates sobre o sufrágio de estrangeiros e dos afro-americanos, abriram as portas lógicas e retóricas da maior expansão do voto. Se os sem-propriedade (que também haviam sido considerados dependentes) podiam votar, se os não cidadãos podiam votar, se a votação era de fato um direito natural, então por que as mulheres continuariam a ser excluídas? A caixa de Pandora havia, de fato, sido aberta, e revelou-se difícil de fechar: os argumentos que tinham sido mobilizados para empoderar os homens com o sufrágio poderiam ser facilmente aplicados às mulheres também. Ao menos para algumas mulheres, a recusa dos líderes políticos de reconhecer esses paralelos ressaltou a necessidade de um movimento de sufrágio – e a necessidade de convenções (e não apenas reuniões) para restabelecer os princípios fundamentais de governança, do modo como as convenções constitucionais estaduais estavam fazendo. Não

---

Massachusetts, *Woman Suffrage in the United States,* Bulletins for the Constitutional Convention, 1917-1918, v.2, n.33. Boston, 1919, p.442.

6 Evans, R. J., *The Feminists,* London, 1977, p.31, 45, 47-48, 5 6-57; DuBois, Beyond the Compact, p.837-840; Id., *Feminism and Suffrage,* p.22, 31-32, 39-40; Flexner, *Century of Struggle,* p.64-65, 78; Marilley, S. M., *Woman Suffrage and the Origins of Liberal Feminism in the United States, 1820-1920.* Cambridge, MA, 1996, p.16-17, 43; Terborg-Penn, R., *African American Women in the Struggle for the Vote, 1850-1920.* Bloomington, IN, 1998, p.14-17; Wellman, Seneca Falls, p.9-32; Morgan, D., *Suffrage and Democrats:* The Politics of Women Suffrage in America. East Lansing, MI, 1972, p.13-14; Kraditor, A. S., *Up from the Pedestal:* Writing in the History of American Feminism. Chicago, 1968, p.14-15. Para uma persuasiva análise das diversas frentes nas quais essa reavaliação estava ocorrendo, ver Isenberg, *Sex and Citizenship.*

devia ser coincidência que a reunião de Seneca Falls tenha ocorrido como resultado de uma Convenção Constitucional do Estado de Nova York que havia ridicularizado e dado pouca atenção à ideia do sufrágio das mulheres.[7]

Na verdade, a reunião em Seneca Falls foi apenas uma das inúmeras convenções convocadas para promover os direitos das mulheres no final da década de 1840 e início dos anos 1850; seu lugar especial na memória histórica, como Nancy Isenberg apontou, decorre em parte do papel subsequente de Stanton como a importante líder e cronista do movimento. Na primavera de 1850, uma convenção semelhante foi realizada em Salem, Ohio; com homens sentados em silêncio na varanda, as mulheres elaboraram e debateram as deliberações a serem encaminhadas para a próxima convenção constitucional estadual. Alguns meses mais tarde, o primeiro encontro nacional dos "direitos da mulher" foi convocado em Worcester, Massachusetts, iniciando uma série de eventos anuais para mobilizar apoio para uma cidadania plena para as mulheres e sua igualdade de tratamento perante a lei.[8]

Embora o sufrágio tenha sido uma demanda entre muitas em 1848, logo se tornou mais importante na agenda de um movimento feminista crescente que havia realizado reuniões, patrocinado palestras e feito petições por legislaturas ao longo dos anos 1850. "O direito de sufrágio", resolveu a segunda convenção nacional em 1851, "é [...] a pedra angular desta iniciativa, uma vez que não procuramos proteger a mulher, mas colocá-la em posição de proteger a si mesma". Esta demanda, como a historiadora Ellen DuBois apontou, era radical: dava a entender que os interesses das mulheres não poderiam ser protegidos de modo adequado enquanto os homens detinham o monopólio do poder político, e que as mulheres tinham que ter poder de cidadania em vez de proteção. No entanto, o argumento em prol do sufrágio geral foi redigido na linguagem republicana tradicional: a votação era um direito que devia pertencer a todos os adultos, incluindo as mulheres; todos os governados tinham o direito de escolher seus governantes. Por mais familiar que tenha sido a retórica, o movimento foi lento para angariar apoio: embora medidas significativas tenham sido aprovadas para melhorar o estatuto jurídico e econômico das mulheres, nenhum estado lhes concedeu o direito de voto na década de 1850. No início da Guerra Civil, os defensores do sufrágio, a maioria dos quais estava envolvida fortemente na causa abolicionista, reduziram temporariamente seus esforços para dar prioridade à guerra e aos direitos dos negros.[9]

---

7 Smith, J. A., *The Growth and Decadence of Constitutional Government*. New York, 1930, p.41-43; Wellman, Seneca Falls, p.19-21; Isenberg, *Sex and Citizenship*, p.15-17.

8 Isenberg, *Sex and Citizenship*, p.1-6, 15-21, 32-36.

9 DuBois, *Feminism and Suffrage*, p.41-46; id., "Beyond the Compact", p.839, 841; Flexner, Century of Struggle, p.82-83; Isenberg, *Sex and Citizenship*, p.17-18, 37; Morgan, *Suffrage and Democrats*, p.15; Carol C. Madsen, ed., *Battle for the Ballot: Essays on Woman Suffrage in Utah, 1870-1896* (Logan, UT, 1997), 2-3; Israel Kugler, *From Ladies to Women:* The Organized

À medida que a guerra terminava e a Reconstrução começava, as líderes do movimento de sufrágio, incluindo Stanton e sua colaboradora incansável, Susan B. Anthony, estavam otimistas com relação às perspectivas (Anthony, também uma Quaker e ex-professora do oeste de Massachusetts e interior do estado de Nova York, tinha começado a trabalhar com Stanton em 1851). A aprovação pública da democracia foi tão ampla como sempre havia sido; a guerra e a situação dos alforriados haviam energizado a linguagem dos direitos universais; e o Partido Republicano, lar dos mais ferrenhos defensores dos direitos civis e políticos, estava firme no poder. O que os sufragistas anteciparam foi uma crescente onda de sentimento pró-democrático que iria melhorar a condição das mulheres assim como dos afro-americanos dentro da comunidade política. Pretendemos, declarou Stanton, "aproveitar o braço forte e o uniforme azul do soldado negro para caminhar a seu lado". Os sufragistas também sentiram que sua reivindicação ao sufrágio havia sido reforçada pelo apoio enérgico que as mulheres haviam dado ao esforço de guerra: essas atividades possivelmente neutralizaram o argumento muitas vezes repetido de que as mulheres não deveriam votar porque não portavam armas. Como um defensor observou:

> É verdade, as mulheres não foram para o campo de batalha, com mosquetes e baionetas em suas mãos, e não lutaram para acabar com a rebelião; mas elas prestaram serviços em casa durante a guerra tão valiosos como a luta, e de extremo auxílio para o sucesso do exército da União [...]. Elas tiveram uma participação integral na salvação da República.[10]

No entanto as sufragistas estavam condenadas, ou pelo menos escolhidas para se decepcionar. No espaço de poucos meses do fim da guerra, os líderes republicanos e os abolicionistas homens começaram a sinalizar sua falta de entusiasmo para unir os direitos das mulheres aos direitos dos negros. "Uma questão de cada vez", entoou Wendell Phillips: "Esta hora pertence ao negro". A Décima Quarta Emenda, elaborada no final de 1865

Struggle for Women's Rights in the Reconstruction Era (New York, 1987), 37; Terborg-Penn, *African American Women*, 14-17. Em Kansas em 1859, por exemplo, uma convenção constitucional concordou em ouvir uma petição, assinada por 252 residentes, solicitando sufrágio igual para mulheres, mas não agiu quanto às reivindicações. *Kansas Constitutional Convention: A reprint of the Proceedings and Debates of the Convention, July 1859.* Topeka, KS, 1920, p.58-59, 72-76, 86-87, 99.

10 Griffith, E., *In Her Own Right:* The Life of Elizabeth Cady Stanton. New York, 1984, p.110; Baum, D., Woman Suffrage and the "Chinese Question": The Limits of Radical Republicanism in Massachusetts, 1865-1876. *New England Quarterly,* 56, março de 1983, p.65; *Official Report of the Proceedings and Debates of the Third Constitutional Convention of Ohio, 1873,* v.2, Cleveland, OH, 1874, p.1802, 1978; Berg, M., Soldiers and Citizens: War and Voting Rights in American History. In: Adams, D. K. e Minnen, C. A. van (orgs.), *Reflections on American Exceptionalism.* Straffordshire, UK, 1994, p.197.

e ratificada em 1866, desanimou as sufragistas e deixou claro que não poderiam contar com o Partido Republicano para promover o sufrágio feminino. Ao mesmo tempo em que oferecia um forte apoio federal, mesmo que indireto, à extensão do direito aos negros, a emenda solapava as reivindicações das mulheres ao adicionar a palavra "masculino" à garantia pioneira dos direitos políticos. Embora ciente dos interesses estratégicos que levaram a esse tipo de linguagem, Stanton, numa advertência premonitória, declarou que "se a palavra 'masculino' for inserida, vamos levar um século, pelo menos, para conseguir tirá-la".[11]

Ofendidas pelo texto da Décima Quarta Emenda e sentindo-se traídas por seus antigos aliados abolicionistas, as sufragistas lançaram uma campanha enérgica para fundir as causas das mulheres e dos negros, em nome da igualdade de direitos. Stanton, num discurso proferido em 1867, rejeitou de forma categórica não apenas o "princípio" de que o sufrágio era um "presente da sociedade" (o qual ela afirmou "nos levaria de volta às monarquias e aos despotismos"), mas a noção de que "as mulheres e os negros" deveriam conquistar o direito "como mulheres e negros, e não como cidadãos de uma república". Da mesma forma, Henry Ward Beecher, um firme defensor dos direitos das mulheres, frisou "não que as mulheres tenham o direito de sufrágio – não que os chineses ou irlandeses tenham o direito de sufrágio – e que os ianques nativos tenham o direito de sufrágio – mas que o sufrágio é o direito inerente da humanidade". Stanton, Beecher e seus aliados fizeram uma campanha vigorosa para conseguir o sufrágio universal tanto por meio das reformas constitucionais estaduais como do governo federal.[12]

Enquanto isso, o número de republicanos comprometidos com o voto dos homens libertos crescia com rapidez, mas muitos desses homens, fossem quais fossem suas convicções pessoais, temiam que este objetivo ficasse comprometido pela simultânea causa controversa do sufrágio feminino. Os líderes republicanos e até mesmo os radicais procuraram separar as questões e estender o direito aos negros primeiro e às mulheres depois. O resultado dessa divergência de estratégia e princípios foi um cisma crescente e muitas vezes hostil entre os dois movimentos: alguns abolicionistas e afro-americanos se opunham de forma ativa à campanha pelo sufrágio feminino, enquanto que muitas feministas desmereciam as habilidades e qualificações dos afro-americanos. A própria Stanton se opôs a ter "o homem de cor empoderado com o sufrágio antes das mulheres [...]. Eu não confiaria a ele todos os meus direitos; degradado, ele próprio oprimido, seria até mais despótico com o poder governante do que nossos governantes saxões". Numa convenção constitucional de Nova York, uma

---

11 DuBois, *Feminism and Suffrage*, p.59-61; Griffith, *In Her Own Right*, p.123.
12 *Proceedings of the First Anniversary of the American Equal Rights Association*. New York, 1867, p.7-8, 57.

representante se opôs a uma lei que permitisse que "os homens negros do Sul, frescos das cadeias da escravidão, fossem para as urnas e votassem em todas as grandes questões que envolvem os interesses desta nação, enquanto você nega o mesmo direito para as mulheres educadas e patrióticas". Este cisma levou Stanton e algumas de suas aliadas a um breve flerte com o Partido Democrata, que tinha um histórico mais favorável ao sufrágio do que os republicanos em outras questões além da raça; isso aconteceu com particular clareza – e força destrutiva – em Kansas, onde referendos separados foram apresentados ao eleitorado pelo Legislativo em 1867. Enquanto muitos republicanos faziam campanha, não só pelo sufrágio negro, mas contra o feminino, alguns defensores deste último, incluindo Anthony, se aliaram com democratas abertamente racistas que se opunham à extensão do direito aos negros. O resultado foi a derrota popular de ambos os sufrágios afro-americano e feminino.[13]

Durante este mesmo período, Stanton, Anthony e outras sufragistas também procuraram construir uma aliança com o movimento de reforma trabalhista do pós-guerra, centrado em torno da National Labor Union (NLU) [Sindicato Nacional dos Trabalhadores]. A visão de direitos iguais de muitos defensores do sufrágio teve um bom entrosamento com a política ampla baseada em classes do NLU, uma organização multifacetada fundada em 1866, que parecia ter assumido a questão da reforma, descartada pelos republicanos. Mas a aliança revelou-se de curta duração, se não fadada ao fracasso desde o início. As sufragistas de classe média, como Stanton, que acreditavam na reconciliação entre capital e trabalho, nunca compreenderam totalmente o sentido de antagonismo de classes que informava a política e o programa da NLU. Ao mesmo tempo, os sindicatos da NLU, procurando proteger os postos de trabalho de seus próprios membros, permaneciam antagônicos ao ingresso de mulheres em seus ofícios. No início da década de 1870, uma série de conflitos pequenos, mas difíceis, solaparam a possibilidade de uma colaboração significativa.[14]

Com a aprovação e ratificação da Décima Quinta Emenda em 1869 e 1870, as causas dos sufrágios negro (masculino) e feminino foram decisivamente separadas. A discriminação contra os homens afro-americanos foi

---

13 DuBois, *Feminism and Suffrage*, p.59-65, 67, 70, 72, 75, 77-78, 79, 80, 87. 85-99, 105-108; Buechler, S. M., *The Transformation of the Woman Suffrage Movement:* The Case of Illinois, 1850-1920. New Brunswick, NJ, 1986, p.5-7; Flexner, *Century of Struggle*, p.145-149; DuBois, E. C. (org.), *Elisabeth Cady Stanton, Susan B. Anthony:* Correspondence, Writings, Speeches. New York, 1981, p.89-92; Kraditor, *Up from the Pedestal*, p.255; Stanton, E. C. et al., *The History of Woman Suffrage*, v.2, 1881; reimpr., Salem, NH, 1985, p.214, 307-308 (daqui em diante *HWS*); Griffith, *In Her Own Right*, p.119, 123, 134; Baum, Woman Suffrage, p.64; DuBois, Beyond the Compact, p.845-846.
14 DuBois, *Feminism and Suffrage*, p.112-160; Buhle e Buhle, *Concise History of Woman Suffrage*, p.20-22; DuBois, *Stanton*, p.99, 142-143; Buechler, *Transformation*, p.40-41, 90.

proibida em termos constitucionais, levando ao fim da campanha nacional pela expansão do sufrágio e deixando a situação da mulher na melhor das hipóteses inalterada; na verdade, sua situação piorou, pois a Décima Quinta Emenda parecia tolerar de forma implícita a discriminação política baseada no gênero. Após vinte anos, as campanhas pelo sufrágio das mulheres haviam falhado, e a crise política de Reconstrução ergueu, sob as formas da Décima Quarta e Décima Quinta Emendas, novos obstáculos constitucionais à extensão do direito de voto.

A derrota dessa mobilização inicial originou-se das restrições ideológicas e da política partidária. Apesar do rápido crescimento do apoio ao sufrágio feminino e do endosso público da causa em petições e reuniões por parte de muitos milhares de homens e mulheres, ainda havia uma forte resistência à proposição de que as mulheres podiam participar da esfera pública. Apesar dos argumentos perspicazes e da visibilidade do movimento, pouco havia ocorrido para abalar o consenso tradicional que mantinha as mulheres fora do sistema político. A onda de sentimentos democráticos, tão palpáveis na metade do século e abraçados com tanto fervor por alguns republicanos durante a Reconstrução, tinha seus limites: os líderes políticos do país, quase certamente refletindo os pontos de vista da maioria de seus eleitores, recusaram-se a promover o sufrágio das mulheres, assim como haviam recuado em relação às versões mais inclusivas da Décima Quinta Emenda. Pode muito bem ter acontecido, conforme declarou um representante da Convenção Constitucional de Illinois de1869-1870, "uma revolução maravilhosa nas mentes de todas as pessoas do país com referência ao direito de sufrágio". Mas essa revolução estava começando a frear, mesmo enquanto o representante falava. "A igualdade de direitos" era um *slogan* poderoso, mas uma opinião minoritária. Era digno de nota, também, que as contingências políticas que levaram os republicanos a aprovar o sufrágio negro estavam faltando no caso das mulheres. Estas não pareciam (para os homens) ameaçadas por sua impossibilidade de votar, e em nenhum lugar parecia provável que a conquista do direito de voto das mulheres conferisse aos republicanos ou democratas alguma vantagem partidária visível.[15]

---

15 *HWS*, v.3, p.275; Ibid., v.2, p.788. Dale Baum indica que alguns republicanos de Massachusetts acreditavam que iriam se beneficiar do sufrágio feminino a curto prazo porque uma proporção significativa de mulheres imigrantes pró-democratas não podiam preencher os requerimentos de alfabetização ou cidadania para votar; Baum, Woman Suffrage, p.68-69, *Debates and Proceedings of the Constitutional Convention of the State of Illinois 1869,* v.2, Springfield, Ill., 1870, 1289; para exemplos dos debates ideológicos do período, ver também Ibid., p.157, 451, 479, 736, 856, 1277, 1280, 1289, 1291, 1477, 1502.

Cidadania e impostos

Na esteira de suas derrotas políticas no Congresso e dentro do Partido Republicano, algumas sufragistas voltaram-se por um curto período para uma estratégia legal para ganhar o direito de voto. Esta foi sugerida pela primeira seção da Décima Quarta Emenda, que declarava que "todas as pessoas" nascidas ou naturalizadas nos Estados Unidos eram cidadãs da nação e do estado em que residiam. As mulheres, como "pessoas" eram, de maneira indiscutível, cidadãs, e o direito de voto, como afirmavam as sufragistas, era uma característica intrínseca da cidadania: a Constituição, portanto, já garantia às mulheres o direito de votar em eleições federais. Várias vezes havia sido ressaltado que, diversos dicionários, incluindo o Webster, realmente definiam um cidadão americano como alguém autorizado a votar e ocupar cargos. Susan B. Anthony deu a esta equação uma justificativa política ampla, ainda que ambivalente em seu igualitarismo:

> Se estabelecermos uma vez o falso princípio de que a cidadania Estados Unidos não carrega consigo o direito de voto em todos os estados desta União, não haverá fim para as veleidades mesquinhas e os artifícios astutos que serão empregados para excluir uma e outra classe de cidadãos do direito de sufrágio [...] não será sempre que os ricos e os educados poderão se associar para isolar os pobres e ignorantes; mas um dia talvez vejamos os trabalhadores diaristas pobres, que dão duro, incultos, estrangeiros e nativos, aprenderem o poder das urnas e a grande maioria de seus números, unirem forças e alterar as constituições estaduais, a fim de cassar o direito de voto dos Vanderbilts e dos A.T. Stewarts, dos Conklings e Fentons [...]. Estabeleçam este precedente, admitam o direito dos estados de negar o sufrágio, e não há como prever a confusão, a discórdia e as perturbações que encontraremos pela frente. Existe e pode existir apenas um princípio seguro de governo – direitos iguais para todos.[16]

Este ponto de vista foi ativado num combate legal quando as mulheres (incluindo Anthony), em diversas localidades, foram às urnas e votaram ou, se lhes recusassem a cédula, entravam com uma ação judicial para exercer um direito que alegavam já possuir. A mais consequente dessas ações legais (por ter ido para a Suprema Corte) foi um processo movido por Virginia Minor e seu marido advogado, Francis, em 1872, contra um agente de registro de St. Louis que a tinha impedido de se cadastrar para votar. Os Minors sustentaram que a Constituição de Missouri e sua lei de recenseamento eleitoral, que restringia o voto apenas aos homens, violavam a Constituição dos EUA de pelo menos duas maneiras: infringiam o

---

16 HWS, v.2, p.641-642, *Ohio Constitutional Convention 1873*, v.2, p.1872; *The Congressional Globe*, 4. Cong. 3. sess., v.1, 29 jan. 1869, p.710; *Debates Illinois 1869*, v.1, p.212.

direito de livre expressão de Virginia Minor, que era protegido pela Primeira Emenda, e violavam a autoridade da Décima Quarta Emenda, segundo a qual os estados não deviam reduzir os "privilégios ou imunidades" dos cidadãos dos Estados Unidos. Os Minors alegaram que votar era um desses privilégios. Embora o argumento tenha sido coerente, os juízes da Suprema Corte discordaram por unanimidade. Mantendo uma decisão de primeira instância, eles determinaram em 1875 que o sufrágio não era coextensivo com a cidadania e, portanto, os estados possuíam a autoridade para decidir quais cidadãos podiam e não podiam votar. Colocando um ponto final aos debates que surgiam periodicamente ao longo de décadas, a Corte ratificou de modo formal a ruptura entre a cidadania nacional e o sufrágio, que os autores da Constituição do final do século XVIII haviam concebido como uma solução para seus próprios problemas políticos. Ao fazê-lo, e ao reiterar o princípio de que o sufrágio era um questão estadual e não federal, a Corte estava impedindo o acesso ao caminho mais simples e mais curto para o sufrágio feminino.[17]

As decisões nos casos do sufrágio feminino não ocorriam num vazio jurídico ou político: como pano de fundo, havia o receio de que o sufrágio já era demasiado amplo. Esta apreensão promovia uma resistência às reivindicações de que o voto era um direito nacional e deturpava os argumentos jurídicos atribuindo ao governo federal apenas um papel limitado na configuração do sufrágio. Ao rejeitar as reivindicações das mulheres em Washington, DC, por exemplo, um juiz federal, em 1871, observou que a amplitude do sufrágio nas cidades estava produzindo "um desregramento político e violência beirando à anarquia". Rejeitando de modo categórico a proposição de que existia um direito natural ou constitucional para o sufrágio, o juiz observou que "o fato de que o funcionamento prático do suposto direito seria destrutivo da civilização é decisivo para que o direito não exista". Com esse enfoque, os juízes no caso Minor *versus* Happersett e casos semelhantes estavam preparando o terreno jurídico de um modo consciente para decisões que limitariam a capacidade do governo federal de evitar a discriminação racial no Sul, bem como a discriminação contra os trabalhadores e os imigrantes no Norte.[18]

---

17 *Minor versus Happersett*, 88 U.S. 162, 163 (1874).
18 Scott, A. F. e Scott, A. M., *One Half of the People:* The Fight for Woman Suffrage, Philadelphia, 1975, p.81-95; DuBois, Beyond the Compact, p.852-860; Stapler, M. G., *Woman Suffrage Year Book 1917*. New York, 1917, p.29; Griffith, *In Her Own Right*, p.155-156; Kraditor, *Up from the Pedestal*, p.241, 250; *New York Times*, 10 fev. 1875; Flexner, *Century of Struggle*, p.168; Burnham, C. S., *Suffrage* – The Citizen Birthright. Philadelphia, 1873, p.3-5, 10-11. Para uma análise retrospectiva dessas decisões, ver Minor, F., *The Law of Federal Suffrage* (s.l., 1889). Notavelmente, o Congresso, em 1871, também declinou a dar direito de voto às mulheres em Washington, DC.

As sufragistas também tomaram outro curso de ação legal: promoveram rebeliões fiscais entre as proprietárias do sexo feminino no final dos anos 1860 e início dos anos 1870. Em localidades espalhadas por todo o país, as mulheres se recusaram a pagar seus impostos caso fossem impedidas de votar, insistindo que era inconstitucional impor-lhes as obrigações de cidadania e ao mesmo tempo privá-las de direitos políticos. "Nenhuma taxação sem representação" permanecia um *slogan* ressonante, que as ativistas reforçavam com pesquisas demonstrando que as mulheres de fato pagavam uma parcela considerável dos impostos em muitos municípios. O profundo sentimento causado por esta incongruência entre os impostos e as listas de eleitores ficou claro na pequena cidade de Glastonbury, Connecticut, onde duas irmãs idosas, Abby Hadassah Smith e Julia Evelina Smith, anunciaram em 1869 que se recusavam a pagar impostos sobre sua fazenda até que cidade permitisse que elas votassem. Como recontou a historiadora Linda Kerber, as irmãs Smith – cultas, mulheres solteiras com antecedentes abolicionistas e algum envolvimento com o movimento do sufrágio – fincaram o pé durante anos, forçando o cobrador de impostos a ir até a casa delas e apreender suas vacas para saldar os impostos em atraso. Apesar de uma série de batalhas judiciais que se arrastaram por uma década resultarem numa vitória técnica para as mulheres, elas nunca tiveram o direito de voto e os tribunais de Connecticut – como suas contrapartes em outros lugares – davam pouco crédito à alegação de que o pagamento de impostos e a votação tinham que andar lado a lado.[19]

Embora fosse necessário mais meio século para que as mulheres adquirissem o direito de voto, o otimismo que os defensores do sufrágio sentiam na década de 1860 era realista e baseado em sua própria visão ideológica e experiência política. Os defensores do sufrágio feminino acreditavam, de forma sincera e profunda, não só na justeza de sua causa, mas no poder de seus argumentos igualitários simples: as mulheres eram cidadãs adultas capazes e, como tal, deveriam poder escolher os legisladores e as leis que as governam. Esses sufragistas, além disso, viviam numa época em que uma causa justa – abolição da escravatura – havia triunfado sobre a oposição feroz e arraigada. Haviam testemunhado não só o fim da escravidão, mas também uma extraordinária transformação de opiniões populares e leis relativas ao sufrágio negro: no espaço de uma década, uma ideia apoiada apenas por quem estava à margem da política havia adquirido o apoio do Partido Republicano e, em seguida, sido incorporada à Constituição. Os sufragistas tinham, assim, uma boa razão para acreditar que profundas mudanças políticas e ideológicas não só poderiam acontecer, mas acontecer rapidamente, sobretudo no clima superaquecido de conflito regional e de

---

19 Kerber, L. K., *No Constitutional Right to Be Ladies:* Women and the Obligations of Citizenship. New York, 1998, p.81-112.

guerra; aceita a premissa de que o voto é um direito, natural ou não, não seria um longo salto do sufrágio negro ao sufrágio feminino.[20]

O que Stanton, Anthony e suas aliadas não poderiam ter previsto, no entanto, foi que a onda de sentimento pró-democrático de meados do século XIX já havia atingido o cume. Não continuaria a aumentar, varrendo todos os obstáculos a um sufrágio expandido. Uma ressaca antidemocrática já havia começado durante a agitação dos *Know-Nothings* e no final da década de 1860 estava ficando mais forte. O sufrágio negro triunfou – ainda que de forma temporária – não porque o sistema de governo estivesse convencido das virtudes dos direitos iguais ou do sufrágio universal, mas por causa das exigências políticas únicas da Reconstrução e nos objetivos políticos do Partido Republicano. Uma vez que estas condições singulares não geravam pressões comparáveis para emancipar as mulheres, a força pelo sufrágio arrefeceu, deixando o assunto encalhado em terra no momento em que a maré da democracia começava a recuar.

Reagrupamento

> Nós não concordamos com aqueles que preveem que a questão do sufrágio para as mulheres logo exigirá uma ação pública ou ocupará a atenção do público [...].
>
> – *New York Times*, 8 de março de 1869

> A questão do sufrágio feminino é, na minha opinião, um dos mais importantes problemas políticos deste século.
>
> – Mr. Ewing, Convenção Constitucional de Ohio, 1874

> Nosso sistema político é baseado na doutrina de que o direito de autodeterminação é inerente às pessoas [...]. As mulheres são uma parte do povo e possuem todos os direitos inerentes que pertencem à humanidade. Elas, portanto, têm o direito de participar do governo.
>
> – Mr. Sears, Convenção Constitucional de Ohio, 1874

> Eu nego, Sr. Presidente, que haja uma centelha de verdade na afirmação de que a mulher é oprimida. Os homens a protegem e defendem como um ser melhor do que eles próprios [...]. O macho, pelo menos em todas as espécies que formam uniões de qualquer grau de permanência [...] defende e protege a fêmea e seus filhotes. Assim, se uma manada de elefantes está ameaçada, os elefantes mais poderosos se posicionam do lado em

---

20 Cf. DuBois, Beyond the Compact, p.845.

que o perigo aparece [...]. Se os bisões são atacados por lobos, os machos formam um círculo [...]. Um gorila enfrenta qualquer perigo na defesa de sua companheira.

– Mr. Caples, Convenção Constitucional da Califórnia, 1879

As derrotas do final dos anos 1860 deixaram o movimento pelo sufrágio feminino dividido, mas não abatido. Por ironia, talvez, os debates políticos de Reconstrução serviram para ampliar a importância do direito de voto: enquanto fazia pressão sobre a causa do sufrágio negro, o republicano Charles Sumner, por exemplo, declarou que o voto era "a grande garantia e a única garantia suficiente" dos direitos humanos. Os defensores dos direitos das mulheres cada vez mais concordavam com Sumner e permaneciam decididos que as mulheres em breve iriam adquirir esse "canhão da nossa vida política". Durante as duas décadas seguintes, contra o pano de fundo de um clima de mudança política e de uma sociedade cada vez mais industrial, esses defensores do sufrágio feminino seguiram seu objetivo por diversos meios em Washington e nos estados.[21]

Quando ficou claro que as mulheres não seriam empoderadas com o sufrágio de braços dados com o soldado negro, surgiram diversas estratégias. A primeira, adotada pela National Woman Suffrage Association (NWSA) [Associação Nacional pelo Sufrágio da Mulher], fundada por Stanton e Anthony em 1869, era pressionar o governo federal para estender o direito de voto às mulheres em toda a nação; isso deveria ser feito por meio de uma organização nacional controlada e formada pelas próprias mulheres. A segunda estratégia era convencer os legislativos estaduais e as convenções constitucionais a modificar as constituições estaduais incluindo mulheres no eleitorado; esta abordagem foi preferida pela American Woman Suffrage Association (AWSA) [Associação Americana pelo Sufrágio da Mulher], que havia sido fundada alguns meses depois da NWSA e era liderada por Lucy Stone e seu marido, Henry Blackwell, ambos veteranos dos movimentos sufragista e abolicionista anteriores à guerra. Stone, criada em uma família abastada do oeste de Massachusetts, formou-se com antecipação no Oberlin College e era uma oradora pública popular; Blackwell, de Ohio, foi um reformador dedicado, com uma tendência ao longo da vida a projetos empresariais fracassados. A terceira estratégia, mais local e descentralizada, mas que se sobrepunha à da AWSA, era arrancar o sufrágio "parcial" ou

---

21 Citações em epígrafes do *New York Times,* 8 mar. 1869; *Ohio Constitutional Convention 1873,* v.2, p.1802, 1978; *Debates and Proceedings of the Constitutional Convention of the State of California 1878,* v.1. Sacramento, CA, 1880, p.1004-1007, 1365; Gordon, A. D., Woman Suffrage (Not Universal Suffrage) by Federal Amendment. In: Wheeler, M. S. (org.), *Votes for Women! Suffrage Movement in Tennessee, the South, and the Nation.* Knoxville, TN, 1995, p.5; DuBois, Beyond the Compact, p.845.

"limitado" (em questões como a educação, regulamentos proibitórios e impostos municipais) das autoridades estaduais.[22]

A abordagem da NWSA em alguns pontos-chave era uma extensão da Reconstrução Radical: apesar de sua ruptura com antigos aliados abolicionistas, da mágoa com a Décima Quinta Emenda, e de seus comentários por vezes depreciativos sobre o sufrágio negro, Stanton e Anthony mantiveram um compromisso com a igualdade de direitos e, por um tempo, pelo menos, o desejo de construir pontes com os trabalhadores. O governo "baseado em castas e privilégios de classe não pode permanecer", declarou Stanton em 1869, e estava convencida de que os direitos políticos eram o solvente que dissolveria essas fronteiras sociais. Assim, a estratégia da NWSA foi pressionar o governo federal para oferecer às mulheres as mesmas proteções constitucionais dadas aos homens alforriados pela Décima Quinta Emenda. Esta opinião foi incorporada em um projeto de emenda constitucional apresentado no Congresso pelo republicano radical George Julian em 1869: ele declarou que "o direito de sufrágio nos Estados Unidos deve basear-se na cidadania" e que "todos os cidadãos [...] devem gozar deste direito igualmente, sem qualquer distinção ou discriminação fundada no sexo". No entanto, no clima político cada vez mais conservador e favorável aos direitos dos estados da década de 1870, essa versão inicial da Décima Sexta Emenda, que teria nacionalizado de modo tácito o sufrágio de forma semelhante à Emenda Wilson, pouco avançou.[23]

Anthony, assim, elaborou uma versão nova e mais restrita no final da década de 1870, que foi apresentada pela primeira vez ao Senado por Aaron A. Sargent, da Califórnia, em 1878. Seguindo o modelo da Décima Quinta Emenda, declarava simplesmente que "o direito dos cidadãos dos Estados Unidos ao voto não será negado ou reduzido pelos Estados Unidos ou por qualquer Estado em razão do sexo". Embora a NWSA também tenha pressionado pela expansão dos direitos econômicos e sociais das mulheres, a garantia da aprovação dessa emenda foi o foco de suas atividades, e os aliados políticos da organização apresentavam a medida ao Congresso todos os anos. Em 1882, ambas as casas do Congresso nomearam comitês selecionados para a questão do sufrágio feminino, cada um dos quais recomendava a aprovação de uma emenda. Quatro anos mais tarde, em parte graças ao apoio enérgico do republicano Henry Blair, de New Hampshire, a emenda foi finalmente levada à votação no plenário do Senado, onde, para grande decepção de sufragistas sentadas nas galerias, sofreu uma derrota decisiva em janeiro de 1887, por uma margem de 34-16 (com 26 abstenções), muito longe dos dois terços necessários para a aprovação. Numa repercussão das políticas regionais que permaneceram tão evidentes, mesmo após o fim da

---

22 DuBois, *Feminism and Suffrage*, p.19, 189-190; Gordon, Woman Suffrage, p.5-22.
23 Gordon, Woman Suffrage, p.3-24; Buhle e Buhle, *Concise History of Woman Suffrage*, p.16-22.

Reconstrução, nenhum senador sulista votou a favor da emenda, enquanto 22 votaram contra. Por mais seis anos o Congresso continuou a lidar com o problema, mas depois de 1893, nenhuma comissão parlamentar o divulgou de maneira favorável até o final da era progressiva.[24]

A estratégia da NWSA de abordar estado por estado também deu pouco resultado. Ainda que o tema tenha sido debatido em numerosas convenções constitucionais e referendos realizados em onze estados (oito deles a oeste do Mississipi) entre 1870 e 1910, os ganhos concretos foram poucos. O território de Wyoming estendeu o direito às mulheres em 1869, uma diretriz afirmada na condição de estado em 1889; Utah fez o mesmo em 1870 e 1896 (interrompido por um breve período em que o governo federal privou as mulheres de Utah do sufrágio como um passo curioso em sua campanha de livrar o território da poligamia); Idaho e Colorado concederam o sufrágio às mulheres em meados da década de 1890. Em todos os outros lugares os referendos fracassaram, ou os redatores das novas constituições optaram por não apresentar a proposta aos eleitores para ratificação (ver Tabela A.20).[25]

Houve, no entanto, um número significativo de localidades – estados, condados e municípios – onde o sufrágio parcial foi adotado, permitindo que as mulheres votassem nas eleições municipais, em questões de licença de bebida alcoólica, ou nos conselhos escolares locais, sobre as questões que afetam a educação. Esse acontecimento singular, e até anômalo, que autorizava as mulheres a votar em determinadas a eleições, mas não em outras, foi possível graças à arquitetura complexa das leis de votação. Na maioria dos estados, os requisitos de sufrágio para as eleições "inconstitucionais" não tinham que ser idênticos àqueles dos cargos especificados nas constituições estaduais; eles também poderiam ser alterados pela legislação, em vez de passar pelo processo moroso e difícil da emenda constitucional (ver Capítulo 5).

A forma mais comum da emancipação parcial envolvia as escolas: as legislaturas, reconhecendo a responsabilidade das mulheres pela educação dos filhos, bem como sua experiência de educação, responderam à pressão do movimento sufragista com a autorização do voto feminino em questões relativas à educação. Quase todos os poderes legislativos estaduais cogitaram a adoção de leis desse tipo e, em 1890, mais de vinte estados já haviam o feito (consultar a Tabela A.17). Embora as ativistas geralmente considerassem o sufrágio da educação como um trampolim, uma porta de

---

24 Flexner, *Century of Struggle*, p.176-178, 228, *New York Times*, 26 jan. 1887; HWS, v.4, p.111.
25 Gordon, Woman Suffrage, p.13-14; Kettleborough, C., *Constitution Making in Indiana:* A Source Book of Constitutional Documents with Historical Introduction and Critical Notes, v.1, Indianapolis, 1916, p.cxxiii-cxxiv; Kugler, *From Ladies to Women*, p.121, 131, 136, 143-147; Flexner, *Century of Struggle*, p.178, 228.

entrada para a participação eleitoral mais ampla, os legisladores tendiam a ver a questão de maneira diferente: como um gesto para aplacar as forças pró-sufrágio e uma afirmação de que as questões escolares eram distintas da "política".[26]

Aplacar as sufragistas assim como os reformadores que lutavam pela abolição das bebidas alcoólicas também foi a principal motivação por trás das leis que autorizavam o voto feminino em questões de licença de bebidas alcoólicas e outros assuntos relacionados à venda de álcool. Em muitos estados, essas leis eram exigidas pela rápida ascensão de Woman's Christian Temperance Union (WCTU) [União Cristã das Mulheres pela Abstinência], que argumentava que as mulheres tinham um interesse especial na votação dessas questões por causa do impacto do álcool na família e das ligações entre embriaguez e violência doméstica. Da mesma forma, nas décadas de 1880 e 1890, as mulheres em alguns estados receberam o direito de voto nas eleições municipais ou, se fossem contribuintes, nas questões fiscais e de títulos. Embora sancionadas pela noção de que a governança municipal era uma forma de "administração de assuntos domésticos", essas leis também foram uma resposta à agitação contínua do movimento do sufrágio em nome da inseparabilidade de tributação e representação. Na verdade, houve um toque conservador nessa expansão do sufrágio, já que apelava para aqueles que acreditavam que a votação deveria ser restrita aos proprietários e contribuintes[27] (ver Tabela A.18).[28]

---

26 Gordon, Woman Suffrage, p.13-14; a história detalhada de sufrágio escolar em Michigan, incluindo a consecução de sufrágio municipal para mulheres, seguida por uma decisão da corte decretando a lei inconstitucional, é recontada em Adams, M. J., The History of Suffrage in Michigan. *Publications of Michigan Political Science Association,* 3, março de 1898, p.33-35; Commonwealth of Massachusetts, *Woman Suffrage,* v.2, p.442-443. Para o texto de uma lei, ver *All the Laws of the State of Illinois Passed by the Thirty-Seventh General Assembly,* Chicago, 1891, p.102; e Massachusetts, *Gen. Laws* (1881), cap.6, sess.3. Para exemplos de casos de corte lidando com leis de sufrágio escolar, ver *People ex. rel. Ahrens versus English,* 29 N.E. 678 (Ill. 1892); *People ex. rel. Tilden versus Welsh,* 70 Ill. App. 641 (Ill. App. 2 Dist. 1896); *In re Inspectors of Election,* 25 N.Y.S. 1963 (Sup. Ct. Suffolk County 1893), *People ex rel. Dillon versus Moir,* 115 N.Y.S. 1029 (Sup. Ct. Onandaga County 1908); *Gould versus Village of Seneca Falls,* 118 N.Y.S. 648 (Sup. Ct. Seneca County 1909); *Village of Waverly versus Waverly Waterworks,* 125 N.Y.S. 339 (Sup. Ct. Tioga County 1910); *State ex rel. Taylor versus French,* 117 N.E. 173 (Ohio 1917).

27 Kerber, *No Constitutional Right,* p.109, 117-118; Beard, C. A., *American City Government:* A Survey of Newer Tendencies. New York, 1912, p.85; McBain, H., *The Law and the Practice of Municipal Home Rule,* New York, 1916, p.581-583; Adams, *Right to be People,* p.71; *Report of the Committee of the Senate Upon the Relations Between Capital and Labor,* v.3, Washington DC, 1885, p.635-667.

28 Os dados apresentados nas tabelas A.17 e A.18 não são abrangentes. Ainda nenhuma história de alguma forma de sufrágio parcial foi escrita; as compilações secundárias existentes de leis são inconsistentes, e histórias legais em muitos estados são de difícil definição, porque decisões de corte, legislaturas e conselhos municipais frequentemente mudaram as leis.

A lista limitada de sucessos, no entanto, não faz justiça à força do movimento nas décadas de 1870 e 1880. As organizações locais pró-sufrágio proliferavam, os referendos eram realizados em vários estados e, depois de vigorosas campanhas, centenas de milhares de homens votaram a favor do sufrágio feminino, um avanço que teria sido impensável quarenta anos antes. Além disso, mesmo nos estados onde a questão não era submetida ao voto popular, as organizações pelo sufrágio eram ativas, os deputados estaduais eram obrigados a votar em projetos de lei pelo sufrágio ano após ano e o apoio à extensão do sufrágio muitas vezes extrapolava os limites partidários. Em Massachusetts, por exemplo, ambos os partidos estavam divididos sobre o assunto, e o democrata Ben Butler concorreu duas vezes para governador em plataformas políticas pró-sufrágio. Na Convenção Constitucional de Illinois em 1869-1870, o resultado da votação dos representantes foi de 40-21 votos para submeter a questão aos eleitores, votação que foi revertida por uma margem estreita, um mês depois. Alguns anos mais tarde, na Pensilvânia, a questão foi objeto de um intenso debate na convenção constitucional, e na década de 1880 a Câmara dos Representantes de Indiana votou várias vezes para endossar o sufrágio feminino, e viu suas ações bloqueadas por obstrucionistas do Senado encorajados pelo medo de que as eleitoras mulheres restringissem a venda de bebidas intoxicantes. Na Califórnia, a Convenção Constitucional de 1878-1879 dedicou uma enorme quantidade de tempo e energia para a questão; depois de debates prolongados e apaixonados o sufrágio ficou restrito aos homens por uma margem de apenas dez votos.[29]

Uma das razões para o crescente apoio era o poder de argumentos pró-sufrágio. Com uma diversidade impressionante, esses argumentos eram expressos não só pelos ativistas do sufrágio, mas também por figuras políticas; geralmente (mas nem sempre), eram republicanos que se encontravam nas convenções legislativas ou constitucionais onde tinham que ponderar e votar no tema. O argumento mais comum permanecia sendo a visão

---

29 Kettleborough, *Constitution Making in Indiana*, v.1, cxxiii; Cornelius, J., *Constitution Making in Illinois 1818-1970*. Urbana, Ill., 1972, p.70-71; *Debates Illinois 1869*, v.1, p.129, 156, 212, 451, 472, 487, 510, 532, 560, 613, 679; Ibid., v.2, p.1077, 1277, 1392, 1397-1399, 1477, 1502, 1528, 1551, 1725-1730, 1840-1844; *Debates and Proceedings of the Pennsylvania Constitutional Convention, 1872-1873*, v.1, Harrisburg, PA, 1873, p.133, 184, 192, 348, 471, 503, 525-565, 589, 601-626, 658, 693; Ibid., v.2, p.69. 14 8-150, 165; Babcock, B. A., Clara Shortridge Foltz: Constitution-Maker. *Indiana Law Journal*, 66, 1991, p.852, 880-890. Ver também *Debates of the Missouri Constitutional Convention of 1875*, v.4, Columbia, MO, 1944, p.122-135; Flexner, *Century of Struggle*, p.167; Kenneally, J. J., Woman Suffrage and the Massaghusetts "Referendum" of 1895. *The Historian,* 30, agosto de 1968, p.619; para a complexa sequência de debates no Texas, ver Taylor, A. E. (org.), *Citizens at Last:* The Woman Suffrage Movement in Texas. Austin, TX, 1987. Para uma substancial (mas, por seu próprio reconhecimento, não abrangente) listagem dos projetos de lei introduzidos nas legislaturas do estado, ver Stapler, *Year Book 1917*.

dos direitos naturais ou universais apresentada em Seneca Falls e em toda a década de 1850. "O direito das mulheres ao voto parece tão claro que é como alguns axiomas matemáticos, difícil de definir mais claramente do que quando exposto", declarou um habitante de Ohio em 1874.

> Todo indivíduo, ao entrar num estado social, entrega uma parcela de direitos naturais e por essa razão recebe, em troca, entre outras coisas, o direito político do sufrágio eleitoral. A mulher é um indivíduo, e quando ela entra num estado social e, assim, entrega uma parcela de seus direitos naturais, ela recebe em troca, por essa razão, o direito do sufrágio eleitoral, em igualdade com o homem. [...]. Se o silogismo estiver correto o direito inevitavelmente se seguirá, e aonde a lógica conduzir eu alegremente seguirei.

"Quaisquer direitos concedidos a um cidadão devem ser dados [...] a qualquer outro cidadão", repetia Eli T. Blackmer, superintendente das escolas públicas de San Diego, na Convenção Constitucional da Califórnia de 1878. Embora o ato de votar não fosse um "direito natural", admitiu o democrata John Campbell, o mais novo membro da convenção constitucional da Pensilvânia de 1872-1873, era um "direito político", que não deveria ser negado às mulheres. Evocando a linguagem tradicional do republicanismo americano, todos os americanos deveriam ter o direito do governo autônomo – e "todos os americanos" incluíam as mulheres. Um representante de Ohio insistiu em que "a mulher [...] deveria ter uma voz na promulgação de leis às quais ela está sujeita [...]. Não deveria haver, entre nós, nenhuma classe dependente. Num governo republicano genuíno e democrático, os governados são também os governadores". O governador do Kansas, em 1871, insistiu que, em uma "verdadeira república – um 'governo do povo, pelo povo, para o povo'", não deveria haver nenhuma "classe favorecida de 'cidadão branco do sexo masculino'".[30]

Em paralelo a essas perspectivas tradicionais emergia outro elemento, mais essencialista, da argumentação: as mulheres possuíam qualidades ou virtudes específicas que elevariam o caráter da política e da governança. Esses pontos de vista começaram a ser proferidos por Stanton e outras sufragistas no final dos anos 1860, e foram adotados por muitos políticos do sexo masculino que pareciam sentir-se mais confortáveis ao salientar as virtudes exclusivas das mulheres do que sua semelhança com os homens. A presença de mulheres, argumentava-se, elevaria o tom da política e poria um fim às "vilanias e banditismo nas urnas", sobretudo nas áreas

---

30 *Ohio Constitutional Convention 1873*, v.2, p.1817-1820, 1969, 1979; *California Constitutional Convention 1878*, v.1, p.832-834, 1004, 1009; *Debates Pennsylvania 1872-73*, v.1, p.557-559, 571-578; Harlan, A. D., *Pennsylvania Constitutional Convention 1872 and 1873: Its Members and the Result of Their Labors*. Philadelphia, 1873, p.42; *HWS*, v.3, p.697.

urbanas. As mulheres empoderadas com o sufrágio "tenderiam a dotar a política de integridade e honestidade, e controlar as tramoias de quem faz da política seu próprio negócio". Além disso, as eleitoras seriam menos corruptíveis e mais propensas a promover políticas em favor de justiça social, paz e sobriedade: "quando nossas mães, esposas e irmãs votarem conosco teremos uma legislação mais pura e uma melhor aplicação das leis, menos botequins, salas de jogos de azar e bordéis". De acordo com essa linha de argumentação, que se tornou proeminente no final da década de 1870, as mulheres deveriam conquistar o direito de voto não porque fossem idênticas aos homens, mas precisamente por serem diferentes – e as qualidades que as tornavam diferentes beneficiariam a vida política norte-americana.[31]

Para alguns homens pelo menos, essa visão essencialista, a noção de que as mulheres tinham qualidades especiais e virtudes, era tanto cristã como jeffersoniana, emocional bem como política. No Texas, em 1875, por exemplo, um representante da convenção constitucional expressou de maneira formal:

> Que as mulheres, sendo por decreto da natureza, a mãe de todos os seres humanos vivos [...] e que, como mãe, esposa, irmã e filha, tem o primeiro cuidado de nossas vidas, é nossa enfermeira na infância, nossa mentora na juventude, nossa companheira, ajudante e fonte de consolo na maturidade, nosso conforto, anjo que nos serve e encoraja na morte, mesmo no nascimento, julgamento, morte e ressurreição de Jesus [...] e que, nesta terra de fé republicana e governo democrático e representativo, por todo reconhecimento da civilização cristã e iluminada, ela é moral e mentalmente igual ao homem; que os mesmos "direitos inalienáveis" que Jefferson tornou uma frase familiar [...] são tanto da mulher como do homem; [...] e na medida em que a mulher é do povo, e deve ser governada pelas leis feitas pelo povo, e é muitas vezes contribuinte, não há nenhuma razão, política, humana ou divina [...] pela qual ela não deveria ter os mesmos direitos que o homem nas urnas.[32]

Este argumento essencialista podia ter um núcleo conservador também: era possível contar com as virtudes das mulheres para preservar a ordem social tradicional, para proteger a propriedade, a ordem e a estabilidade, sobretudo contra os vícios da classe trabalhadora urbana.[33]

---

31 *Ohio Constitutional Convention 1873*, v.2, p.1828, 1843, 1874-1875; ver também ibid., p.1010, 1819, 1821, 1870; Ibid., v.2, 1, p.1969, *California Constitutional Convention 1878*, v.1, p.1005, 1366; Harlan, *Pennsylvania Constitutional Convention 1872 and 1873*, v.1, p.550-563; *HWS*, v.2, p.562; ibid., v.3, p.105; DuBois, Beyond the Compact, p.848-852; Buhle e Buhle, *Concise History of Woman Suffrage*, p.253.
32 *Journal of The Contitutional Convention of the State of Texas, 1875*. Galveston, TX, 1875, p.191-192.
33 DuBois, Beyond the Compact, p.861; Griffith, *In Her Own Right*, p.205.

Outros argumentos também foram mobilizados. Os representantes da convenção pró-sufrágio afirmavam (provavelmente de forma imprecisa) que a população desejava o sufrágio feminino e, portanto, que as convenções deveriam responder à vontade do povo. Alguns de seus aliados invocaram o princípio de "nenhuma taxação sem representação", enquanto outros alegavam que a extensão do direito de voto às mulheres proporcionaria benefícios econômicos e proteção nos locais de trabalho para o crescente número de assalariados do sexo feminino. Os defensores mais intelectualizados do sufrágio faziam um retrato histórico amplo, apontando para a expansão progressiva do sufrágio como um sinal da erosão constante e benéfica da opressão e da "aristocracia". John M. Broomall, um ex-congressista e representante republicano da Convenção Constitucional da Pensilvânia 1872-1873, concluiu um longo discurso anunciando que:

> Essa coisa está por vir. É apenas uma questão de tempo. O progresso é para a frente. Durante trinta anos eu tenho sido um defensor do governo autônomo universal, e durante esse tempo eu marquei sua evolução constante para a frente. No início, ninguém era um homem, no sentido de "governado", a menos que fosse um homem branco, e de fato alguns homens brancos mal foram contados. [...] Essa palavra "branco" [...] foi lavada com sangue.

Ele continuou:

> Quatrocentos anos atrás as mulheres, de acordo com a noção popular daquele tempo, não tinham alma [...]. Depois disso, as mulheres eram bestas de carga [...]. Ainda assim, o mundo se move e, em nosso tempo, elas obtiveram direitos civis iguais aos dos homens. O próximo passo está chegando, e há aqueles que viverão para ver [...]. Esse passo é a igualdade de todos os seres humanos, tanto perante a lei quanto na elaboração da lei. Assim é que o mundo se move, e o homem que não estiver preparado para se mover no mesmo ritmo, é melhor sair do caminho.[34]

Outros ainda, tanto políticos como mulheres sufragistas, apresentaram uma justificativa mais conservadora e ameaçadora: que era errado para o sistema político estender o sufrágio a negros ignorantes e estrangeiros enquanto barrava as mulheres brancas nativas e cultas. Um representante da convenção constitucional de Ohio em 1873 lamentou a decisão "de conferir esse grande privilégio ao estrangeiro ignorante – o chinês, o japonês, o axânti e tudo o que apresenta cabelo humano de qualquer parte da terra de Deus, porque são 'homens', e contudo negá-lo à mulher americana que

---

34 *Debates Pennsylvanya 1872-73*, v.1, p.553; Harlan, *Pennsylvania Constitutional Convention 1872 and 1873*, p.40; *Ohio Constitutional Convention 1873*, v.2, p.1862, 1866-1875; *California Constitutional Convention 1878,* v.1, p.832, 1004-1014, 1366, 1370.

pode desejá-lo, pela única razão de que é uma mulher". Da mesma forma, um californiano em 1879 perguntou se havia

> algum direito ou justiça, ou decência, numa lei que concede o sufrágio eleitoral ao homem mais ignorante, perverso e brutal na terra, seja nascido aqui seja no exterior, e nega que a Sra. Stanton, uma mulher culta e intelectual, descendente de antepassados revolucionários, capaz de se apresentar diante de uma comissão do Senado dos Estados Unidos e desenvolver uma argumentação sobre o direito constitucional que honraria qualquer cavalheiro neste piso ou nesta nação?

Às vezes, na década de 1870 e 1880, essa lógica avançou muito além da equidade e adquiriu um tom mais abertamente politizado e racista: o sufrágio feminino beneficiaria a sociedade porque as mulheres brancas nativas excediam em número – e venceriam em número de votos – os negros, os chineses, estrangeiros, ou pessoas de passagem. O domínio político dos "americanos", portanto, seria assegurado pela extensão do direito de voto às mulheres.[35]

Diante dessa poderosa gama de argumentos, os opositores do sufrágio feminino nas décadas de 1870, 1880 e 1890 responderam com expressões de uma concepção bem diferente dos papéis de gênero, com convicções muito carregadas de moralismo, religião e os temores de turbulência social e familiar. Num contraste nítido e revelador com outros debates sobre o sufrágio, os opositores da expansão quase nunca argumentavam que as mulheres careciam de inteligência para participar da política, ou que sua participação prejudicaria a ordem política. Em vez disso, insistiam que as próprias mulheres seriam degradadas por participar da política, que sua natureza as fez impróprias para o mundo da competição selvagem da política. "Creio que as mulheres ocupam, em muitos aspectos, uma posição mais elevada do que os homens", observou um californiano em 1879, "e eu, por exemplo, não desejo derrubá-las dessa esfera elevada". Alguns sustentavam que a perspectiva de ser arrastada para a "própria sujeira e lama da degradação e infâmia humanas" significaria que apenas as "piores" mulheres realmente votariam, enquanto as outras (incluindo as mulheres antissufrágio) alegavam que a maioria das mulheres na verdade não desejava o direito de voto. Os opositores do sufrágio feminino também invocavam muitas vezes a noção de que o ato de votar deveria estar vinculado ao serviço militar – o que levou ao seguinte diálogo memorável entre dois representantes da convenção da Califórnia de 1879:

---

35 *Ohio Constitutional Convention 1873*, v.2, p.1802, 1841; *California Constitutional Convention 1878*, v.1, p.888, 1004-1005, 1007, 1010, 1365; *Debates Pennsylvania 1872-73*, v.1, p.608-610; *HWS*, v.3, p.52-53, 209; DuBois, Beyond the Compact, p.849-850; Buhle e Buhle, *Concise History of Woman Suffrage*, p.319, 337.

MR. CAPLES: O que é soberania política? É o fruto da espada. Tem sido sempre o fruto da espada [...]. Onde estaria esse poder que você representa nas urnas hoje, se não naquela espada que o tem mantido desde a época da Revolução até os dias de hoje [...]. O direito de voto, o poder de soberania, apoia-se de fato diretamente sobre a base da capacidade dos homens em empunhar a espada.

MR. MCFARLAND: Gostaria de perguntar ao cavalheiro se ele sustenta que o direito de voto depende da habilidade de empunhar a espada? Se é assim, conheço uma pequena atriz que pode perfurar as costelas do cavalheiro em dois minutos.

Os opositores ainda insistiram que o voto não era um direito natural e que as mulheres não precisavam votar porque seus direitos civis já estavam amplamente protegidos. "Se houver qualquer coisa estabelecida na longa discussão sobre este assunto é que o sufrágio não é um direito natural, mas simplesmente um meio de governo", declarou o representante de Nova York (e mais tarde senador e secretário de guerra) Elihu Root em 1894. "A questão é, portanto, uma questão de conveniência."[36]

Mas o cerne da oposição era mais emocional: uma profunda ansiedade de que o sufrágio feminino deformasse os "papéis naturais de gênero" e destruísse a vida familiar. "O que é essa demanda que está sendo feita?", perguntou o incontrolável sr. Caples na Califórnia em 1879.

> Esse fungo que cresceu sobre o corpo da civilização moderna não é algo tão modesto como o mero privilégio de votar, de modo algum [...]. A demanda é pela abolição de todas as distinções entre homens e mulheres, seguindo a hipótese de que homens e mulheres são todos iguais [...]. Os senhores devem saber qual é a grande e inevitável tendência dessa heresia moderna, essa loucura que, de todas as loucuras, é a mais nociva e destrutiva. Ataca a integridade da família; ataca os graus eternos de Deus Todo-Poderoso; nega e repudia as obrigações da maternidade.

Afirmações como a de Caples – por mais extraordinárias que soem aos ouvidos do século XX – não eram incomuns durante este período. Alguns anos antes, um político da Pensilvânia, W.H. Smith, declarou que se opunha à "heresia perniciosa" do sufrágio feminino, porque "minha mãe era uma mulher, e, ainda, porque minha esposa é uma mulher". Se as mulheres pudessem votar, "a família [...] estaria totalmente destruída". Um homem de Ohio considerou "esta tentativa de obliterar a linha de demarcação [...] entre os sexos" como "uma fase da infidelidade de nosso tempo". Essa

---

36 Adams Jr., C. F., The Protection of the Ballot in National Elections. *Journal of Social Science*, 1, junho de 1869, p.106; *Ohio Constitutional Convention 1873*, v.2, p.1802, 1830-1838, 1960-1961, 19867-1968, 1978; *California Constitutional Convention 1878*, v.1, p.1004-1007, 1012, 1365; *HWS*, v.3, p.202, 214-215; cf. *New York Times*, 26 fev. 1909.

infidelidade muitas vezes era abertamente sexualizada: a admissão de mulheres na arena pública incentivaria a promiscuidade, comprometeria a pureza das mulheres e as exporia à predação irresistível dos homens. Além disso, os encantos sexuais e poder de sedução das mulheres iria distorcer as formas pelas quais os homens votavam: "a jovem controlaria tudo com os jovens elegantes e vistosos", insistia um político de Ohio. Os que resistiam à reforma alegavam ainda que o sufrágio feminino criaria discórdia no seio das famílias, que haveria discussões inevitáveis entre marido e mulher, que provocariam rupturas na família, a "comunidade social mais antiga e ininterrupta"; produziria "brigas horríveis e perturbações nas relações domésticas". "O país inteiro – cada lar de família", observou o agitado sr. Smith, "iria ou poderia ser o palco de brigas eternas".[37]

Os defensores do sufrágio dedicaram uma energia considerável para refutar esses pontos de vista. Contestaram a ideia de que o "governo autônomo" era "degradante" como uma "pieguice sentimental" e negaram de forma categórica que "só as mulheres de classe baixa votariam". Rebateram a ideia de que "a mulher" está "fora de seu ambiente ao votar", salientando o fato de que no passado o ensino superior também não era considerado o ambiente de uma mulher, e também que as próprias mulheres deveriam determinar os limites de seu ambiente. A ideia de que as mulheres empoderadas com o direito de voto destruiriam a família foi considerada sem fundamento, como também a acusação de que de algum modo a votação corroeria as virtudes especiais das mulheres. Em resposta à alegação de que o direito de voto deveria estar subordinado ao serviço militar, um político da Califórnia perguntou: "combater é tudo o que se tem para fazer neste país? [...] Vejam os grandes heróis das guerras mundiais e me digam qual deles fez tanto como Miss Florence Nightingale?". Um pensilvaniano, com pontos de vista semelhantes, perguntou se os homens do clero, que não combatiam, também deveriam ser excluídos das urnas. Em meados da década de 1870, os defensores do sufrágio muitas vezes invocaram o precedente de Wyoming, onde as mulheres votavam e nada calamitoso havia ocorrido.[38]

Ainda que o raciocínio dos sufragistas fosse mais persuasivo, suas investidas retóricas não venceram a oposição. Longe disso. Os argumentos lógicos levavam adiante o movimento até certo ponto, e havia forte resistência em vários setores. Talvez a razão predominante fosse que muitas

---

37 *California Constitutional Convention 1878*, v.1, p.1367; ver também ibid., p.1012; *Debates Pennsylvania 1872-73*, p.540-544; *Ohio Constitutional Convention 1873*, v.2, p.1831, 1833, 1838, 1863, 1962-1965; *Debates and Proceedings of the State of Delaware Commecing December 1, 1896*, v.1, Milford, DE, 1958, p.1006.

38 *Ohio Constitutional Convention 1873*, v.2, p.1825, 1949; ver também ibid., p.1824-1826, 1841, 1868; *California Constitutional Convention 1878*, v.1, p.1004-1005; *Debates Pennsylvania 1872-73*, v.1, p.542, 550-552, 557-563, 566-569.

das próprias mulheres se opunham ou eram relativamente indiferentes a sua própria participação política. Nos Estados Unidos, como em outros lugares, a demanda por sufrágio repercutia mais entre as mulheres de classe média, as mulheres de famílias que se dedicavam a uma profissão, um ramo de negócios ou comércio, e as mulheres cultas que viviam em cidades grandes, ou cidades em desenvolvimento. Estas eram as mulheres cujas experiências e desejos colidiam mais diretamente com as normas tradicionais, e que tendiam a buscar a independência, a autodeterminação e a igualdade representadas pela emancipação. No entanto, essas mulheres, embora mais numerosas a cada ano que passava, estavam longe de ser a maioria em 1880. As mulheres das fazendas, que viviam em maior isolamento e em estruturas sociais mais tradicionais, eram menos sensíveis aos apelos ao sufrágio e mais difíceis de mobilizar para a ação coletiva (mas eram cada vez mais ativas nos clubes femininos, o que às vezes as induzia a atividades mais politizadas). Da mesma forma, as mulheres urbanas da classe trabalhadora, muitas de famílias de imigrantes, não se precipitavam em participar de um movimento que apenas indiretamente abordava suas necessidades econômicas prementes e, às vezes, parecia inóspito aos estrangeiros. Entretanto, as mulheres de classe alta muitas vezes se tornavam as líderes das campanhas formais antissufrágio e das organizações: defendendo o que Susan Marshall (entre outras) chamava de sua "posição de classe de gênero", estas mulheres, que já tinham acesso ao poder e exerciam influência por meio de sua riqueza, tinham pouca necessidade de votar e pouco interesse na democratização.[39]

A pressão política que sufragistas poderiam exercer, assim, era limitada por seus números, demasiado limitada para superar a resistência ideológica e psicológica arraigada de muitos eleitores e políticos de sexo masculino. Além disso, as campanhas de sufrágio geravam oposição organizada de alguns grupos de interesse. A identificação do sufrágio com a abstinência e a proibição, por exemplo, provocava uma reação antissufrágio entre os fabricantes de cerveja e os varejistas de bebidas. Esta reação era compartilhada por alguns imigrantes que se sentiam agredidos em termos culturais pelo ataque ao álcool, para não mencionar (embora as menções sejam raras), o número bastante grande de pessoas que simplesmente gostava de beber ou queria liberdade de tomar uma bebida. Os políticos da máquina também tinham dúvidas sobre o sufrágio feminino – em parte por razões culturais e, em parte, porque sempre procuraram manter tanto controle quanto possível sobre o eleitorado. Os membros conservadores da elite econômica

---

39 Marshall, S. E., *Splintered Sisterhood:* Gender and Class in the Campaign Against Woman Suffrage. Madison, WI, 1997, p.4-12, 19-23, 55-56, 91, 139, 180, 220-221; Kraditor, *Up from the Pedestal*, p.15; Buechler, *Transformation*, p.115-117, 141, 143; Evans, *Feminists*, p.23-29, 44, 90-91.

que levaram a sério a proposta de que as mulheres promoveriam reformas sociais igualitárias eram igualmente céticos, às vezes francamente hostis. Reforçando essas diversas fontes de antagonismo havia o declínio da fé na democracia. "No fundo dessa oposição, o que há é uma desconfiança sutil em relação às instituições norte-americanas, uma ideia de 'sufrágio restrito' que está se insinuando em nossa república por meio dos chamados canais aristocráticos", observou Harriette R. Shattuck em 1884. Até certo grau (e um grau que mais adiante aumentaria) a resistência à extensão do direito de voto às mulheres era uma resistência à participação política de quaisquer novos eleitores.[40]

Esses amplos padrões sociais e políticos ajudam a explicar o progresso especialmente lento do sufrágio feminino no Sul. Sem dúvida, havia sufragistas ativos na região, tanto brancos como negros; havia também políticos do sexo masculino, em geral republicanos, que abraçaram a causa em convenções constitucionais e legislaturas estaduais. Ainda assim, o movimento demorou para ganhar força: as organizações de sufrágio eram muito menores e menos visíveis do que no Norte; nenhum referendo era realizado e até mesmo o sufrágio do distrito escolar ainda permanecia uma raridade. Essa defasagem tinha duas fontes críticas. A primeira era a estrutura social predominante do Sul: agrícola e rural. Os estratos sociais mais receptivos ao sufrágio feminino – a classe média urbana, profissional, educada – surgia de forma tardia e lenta no Sul do país. A maioria das mulheres continuava a viver num mundo totalmente agrícola, enquanto as mulheres de elite das famílias de plantações e da indústria têxtil muitas vezes se juntavam a um franco contramovimento antissufragista. A segunda razão da defasagem do movimento era a raça. Embora as defensoras do sufrágio argumentassem que sua conquista do direito de voto solidificaria a supremacia branca – porque as mulheres brancas eram mais numerosas do que os homens e mulheres negros – esta alegação fez pouco progresso com os sulistas brancos do sexo masculino: para eles, o sufrágio feminino significava abrir a porta para um novo e grande eleitorado negro, algo a ser evitado a todo custo. Como disse o senador Joseph E. Brown da Geórgia em 1887, pouco poderia "ser dito em favor de adicionar à população de eleitores todas as mulheres dessa raça". Além disso, o movimento por uma emenda ao sufrágio nacional era repulsivo aos democratas do Sul, que percebiam essa emenda como mais uma ameaça federal aos direitos dos estados.[41]

Se o Sul era muito resistente ao sufrágio feminino, o Oeste era receptivo de um modo incomum. Todos os estados que haviam empoderado

---

40 Flexner, *Century of Struggle*, p.311-312; Marshall, *Splintered Sisterhood*, p.55-56, 91, 180, 221; *HWS*, v.4, p.21.
41 Green, E. C., *Southern Strategies:* Southern Women and the Woman Suffrage Question. Chapel Hill, NC, 1997, p.xiii-xv, 6-8, 10-14, 23-32, 52, 80-98; *HWS*, v.4, p.98.

plenamente as mulheres no século XIX ficavam a oeste do Mississipi, assim como a maioria dos estados que realizavam referendos sobre a questão. Este padrão regional suscitou nos historiadores uma série de explicações plausíveis, embora não totalmente convincentes: as influências igualitárias da vida de fronteira, o desejo de incentivar o povoamento, um reflorescimento ocidental de um desejo puritano de purificar a política, as oportunidades apresentadas pela convocação das convenções constitucionais à condição de estado, o impulso igualitário do populismo ocidental e uma valorização acentuada das mulheres resultantes de uma proporção populacional grande e incomum de homens para mulheres. Os estudos recentes, no entanto, sugerem que esses amplos fenômenos no Oeste podem ter sido menos significativos do que as circunstâncias políticas incomuns que prevaleceram no punhado de estados (Wyoming, Colorado, Idaho e Utah) onde o sufrágio foi alcançado. No Colorado, por exemplo, a força temporária do Partido Popular parece ter sido crucial para o sucesso do sufrágio feminino em 1893. Em Utah, a conquista do direito de voto das mulheres era, certamente, e talvez somente por isso, ligada à complexa política de gênero gerada pelas campanhas de um território mórmon, com uma tradição de poligamia, para ganhar aceitação e soberania nacional.[42]

Na verdade, a história do direito de voto em geral sugere que a busca por qualquer fator único para explicar as diferenças regionais é equivocada: os grupos de não eleitores, como regra geral, ganharam o direito de voto apenas quando houve uma convergência de fatores diferentes – a partir de uma lista de possibilidades que incluía a pressão das bases, a ressonância ideológica, a mobilização de guerra, os incentivos econômicos, os interesses de classe e as vantagens partidárias. Alguns fatores (como a mobilização popular e o apelo ideológico) estiveram presentes em vários estados, tanto a leste como a oeste do Mississipi; é por isso que os debates sobre o sufrágio feminino muitas vezes foram fortemente contestados e muito renhidos. O que parece ter desequilibrado a balança em um punhado de estados do Oeste (também, talvez, já que nos estados do Oeste é que dominou a primeira onda de vitórias do sufrágio do século XX) foi uma combinação de vários ingredientes adicionais. Um deles era um padrão mais fluido de

---

42 Gosnell, *Democracy*, p.52; Flexner, *Century of Struggle*, p.166, 181; Evans, *Feminists*, p.27; Beeton, B., *Women Vote in the West:* The Woman Suffrage Movement 1869-96. New York, 1986, p.1-7, 15-19, 31-48, 111-113, 127-130; Madsen, *Battle for the Ballot*, p.vii-ix, 6-25; White, R., *"It's Your Misfortune and None of My Own":* A New History of American West. Norman, OK, 1991, p.353-387; Grimes, A. P., *The Puritan Ethic and Woman Suffrage*. New York, 1967; *HWS*, v.4, p.509-518; Marilley, *Woman Suffrage*, p.124-158; White, J. B., Woman's Place in the Constitution: The Struggle for Equal Rights in Utah in 1895. In: Cort, N. (org.), *History of Women in the United States:* Historical Articles on Woman's Lives and Activities, v.19, parte 1, Munich, Germany, 1992, p.69-94) (daqui em diante citado como *HWUS*); Edwards, R., Pioneers at the Polls: Woman Suffrage in the West. In: Baker, J. H. (org.), *Votes for Women:* The Struggle for Suffrage Revisited. New York, 2002, p.90-101.

competição partidária, em parte por causa da força da Aliança dos Agricultores insurgentes e, logo depois, do Partido Popular. Outro fator foi que os estados do Oeste tendiam a ser dominados por famílias de agricultores proprietários de terras; contudo incluíam um número alto e evidente de trabalhadores temporários que trabalhavam na mineração, nas ferrovias e na agricultura. Uma vez que o último grupo era composto sobretudo de homens solteiros, a extensão do sufrágio às mulheres oferecia benefícios políticos perceptíveis à população de colonos à custa dos trabalhadores das indústrias extrativas (e as empresas que, por vezes, se acreditava controlar seus votos).[43]

Finalmente, a maioria dos estados do Oeste entre 1850 e 1890 não teve o enorme crescimento de uma classe operária industrial que provocou uma reação tão antidemocrática no Leste e Meio-Oeste. A propensão da região contra a democracia era mais suave e emocionalmente focada na população chinesa, em grande parte masculina. Embora o Oeste tenha partilhado do recuo ideológico da nação ao sufrágio universal, a superficialidade relativa desse recuo pode ter deixado aberto um espaço político mais amplo, no qual os direitos políticos das mulheres podiam ser considerados e abarcados.

Estagnação e democracia

> Acho que foi Wendell Phillips que disse algo como: "se as mulheres forem como os homens, então certamente possuem o mesmo cérebro e isso deve autorizá-las a votar; se elas não forem como os homens, então certamente precisam do voto, porque nenhum homem consegue entender o que querem". E pedimos-lhe, nesse sentido, para dar a cédula de voto para as mulheres.
> – Carrie Chapman Catt à Convenção Constitucional de Delaware, 1897

> Eu proporcionei um lar para minha esposa e espero que ela faça sua parte em mantê-lo, e acho que isso é bastante razoável. Se dermos às mulheres o voto, nossas esposas em breve estarão

---

43 Buechler, *Transformation*, p.8; *HWS*, v.4, p.509-518, 994-998; Mead, R. J., *How the Vote Was Won:* Woman Suffrage in the Western United State, 1868-1914. New York, 2004, p.12, 67-68, 95, 99, 101, 135, 170-172. Mead também alega que os defensores do sufrágio usaram táticas de organização inovadoras e tiraram vantagem do tamanho pequeno das legislaturas territoriais. Que as batalhas políticas relativas ao sufrágio tenham sido quase sempre acirradas no Leste durante esse período é tornado claro pela listagem de ações legislativas em Staples, *Year Book 1917*, p.27-42. Em Michigan, por exemplo, ambas as casas do poder legislativo aprovaram uma emenda de sufrágio feminino já em 1870, mas ela foi vetada pelo governador (p.33); em Rhode Island, uma emenda de sufrágio passou em ambas as casas em 1885, mas falhou por causa de um erro técnico; e em 1897, uma constituição que incluía o sufrágio feminino foi delineada, mas rejeitada em outras bases.

> absorvidas em convenções políticas em vez de cuidar da casa. Serão selecionadas para fazer parte de júris, também. Quando chego em casa à noite, espero que minha esposa esteja lá, e não numa convenção política ou trancada numa sala do júri com oito ou dez homens.
>
> – Vereador Shea, de Essex, Nova York, 1910

Em outubro de 1893, o *New York Times* declarou num editorial que "a causa do sufrágio feminino não parece ter feito o mínimo progresso nesta parte do país no último quarto de século, se é que de fato não perdeu terreno". Embora o *Times* não fosse um observador imparcial, tendo publicado editoriais contra o sufrágio feminino bem no século XX, suas observações eram difíceis de contestar. Apenas uma pequena parcela das mulheres do país estava totalmente empoderada politicamente, o interesse esmorecia em muitos estados e, como o *Times* observou, a maioria das mulheres que tinham o direito de votar nas eleições do conselho escolar não apareceu nas urnas. Os dias otimistas quando o sufrágio feminino parecia ser um objetivo de fácil acesso acabaram.[44]

As ativistas do sufrágio responderam à sua falta de sucesso – e às circunstâncias econômicas e políticas que haviam mudado a seu redor – com a unificação das duas organizações concorrentes de sufrágio em National American Woman Suffrage Association (NAWSA), ou Associação Nacional Americana pelo Sufrágio da Mulher, em 1890. Embora Stanton e Anthony tenham sido as duas primeiras presidentes da associação unificada, o poder foi gradualmente transferido para uma nova geração de líderes, incluindo Anna Howard Shaw, que havia superado uma infância de pobreza e obtido um diploma de medicina, e Carrie Chapman Catt, uma ex-professora e jornalista de Iowa. Catt, que provou ter um talento administrativo excepcional, passou anos transformando a NAWSA de uma associação administrada de forma desleixada numa organização eficiente que monitorava com cuidado seus membros e finanças, estabeleceu sedes permanentes em cada estado, patrocinou cursos em ciência política e economia, e coordenou campanhas nacionais, estaduais e locais. Até o final da década de 1890, a NAWSA havia criado filiais em todos os estados, fundado centenas de clubes locais, gerado uma grande quantidade de literatura e estava pressionando políticos em todos os lugares. A NAWSA também começou a localizar e levantar fundos de mulheres abastadas da classe alta, algumas das quais pela primeira vez emprestaram seu apoio ao movimento.[45]

---

44 Epígrafes de *Debates Delaware 1896*, v.1, p.436; *HWS*, v.5, p.270; *New York Times*, 28 abr. 1910; *New York Times*, 7 out. 1893. Para um exemplo de um editorial posterior contra sufrágio, ver *New York Times*, 6 dez. 1908.

45 Graham, S. H., *Woman Suffrage and the New Democracy*, New Haven, CT, 1996, p.6-7, 37-52; Buhle e Buhle, *Concise History of the Woman Suffrage*, p.32-33.

Essas mudanças organizacionais foram acompanhadas por mudanças na ideologia – ou pelo menos por variações na ênfase atribuída aos diferentes argumentos. Como reflexo do desencanto mais abrangente das classes média e alta com a democracia, as sufragistas colocaram menos peso nos argumentos dos direitos iguais, que implicavam que todos, homens e mulheres, deviam possuir o direito de voto. Salientaram, em vez disso, o tema essencialista mais palatável segundo o qual as qualidades femininas seriam um acréscimo bem-vindo à comunidade política: esse tema, além da conformidade com as noções tradicionais de papéis de gênero, tinha a vantagem de evitar a implicação de que os negros e os trabalhadores imigrantes também deveriam ter direito de voto. Essa ênfase essencialista foi reforçada pela alegação cada vez mais comum de que as mulheres tinham interesses econômicos e sociais distintos que só poderiam ser protegidos pela posse do sufrágio.[46]

Igualmente importante, as sufragistas brancas de classe média colocaram nova ênfase no argumento de que a participação feminina na política iria compensar e contrabalançar os votos dos ignorantes e indesejáveis. Essa noção conservadora, com seu viés inequívoco de classe e raça, havia sido expressa desde o final da década de 1860, mas somente no final dos anos 1880 e 1890 é que se tornou um lugar-comum.[47] A própria Catt lamentou a alforria de alguns nativos americanos e falou com depreciação dos imigrantes, sobretudo os da Europa do Leste e do Sul:

> Atualmente, tem surgido nos Estados Unidos uma classe de homens sem inteligência, sem patriotismo, sem moral, e ainda sem *pedigree*. Nas causas e convenções, são eles que nomeiam os responsáveis; nas urnas, por meios corruptos, são eles que os elegem, e por meio de suborno, são eles que garantem a aprovação de muitas medidas legislativas.

O melhor meio de limitar a influência desse tipo de eleitores e de perpetuar "a república americana" era estender o sufrágio às mulheres americanas nativas. "O censo de 1890 mostra que as mulheres detêm a solução em suas mãos [...]. A conveniência o exige como a orientação política que, por si só, pode erguer nossa nação da desgraça." Olympia Brown, uma pastora universalista de Wisconsin, deu números mais precisos em 1889.

---

46 Cohen, P. H., Nationalism and Suffrage: Gender Struggle in Nation-Building America. *Signs*, 21, 1996, p.712-716; DuBois, E. C., Working Women, Class Relations and Suffrage Militance: Harriot Stanton Blatch and the New York Woman Suffrage Movement, 1894-1909. *Journal of American History*, 74, junho de 1987, p.37.
47 Para exemplos anteriores, ver *HWS*, v.2, p.779-780; Ibid., v.3, p.293-294, 804.

Há nos Estados Unidos três vezes mais mulheres nascidas no país do que toda a população estrangeira, contando homens e mulheres; de modo que os votos das mulheres acabarão por ser o único meio de superar essa influência estrangeira e manter nossas instituições livres. Não haverá segurança possível para a escola livre, a igreja livre ou nosso governo republicano a menos que as mulheres obtenham o sufrágio e com rapidez.[48]

No Sul, é claro, a república americana era considerada ameaçada não pelos imigrantes, mas pelos negros, e algumas sufragistas se ofereceram para enfrentar essa ameaça por meio do que Henry Blackwell, já em 1867, chamara de "o argumento estatístico" (a reiteração de Blackwell desse argumento, intitulado "Uma solução para a questão do Sul", foi publicada pela NAWSA em 1890). Conforme alegou Belle Kearney, nascida em Mississipi, na convenção NAWSA de 1903: "as mulheres anglo-saxãs" eram "o meio pelo qual reter a supremacia da raça branca sobre a africana". Kearney sustentava que a "conquista do direito de voto das mulheres garantiria a supremacia branca imediata e durável, atingida com honestidade". Na verdade, a relação entre o sufrágio feminino e a participação política negra no Sul era complicada. Muitas sufragistas brancas se recusavam a adotar a estratégia da raça, e mesmo algumas que o fizeram não foram motivadas por um compromisso com a supremacia branca, mas pela busca de uma linha potente de ataque. Além disso, as atividades das sufragistas sulistas incluíam um número crescente de mulheres afro-americanas. Os antagonistas mais veementes de direitos dos negros, por outro lado, pertenciam ao grupo antissufrágio feminino: um dos principais argumentos contra a conquista do voto feminino em 1890-1920 foi que isso abriria uma porta adicional ao voto negro e, possivelmente, à intervenção federal nas leis eleitorais. No entanto, a moeda do argumento estatístico, sobretudo quando associada à tolerância da segregação por parte da própria NAWSA, destacou a distância que o movimento havia percorrido desde os impulsos de direitos iguais de 1860. Na reunião da NAWSA de 1903, realizada em Nova Orleans, o conselho executivo afirmou formalmente seu reconhecimento dos "direitos dos estados", efetivamente permitindo que os representantes locais sulistas barrassem os negros como membros.[49]

Tanto no Norte como no Sul, a noção de que as mulheres eram o antídoto para os eleitores indesejáveis levou muitas sufragistas, incluindo

---

48 Marilley, *Woman Suffrage*, p.106-167; *HWS*, v.4, p.148; Kraditor, *Up from the Pedestal*, p.257-261.
49 Green, *Southern Strategies*, p.8-18, 85-97; Marilley, *Woman Suffrage*, p.167-178; Gordon, Woman Suffrage, p.15-16; sobre o papel das mulheres afro-americanas, ver Terborg-Penn, *African American Women*; Graham, *Woman Suffrage*, p.22-23; McDonagh, E. L., The Significance of the Nineteenth Amendment: A New Look at Civil Rights, Social Welfare and Woman Suffrage Alignments in the Progressive Era. In: Lynn, N. (org.), *Women, Politics, and the Constitution*. New York, 1990, p.64; Kraditor, *Up from the Pedestal*, p.253, 263.

Stanton, a se unirem ao coro conservador e pedir testes de alfabetização como um meio de formar o eleitorado. Num artigo bem conhecido intitulado "Sufrágio educado", Stanton em 1895 propôs acabar com o "voto estrangeiro ignorante" instituindo um teste de "leitura e escrita inteligente". Falando a um comitê do Senado, em 1898, ela declarou que "a objeção popular ao sufrágio feminino é que este iria 'dobrar o voto ignorante'. A resposta óbvia a isto é 'abolir o voto ignorante'" (que Stanton, de todo modo, considerava "sólido contra a conquista do sufrágio da mulher"). Na convenção da NAWSA de 1902, ela insistiu que os imigrantes "não se tornassem parte do nosso poder dominante até que soubessem ler e escrever o idioma inglês de forma inteligente, e entender os princípios do governo republicano". Embora o radicalismo de longa data da Stanton tenha mantido sua xenofobia sob controle (ela se opunha à restrição da imigração e fazia muita pressão por uma educação gratuita e obrigatória), ela e muitas outras sufragistas de fato abandonaram o princípio do sufrágio universal, em favor da limitação à participação eleitoral baseada nas classes, cada vez mais popular. Não faltava oposição a essa postura: a própria filha de Stanton, Harriot Stanton Blatch, discordou publicamente da visão de sua mãe na década de 1890. Mas a defesa de restrições ao direito de voto havia entrado na tendência corrente do pensamento feminista.[50]

As fontes dessa mudança ideológica eram várias. Mas o mais importante, talvez, era que mulheres de classe média, brancas e nascidas no país, assim como seus colegas do sexo masculino, tinham menos fé na democracia e no sufrágio universal do que trinta anos antes. As mulheres, assim como os homens, reagiram à turbulência política no Sul do país, à imigração em massa e ao crescimento de máquinas políticas urbanas com conclusão de que o sufrágio deveria ser restrito, mesmo enquanto argumentavam que os portais para a política deviam ser abertos para elas. Além disso, como apontou o historiador Steven Buechler, as mudanças na estrutura social do país alteraram a localização e as atitudes de muitos defensores do sufrágio: com o crescimento de uma elite nacional e uma classe trabalhadora de estrangeiros, a noção, em meados do século, de uma fronteira relativamente porosa que separava os trabalhadores dos membros da classe média estava se tornando insustentável. Diante dessa mudança, as sufragistas que abraçavam valores da classe média viram-se passando aos poucos de uma ideologia da igualdade de direitos "cega para as classes" para uma maior consciência de classe com o "sufrágio educado". Esta inclinação conservadora foi acentuada pela entrada no movimento sufragista

---

50 Buechler, *Transformation*, p.43, 99, 117; *WHS*, v.4, p.317; Ibid., v.5, p.32, 329-330; Griffith, *In Her Own Right*, p.129, 155, 205-206: *New York Times*, 6 fev. 1898; McDonagh, Significance of the Nineteenth Amendment, p.63-64; Kraditor, *Up from the Pedestal*, p.260; DuBois, Working Women, p.34-58.

das mulheres de classe alta que, de modo consciente, procuravam defender a ordem social existente por meio da política. Por fim, muitas sufragistas – quaisquer que fossem suas convicções mais profundas – podem ter recorrido a essas reivindicações restritivas, e até mesmo racistas, para se opor aos argumentos dos oponentes e ganhar partidários num clima político cada vez mais conservador. Como acontece muitas vezes nos debates públicos, as declarações de cada lado eram reflexos parciais dos argumentos de seus adversários.[51]

Se as feministas acreditavam que sua postura conservadora iria acelerar a aprovação das novas leis do sufrágio, elas estavam redondamente enganadas. Apesar das técnicas de organização mais sofisticadas desenvolvidas por Catt e suas colegas, houve poucos ganhos concretos nas décadas de 1890 e 1900, e o período de 1896-1910 passou a ser conhecido entre as sufragistas como "a estagnação". Durante este período, apenas seis referendos sobre o sufrágio foram realizados, três deles em Oregon e todos os seis sofreram completa derrota. Inúmeras vezes a questão foi colocada nos legislativos estaduais e nas convenções constitucionais, mas não houve novos acréscimos à coluna do sufrágio. Nova York rejeitou suas sufragistas em 1894, assim como a Califórnia em 1896 e Washington em 1898. Em 1895, Massachusetts passou até mesmo pelo evento desmoralizante de um referendo simulado (ou não vinculante) sobre o sufrágio municipal, que sofreu uma derrota esmagadora, e para o qual apenas 23 mil mulheres apareceram para votar (de um possível número de 600 mil). Na verdade, algum progresso foi alcançado com a obtenção de sufrágio parcial para as mulheres: as leis de sufrágio escolar foram aprovadas em vários estados; Michigan, Kansas e Nova York permitiram que as mulheres proprietárias votassem nas questões financeiras e a cidade de Annapolis reescreveu seus estatutos para permitir o voto aos contribuintes do sexo feminino (ver tabelas A.17 e A.18). No entanto, mesmo nesta frente limitada, os contratempos eram comuns: a maioria das propostas legislativas para o sufrágio escolar e municipal foi derrotada; o governador da Califórnia vetou como inconstitucional um projeto de lei de 1899, que teria concedido os sufrágios municipal e do conselho escolar; os legislativos debatiam, mas rejeitavam de forma invariável, os projetos de lei favoráveis ao voto feminino nas eleições presidenciais; e os tribunais de vários estados, incluindo Michigan e Nova Jersey, determinaram que os projetos de lei para o sufrágio parcial violavam as constituições estaduais.[52]

---

51 DuBois, Working Women, p.37-40; Griffith, *In Her Own Right*, p.194; Buechler, *Transformation*, p.121, 137-142; Marilley, *Woman Suffrage*, p.9-10, 13-14, 159-186.
52 Flexner, *Century of Struggle*, p.230, 256, 271; Commonwealth of Massachusetts, *Woman Suffrage*, v.2, p.457-458; Strom, S. H., Leadership and Tatics in the American Woman Suffrage Movement: A New Perspective from Massachusetts. *Journal of American History*, 62, setembro de 1975, p.299-300; Kenneally, J. J., Woman Suffrage and the Massachusetts "Referendum"

A escassez de vitórias teve múltiplas fontes. Do mesmo modo que antes de 1890, a base social do movimento das mulheres permanecia limitada, apesar da entrada de algumas novatas da classe alta. Em boa parte do século XX, por exemplo, os clubes de mulheres da nação se recusaram a endossar a causa do sufrágio. Da mesma forma, a ideologia tradicional de gênero manteve-se forte, reforçada por visões de mundo religiosas que eram resistentes à mudança social. Em Delaware, em 1897, por exemplo, o representante Edward G. Bradford insistia em que a conquista do sufrágio feminino iria "dar um golpe na harmonia [...] da casa" e na "civilização cristã do século XIX". Seu colega, Wilson T. Cavender, expressou a crença de que as mulheres possuíam um "dever maternal imposto pela lei da natureza" e "por esse dever, Deus colocou um obstáculo no caminho de se tornarem parte integrante de um governo". Além disso, os interesses ligados às bebidas alcoólicas e os empresários que se opunham à reforma social organizaram novamente campanhas eficazes contra a extensão do direito de voto às mulheres, sobretudo após as vitórias de meados da década de 1890, alertados de que o sufrágio feminino poderia ganhar.[53]

O que fortalecia todos esses fatores, e talvez os superasse, no entanto, era a relutância conservadora em expandir o sufrágio sob qualquer condição, a desconfiança da democracia que atingiu seu auge emocional justamente durante a "estagnação". "O antissufragismo do Partido Conservador", como a historiadora Sara Graham denominou essa atitude (para distinguir das opiniões antisufrágio tradicionais, fundamentadas nas noções de ideais femininos e esferas separadas), estava ganhando força a cada ano que passava. Em 1897, Carrie Chapman Catt, dirigindo-se à convenção constitucional de Delaware, observou que "está crescendo neste país um grande ceticismo em relação ao sufrágio do homem. Se isso não fosse verdade, nossa própria causa do sufrágio feminino cresceria mais

---

of 1895. *HWUS*, v.9, parte 1, p.52-68. Sobre sufrágio municipal entre 1890 e 1920, ver Holcombe, A. C., *State Government in the United States*. New York, 1926, p.89; Flanagan, M. A., *Charter Reform in Chicago*. Carbondale, Ill., 1987, p.83-86; *People ex rel. Ahrens versus English*, 29 N.E. 678 (Ill. 1892); *People ex rel. Tilden versus Welsh*, 70 Ill. App. 641 (Ill. App. 2 Dist. 1896); *Scown versus Czarnecki*, 106 N.E. 276 (Ill. 1914); *People ex rel. Jurgensen versus Czarnecki*, 107 N.E. 184 (Ill. 1914); *Franklin versus Westffall*, 112 N. E. 974 (Ill. 1916); *State ex rel. Taylor versus French*, 117 N.E. 173 (Ohio, 1917). Para uma listagem de propostas legislativas sobre sufrágio pleno e parcial, sua disposição por legislaturas estaduais, bem como vetos governamentais e ações de corte, ver Stapler, *Year Book 1917*, p.27-42.

53 *Debates Delaware 1869*, v.1, p.1002, 1025, para outros exemplos de debates constitucionais, ver Brewer, J. H., Bender, C. H. e McCurren, C. H. (orgs.), *Proceedings and Debates of the Constitutional Convention of the State of Michigan, Convened in the City of Lansing, Tuesday, October 22, 1907*, v.2, Lansing, MI, 1907, p.966, 1021, 1068-1079; para visões mais positivas, ver ibid., v.1, p.418-421; Schaffer, R., The Problem of Consciousness in the Woman Suffrage Movement: A California Perspective. *HWUS*, v.19, parte 2, p.368; no que diz respeito ao Papa e sufrágio, ver *New York Times*, 22 e 23 abr. 1909.

rapidamente do que está ocorrendo". No ano seguinte, Mary Jo Adams, uma antiga historiadora do sufrágio, escreveu que

> já se foi o dia em que se afirmava a incapacidade das mulheres em relação aos deveres políticos; e a oposição atual não parece ser tanto contra as mulheres como contra qualquer aumento no número de eleitores. O sufrágio não é um "direito inalienável" do cidadão, do contribuinte ou de qualquer outra pessoa. Existe para o bem do Estado e tudo o que for do melhor interesse deste é correto. [...] Os defensores da medida alegam que o governo seria melhor se as mulheres tivessem participação no mesmo. Os opositores dizem que o sufrágio feminino apenas aumentaria o número de votos, já tão grande que não é administrável, sem afetar vitalmente os resultados.

A observação de Adams foi astuta. No Sul, o argumento estatístico simplesmente não era páreo para o circo político frenético que cassava o direito de voto dos negros e brancos pobres num estado após o outro. Enquanto isso, no Norte, o impulso paralelo pelo sufrágio das mulheres educadas colidiu de frente com o poderoso desejo das classes média e alta de diminuir o eleitorado. Conforme Abraham Kellogg colocou na Convenção Constitucional de Nova York de 1894, "antes de duplicar a população eleitoral [...] com suas possibilidades incontáveis de corrupção" o Estado deveria "aplicar esforços para limpar os estábulos de Aúgias que agora temos que enfrentar, em vez de incorrer na possibilidade de novos males que nós não conhecemos". Em 1901, a envelhecida Susan B. Anthony, testemunha de meio século de luta, concluiu que um dos três "grandes obstáculos à rápida emancipação das mulheres" foi "a inércia no crescimento da democracia, que foi uma reação que se seguiu aos movimentos agressivos que, com uma pressa possivelmente mal aconselhada, concederam o direito de voto ao estrangeiro, o negro e o índio".[54]

Seja qual for sua validade estatística, o argumento em favor do sufrágio feminino que era antinegro, anti-imigrante e anticlasse trabalhadora foi enfraquecido de forma inevitável por suas próprias contradições internas. A própria expressão do argumento implicava comprometer ou renunciar ao apoio político de grandes grupos de eleitores reais e potenciais; de forma implícita, também sancionou a perspectiva antifeminista de que o voto não é um direito e de que o sufrágio podia ser restringido de forma legítima pelo estado. Um argumento antidemocrático em favor da ampliação do sufrágio não poderia dominar nem levar vantagem sobre o ponto de vista

---

54 DuBois, Working Women, p.39; *HWS*, v.5, p.5; *Debates Delaware 1896*, p.427; Kraditor, *Up from the Pedestal*, p.198; Kenneally, Woman Suffrage, p.63-64; Graham, *Woman Suffrage*, p.11-21; Adams, Suffrage in Michigan, p.48; Steele, W. H., *Revised Record of the Constitutional Convention of the State of New York, May 8, 1894 – September 29, 1984*, v.2. Albany, NY, 1900, p.433-436.

conservador mais simples, mais consistente, de que o sistema político deveria ser circunscrito do modo mais restrito possível.

Um movimento de massa

Apesar da estagnação que se prolongava, havia mudanças organizacionais e ideológicas em andamento que em breve alterariam a direção e a sorte do movimento; a primeira década do século XX não foi tanto um período de fracasso como de um balanço frutífero e da formação de coligações. Sob a liderança de Catt Blatch, entre outras, a NAWSA continuou a sistematizar sua organização, adotando, ao mesmo tempo, táticas desenvolvidas por sufragistas britânicas e da esquerda política. Igualmente importante foi a formação de organizações novas, mais militantes, como Equality League [Liga da Igualdade] em 1907 e, mais adiante, Congressional Union [União de Parlamentares] em 1913, e Woman's Party [Partido da Mulher] em 1916, liderado por Alice Paul, uma assistente social Quaker altamente qualificada. Paul, que ainda jovem tinha ido para a Inglaterra estudar, passou por um aprendizado em militância com as sufragistas britânicas, inclusive participando de uma greve de fome que terminou apenas quando ela foi alimentada à força.

Tanto dentro quanto fora de NAWSA, o movimento passou a ter uma gestão mais firme, um melhor financiamento e maior militância na década que começa em 1905: as organizações de sufrágio introduziram-se nas vilas, cidades, bairros e distritos eleitorais de todo o país; com imaginação, geraram demonstrações de força que chamaram a atenção; e pressionaram os líderes políticos em Washington e nos estados. Em Nova York, o Woman Suffrage Party [Partido do Sufrágio da Mulher] adotou técnicas de Tammany Hall de organização em nível de sessões eleitorais; na Califórnia, a Equal Suffrage Association [Associação do Sufrágio Igual] fez campanhas de porta em porta e distribuiu milhões de panfletos. Um aumento constante do número de mulheres urbanas educadas ajudou a engrossar as fileiras dos sufragistas.[55]

Ao mesmo tempo, o movimento se tornou mais diversificado em termos sociais e ideológicos, atraindo simpatizantes tanto da elite como da classe trabalhadora para complementar sua base de classe média. A adição desta última foi incentivada pelas vozes progressistas cada vez mais audíveis, pelo crescente interesse do movimento na reforma social e a receptividade em relação às mulheres da classe trabalhadora. O momento da virada para

---

55 Cott, N. F., *The Grounding of Modern Feminism*. New Haven, CT, 1987, p.26-29, 32-33, 53; DuBois, Working Women, p.47-48; Graham, *Woman Suffrage*, p.33-37; Strom, Leadership, p.399.

NAWSA veio em sua convenção de 1906, em que a reformadora do trabalho infantil, Florence Kelley, atacou fortemente os preconceitos de classe e étnicos do movimento. "Raramente ouvi um discurso de sufrágio que não se referisse aos homens 'ignorantes e infames', ou aos 'imigrantes ignorantes' como nossos líderes. Isso costuma ser falado com mais ou menos amargura. Mas é isso que os operários estão acostumados a ouvir sobre si mesmos, de seus inimigos, em tempos de greve." Exortando seus colegas sufragistas a abandonar esse tipo de linguagem, Kelley pediu um compromisso renovado com a reforma social, sobretudo com as leis referentes ao ensino obrigatório e ao trabalho infantil. Ela teve o apoio na convenção da pioneira das casas de assentamento, Jane Addams, que convocou a conquista do direito de voto feminino observando que a governança das cidades modernas é, em grande parte, uma questão de "gestão do lar" e por isso exige os talentos e experiências específicos das mulheres. Cabe destacar que Addams também aproveitou a ocasião para desmascarar a ideia de que as mulheres não deveriam votar porque não portavam armas: ainda que essa ideia pudesse ter tido "uma certa lógica" nas cidades medievais que estavam constantemente em guerra, era irrelevante num mundo onde as ameaças ao bem-estar da cidade não eram ataques militares, mas problemas sociais, industriais e medicinais.[56]

Nem todas as sufragistas adotaram a visão progressista de Kelley e Addams, mas muitas o fizeram, e o fracasso tático da investida sobre a xenofobia e o elitismo ficou evidente para todas. Como resultado, o movimento mudou de direção mais uma vez, passando a ficar mais inclusivo (pelo menos em relação aos brancos) e mais abertamente identificado com a reforma social. Depois de 1906, os apelos ao sufrágio de pessoas instruídas tornaram-se menos frequentes, e em 1909, a NAWSA revogou formalmente seu apoio aos requisitos educacionais de votação. Além disso, em conexão com o crescente interesse pela reforma social, havia nova pressão sobre os papéis e as necessidades econômicas das mulheres. "É com a mulher como trabalhadora que o sufrágio tem a ver", observou Harriot Stanton Blatch, uma das principais articuladoras dessa virada ideológica. Embora Blatch tivesse escrito de forma extensiva sobre a importância econômica do trabalho doméstico, era o tamanho e a natureza da força de trabalho pago que sustentava a alegação de que as mulheres trabalhadoras tinham uma necessidade especialmente imperiosa de empoderamento político. Em 1900, cerca de um quinto da força de trabalho era do sexo feminino, e muitas dessas mulheres tinham empregos mal pagos e semiqualificados; em 1905, havia 50 mil mulheres só na indústria de confecção de Nova York. Assim como as ativistas tentavam convencer os políticos e o público de classe média, as mulheres não eram uma presença transitória na indústria,

---

56 Marilley, *Woman Suffrage*, p.192-194.

e, portanto, precisavam exercer o poder político a fim de se proteger. "Ninguém precisa com mais urgência de todos os poderes da plena cidadania do que a mulher assalariada", declarou Florence Kelley em 1898.[57]

Esta nova ênfase sobre as mulheres trabalhadoras tinha atrativos ideológicos e pragmáticos para as sufragistas. Nas palavras da historiadora Nancy Cott, as trabalhadoras eram "exemplos de mulher independente"; eram, também, as vítimas vulneráveis e exploradas do capitalismo industrial, e sua difícil situação tinha relações diretas com os amplos impulsos de reforma social da era progressiva. Além disso, o destaque às necessidades das mulheres trabalhadoras implicava tratá-las, de modo tácito, como um grupo de interesse, uma reconfiguração ideológica que (como Cott apontou) unia reivindicações essencialistas e igualitárias. Por fim, algumas sufragistas como Blatch, Kelley, Addams, Anna Howard Shaw e Lillian Wald, fundadora da casa de assistência social de Nova York, acreditavam que o sufrágio nunca seria alcançado sem o apoio eleitoral dos homens da classe trabalhadora – o que implicava chamar a atenção para as questões de classe, além das de gênero. A derrota de um referendo de sufrágio em Ohio, em 1912, foi atribuída de modo geral à falta de apoio dos trabalhadores.[58]

Enquanto isso, as próprias trabalhadoras, bem como suas líderes ativistas, mostravam novo interesse em obter o direito de voto. Isso surgiu em parte por causa de sua dificuldade de se sindicalizar e vencer os conflitos no local de trabalho; embora seu número fosse crescente, o progresso das mulheres trabalhadoras organizadas era lento, e muitas mulheres estavam perdendo a fé na liderança dos membros masculinos de sindicatos. O mais importante era que as mulheres assalariadas, dentro e fora do movimento trabalhista, convenciam-se cada vez mais de que a intervenção estatal poderia melhorar suas condições de trabalho, mas que isso só seria acessível se elas estivessem emancipadas. Apesar do ceticismo inicial sobre a importância do sufrágio, muitas mulheres trabalhadoras e suas defensoras – sobretudo as que pertenciam à Women's Trade Union League [Liga do Sindicato Trabalhista das Mulheres], uma organização de classe híbrida, fundada em 1902, para promover a sindicalização das mulheres – passaram a acreditar que a conquista do sufrágio era decisiva para a aprovação de

---

[57] DuBois, Working Women, p.34-36, 44-45; *New York Times*, 11 jan. 1909. *HWS*, v.4, p.311-313; Marilley, *Woman Suffrage*, p.195, 200-201, 205, 208-209, Flexner, *Century of Struggle*, p.197, 225-226, 255; Englander, S., *Class Coalition and Class Conflict in the California Woman Suffrage Movemente, 1907-1912*. San Francisco, 1992, p.119; Buhle e Buhle, *Concise History of the Woman Suffrage*, p.367-368; cf. DuBois, *Stanton*, p.98-99, 142; *HWS*, v.4, p.71.

[58] Cott, *Grounding of Modern Feminism*, p.24, 29-31, 33, 55; Dye, N. S., *As Equals and Sisters: Feminism, the Labor Movement and the Women's Trade Union League of New York*. Columbia, MO, 1980, p.8, 18, 125-127; para exemplos de argumentos no que diz respeito à reforma social e a mulheres como trabalhadoras, ver Nichols, E. S. (org.), *Proceedings and Debates of the Constitutional Convention of the State of Ohi, 1912*, v.1, Columbus, OH, 1912, p.603, 614, 618, 620.

leis que iriam melhorar os salários, o número de horas, a saúde e a segurança no local de trabalho das mulheres. "Por trás do sufrágio", declarou a organizadora Leonora O'Reilly, "está a demanda por igual remuneração pelo trabalho igual". Algumas ativistas da WTUL foram um passo além e concluíram que a falta de poder político das mulheres era a fonte decisiva de sua exploração econômica. "O trabalhador não empoderado com o direito de voto é sempre o mais mal pago", insistiu uma resolução da WTUL apresentada à Federação do Trabalho do Estado de Nova York, em 1914. "As mulheres trabalhadoras devem usar as urnas a fim de abolir a queima e o esmagamento de nossos corpos para o lucro de uns poucos", lamentou uma costureira da indústria de confecção, após um incêndio na fábrica da Triangle Shirtwaist que matou mais de cem mulheres. Da mesma forma, as mulheres negras – um número desproporcional das quais trabalhavam como operárias – engajavam-se cada vez mais na luta pelo sufrágio.[59]

Não é de surpreender que o envolvimento de mulheres da classe trabalhadora tenha sido acompanhado pelo fortalecimento do sindicato e apoio socialista. A Federação Americana do Trabalho havia endossado o sufrágio feminino já em 1892, mas seu apoio foi morno até o WTUL e outras organizações de sufrágio começarem a apelar para os interesses da classe trabalhadora. Em 1915, até mesmo o presidente da Federação Americana do Trabalho (AFL), Samuel Gompers, que era cauteloso em termos políticos, pediu formalmente a todos os sindicalistas para oferecer apoio ativo ao movimento do sufrágio. "Há dois movimentos tremendos para a liberdade na atualidade", escreveu Gompers em um boletim oficial AFL, "o movimento operário e o movimento do sufrágio feminino [...]. Os homens devem se juntar às mulheres no esforço de resolver seu problema comum, ou então eles vão encontrar mulheres usadas contra eles como concorrentes." Da mesma forma, os socialistas há muito endossavam sufrágio, em princípio, e seu líder, Eugene V. Debs, tinha sido um incansável defensor, mas foi só depois de 1910 que os socialistas começaram a campanha com vigor para a votação. Embora o apoio dos trabalhadores e socialistas tenha provocado críticas (mesmo que críticas autocomplacentes) dos antissufragistas, esses movimentos ajudaram a revigorar o impulso do sufrágio, ao mesmo tempo servindo como um campo de treinamento para os organizadores.[60]

---

59 Cott, *Grounding of Modern Feminism*, p.22-24, 30-31; Dye, *As Equals and Sisters*, p.3-4, 13, 122-125, 132-135, 139-140; Flexner, *Century of Struggle*, p.248; DuBois, Working Women, p.46-48; Buechler, *Transformation*, p.157-158; Buhle e Buhle, *Concise History of Woman Suffrage*, p.374-379; Giddings, P., *When and Where I Enter the Impact of Black Women on Race and Sex in America*. New York, 1984, p.129.

60 Strom, Leadership, p.303; Buhle, M. J., *Women and American Socialism, 1870-1920*. Urbana, Ill., 1981, p.205, 216-235; Kraditor, *Up from the Pedestal*, p.19; *New York Times*, 5 jul. 1908; Ibid., março de 1909, 15 set. 1915; ver também ibid., p.2, 10, 11, 21 e 25 fev. 1909; e ibid., 3,

Graças em parte a essa convergência de interesses da classe trabalhadora em sufrágio com o interesse dos sufragistas na classe trabalhadora, a campanha pelo voto feminino se tornou um movimento de massa, pela primeira vez na sua história, depois de 1910. Não por acaso, o movimento também começou a ganhar algumas novas vitórias. Washington permitiu o voto às mulheres em 1910, seguido pela Califórnia em 1911, e Arizona, Kansas, Oregon no ano seguinte; Illinois, em 1913, decidiu permitir que as mulheres votassem nas eleições presidenciais e para todos os cargos estaduais e locais previstos em sua constituição; e no ano seguinte, Montana e Nevada adotaram o sufrágio completo. Em 1912, o Congresso autorizou expressamente o território do Alasca a estender o direito de voto às mulheres caso seu legislativo assim o escolhesse (ver tabelas A.19 e A.20).

Uma lista grande e geograficamente variável de fatores contribuiu para esses sucessos: entre eles estavam as técnicas de organização imaginativas, a liderança persuasiva e carismática (principalmente Jeannette Rankin em Montana), a força do Partido Progressista e da ala progressista do Partido Republicano, o aumento do apoio entre os democratas, o apelo das tentativas de reforma social ligadas ao sufrágio feminino, bem como a persistência do sentimento proibicionista (juntamente com as campanhas proibicionistas persistentes de alguns sufragistas). No entanto, mesmo nos estados do Oeste, longe das cidades densamente povoadas de imigrantes do Leste e Meio-Oeste, a mudança no sentimento da classe trabalhadora desempenhou um papel fundamental. Em Washington, o sufrágio foi apoiado pela federação estadual do trabalho, e uma enquete de intenção de voto revelou que os membros do sindicato eram favoráveis ao referendo de maneira esmagadora. Na Califórnia, onde a margem de vitória foi leve, um aumento acentuado no voto pró-sufrágio da classe trabalhadora provou ser decisivo. Embora o voto feminino tenha sido derrotado na área de São Francisco (e recebeu seu maior apoio em condados rurais), uma organização enérgica de sufrágio da classe trabalhadora, Wage Earners' Suffrage League [Liga de Sufrágio dos Assalariados], ajudou a aumentar de forma substancial o voto pró-sufrágio em bairros da classe trabalhadora: de 25% no referendo mal-sucedido de 1896 para mais de 40% em 1911. A classe trabalhadora, tanto em San Francisco como em Los Angeles, mostrou-se mais favorável ao sufrágio do que a classe média ou a elite urbana.[61]

---

8 fev. e 24 abr. 1910; Poyntz, J. S., Revolution and Suffrage. *Justice*, 1, 29 mar. 1919, p.6. No que diz respeito a socialistas e os trabalhadores industriais ao redor do mundo e suas relações ambivalentes com o movimento, ver Tax, M., *The Rising of Women:* Feminist Solidarity and Class Conflict, 1880-1917. New York, 1980, p.179-183; DuBois, Working Women, p.57; Dye, *As Equals and Sisters*, p.135.

61 Englander, *Class Coalition*, p.2, 6-7, 95-97, 110-115, 119, 122, 128, 131, 136-141; Buhle, *Women and American Socialism*, p.230; Smith, W. M., A Half Century of Struggle: Gaining Woman Suffrage in Kansas. *HWUS*, v.19, parte 1, p.135-141; Larson, T. A., The Woman

Essas vitórias revigoraram o movimento, assim como outros sinais tangíveis de progresso. Em 1910, o presidente William H. Taft concordou em dirigir-se à convenção anual da NAWSA, endossando a causa numa prosa extremamente opaca e ambivalente.

> Em primeiro lugar, aprovamos e apoiamos o governo popular representativo, pois em geral cada classe, ou seja, cada conjunto de indivíduos que estão em situação semelhante na comunidade que são inteligentes o suficiente para saber quais são seus próprios interesses, são mais qualificados para determinar como esses interesses devem ser cuidados e preservados do que qualquer outra classe, por mais altruísta que essa classe pode ser; mas eu chamo sua atenção para duas qualificações nessa declaração. Uma delas é que a classe deve ser inteligente o suficiente para saber seus próprios interesses. A teoria de que os hotentotes ou qualquer outra classe sem instrução, ou sem nenhuma inteligência, esteja equipada para o governo autônomo imediato ou para tomar parte no governo é uma teoria da qual eu discordo totalmente – mas essa qualificação não se aplica aqui. A outra qualificação para a qual chamo a atenção é que a classe, de modo geral, dê suficiente atenção e cuidado a seus interesses, participe em conjunto do exercício do poder político, caso este seja conferido. Agora, se a devida importância disso não for reconhecida, então parece-me que o perigo é que, se o poder for conferido, seja exercido pelos eleitores menos desejáveis em termos políticos, e negligenciado pelos mais inteligentes e patrióticos, que seriam os membros mais desejáveis do eleitorado.

A referência de Taft aos hotentotes enfureceu muitas sufragistas, mas o que importava em termos políticos era o fato de ele ter falado. Nesse mesmo ano, uma petição a favor de uma emenda federal assinada por mais de 400 mil mulheres foi apresentada ao Congresso. Em 1912, o Partido Progressista endossou o direito das mulheres ao voto e, em março de 1913, a posse de Woodrow Wilson foi parcialmente ofuscada por uma passeata pelo sufrágio de 5 mil mulheres em Washington. No ano seguinte, um comitê do Senado informou de modo favorável sobre uma emenda federal e, pela primeira vez em décadas, um projeto de emenda foi levado ao plenário do Congresso para votação. Ao longo daqueles anos a questão ganhou uma atenção da imprensa muito maior do que antes, enquanto as sufragistas aumentavam a pressão para mudar as leis estaduais e federais.[62]

No entanto, a oposição continuou forte, sobretudo na metade leste do país. Embora o movimento tenha sido forte o suficiente para obrigar

---

Suffrage Movement in Washington. *HWUS*, v.19, parte 1, p.319-349; Schaffer, R., The Montana Woman Suffrage Campaign, 1911-14. *HWUS*, v.19, parte 1, p.352-366; Schaffer, R., California Perspective, p.368-3 90; Marilley, *Woman Suffrage*, p.206-207, 210; Graham, *Woman Suffrage*, p.27; Stapler, *Year Book 1917*, p.28.

62 *New York Times*, 9, 16 e 30 jan. 1910; Ibid., 14 abr. 1910, 7 fev. 1915; *HWS*, v.5, p.270; Lemons, J. S., *The Woman Citizen*: Social Feminism in the 1920s. Urbana, Ill., 1973, p.3.

inúmeros estados a realizar referendos sobre o sufrágio feminino, as derrotas eram muito mais comuns do que as vitórias. Em 1912, os referendos tiveram resultados negativos em Ohio, Wisconsin e Michigan (onde o resultado se repetiu em 1913); em 1914, os homens do Norte e de Dakota do Sul, Nebraska, Missouri e Ohio (novamente) votaram da mesma forma; no ano seguinte, as propostas de sufrágio foram derrotadas por ampla margem nos estados industriais de Nova York, Nova Jersey, Pensilvânia e Massachusetts. Em quase todos esses estados, as máquinas políticas (geralmente democratas, mas republicanas na Pensilvânia), os interesses em relação ao álcool, os opositores de elite à democratização, e os grupos de imigrantes (sobretudo os alemães, mas alguns irlandeses também) contribuíram para as derrotas e para a durabilidade das crenças tradicionais que não podiam ser conciliadas com a conquista do direito de voto das mulheres.[63]

A força e a persistência dessas crenças não devem ser subestimadas, por mais tentador que possa ser considerá-las como mera fachada para interesses de ordem mais material, política ou étnica. Na Convenção Constitucional de Ohio de 1912, por exemplo, a clássica coleção de argumentos pró-sufrágio (incluindo inúmeras invocações das necessidades das mulheres trabalhadoras e da atitude positiva do movimento operário) várias vezes se mostrou em desacordo com uma visão social profundamente diferente, fundamentada na religião, cultura e experiências de vida individuais. Um representante, após citar a Bíblia amplamente, inclusive a frase de Coríntios que "o chefe de toda mulher é o homem", insistiu que a extensão do sufrágio às mulheres iria "apagar três das palavras mais sagradas conhecidas

---

63 Mahoney, J. F., Woman Suffrage and the Urban Masses. *HWUS*, v.19, parte 2, p.417-429; Buenker, J. D., The Urban Political Machine and Woman Suffrage: A Study in Political Adaptability. *HWUS*, v.19, parte 2, p.437-441, 449-451; Schaffer, R., The New York City Woman Suffrage Party, 1909-1919. *HWUS*, v.19, parte 2, p.460-466; Daniels, D., Building a Winning Coalition: The Suffrage Fight in New York State. *HWUS*, v.19, parte 2, p.489-490; McDonagh, E. L. e Price, H. D., Woman Suffrage in the Progressive Era: Patterns of Opposition and Support in Referenda Voting, 1910-1918. *HWUS*, v.19, parte 2, p.576-578; Easton, P. O., Woman Suffrage in South Dakota: The Final Decade, 1911-1920. *HWUS*, v.19, parte 2, p.617-643; Stevenson, L. L., Women Anti-Suffragists in the 1915 Massachusetts Campaign. *HWUS*, v.19, parte 2, p.647-648; Ryan, T. G., Male Opponents and Supporters of Woman Suffrage: Iowa in 1916. *HWUS*, v.19, parte 2, p.655-663; Grant, M., The 1912 Suffrage Referendum: An Exercise in Political Action. *HWUS*, v.19, parte 1, p.291-315, Graham, *Woman Suffrage*, p.70-73; Beers, P. B., *Pennsylvania Politics Today and Yesterday:* The Tolerable Acommodation. University Park, PA, 1980, p.65-66; *New York Times*, 4 e 5 set. 1912; Flexner, *Century of Struggle*, p.269, 280, 306-307, 310-313; Dye, *As Equals and Sisters*, p.136; Buechler, *Transformation*, p.15; Manuela Thurner destaca que muitas mulheres antissufrágio argumentavam (e provavelmente acreditavam) que as mulheres seriam defensoras mais eficazes de causas sociais e políticas sem o voto; parece improvável, contudo, que essa linha de pensamento tenha influenciado de modo significativo os votos dos homens que eram contra o sufrágio feminino. Ver Thurner, "Better Citizens Without the Ballot": American Antisuffrage Women and Their Rationale During the Progressive Era. *Journal of Women's History,* 5, 1993, p.33-60.

no vocabulário mundial de seis mil anos, a saber, mãe, casa, e paraíso". Outro falou com reverência de sua mãe, uma viúva "que recebia longos rolos de lã para fiar para seus vizinhos", e que nunca havia votado. Vários lamentavam que a votação era um "fardo" que não deveria ser colocado nos "ombros" das mulheres e que apenas as mulheres "pouco femininas" votariam; outros caracterizavam a agitação pelo sufrágio como uma "guerra de sexos". Um opositor eloquente manifestou uma expressão reveladora de ressentimento social e geracional:

> Estou aqui como o apóstolo do homem velho – homem simples – homem tirânico. Nosso velho que traz para casa o aluguel – que come numa chaleira ao meio-dia e a preenche com gravetos para levar para casa à noite. O velho companheiro que paga a comida e o aquecimento e a luz, que economiza os prêmios de seguro, e, em algumas ocasiões, enfrenta uma hipoteca de bens pessoais [...], o velho cara que cortou a lenha e puxou a água, que escavou os túneis em nossas montanhas, que fez pontes sobre os rios, que construiu as ferrovias [...] e que agora está na presença de tudo isso vestindo roupas simples, erguendo as mãos calejadas, cansado de corpo e mente, recebendo em silêncio a afirmação categórica que ele é, de fato, um tirano.

Foi uma prova do crescimento do sentimento pró-sufrágio que a convenção de Ohio tenha votado para realizar um referendo sobre o tema: numerosos delegados anunciaram que, pessoalmente, eram contra o sufrágio, mas não queriam assumir a responsabilidade de impedir sua aprovação. Mas a ideologia tradicional de gênero que eles expressaram foi bastante difundida e o referendo fracassou em 1912 e, novamente, em 1914.[64]

Embora nenhum referendo tenha sido realizado no Sul durante esse período, o movimento sufragista nessa região também ganhou força. Uma nova onda de organização começou em 1910, com raízes numa classe média urbana e semiurbana, que havia crescido rapidamente nas décadas anteriores; essa classe média gerou as "Novas Mulheres" sulistas que eram escolarizadas, profissionais ou funcionárias administrativas, e casadas (ou filhas de) profissionais e pequenos empresários. Essa nova geração de sufragistas brancas do Sul – mulheres como Gertrude Weil, da cidade de

---

64 Nichols, E. S. (org.), *Proceedings and Debates of the Constitutional Convention of the State of Ohio, 1913*, v.2. Columbus, OH, 1913, p.600-639, 1853-1857; citações de ibid., p.604-607, 629, 632-635; cf. Stevenson, Women Anti-Suffragists, p.638-651; e Graham, *Woman Suffrage*, p.11-21. Sobre o resultado em Ohio, ver Martzloff, C. L., Ohio: Changes in the Constitution. *American Political Science Review*, 6, novembro de 1912, p.573-576; Cushman, R. E., Voting Organic Laws. *Political Science Quarterly*, 28, junho de 1913, p.207-229; Bates, F. G., Constitutional Amendments and Referred Acts, November Election 1914. *American Political Science Review*, 9, fevereiro de 1915, p.101-107. Os exemplos em Ohio de delegados afirmando que se opunham ao sufrágio, mas apoiavam o referendo, sugere que a série de derrotas de referendos entre 1912 e 1915 pode de fato ter sido um sinal da crescente força do movimento.

entroncamento ferroviário, Goldsboro, na Carolina do Norte, ou Margaret Caldwell de Nashville, filha de um médico e esposa de um revendedor de automóveis – eram motivadas por preocupações muito semelhantes às de suas contrapartes do Norte, e uniram esforços com a NAWSA e outras organizações nacionais, restaurando ou construindo seções locais em todo o Sul. Em 1913, todos os estados do Sul tinham uma organização de sufrágio aliada à NAWSA; após alguns anos, a organização de Virginia tinha 13 mil membros e o Alabama possuía 81 clubes locais de sufrágio. A essas mulheres (embora geralmente não nas mesmas organizações) uniram-se muitas afro-americanas que acreditavam com razão que, talvez mais do que ninguém, elas tinham uma necessidade imperiosa de empoderamento político. Cabe destacar que algumas sufragistas sulistas, como suas colegas nortistas, realizaram iniciativas conjuntas para chegar ao movimento operário emergente do Sul e vincular a causa do sufrágio à exploração dos trabalhadores. "Não temos o direito", declarou Lucy Randolph Mason da Virginia, "de ficar de braços cruzados e lucrar com o trabalho mal remunerado e estafante de pessoas presas aos grilhões da escravidão econômica".[65]

Apesar desses esforços, o solo para a expansão democrática permaneceu menos fértil no Sul. Não só a classe média era relativamente pequena e o mundo rural grande e difícil de alcançar, mas também as forças antissufrágio eram sólidas e bem organizadas. Além dos interesses do álcool e das máquinas políticas, como aquelas de Nova Orleans e partes do Texas, as sufragistas tinham que lidar com organizações antissufrágio ativas e bem financiadas, lideradas por mulheres e homens da classe alta ligados tanto ao mundo da produção agrícola como ao novo Sul de indústrias têxteis e ferrovias. Essa oposição estava baseada em variantes sulistas da ideologia tradicional de gênero, e num antagonismo feroz de classe aos tipos de reforma social (incluindo a reforma trabalhista) que muitas defendiam.[66]

A oposição também tinha muito a ver com raça. Nos últimos anos da era progressista, os afro-americanos haviam sido cassados com sucesso em todo o Sul, e a maioria dos brancos tinha a intenção de mantê-los assim. Os políticos relutavam em alterar as leis eleitorais, e temiam que as mulheres negras pudessem revelar-se mais difíceis de afastar das urnas do que os homens negros – porque supostamente eram mais alfabetizadas do que os homens e mais agressivas sobre fazer valer seus direitos, e também porque as mulheres seriam alvos impróprios de violência repressiva. "Não temos medo de espancar um homem negro se ele se atrever a votar, mas não podemos tratar as mulheres, nem mesmo as mulheres negras, dessa

---

65 Green, *Southern Strategies*, p.xii-xiv, 8, 12-26, 42-44, 157-164; no que diz respeito ao antissufragismo negro, ver ibid., p.98-100; sobre mulheres negras e sufrágio em geral, ver Gordon, A. D. (org.), *African-American Women and the Vote*, 1837-1965. Amherst, MA, 1997.
66 Green, *Southern Strategies*, p.33-55, 80-98; Morgan, *Suffragists and Democrats*, p.96.

forma", queixou-se um senador do Mississippi. Embora algumas sufragistas brancas tenham continuado a propor o argumento estatístico de que o sufrágio da mulher garantiria a supremacia branca, essa afirmação retórica não avançou mais após 1910 do que na década de 1890.[67]

Diante dessa oposição, num sistema político de partido único que deixava pouco espaço para a dissidência, as sufragistas acharam difícil fazer muito progresso. Em 1912, depois de um debate superficial, o legislativo de Virginia teve um resultado de 88 a 12 votos contra uma emenda estadual; o senado estadual simplesmente se recusou a votar sobre a questão. Na Louisiana, os dois ramos do poder legislativo rejeitaram um projeto de lei que teria permitido o voto das mulheres brancas nas primárias democratas, e o eleitorado em seguida rejeitou uma proposta de sufrágio escolar. Embora o poder legislativo de Arkansas tivesse aprovado um referendo de sufrágio (que não foi submetido ao povo por causa de uma questão técnica), como fez a Câmara dos Deputados no Alabama, a maioria dos governos estaduais se negou a promover referendos sobre o assunto, e alguns reagiram com desdém às propostas de sufrágio. Em 1916, por exemplo, o senado do estado da Geórgia marcou uma audiência sobre o sufrágio feminino para o dia seguinte à suspensão das atividades do legislativo.[68]

Para agravar as dificuldades enfrentadas pelas sufragistas sulistas, houve outro problema, o crescente apoio nacional para uma emenda federal. Se o próprio sufrágio feminino era impopular em grande parte do Sul, uma emenda constitucional federal era um anátema. Sem que isso fosse improvável, muitos sulistas estavam convencidos de que uma emenda federal abriria as portas para a intervenção de Washington nas eleições, para o cumprimento da Décima Quinta Emenda e qualquer possível emenda posterior para garantir os direitos de voto das mulheres negras. Além de fortalecer o antissufragismo, essa questão dividiu o próprio movimento sulista do sufrágio, muitas vezes em termos coincidentes com as atitudes das sufragistas em relação à igualdade racial. Enquanto algumas sufragistas acolhiam a perspectiva de uma estratégia federal (seja por princípio, seja por ser mais provável que tivesse sucesso do que nos esforços estaduais), outras – pelo discurso, Kate Gordon, da Louisiana – denunciaram a possibilidade como negativa. Gordon, uma campeã do sufrágio feminino como um baluarte contra o poder político negro, renunciou à sua posição de liderança na NAWSA para protestar contra os renovados esforços da organização para promover uma emenda federal. Em 1913, ela fundou a Conferência do

---

67 Green, *Southern Strategies*, p.xiv, 31-32, 36-55, 80-98; Giddings, *When and Where I Enter*, p.122-125; Morgan, *Suffragists and Democrats*, p.96.
68 Green, *Southern Strategies*, p.164; Johnson, K. R., Kate Gordon and the Woman-Suffrage movement in the South. *HWUS*, v.19, parte 1, p.226-252; Gilley, B. H., Kate Gordon and Louisiana Woman Suffrage. *HWUS*, v.19, parte 1, p.254-271; Stapler, *Year Book 1917*, p.27, 29.

Sufrágio Feminino dos Estados Sulistas para se concentrar na aprovação de leis estaduais e em convencer o Partido Democrático nacional a endossar de sufrágio de estado em estado. A nova organização de Gordon – que ela julgava que substituiria a da NAWSA no Sul – teve curta duração, mas em 1915 ficou evidente que as duas correntes do movimento sulista coexistiram com muita dificuldade.[69]

A Décima Nona Emenda

> Deixar de pedir a emenda de sufrágio neste momento seria trair a causa fundamental pela qual nós, como nação, entramos em guerra. O presidente Wilson declarou que "estamos em guerra por causa do que é mais caro ao nosso coração: a democracia; para que aqueles que se submetem à autoridade tenham uma voz no governo". Se esta é a razão básica para entrar na guerra, então, para aqueles de nós que têm lutado por esta emenda, e pela nossa liberdade e democracia, capitular hoje, retirar-se da batalha, seria abandonar os homens nas trincheiras e deixá-los lutar sozinhos do outro lado do mar, não só pela democracia para o mundo, mas também para nosso próprio país.
>
> – Anna Howard Shaw, Audiência perante o Comitê da Câmara sobre o Sufrágio da Mulher, 1918

Em 1914 e 1915, o movimento do sufrágio encontrava-se numa encruzilhada. Ainda que as mulheres tivessem adquirido o pleno sufrágio em alguns estados e o sufrágio parcial em muitos, o movimento pela igualdade política ainda enfrentava uma batalha árdua, cheia de obstáculos. Houve conquistas, mas as derrotas eram mais numerosas, e nenhum dos estados densamente povoados do Nordeste e Meio-Oeste haviam concedido o direito de voto às mulheres. A base social do movimento era mais ampla do que nunca; mas os principais segmentos do eleitorado permaneciam antagônicos, a maioria dos políticos falava muito sem dizer nada, e a oposição estava mais bem organizada.

Não é de surpreender que o registro misto de vitórias e derrotas, depois de cinquenta anos de esforços, tenha gerado um debate estratégico vigoroso. Algumas ativistas da NAWSA eram favoráveis à continuação das campanhas para alterar as constituições estaduais: esta estratégia havia rendido vitórias e tinha a virtude de desviar a oposição dos defensores dos direitos dos estados, sobretudo (mas não apenas) no Sul do país. Os defensores de uma estratégia estadual também estavam conscientes de que

---

69 Green, *Southern Strategies*, p.27-29, 39, 167-175; Johnson, Kate Gordon, p.226-251; Morgan, *Suffragists and Democrats*, p.141, 146.

o Congresso havia derrotado uma proposta de emenda federal em 1914 e início de 1915. Por outro lado, as campanhas estaduais requeriam um investimento maciço de recursos, e parecia quase impossível que vencessem tanto no Sul como em outros estados (como Minnesota e Novo México), cujas constituições só poderiam ser alteradas por meio de procedimentos eleitorais elaborados e multifacetados. A aprovação de uma emenda federal, por outro lado, exigiria apenas a anuência do Congresso (pelo voto de dois terços), seguido de votos nos legislativos de três quartos dos estados. Foi por estas razões táticas – somadas ao princípio de que todas as cidadãs da nação deveriam ser contempladas pelo direito de voto – que Alice Paul e sua amiga Lucy Burns (também uma veterana da ala militante do movimento britânico) se separaram da NAWSA para criar a União do Congresso, que teria como foco único e exclusivo uma emenda federal.[70]

Em 1915, com a reeleição de Carrie Chapman Catt para a presidência, a NAWSA também começou a tender de forma decisiva para uma estratégia federal. O texto da Décima Nona Emenda, ainda segundo o modelo da Décima Quinta, era simples e direto:

> Seção 1. O direito dos cidadãos dos Estados Unidos ao voto não será negado ou abreviado pelos Estados Unidos ou por qualquer estado em razão do sexo.
> Seção 2. O Congresso terá o poder, por meio de legislação adequada, para fazer cumprir as disposições do presente artigo.

Catt elaborou um "Plano de Vitória" para conseguir apoio nos 36 estados com maior probabilidade de ratificar uma emenda; sob sua liderança, a NAWSA também conseguiu aumentar sua adesão de 100 mil para 2 milhões de membros em 1917. Enquanto isso, a União do Congresso intensificou suas campanhas e, na condição de uma organização de quadros, menor e mais focada do que a heterogênea e difundida NAWSA, tornou-se cada vez mais militante em suas táticas. Ainda que não fosse a intenção, a combinação da militância da União do Congresso e as pressões mais moderadas e, contudo, insistentes da NAWSA estava emergindo como uma força estratégica potente, um movimento de políticos tenazes que mantinha os holofotes públicos e a pressão política em ambos os partidos.[71]

Em 1916, a União do Congresso e a NAWSA projetaram a questão do sufrágio das mulheres, pela primeira vez, ao consenso da política nacional do partido. A formação partidária relativa à questão era – como havia sido por muito tempo – complexa e fluida. O apoio ao sufrágio feminino era

---

70 Referência da epígrafe citada em *HWS*, v.5, p.579; Buechler, S. M., *Women's Movement in the United States:* Woman Suffrage, Equal Rights, and Beyond. New Brunswick, NJ, 1990, p.56; Flexner, *Century of Struggle*, p.271, 278; Johnson, Kate Gordon, p.227.

71 Buechler, *Women's Movements*, p.57-59; Graham, *Woman Suffrage*, p.81-98, 150-151.

mais comum entre os republicanos reformistas, mas o próprio partido não estava unido, seja em nível nacional, seja na maioria dos estados. Uma oposição veemente vinha tanto dos conservadores republicanos, que desejavam voltar o relógio em matéria de democratização, e daqueles que resistiam à reforma social, como o senador James Wadsworth, em Nova York. Outro forte adversário republicano era o senador Henry Cabot Lodge, o autor do projeto de lei "medida de emergência", de 1890, para garantir os direitos de voto aos negros sulistas. O Partido Democrata também estava dividido: sua ala sulista e as máquinas urbanas geralmente eram contrárias ao sufrágio das mulheres, e a adoção pelo partido dos direitos dos estados pesava contra a emenda federal. No entanto, havia muitos políticos democratas pró-sufrágio, incluindo Champ Clark do Missouri, o poderoso presidente da Câmara de 1911 a 1919.[72]

Ao romper com a tradição apartidária do movimento sufragista, o Congressional Union – e sua prole organizacional, o Woman's Party [Partido da Mulher] e o National Woman's Party [Partido Nacional da Mulher] – tentaram em 1914 e novamente em 1916 mobilizar as mulheres que já estavam empoderadas com o sufrágio para votar contra os candidatos democratas. Apesar dessa ameaça, o presidente Woodrow Wilson recusou-se a endossar o sufrágio feminino, reiterando de forma evasiva sua visão de que o sufrágio era uma questão de estado; o Partido Democrata nacional foi igualmente indiferente (a plataforma republicana de 1916, em contrapartida, endossou a causa, embora numa linguagem diluída). Quando os votos foram contados, a estratégia das sufragistas parecia ter falhado: Wilson foi reeleito, os democratas ganharam na maioria dos estados onde as mulheres tinham votado, e não havia nenhum indício de que os candidatos democratas ao Congresso haviam sofrido por causa da posição de seu partido sobre os direitos de voto das mulheres.[73]

No entanto, as eleições de 1916 puseram em marcha duas dinâmicas partidárias distintas, que haviam surgido em algumas ocasiões nas lutas pelo sufrágio desde a década de 1840. A primeira resultava da extensão parcial do direito de voto às mulheres: algumas já podiam votar em todas as eleições e muitas podiam votar em algumas eleições. Como Alice Paul e suas aliadas perceberam, essas circunstâncias davam às mulheres o poder de premiar ou castigar os políticos em razão de sua postura partidária (ou a de seu partido) em relação à Décima Nona Emenda. Que esse poder não tenha sido particularmente eficaz em 1916 não significa que permaneceria

---

72 Kleppner, P., *Continuity and Change in Electoral Politics, 1893-1928*. New York, 1987, p.174-175; Buhle e Buhle, *Concise History of Woman Suffrage*, p.28-29; Goldberg, M. L., Non-partisan and All-partisan: Rethinking Woman Suffrage and Party Politics in Gilded Age Kansas. *Western Historical Quarterly*, 25, 1994, p.21-44; Kenneally, Woman Suffrage, p.618-619; *Debates Delaware 1896*, v.1, p.1041.
73 Graham, *Woman Suffrage*, p.84-85; Lemons, *Woman Citizen*, p.12.

irrelevante: os democratas em estados como a Califórnia, onde as mulheres de fato votavam, ainda tinham bons motivos para pressionar o partido nacional a apoiar o sufrágio feminino. A segunda dinâmica foi a de "final de jogo", a dinâmica da vitória possível ou iminente: uma vez que parecia possível, ou mesmo provável, que o sufrágio feminino fosse finalmente conquistado, tanto em nível nacional como em estados individuais, o custo político potencial de um voto contra a expansão do direito subiu de um modo surpreendente. Esse voto muito facilmente poderia ganhar a inimizade de um grande grupo de eleitores futuros. O resultado invariável dessas circunstâncias (e um sinal claro de que a disputa pela sufrágio tinha atingido o fim do jogo) foi a pressão sobre os líderes políticos para entrarem nessa onda, ou, pelo menos, não ficarem para trás.

A operação destas dinâmicas se acelerou em 1917. A partir de janeiro, o Partido Nacional da Mulher começou a atividade imprópria às damas de fazer piquetes na Casa Branca, dia após dia, carregando cartazes que comparavam as amplas declarações democráticas de Wilson com sua posição sobre o sufrágio feminino. À medida que os piquetes das grevistas cresciam e ficavam, em algumas ocasiões, mais ruidosos, a polícia de Washington começou a prender as mulheres, o que levou a julgamentos, penas de prisão e greves de fome de figuras sociais proeminentes, bem como dedicados recém-graduados universitários. Por fim os tribunais rejeitaram todas as acusações contra as manifestantes, e os atos de perturbação e desobediência civil em pequena escala prosseguiram em várias localidades. A NAWSA, enquanto isso, intensificava os seus esforços menos extravagantes em todas as frentes, arrecadando dinheiro, realizando manifestações públicas e pressionando os líderes políticos estaduais e nacionais. De fato, em 1917, a militância impressionante do Partido Nacional da Mulher serviu para fazer a NAWSA parecer cada vez mais moderada e aceitável para os políticos tradicionais. Os legisladores estaduais em seis estados do Meio-Oeste e do Nordeste (Michigan, Ohio, Dakota do Norte, Rhode Island, Nebraska e Indiana) responderam a essas campanhas, adotando o precedente estabelecido em Illinois: sem emendas constitucionais, eles alteraram suas leis para permitir que as mulheres votassem nas eleições presidenciais (ver Tabela A.19).[74]

Em novembro de 1917 os eleitores do sexo masculino de Nova York tomaram uma decisão ainda mais surpreendente, aprovando uma emenda constitucional estadual que garantia o direito de voto às mulheres em todas as eleições. Essa vitória impressionante, que revertia o resultado de um referendo realizado apenas dois anos antes, foi possível graças a uma notável mudança nos bairros de operários imigrantes da cidade de Nova York. Os

---

74 Buechler, *Transformation*, p.18; Buechler, *Women's Movements*, p.58-61; Flexner, *Century of Struggle*, p.292-297.

distritos, que tinham se oposto ao sufrágio em 1915, votaram a favor em 1917 por uma margem grande o suficiente para fazer pender a balança no registro estadual. Os esforços da WTUL e outros para construir uma coalizão entre classes finalmente haviam dado frutos. Os políticos democratas da máquina de Nova York revelaram-se receptivos a essas campanhas, e astutos o suficiente para ler os ventos políticos: deixaram cair sua oposição de longa data, permaneceram oficialmente neutros no referendo e, no final, trabalharam de forma ativa para sua aprovação. Após a vitória, uma líder do sufrágio declarou que "temos uma grande dívida para com o Tammany Hall", e muitos deram o crédito aos políticos democratas, sobretudo o "chefe" de Tammany, Charlie Murphy, pela vitória.[75]

A mudança de Tammany para o lado pró-sufrágio foi tanto um emblema como um estímulo para uma mudança sísmica na política do sufrágio: entre 1915 e 1920, os políticos da máquina inverteram seu curso de forma impressionante e começaram a favorecer a expansão do sufrágio às mulheres. Com a correta sensação de que o sufrágio deveria triunfar, que não prejudicaria, necessariamente, seus interesses, e que os próprios eleitores os apoiariam, os líderes democratas da máquina em Nova York, Boston, Chicago, Cleveland e outras cidades juntaram-se à NAWSA e ao Partido Nacional da Mulher para promover a reforma do sufrágio; a organização republicana fez uma reviravolta similar em Pittsburgh e Filadélfia. De forma simultânea, ainda que mais imediata, as trabalhadores organizadas – categoria em rápido crescimento no *boom* econômico dos tempos de guerra – fortaleciam seus laços com o movimento do sufrágio. Em Connecticut, por exemplo, surgiu uma forte aliança entre o Partido Nacional da Mulher e a Associação Internacional de Maquinistas (IAM), que contava entre seus membros milhares trabalhadores no ramo de munições em Bridgeport. Em 1919, um ativista escreveu a Alice Paul que Sam Lavit, o chefe da Bridgeport IAM local, havia "feito mais pelo Partido Nacional da Mulher em Connecticut do que qualquer outro homem". Assim, na maioria dos estados, as duas expressões organizacionais básicas do poder do trabalhador – as máquinas políticas e o movimento trabalhista – entraram na onda do sufrágio. Na Convenção Constitucional de Massachusetts de 1917-1918, o principal

---

75 Wesser, R. F., *A Response to Progressivism:* The Democratic Party and New York Politics, 1902-1918. New York, 1986, p.202-203; Dye, *As Equals and Sisters*, p.138; Daniels, Building a Winning Coalition, p.472-494; Elinor Lerner examina a notável amplidão do voto pró-sufrágio judeu em "Jewish Involvement in the New York City Woman Suffrage Movement", *HWUS*, v.19, parte 2, p.495-514; como Eileen McDonagh e Douglas Price destacaram, contudo, a mudança no voto de Nova York não pode ser atribuído inteiramente à posição alterada de Tammany; nas vizinhanças fora de Manhattan, onde Tammany tinha menos influência, o voto também tornou-se mais positivo entre 1915 e 1917. Esses dados sugerem que o próprio voto imigrante estava mudando e que Tammany e outras máquinas estavam respondendo às visões cambiantes de seus constituintes: McDonagh e Price, Woman Suffrage in the Progressive Era, p.575n.

argumento feito em nome da expansão do sufrágio era que ele beneficiaria as "meninas e mulheres que trabalham", que eram exploradas nas fábricas e lojas de Massachusetts.[76]

Em 1917, os Estados Unidos entraram na Primeira Guerra Mundial. A guerra, bem como os preparativos para travá-la, retardou brevemente e, em seguida, acelerou o progresso da reforma do sufrágio. Quando o Presidente Wilson e o Congresso declararam guerra, a NAWSA, em consideração ao esforço de guerra, decidiu suspender seu lobby no Congresso, embora tenha continuado as campanhas de base para conseguir apoio para uma emenda federal. No entanto, as sufragistas militantes e pacifistas (em geral Quaker) ignoraram as diretrizes de NAWSA e organizaram piquetes e greves de fome, enquanto criticavam o presidente por lutar pela democracia no exterior e miná-la em casa. Em geral, essas sufragistas militantes eram denunciadas como antipatrióticas (ou coisa pior) por um movimento antissufrágio cada vez mais veemente, que associava o direito de voto ao feminismo, radicalismo, socialismo e à "cultura alemã".[77]

Mas o impacto mais decisivo da guerra foi a oportunidade dada às sufragistas de contribuírem para a mobilização e, ao fazê-lo, de vencerem o velho argumento que as mulheres não deveriam votar porque não portavam armas. A NAWSA transformou suas seções locais em grupos de voluntários que ofereciam aulas de americanização, distribuíam alimentos e cooperavam com a Cruz Vermelha. As sufragistas do Missouri, milhares das quais, carregando sombrinhas amarelas, saíram em protesto nas ruas na convenção democrata em St. Louis em 1916, vendiam apólices e selos de segunda mão, roupas tricotadas, e presenteavam os soldados e marinheiros. Em Nova York, o Partido do Sufrágio da Mulher vendeu mais de 1 milhão de dólares em apólices entre a declaração de guerra e o referendo de outono de 1917, o primeiro teste eleitoral direto do impacto da guerra sobre o movimento do sufrágio. A liderança da NAWSA também ofereceu seu apoio político – especialmente valorizado durante a guerra – à

---

76 Nichols, C., Votes and More for Women: Suffrage and After in Connecticut. *HWUS*, v.18, parte 2, p.248-434; Marilley, *Woman Suffrage*, p.199; Buenker, Urban Political Machine, p.441-452; *Debates in the Massachusetts Constitutional Convention, 1917-1918*, v.3, Boston, 1920, p.84-86; Cott, *Grounding of Modern Feminism*, p.64-65; Karson, M., *American Labor Union and Politics*, Carbondale, Il., 1958, p.57-58; *American Federationist*, 26, maio de 1919, p.391-392; Mahoney, em "Woman Suffrage and the Urban Masses" (p.428-436), argumenta que mesmo em Nova Jersey em 1915, quando as máquinas políticas se opuseram firmemente a uma emenda de sufrágio, imigrantes nas alas da classe trabalhadora não estavam mais inclinados que os nativos a votar contra o direito de voto das mulheres, sugerindo que as "massas urbanas" estavam um pouco à frente das máquinas políticas em abraçar a causa.

77 Graham, *Woman Suffrage*, p.99-110; Lemon, *Woman Citizen*, p.4-5, 10-12; Cott, *Grounding of Modern Feminism*, p.61; Morgan, *Suffragists and Democrats*, p.117. Os historiadores não estão em concordância sobre o impacto geral da guerra, como as fontes citadas aqui e em outras partes deixam claro.

administração Wilson; tanto Catt como Anna Howard Shaw serviram no Comitê Feminino do Conselho de Defesa Nacional.[78]

O hábil manejo das sufragistas durante a crise da guerra, juntamente com a continuação (ainda que muitas vezes nos bastidores) da pressão política sobre o Congresso e o presidente, foi recompensado em janeiro de 1918. O presidente, num discurso extraordinário, anunciou seu apoio a uma emenda federal de sufrágio "como uma medida de guerra". No dia seguinte, a Câmara dos Representantes, revertendo sua posição de apenas três anos antes, votou a favor da Décima Nona Emenda: a vitória foi ganha por um voto, com uma divisão quase uniforme dos democratas, enquanto mais de 80% dos republicanos votaram a favor. É importante ressaltar que a maioria dos parlamentares que mudaram sua posição nesses poucos anos vinham de estados que haviam adotado recentemente alguma forma de sufrágio feminino.[79]

O Senado, onde os democratas sulistas antissufrágio constituíam um bloco de maiores proporções, levou mais um ano e meio para aprovar a emenda. Dirigindo-se ao Senado em setembro de 1918, Wilson novamente insistiu nas ligações entre a guerra e o voto feminino. O sufrágio das mulheres, declarou ele, era "essencial para a denúncia bem-sucedida da grande guerra da humanidade em que estão envolvidas [...]. Ficamos parceiros das mulheres nessa guerra. Havemos de admiti-las apenas para uma parceria de sacrifício e sofrimento e taxas, e não a uma parceria de privilégio e de direito? Esta guerra não poderia ter sido travada [...] se não fosse pelos serviços das mulheres". Cabe destacar que Wilson ampliava (em vez de rejeitar) a noção tradicional de que o sufrágio deveria ser vinculado ao serviço militar; como talvez tenha sido apropriado na primeira guerra moderna da nação (o que exigiu um novo nível de mobilização de massas), o presidente afirmou que as mulheres deveriam ser contempladas pelo direito de voto por causa de suas contribuições para a guerra, e não apesar da falha de não portarem armas.[80]

As sufragistas também ressaltaram seu papel em tempos de guerra, ameaçando diminuir seu apoio se o sufrágio não estivesse próximo. Organizaram também muitas campanhas nas eleições de 1918, ajudando a gerar novas maiorias republicanas no Congresso. Depois de meses de pressão

---

78 Graham, *Woman Suffrage*, p.99-127; Stevens, W. B., *Centennial History of Missouri*. St. Louis, MO, 1921, p.508-509; Cohen, Nationalism and Suffrage, p.721-723; Schaffer, *New York City*, p.467.

79 Flexner, *Century of Struggle*, p.303; Kousser, J. M., Suffrage. In: Greene, J. P. (org.), *The Encyclopedia of American Political History*, v.3, New York, 1984, p.1246-1247. No que diz respeito ao endosso de Wilson à emenda do sufrágio, ver Jeydel, A. S., *Political Women:* The Women's Movement, Political Institutions, the Battle for Women's Suffrage and the ERA. London, 2004, p.131-135.

80 Flexner, *Century of Struggle*, p.321-322.

política implacável e segmentação cuidadosa dos redutos republicanos e democratas, o Senado – por uma grande maioria republicana e uma pequena democrática – finalmente se manifestou no verão de 1919. A combinação de um apoio amplo e de várias classes, da guerra e da dinâmica de final de jogo da competição partidária levou a emenda a um patamar decisivo.[81] Cabe destacar que o apoio do Congresso à Décima Nona Emenda concentrava-se entre os políticos de ambos os partidos que haviam exibido algum compromisso com as questões de justiça social e direitos civis; seus adversários derradeiros eram quase inteiramente sulistas e da velha cepa, republicanos pró-negócios, como Henry Cabot Lodge.[82]

A luta ainda não estava terminada. As líderes da NAWSA reconheceram que a ratificação dependia de ganhar praticamente todos os estados além do Sul e os estados de fronteira; mas também acreditavam que era essencial agir de forma rápida, antes que a aura do tempo de guerra desaparecesse. Enquanto isso, os antissufragistas se preparavam para a batalha, denunciando a Décima Nona Emenda como uma violação dos direitos dos estados e um passo gigante rumo ao socialismo e ao amor livre. Felizmente para as sufragistas, no entanto, as marés políticas estavam correndo a seu favor, e a organização já muito estruturada da NAWSA estava bem preparada para a tarefa de defender com êxito a Décima Nona Emenda nos legislativos estaduais. A emenda foi aprovada com uma velocidade notável em grande parte do Nordeste e Meio-Oeste; os estados do Oeste, onde as mulheres já tivam o direito de voto, não ficaram muito atrás. Texas, Oklahoma e Connecticut revelaram-se campos de batalha, mas os sucessos nos dois primeiros diminuíram a dor da derrota no estado sulista da Nova Inglaterra.[83]

O Sul manteve-se recalcitrante, como era esperado. Na esperança de obter votos naquela região, alguns políticos, como Jeannette Rankin, e ativistas como Catt e Paul, tentaram reassegurar aos sulistas que a emenda não ameaçava a supremacia branca (significava "a remoção da restrição

---

[81] O custo político potencial da oposição foi aumentado subsequentemente pelas decisões de 1919 de um adicional de oito estados para permitir que as mulheres votassem em eleições presidenciais.

[82] Kousser, Suffrage, p.1246-1247; McDonagh, E. L., The Significance of the Nineteenth Amendment: A New Look at Civil Rights, Social Welfare, and Woman Suffrage Alignments in the Progressive Era. *Women and Politics*, 10, junho de 1990, p.59-94; Id., Issues and Constituencies in the Progressive Era: House Roll Call Voting on the Nineteenth Amendment, 1913-1919. *Journal of Politics*, 51, fevereiro de 1989, p.119-136; Cohen, Nationalism and Suffrage, p.271-273; Louis, J. P., Sue Shelton White and the Woman Suffrage Movement in Tennessee, 1913-20. *HWUS*, v.19, parte 2, p.405-409; Buenker, Urban Political Machine, p.450; Marilley, *Woman Suffrage*, p.216; Morgan, *Suffragists and Democrats*, p.122-123, 129-132; para um relato de um ramo estadual da NAWSA pressionando republicanos, ver Nichols, Votes and More for Women, p.436-441.

[83] Gordon, Woman Suffrage, p.19; Graham, *Woman Suffrage*, p.128-146; Cohen, *Nationalism and Suffrage*, p.723-724.

de sexo, nada mais, nada menos"); e a NAWSA, de forma oportunista, distanciou-se das sufragistas negras. Mas, apesar dessas tentativas um tanto sem princípios, o Sul manteve-se contra, com o grito a plenos pulmões dos direitos dos estados dando uma voz torturada às profundas ansiedades da região quanto à raça. Em nenhum lugar as ansiedades foram manifestadas de forma mais vívida que em Louisiana e no Mississippi, onde Kate Gordon e suas adeptas trabalhavam ativamente e com sucesso para derrotar a emenda; no final, ela foi aprovada apenas pelos quatro estados fronteiriços de Kentucky, Tennessee, Texas e Arkansas. Mas as mulheres, incluindo Kate Gordon, em todos os lugares, estavam contempladas pelo direito de voto. Em 18 de agosto de 1920, o Tennessee, por margem de um voto, tornou-se o trigésimo sexto estado a votar a favor da emenda. Uma semana mais tarde, depois que a ratificação havia sido formalmente atestada, a Décima Nona Emenda passou a ser lei.[84]

Consequências

É uma ironia bem conhecida na história americana que a política não tenha mudado muito depois que as mulheres conquistaram o sufrágio. O eleitorado quase dobrou de tamanho entre 1910 e 1920, mas os padrões de votação e os alinhamentos partidários foram pouco afetados. O maior movimento pelo direito de voto na história da nação não desencadeou a revolução que alguns temiam; em vez disso, coincidiu com o retorno à "normalidade" na política americana. Warren Harding e Calvin Coolidge foram os primeiros presidentes eleitos com um número considerável de votos femininos, e os republicanos conservadores dominaram a vida política ao longo da década de 1920. As mulheres, por outro lado, não se precipitaram para as urnas em grande número: o comparecimento eleitoral foi até menor entre as mulheres do que entre os homens. A vida política na década de 1920 não era tão vibrante ou enérgica como havia sido na década de 1890, ou nos últimos anos da era progressista; apesar da identificação das mulheres com a reforma social, as reformas foram poucas durante a primeira década em que as mulheres puderam votar.[85]

---

84 Johnson, Kate Gordon, p.253; Louis, Sue Shelton White, p.411; Giddings, *When and Where,* p.159-170; para uma análise das complexidades das respostas à Décima Nona Emenda na Carolina do Norte, ver Gilmore, G. E., *Gender and Jim Crow:* Women and the Politics in North Carolina, 1896-1920. Chapel Hill, NC, 1996, p.220-224. Green, *Southern Strategies,* p.179-183, argumenta que o sucesso foi possível naqueles quatro estados de fronteira por uma convergência de razões: uma taxa relativamente alta de industrialização e urbanização, uma população negra relativamente pequena e a durabilidade de dissenso político e competição.
85 Glenn, Firebaugh e Xhen, Vote Turnout of Nineteenth Amendment Women: The Enduring Effect of Disenfranchisement. *American Journal of Sociology,* 100, janeiro de 1995, p.972-996;

Na verdade, a entrada das mulheres no eleitorado, conforme as observações recentes dos especialistas, teve muitas consequências sutis e de longo alcance para a vida política. Novas questões, sobretudo aquelas que afetam as mulheres e crianças, foram injetadas na arena política, ainda que as reformas concretas tenham demorado a se materializar. Os programas de assistência social da década de 1930 foram influenciados pelos interesses do eleitorado feminino, e muitas vezes promovidos por mulheres que haviam iniciado a carreira na área política e organizacional no movimento do sufrágio. Para citar o exemplo mais óbvio, a nomeação feita por Franklin Roosevelt de Frances Perkins como secretária de trabalho (e como a primeira mulher a ocupar um cargo de gabinete) não teria acontecido sem a Décima Nona Emenda. As mulheres e as experiências do movimento sufragista também tiveram um impacto sobre a prática da política – incluindo a formação de grupos de interesse e as técnicas de educação dos eleitores – e sobre a evolução das culturas políticas em cada um dos principais partidos.[86]

No entanto o rescaldo da vitória foi discreto, quando não um anticlímax, fato que não deixou de ter relação com o sucesso do movimento em primeiro lugar. As vitórias do empenho pelo sufrágio foram construídas, em parte, a partir da percepção cada vez maior entre os homens de que a conquista do voto feminino não iria transformar de forma significativa a política ou os programas de ação. Essa percepção começou a difundir-se graças à estrutura federal das leis eleitorais, e à forma gradativa pela qual as mulheres foram contempladas pelo sufrágio pela primeira vez. Como foi destacado inúmeras vezes em debates do século XX, nada de muito incomum aconteceu com a política ou com os padrões de votação nos estados que haviam emancipado as mulheres nas décadas de 1880 e 1890, como o Colorado e Wyoming; quando a emenda federal foi aprovada, as mulheres já estavam votando em muitas eleições estaduais e municipais, assim como em numerosos países estrangeiros, sem que houvesse consequências discordantes ou revolucionárias. Os estados que estenderam o sufrágio as mulheres no início nem sequer adotaram leis de interdição! Os políticos da máquina que finalmente assumiram a causa do sufrágio

---

Flanagan, M. A., The Predicament of New Rights: Suffrage and Women's Political Power from a Local Perspective. *Social Politics,* 2, 1995, p.305-330; Cott, *Grounding of Modern Feminism,* p.102, 319; McDonagh, Significance of the Nineteenth Amendment, p.59-94; *New York Times,* 22 out. 1925; ibid., 21 out. 1928; Gosnell, *Democracy,* p.56ff.

86 A mais completa investigação dessa questão encontra-se em Andersen, K., *After Suffrage: Women in Partisan and Electoral Politics Before the New Deal.* Chicago, 1996; ver também id., Women and Citizenship in the 1920s. In: Tilly, L. e Gurin, P. (orgs.), *Women, Politics, and Change.* New York, 1990, p.117-198. Um estudo de caso importante é apresentado em Rymph, C. E., Forward and Right: Shaping Republican Women's Activism, 1920-1967. (Tese de doutorado pela University of Iowa, 1998.)

aprenderam com as experiências, concluindo com acerto que suas organizações não seriam ameaçadas pelo voto feminino. Da mesma forma, a previsão das sufragistas de que o empoderamento político das mulheres não comprometeria a supremacia branca no Sul revelou-se certeira: ainda que algumas (mas não muitas) mulheres negras pudessem registrar-se para votar, o Partido Democrata permaneceu firmemente no poder, a segregação e a cassação do direito de voto dos negros persistiam, e o governo federal evitou as questões dos direitos de voto por mais quatro décadas.[87]

O gênero, assim, não se revelou uma linha divisória significativa no eleitorado americano; algumas disparidades de gênero na votação ocorreram nos primeiros anos (assim como em período mais recente), mas não eram grandes, e poucas questões criaram divisões entre homens e mulheres. Além disso, apesar das coligações formadas durante a luta de sufrágio, as mulheres como um grupo não desenvolveram alianças duradouras com outros cidadãos desfavorecidos, como os negros e os imigrantes, nem a incursão do movimento do sufrágio na política partidária levou a lealdades partidárias duráveis. As mulheres certamente foram fortalecidas pelo direito de voto e, por conseguinte, suas vidas podem ter mudado (ainda que de forma gradual) de inúmeras maneiras diferentes, mas elas tendiam a votar nos mesmos partidos e candidatos que seus maridos, pais e irmãos apoiavam. A classe, raça, etnia e religião permaneceram os indicadores mais importantes do comportamento eleitoral de uma pessoa. Os conflitos domésticos e familiares acerca da política, tão temidos pelos antissufragistas, nunca se materializaram. E a posse do voto não deu às mulheres, de forma automática, a cidadania plena e igual em assuntos como o dever de um jurado ou as chances de exercer um cargo público.[88]

A própria ausência de mudanças profundas a partir de 1920 nos leva à pergunta inevitável sobre o motivo da resistência inflexível. Por que, dado o resultado bastante tranquilo, tantos homens se opuseram ao sufrágio feminino por tanto tempo? Por que levou setenta anos, depois de Seneca Falls, para que as mulheres conquistassem o direito de voto? O registro histórico aponta para três fatores fundamentais. O primeiro era, simplesmente, o medo do desconhecido: ninguém sabia, especialmente no século XIX, exatamente o que aconteceria se as mulheres votassem, e isso permitiu que muitos tipos diferentes de ansiedades – políticas, sociais e psicológicas – fossem projetadas sobre o espectro do sufrágio feminino. A emancipação das mulheres era algo novo e não testado, que poderia afetar a vida pública e privada de todos os homens.

---

87 Gilmore, *Gender and Jim Crow*, p.217-224; Green, *Southern Strategies*, p.175-176; *New York Times*, 20 set. 1920.
88 Lemon, *Woman Citizen*, p.63; Cott, *Grounding of Modern Feminism*, p.63.

A segunda fonte contínua de resistência foi a persistência de padrões profundamente arraigados de feminilidade e masculinidade que pareciam estar ameaçados pela perspectiva do voto das mulheres. Com base na cultura, nos padrões sociais e na divisão do trabalho, esses padrões levaram os homens (e algumas mulheres também) a acreditar que o sufrágio seria realmente uma heresia perniciosa, uma violação da lei divina, uma ameaça para a família, ou uma fonte da promiscuidade e degradação. O direito ao voto era expressão do poder masculino, exercido na esfera masculina da vida pública; a reivindicação desse poder pelas mulheres roubaria dos homens uma parte de suas identidades, alteraria seus papéis sociais, e ameaçaria seu domínio legal sobre as mulheres. No final, é claro, o sufrágio não gerou nenhuma transformação profunda nos papéis de gênero, ou nem mesmo um movimento feminista poderoso. Mas as pessoas acreditavam que isso aconteceria, e agiram a partir de suas crenças.

O terceiro grande fator foi a coincidência do momento histórico que trouxe à tona a questão do sufrágio feminino justamente quando a fé nos direitos políticos amplamente distribuídos começava a declinar. Nas últimas décadas do século XIX, a retórica democrática comemorativa das décadas de 1830 e 1840 havia se tornado uma lembrança quase distante. Para muitos o voto tinha voltado a ser visto mais como privilégio que direito, e o tamanho do eleitorado como uma questão de conveniência mais que de princípios. Aceitar que as mulheres tivessem o *direito* de votar poderia apenas destruir o fundamento lógico das leis destinadas a restringir um eleitorado masculino que já parecia muito grande e incontrolável. Este impulso conservador, amplamente presente nas classes média e alta, limitou de modo considerável o caminho que o movimento do sufrágio feminino foi obrigado a percorrer e, assim fazendo, retardou de modo significativo seu progresso.[89]

A superação dessa resistência exigiu um imenso movimento, astutamente liderado por agentes políticos experientes, energizado pela participação de milhões de pessoas. Também foi preciso mais do que isso. O êxito do movimento do sufrágio não chegou até que as imagens e as normas dos papéis de gênero começassem a se alterar sob a pressão gradual mas firme de mudanças na estrutura social, até que as experiências locais e as crenças que se formavam superassem alguns dos temores acerca das consequências potenciais da emancipação. As maiorias eleitorais em favor do sufrágio foram reunidas somente quando as divisões entre e dentro dos principais partidos políticos puderam ser exploradas por um movimento de tema único. E a vitória foi anunciada no final pela guerra. A visão da

---

[89] Essa questão de senso de oportunidade – a emergência do sufrágio feminino durante o período de contração – pode ajudar a explicar por que os Estados Unidos não estavam entre as primeiras nações a garantir às mulheres o direito de voto.

Guerra Civil de Elizabeth Cady Stanton, de entrar na comunidade política ao lado do soldado negro de uniforme azul, nunca foi realizada. No entanto, as vitórias finais e decisivas do movimento que ela fundou foram obtidas enquanto milhões de homens estavam de uniforme e milhões de mulheres se mobilizaram para encorajar seus esforços militares.[90]

---

[90] As mulheres receberam o direito de votar durante a Primeira Guerra Mundial em numerosos países europeus também. O impacto da guerra sobre as vitórias do sufrágio tem sido tema de alguma controvérsia. Ver, por exemplo, para uma perspectiva comparatista, Evans, *Feminists*, p.225-226; Seymour, C. e Frary, D., *How the World Votes*, v.2. Springfield, CA, 1918, p.170-171; Gosnell, *Democracy*, p.24-25.

Parte III

Rumo ao sufrágio universal – e além

Uma nova era na história do direito de voto começou após a Primeira Guerra Mundial. A aprovação da Décima Nona Emenda levou ao fim a prolongada luta pelo voto feminino, e quase dobrou o tamanho do eleitorado do país. Mais ou menos na mesma época, ocorreu uma marcada desaceleração das iniciativas legais e políticas para reduzir a organização política. A atividade frenética que tinha sido tão visível desde a década de 1850 – os movimentos e contra movimentos, os debates constitucionais estaduais recorrentes, a redação e revisão da complexa legislação destinada aos negros, imigrantes e trabalhadores, entre outros – abrandou-se em 1920. Nas várias décadas que se seguiram, as linhas gerais da legislação do sufrágio mantiveram uma notável estabilidade.

Essa estabilidade se desintegraria em 1960. As pressões que se acumulavam desde a Segunda Guerra Mundial – reforçadas pela evolução socioeconômica, um movimento popular inspirado, e o clima ideológico da Guerra Fria – romperam o edifício da legislação sobre o voto e precipitaram uma ampla reconstrução dos princípios jurídicos que regem o direito de voto. Essa transformação começou com os esforços para remediar a limitação mais gritante do país em relação ao sufrágio, ou seja, a exclusão dos afro-americanos da vida política no Sul. Mas não terminou aí. No decorrer da década de 1960 e início dos anos 1970, o direito de voto foi efetivamente nacionalizado pela primeira vez na história dos Estados Unidos, e o poder dos estados individuais de manter homens e mulheres longe das urnas foi fortemente limitado pela novas normas democráticas que emanavam do Congresso e do judiciário federal. No início da década de 1970, os Estados Unidos, pelo menos formalmente, tinham algo muito próximo ao sufrágio universal.

7
Os anos tranquilos

O Conselho dos Governos Estaduais investigou as leis de sufrágio, e seus efeitos revelaram-se um pobre substituto para o "sufrágio universal" garantido pela Constituição. Os cidadãos podem ser desqualificados para o voto por mais de cinquenta razões, e todos os estados, exceto Michigan, têm, no mínimo, um dispositivo legal para a desqualificação. O Alabama tem 25, e a Carolina do Sul, 28. Illinois e Pensilvânia têm apenas um, e Vermont, dois. A média fica em torno de seis. Os criminosos condenados são barrados em quarenta estados. Os crimes menos graves, que são punidos pela perda do direito de voto, variam desde apostar numa eleição até o espancamento da esposa. Os delitos de traição, corrupção eleitoral, bigamia, perjúrio, adultério, conduta ilegal no cargo público, recebimento de bens roubados e miscigenação são todos razões para perder o direito de votar em pelo menos um estado. Cinco estados excluem os índios e Rhode Island proíbe, especificamente, os índios Narragansett. Pessoas insanas, idiotas, analfabetos, incompetentes, soldados, marinheiros e pessoas "imorais" são geralmente privadas do direito de voto. A desqualificação dos indigentes, os impostos infames de votação em oito estados, e alguns requisitos espantosos de registro e de residência tornam a lista quase completa. Adicione a isso o terrorismo que impede os negros e as minorias impopulares de votar, e o milagre é que reste alguma pessoa para ir às urnas.

– *The New Republic, 1940*

Alexander Keyssar

A estase e suas fontes

Em 1928, William B. Munro, um professor de ciência política e história na Universidade de Harvard, publicou um artigo no Fórum intitulado "Testes de inteligência para eleitores". Munro, ex-presidente da Associação Americana de Ciência Política, repetiu a conclusão melancólica de E.L. Godkin, segundo a qual "o sufrágio universal veio para ficar". Munro continuou:

> Mas isso não quer dizer que o sufrágio universal continuará sempre a ser interpretado como se não excluísse ninguém. Pelo contrário, há todas as razões para esperar que, de modo gradual, os excessos serão aparados, assim como tantos outros princípios na filosofia de governo americana.

Para Munro, a redefinição do sufrágio universal – de modo que não fosse universal – era desejável porque "as complexidades do governo" haviam aumentado com tanta rapidez, que

> cerca de 20% das pessoas que entram na lista de eleitores não têm direito algum de estar lá. Considerando o país de modo geral, o número total desses intrusos deve girar em torno de milhões. Há um número suficiente deles para decidir uma eleição. É justo esperar que os homens racionais coloquem uma fé inabalável num sistema de sufrágio que compromete os destinos de uma grande nação em mãos como essas?

Munro reconheceu que não havia "nem mesmo uma possibilidade remota" de que os Estados Unidos pudessem eliminar os "intrusos" por meio da reinstituição dos requisitos de propriedade, mas acreditava que o problema poderia, pelo menos, começar a ser resolvido se todos os estados seguissem o exemplo recente de Nova York e instituíssem os "testes de inteligência" para os eleitores: "eliminando o estrato menos inteligente dos requerentes de sufrágio, como o estado de Nova York está fazendo agora", a nação aumentaria a competência do eleitorado e evitaria a "repulsa das implicações extremas da democracia" que parecia estar varrendo a Europa.[1]

Munro não estava sozinho em suas crenças. Muitos norte-americanos nas décadas de 1920 e 1930 permaneciam céticos (na melhor das hipóteses) em relação ao sufrágio universal, e a ascensão do fascismo combinada com a ameaça do socialismo na Europa apenas aprofundou sua preocupação. Mesmo antes do trauma da Grande Depressão lançar dúvidas sobre a viabilidade do capitalismo e da democracia, numerosos intelectuais e líderes políticos americanos acreditavam que viam na Europa uma versão

---

1 Munro, W. B., Intelligence Tests for Voters. *Forum,* 80, dezembro de 1928, p.823-830.

atualizada do pesadelo blackstoniano: um excesso de democracia levando ao governo das massas que, por sua vez, degeneraria na ditadura. O próprio Munro se queixava de que "o mundo sofria de um complexo de democracia" nos anos que seguiram a Primeira Guerra Mundial. Um manual de treinamento do exército dos Estados Unidos no final dos anos 1920 alertava seus leitores de que a democracia deu à luz o "demagogismo", a "anarquia" e as "atitudes comunistas" em relação à propriedade.[2]

Os defensores deste ponto de vista, assim como seus antecessores do século XIX, consideravam os testes de inteligência ou de alfabetização como um controle importante sobre o poder da multidão e as "implicações extremas" da democracia. Um artigo de 1924 da *Educational Review* também elogiou a lei de Nova York, insistindo que "o analfabetismo, praticamente sinônimo de ignorância, não deve ter lugar na população eleitoral da América". Alguns anos mais tarde, o dr. William J. Hickson, diretor do laboratório "psicopático" do Tribunal Municipal de Chicago, afirmou que a limitação do voto para "os de inteligência superior" ajudaria a erradicar o crime e, em 1931, o professor Harrison R. Hunt do Michigan State College solicitou com insistência o apoio da Eugenics Research Association [Associação de Pesquisa em Eugenia] para apoiar a limitação do sufrágio aos "aristocratas naturais" da nação. "Quase se pode dizer", observou o professor, "que é evidente por si mesmo que homens nascem desiguais". Ao longo dos anos 1920 e início dos anos 1930, o *New York Times* informava com orgulho os resultados do requisito de Nova York de que todos os novos eleitores apresentassem provas de sua educação ou passassem num teste de inteligência em inglês, elaborado pelo departamento estadual de educação. Milhares de pessoas fracassavam no teste cada vez que ele era aplicado, e outras milhares supostamente haviam renunciado à oportunidade de votar ao optarem por não fazer o teste. O superintendente escolar de Nova York estava convencido de que a experiência do Estado com o teste era "tão satisfatória que outros estados seguirão rapidamente nosso exemplo".[3]

---

2 Purcell Jr., E. A., *The Crisis of Democratic Theory*: Scientific Naturalism and the Problem of Value. Lexington, KY, 1973, p.117-128; Munro, Intelligence Tests, p.825.

3 Voorhis, J. R., An Educational Test for the Ballot. *Educational Review*, janeiro de 1924, p.1-4; Bromage, A. W., Literacy and the Electorate Expansion and Contraction of the Franchise. *American Political Science Review*, 24, 1930, p.948, 956; *New York Times*, 21 nov. 1923, 4 jan. 1925, 26 jan. 1928, 28 mar. e 7 jun. 1931. Ver também *New York Times*, 30 maio, 21 set., 3 out. e 22 fev. 1923, 23 out. 1924, 24 set. e 27 set. 1925, 1 out. 1926, 1 out. e 26 nov. 1927, 26 jul. e 20 set. 1928, 17 e 31 out. 1930, 25 out. 1931, 25 dez. 1932, 13 jan. 1935. Para opiniões discordantes sobre o caráter desejável de um teste de alfabetismo severo, de Max J. Kohler e o governador Al Smith, ver *New York Times*, 18 mar. 1923 e 23 out. 1921. No que diz respeito tanto ao pano de fundo para a aprovação da lei de New York de 1921, como às suas implicações em décadas posteriores, ver Perrygo, N. M., The Language of Democracy in America – New York's Puerto Rican Community and the Voting Rights Act of 1965. MA thesis, Duke University, 2002. No que diz respeito à lei de Nova York, ver também Capítulo 5.

Este acabou não sendo o caso. Outros estados não seguiram o exemplo de Nova York: Oregon, em 1924, foi o último estado a instituir qualquer tipo de teste de alfabetização para dar acesso ao voto, detendo um movimento que havia começado em Connecticut em 1855. De fato, até mesmo Nova York, por meio de sua corte suprema, rejeitou uma campanha de 1934 da Honest Ballot Association para exigir a alfabetização de todos (e não apenas dos novos eleitores), e vários estados tomaram medidas para ajudar os eleitores analfabetos nas urnas. Mas se o pêndulo já não oscilava para a restrição do direito de voto, também não ia muito longe na direção oposta. Nenhum estado que possuía o requisito de alfabetização para votar o revogou nas décadas que seguiram a Primeira Guerra Mundial; na década de 1940, dezoito estados (sete no Sul do país) continuaram a excluir os eleitores que não conseguiam provar sua alfabetização em inglês. No Sul, a administração dessas leis foi concebida basicamente para excluir os negros: conforme observou o senador Theodore Bilbo em 1946, no Mississippi: "um homem para se registrar deve ser capaz de ler e explicar [...] uma Constituição que pouquíssimos brancos e nenhum negro consegue explicar". Ainda em 1959, o Supremo Tribunal Federal, no caso Lassiter *versus* Northampton County Board of Electors, confirmou a legitimidade das leis estaduais que faziam da capacidade de ler e escrever um requisito para votar.[4]

A experiência do país com os testes de alfabetização foi emblemática da história mais ampla do sufrágio desde 1920 até a Segunda Guerra Mundial – e, em alguns aspectos, até o início dos anos 1960. Apesar das grandes e pequenas escaramuças partidárias e ideológicas, houve poucas mudanças importantes nas leis regendo o direito de voto. No Sul, onde o sufrágio havia provocado os conflitos mais amargos e violentos, a densa rede de restrições tecidas entre 1890 e 1910 continuava a privar do direito de voto quase todos os negros e muitos brancos pobres. As diversas técnicas que os estados sulistas haviam adotado para assegurar a supremacia branca permaneciam em vigor, e o governo federal, respeitando ostensivamente o direito dos estados de definir suas próprias leis de sufrágio, foi conivente com a ficção de que a Décima Quinta Emenda ainda era a lei da terra.[5]

---

4 State of Oregon, *Election Laws 1930*. Salem, 1929, p.9; *Lassiter versus Northampton County Board of Electors,* 360 U.S. 45, 50-54 (1959); McGovney, D. O., *The American Suffrage Medley:* The Need for a National Uniform Suffrage. Chicago, 1949, p.59-70; *New York Times,* 6 e 11 set. 1934; Stanley, H. W., *Voter Mobilization and the Politics of Race:* The South and Universal Suffrage, 1952-1984. New York, 1987, p.89. No que diz respeito à assistência a eleitores iletrados, ver, por exemplo, Nelson, E. C., *Election Laws of the State of Missouri and Federal Naturalization Laws Revised for 1947-48.* Jefferson City, s. d., 69 N. E. 2d 785, Ohio 1950; *The People ex rel. Dreenan versus Williams,* 131, N. E. 270, Ill. 1921.

5 Grantham, D. W., *The Life and Death of the Solid South: A Political History.* Lexington, KY, 1988, p.78-79.

As reformas legais mais importantes no Sul antes da Segunda Guerra Mundial tiveram um impacto maior sobre os brancos do que sobre os negros. Trata-se das decisões de três estados (Carolina do Norte, Louisiana e Flórida) de revogar seus impostos de votação (a Geórgia, além disso, respondeu às exigências da Grande Depressão eliminando a desqualificação dos cidadãos inadimplentes no pagamento de impostos sobre a propriedade). O imposto de votação, é claro, implicava questões raciais e de classe e, quando as primárias do Partido Democrático branco haviam sido instituídas na região de um só partido, alguns críticos julgaram que o imposto serviu basicamente para manter os brancos pobres fora da política. Em consequência, a oposição pôde crescer sem ser fatalmente pichada de racista. Na Carolina do Norte, em 1920, os eleitores brancos do Oeste votaram em grande maioria pela abolição do imposto de voto (e diminuição do requisito de residência), apesar de alguma oposição do Cinturão Negro do Leste.[6]

Mais extravagante, Huey Long, na década de 1930, liderou um movimento para cancelar o imposto de Louisiana; fez isso tanto para intensificar seu apoio entre os brancos pobres como para enfraquecer o poder dos xerifes conservadores que compravam votos pagando os impostos eleitorais dos eleitores pobres. Long repudiou as alegações da oposição de que o cancelamento abriria as eleições para os negros, argumentando que as leis de registro e a primária dos brancos eram obstáculos suficientes para a conquista do direito de voto negro. Persuadida pelo apelo de Long aos interesses de classe, uma grande maioria dos eleitores brancos da Louisiana deu apoio ao cancelamento. Alguns anos mais tarde, na Flórida, o imposto foi cancelado por uma coalizão de liberais liderados por Claude Pepper e por políticos de Miami, que estavam fartos da corrupção que o imposto facilitava. Em cada um desses estados, o cancelamento do imposto foi a consequência de conflitos políticos entre os brancos, e teve o efeito de aumentar o número de eleitores brancos. Embora os negros também se registrassem em números significativos nas cidades da Flórida, a previsão de Huey Long foi, em geral, muito precisa: outras leis raciais exclusivas impediam que a grande maioria dos negros em todos os três estados votassem, quer pagassem ou não seus impostos eleitorais. A armadura jurídica do Sul branco estava apenas um pouco amassada.[7]

Da mesma forma, no Norte, os padrões de inclusão e exclusão estabelecidos antes da Primeira Guerra Mundial perduraram, sofrendo alguns ajustes. Os imigrantes que tentavam votar ainda enfrentavam barreiras

---

[6] Ogden, F. D., *The Poll Tax in the South*. Birmingham, AL, 1958, p.2-29, 175, 178-185; Tindall, G. B., *The Emergence of the New South*. Baton Rouge, LA, 1967, p.555, 639-641; Sirkoff, H., *A New Deal for Blacks:* The Emergence of Civil Rights as a National Issue, v.1: *The Depression Decade*. New York, 1978, p.99; McGovney, *Suffrage Medley*, p.120-121, 154.

[7] Ogden, *Poll Tax*, p.178-185; Williams, T. H., *Huey Long*. New York, 1970, p.755-756, 774-775; Tindall, *Emergence*, p.640-641.

relativamente grandes à cidadania, como os testes de alfabetização, um forte aumento da taxa de naturalização e restrições às suas opiniões políticas. Na década de 1920, o Arkansas (como observado no Capítulo 5) pôs fim à vacilante experiência do país com a votação de estrangeiros; a Califórnia, movendo-se na direção oposta, eliminou a proibição de eleitores de ascendência chinesa em 1926, e Oregon seguiu o exemplo um ano depois. Rhode Island, em 1928, liberalizou o direito de voto, eliminando a qualificação de propriedade para a votação municipal, e a Pensilvânia extinguiu seu requisito de contribuição tributária em 1933. Por volta de 1940, não havia impostos de votação no Norte, embora os requisitos fiscais e de propriedade para votar em assuntos de emissões de obrigações e avaliação de riscos persistissem em vários estados, incluindo Michigan, Utah, Nevada e Montana. Os indigentes continuaram a ser excluídos em uma dúzia de estados: os "loucos" e os "incompetentes" foram cassados em quase toda parte, e os criminosos condenados enfrentaram uma série de leis minuciosas que os impediam de votar durante e após os períodos de encarceramento.[8]

Na verdade, a maioria das mudanças legais que ocorreram durante este período foram relativamente técnicas e tratavam de questões de residência e registro. Todos os estados mantiveram as qualificações de residência, geralmente de um ano, mas que variavam de seis meses (em estados rurais, principalmente no Meio-Oeste) a dois anos (em alguns estados do Sul, além de Rhode Island); quase todos também tinham requisitos de residência mais curtos nos municípios e distritos. As alterações das leis de residência em geral envolviam sua aplicação a casos incomuns ou anômalos: estudantes, soldados, reclusos de instituições, trabalhadores migrantes, absenteístas e

---

8 Council of State Governments, *Voting in the United States*. Chicago, 1940, p.1-27; Oregon, *Election Laws 1930*. Salem, OR, 1929, p.10. Numa emenda constitucional, a Califórnia substituiu a expressão "nenhum nativo da China" com o menos racial, e posteriormente menos importante "nenhum estrangeiro inelegível para a cidadania". Mason, P., comp., *Constitution of the State of California*, Anotado 1933, Sacramento, CA, p.310-311; Oregon, em 1927, revogou a seção 6 de sua constituição, que afirmava que "nenhum negro, chinês ou mulato deve ter o direito de sufrágio". Hoss, H. E., comp., State of Oregon, *General Laws Enacted by the 35th Regular Session of the Legislative Assembly 1929 and Constitutional Amendments Adopted June 28, 1927*. Salem, 1929, p.5. A legitimidade constitucional do veto de estrangeiros às urnas pelos estados foi afirmada em 1952 pela Suprema Corte em *Hariasades versus Shaughnessy*, 342 U.S. 580, 1952. As restrições políticas foram detalhadas no Capítulo 305 da Lei de Naturalização dos Estados Unidos. Boeckel, R., *Voting and Non-Voting in Elections*. Washington, DC 1928, p.526-530. Para exemplos de requisitos financeiros prolongados, ver Office of the Secretary of State. In: *New Hampshire Primary and Election Laws 1929*. Concord, NH, 1929, p.1-2, e Rhode Island, *Public Laws*, 1929, cap.1356; para um caso de corte que lidou com uma questão de propriedade (se a propriedade de um carro podia qualificar alguém como um pagador de impostos), ver *City of Montrose versus Niles*, 238 P. 2d875 (Colo. 1951). Declarações gerais referentes a leis desse período são baseadas em várias fontes indicadas nas notas aqui contidas e numa leitura dos estatutos e jurisprudência de Nova York, Illinois, Ohio, Indiana, Connecticut, Oregon, Califórnia, Texas, Colorado, Missouri, Pensilvânia, Mississippi e Carolina do Norte.

pessoas proprietárias de duas casas, ou os que tinham dificuldade de apresentar provas de que eram proprietárias. Na maioria dos estados do Norte, o alcance da lei era levemente expansivo, na medida em que os tribunais estaduais tentavam proteger o direito de cada indivíduo de votar em algum lugar; além disso, os dispositivos legais para o voto de ausente tornaram-se mais flexíveis. Ainda assim, os alunos que não comprovavam independência dos pais não conseguiam estabelecer residência legal no local em que frequentavam a escola; nem os soldados, no local onde estavam posicionados; tampouco os internos, nos hospitais psiquiátricos e asilos. Em termos quantitativos, a importância das leis que afetavam os casos anômalos se perdia em comparação com os próprios requisitos de duração: os Estados Unidos permaneciam uma sociedade altamente móvel, e as regras de residência, tanto em âmbito estadual como local, continuavam a manter um grande número de eleitores longe das urnas.[9]

As leis de registro de eleitores, já difundidas em 1920, tornaram-se quase universais em 1940: apenas o Arkansas, cuja constituição estadual proibia esses procedimentos, carecia de algum esquema para o registro e a inscrição dos eleitores antes das eleições. Em muitos estados, as regras detalhadas e complexas de registro permaneciam um obstáculo processual para a votação, tanto quanto haviam sido antes da Primeira Guerra Mundial. Houve, no entanto, duas grandes tendências nessas leis entre 1920 e 1950. A primeira, diminuindo o ônus processual que havia gerado reclamações clamorosas e conflitos partidários, foi a disseminação de sistemas de registro permanentes no lugar dos periódicos: os eleitores que não mudavam o local de residência permaneciam nas listas de registro e não tinham mais de repetir o processo do registro antes de cada eleição, ou a cada dois ou

---

[9] *Voting in the United States*, p.1-4, 7-27; por 1940, todos os estados exceto Kentucky, Maryland, Mississippi, Nova Jersey e Pensilvânia tinham alguma prescrição geral para ausência de votação. Em Nova Jersey e Maryland, o voto de ausente era permitido apenas para aqueles em serviço militar. Os detalhes das leis de voto de ausente variavam muito de estado para estado. Para uma lista completa, ver Office of war Information. In: *State Absentee Voting and Registration Law*. Washington DC, 1942. Para exemplos de casos de corte sobre questões de residência, ver *Miller versus Trinner*, 224 A.D. 411 (App. Div. 1928; *In re Geis*. 293 N.Y.S. 577 (N.Y. Sup. Ct. 1936); *Watermeyer versus Mitchell*, 9 N.E. 2d 783 (N.Y. 1937); *Application of Davy*, 281 A.D. 137 (App. Div. 1952); *Application of People es rel. Singer*, 137 N.Y.S. 2d 61 (N.Y. Sup. Ct. 1954); *Application of Neal*, 180 N.Y.S. 2d 332 (N.Y. Sup. Ct. 1957); *Application of Hoffman*, 65 N.Y.S. 2d 107 (N.Y. Sup. Ct. 1946); *Kay versus Strobeck*, 254 P. 150 (Colo, 1927); *Ander versus Pifer*, 146 N. E. 171 (Ill. 1924); *Bullman versus Cooper*, 200 N.E. 173 (Ill. 1936); *Tuthill versus Rendelman*, 56 N.E. 2d 375 (Ill. 1944). Para exemplos de leis que afetaram estudantes, reclusos e ausentes, ver Throckmorton, A. H. et al. (orgs.), *The General Code of the State of Ohio: Revised to 1921, Containing All Laws of a General Nature in Force January 1, 1921*. Cleveland, OH, 1921, p.1254-1255, e Baldwin, W. E. et al., *Throckmorton's Annotated Code of Ohio, 1939*. Cleveland, 1931, p.1432, 1459-1460, 1938. No que diz respeito à lei de residência em Nova York, ver Benjamin Gassman, *Election Law Decisions and Procedure*, v.2, 2.ed., Albany, 1962, p.634-672.

quatro anos (em alguns estados, os eleitores eram retirados das listas caso não votassem durante determinado período). A segunda tendência foi de maior uniformidade das regras de registro dentro dos estados: ainda que no início fossem dirigidas para as grandes cidades, as leis de registro, geralmente por insistência dos políticos urbanos, fizeram-se aplicáveis a todos os eleitores em potencial dentro de um estado. Em 1934, a Suprema Corte, pela primeira vez, afirmou a constitucionalidade dos sistemas de registro. Ao manter uma decisão do Supremo Tribunal de Indiana (o caso Blue versus State ex rel. Brown), os juízes decidiram que as leis estaduais de registro eram legítimas contanto que fossem justas e uniformes.[10]

No conjunto, portanto, os anos entre 1920 e a Segunda Guerra Mundial constituíram – com algumas exceções – de um período de estagnação na história jurídica e política do direito de voto. Em grande medida, essa estagnação refletia um recuo dos temores da elite e da classe média em relação à amplitude do direito de voto. Homens e mulheres favoráveis às restrições ao direito de voto não descobriram, de repente, um novo entusiasmo pelo sufrágio universal, mas também não pressionavam por restrições mais rigorosas. O apelo à ação de William B. Munro tocou as pessoas de modo muito mais superficial do que acontecera com Francis Parkman meio século antes.

Em parte, isso foi resultado do sucesso das leis já em vigor e da estabilidade política da era de "normalidade". No Sul havia pouca necessidade percebida de ação, pois as leis de cassação do direito de voto das décadas anteriores funcionavam bem: apenas uma pequena fração dos negros da região votava, e o regime de partido único era seguro. Da mesma forma, nas regiões Nordeste e Meio-Oeste, o Partido Republicano manteve um forte controle sobre a maioria dos estados ao longo da década de 1920; enquanto isso, as preocupações com a classe trabalhadora imigrante diminuíram em razão da queda acentuada na imigração, que começou durante a Primeira Guerra Mundial e foi perpetuada pelos atos de restrição de 1921 e 1924 (a quase cessação da imigração asiática acalmou os nervos no Oeste). Por outro lado, em todo o país, aqueles que temiam a ampliação do direito de voto foram tranquilizados pela aprovação sem reveses das mulheres no âmbito da política eleitoral.

---

10 *Blue versus State ex rel. Brown*, 188 N.E. 583 (Ind. 1934); *Voting in the United States*, p.1-2; *New York Times*, 9 nov., 1925, 13 out.1928; notícia datada de 20 jan. 1933, em arquivo de eleições de Pittsburgh, Archives of Industrial Society, University of Pittsburgh; *Laws Passed at the Thirty-second Session of the General Assembly of the State of Colorado, January 3, 1939-April 24, 1939*. Denver, 1939, p.332; State of New Jersey, *An Act to Regulate Elections, Approved April 18, 1930*. Trenton, 1932, p.170-171; State of New York, *The Election Law*. Albany, 1936; *Illinois Revised Statutes, 1949*, v.1, State Bar Association ed., Chicago, 1949, cap.46, sess.4-1 e 5-1, 1630 e 1639. Para um exemplo de caso no qual a corte reintegrou eleitores desqualificados por mudanças nos procedimentos de registro, ver *Schutz versus Merrill*, 273 P. 863 (Cal. Dist. Ct. App. 1928).

O direito de voto

Os conservadores, com toda a probabilidade, também estavam tranquilos pelo declínio contínuo na participação eleitoral, que havia começado após a eleição de 1896 e se acelerado na década de 1920. No Sul, a participação havia caído para cerca de 20% nas eleições presidenciais e, mesmo no Norte, caiu para menos de 60%, um forte contraste com as eleições do final do século XIX, em que mais de 80% dos potenciais eleitores deram seus votos. Nos anos não presidenciais, os totais de votos foram ainda menores. O quanto dessa queda deveu-se à indiferença ou à falta de competição partidária, e não às restrições legais, era – e continua sendo – pouco claro, mas não há dúvida de que menos pessoas estavam votando, e de que o comparecimento foi menor (fora do Sul) entre as mulheres, os imigrantes e seus filhos e os pobres.[11]

Como os historiadores têm observado, o declínio da participação produziu uma aflição peculiar, ainda que temporária, entre seus beneficiários políticos. Na década de 1920, os principais jornais, comentaristas e políticos do Norte (houve muito pouca aflição no Sul) lamentaram a queda na participação eleitoral e até debateram os méritos de tornar a votação compulsória. Em 1924 e nos anos subsequentes de eleição, os especialistas começaram a estudar o não voto, e as organizações cívicas patrocinaram campanhas para encorajar as pessoas a votarem. Até mesmo o presidente Calvin Coolidge entrou em cena. Em 1926, num discurso notável para as Filhas da Revolução Americana, Coolidge destacou que o comparecimento havia sido extremamente baixo em 1924 (quando foi eleito) e também que, em 1922, nem um único senador havia recebido os votos de uma maioria de eleitores qualificados. A "cidadania na América", declarou Coolidge, "não é uma iniciativa privada, mas uma função pública. A evasão das responsabilidades da cidadania" constituía "um perigo sério" para a nação. Precipitados pela percepção equivocada de que o comparecimento às urnas estava caindo porque os cidadãos respeitáveis da classe média não se davam ao trabalho de votar, esses lamentos tornaram-se menos frequentes quando as pesquisas revelaram que os não eleitores eram em sua grande maioria pobres e da classe trabalhadora; os potenciais eleitores que haviam sido tão temidos não estavam exercendo a força eleitoral proporcional a

---

11 McGerr, M., *The Decline of Popular Politics:* The American North, 1865-1928. New York, 1986, p.186-188, 207. O termo *turnout* (comparecimento às urnas) é frequentemente usado com uma imprecisão – ou com dois significados ligeiramente diferentes – que pode confundir as tentativas de análise. As estatísticas de comparecimento às urnas referem-se de forma ostensiva e geral apenas à porcentagem de eleitores elegíveis que votaram numa eleição específica. No entanto, o uso desse termo com referência ao Sul em 1920, por exemplo, implica que os afro-americanos eram efetivamente "elegíveis" para votar – o que pode ter sido verdade em teoria mas não era verdade na prática. O próprio termo tem uma implicação de volição, de escolha individual sobre votar ou não votar, o que é apto em algumas circunstâncias, mas claramente não em outras.

seu número. De fato, após a década de 1920, as expressões públicas de preocupação com o declínio do comparecimento às urnas adquiriram um tom ritualístico, enquanto o comparecimento em si, apesar de uma breve recuperação na década de1930, continuou sua descida de longo prazo e manteve seu viés de classe.[12]

Ainda havia outras razões para a desaceleração nos esforços de reduzir a amplitude do direito de voto, razões ligadas a mudanças estruturais na vida política e nas instituições governamentais. Uma dessas mudanças foi uma erosão gradual do controle popular sobre os organismos de decisões governamentais. As propostas de desdemocratizar o governo, em particular o governo municipal, haviam sido um elemento básico do pensamento da "reforma" no final do século XIX: "o princípio eletivo não é o apropriado para ser aplicado em geral nos grandes centros populacionais", exortou Frank Goodnow, um comentador influente em 1897. Um meio de traduzir essas ideias em ação foi uma reforma estrutural que se tornou extremamente popular durante a era progressista: a substituição de prefeitos e vereadores municipais por gestores municipais nomeados e comissários eleitos em disputas apartidárias. Patrocinada por empresários em todo o país, esta inovação estrutural prejudicava a influência das máquinas políticas e seus eleitores da classe trabalhadora, enquanto favorecia os candidatos ricos pró-negócios que poderiam organizar campanhas por toda a cidade. Abertamente concebida como modelo corporativo, a estrutura de comissão e gestão removeu muitas decisões políticas da influência popular direta. Por volta de 1920, mais de 600 governos municipais foram reestruturados desta forma, e pelo final dos anos 1960, quase metade das cidades do país era governada por gestores municipais e comissários. Os governos estaduais e municipais também assistiram a uma proliferação de comissários e gestores nomeados, muitas vezes com amplos poderes sobre domínios tais como recursos hídricos, serviços públicos, policiamento e transporte. Uma das principais exigências de muitos reformistas progressistas era o "voto curto", uma redução do número de cargos para os quais alguém votava – e o voto curto significava menos funcionários que respondiam diretamente para o populacho.[13]

---

12 *New York Times*, 20 April 1926; ver também 9 e 17 fev. 1924, 4 fev. 1926, 3 jan., 12 maio e 10 jul. 1927, 24 e 28 set. 1931, e 10 nov. 1935; McGerr, *Decline of Popular Politics*, p.187-189.

13 Goodnow, F., *Municipal Problems*. New York, 1897, p.180; White, A., The Government of American Cities. *Forum*, 10, dezembro de 1890, p.357-372; Kazin, M., *Barons of Labor:* The San Francisco Building Trades and Union Power in the Progressive Era. Urbana, 1989, p.41-42; Schott, M. J., Progressives Against Democracy: Electoral Reform in Louisiana, 1894-1921. *Louisiana History*, 20, 1979, p.257-259; Weinstein, J., Organized Business and the City Commission and Manager Movements. *Journal of Southern History,* 28, maio de 1962, p.166-182; Hays, S. P., The Politics of Reform in Municipal Government in the Progressive era. *Pacific Northwest Quarterly,* 55, outubro de 1964, p.157-169; Schiesl, M. J., *The Politics of Efficiency:* Municipal Administration and Reform in America, 1800-1920. Berkeley, 1977,

Da mesma forma, foi no final do século XIX e início do século XX que o governo federal começou a confiar maiores responsabilidades políticas para os membros da comissão, e os chefes de órgãos nomeados para mandatos longos (muitas vezes) não podiam ser removidos por funcionários eleitos. O protótipo dessas instituições foi a Interstate Commerce Commission [Comissão de Comércio Interestadual], criada em 1887 para regular as práticas da estrada de ferro (tais como descontos e taxas discriminatórias) que se tornaram objeto de raiva pública generalizada e o foco do conflito político amargo. Do mesmo modo, foi no final do século XIX e início do século XX que o governo federal começou a confiar maiores responsabilidades políticas para comissários e chefes de órgãos que foram nomeados para mandatos longos e (muitas vezes) não podiam ser removidos por funcionários eleitos. O protótipo de tais instituições foi a Comissão de Comércio Interestatal, criada em 1887 para regulamentar as práticas relacionadas às estradas de ferro (como descontos e tarifas discriminatórias), que haviam se tornado objeto de raiva pública generalizada e foco de conflitos políticos penosos. Várias décadas mais tarde, a questão política mais quente da época, a monopolização da indústria, foi confiada à Comissão Federal de Comércio, enquanto o controle da massa monetária da nação (e as taxas de juros) estava nas mãos do poderoso Conselho da Reserva Federal. Criados em nome da eficiência e competência, esses organismos serviram em parte para isolar as decisões políticas importantes do controle popular.

Esses novos arranjos institucionais se tornaram cada vez mais importantes no século XX, levando a nação por um caminho sugerido em 1879, de uma forma profética, por um crítico do sufrágio universal no *Atlantic Monthly* (ver a introdução à Parte II, "Restringindo o acesso"). "Os temas de votação podem ser muito reduzidos", propôs o comentarista anônimo. Ainda que houvesse as contracorrentes na vida política norte-americana (como os dispositivos da era progressista de iniciativas e referendos, primárias diretas, e a eleição popular de senadores), havia um movimento inequívoco, em todos os níveis de governo, em direção a um estado mais gerencial, e um espectro cada vez menor de decisões que seriam diretamente afetadas pelas eleições.

O poder dos eleitores individuais foi ainda mais limitado pela organização da vida política e da competição. Em outras palavras, as opções abertas aos eleitores ficaram reduzidas. Na década de 1920, o domínio de um único

---

p.3-5, 69, 134-148, 172-198; Pegram, T. R., *Partisans and Progressives*: Private Interest and Public Policy in Illinois, 1870-1922. Urbana, Ill., 1992, p.96, 104, 191, 199, 215-220; Ekirch Jr., A. A., *Progressivism in America*. New York, 1974, p.103; Henry, S. M., *Progressivism and Democracy:* Electoral Reform in the United States 1888-1919. Tese (Doutorado) – Columbia University, NY), p.32-52; *New York Times,* 9 fev. 1924; Holli, M. G., *Reform in Detroit:* Hazen S. Pingree and Urban Politics. New York, 1969, p.175-179; Fox, K., *Better City Government:* Innovation in American Urban politics, 1850-1937. Philadelphia, 1977, p.116-137.

partido era a regra em muitos estados; mesmo depois que a reorganização eleitoral da década de 1930 pôs fim ao controle republicano do Nordeste e Meio-Oeste industriais, vários estados permaneceram não competitivos. Além disso, em todos os lugares os eleitores costumavam ter uma escolha entre dois partidos apenas – e dois partidos que não eram tão diferentes entre si. O terceiro, quarto e quinto partidos rebeldes que floresceram no final do século XIX – a maior parte em nível local, mas alguns atingiram força regional e nacional – deram lugar à institucionalização de um sistema bipartidário. Em alguns estados, como Ohio e Illinois, os partidos dissidentes ou "não americanos" foram banidos da votação e em Nova York, em 1920, o legislativo recusou-se a empossar os socialistas eleitos. Mais comumente, os movimentos de terceiro partido foram desencorajados por regras que proibiam chapas de coalizão e limitavam a aparência e a colocação na cédula eleitoral dos candidatos de partidos menos importantes. Essas leis haviam sido promovidas pelos republicanos como um meio de desestabilizar os populistas nas décadas de 1880 e 1890, mas o modelo sobreviveu muito tempo após a revolta populista. Em 1947, por exemplo, a Lei Wilson-Pakula em Nova York apontou diretamente aos esforços de consolidação da coalizão por parte do congressista de esquerda Vito Marcantonio, tornando quase impossível para um candidato pertencente a um partido sequer entrar na primária do outro partido. Posteriormente, no século XX, o sistema de dois partidos foi ainda mais incorporado ao estado por meio de um plano de financiamento público parcial de campanhas eleitorais que estava efetivamente disponível apenas para os grandes partidos.[14]

Uma variante reveladora desse padrão envolveu a eleição de juízes estaduais da corte de apelação. Entre 1846 e 1912, quase todos os estados optaram por um judiciário eleito – em parte motivados pela pressão popular para tornar os juízes responsáveis perante o povo, e em parte porque os líderes políticos, assim como líderes do foro judicial, procuravam reforçar a legitimidade e autoridade dos tribunais. Essa democratização formal, no entanto, foi enfraquecida em várias etapas com a introdução de eleições não partidárias para e pela ascensão da triagem por mérito dos potenciais candidatos nomeados pelas ordens dos advogados e comitês de advogados em 1930 e 1940. Ainda que aparentemente concebidas para melhorar a qualidade e a independência do sistema judiciário, essas inovações também

---

14 Page, W. H. (org.), *Page's Ohio General Code Annotated:* Replacement Volume 4. Cincinnati, OH, 1945, p.52-53; *Illinois Revised Statutes,* 1949, v.1, State Bar Association ed., Chicago, 1949, cap. 46, art. 7, sec. 2; Shefter, M., Political Incorporation and the Extrusion of the Left: Party Politics and Social Forces in New York City. In: *Studies in American Political Development:* An Annual, v.1, 1986, p.74; Argersinger, P. H., *Structure, Process, and Party:* Essays in American Political History. Armonk, NY, 1992, p.150-171; McCarthy, E. J. e Armor, J. C., Election Laws: A Case of Deadly Reform. *North Dakota Law Review,* 57, 1981, p.131-336; *New York Times,* 2 abr. 1920.

serviram para diminuir sua responsabilidade popular. O que restou aos eleitores foi a escolha entre candidatos sobre os quais sabiam pouco (uma vez que as legendas partidárias eram uma fonte essencial de informação) e cujos pontos de vista já haviam sido aprovados pelo *establishment* legal. O resultado foi uma queda acentuada na votação para juízes e uma garantia virtual de que as autoridades em exercício permaneceriam no tribunal quanto tempo quisessem. Em 1940, pelo menos dois estados (Califórnia e Missouri) haviam retornado parcialmente a um sistema de nomeação dos juízes das cortes estaduais.[15]

Outras técnicas para limitar o impacto da democratização também eram usadas, como a divisão injusta e em proveito próprio dos distritos de voto [*gerrymander*]. Não está claro se esta prática foi mais comum no século XX do que no século XIX, mas certamente era introduzida com frequência para controlar ou influenciar os resultados eleitorais. Da mesma forma, muitas vezes a má distribuição servia para diminuir o poder político da classe trabalhadora imigrante e étnica. Em muitos estados, os municípios e distritos rurais ganhavam de forma sistemática uma representação excessiva (em relação à sua população) em um ou ambos os ramos do poder legislativo estadual.[16]

Nesse contexto institucional em mutação, conforme os historiadores e cientistas políticos já observaram há muito tempo, os grupos de interesse organizados se tornaram cada vez mais os atores políticos de destaque. Essa tendência, que começou no final do século XIX, tornou-se muito mais pronunciada no século XX: os lobistas, representando os interesses organizados, como os banqueiros e as indústrias individuais, tornaram-se uma presença permanente em Washington e nas capitais dos estados, ao passo que os próprios grupos de interesse se tornaram eleitorados significativos para os líderes políticos. O Estado serviu como um intermediário entre os interesses organizados, que desempenharam um papel cada vez mais ativo na tomada de decisões do governo. Isso significa, é claro, que aqueles que tinham os recursos e habilidades para fazê-lo adquiriam uma voz – muitas vezes uma voz alta – que falava aos funcionários do governo por meio de canais não eleitorais. O *locus* de formação política estava mudando dos

---

15 Hall, K. L., Progressive Reform and the Decline of Democratic Accountability: The Popular Election of State Supreme Court Judges, 1850-1920. *American Bar Foundation Research Journal*, n.2, 1984, p.345-369; Hurst, J. W., *The Growth of American Law:* The Law Makers. Boston, 1950, p.122-146. Hurst argumenta que máquinas políticas tiveram um grande papel na seleção de juízes ao longo das primeiras décadas do século XX; cf. uma discussão dos méritos de um judiciário nomeado em Gray, W. S., Dryer, J. L. e Brandon, R. H., *Proceedings of the Constitutional Convention of the State of Illinois, convened January 6, 1920.* Springfield, Ill., 1922, p.1001, 3824-3825.

16 Argersinger, *Structure*, p.69-102, 172-190; Montejano, D., *Anglos and Mexicans in the Making of Texas, 1836-1986.* Austin, TX, 1987, p.292; Smith, J. A., *The Growth and Decadence of Constitutional Government.* New York, 1930, p.61.

palanques para a sala de audiências, ou a sede das comissões e órgãos reguladores.[17]

Esse amplo conjunto de mudanças na política e na estrutura do governo abalou aos poucos o excesso de confiança dos defensores de restrições adicionais ao sufrágio. A restrição ao direito de voto sempre teve riscos: ela violava o compromisso oficial da nação com a democracia e abria a porta para represálias partidárias e exclusões suplementares. Depois de 1920, menos pessoas pareciam pensar que esses riscos valiam a pena. As ameaças percebidas à ordem estabelecida, que tanto preocupavam na década de 1870 e 1890, perderam seu colorido vivo e pareciam cada vez mais administráveis sem maiores reduções do eleitorado.

A condição inalterável do direito de voto entre 1920 e a Segunda Guerra Mundial também se baseou num fenômeno completamente diferente: a ausência de uma pressão significativa para expandir tal direito. A dinâmica da guerra não estava em jogo; o alinhamento dos partidos políticos favorecia a estabilidade; e, mais importante, os movimentos de base eram fracos. Nas regiões Norte e Oeste, tanto a composição como a localização social dos indivíduos sem direito ao voto eram tais que a ação coletiva era altamente improvável. Com exceção dos nativos americanos, asiáticos e hispânicos, os não eleitores não constituíam grupos sociais coerentes, característicos ou facilmente identificáveis. Embora os intelectuais liberais e os órgãos de opinião (como o *New Republic*, já citado) muitas vezes registrassem sua consternação com o alcance da cassação do direito de voto legal, as mobilizações dos analfabetos ou itinerantes eram improváveis.

Igualmente improvável era a ação coletiva por parte dos indigentes, criminosos, pessoas que tinham perdido seus documentos de naturalização ou os indivíduos que tinham dificuldade de se orientar em meio a leis bizantinas de registro. Essas restrições legais tinham um viés inequívoco de classe, mas, por si só, não tiravam o direito de voto da classe trabalhadora; de fato, a maioria da classe trabalhadora estava contemplada pelo sufrágio, e a proporção subia conforme a imigração diminuía, e os filhos de imigrantes atingiam a maioridade. Aqueles que permaneciam fora do sistema político eram numerosos, mas estavam dispersos, socialmente marginalizados, de passagem, ou (em teoria, pelo menos) apenas temporariamente privados do direito de voto. Assim, era pouco provável que eles se organizassem ou atraíssem o interesse de algum partido político importante. A pressão partidária para expandir o direito de voto estava confinada à eliminação de barreiras financeiras à votação, em alguns estados do Norte, e ao abrandamento de algumas das arestas mais ásperas dos requisitos de registro.

---

17 McCormick, R. L., *The Party Period and Public Policy:* American Politics from the Age of Jackson to the Progressive Era. New York, 1896, p.226.

O Sul era a exceção potencial para este padrão – uma vez que os negros constituíam um bloco muito grande e identificável de eleitores privados do direito de voto – e alguns afro-americanos, em particular nas cidades, ativamente perseguiram mudanças nas leis do sufrágio. Evitando o conselho de Booker T. Washington de aceitar Jim Crow e concentrar-se no autodesenvolvimento (e adotar, de forma tácita, a posição de W. E. B. DuBois de que os direitos de voto eram essenciais para a liberdade dos negros), estes homens e mulheres tentavam votar e pressionavam – geralmente por meio dos tribunais – pelo fim dos impostos de votação, das primárias dos brancos e dos testes de alfabetização discriminatórios. Mas os ativistas encontravam-se em número reduzido. A maioria dos negros sulistas vivia num mundo rural, onde a ação coletiva era extremamente difícil; graças ao sistema de meação e de cultivo com direito de retenção (que os mantinha num estado de escravidão pela dívida), eles também não tinham propriedade, eram dependentes em termos econômicos daqueles que controlavam a vida política, tinham medo de represálias e muitas vezes estavam resignados a um sistema de repressão abrangente e aparentemente inevitável.

Além disso, a estrutura da política sulista proporcionava poucas oportunidades para conseguir a abertura das portas às urnas. Embora repletos de partidarismo e conflito ideológico, os partidos democráticos estaduais não toleravam a dissidência por motivo de raça: ainda que as alianças entre brancos pobres e negros sempre tenham sido teoricamente possíveis, nenhuma facção branca que se atrevesse a apoiar o sufrágio negro poderia esperar sobreviver tempo suficiente para construir uma coalizão com os potenciais eleitores afro-americanos. A política nacional também não proporcionava muita abertura. O Partido Republicano, na década de 1920, não tinha necessidade do voto negro (ou do Sul) para ganhar as eleições nacionais, enquanto os democratas não tinham incentivos partidários para agitar as águas da cassação do direito de voto dos negros. Este quadro começou a mudar apenas na década de 1930, quando, graças à migração negra e a popularidade do New Deal, o voto afro-americano no Norte tornou-se maior, mais disputado e potencialmente decisivo para alguns resultados eleitorais. Mas a votação permanecia uma questão de lei estadual, e apesar da retórica igualitária de ambos os partidos, nenhum deles estava ansioso para promover a apreensão federal de um dos pilares dos direitos dos estados.[18]

Os anos finais da década de 1930, no entanto, testemunharam o surgimento de um esforço significativo, mesmo que malsucedido, para expandir o sufrágio no Sul: o movimento para abolir o imposto de votação. Com

---

18 Sitkoff, *New Deal*, p.26-27, 30-31, 92-95, 98-99, 102-109; Lawson, S. F., *Black Ballots:* Voting Rights in the South 1944-1969. New York, 1976, p.57; Tindall, *New South*, p.556-559; *New York Times,* 15 jul. 1929.

base nas ações patrocinadas pela Associação Nacional para a Promoção das Pessoas de Cor, o movimento foi galvanizado por brancos sulistas liberais – a maioria deles intelectuais e ativistas, em vez de líderes – que se uniram para promover uma campanha para abolir o requisito de imposto. Tinham o apoio ativo dos partidários do New Deal (incluindo Eleanor Roosevelt e, por vezes, o próprio presidente), que foram frustrados pela oposição sulista conservadora à reforma econômica e social; a causa também foi promovida pelos trabalhadores organizados, que viam o imposto de votação como uma resposta para os baixos salários dos trabalhadores sulistas e, portanto, uma ameaça ao bem-estar trabalhista em nível nacional. Os membros dessa ampla coalizão – um grupo de pressão inter-regional, e não um movimento de base – estavam convencidos de que o imposto de votação não era apenas "antiamericano", mas um impedimento para o progresso social e econômico no Sul. Acreditavam que sua eliminação iria emancipar os brancos pobres e os negros, democratizar a política na região e apressar a queda dos conservadores que controlavam comissões importantes na Câmara e no Senado.[19]

Após o fracasso das tentativas de promover a reforma tributária no interior dos estados sulistas (com exceção das vitórias dispersas mencionadas anteriormente), o movimento pouco coalescente voltou sua atenção para Washington e para o Congresso. Lá, os defensores da revogação enfrentaram um obstáculo jurídico significativo: a Suprema Corte, em 1937, no caso Breedlove *versus* Suttles, havia confirmado por unanimidade o requisito do imposto de votação na Geórgia, para as eleições estaduais e locais. Os reformadores entraram com uma ação contestando o imposto de votação apenas nas eleições federais, mas isso também foi rejeitado pelos tribunais no início dos anos 1940. Os partidários do Congresso então elaboraram uma legislação que tornava ilegal o imposto de votação em qualquer eleição nacional: eles sustentavam que o imposto gerava corrupção e que era um "requisito [...] arbitrário pelo qual um grande número de cidadãos está proibido de votar, simplesmente por ser pobre". Com menos eufemismo, um membro do Comitê Judiciário do Senado citou discursos do senador

---

19 Lawson, *Black Ballots*, p.55-70; Sitkoff, *New Deal*, p.64, 125-137. Para exemplos de razões para a árdua oposição dos trabalhadores à taxa de votação, ver *American Federationist,* 45, janeiro de 1938, p.61-63; American Federation of Labor, *Fifth-ninth Annual Convention,* 1939, p.456-458; *The Shipyard Worker,* 5. 6 jun. 194, p.5; *Machinists' Monthly Journal,* maio de 1940, p.380-381; *CIO News,* 4, 30 jun. 1941, p.6; *Textile Labor,* 1, 1 abr. 1940, p.1; *Enginemen's Magazine,* 110, junho de 1941, p.363-364; *UE News,* 2. 4 maio 1940, p.5; Ibid., 2, 14 dez. 1940, p.6; ver também os documentos do ILGWU, Cornell University, box 26, folder 10. Para um exame interessante de um movimento local para a reforma do imposto de votação, conduzido por mulheres sulistas e estabelecidas, em parte, sobre uma oposição baseada em gênero à taxa de votação, ver Wilkerson-Freeman, S., The Second Battle for Woman Suffrage: Alabama White Women, the Poll Tax and V.O. Key's Master Narrative of Southern Politics. *Journal of Southern History,* LXVIII, maio de 2002, p.333-374.

Carter Glass na Convenção Constitucional de Virginia feitos 40 anos antes como uma prova irrefutável de que os impostos de votação eram adotados para privar os negros do direito de voto e, portanto, violavam a Décima Quarta e Décima Quinta Emendas[20] (ver o Capítulo 4).

Os sulistas conservadores combateram o projeto de lei com unhas e dentes, expressando sua oposição em termos constitucionais: o Congresso, argumentaram, não tinha autoridade para aprovar uma lei alterando os requisitos de voto de um estado. Essa ação só poderia ser realizada pelos próprios estados, ou por meio do difícil processo de fazer uma emenda na Constituição Federal. Graças, em parte, ao novo clima político gerado pela Segunda Guerra Mundial (a ser discutido mais adiante neste capítulo), a Câmara dos Representantes aprovou o projeto de lei, mas, em seguida, este foi derrotado por um obstrucionista sulista no Senado. Esse cenário legislativo frustrante foi repetido várias vezes nos anos seguintes, até que as tentativas de revogar o imposto de votação por meio da legislação federal foram abandonadas. Mas a linha de batalha tinha sido elaborada e os primeiros tiros disparados numa luta recorrente para nacionalizar o sufrágio e eliminar a discriminação no Sul.[21]

Franklin Roosevelt e a morte de Blackstone

A década de 1930 também testemunhou uma extraordinária série de eventos – ou não eventos – que giravam em torno dos direitos políticos dos indivíduos muito pobres. Como foi observado nos capítulos anteriores, os indigentes, em quase uma dúzia de estados, perderam o direito de voto no século XIX, o que refletia ao mesmo tempo as medidas disciplinares em relação aos pobres e a crença de que homens e mulheres considerados dependentes não deveriam votar. Essas leis permaneceram nos livros, com pouca controvérsia, até que a crise da Grande Depressão transformou milhões de trabalhadores em beneficiários de assistência social, e que poderiam ser legalmente classificados como indigentes.

---

20 U. S. Senate, 77th Cong., 2. sess., *Report 1662*, 27 out. 1942, p.1-20.
21 Lawson, *Black Ballots*, p.57-85; Sitkoff, *New Deal*, p.131-137. Cada vez que o projeto de lei avançava, uma dúzia ou mais de não sulistas – tanto democratas como republicanos – votavam com senadores sulistas para bloquear a imediata votação da matéria. Uma proposta emenda estadual constitucional para eliminar o imposto de votação em Arkansas foi derrotada por uma margem de mais de dois para um numa eleição popular em 1938. McGovney, *Suffrage Medley*, p.138; no que diz respeito à incomum história dos esforços do Tennessee no imposto de votação, ver ibid., p.135-136. O único estado que aboliu o imposto de votação na década de 1940 foi a Geórgia, que o fez durante o breve reinado de um governador liberal em 1945.

O drama começou no outono de 1932, um momento triste quando a nação parecia congelar em depressão, milhares de pessoas estavam morrendo de fome, milhões estavam desempregados e mais alguns estavam começando a tomar as ruas em protesto. À medida que a campanha eleitoral acirrada entre Franklin Roosevelt e Herbert Hoover estava chegando ao fim, a sra. E. F. Wellman, presidente republicana da Comissão de Registro em Lewiston, Maine, obteve dos superintendentes municipais dos pobres uma lista de beneficiários de auxílio social, e começou a riscar 350 desses das listas dos eleitores habilitados. De acordo com a sra. Wellman, a cláusula de exclusão de indigentes no Maine incapacitava esses homens e mulheres para o voto. Sua ação parecia ser o início de um processo de cassação do direito de voto de mil eleitores só em Lewiston, e milhares mais em outras cidades e vilas do Maine.

Seguiu-se um rápido contra-ataque. Enfurecido com o que considerava um ato injusto e partidário, Herbert E. Holmes, o consultor jurídico de Lewiston e candidato democrata para o senado estadual, enviou imediatamente um telegrama ao presidente Hoover:

> A organização republicana aqui invocou a lei obsoleta do indigente [...] para riscar das listas de votação cerca de mil eleitores desempregados [...] isso é considerado aqui o primeiro passo na campanha de âmbito nacional para cassar os cidadãos desempregados e impedi-los de votar na eleição nacional. Insisto que desaconselhe as autoridades locais a cometer esta injustiça contra as infelizes vítimas da situação crítica existente.

Hoover não respondeu. No entanto, os republicanos no Maine insistiram que a política não tinha nada a ver com a ação da comissão de registro: esta estava simplesmente fazendo cumprir a Constituição do estado. Um dos principais jornais do estado defendeu a sra. Wellman, ressaltando que não cabia ao sr. Holmes "julgar se uma lei havia se tornado "obsoleta".[22]

O alvoroço em Lewiston foi seguido de uma tentativa republicana de impedir o voto de outros 129 destinatários de assistência social em Waterville, Maine. Isso também provocou comentários exaltados na imprensa nacional e em outros estados que apresentavam cláusulas de exclusão dos indigentes. O comentário refletia uma realidade em Massachusetts, onde uma legislatura profética de estado havia promulgado uma lei no início da depressão especificando que ninguém poderia ser "julgado" um mendigo se, "ao utilizar sua capacidade máxima, tentava sustentar a si e a seus dependentes [...] e que, não tendo cometido nenhum crime ou contravenção próprios, passa por uma situação de penúria e recebe ajuda ou assistência

---

[22] *New Republic*, 12 out. 1932, p.226; *The Survey*, 68, 15 out. 1932, p.498-499; *Literary Digest*, 17 set. 1932, p.6.

de forma temporária". No entanto, vários outros estados não haviam sido tão clarividentes e, segundo o *World-Telegram,* jornal da cidade de Nova York, muitos poderiam invocar as cláusulas de exclusão dos indigentes em suas constituições para impedir o voto das vítimas da depressão. Isso seria, concluiu o *World-Telegram,* "a pior ironia" que poderia "acontecer a um homem que, além de perder o emprego, foi roubado de seu direito de voto de uma forma deliberada". Porém, a pior ironia revelou-se rara: relativamente poucos dos desempregados foram impedidos de votar em 1932. Os votos democratas no Maine, apesar dos esforços da sra. Wellman, foram em número muito maior do que em 1920.[23]

O assunto não morreu; ao contrário, foi ressuscitado pelos esforços sem precedentes do New Deal para oferecer ajuda federal aos desempregados. Em 1934, a bandeira da cassação do direito de voto foi carregada pelo New York State Economic Council (NYSEC) [Conselho Econômico do Estado de Nova York], uma associação de empresários contra o New Deal, liderada por republicanos de destaque, incluindo o ex-Procurador Geral dos Estados Unidos (e ex-presidente da comissão de execução da lei do presidente Hoover), George W. Wickersham. Alegando ter 50 mil membros, o NYSEC foi uma voz influente que exigiu impostos mais baixos e redução de gastos do governo para promover a recuperação das empresas; além disso, opôs-se ao seguro-desemprego "obrigatório", denunciou a Federação Americana do Trabalho como "antiamericana" e recomendou a aprovação de leis que proibiam greves gerais e de solidariedade.[24]

Entre as propostas mais famosas do conselho, estava "a retenção do direito de sufrágio de todas as pessoas que recebem auxílio público de desemprego durante o período em que o auxílio está sendo recebido". Apresentada no verão de 1934, justamente quando o país tendia politicamente para a esquerda, essa proposição imediatamente chamou atenção nacional – tanto porque milhões de trabalhadores desempregados recebiam auxílio como porque a justificativa para a proposta era incendiária em termos políticos. Ao contrário da comissão de registro de Lewiston, o conselho alegou que a cassação do direito de voto era justificada não porque havia leis nos livros, mas porque o crescimento dos programas do New Deal havia criado um bloco enorme e potencialmente perigoso de eleitores. Argumentava-se que os

---

23 *Literary Digest,* 17 set. 1932, p.6; *Baltimore Sun,* 13 e 14 set. 1932; Grinnell, F. W., The Need of Common Sense in Constitutional Interpretation: The Making of the Word "Pauper" in the Third Amendment. *Massachusetts Law Quarterly,* 17, agosto de 1932); Massachusetts, *Statutes,* 1932, cap. 206; Commonwealth of Massachusetts, *General Laws,* Tercentenary ed., Boston, 1934, cap. 51, p.67. A ideia de tomar o direito de voto dos mais indigentes dos desempregados também estava sendo considerada pelo governo conservador da Inglaterra quase ao exato mesmo tempo. *The Garment Worker,* 32, 28 out. 1932, p.4.

24 *New York Times,* 3 fev., 6 jul. e 17 out. 1932; 15 jun. 1933, 24 mar., 6 ago., 24 nov. e 28 dez. 1934.

beneficiários do auxílio público estavam em débito com aqueles que haviam criado os programas de auxílio, e votariam para perpetuar e ampliar esses programas. "Se os milhões que agora recebem o auxílio se organizassem [...] e exercessem o poder dos eleitores organizados", insistia Merwin K. Hart, presidente do conselho e um adversário vigoroso do seguro-desemprego, "eles poderiam paralisar qualquer esforço para realizar a recuperação econômica". A convicção implícita na argumentação do NYSEC era que a grande massa de beneficiários de auxílio público, em dívida com o New Deal, votariam para os democratas a fim de manter os fundos de ajuda e o dinheiro dos impostos fluindo em sua direção.[25]

Embora Wickersham e seus colegas nunca tivessem mencionado William Blackstone ou o chanceler Kent, seu argumento para a cassação do direito de voto tinha profundas raízes históricas. Entre milhões de cidadãos na folha de pagamento da Administração de Trabalhos Públicos (Civil Works Administration – CWA), e aqueles que recebiam auxílio público por meio da Administração Federal de Ajuda de Emergência (Federal Emergency Relief Administration – FERA), o NYSEC viu o pesadelo caracterizado por Blackstone e previsto por Kent: um exército de "dependentes" marchando até as urnas; uma massa de homens sem propriedade pronta para agarrar a propriedade dos outros (por meio de impostos); homens "sem vontade própria", que facilmente poderiam ser manipulados por um político esperto ou demagogo, como Franklin Roosevelt ou até mesmo Huey Long. O anúncio dos administradores do New Deal de US$ 135 milhões para a distribuição de ajuda, pouco antes das eleições de 1934, só acrescentou lenha na fogueira; assim como os relatos generalizados (se bem que infundados) de que a ajuda seria dada apenas para quem prometesse votar nos democratas. Na ordem social dura, desordenada e para alguns assustadora de meados dos anos 1930, onde os pobres eram numerosos e apoiados pelo Estado, os perigos de um sufrágio amplo mais uma vez preocupavam.[26]

De acordo com uma pesquisa realizada pela NYSEC, 35% de todos os candidatos para o Legislativo e o Congresso em Nova York apoiavam a cassação do direito de voto. O apoio nacional era generalizado o bastante para o surgimento de um contramovimento para promover a Vigésima Segunda Emenda da Constituição dos Estados Unidos, que iria garantir os direitos de cidadania dos desempregados. O Conselho Econômico havia forçado a mão, no entanto – ou atuado no momento histórico errado. Nas condições terríveis da depressão, ficou claro para quase todos os americanos – como nunca antes, nem mesmo na década anterior – que os desempregados haviam sido vítimas de uma crise do capitalismo, que estavam sem emprego "não por culpa própria", e que procuravam ajuda não porque

---

25 *New York Times*, 24 mar., 6 ago., 14 out., 24 nov. e 28 dez. 1934, 8 mar. 1935.
26 *New York Times,* 8 e 31 out. 1934.

fossem preguiçosos, mas porque não havia empregos. Que os empresários (os quais muitos culpavam pela depressão em primeiro lugar) tentassem privar os infelizes trabalhadores de seus direitos políticos parecia injusto, até grotesco. Os políticos democratas, os porta-vozes dos trabalhadores e os que escreviam cartas para os jornais desdenhavam a ideia; mais de um perguntou se o NYSEC também planejava impedir o voto dos empresários e agricultores que recebiam qualquer tipo de ajuda do governo. Em outubro de 1934, o próprio presidente Roosevelt tratou da questão. Questionado sobre sua resposta a um relatório sobre as autoridades em doze estados que tomavam medidas para negar o direito de voto às pessoas que recebiam auxílio, o presidente declarou que nenhum homem que estava "sem trabalho e disposto a trabalhar" podia ser considerado um indigente, de acordo com qualquer concepção "honesta" da lei. Impedir o voto aos desempregados, insistiu ele, seria "um procedimento completamente antiamericano".[27]

No final, o número de beneficiários realmente cassados em 1934 foi pequeno. Em algumas localidades, as leis sobre os indigentes foram invocadas; em outras, como em West Virginia, foram ignoradas de forma explícita e pública; uma solução conciliatória no Maine fez que as leis fossem aplicadas somente aos que recebiam ajuda municipal, e não federal. No Kansas, os temporários (em geral, trabalhadores agrícolas) que votavam foram avisados de que seriam retirados das listas de "alívio temporário". Mas nenhuma nova restrição ao voto foi promulgada, e é provável que muito mais desempregados tenham sido cassados por causa de impostos de votação e requisitos de residência do que de regulamentos que excluíssem os indigentes e os beneficiários de ajuda pública. Além disso, o comparecimento às urnas foi excepcionalmente alto nas eleições de 1934, e a ala liberal do Partido Democrata ganhou uma força sem precedentes. Os herdeiros do chanceler Kent estavam sendo derrotados.[28]

No entanto, a suspeita em relação aos beneficiários de ajuda pública persistia. Durante o período do New Deal, os republicanos atacaram a administração pela utilização partidária de fundos públicos na distribuição de ajuda e empregos. Roosevelt foi acusado de ser um político magistral e manipulador, que usava o dinheiro dos impostos federais para construir uma máquina política nacional; os grandes programas de ajuda foram depreciados como fontes de corrupção que promoviam um exército permanente de indigentes apoiado pelo governo. De fato, havia alguma base para a preocupação republicana: não apenas os fundos de ajuda eram, às

---

27 *New York Times,* 8, 10 e 16 ago., 18 out. e 4 nov. 1934, 26 maio 1935; *American Federationist,* 41, setembro de 1934, p.927-928; Scheler, M. B., The Unemployes – Pariahs or Freemen. *American Teacher,* 19, maio-junho de 1935, p.17-19.

28 *New York Times,* 21 out. 1934; Hopkins, E. J., No Job, No Vote. *New Republic,* 12 out. 1932, p.225-226.

vezes, distribuídos para obter vantagem partidária, mas, em 1938, uma organização de 400 mil trabalhadores, a Works Progress Administration (WPA) [Administração do Progresso de Trabalhos], e outros beneficiários da ajuda prometeram que iriam se organizar politicamente para eleger deputados que apoiassem maiores salários de ajuda pública. O conflito político que resultou dessas acusações, no entanto, não se concentrou na cassação do direito de voto, mas no tamanho do orçamento de ajuda social e nas tentativas de separar a administração de ajuda da política. A lei mais importante que emergiu dessa controvérsia foi a Lei Hatch, que impedia os funcionários federais de participar de campanhas políticas.[29]

No entanto, a ideia de privar os desempregados do direito de voto teve mais um momento ao sol. Em setembro de 1938, um pequeno grupo de mulheres conservadoras, contrárias ao New Deal, que se autodenominava a Rebelião das Mulheres, reapresentou a exigência de que os beneficiários de assistência pública fossem privados de seus direitos de voto. O grupo foi liderado pela sra. Sarah O. Hulswit, de Suffern, Nova York, que foi identificada na imprensa como a esposa do gerente da Companhia de Gás de Rockland. A sra. Hulswit explicou que ela e suas colegas temiam que se milhões de beneficiários continuassem a votar, eles iriam se perpetuar "e nunca haveria um fim para a depressão". Ela também atacou a "compra e coerção de votos" do New Deal, declarando que "milhões não são mais livres para votar como quiserem", e alertando que o "WPA e o voto de ajuda estão desenvolvendo uma situação semelhante à que existe na Alemanha e na Rússia". A sra. Hulswit e suas companheiras da Rebelião das Mulheres não estavam sozinhas nessa bandeira. Num artigo na *North American Review*, Cal Lewis declarou que "o voto do indigente deveria ser uma importante questão pública", já que "uma parte tão grande dos eleitores em muitos estados não são autossuficientes". Lewis afirmou que, em muitos estados, "o voto do indigente pode controlar a balança do poder político".[30]

A estratégia da Rebelião das Mulheres foi abordar os procuradores-gerais nos estados com leis de exclusão de indigentes e exigir que as leis fossem cumpridas. Nova Jersey e Rhode Island foram o primeiro alvo. Em Nova Jersey, o processo de cassação do direito de voto dos beneficiários de ajuda federal tinha uma lógica convincente: os empregos do WPA iam apenas para aqueles que haviam recebido ajuda pública por dois meses; os beneficiários de ajuda tinham de prestar um juramento de indigente, e a Constituição estadual proibia o voto aos indigentes de maneira expressa. Apesar da lógica jurídica, as "mulheres rebeldes" conseguiram pouco. O procurador-geral de

---

29 *New York Times*, 13 set., 6 e 7 out. 1934, 10, 12 e 19 nov., 23, 26, 29 e 31 dez. 1935, 1º maio, 3 e 8 jul., 5 ago. e 26 out. 1938, 5 e 12 jan., e 6 jul. 1939, 18 e 24 fev., 22 abr. e 6 out. 1940.

30 *New York Times*, 6 e 11 set. 1938; Cal Lewis, The Pauper Vote. *North American Review*, 246, setembro de 1938, p.89.

Nova Jersey afirmou que apenas um procedimento formal de investigação poderia determinar se uma pessoa era ou não indigente; "Na minha opinião", continuou o procurador-geral, "é inconcebível" que a categoria de indigentes se aplique a "todos aqueles que, por causa das condições econômicas incomuns, estão recebendo assistência por meio das agências do governo federal". Cabe destacar que o procurador-geral, como a maioria dos adversários da restrição do direito de voto, não argumentou que os indigentes deveriam ser contemplados pelo sufrágio, mas que os beneficiários não eram indigentes. Ainda mais revelador, Warren Barbour, o candidato republicano para o Senado dos Estados Unidos de Nova Jersey, anunciou que a restrição proposta era "inconcebível" e que ele, pessoalmente, "contrataria um advogado eminente para se opor nos tribunais a qualquer tentativa de impedir que os empregados da WPA ou clientes que recebiam ajuda votassem na próxima eleição".[31]

A Rebelião das Mulheres se saiu mal em outros estados também, embora New Hampshire tenha colocado perante seus eleitores uma emenda constitucional indireta para permitir que a legislatura estadual definisse *indigente*. Apesar dos gritos de corrupção política e os temores de alguns conservadores, a ideia de cassar o voto dos beneficiários de assistência social ia contra a maré dominante. Uma pesquisa realizada pela *Fortune* em 1939 revelou que apenas 18% dos americanos eram favoráveis a essa ação – número alto o suficiente para sugerir que os temores em relação aos pobres existentes no século XIX ainda estavam vivos, mas baixo o suficiente para explicar por que a idea foi aceita sobretudo por homens e mulheres que não concorriam a cargos. Aos olhos da maioria dos cidadãos, os pobres dependentes eram vítimas, o New Deal permanecia popular, e o crescimento do fascismo na Europa estava fortalecendo a identificação americana com a democracia. Mais uma vez, o presidente Roosevelt deu voz ao sentimento popular. Quando quiseram saber seus pontos de vista sobre a cruzada da Rebelião das Mulheres, Roosevelt jovialmente respondeu que o resultado lógico de uma cruzada dessas seria limitar o direito de voto aos homens de "distinção acadêmica". Ele, então, recordou-se de um grupo de estudantes de Harvard que certa vez haviam feito uma agitação para permitir o sufrágio apenas aos homens com grau de bacharel, provocando o presidente da Universidade de Harvard, Charles W. Eliot, a comentar que, com essa restrição, os Estados Unidos "permaneceriam uma república por apenas uns três anos".[32]

---

31 *New York Times*, 6, 11 e 13 set. 1938.
32 *New York Times,* 10 set. 1938; *Fortune,* março de 1939, p.66, 132-133; Purcell, *Crisis of Democratic Theory,* p.128-138. Que a questão não terminou totalmente em 1938 fica claro no *New York Times,* 12 e 13 set. 1939, em cobertura de um discurso pró-perda do direito de votar pelo Major General James G. Harbord.

A importância dos comentários de Roosevelt residia tanto em seu tom jovial como em seu conteúdo. O presidente podia ser irreverente em relação ao assunto precisamente porque sabia que sua opinião era a mesma da maioria: na esteira da queda do mercado de ações e do colapso da ideologia pró-negócios da década de 1920, Roosevelt, ele próprio formado pela Harvard, podia com segurança ridicularizar a noção de um governo por uma elite educada. Além disso, Roosevelt estava expressando uma confiança, característica do New Deal, de que um sistema de governo democrático poderia ser gerido com êxito, de que o governo poderia equilibrar as reivindicações concorrentes de diversos interesses sociais e econômicos, e que poderia suavizar as tensões inerentes entre o capitalismo industrial e o governo popular. Embora o Conselho Econômico do Estado de Nova York e a Rebelião das Mulheres ecoassem antigas apreensões conservadoras – perpetuando uma linha de pensamento que se estendia desde Blackstone e Kent até Parkman e Munro – Roosevelt era a personificação de uma fé mais otimista.

No início de novembro de 1936, às vésperas das eleições presidenciais, Roosevelt, em sua casa em Hyde Park, Nova York, fez um discurso de improviso aos companheiros residentes no Condado de Dutchess. Anunciando que queria dizer "algumas coisas" que estavam "em meu coração no final desta campanha", ele refletiu sobre a história constitucional americana e sobre a história do condado. "Na época da primeira eleição, depois que a Constituição foi ratificada", ele observou,

> muito poucos homens – claro, não havia mulheres votando naqueles dias – relativamente poucos homens votavam. A razão para isso é que nos primeiros tempos dos Estados Unidos o direito de voto se limitava aos donos de propriedades. A maior parte deste nosso Condado de Dutchess no início da república era habitada por agricultores arrendatários. Um rendeiro não podia votar, porque não era o dono de uma propriedade alodial, e apenas estes podiam votar, neste e nos outros condados do Estado de Nova York [...]. Hoje temos uma proposta muito diferente [...]. Você não tem de ser o proprietário de bens imóveis para votar.

"Nos primeiros dias da nação", observou então o presidente, "os resultados de uma eleição não podiam ser chamados de governo da maioria, mas as coisas mudaram, e hoje temos uma situação diferente, e à meia-noite de amanhã [...] qualquer que seja o resultado, será definitivamente, de forma clara e conclusiva, a vontade da maioria".[33]

Roosevelt não foi o primeiro presidente a celebrar as virtudes da democracia ou a aplaudir o fim dos requisitos de propriedade para poder votar. Mas sua digressão autoconsciente na história, em meio a uma profunda

---

33 *New York Times*, novembro de 1936.

crise econômica que havia trazido questões de classe para o primeiro plano da política nacional, teve uma repercussão simbólica inequívoca. A adesão do presidente a um sufrágio amplo, ilimitado por qualificações econômicas, destacou uma das mensagens e elementos centrais do New Deal: o capitalismo industrial e a democracia política podiam coexistir. Assim como ele rejeitou os críticos socialistas que acreditavam que o capitalismo havia fracassado, ele ignorou os conservadores que clamavam pela ressurreição das proibições eleitorais para o dependente pobre ou o "inapto econômico". Que essa ressurreição não tenha ocorrido, que a sra. Wellman, o NYSEC e a Rebelião das Mulheres tenham feito tão pouco progresso – apesar da presença ameaçadora de milhões de "indigentes" dependentes – era uma medida de sucesso do New Deal e um sinal de que os fantasmas de Blackstone e Kent finalmente haviam sido exorcizados.[34]

Guerra e raça

O equilíbrio nas leis de voto foi decisivamente perturbado pela Segunda Guerra Mundial. A luta numa guerra longa e difícil, tanto na linha de frente do Atlântico quanto do Pacífico, obrigou os Estados Unidos a mobilizar quase todos os homens em idade militar, incluindo muitos que não tinham o direito de voto: cerca de um milhão de afro-americanos, assim como milhares de nativos americanos e homens de origem asiática. Era inevitável que a convocação desses homens para o serviço militar levantasse a questão preocupante da equidade, que já havia aparecido desde a Revolução Americana: será que os homens deveriam ser obrigados a arriscar suas vidas para proteger uma sociedade e um governo que não lhes davam nenhum poder político? Esta questão saltou para a superfície da vida política durante a guerra e foi mantida lá, no rescaldo da guerra, por veteranos – unidades militares de jovens americanos que, por força de seu serviço militar, sentiam-se autorizados a ter todos os direitos de cidadania e não se sentiam nada constrangidos em exigi-lo.

O impacto da Segunda Guerra Mundial também foi configurado pelos objetivos particulares da guerra e a natureza dos adversários da América do Norte. A Carta do Atlântico foi precisa ao declarar que os objetivos da guerra incluíam o restabelecimento da democracia em todos os países europeus, assim como o fim da discriminação racial e étnica. Na mente popular e na propaganda de guerra, a ideologia da superioridade racial defendida pelos nazistas assomava como um mal que tinha de ser vencido. No entanto, conforme os nazistas e os japoneses afirmaram muitas vezes, a presença da discriminação sistemática nos Estados Unidos enfraquecia a

---

34 Lewis, The Pauper Vote, p.89.

postura da América do Norte como o porta-estandarte da democracia. A Segunda Guerra Mundial foi uma guerra ideológica, tanto quanto militar, e sua dimensão ideológica expunha as características não democráticas da vida política norte-americana. Ao fazê-lo, a guerra reformulava a democratização como uma questão de interesse nacional impreterível e, portanto, como um envolvimento apropriado, de fato imperativo, do governo nacional.[35]

Ao lado dessas considerações estratégicas, havia uma mudança mais ampla nas crenças e temperamentos: a Segunda Guerra Mundial gerou uma adesão popular à democracia mais vigorosa do que qualquer outra desde os momentos mais otimistas de Reconstrução. Em nítido contraste com a década de 1930, quando muitos intelectuais e líderes de opinião achavam que a democracia capitalista estava em seus últimos dias, a guerra contra a Alemanha e o Japão (e depois a Guerra Fria) levou muitos americanos a renovarem sua identificação com os valores democráticos. Essa identificação, juntamente da repugnância em relação à ideologia nazista, reforçou de forma significativa o movimento para acabar com a discriminação racial em casa. Sensíveis a essa mudança de valores e à crescente força eleitoral dos negros ao Norte, tanto os partidos políticos como, especialmente, os republicanos apoiaram com vigor os direitos dos negros em suas campanhas eleitorais nacionais.[36]

As tensões entre os objetivos democráticos da guerra e os limites da democracia em casa ofereceram aos líderes negros uma oportunidade que agarraram com bons resultados. Em contraste com sua postura durante a Primeira Guerra Mundial (que era adiar as questões raciais enquanto se uniam pelo esforço de guerra), as figuras políticas afro-americanas invocaram a ideologia antinazista e antirracista da guerra para pressionar pelo fim da discriminação em casa. "Provem para nós", declarou um ativista, "que vocês não são hipócritas quando dizem que esta é uma guerra pela liberdade". O famoso Movimento da Marcha sobre Washington chamou a atenção para as práticas discriminatórias nas forças armadas e entre os empreiteiros da defesa; a campanha para abolir o imposto de votação ganhou força, como observado anteriormente; e a NAACP, cujo tamanho aumentou de 50 mil para mais de 400 mil membros, anunciou que a guerra pela liberdade seria travada em "duas frentes", no exterior e em casa. Declarando que "não devemos diminuir nem um pouco nossa luta pelos direitos de cidadania plena nos Estados Unidos", a NAACP renovou seu ataque legal ao linchamento, segregação social e cassação do direito de voto. Ao fazer esses pronunciamentos, os ativistas tiveram o apoio de uma

---

35 Sitkoff, *New Deal,* p.299-313; Elliott, W. E. Y., *The Rise of Guardian Democracy:* The Supreme Court's Rulings on Voting Rights Disputes, 1845-1969. Cambridge, MA, 1974, p.76-77.
36 Sitkoff, *New Deal,* p.299-313; Purcell, *Crisis of Democratic Theory,* p.128-138.

comunidade afro-americana cada vez mais assertiva, sobretudo entre os milhões que ingressaram no exército ou aproveitaram a economia de guerra em expansão para migrar para as cidades do Norte e do Sul e ocupar postos de trabalho na indústria. "Se eu tenho de morrer pela democracia", observou um soldado negro, "posso muito bem morrer por ela aqui e agora".[37]

Não é de surpreender que os primeiros passos concretos motivados pela guerra tenham envolvido soldados. Em 1942, com 5 milhões de homens e mulheres já mobilizados nas forças armadas, o Congresso – com base nos precedentes da Guerra Civil e da Primeira Guerra Mundial – tomou medidas para permitir que esses soldados votassem, criando os mecanismos de cédulas para que fossem distribuídos no exterior e nas bases militares em todo o país. Por volta de 1940, a maioria dos estados já tinha leis que permitiam o registro e o voto dos soldados ausentes, mas a Lei do Voto do Soldado de 1942, bem como sua sucessora de 1944, foi um passo além, padronizando esse direito e o tornando nacional. Esses atos também reacenderam o processo de ampliar a definição de residência como um requisito de voto: durante e depois da guerra, novas leis e decisões judiciais permitiram que alguns soldados votassem nas cidades onde estavam estacionados, isentaram os habitantes dos lares dos soldados de restrições de residência e até permitiram o voto aos veteranos que eram estudantes, em municípios onde eles frequentavam a escola.[38]

O significado das Leis de Voto do Soldado, no entanto, foi além de questões de residência. Quando a legislação chegou perante o Congresso, em 1942, os legisladores liberais aproveitaram a ocasião para incluir um dispositivo legal que isentava qualquer soldado de ter de pagar um imposto de votação: embora muitos sulistas considerassem corretamente esse dispositivo como um ponto de entrada na batalha pela revogação do imposto (um deles escreveu à sua filha que "todas as pessoas brancas no Alabama estão comprando pistolas e outras munições para se preparar para a guerra racial que está chegando"), a ideia de tributar soldados no campo era tão intragável que os congressistas do Sul pouco fizeram para bloquear sua aprovação. Vários estados até mesmo aprovaram leis abolindo temporariamente o imposto de votação para todos os soldados. É certo

---

37 Lawson, S. F., *Running for Freedom:* Civil Rights and Black Politics in America Since 1941. Philadelphia, 1991, p.1-20; Tindall, *New South,* p.638-643, 712-713, 716; Sitkoff, *New Deal,* p.307-325; Lawson, *Black Ballots,* p.65-77.

38 Tindall, *New South,* p.746; Lawson, *Black Ballot,* p.66; Graves, W. B., *American State Government,* 4.ed., Boston, 1953, p.115; Williams, R. F., *The New Jersey State Constitution:* A Reference Guide. New York, 1990, p.52-53; *Application of Seld,* 51 N.Y.S. 2d 1, 2 (App. Div. 1944); *Robbins versus Chamberlain,* 75 N.E. 2d 617 (N.Y. 1947); *Kashman versus Board of Elections of Onadaga County,* 282 N.Y.S. 2d 394, 397 (N.Y. Sup. Ct. 1967); Nelson, *Election Laws of the State of Missouri,* p.27. O Texas eliminou seu tribunal constitucional sobre votação em eleições para soldados e marinheiros em 1954.

que os governos estaduais do Sul, depois de brigas amargas no Congresso, mantiveram o controle administrativo sobre o voto do ausente e, assim, conseguiam limitar o número de soldados negros que realmente votavam. No entanto, a Lei de Voto do Soldado foi um passo importante. A desaprovação do governo federal em relação aos impostos de votação havia se tornado uma questão de direito, e o clima de guerra de opinião contribuiu para a revogação do imposto na Geórgia, em 1945, assim como para a aprovação pós-guerra de leis estaduais que isentavam os veteranos de impostos de votação.[39]

Uma vitória muito mais significativa para os direitos de voto dos negros aconteceu em 1944, com a decisão surpreendente da Suprema Corte de que as primárias dos brancos eram inconstitucionais. Em 1920, as eleições primárias exclusivas, em termos raciais, do Partido Democrata haviam se tornado a norma não só em todas as eleições estaduais do Sul, mas em quase todos os condados da região: uma vez que os resultados eleitorais sempre foram determinados nas primárias, estas eram um veículo extremamente organizado e eficiente de cassação do direito de voto dos direitos civis dos negros. O percurso legal que levou a seu fim foi tortuoso, um vaivém entre Washington e Texas que remontava à década de 1920.

O primeiro golpe legal contra as primárias brancas foi desferido em 1927, quando a Suprema Corte dos Estados Unidos derrubou a lei das primárias no Texas, alegando que violava a cláusula de igual proteção da Décima Quarta Emenda. O estado da Estrela Solitária, então, mudou de atitude e adotou uma nova lei que não obrigava, mas apenas sancionava uma prescrição do Partido Democrata restringindo suas primárias para os brancos. A Corte respondeu em 1932, declarando que essa lei também era inconstitucional. Sem vontade de se render, o Partido Democrata do Texas, aparentemente agindo por iniciativa própria como uma associação política privada, decidiu impedir os negros de se filiar ao partido, o que significava que estes não poderiam participar das eleições primárias. A Corte aceitou essa prática no caso Grovey *versus* Townsend em 1935, repetindo uma linha de raciocínio dos casos da era da Reconstrução de que as ações privadas, ao contrário das estatais, não estavam sujeitas à fiscalização federal. Ainda que as decisões de 1927 e 1932 da Corte estivessem sinalizando uma disposição incipiente do judiciário federal para intervir em casos de direitos de voto, o

---

39 Lawson, *Black Ballots*, p.65-80; Id., *Running for Freedom*, p.17; Elliott, *Guardian Democracy*, p.77-78; John Egerton, *Speak Now Against the Day:* The Generation Before the Civil Rights Movement in the South. Chapel Hill, NC, 1995, p.218; Ogden, *Poll Tax*, p.185-200. No Tennessee, a legislação abolindo o imposto de votação foi aprovada em 1943, mas foi derrubada pelas cortes do estado, para apenas ser revivida no início da década de 1950. De acordo com Ogden, os esforços da taxa de votação no Tennessee, Geórgia e Carolina do Sul (onde o imposto foi revogado em 1951) estavam todos vinculados a conflitos partidários entre brancos – e inspiravam pouca oposição.

caso Grovey *versus* Townsend representou um triunfo para a engenhosidade obstinada da supremacia branca no Sul.⁴⁰

No entanto, em 1944, a Suprema Corte reverteu Grovey *versus* Townsend. Em um novo caso, Smith *versus* Allwright, a Corte concluiu que a exclusão dos não brancos da filiação no Partido Democrata no Texas era, de fato, inconstitucional. A Corte fundamentou sua decisão (e sua vontade de derrubar um julgamento feito apenas nove anos antes) nas implicações de um caso de 1941 de corrupção eleitoral, Estados Unidos *versus* Classic et al., em que ela decidiu que a garantia implícita da Constituição de um direito de voto (artigo 1º, parágrafos 2 e 4) aplicava-se às primárias tanto quanto às eleições gerais. Em consequência, quando "o privilégio de filiação a um partido [...] é também o requisito essencial para votar numa primária", as regras do partido, sancionadas por lei, tornam-se "a ação do Estado", sujeitas às exigências da Décima Quinta Emenda. O Partido Democrata, portanto, não era uma "associação voluntária", livre para adotar regulamentos que discriminam com base na raça.⁴¹

A reviravolta abrupta da Corte (a opinião da maioria reconheceu que nenhum dos fatos havia mudado desde o caso Grovey) teve várias fontes, algumas, como sempre, não reconhecidas na prosa legal. Uma explicação foi que a composição da Corte havia mudado de forma drástica, entre 1935 e 1944: apenas dois dos juízes que haviam assumido em Grovey ainda estavam na Corte na época do caso Smith, e vários dos nomeados de Roosevelt eram políticos experientes, liberais, democratas, em sintonia com a política do sufrágio negro. Os juízes do New Deal nomeados por Roosevelt, além disso, estavam muito mais dispostos do que seus antecessores para afirmar o poder e a jurisdição do governo federal: a disposição da Corte de estender a autoridade federal às leis de voto estaduais estava inteiramente de acordo com suas ações em outros domínios.

Talvez de igual importância, os juízes não eram imunes aos eventos que ocorriam no mundo a seu redor: tanto quanto eram sensíveis às exigências da Grande Depressão em outras decisões históricas, eles estavam

---

40 Grantham, *Life and Death in the Solid South*, p.27-28; Stanley, *Voter Mobilization*, p.88; Lawson, *Running for Freedom*, p.14-15; Sitkoff, *New Deal*, p.228-229; *Nixon versus Herndon*, 272 U.S. 536 (1927); *Nixon versus Condon*, 186 U.S. 73 (1932); *Grovey versus Townsend*, 295 U.S. 45 (1935). A Suprema Corte do Texas havia permitido que primárias fossem exclusivas porque eram eleições "não governamentais" e, portanto, não sujeitas a prescrições constitucionais federais e estaduais. Tindall, *New South*, p.558.

41 *United States versus Classic et al.*, 313 U.S. 299, 318-319 (1941); *Smith versus Allwright*, 321 U.S. 649, 664 (1944). Para uma crônica completa dos eventos que levaram ao caso (e seu resultado), ver Hine, D. C., *Black Victory*: The Rise and Fall of the White Primary in Texas. Millwood, NY,1979. Para uma interessante interpretação recente do significado do caso, ver Mickey, R. W., The Beginning of the End for Authoritarian Rule in America: *Smith v. Allwright* and the Abolition of the White Primary in the Deep South, 1944-1948. *Studies in American Political Development*, 22, 2008, p.143-182.

bem conscientes das ligações entre as dimensões ideológicas da Segunda Guerra Mundial e a exclusão do voto dos negros no Sul. Um comentarista contemporâneo astuto, o repórter da Suprema Corte, Arthur Krock, do *New York Times*, atribuiu a decisão do caso Smith *versus* Allwright diretamente à mudança do modo de pensar, na época da guerra, sobre a igualdade racial nos Estados Unidos. Ao analisar o caso, Krock observou que "a verdadeira razão" para a decisão foi "que os sacrifícios comuns dos tempos de guerra voltaram a opinião pública e a corte contra os dispositivos anteriormente aprovados para excluir as minorias de qualquer privilégio da cidadania".[42]

O impacto da decisão no caso Smith foi rápido e de longo alcance. De fato, o advogado pioneiro e mais adiante juiz da Suprema Corte, Thurgood Marshall, que expôs o caso com William H. Hastie, mais tarde afirmou que considerava sua vitória mais importante, mais ainda que o famoso caso de dessegregação escolar, Brown *versus* Board of Education. Ainda que muitos afro-americanos tenham permanecido relutantes em testar a nova ordem jurídica, dezenas de milhares de pessoas começaram a fazer fila para se inscrever para as primárias democratas em todo o Sul. Vários estados fizeram tentativas truculentas de contornar a decisão do Tribunal, revogando todas as leis que regiam as eleições primárias (restabelecendo assim para os partidos políticos a condição de associações voluntárias ou "clubes privados") e continuando a realizar eleições exclusivas em termos raciais, mas as cortes puseram fim a essas tentativas por meio de decisões posteriores.

As primárias eleitorais dominadas pelos brancos, provavelmente o método mais eficaz de negar o voto aos afro-americanos, haviam chegado ao fim. Enfurecidos com esta situação, os políticos sulistas brancos se irritaram com as cortes federais e prometeram resistir à intrusão do governo federal em seus assuntos: imediatamente começaram a construir e reforçar outras técnicas de cassação do direito de voto, como a distorção deliberada e arbitrária dos limites distritais para propósitos racistas e a intimidação física. "A melhor maneira de fazer a negrada parar de votar", indicou o senador reacionário Theodore Bilbo, do Mississippi, "é visitá-los na noite anterior à eleição". Este padrão de resistência iria persistir por décadas, perpetuando a discriminação contra os eleitores negros, mas havia uma grande fenda na parede da exclusão: entre 1940 e 1947, o percentual de negros sulistas registrados para votar quadruplicou de 3 para 12% e os números continuaram a subir posteriormente.[43]

---

42 *New York Times*, 4 abr. 1944; Sitkoff, *New Deal*, p.229-237; Elliott, *Guardian Democracy*, p.78-80.

43 Stanley, *Voter Mobilization*, p.86-89; Tindall, *New South*, p.746-748; Egerton, *Speak Now Against the Day*, p.380-382, 408-409; Elliott, *Guardian Democracy*, p.80-81.

A guerra também gerou pressões para que Washington atenuasse as restrições sobre os imigrantes da Ásia. Sob a lei existente, os imigrantes asiáticos eram poucos em número e não poderiam tornar-se cidadãos americanos. Essa discriminação se tornou uma questão diplomática de guerra, porque a China era um aliado, a Índia tinha uma localização estratégica e os japoneses tentavam mobilizar o apoio de toda a Ásia retratando os Estados Unidos como uma nação antiasiática lutando com a Grã-Bretanha para restabelecer o imperialismo anglo-saxão. A própria Madame Chiang Kai-shek pressionou os congressistas americanos para apoiarem a revogação das leis de exclusão dos chineses, enquanto os críticos das políticas americanas de imigração insistiam que a ação da guerra seria prejudicada pela discriminação racial contra os asiáticos. Um acadêmico indiano, por exemplo, escreveu que:

> A justificação de Hitler da opressão nazista na Europa é supostamente baseada no direito dos nórdicos miticamente superiores de sobrepor sua *Kultur* sobre os chamados povos inferiores da Europa. Se os Estados Unidos querem combater com êxito essas ideias perigosas, não podem se dar ao luxo de praticar a discriminação racial em suas relações com os países asiáticos [...]. Os Estados Unidos não podem se permitir a dizer que querem o povo da Índia lutando a seu lado e, ao mesmo tempo, insistir em que não vão aceitá-lo entre seus grupos de imigrantes.

Essas preocupações diplomáticas e ideológicas, juntamente da presença, nas forças armadas, de milhares de homens de origem chinesa, indiana, coreana, filipina e até mesmo japonesa, levaram o Congresso a reconsiderar a proibição da imigração e cidadania asiática. Entre 1943 e 1946, quase todas essas proibições foram removidas. Em poucos anos, os tribunais haviam dado o passo adicional de anular as leis estaduais que obstruíam o acesso ao sufrágio pelos cidadãos naturalizados de determinados países (geralmente asiáticos).[44]

A energia liberada pela guerra durou até o período posterior a ela. Embora o movimento para revogar o imposto de votação tivesse fracassado, as organizações negras continuaram a pressionar o governo federal, enquanto o número crescente de eleitores afro-americanos no Norte deixou claro que iriam usar seu poder político para apoiar os candidatos e partidos que endossassem a plena cidadania para os negros. Os veteranos negros que retornaram ao Sul (assim como os veteranos mexicano-americanos no Texas e em outros lugares), procuraram fazer que a nação cumprisse suas promessas retóricas. Em toda a região, os veteranos negros se organizavam – muitas vezes publicamente – para se registrar para votar nas eleições gerais e nas

---

44 Ronald Takaki, *Strangers from a Different Shore:* A History of Asian Americans. New York, 1990, p.362-278, 407, 413; *Regan v. King*, 49 E. Sopp. 222, 223, 1949.

primárias democratas; em Birmingham, uma coluna de ex-soldados marchou pelas ruas da cidade até o escritório do oficial de registro, assim como as gerações anteriores de soldados haviam feito durante a Guerra Revolucionária e a Guerra de 1812. As rejeições que esses veteranos muitas vezes encontravam – que variavam desde o fechamento dos escritórios de registro, passando por testes de alfabetização manipulados de maneira grotesca, até espancamentos violentos – atraíram a atenção nacional generalizada. Na Geórgia, no Texas e na Carolina do Sul, os negros que haviam votado ou estavam envolvidos em eventos de direitos civis foram mortos; em outros episódios, apenas os veteranos demasiado assertivos foram assassinados. Talvez de um modo mais evidente do que nunca, negava-se os direitos políticos aos homens que haviam arriscado suas vidas pela nação.[45]

Esses acontecimentos, juntamente de outras manifestações de violência racial no Sul, levaram o presidente Truman a criar uma Comissão Nacional de Direitos Civis no final de 1946. Presidida por Charles Wilson, presidente da General Electric, a comissão, lembrando a Arca de Noé, contava entre seus membros dois afro-americanos, duas mulheres, dois líderes sindicais, dois empresários e dois sulistas (Frank P. Graham, o presidente liberal da Universidade da Carolina do Norte, e M.E. Tilley, da Sociedade Feminina de Serviços Cristãos). O relatório de extrema honestidade emitido pela comissão, intitulado "Para garantir esses direitos" (uma frase tirada da Declaração da Independência), foi um marco autoconsciente na história da postura do governo federal relativa à votação e aos direitos civis. O relatório invocou os precedentes do período revolucionário e da reconstrução, e proclamou que a nação encontrava-se mais uma vez num momento crítico: embora "o direito de voto de todos os cidadãos habilitados" fosse "considerado axiomático pela maioria dos americanos", o acesso a esse direito, na verdade, era "vedado a alguns cidadãos por causa da raça; a outros por instituições ou procedimentos que impediam o livre acesso às urnas". O relatório selecionou como exemplo a cassação do direito de voto dos negros no Sul e dos nativos americanos em vários estados do Oeste, assim como as leis de naturalização discriminatórias que impediam a cidadania a homens e mulheres de algumas nações.[46]

As recomendações da comissão para enfrentar estes problemas eram simples: ela propôs a ação do Congresso para abolir os impostos de votação como pré-requisitos de voto, proteger os direitos das "pessoas habilitadas" para participar nas eleições federais e impedir a discriminação baseada na

---

45 Lawson, *Running for Freedom*, p.20-35; Bartley, N. V., *The New South 1845-1980*. Baton Rouge, LA, 1995, p.76; Montejano, *Anglos and Mexicans*, p.260, 279: cf. Berg, M., Soldiers and Citizens: War and Votig Rights in American History. In: Adams, D. K. e Minnen, C. A. van (orgs.), *Reflections on American Exceptionalism*. Straffordshire, U.K., 1994, p.208-211.
46 *To Secure These Rights:* The Report of the President's Committee on Civil Rights. Washington DC, 1947, p.6-8, 35-40, 139, Bartley, *New South*, p.77.

raça, cor, ou "qualquer outra classificação irracional" nas eleições estaduais e federais. A comissão também solicitou ao Novo México e ao Arizona para estender o direito de voto a "seus cidadãos nativos", e convocou uma modificação das leis de naturalização "para permitir a concessão de cidadania sem considerar a raça, cor ou origem nacional dos candidatos". Para promover o cumprimento dessas leis e outras já nos livros, a comissão também recomendou o fortalecimento da seção de direitos civis do Departamento de Justiça.[47]

Mais importante, talvez, do que essas propostas concretas era a mensagem implícita e deliberada do comitê: "o Governo Nacional dos Estados Unidos deve assumir a liderança na defesa dos direitos civis de todos os americanos". Sensível às questões constitucionais envolvidas e à carga política dos direitos dos estados, a comissão, no entanto, estava pedindo garantias federais para o direito de voto, o que equivalia a uma nacionalização do acesso ao sufrágio. O relatório justificou a ação federal por três razões: primeira, que as limitações do sufrágio e a discriminação estavam produzindo uma "erosão moral" da nação, especialmente no Sul; em segundo lugar, que a discriminação tinha consequências negativas para a economia; e terceiro, que os interesses internacionais dos Estados Unidos eram prejudicados pelas limitações à democracia em casa.[48]

Este último fator foi reiterado muitas vezes e não se baseava na ameaça do nazismo, mas na nova rivalidade ideológica que logo seria rotulada de Guerra Fria. Na competição hostil emergente com a União Soviética, a discriminação racial nos Estados Unidos era o calcanhar de Aquiles da reivindicação americana de representar valores realmente democráticos. O relatório da comissão citou uma carta do Secretário Interino de Estado, Dean Acheson, observando que "a existência de discriminação contra grupos minoritários nos Estados Unidos é uma desvantagem em nossas relações com outros países". O relatório reproduziu uma mensagem oficial de imprensa, segundo a qual "os propagandistas comunistas na Europa" estavam marcando pontos favoráveis com outras nações, divulgando casos de discriminação racial na América do Sul; também apontou que os homens e mulheres ao redor do mundo não europeu eram extremamente sensíveis para as formas como seus parentes e conterrâneos eram tratados nos Estados Unidos. Diante de uma guerra de propaganda global, os Estados Unidos não podiam permitir que os direitos dos estados e as histórias regionais criassem buracos no tecido democrático. "A interferência com o direito de um cidadão habilitado para votar localmente não pode hoje continuar a ser um problema local", concluiu o relatório. "Um

---

47 *To Secure These Rights*, p.151, 160-163.
48 Ibid., p.99, 139-148. *Suffrage Medley*, de McGovney é, com efeito, um tratado que solicita a nacionalização da lei de sufrágio.

diplomata americano não pode argumentar com vigor pelas eleições livres em terras estrangeiras sem enfrentar o desafio de que, em muitas partes do país, os eleitores habilitados não têm acesso livre às urnas. É possível duvidar que este é um direito que o governo nacional deve garantir?"[49]

O presidente Truman talvez tenha conseguido mais do que esperava de sua Comissão de Direitos Civis. Ele era moderado em questões raciais, votou pela anulação do imposto de votação, mas não era um membro da ala mais liberal do Partido Democrata. Além disso, viu-se preso num fogo cruzado político à medida que olhava adiante para a eleição presidencial de 1948: embora relutante em fazer oposição à ala sulista de seu próprio partido, ele precisava dos votos dos negros nortistas – que estavam sendo cortejados tanto pelos republicanos como pelo muito mais liberal Henry Wallace. Como era um político prático, Truman respondeu a esse dilema com o meio-termo: ao mesmo tempo que emitia ordens executivas para dessegregar as forças armadas e promover práticas justas de trabalho por parte do governo federal, ele evitava fazer pressão pela gama completa de reformas preconizadas por sua Comissão de Direitos Civis. Essa postura ajudou o empenho eleitoral de Truman – apesar da deserção dos partidários dos Dixiecrats e de Wallace – e solidificou a identificação dos eleitores negros com o Partido Democrata.[50]

Mas a postura do presidente também deixou a campanha pelo direito do voto negro sem uma liderança forte no governo federal. Durante a década após a publicação do relatório da Comissão de Direitos Civis, Washington, de fato, pouco fez para dar seguimento ao apelo pela regulamentação nacional do sufrágio e o fim da discriminação racial na votação. Todas as tentativas feitas no Congresso eram bloqueadas por políticos sulistas poderosos que, graças a sua condição de sêniores, presidiam os principais comitês. Esses mesmos políticos conservadores tentaram, com algum sucesso, voltar à dinâmica da guerra fria contra a reforma, argumentando, com um pouco de verdade e uma grande dose de exagero, que os comunistas carregavam peso no movimento pelos direitos civis. Sem um estímulo forte de Washington, os negros do Sul avançavam pouco; suas tentativas de se registrar e de votar sempre eram recebidas com testes discriminatórios de educação (por exemplo, deveriam expor as cláusulas da Constituição de forma satisfatória a um oficial branco de registro), desafios legais, obstáculos processuais, recusa categórica e, às vezes, violência. Em algumas áreas urbanas, um número significativo de afro-americanos se registraram e

---

49 *To Secure These Rights*, p.100-101, 146-148. Referente aos vínculos entre a Guerra Fria e os direitos civis dentro dos Estados Unidos, ver Borstelmann, T., *The Cold War and the Color Line:* American Race Relations in the Global Arena. Cambridge, 2001, especialmente p.2-5, 45-84, 106-107, 125; e Dudziak, M. L., *Cold War Civil Rights:* Race and the Image of American Democracy. Princeton, 2000, p.6, 18-46, 79-114.

50 Lawson, *Running for Freedom*, p.33-39.

votaram de fato, e ainda conseguiram cargos eletivos para negros e brancos liberais. Contudo, a maioria dos negros rurais – carentes de educação e recursos, intimidados econômica e fisicamente – permaneciam sem direito de voto. Em 1956, no Sul do país de modo geral, os adultos negros registrados para votar mal chegavam a um quarto de sua população; em 1960, o percentual era de apenas alguns pontos a mais.[51]

"Nossa minoria nacional mais antiga"

O impacto mais imediato da Comissão de Direitos Civis do presidente, e talvez da própria Segunda Guerra Mundial, pode ter sido sobre os nativos americanos, e não sobre os afro-americanos. Ainda que a cidadania houvesse sido concedida a todos os índios em 1924, os estados com as maiores populações de nativos continuavam a recusar-lhes o sufrágio. Vários estados contestaram a capacidade dos índios de reservas de atender aos requisitos de residência, e o Colorado, em 1936, afirmava que os nativos americanos não eram cidadãos do estado. Esses obstáculos foram removidos de forma gradual por meio de decisões judiciais, mas, como apontou a Comissão de Direitos Civis, o Arizona e o Novo México ainda impediam o direito de voto da grande maioria de seus habitantes nativos americanos. No intervalo de um ano da publicação do relatório – e de algumas semanas um do outro – ambos os estados cessaram essas práticas.[52]

No Arizona, a privação dos índios do direito de voto tinha raízes em uma cláusula da Constituição do Estado, segundo a qual "nenhuma pessoa sob tutela [...] deve ser qualificada para votar em qualquer eleição". Em 1928, no caso de Porter *versus* Hall, a Suprema Corte do Arizona decidiu que essa cláusula era aplicável aos índios das reservas que viviam "sob as leis, regras e regulamentos do governo dos Estados Unidos" e, portanto, não estavam sujeitos à jurisdição do estado do Arizona. Por duas décadas, essa decisão nunca foi contestada. No entanto, no rescaldo da Segunda Guerra Mundial, numerosos nativos americanos que eram veteranos tentaram registrar-se, e dois deles, quando impedidos, entraram com uma ação judicial em 1948. O processo judicial resultante levou a uma rejeição aguda do caso *Porter*

---

51 Ibid., p.39-50; Bartley, *New South*, p.171-176. A perseguição a comunistas que agiam na defesa de direitos civis também havia ocorrido no Congresso na década de 1940, quando um projeto de lei de revogação de taxa de voto foi introduzido pelo congressista de Nova York, de inclinação esquerdista, Vito Marcantonio.

52 McCool, D., Indian Voting. In: Deloria Jr., V. (org.), *American Indian Policy in the Twentieth Century*. Norman, OK, 1985, p.107-108; Cohen, F. S., *Handbook of Federal Indian Law with Reference Tables and an Index*. Washington DC, 1942, p.158; *To Secure These Rights*, p.161; Wolfley, J., Jim Crow, Indian Style: The Disenfranchisement of Native Americans. *American Indian Law Review*, 16, 1991, p.181-185.

e da lógica "tortuosa" que o apoiava. O juiz Levi Udall, falando em nome da corte, argumentou que os nativos americanos não estavam sob a tutela de um tipo previsto pela Constituição do estado, que o governo estadual nunca teve a intenção de aplicar essa cláusula para os nativos americanos, e que nenhuma corte em qualquer outro estado jamais julgou procedente a aplicação da cláusula de tutela a eles. Udall citou *Para garantir esses direitos* e concluiu que "o sufrágio é o direito civil mais básico, uma vez que seu exercício é o principal meio pelo qual os outros direitos são salvaguardados. Negar o direito de voto de quem está legalmente habilitado a votar é cometer uma violência contra os princípios da liberdade e igualdade".[53]

Quase ao mesmo tempo, as cortes federais examinavam um caso do Novo México que contestava sua recusa constitucional de estender osufrágio aos "índios não tributados". Em 1940, cinco estados haviam aplicado essa lei, apesar de um parecer jurídico de 1938, do Departamento do Interior, de que era uma violação à Décima Quinta Emenda. Em 1948, quatro desses estados (Idaho, Maine, Mississippi e Washington) haviam eliminado suas cláusulas de "índios não tributados", mas no Novo México, com uma das maiores populações americanas ativas, isso não aconteceu e se insistia em que não houvesse "nenhuma representação sem tributação". Por conseguinte, em 1948, Miguel Trujillo, um sargento americano nativo e ex-fuzileiro naval, entrou com uma ação judicial depois de ter sido impedido de votar por não pagar impostos sobre seus bens – embora estivesse sujeito a todos os outros impostos estaduais. Um painel de três juízes federais, depois de destacar que os brancos que não pagavam impostos não haviam sido cassados, concluiu que a constituição do Novo México violava a Décima Quarta e Décima Quinta Emendas. Cabe destacar que a corte fez alusão ao serviço dos nativos americanos durante a guerra. "Talvez não seja pertinente à questão aqui, mas todos nós sabemos que esses índios do Novo México responderam às necessidades do país em tempo de guerra [...]. Por que deveriam ser privados dos direitos de voto agora pelo fato de terem sido favorecidos pelo governo federal que isentou suas terras de impostos?"[54]

Os advogados do National Congress of American Indians [Congresso Nacional de Índios Americanos] rotularam a decisão de Trujillo de uma "vitória esmagadora para os direitos civis de nossa minoria nacional mais antiga". No entanto, a longa luta pelo sufrágio índio ainda não estava

---

53 *Porter versus Hall*, 271 P. 411, 412 (Ariz. 1928); *Harrison versus Lawson*, 196 P. 2d 456, 461 (Ariz., 1948); Houghton, N. D., The Legal Status of Indian Suffrage in the United States. *California Law Review,* 19, julho de 1931, p.507, 516-519; Wolfley, Jim Crow, p.186-188; McCool, Indian Voting, p.108-111; Christman, H., Southwestern Indians Win the Vote. In: *American Indian,* 4, 1948, p.6-10; Cohen, *Federal Indian Law*, p.158.
54 Wolfley, Jim Crow, p.184-186; McCool, Indian Voting, p.111-112; *New York Times*, 2 nov. 1952; Christman, Southwestern Indians, p.6-10.

terminada. Em 1956, o procurador-geral de Utah emitiu um parecer (revertendo outro emitido dezesseis anos antes) segundo o qual uma lei de 1897, que negava residência a qualquer pessoa que tivesse vivido numa "reserva indígena ou militar", ainda se aplicava aos nativos americanos e, portanto, proibiu-os de votar. A Suprema Corte do estado concordou, argumentando que a residência era determinada não apenas pela localização geográfica, mas pela cultura e estatuto jurídico: os índios permaneciam sujeitos à proteção especial por parte do governo federal, falavam sua própria língua, e não eram "tão familiarizados nem tão interessados no governo como os outros cidadãos". Em instância de recurso, a decisão sobre o caso, conhecido como Allen *versus* Merrell, foi anulada pela Suprema Corte dos Estados Unidos e retornou a Utah para nova audiência. O poder legislativo do estado, curvando-se às correntes da lei e da opinião pública, tornou o caso discutível pela revogação da legislação original.[55]

Os nativos americanos em alguns estados continuaram a deparar com os testes de alfabetização e com obstáculos processuais à votação e registro; nas décadas seguintes, eles também enfrentaram problemas jurídicos ocasionais, geralmente com a justificativa de que a isenção de impostos sobre a propriedade prejudicava sua qualificação para participar das eleições. Em meados da década de 1950, porém, os direitos básicos do sufrágio de nativos americanos foram garantidos em termos jurídicos. Depois disso, os índios, embora em número reduzido, passaram a constituir um importante bloco de eleitores em vários estados do Oeste e em muitas cidades e municípios. Graças às cortes, ao governo federal e aos 25 mil veteranos da Segunda Guerra Mundial, eles finalmente possuíam a plena cidadania.[56]

---

55 Deloria Jr., V. e Lytle, C. M., *American Indians, American Justice*. Austin, TX, 1983, p.224-225; McCool, Indian Voting, p.108; Allen, J. H., Denial of Voting Right to Reservation Indians. *Utah Law Review*, 5, 1956; Christman, Southwestern Indians, p.10; Peterson, H. L., American Indian Political Participation. *Annals of the American Academy*, maio de 1957, p.116-126; *Allen versus Merrell*, 305 P. 2d 490 (Utah 1956); Worth, M. J., Constitutional Law: Restriction of Indian Suffrage by Residence Qualification. *Oklahoma Law Review*, 11, 1958, p.67-69; Wolfley, Jim Crow, p.188-189.

56 McCool, Indian Voting, p.113-130; Wolfley, Jim Crow, p.188-189; Peterson, American Indian Political Participation, p.121-126.

8
ROMPENDO BARREIRAS

Entre o final dos anos 1950 e início dos anos 1970, as bases legais do direito de voto sofreram uma transformação mais radical do que em qualquer momento anterior da história da nação. Em uma série contínua de decretos do Congresso e decisões judiciais, quase todas as restrições formais sobre os direitos do sufrágio de cidadãos adultos foram rapidamente abolidas, e o governo federal assumiu a responsabilidade de proteger e garantir esses direitos. Quase exatamente um século depois que o Congresso, liderado por Henry Wilson, havia debatido pela primeira vez a imposição do sufrágio nacional e universal, este tornou-se o direito da terra.

As estrelas históricas estavam bem alinhadas para uma transformação desse porte. No Sul, um movimento determinado de afro-americanos tornou visível a ameaça de violência e represálias para forçar a questão do direito de voto à atenção do público. A dinâmica expansiva de mobilização militar e da concorrência internacional foram mantidas em movimento pela Guerra Fria e a guerra distante, mas muito quente, no Vietnã. A Corte Suprema, alimentada por uma concepção ampliada de cidadania e uma disposição de ampliar os poderes do governo nacional, promovia ativamente os direitos dos mais desfavorecidos. Além disso a opinião pública, formada pelo conflito antitotalitário com a Alemanha e a União Soviética, estava muito favorável aos princípios democráticos; o solvente do rápido crescimento econômico dissolveu os antagonismos de classe e, pelo menos por um tempo, os dois principais partidos políticos viram mais vantagens do que desvantagens na ampliação do direito de voto.

Para milhões de americanos essas mudanças legais tiveram consequências concretas simples e profundas. Uma mulher negra pobre no Alabama que não conseguia nem pisar num local de votação em 1958 puxava a alavanca de uma máquina de votar em favor de um candidato negro em 1972. Um residente de Porto Rico nascido em Nova York e reprovado no teste de alfabetização em língua inglesa em 1960 recebia informações eleitorais em espanhol em 1980. Os soldados de 18 anos de idade que foram enviados para o Vietnã durante a Ofensiva do Tet de 1968 não puderam votar na eleição tumultuada daquele ano, mas seus colegas de 18 anos que lutaram na Guerra do Golfo podiam votar onde quer que estivessem estabelecidos. Essas mudanças não eram pouca coisa.

Raça e a Segunda Reconstrução

> Como americanos, devemos também perceber e aceitar o fato de que a responsabilidade da liderança mundial traz consigo um dever concomitante de prover o mundo com exemplos de liberdade para todos em nossas vidas diárias. Qualquer intolerância, discriminação ou privação de nossos direitos e privilégios garantidos constitucionalmente ressoam e reverberam em todo o globo [...]
> – Relatório da Câmara 291, Associado a H. R. 6127, Ato de Direitos Civis de 1957

> Parece que nem Thaddeus Stevens nem Charles Sumner nunca defenderam algo parecido com o que está na presente legislação proposta, que teve o efeito de tornar os Estados Unidos o pai tutor de grupos minoritários e o perseguidor de todos os outros cidadãos no Estados Unidos [...]
> Por que trocar a harmonia e unidade que prevalecem hoje neste país por propostas que, sem dúvida, trarão caos, discórdia e conflito para esta terra tão rica de promessas para o futuro, promessa baseada num passado glorioso?
> – Relatório Minoritário da Câmara sobre H. R. 6127, 1957

Washington e o Sul

O Sul era um caldeirão de tensão racial na década de 1950. Em toda a região e, sobretudo, nas inúmeras cidades pequenas e médias, os afro-americanos pressionavam os limites do sistema de castas do país, exigindo o fim da segregação social e da cidadania de segunda classe.

O direito de voto

Às vezes liderados por organizações nacionais e regionais, tais como a NAACP, sindicatos, ou a recém-formada Conferência da Liderança Cristã do Sul e, às vezes, agindo inteiramente por iniciativa local, os cidadãos negros marchavam, faziam passeatas, boicotavam os ônibus, escreviam petições e moviam ações judiciais para contestar as leis Jim Crow[1] que os haviam mantido em seu lugar por mais de meio século. Incentivados pela decisão de 1954 da Suprema Corte, no caso Brown *versus* Board of Education, de que "separados não eram iguais", a comunidade negra deu especial atenção à integração das escolas e instituições de ensino superior. Os afro-americanos também mantinham os holofotes sobre o direito de voto, que sempre foi o cerne do movimento dos direitos civis. Convencidos de que a conquista do sufrágio era um direito importante em si, e vital para garantir os outros direitos civis, centenas de milhares de afro-americanos, agindo isoladamente ou em campanhas organizadas em prol do registro, tentavam inserir seus nomes nas listas de registro e participar das eleições. "Assim que os negros começarem a votar em grande número", observou um jornal da comunidade negra, "as leis de Jim Crow estarão em perigo". "Dá-nos a cédula e vamos encher nossas câmaras legislativas com homens de boa vontade", declarou o reverendo Martin Luther King Jr. para uma multidão de cerca de 30 mil pessoas em frente ao Memorial Lincoln em 1957.[2]

A pressão por direitos civis encontrou uma oposição formidável, que evoluiu para uma política semiformal de "resistência em massa", após a decisão do caso Brown. De fato, um número crescente de sulistas brancos reconheciam a inevitabilidade, e até mesmo a conveniência da integração; muitos defensores de um novo Sul modernizado procuravam remover o estigma associado a práticas raciais da região, enquanto a mecanização da agricultura diminuía a dependência do trabalho negro semiescravo. No entanto, a resistência à igualdade de direitos permanecia acirrada e às vezes violenta. Os prefeitos e governadores se recusavam a integrar as escolas e as instalações públicas; os legislativos declaravam que não iriam desmantelar o sistema Jim Crow; os xerifes prendiam e batiam nos manifestantes negros e seus aliados brancos. Enquanto isso, as fortunas de políticos brancos liberais

---

1 As leis de Jim Crow foram uma série de leis estaduais e locais decretadas nos estados sulistas e limítrofes nos Estados Unidos, em vigor entre 1876 e 1965, e que afetaram afro-americanos, asiáticos e outros grupos raciais. As leis mais importantes exigiam que as escolas públicas e a maioria dos locais públicos (incluindo trens e ônibus) tivessem instalações separadas para brancos e negros. (N. E.)
2 Epígrafe citada de House Report 291, 85th Cong., 1st sess., 1 abr. 1957, 1969, 1977, 1987, 2004. Lawson, S. F., *Black Ballots:* Voting Rights in the South, 1944-1969. New York, 1976, p.125-139, 176; Id., *Running for Freedom:* Civil Rights and Black Politics in America Since 1941. Philadelphia, 1991, p.42-43, 47-50, 70.

ou populistas que demonstravam alguma simpatia em relação aos negros, como Earl Long, na Louisiana, e Jim Folsom, no Alabama, despencavam.[3]

A resistência generalizada à integração apenas ressaltou a necessidade da comunidade negra por direitos políticos, mas em toda a década de 1950 suas campanhas pelo voto eram frustradas na maioria das vezes. Em sete estados (Alabama, Geórgia, Louisiana, Mississippi, Carolina do Norte, Carolina do Sul e Virginia), os testes de alfabetização mantinham os afro-americanos longe das urnas: a reprovação no teste poderia resultar de um simples erro de ortografia ou da pronúncia incorreta de uma palavra. Em 1954, o Mississippi instituiu um novo "teste de compreensão" ainda mais difícil, com uma cláusula de anterioridade que isentava aqueles já registrados. Os moradores negros dos cinco estados restantes com imposto de votação (Alabama, Arkansas, Mississippi, Texas e Virginia), enfrentavam não apenas um obstáculo econômico, mas também uma administração discriminatória: as faturas dos impostos de votação muitas vezes não eram enviadas para os negros, e os recibos eram difíceis de obter. No Alabama, os possíveis solicitantes de registro tinham que ser acompanhados por cidadãos brancos que iriam "responsabilizar-se" por eles. Na Louisiana, os membros do Conselho de Cidadãos Brancos eliminavam os inscritos negros das listas de votação pelas menores irregularidades nos formulários administrativos, e uma lei de 1960 previa a cassação do direito de voto de uma pessoa de "mau caráter" – que incluía qualquer pessoa condenada por negar-se a abandonar uma sala de cinema ou participar de um protesto pacífico. Em muitas cidades, os oficiais de registro frustravam os aspirantes negros retirando-se do escritório, ou simplesmente negando-se a registrá-los. Os que eram inflexíveis acerca do registro podiam perder os empregos, ser chamados a quitar seus empréstimos, ou enfrentar danos físicos. Não poucos foram mortos.[4]

Era evidente a quase todos os líderes negros que o movimento dos direitos civis teria sucesso apenas com o apoio significativo do governo federal: a comunidade negra por si só não podia obrigar as autoridades municipais e estaduais a pôr fim à discriminação. Mas Washington, apesar da solidariedade, estava hesitante. Os liberais democratas no Congresso estavam ansiosos para agir – pelo menos para pôr em prática as recomendações da Comissão de Truman sobre Direitos Civis – mas sua influência tinha o contrapeso do poder dos democratas sulistas. Os republicanos estavam igualmente divididos: ainda que o desejo de cortejar os eleitores negros reforçasse seus princípios tradicionais em favor dos direitos civis, muitos

---

3 Bartley, N. V., *The New South, 1945-1980*. Baton Rouge, LA, 1995, p.160-222.
4 *Voting:* 1961 Commission on Civil Rights Report, 1. Washington, DC, 1961, p.31, 69; Lawson, *Black Ballots*, p.88, 130-137, 162, 211, 227; Id., *Running for Freedom*, p.48-49.

republicanos também esperavam fazer incursões no sólido Sul e conquistar os eleitores sulistas brancos.

O presidente Dwight Eisenhower, entretanto, foi cauteloso durante a maior parte de seu primeiro mandato, favorecendo a mudança gradual, a confiança no Poder Judiciário e um papel limitado para o governo federal. Mas em 1956 o agravamento da situação no Sul (incluindo o assassinato de dois trabalhadores do Mississippi que lutavam pelo direito de voto), juntamente com a insistência do procurador-geral Herbert Brownell, convenceu o presidente a agir. Ele deu a Brownell, que estava convencido de que eram necessárias novas leis, o sinal verde para enviar ao Congresso um projeto de lei dos direitos civis que o Departamento de Justiça vinha preparando durante meses. Por mais de um ano a legislação tramitou no Congresso, onde foi aperfeiçoada e atenuada para evitar uma obstrução do Sul. O líder da maioria no Senado, Lyndon B. Johnson, aspirante à presidência e na esperança de servir como uma ponte entre as duas alas rivais de seu partido, desempenhou um papel fundamental na formação da legislação final; outro aspirante ao Salão Oval, o vice-presidente Richard Nixon, também prestou um apoio indispensável.[5]

O Ato dos Direitos Civis de 1957 – o primeiro projeto de lei de direitos civis aprovado pelo Congresso em mais de oitenta anos – era um artigo modesto de legislação, tão modesto que foi duramente criticado pelos ativistas afro-americanos. O projeto de lei criou uma Comissão de Direitos Civis nacional, elevou a seção de Direitos Civis a uma divisão desenvolvida do Departamento de Justiça, e autorizou o procurador-geral a intentar ações inibitórias e mover processos civis em casos de direitos de voto. O núcleo operante da medida era um fortalecimento dos mecanismos de que o Departamento de Justiça e os juízes federais poderiam utilizar para responder às violações das leis de direitos de voto existentes, incluindo a Décima Quinta Emenda. Por melhores que fossem as intenções do projeto de lei, tinha pouca força e pouco impacto: o Departamento de Justiça era lento para iniciar processos, os juízes federais do Sul eram, por vezes, pouco receptivos, e toda a estratégia de confiar no litígio fatalmente implicava a lentidão do progresso. Entre 1956 e 1960, apenas 200 mil negros adicionais foram registrados para votar no Sul. A ineficácia do projeto levou à aprovação, em 1960, de um segundo Ato dos Direitos Civis, mais forte que o primeiro, mas semelhante em termos conceituais e de alcance ainda modesto.[6]

No entanto, em termos retóricos e políticos, a Lei dos Direitos Civis de 1957 causou um progresso do programa de direitos de voto, em grande

---

5 Lawson, *Black Ballots*, p.139-202; Id., *Running for Freedom*, p.56-58; Burk, R. F., *The Eisenhower Administration and Black Civil Rights*. Knoxville, TN, 1984, p.204-250.
6 Lawson, *Black Ballots*, p.203-213, 222-249; Id., *Running for Freedom*, p.63.

parte por meio da criação da Comissão de Direitos Civis (CCR). A comissão bipartidária, instruída para informar o Congresso e o presidente no período de dois anos, empenhou-se com vigor em ouvir as reclamações, realizou audiências e conduziu investigações de campo. Seu relatório, divulgado em 1959, continha a confirmação vívida e detalhada das reivindicações quase ininterruptas de afro-americanos sulistas (o relatório da comissão também apontou para um problema crescente em Nova York, onde dezenas de milhares de nativos de Porto Rico eram impedidos de votar em razão de sua incapacidade de passar no exame estadual de alfabetização em língua inglesa). A causa decisiva da não votação dos negros, segundo a CCR, era a recusa descarada das autoridades sulistas em permitir que os negros se registrassem, bem como sua disposição de intimidar aqueles que tentavam. No final, a CCR concluiu,

> a legislação atualmente nos livros não é suficiente para garantir que todos os nossos cidadãos habilitados gozem do direito de voto. Existe aqui uma diferença marcante entre nossos princípios e nossas práticas cotidianas. Esta é uma lacuna moral [...], vai contra os nossos conceitos tradicionais de jogo limpo. É um repúdio parcial de nossa fé no sistema democrático. Isso enfraquece a persuasão moral da postura da nação nos assuntos internacionais.

As recomendações da comissão incluíam a nomeação de escrivães federais que seriam enviados para o Sul, com poderes para registrar eleitores. Os três nortistas da comissão, incluindo seu presidente, foram mais longe, pedindo uma nova emenda constitucional que "daria o direito de voto a todos os cidadãos que cumprissem os requisitos de idade e residência de seu estado, e que não estivessem legalmente confinados no momento do registro ou da eleição". Embora o precedente não fosse mencionado, a proposta tinha uma forte semelhança com a emenda Wilson da década de 1860.[7]

A Comissão de Direitos Civis emprestou seu prestígio e autoridade para solicitações de novas ações federais e pela nacionalização do direito de voto de fato, se não de direito. Se essas solicitações seriam atendidas dependia de um cálculo político complexo. Ambos os partidos estavam envolvidos em atos de equilíbrio, tentando cortejar os eleitores negros do Norte e os brancos do Sul ao mesmo tempo; para os democratas também havia essa tensão entre as duas alas regionais de seu próprio partido. No entanto, os resultados da eleição de 1950 deixaram claro que o equilíbrio era instável e não poderia continuar por muito tempo. O rápido crescimento do eleitorado negro tornou-se influente em muitos estados do Norte, e os eleitores negros, embora tendendo a votar nos democratas, poderia ser

---

7 *Report of the United States Comission on Civil Rights, 1959*. Washington, DC, 1959, p.19-145; Lawson, *Black Ballots*, p.213-221.

cortejados por candidatos a favor dos direitos civis de qualquer partido. Além disso, as vitórias de Eisenhower em alguns estados do Sul indicavam que o domínio de um único partido naquela região estava acabando. Um ingrediente adicional no cálculo era a probabilidade de que os eleitores negros fossem empoderados com o sufrágio no Sul num futuro próximo, gerando eleitores insensíveis a qualquer partido que tivesse se oposto à sua conquista do voto. Os Atos de Direitos Civis de 1957 e 1960 foram acordos bipartidários feitos para apaziguar interesses políticos concorrentes, mas era evidente que escolhas difíceis estavam surgindo no horizonte.[8]

O ritmo da atividade governamental começou a acelerar em 1960, em grande parte porque a temperatura política estava subindo no Sul. Uma manifestação em um balcão de almoço segregado em Greensboro, Carolina do Norte, provocou uma onda de desobediência civil de jovens afro-americanos que se recusavam a aderir às restrições de Jim Crow; os Passageiros da Liberdade subiam nos ônibus para tentar integrar o transporte interestadual; em Birmingham e outras cidades, os movimentos de massa contestavam a segregação e a cassação do direito de voto; as campanhas para registrar os eleitores negros chegaram a alcançar os bastiões do Sul Profundo da supremacia branca no Alabama e no Mississippi rural. Neste último estado, em 1963, 80 mil afro-americanos, repetindo uma estratégia da Guerra de Dorr nos anos 1840 em Rhode Island, participaram de uma eleição governamental simulada.[9]

A militância crescente do movimento de libertação negro apenas endureceu a oposição. Os governadores do Alabama e do Mississippi se recusavam a dessegregar suas universidades; os distritos eleitorais eram manipulados para enfraquecer a influência dos negros que conseguiam se registrar; os passageiros da liberdade eram espancados e seus ônibus queimados; a polícia prendia manifestantes aos milhares; as bombas eram atiradas em igrejas de negros; e os ativistas foram ocasionalmente, como no Mississippi em 1964, assassinados a sangue frio. Em 1961, a CCR (cuja vida havia sido prorrogada pela legislação de 1960) relatou que "em cerca de cem municípios em oito estados do Sul", a legislação discriminatória, as decisões arbitrárias de registro e as ameaças de "violência física ou represália econômica" ainda impediam a maioria dos "cidadãos negros [...] de exercer o direito de voto".[10]

A comissão também concluiu que a dependência do governo federal dos litígios de cada município individual era algo muito "demorado, caro e difícil" para pôr fim às práticas discriminatórias de voto. "São necessárias

---

8 Lawson, *Black Ballots*, p.150-151, 156-158, 161-163, 165, 221-222; Lawson, *Running for Freedom*, p.52-55, 78-79; Bartley, *New South*, p.102-103, 232.
9 Lawson, *Running for Freedom*, p.79-81, 86-99.
10 *Commission on Civil Rights 1961*, 5; Lawson, *Black Ballots*, p.250, 278, 285-286.

medidas mais amplas", a CCR entoou, instando o Congresso mais uma vez a aprovar a legislação, "para que todos os cidadãos dos Estados Unidos tenham o direito de votar nas eleições federais ou estaduais" se pudessem atender aos requisitos de idade e residência razoáveis e não fossem condenados por crimes.[11]

Nem o Congresso nem o presidente John Kennedy estavam prontos para aceitar esta responsabilidade. Embora a vitória eleitoral apertada de Kennedy devesse muito aos eleitores negros, faltava-lhe um forte mandato popular, ele tinha uma influência limitada com o Congresso e não considerava os direitos civis como uma questão de alta prioridade. Portanto sua abordagem era tão cautelosa como a de Eisenhower: o Departamento de Justiça entrou com ações judiciais para fazer cumprir os Atos de Direitos Civis, e o governo apoiou o que havia se tornado uma emenda constitucional incontroversa para proibir os impostos de votação nas eleições federais (apenas quatro estados ainda tinham impostos de votação). De uma maneira mais inovadora, a administração Kennedy promoveu a criação de um Projeto de Educação Eleitoral que canalizou as energias dos ativistas dos direitos civis em uma campanha para promover o registro de eleitores. Esses esforços deram algum fruto. As decisões de juízes federais arrancaram mais da camuflagem legal que abrigava a discriminação; a Vigésima Quarta Emenda foi ratificada com relativamente pouca oposição; e os registros dos negros sulistas subiram para mais de 40% até 1964. Ainda assim, o ritmo do progresso legal era superado pela aceleração do conflito no Sul do país. Por conseguinte, a administração em 1963 elaborou um projeto de lei abrangente de direitos civis, concebido para dar um forte apoio federal para a igualdade de direitos, embora tenha dito pouco sobre o direito de voto por si.[12]

Kennedy não viveu para testemunhar a aprovação de seu projeto de lei dos direitos civis, mas seu sucessor, Lyndon Johnson, aproveitou a oportunidade após o assassinato de Kennedy para obter a aprovação do projeto como uma homenagem ao falecido presidente. Igualmente importante, o próprio Johnson foi eleito para a presidência em 1964, com uma enorme votação popular, que ofereceu ao primeiro presidente sulista em um século a oportunidade de completar a Segunda Reconstrução. Em razão da simpatia pessoal pela causa do sufrágio negro, da tentativa de ter um lugar na história e do estímulo do espetáculo televisionado em cadeia nacional das agressões policiais e prisões de manifestantes pacíficos pró-sufrágio em Selma, Alabama, Johnson foi ao Congresso em março de 1965 para pressionar pela aprovação de uma Lei dos Direitos de Voto nacional. "A

---

11 *Commission on Civil Rights 1961*, p.136, 139.
12 Lawson, *Running for Freedom*, p.80-86, 94; Id., *Black Ballots*, p.256-274, 283, 290, 294, 296-298.

consciência indignada de uma nação" exige ação, ele disse a uma sessão conjunta do Congresso. "É um erro – um erro mortal – negar a qualquer um de seus companheiros americanos o direito de votar", lembrou aos antigos colegas do Sul. Então, identificando-se em termos retóricos com o movimento dos direitos civis, ele insistiu: "somos realmente todos nós que devemos superar o legado incapacitante de intolerância e injustiça. E nós *vamos* superar".[13]

As palavras de Johnson, ditas a uma audiência televisiva de 70 milhões de pessoas e a um Congresso sombrio e silencioso, que o interrompeu quarenta vezes com aplausos, eram sinceras, íntegras e comoventes. No entanto, político astuto que era, o presidente também sabia que o ato de equilíbrio político dos democratas havia terminado: com a Lei de Direitos Civis de 1964, o partido se afastava de modo decisivo do Sul branco em direção aos eleitores negros, e agora iria precisar do máximo possível de eleitores negros para ter a chance de ganhar nos estados daquela região. Johnson havia entendido que a política de reforma do sufrágio mais uma vez entrava em sua fase final: o sufrágio negro iria se tornar uma realidade, e poucos políticos de ambos os partidos desejariam hostilizar um novo bloco de eleitores opondo-se à sua emancipação.

As Leis dos Direitos de Voto

A Lei dos Direitos de Voto de 1965 continha elementos fundamentais exigidos pelos ativistas dos direitos civis e pela Comissão de Direitos Civis; além disso, tinha forte semelhança com a *Lodge Force Bill* da década de 1890, que nunca foi aprovada. Concebida como uma medida temporária, quase emergencial, a lei possuía um "gatilho" automático que suspendeu imediatamente os testes de alfabetização e outros "dispositivos" (incluindo os chamados requisitos de bom caráter e da necessidade dos possíveis inscritos terem alguém respondendo por eles) em estados e municípios onde menos de 50% de todos os adultos tinham ido às urnas em 1964; as suspensões permaneceriam em vigor por cinco anos. Além disso, a lei autorizou o procurador-geral a enviar examinadores federais para o Sul para inscrever os eleitores e observar as práticas de registro. Para impedir a execução de novas leis discriminatórias, a seção 5 do ato proibiu os governos de todas as áreas afetadas de alterar seus procedimentos eleitorais sem a aprovação (ou "aprovação prévia") da divisão de direitos civis do Departamento de Justiça ou de um tribunal federal de Washington. Os estados poderiam pôr

---

13 Lawson, *Running for Freedom*, p.103-117; Lawson, *Black Ballots*, p.298-300, 306-312; Garrow, D. J., *Protest at Selma:* Martin Luther King, Jr., and the Voting Right Act of 1965. New Haven, CT, 1978, p.106-107; Valenti, J., Looking Back. *Washington Post*, 5 ago. 1990.

fim à supervisão federal apenas se demonstrassem à corte federal que não haviam utilizado quaisquer dispositivos discriminatórios por um período de cinco anos. Por fim, a lei continha um "parecer" congressional de que os impostos de votação nas eleições estaduais restringiam o direito de voto e instruía ao Departamento de Justiça para iniciar ações legais para testar sua constitucionalidade.[14]

A Lei dos Direitos de Voto foi aprovada por uma maioria esmagadora, visto que os republicanos moderados se juntaram aos democratas para realizar o que Johnson chamou de "queda" da "última das barreiras legais" à votação. Alguns republicanos conservadores e democratas do Sul votaram negativamente, mas reconhecendo a inevitabilidade do triunfo do projeto de lei e a sabedoria política de apoiá-lo, quarenta parlamentares sulistas votaram a favor. Aclamada por um ativista como "um marco" tão importante quanto a Proclamação da Emancipação, a legislação teve um impacto imediato, sobretudo no Sul Profundo. Em poucos meses de aprovação do projeto, o Departamento de Justiça enviou os examinadores para mais de trinta municípios em quatro estados; dezenas de milhares de negros foram registrados pelos examinadores, enquanto muitos outros eram inscritos pelos oficiais locais de registro, que aceitaram os ditames da lei para evitar a intrusão federal. No Mississippi, o registro da população negra passou de menos de 10% em 1964 para quase 60% em 1968; no Alabama, o número subiu de 24% para 57%. Na região de modo geral, cerca de 1 milhão de novos eleitores foram registrados no intervalo de poucos anos após a aprovação da lei, e o registro dos afro-americanos atingiu o recorde de 62%.[15]

A Lei dos Direitos de Voto de 1965 foi, de fato, um marco na história política americana. Um marco curioso, na verdade, dado que a essência da lei não passava de um esforço para fazer cumprir a Décima Quinta Emenda, que já vigorava como lei por quase um século. Mas o próprio fato de ter demorado tanto para a adoção dessa medida demonstrava sua importância. As barreiras raciais à participação política haviam sido uma característica fundamental da vida americana, e a resistência à igualdade racial estava profundamente arraigada; assim também foi a resistência à intervenção federal nas prerrogativas dos estados. Que esta resistência tenha sido finalmente superada na década de 1960 foi o resultado da convergência de um vasto leque de forças sociais e políticas: a mudança na estrutura socioeconômica do Sul, a migração de negros para as cidades sulistas, a crescente força eleitoral dos migrantes afro-americanos no

---

14 Lawson, *Running for Freedom,* p.114-116; Id., *Black Ballots,* p.295-296, 313-323.
15 Lawson, *Black Ballots,* p.318-322, 329-339, 341; Id., *Running for Freedom,* p.115-116; Id., *In Pursuit of Power:* Southern Blacks and Electoral Politics, 1965-1982. New York, 1985, p.15, 19-42; Garrow, *Protest at Selma,* p.106-107; Grantham, D. W., *The Life and Death of the Solid south:* A Political History. Lexington, KY, 1988, p.164-165.

Norte, as energias do movimento dos direitos civis, o papel de vanguarda desempenhado pelos veteranos negros da Segunda Guerra Mundial e um renovado compromisso americano com a democracia ocasionado pelas lutas internacionais contra o fascismo e o comunismo. Como costuma acontecer, fatores mais contingentes também tiveram um papel, entre eles a eleição posterior ao assassinato de um presidente sulista hábil, os talentos de líderes dos direitos civis, como Martin Luther King, Jr., e as mudanças tecnológicas na cobertura da mídia, que levaram a violência e a feiura de um problema "do Sul" para dentro dos lares dos cidadãos em todo o país. A Lei dos Direitos de Voto não pôs um fim repentino à discriminação racial na política sulista. Num grau considerável, o lugar de conflito passou do direito de voto para o valor do voto (a ser discutido mais adiante neste capítulo), mas os relatórios de campo deixaram claro para o Departamento de Justiça e o CCR que os obstáculos raciais à conquista do sufrágo em si também persistiram muito depois de 1965. Como resultado, a lei (ou, para ser mais preciso, seus dispositivos temporários) foi renovada de tempos em tempos, mesmo que o clima político tenha se tornado mais conservador a cada década que passava. Em 1970, apesar da relutância significativa na administração Nixon e das manobras do Congresso para debilitar a medida, o projeto de lei foi renovado por cinco anos, enquanto a proibição de testes de alfabetização foi estendida a todos os estados. Em 1975, a lei foi prorrogada por mais sete anos, e seu limite de alcance foi ampliado para cobrir "minorias linguísticas", incluindo hispânicos, nativos americanos, nativos do Alasca e os asiático-americanos (a formulação "minorias linguísticas" era, com efeito, uma rubrica para a extensão da proteção federal a grupos raciais e étnicos, bem como dos africanos que também tinham sido vítimas de discriminação; além de proibir a discriminação contra os membros desses grupos, a Lei de Direitos de Voto de 1975 requereu jurisdições com minorias linguísticas de tamanho considerável para fornecer as cédulas e outros materiais eleitorais na língua minoritária e ter tradutores disponíveis nas urnas). Em 1982, a despeito da postura antidireitos civis da administração Reagan, os dispositivos mais importantes da lei foram prorrogados por um período adicional de 25 anos. Ao longo deste período, o Departamento de Justiça e a Comissão de Direitos Civis trabalharam ativamente para promover o sufrágio dos negros e examinaram milhares de mudanças propostas na lei eleitoral.[16]

---

16 Lawson, *In Pursuit of Power*, p.127-157, 191-253, 259, 282-303; U.S. Commission on Civil Rights, *State of Civil Rights 1957-1983:* The Final Report of the U.S. Commission on Civil Rights. Washington, DC, 1983, p.1-17; Lawson, S. F., Preserving the Second reconstruction: Enforcement of the Voting Rights Act, 1965-1975. *Southern Studies:* An Interdisciplinary Journal of the South, 22, 1983, p.55-75; Id., *Running for Freedom,* p.185-188, 208-210; Thernstrom, A. M., *Whose Votes Count?* Affirmative Action and Minority Voting Rights. Cambridge, MA, 1987, p.51-65; Wolfley, J., Jim Crow, Indian Style: The Disenfranchisement of Native

Os debates em torno dessas renovações – e eram substanciais – baseavam-se numa nova configuração partidária que, em parte, foi uma consequência da própria Lei dos Direitos de Voto. No final da década de 1960, todos os estados do Sul continham um grande bloco de eleitores negros, cuja lealdade ao Partido Democrata havia sido cimentada pelos acontecimentos dos anos de Kennedy e Johnson; uma vez que esses eleitores constituíam o núcleo do distrito eleitoral democrático, os políticos democratas, mesmo no Sul, em geral apoiavam os esforços para consolidar os direitos políticos dos negros. Ao mesmo tempo, os conservadores sulistas brancos, apoiados por alguns migrantes na região, afluíram para o Partido Republicano, recuperando sua prosperidade no Sul e tornando-se uma força conservadora fundamental no partido nacional. As tentativas de debilitar a Lei dos Direitos de Voto, ou até de fazê-la expirar, invariavelmente vinham desses republicanos do Sul e de líderes republicanos nacionais – como Nixon e Ronald Reagan – que desejavam e precisavam de seu apoio. O partido de Lincoln, como um crítico brincou, tinha vestido um "uniforme confederado". O fato de que quase todas essas tentativas republicanas tenham fracassado – apesar da tendência conservadora das décadas de 1970 e 1980 – foi um sinal claro de que o país tinha virado uma página, e que as barreiras raciais formais à expansão do sufrágio haviam caído. Em 1982, até mesmo o senador republicano Strom Thurmond, da Carolina do Sul, que havia levado ao êxodo dos Dixiecrats do Partido Democrata em 1948, votou a favor da prorrogação da Lei dos Direitos de Voto, marcando a primeira vez em sua carreira muito longa que ele apoiava a aprovação de um projeto de lei dos direitos civis.[17]

Coda: 2006

As principais prescrições da Lei dos Direitos de Voto de 1982 foram programadas para expirar no dia 6 de agosto de 2007. Cerca de uma década antes, começou a circular uma lenda urbana (e via Internet) nas comunidades afro-americanas, segundo a qual "nosso direito de voto irá expirar no ano de 2007", ou, em uma variante, que o Congresso decidiria em 2007 "se os afro-americanos serão autorizados a votar". É claro que não havia nenhuma verdade nesse boato extremamente difundido, mas, durante os

---

Americans. *American Indian Law Review*, 16, 1991, p.190-200; para uma crônica apaixonada da discriminação racial em andamento entre 1965 e 1972, ver Washington Research Project, *The Shameful Blight:* The Survival of Racial Discrimination in the South. Washington DC, 1972. Para um exame completo do Voting Rights Act e a comunidade native do país, ver McCool, D., Olson, S. M. e Robinson, J. L., *Native Vote:* American Indians, the Voting Rights Act, and the Right to Vote. New York, 2007.
17 Lawson, *In Pursuit of Power*, p.243, 253, 291-292; Id., *Running for Freedom*, p.136-137.

primeiros anos do novo século, a comunidade dos direitos civis preocupava-se com a necessidade iminente de reiterar partes da Lei dos Direitos de Voto. Ainda que fosse possível contar com a maioria dos democratas para o endosso da renovação e que, até 2005, vários líderes republicanos proeminentes no Congresso houvessem sinalizado seu apoio, o ambiente político não deixava de ser problemático. Alguns sulistas eram conhecidos por acreditarem que a lei não era mais necessária, uma vez que havia atingido seus objetivos e que o requisito de aprovação prévia era opressivo e injusto (para mais informações a respeito do requisito de aprovação prévia, consulte a seção posterior deste capítulo, "A aprovação prévia e a totalidade das circunstâncias"). Além disso, a Casa Branca era percebida como distante dos interesses e necessidades dos afro-americanos, a grande maioria dos quais votaram pelos democratas, e as prescrições de assistência linguística da LDV foram se tornando cada vez mais controversas em uma nação profundamente dividida sobre as questões de imigração. Para complicar ainda mais, alguns aliados do movimento dos direitos civis estavam expressando abertamente preocupações de que a LDC precisava ser reformulada para se ajustar às circunstâncias do século XXI e que a constitucionalidade de uma prorrogação era objeto de impugnação.[18]

---

18 Cosby, C. America Taught My Son's Killer to Hate Blacks. *USA Today*, 8 jul. 1998; False Internet Rumor Keeps Surfacing to Dismay of Black Leaders. *Associated Press*, 2 dez. 1998; Tucker, J. T., The Politics of Persuasion: Passage of the Voting Rights Act Reauthorization Act of 2006. *Journal of Legislation,* 33, 2007, p.205-213; McMurray, J., Georgia GOP Challenging Voting Rights Act Renewal, Likely in Vain. *Associated Press*, 19 nov. 2005; Hardin, P., Renewal Set for Voting Rights Acts. *Richmond Times-Dispatch*, 29 fev. 2004; *Washington Post*, 22 jun. 2006; Kousser, J. M., The Strange, Ironic Career of Section 5 of the Voting Rights Act, 1965-2007. *Texas Law Review,* 86, março de 2008, p.752. As prescrições de assistência linguística haviam sido renovadas por dez anos em 1982 e então por adicionais quinze anos em 1992. Ver também a seção posterior deste capítulo intitulada "Aprovação prévia e a totalidade das circunstâncias". No que diz respeito a questões constitucionais e a necessidade percebida de renovar o VRA para levar em conta circunstâncias mudadas, ver "Differen Takes on Voting Rights Renewal". *Gannett News Service*, 6 ago. 2005; Gerken, H. K., A Third Way: Section 5 and the Opt-in Approach. In: Epstein, D. L., Pildes, R. H. et al. (orgs.), *The Future of the Voting Right Acts.* New York, 2006, p.227-280, 297-298; Kousser, Strange, Ironic Career, p.760. Alguns conservadores, entre eles Abigail Thernstrom, vice-presidente da Comissão Americana dos Direitos Civis, também duvidaram da constitucionalidade de uma extensão e argumentaram contra a renovação da provisão expirada. Ver Tucker, Politics of Persuasion, p.210; Thernstrom, A. e Blum, E., Do the Right Thing. *Wall Street Journal*, 15 jul. 2005; Thernstrom, Divvying Up. *Wall Street Journal*, 29 jun. 2006. Havia diversas questões constitucionais vinculadas. Uma era se as medidas legais vistas como expansões temporárias da autoridade parlamentar em 1965 podiam ser estendidas após 2007. Uma segunda era que importantes prescrições eram aplicadas a algumas partes do país mas não a outras, e os gatilhos para determinar quais jurisdições eram cobertas eram baseados nas condições na década de 1960. Para alguns críticos, isso sugeria que a legislação não era adequada às circunstâncias do século XXI. Além disso, na época da renovação de 1982 o Congresso havia reconhecido a preocupação da Suprema Corte de

No entanto a Lei dos Direitos de Voto foi reconfirmada, um ano antes, em julho de 2006 por unanimidade no Senado e uma votação de 390-33 na Câmara. Que isso tenha ocorrido atestou tanto o papel central da LDC na proteção dos direitos dos eleitores de minorias como as estratégias políticas perspicazes executadas pela comunidade dos direitos civis e pela liderança republicana no Congresso. A partir de 2005, um pequeno grupo bipartidário de legisladores (liderado pelo presidente do Comitê Judiciário da Câmara, James Sensenbrenner, um veterano republicano da renovação de 1982) negociou o quadro e linguagem de um ato de reiteração que seria apresentado simultaneamente em ambas as câmaras do Congresso sob regras destinadas a evitar emendas e minimizar as chances de uma disputa. Enquanto isso as organizações de direitos civis, que trabalhavam com o comitê da Câmara, desenvolveram um recorde comprobatório que demonstrava a necessidade de renovação por meio da documentação dos casos de discriminação e da persistência de votação polarizada em termos raciais. A rápida marcha para a aprovação antecipada do projeto de lei em 2006 foi brevemente interrompida por uma revolta de membros republicanos da Câmara, a maioria dos quais se opunha aos dispositivos de assistência linguística, alegando que pareciam enfraquecer a primazia do inglês como o idioma dos Estados Unidos. Mas a revolta foi sufocada em poucas semanas por líderes republicanos, determinados a obter a aprovação da legislação e evitar que a Lei dos Direitos de Voto se tornasse um problema nas próximas eleições parlamentares de 2006. No fim, alguns conservadores votaram a favor da medida e ao mesmo tempo esperavam que o Supremo Tribunal Federal a considerasse inconstitucional.[19]

Na essência, o ato renovado (chamado Reautorização da Lei de Direitos de Voto e Emenda à Lei de 2006, de Fanny Lou Hamer, Rosa Parks e Coretta Scott King) era muito parecido com seus antecessores: concedia proteção especial aos mesmos estados e municípios, enquanto preservava tanto o requisito de aprovação prévia como as disposições de assistência linguística da seção 5. Como havia ocorrido em 1982, a reautorização também respondia às recentes decisões da Suprema Corte por meio do reforço da proteção dos interesses minoritários na delimitação das fronteiras dos distritos legislativos (veja a discussão sobre distritos mais adiante neste capítulo). Uma série de possíveis modificações da LDV, algumas delas de

---

que o requisito de aprovação prévia não era permanente. Gibeaut, J., New Fight for Voting Rights. *ABA Journal,* 92, janeiro de 2006, p.46.

19 Para uma narrativa detalhada do complexo processo que conduziu à reautorização, ver Tucker, Politics of Persuasion, p.205-267. Ver também *Houston Chronicle,* 21 jul. 2006; *Washington Post,* 22 jun. 2006; Neuman, J., House GOP Delays Renewal of Voting Rights Act. *SFGate.com,* 22 jun. 2006; Falconer, D., Who Really Stalled the Voting Rights Act Renewal, www.epluribusmedia.org, 12 jul. 2006; Kousser, Strange, Ironic Career, p.751-763; *New York Times,* 9 jan. 2009.

longo alcance, foram bastante debatidas por legisladores e ativistas de direitos civis, mas foram postas de lado no interesse da solução política conciliatória e da conveniência.[20]

Embora a estrutura da lei de 2006 tenha sido muito semelhante às manifestações anteriores do LDV, os debates públicos e parlamentares em torno da reautorização revelaram o quanto as coisas haviam mudado desde 1965. Apesar do registro forte e perturbador da discriminação contínua, os afro-americanos haviam se tornado uma força muito mais vital na política americana – e na política sulista – do que nos quarenta anos anteriores. Em parte graças à própria Lei dos Direitos de Voto, várias dezenas de membros afro-americanos do Congresso votaram na reautorização em 2006, um dos quais, John Lewis, da Geórgia, que estava entre os manifestantes espancados em Selma, em 1965. Ao mesmo tempo, a forma dos debates anunciava a importância crescente de outras minorias, sobretudo os imigrantes de língua espanhola que haviam se tornado um importante eleitorado político em vários estados. Ao derrotar a tentativa de tirar da LDV as disposições de assistência linguística, os líderes republicanos e democratas mais uma vez prestigiavam o fim da dinâmica de lutas pela extensão do sufrágio: em termos políticos, era arriscado colocar obstáculos no caminho de milhões de homens e mulheres que provavelmente acabariam votando de qualquer maneira.[21]

Oito dias depois que o presidente Bush assinou a Lei dos Direitos de Voto reautorizada, esta foi impugnada na corte (em relação às impugnações judiciais anteriores à LDV, consulte a próxima seção deste capítulo). Um distrito de serviços públicos no Texas, representado por uma equipe jurídica republicana conservadora e bem relacionada, pediu permissão, sob a Lei do Direito de Votos, para "resgatar sob fiança" o requisito de aprovação prévia da seção 5. Mais importante, a ação judicial (Distrito número um de Serviços Públicos Municipais do Noroeste de Austin *versus* Gonzales) também acusou o Congresso de exceder sua autoridade constitucional ao estender

---

20 Swain, C. M., Race and Representation. *American Prospect,* 15, junho de 2004, A11-A13; Tucker, em Politics of Persuasion, oferece um relato detalhado das (geralmente um tanto pequenas) mudanças que foram feitas para cada seção do VRA em 2006. Para um relato mais crítico, ver Kousser, Strange, Ironic Career, p.743-763; ver também Pildes, R. H., Political Avoisance, Constitutional Theory, and the VRA, p.117; *Yale Law Journal Pocket Part,* 148, 2007.

21 No que diz respeito à dinâmica de fim de jogo, ver Tucker, Politics of Persuasion, p.208-209. No que diz respeito às prescrições de linguagem, ver Jones-Correa, M., Language Provisions under the Voting Rights Act: How Effective Are They?. *Social Science Quarterly,* 86, setembro de 2005, p.549-564; e Tucker, J. T., Enfranchising Language Minority Citizens: The Bilingual Elections Provisions of the Voting Right Act. In: *Legislation and Public Policy,* 10, maio de 2007, p.195-260. Um outro indicador da crescente importância das minorias linguísticas era o arquivamento de processos alegando violações do Ato de Direitos de Voto em cidades como Boston e Filadélfia. Ver *Boston Globe,* 4 e 18 ago. 2005; Ibid., 2 e 27 set. 2005, *Philadelphia Daily News,* 27 out. 2006.

o requisito de aprovação prévia, argumentando que a discriminação racial não era mais o problema que havia sido em 1965, e que a seção 5 impunha ônus injustos e desnecessários nas jurisdições que abrangia. Em maio de 2008, um colégio de três juízes da corte distrital rejeitou a impugnação, negando ao distrito o direito à fiança (por motivos bastante técnicos) e concluindo que a reautorização da LDV era "um exercício válido" da autoridade do Congresso. Conforme esperado, os autores da ação apelaram.[22]

Em janeiro de 2009, a Suprema Corte concordou em ouvir o caso (renomeado NAMUDNO *versus* Holder), durante o período de primavera. Que o tenha feito, em vez de simplesmente afirmar a decisão de primeira instância, sugeria que alguns membros da corte estavam dispostos a considerar a alegação de que a seção 5, na forma reautorizada, era inconstitucional. Isso não chegava a ser uma surpresa: vários juízes conservadores, incluindo o ministro-presidente da Suprema Corte, John Roberts, haviam, no passado, manifestado reservas sobre a LDV; e, como mencionado acima, alguns liberais haviam mostrado preocupação com a constitucionalidade da extensão de 2006, ainda quando estava sendo elaborada (uma característica vulnerável da lei de 2006 era que a prescrição da aprovação prévia continuava a aplicar-se às mesmas jurisdições abrangidas em 1965, não obstante quaisquer alterações locais que tivessem ocorrido no comportamento eleitoral ou nas relações raciais). No entanto, muitos observadores próximos da Suprema Corte consideravam improvável que a corte desse o passo instável, em termos políticos, de derrubar uma disposição fundamental de uma lei emblemática – sobretudo por uma votação que seria quase certamente apertada. Embora alguns acreditassem que a maioria da corte manteria a seção 5, como havia feito em anos anteriores, outros suspeitavam que os juízes poderiam encontrar fundamentos para reduzir ou reformar o alcance da seção. Era também possível que a corte evitasse as questões constitucionais ao permitir que o distrito de serviços afiançasse o requisito da aprovação prévia. A decisão da corte era esperada para junho de 2009.[23]

---

22 *Washington Post,* 31 maio 2008; Ibid., 10 jan. 2009; *New York Times,* 9 e 10 jan. 2009; Kousser, Strange, Ironic Career, p.763-769; *Northwest Austin Municipal Utility District No. One versus Mukasey,* No. 06-1384 (D.C. May 30, 2008). No que diz respeito a tratamentos de corte anteriores à aprovação prévia, ver a seção posterior deste capítulo intitulada "Aprovação prévia e a totalidade das circunstâncias".

23 Persily, N., The Promise and Pitfalls of the New Voting Rights Act, *Yale Law Journal,* 117, novembro de 2007, p.207-211; Clarke, K., The Congressional Record Underlying the 2006 Voting Rights Act: How Much Discrimination Can the Constitution Tolerate?. *Harvard Civil Rights-Civil Liberties Law Review,* 43, 2009, p.386-433; *NAMUDNO versus Mukasey,* S. Ct., Jurisdictional Statement, September 2008, *Scotusblog:* http://www.scoutsblog.com/wp/wp-content/uploads/2008/09 NAMUDNO js.pdf; *NAMUDNO versus Holder,* S. Ct. N°, 08.322, Appellant's Brief, 19 fev. 2009, *Electionlawblog,* http://electionlawblog.org/archives/namudno-appellants-brief.pdf; *New York Times,* 9, 10, e 25 jan. 2009; *USA TODAY,* 8 jan. 2009; *Los Angeles Times,* 10 jan. 2009; *Austin-American Stateman,* 10 jan. 2009; Denniston, L.,

A Corte de Warren

A erradicação das restrições raciais à extensão do sufrágio foi promovida pelas cortes federais em geral, e pela Suprema Corte em particular. Por uma questão de direito constitucional, este não era um exercício especialmente difícil ou pioneiro: a Décima Quinta Emenda era explícita na rejeição de barreiras raciais, e muitos, mas não todos os juízes acreditavam que a Décima Quarta Emenda – que garantia a "igual proteção das leis" e proibia os estados de cercear "os privilégios ou imunidades dos cidadãos" – era aplicável também a regras discriminatórias em relação ao direito de voto. Na verdade, bem antes da década de 1960, a Suprema Corte do New Deal tinha começado a lançar os antolhos deliberados de seus antecessores sobre as realidades da política sulista e descartar o princípio outrora predominante de que as leis que não eram abertamente discriminatórias em sua linguagem não violavam a Décima Quinta Emenda. Em 1939, a Suprema Corte havia invalidado uma lei de Oklahoma (adotada após a anulação de 1915 da cláusula de anterioridade do estado) que impunha um sistema de registro discriminatório aos negros; em 1944, havia abolido as primárias brancas e, em 1949, no caso Schnell *versus* Davis, a Corte decidiu que o "teste de compreensão" do Alabama era usado de forma arbitrária para eliminar os eleitores negros. Em 1960, a Suprema Corte confirmou também uma disposição da Lei de Direitos Civis de 1957 que autorizava o governo federal a tomar medidas legais contra os oficiais de registro que estavam envolvidos em práticas discriminatórias.[24]

No entanto, a Lei dos Direitos de Voto exigiu que a Corte fosse muito além, sobretudo permitindo ao Congresso autorizar o que equivalia a uma tomada de controle federal do direito de voto estatal. Não é de surpreender que os seis estados sulistas (Alabama, Geórgia, Louisiana, Mississippi, Carolina do Sul e Virginia) tenham impugnado as disposições fundamentais do projeto de lei, argumentando que "excedem os poderes do Congresso e invadiam uma zona reservada aos estados pela Constituição". A Suprema Corte rejeitou enfaticamente essa impugnação em 1966 no caso Carolina do Sul *versus* Katzenbach, concluindo que as características controversas da Lei dos Direitos de Voto "são um meio válido para levar a cabo as ordens da Décima Quinta Emenda". O parecer da Corte, escrito pelo Ministro-Presidente Earl Warren, incluiu um relato histórico detalhado tanto da "praga da discriminação racial na votação, que havia infectado o processo

---

Court to Rule on Voting Rights Law, www.scoutsblog.com, 9 jan. 2009. Ver também nota 17 deste capítulo.

24 *Lane versus Wilson*, 307 U.S. 268 (1939); *Schnell versus Davis*, 336 U.S. 933 (1949); *United States versus Raines*, 362 U.S. 17, 22 (1960); uma decisão similar à decisão de Schnell veio também em 1965 em *Louisiana versus United States*, 3 80 U.S. 145 (1965); no que diz respeito à primária branca, ver Capítulo 7.

eleitoral por quase um século" como do fracasso de formas mais leves de intervenção federal para "curar o problema da discriminação contra o voto". Dadas essas falhas, Warren concluiu, o "conjunto de armas potentes" previsto pela Lei dos Direitos de Voto era um exercício razoável e legítimo do dever do Congresso para fazer cumprir a Décima Quinta Emenda. "Esperamos que milhões de americanos não brancos sejam agora capazes de participar, pela primeira vez numa base de igualdade, do governo sob o qual vivem."[25]

Em casos relacionados, a Corte Warren invocou a cláusula de igual proteção da Décima Quarta Emenda em defesa da Lei dos Direitos de Voto. No caso Katzenbach *versus* Morgan, a Corte confirmou a disposição da lei que proibia o uso do teste de alfabetização em língua inglesa de Nova York para desqualificar os nativos de Porto Rico, que eram cidadãos americanos e haviam sido educados em escolas norte-americanas de língua espanhola (Nova York tinha centenas de milhares de moradores nascidos em Porto Rico na década de 1960). A Corte, de fato, estava utilizando a Décima Quarta Emenda para estender os requisitos de antidiscriminação da Décima Quinta Emenda às minorias que não eram de uma "raça" diferente; ela também reconhecia o poder do Congresso de aprovar essa extensão. Três anos depois, em 1969, a Corte decidiu, na ação judicial Gaston County, C.N. *versus* Estados Unidos, que um teste de alfabetização da Carolina do Norte administrado sem um viés racial ostensivo poderia ser barrado no âmbito da Lei dos Direitos de Voto: ao considerar a lei em seu contexto social, a Corte concluiu que os sistemas de ensino segregados e inferiores tornavam mais difícil para os negros a aprovação no teste de alfabetização. Em 1970, no caso Oregon *versus* Mitchell, a Corte decidiu que a Décima Quinta Emenda dava ao Congresso o poder de proibir os testes de alfabetização ou "outros métodos" que discriminavam os negros nas eleições estaduais e federais.[26]

Até o final da década de 1960, portanto, dois preceitos haviam sido gravados de forma clara e irrevogável na lei federal. O primeiro, que as barreiras raciais ao exercício do direito de voto, fossem simples ou sofisticadas, diretas ou indiretas, eram ilegais. O segundo foi que o Congresso, apoiado pelos tribunais, possuía a autoridade de tomar medidas vigorosas, até mesmo extraordinárias, para desmantelar quaisquer dessas barreiras raciais. Após um século de digressões por caminhos constitucionais secundários, reforçadas – se não induzidas – pela falta de vontade política, a simples brevidade da Décima Quinta Emenda havia retornado para o centro do palco. Esse fato fundamental foi salientado pelo Ministro-Presidente Warren no floreio literário com o qual ele concluiu seu parecer no caso Carolina do Sul

---

25 *South Corolina versus Katzenbach*, 383 U.S. 301, 308, 337 (1966).
26 *Katzenbach versus Morgan*, 384 U.S. 641, 671 (1966); *Gaston County, N.c. versus United States*, 395 U.S. 285, 296 (1969); *Oregon versus Mitchell* 400 U.S. 112, 118 (1970).

versus Katzenbach. "Finalmente, podemos olhar para a frente", escreveu ele, "para o dia em que de fato o direito dos cidadãos dos Estados Unidos ao voto não será negado ou cerceado pelos Estados Unidos, ou por qualquer estado, por motivo de raça, cor ou condição prévia de servidão".[27]

Sufrágio universal

As barreiras raciais não foram as únicas que caíram entre o final dos anos 1950 e início dos anos 1970. Numa explosão extraordinária de atividade, o Congresso, a Suprema Corte e os legislativos estaduais deram uma rápida série de passos para expandir o direito de voto ao longo de vários eixos diferentes. Em parte, essas medidas foram motivadas pelos debates em torno dos direitos de voto negro: se era errado negar ou impedir a conquista do sufrágio dos afro-americanos, como poderia ser legítimo que os estados desqualificassem os outros cidadãos, como os muito pobres ou os que tinham grande mobilidade? A questão racial efetivamente reabriu a venerável caixa de Pandora de regras sobre o sufrágio, e diversas outras restrições subiram à tona.

Isso aconteceu num clima ideológico receptivo configurado pela Segunda Guerra Mundial e pela Guerra Fria, em que as virtudes da democracia estavam sendo alardeadas de quase todos os pontos do espectro político; mesmo que esses alardes às vezes não fossem tão sinceros, tornavam difícil a oposição a uma expansão ampla do sufrágio. Os obstáculos a ele também apareceram numa nação próspera em termos econômicos, que resplandecia em duas décadas de prosperidade, em que ambos os partidos políticos pareciam convencidos de que o elixir do crescimento econômico havia diluído de forma permanente as tensões de classe e a política de distribuição do passado.

De igual importância, a Suprema Corte, ao mesmo tempo refletindo e reforçando o humor popular, inovou novas bases doutrinais por meio da adoção da democracia como um valor constitucional nuclear, um movimento de jurisprudência que vinha se desenvolvendo desde a década de 1940. A Corte Warren passou a ver-se como a guardiã dos direitos democráticos formais, e fez da cláusula de igual proteção da Décima Quarta Emenda uma arma formidável com a qual proteger a capacidade dos cidadãos de participar dos processos democráticos. Uma vez que o Congresso havia se recusado a aprovar uma emenda constitucional (proposta em 1963) "para estabelecer um direito de voto irrestrito e universal em todo os Estados

---

27 Casos posteriores a 1970 que lidaram com o direito de voto *per se* seguiram as mesmas linhas que as discutidas aqui. Ver, por exemplo, Mississippi State Chapter, *Operation Push versus Allain*, 674 F. Supp. 1245 (N.D. Miss. 1987).

Unidos", essa arma revelou-se crucial para o esforço culminante da nação de adotar o sufrágio universal.[28]

A riqueza não é pertinente

As barreiras econômicas para a votação estavam entre as primeiras a cair: apesar de as restrições pecuniárias sobre o direito de voto serem relativamente poucas em meados do século XX, elas existiam, e não havia nada na lei federal para proibir sua aplicação (ou restabelecimento), desde que não fossem discriminatórias em termos raciais. Uma dessas restrições foi eliminada por meio da Vigésima Quarta Emenda (1964), que proibiu os impostos de votação nas eleições federais. Promulgada mais de uma década depois que o imposto havia deixado de ser uma questão candente dos direitos civis, a emenda, no entanto, resultou mais de preocupações sobre a questão de raça do que de classe. O Congresso (como observado anteriormente) pressionou a questão ainda mais na seção 10 da Lei dos Direitos de Voto, declarando que considerava os impostos de votação, tanto em eleições estaduais como federais, uma violação dos direitos constitucionais. A Lei dos Direitos de Voto fundamentou esta declaração na afirmação de que os impostos de votação não apenas eram discriminatórios em termos raciais, mas que impediam "as pessoas de recursos limitados de votar", e que não havia nenhum interesse legítimo do Estado em exigir "o pagamento de um imposto como pré-condição para votar". Para resolver a questão, a lei dirigiu o procurador-geral a buscar um teste da constitucionalidade de impostos de votação nos tribunais federais.

O caso do teste procurado pelo Congresso chegou perante a Suprema Corte em 1966: Harper et al. *versus* Virginia Board of Elections et al. Originou-se em um processo judicial feito por vários residentes de Virginia que impugnavam o imposto estadual de votação; uma corte distrital havia rejeitado a sua queixa, citando a decisão de 1937 da Suprema Corte no caso Breedlove *versus* Suttles.[29] O apelo subsequente à Suprema Corte produziu uma declaração forte, mas não unânime, de que "um estado viola a cláusula

---

28 Horwitz, M. J., *The Warren Court and the Pursuit of Justice*. New York, 1998, p.xii, 13-14, 74-98; U.S. House, Hearings Before Subcommittee No. 5 of the Committee on the Judiciary, 88th Cong., 1st sess., set. No. 4, pt.1, 1963, p.905-906; Ely, J. H., *Democracy and Distrust:* A Theory of Judicial Review. Cambridge, MA, 1980, p.74. Propostas para resoluções "para estabelecer um direito de voto livre e universal nos Estados Unidos" foram introduzidas pelos representantes John D. Dingell e Joseph G. Minish em 1963. Elas nunca vieram a ser votadas e não parecem ter sido seriamente consideradas. *Congressional Record*, 88. Cong., 1. sess., 1963, p.109, parte 1, p.57 e parte 2, p.1672.

29 *Breedlove versus Suttles*, 302 U.S. 277 (1937). A Suprema Corte, em 1951, também apoiou a taxa de voto no estado da Virginia (com a discordância do Juiz Douglas) em Butler *versus* Thompson, 341 U.S. 937 (1951).

de igual proteção da Décima Quarta Emenda sempre que torna a riqueza do eleitor ou o pagamento de qualquer taxa um padrão eleitoral". Em seu voto majoritário, o juiz William O. Douglas, talvez o membro mais liberal da Corte Warren, foi muito além da questão dos impostos de votação, e insistiu que a riqueza "não é pertinente à capacidade de uma pessoa de participar de forma inteligente no processo eleitoral", que "a riqueza ou o pagamento de taxas [...] não tem nenhuma relação com as qualificações de voto; o direito de voto é precioso demais, fundamental demais para ser tão sobrecarregado ou condicionado". Ele justificou a aplicabilidade da cláusula de igual proteção alegando que "não está presa à teoria política de alguma época específica. Para determinar quais atividades são discriminatórias de forma inconstitucional, nunca estivemos confinados às noções históricas de igualdade [...]. As noções sobre o que constitui a igualdade de tratamento para efeito da cláusula de igual proteção *realmente* mudam".[30]

As duas opiniões discordantes apresentadas no caso pelos juízes Hugo Black e John Harlan (apoiados por Potter Stewart), atacavam diretamente a base ideológica da invocação pela maioria da cláusula de igual proteção. Todos os juízes concordavam que os impostos de votação eram repugnantes, mas os discordantes argumentaram que os requisitos financeiros para votar não eram necessariamente irracionais ou arbitrários e, portanto, não estavam dentro do escopo da cláusula de igual proteção: não cabia aos tribunais, eles afirmavam, mas ao Congresso ou ao povo americano (por meio de uma emenda constitucional) adotar uma nova teoria política. "O requisito de propriedade e o imposto de votação, muito simplesmente, não estão de acordo com as noções igualitárias atuais de como uma democracia moderna deve ser organizada", concluiu Harlan, mas cabia aos "legisladores" a "modificação da lei para refletir essas mudanças nas atitudes populares". Os discordantes, com efeito, estavam argumentando que a democracia deveria ser expandida somente por meios democráticos, enquanto a maioria estava insistindo que o sufrágio universal já era um valor estabelecido que o Judiciário era obrigado a proteger.[31]

De fato, o argumento jurídico dos discordantes pode ter sido o mais coerente e fundamentado em termos históricos. Desde a fundação da nação, sempre houve fundamentos lógicos – ainda que elitistas – para os requisitos econômicos e, como Black apontou, Douglas nunca sequer tentou mostrar por que esses requisitos eram arbitrários, caprichosos ou irrelevantes. Além disso, mesmo deixando de lado os antigos debates sobre o papel adequado do Judiciário no governo americano, havia muito a ser dito para permitir que o povo, ou seus representantes eleitos, determinassem a forma do governo. No entanto, a opinião da maioria refletia

---

30 *Harper et al. versus Virginia Board of Election et al.*, 383 U.S. 663, 669 (1966).
31 Ibid.

outro conjunto de verdades históricas: a de que sempre houve conflitos sobre a abrangência do direito de voto, e que aqueles que o possuíam não necessariamente estariam dispostos a estender esse direito para os outros. Diante dessa realidade, fazia sentido para uma instituição isolada, tal como a Corte, defender o que acreditava ser um elemento fundamental da política americana. Ou, dito em outras palavras, se a nação realmente havia adotado a teoria política que celebrava, se – conforme se proclamava de forma tão ampla na vida pública americana – os Estados Unidos era a personificação e o porta-estandarte dos valores democráticos, então era sensato que a Corte garantisse a correspondência entre as leis da nação e esses valores.[32]

Como questão de direito constitucional, a relevância do caso Harper residia no uso inovador da cláusula de igual proteção da Décima Quarta Emenda. De uma perspectiva mais ampla, mais histórica, a importância do caso era muito maior e menos técnica: quase dois séculos após a fundação da nação, as restrições econômicas ao direito de voto haviam sido abolidas em todas as eleições gerais. O que antes se acreditava ser o requisito mais importante para o direito de voto – a posse da propriedade – havia sido julgado oficialmente irrelevante. Os Estados Unidos podem ter sido o primeiro país a começar a eliminar as limitações de classe ao sufrágio, mas estavam entre os últimos a completar o processo. Que este passo final tenha sido dado durante um período de riqueza e prosperidade sem precedentes, numa época marcada pela celebração do país como uma sociedade em que as fronteiras de classe se haviam dissolvido (se é que alguma vez existiram) certamente não foi uma coincidência. Nem, talvez, fosse coincidência que o autor da opinião sobre o caso Harper (como próprio ministro-presidente da Corte Suprema) tivesse crescido em extrema pobreza.[33]

A década de 1960 também testemunhou a abolição de outra restrição remanescente de classe relativa ao sufrágio: a cassação do direito de voto dos indigentes. Cerca de metade dos estados com exclusão de indigentes já haviam revogado essa condição em 1960, mas essas leis – embora raramente aplicadas após a década de 1930 – permaneciam nos livros em Delaware, Maine, Massachusetts, New Hampshire, Oklahoma, Rhode Island, Carolina do Sul, Texas, Virginia e West Virginia (Missouri, além disso, excluía as pessoas mantidas em "asilos para pobres"). Ainda em 1956, o Congresso, na elaboração de uma emenda do imposto de votação

---

32 Para uma útil exegese dos modos de interpretação constitucional, ver Ely, *Democracy and Distrust*, p.73-134; sobre a teoria democrática durante o período e seus vínculos com a lei, ver Horwitz, M. J., *The Transformation of American Law, 1870-1960*. New York, 1992, p.254-258.
33 Michelman, F. I., Conceptions of Democracy in American Constitutional Argument: Voting Rights. *Florida Law review*, 41, 1989, p.458; Horwitz, *Warren Court*, p.6; Ely, *Democracy and Distrust*, p.120. Como Ely destaca (237n), o direito de votar das mulheres nunca teria requerido uma emenda constitucional, tivesse em voga a interpretação da década de 1960 da cláusula de proteção igual.

(que por fim se tornou a Vigésima Quarta Emenda) considerou adicionar uma cláusula para permitir que os estados retivessem suas disposições de exclusão de indigentes. Em 1957, a Suprema Corte de Oklahoma sancionou de forma tácita a exclusão de indigentes desse estado, enquanto concluía que não se aplicava a pessoas que recebiam assistência pública na velhice.[34]

Ainda assim, na década de 1960 essas leis pareciam para a maioria dos norte-americanos como arcaicas e indefensáveis. Oklahoma eliminou seu requisito num referendo em 1964, e Maine fez o mesmo no ano seguinte. A decisão do caso Harper foi o último prego no caixão: sua linguagem ampla deixou claro que as leis de exclusão de indigentes já não podiam resistir ao escrutínio judicial. Como resultado, os códigos legais estaduais e constituições foram revisados para trazer a letra da lei, em consonância com a nova leitura da Constituição federal. Notavelmente, este processo revelou que muitos americanos ainda acreditavam que os pobres dependentes deveriam permanecer sem o direito de voto. Em 1972, Massachusetts realizou um referendo sobre a eliminação da cláusula de exclusão de indigentes de sua constituição: o referendo passou, porém mais de 400 mil pessoas (cerca de 20% do eleitorado) votaram contra e Massachusetts, em 1972, foi o único estado conduzido pelo candidato presidencial democrata liberal, George McGovern. O povo de Rhode Island afirmou a longa história de oposição desse estado, ao rejeitar essa emenda por completo.[35]

O ataque aos requisitos econômicos logo se estendeu ao último domínio em que eles resistiam: as eleições municipais ou para fins especiais, que restringiam o direito de voto para os donos de propriedade ou os que pagavam impostos. Mais uma vez, a Suprema Corte, e não os governos estaduais ou o Congresso, liderou o ataque, e mais uma vez a cláusula de igual proteção da Décima Quarta Emenda foi a principal arma da Corte. No caso Kramer *versus* Union Free School District (1969), a Corte considerou uma impugnação à lei de Nova York que só permitia que os residentes de alguns distritos escolares votassem nas eleições da escola se fossem donos

---

34 *Hines versus Winters*, 320P.2d 1114, 1116 (Okla, 1957); U.S. Senate, *Hearings Before a Subcommittee of the Committee on the Judiciary*, 84. Cong., 2. sess., em S. J. Res., 29, 11 e 13 abr. 1956, p.1-9; o processo inédito de Virginia que resultou na decisão de Harper também contestava a lei de exclusão dos indigentes do estado, mas essa contestação desapareceu porque a corte do distrito decretou que o direito de voto havia sido negado aos queixosos em razão de seu fracasso em pagar taxas de voto e não por serem indigentes.

35 The Commonwealth of Massachusetts, *Legislative Research Council Report Relative to Voting by Paupers, Senate Document No. 1103,* 8 fev. 1967, p.7-26; Davoren, J. F. X., Secretary of the Commonwealth, *Election Statistics of the Commonwealth of Massachusetts 1970-72.* Boston, 1972, p.499-504; *Boston Globe*, 7 nov. 1972; *Providence Journal*, 8 nov. 1972. A cláusula de exclusão dos indigentes em Massachusetts também resultou numa contestação ao sistema de seleção do júri do estado, desde que jurados eram tirados de listas de eleitores. Ver "The Exclusion of Paupers from Voter Lists and Thereby from Eligibility for Jurt Duty". *Suffolk University Law Review*, 7, 1973, p.369-375.

de propriedades tributáveis no distrito, ou tivessem um filho matriculado em escolas públicas. Com os juízes Stewart, Harlan, e Black novamente discordantes, a Corte decidiu que a lei violava a cláusula de igual proteção. Escrevendo para a maioria e estabelecendo de modo autoconsciente um precedente, o Ministro-Presidente Warren declarou que quaisquer "leis que negam a alguns residentes o direito de voto" tinham que submeter-se ao "escrutínio rigoroso" da Corte, que a deferência habitual da Corte "em relação ao julgamento dos legisladores não se estende às decisões relativas a quais cidadãos residentes podem participar na eleição dos legisladores e outros funcionários públicos". Isso é assim "porque os estatutos que distribuem o direito de voto constituem o fundamento de nossa sociedade representativa".[36]

O escrutínio rigoroso era um conceito que seria importante na lei posterior de sufrágio; implicava que qualquer restrição ao direito de voto tinha que ser "necessária para promover um interesse público relevante". Para passar por um escrutínio rigoroso, as leis excludentes também tinham de ser adaptadas com grande precisão, de modo que "todos os excluídos" fossem claramente menos interessados ou afetados pelo resultado da eleição do que aqueles que haviam sido autorizados a votar. De um modo judicial cuidadoso, a Corte recusou-se a abordar a primeira questão – se, em teoria, poderia haver um interesse público relevante o suficiente para justificar as exclusões nas eleições escolares – enquanto anunciava que a lei de Nova York havia falhado no segundo teste. Muitos residentes excluídos pela lei tinham um interesse na qualidade das escolas e eram afetados pelo orçamento escolar e pelas taxas de propriedade. O que a Corte havia feito de fato foi reconhecer a legitimidade potencial das restrições baseadas na propriedade em eleições especiais, enquanto definia um patamar alto, quase impossível. Sua postura foi aperfeiçoada num outro caso decidido ao mesmo tempo, Cipriano *versus* Houma. Neste caso, a Corte revogou uma lei de Louisiana segundo a qual apenas os proprietários contribuintes podiam votar sobre a emissão de obrigações do Tesouro por uma entidade de utilidade pública municipal: uma vez que as obrigações deveriam ser pagas a partir das receitas da entidade, e os não contribuintes também usavam e pagavam pela utilidade pública, a Corte decidiu que a exclusão dos não contribuintes era ilegítima. No ano seguinte, a Corte emitiu uma decisão semelhante e ainda mais abrangente a respeito de um estatuto do Arizona, que limitava o direito de voto aos proprietários de bens imóveis nas eleições que aprovavam a emissão de títulos de obrigação geral (que seriam pagos de volta por meio de impostos). Na ação Cidade de Phoenix, Arizona *versus* Koldziejski, a Corte decidiu que os não proprietários tinham

---

36 *Kramer versus Union Free School District*, 395 U.S. 623, 627 (1969); Michelman, Conception of Democracy, p.462-464.

o mesmo interesse que os proprietários nas instalações públicas financiadas por meio de títulos, e que eles contribuíam para as receitas tributárias pagando aluguel. O estatuto do Arizona, por conseguinte, foi derrubado. No prazo de dois anos da decisão desse caso, as leis semelhantes em outros nove estados foram revogadas ou anuladas pelos tribunais inferiores. Uma das estratégias mais significativas, ainda que relativamente invisível, do final do século XIX e início do século XX para contornar a ausência de requisitos gerais de propriedade havia atendido seu objetivo.[37]

No entanto, nas décadas de 1970 e de 1980 uma Suprema Corte cada vez mais conservadora conseguiu estabelecer uma exceção restrita para a proibição de requisitos de propriedade. Numa série de casos que começaram com Salyer Land Company versus Tulare Lake Basin Water Storage District (1973) e continuando com Ball versus James (1980), a Corte decidiu que a participação nas eleições para entidades como os distritos de armazenamento de água poderia ser baseada na posse de propriedades. A Corte constatou que os poderes e os objetivos dessas entidades eram demasiado limitados e que os proprietários arcavam quase inteiramente com as despesas de suas decisões (a regra da Corte "uma pessoa, um voto", a ser discutida mais adiante neste capítulo, também foi suspensa nessas circunstâncias). Embora os liberais da Corte tenham discordado com vigor do que parecia ser uma ressurreição dos requisitos de acesso ao sufrágio baseados em classe, a brecha era minúscula e assim permanece até hoje. O mesmo aconteceu com a aprovação da Corte da participação de proprietários não residentes em algumas eleições.[38]

A alfabetização não testada

O fim dos testes de alfabetização – que haviam servido como uma barreira de classe, assim como um meio de triagem racial e étnica – seguiu

---

37 *Cipriano versus Houma*, 395 U.S. 701, 706 (1969); *City of Phoenix, Arizona versus Koldziejski*, 399 U.S. 204, 212 (1970); *Hill versus Stone*, 421 U.S. 289 (1975); *Hayward versus Clay*, 573 F. 2d 187 (4th Cir 1978); *Police Jury of Parish of Vermillion versus Herbert*, 404 U.S. 807 (1971); *Light versus MacKenzie*, 356, N.Y.S. 2d 991 (N.Y. Sup. Ct. 1974); Reitman, A. e Davidson, R. B., *The Election Process:* Voting Laws and Procedures. Dobbs Ferry, NY, 1972, p.26-27; Michelman, Conceptions of Democracy, p.464-465.

38 *Salyer Land Company versus Tulare Lake Basin Water Storage District*, 410 U.S. 719 (1973); *Ball versus James*, 451 U.S. 355 (1981); *State versus Frontier Acres Community Development Pasco County*, 472 So. 2d 455 (Fla. 1985); *Associated Enterprises Inc. versus Toltec Watershed Improvement District*, 410 U.S. 473 (1973); *Snead versus City of Albuquerque*, 663 F. Supp. 1084 (D.N.M. 1987). Como Michelman indica (Conceptions of Democracy, p.465-472), a tentativa da Corte de distinguir entre diferentes tipos de entidades governamentais e suas funções (comparando a decisão de Ball para Cipriano, por exemplo) era algo menos que um modelo de clareza; cf. *Southern California Rapid Transit District versus Bolen*. 822 P. 2d 875 (Cal. 1992).

um rumo diferente. Em 1959 (como observado no Capítulo 7), a Suprema Corte, incluindo o juiz Douglas, sancionou os testes de alfabetização desde que não fossem administrados de forma discriminatória em relação à raça; uma década mais tarde, no caso Gaston, a Corte decidiu que os testes alfabetização eram inaceitáveis em locais onde as escolas haviam sido segregadas. Enquanto isso, a Lei dos Direitos de Voto já havia levado à suspensão dos testes na maioria dos estados do Sul em 1965, suspensão que foi estendida a todos os estados, por cinco anos, em 1970.

A nacionalização da suspensão dos testes de alfabetização tinha raízes políticas complexas: foi fortemente defendida pela administração Nixon em razão de princípios ostensivos de que os testes alfabetização eram discriminatórios e antidemocráticos onde quer que ocorressem – e que estavam em vigor em uma dúzia de estados do Norte. "Os direitos de voto", declarou o procurador-geral John Mitchell, "não são uma questão regional. Trata-se de uma preocupação em nível nacional para todos os americanos". No entanto, o ato de estender a proibição a todos os estados também era um meio de aplacar a opinião do Sul: removia o estigma regional da legislação e dava um puxão de orelha nos liberais do Norte, de estados como Nova York e Califórnia, com a acusação implícita de que suas próprias casas poderiam não estar em perfeita ordem.[39]

Ao manter a suspensão em todo o país dos testes de alfabetização no caso Oregon *versus* Mitchell (1970), os juízes da Suprema Corte (em uma variedade de opiniões concordantes) recusaram-se a repudiar a decisão anterior da Corte em Lassiter, ou tomar uma posição contra os testes alfabetização em si; em vez disso, ela efetivamente nacionalizava a lógica da sentença do caso Gaston. Os negros, assim como os nativos americanos e outras minorias, recebiam educações desiguais e inferiores em muitas localidades dentro e fora do Sul, e esse viés em oportunidades educacionais prejudicava sua capacidade de passar nos testes de alfabetização. As altas taxas de migração interestadual, além disso, faziam que os testes alfabetização administrados em estados como Arizona e Nova York tivessem o possível efeito de cassar os afro-americanos formados em escolas segregadas do Sul. "Ao impor uma proibição nacional aos testes de alfabetização", escreveu o juiz Black, "o Congresso reconheceu um problema nacional pelo que é – um dilema grave da nação que toca todos os cantos de nossa terra". Apesar de o juiz Douglas ter insinuado outras justificativas também (por exemplo, que graças ao rádio e à televisão, a alfabetização não era mais necessária para que um eleitor ficasse informado), a parte essencial da

---

39 *Lassiter versus Northampton County Board of Elections*, 360 U.S. 45 (1959); cf. *Castro versus State of California*, 466 P. 2d 244, (Cal. 1970); Lawson, *In Pursuit of Power*, p.132-151; Thernstrom, *Whose Votes Count?*, p.34-35.

decisão da Corte foi que uma proibição nacional aos testes de alfabetização constituía um meio sensato de fazer cumprir a Décima Quinta Emenda.[40]

À luz da argumentação da Corte, e com os indícios de desigualdades em curso na educação, não foi de estranhar que, em 1975, o Congresso tenha decidido, com pouco debate, tornar permanente a proibição de testes de alfabetização. As condições que haviam gerado a proibição nacional desses testes em 1970 não haviam desaparecido, e parecia improvável que isso ocorresse num futuro próximo. Se os membros do Congresso apoiaram uma proibição permanente porque haviam concordado com o argumento constitucional que vinculava a educação aos testes de alfabetização não é claro; é certo que houve vários líderes políticos que simplesmente acreditavam que a alfabetização não era um requisito legítimo ou significativo para a votação. Seja qual for a razão, os testes desapareceram depois de 1975 e a proibição permanente nunca foi impugnada na Suprema Corte. Em 1975, a maioria dos estados ainda tinha disposições que permitiam ao analfabeto receber assistência ao votar (exceto pelo seu empregador ou representante sindical), e a Lei dos Direitos de Voto de 1975 exigia cédulas eleitorais bilíngues e material de registro em áreas com populações minoritárias significativas.[41]

Este conjunto de leis e decisões produziu uma mudança radical nas regras básicas de votação em alguns estados. Em Nova York, por exemplo, a presença do teste de alfabetização em língua inglesa, outrora anunciado como um modelo para toda a nação, implicava que os imigrantes italianos e judeus eram obrigados a aprender inglês e se alfabetizar para votar. Depois de 1975, o estado de Nova York foi obrigado não só a permitir que os

---

40 *Oregon versus Mitchell*, 400 U.S. 112, 133 (1970). Para uma análise da visão da Corte sobre requisitos de alfabetização, contra o pano de fundo do uso geral da cláusula de igual proteção da Corte, ver Michelman, *Conceptions of Democracy*, p.480-485.

41 Voting Rights Act Amendments of 1975. *U.S. Statutes at Large*, 89, 1975, p.400; Reitman e Davidson, *Election Process*, p.22, 23. O teste de alfabetização de Nova York foi o objeto de considerável disputa legal antes da proscrição nacional. Ver *U.S. versus Country Board of Elections of Monroe County*, 248 F. Supp. 316 (W.D. N.Y. 1965); *Cardona versus Power*, 348 U.S. 672 (1966); *Katzenbach versus Morgan*, 384 U.S. 641 (1966); *Torres versus Sachs*, 381 F. Supp. 309 (S.D.N.Y. 1974). Alguns estados, tais como Massachusetts, removeram seu requisito de alfabetização depois do Voting Rights Act de 1970. Massachusetts, *Gen. Laws*, 1971, cap. 382, sec. 8. A Califórnia o fez em 1974. Para exemplos de leis de assistência, ver Massachusetts, *Gen. Laws*, 1972, cap.42, sec. 1; *Laws Passed at the First Regular Session of the Fiftieth General Assembly of the State of Colorado, 1975*, v.1, comp. James C. Wilson Jr., Denver, CO, 1975, p.177; e *Laws Passed at the First Regular Session of the Fifty-third General Assembly of the State of Colorado, 1981*, v.1, prep. Douglas G. Brown. Denver, CO, 1981, p.313. Para Illinois, ver *Puerto Rican Organization for Political Action versus Kusper*, 490 F. 2d 575 (Ill. App 7th Cir 1973). As emendas de 1982 ao Voting Rights Act incluíam também uma cláusula estabelecendo o direito de um eleitor com necessidade de assistência, por causa de cegueira, deficiência ou analfabetismo, de receber tal assistência de uma pessoa de sua escolha que não fosse um empregado ou funcionário da União.

cidadãos latino-americanos e asiáticos analfabetos votassem, mas também a fornecer-lhes cédulas eleitorais em sua própria língua.

Eleitores itinerantes

A proibição dos testes de alfabetização em escala nacional foi acompanhada pela primeira tentativa do governo federal de remover mais um obstáculo para a conquista do sufrágio; os requisitos de longa residência. Alguns estados já haviam reduzido o tempo de seu requisito, mas a norma ainda era um ano, com períodos mais curtos exigidos em determinados distritos eleitorais e condados. O impacto dessas leis, numa sociedade tão itinerante como os Estados Unidos, era significativo: de acordo com uma estimativa, 15 milhões de pessoas foram impedidas de votar nas eleições de 1964. O Congresso, incentivado pelo procurador-geral Mitchell, abordou diretamente essa questão nas emendas de 1970 à Lei dos Direitos de Voto. Com pouco alarde ou controvérsia, a legislação de 1970 proibiu os estados de impor um requisito de residência superior a trinta dias nas eleições presidenciais; ao mesmo tempo, determinou que aqueles que haviam sido transferidos para outro local num período inferior a trinta dias antes de uma eleição poderiam votar com cédulas eleitorais de ausente no local anterior de residência.[42]

As fontes desta ação são obscuras, embora várias hipóteses sejam plausíveis. Incluída como parte do pacote do governo Nixon de emendas à Lei dos Direitos de Voto de 1965, a norma de residência de curta duração certamente (e talvez de modo deliberado) reforçava a apresentação do Partido Republicano como um defensor do sufrágio universal e da reforma nacional. A norma também foi um meio seguro e incontroverso de responder a um ressurgimento de preocupação pública pelo baixo comparecimento eleitoral, uma preocupação que pode ter aumentado sua valência durante os tumultuados anos 1960. Além disso, para republicanos e democratas, o próprio processo de refletir quanto à validade de outros requisitos de conquista do sufrágio poderia ter levado à conclusão de que os requisitos de longa residência simplesmente eram injustos e antidemocráticos. Uma vez que os holofotes estavam voltados para a questão dos direitos de voto, todas as lacunas na estrutura estavam sendo iluminadas.

Além disso, e com alguma especulação, a mudança no pensamento sobre as regras de residência pode ter relação com uma mudança de longo prazo na natureza da mobilidade geográfica nos Estados Unidos. No século XIX, quando a maioria das regras de residência foi elaborada, os norte-americanos mais itinerantes eram trabalhadores, sobretudo semiqualificados e

---

42 Durational Residency for Voting. *Harvard Law Review*, 86, 1972, n.107.

não qualificados. Em meados do século XX, esse padrão começou a mudar: a classe trabalhadora tornou-se menos móvel, e as classes média e alta tinham muito mais mobilidade. Os requisitos de residência por volta de 1970, portanto, estavam fazendo uma triagem não apenas dos trabalhadores itinerantes, mas também nos tipos respeitáveis de eleitores da classe média que as leis supostamente deveriam proteger.[43]

A norma de trinta dias nas eleições presidenciais foi confirmada pela Suprema Corte na ação judicial Oregon *versus* Mitchell. Com apenas uma dissidência, do juiz Harlan, a Corte concluiu que o Congresso tinha a autoridade para regular as eleições federais desse modo, por meio do artigo 1, inciso 4 da Constituição (que dá ao Congresso o direito de alterar os "tempos, lugares e o modo de conduzir" as eleições federais), o artigo 4, inciso 2 (os privilégios e cláusula de imunidade), ou por meio da cláusula de cumprimento da Décima Quarta Emenda. Vários dos juízes também fundamentaram suas decisões num direito derivado da constituição de viagens interestaduais, que eram impedidas pelos requisitos de longo tempo de residência.[44]

Dois anos depois, a Corte deu um passo gigante a mais, motivada, em parte, por uma série de decisões inconsistentes nos tribunais inferiores: ela determinou que o requisito de residência do Tennessee para as eleições estaduais (um ano no estado e 90 dias no município) violava a cláusula de igual proteção. Submetendo a lei ao teste de "rigoroso escrutínio", a Corte reverteu uma decisão de 1965 e concluiu, no caso Dunn *versus* Blumstein, que nenhum "interesse público relevante" era servido por nenhum requisito de residência mais longo do quê o período necessário para a realização do processo de registro. A "pureza das urnas" poderia ser mais protegida por meio de outras leis, e os requisitos de duração eram um dispositivo muito grosseiro para "assegurar o exercício bem informado do direito de voto". A Corte sugeriu que um período de residência de trinta dias era suficiente, embora, em casos posteriores, tenha concedido ao Arizona e à Geórgia a permissão de adotar normas de residência de cinquenta dias. Mesmo antes da decisão judicial do caso Dunn, vários estados, como Illinois, já estavam considerando uma redução radical em seus requisitos de residência – em Illinois essa mudança foi defendida tanto pelos republicanos rurais como pelos democratas de Chicago, que reclamavam que as pessoas perdiam o direito de voto ao mudar para o outro lado da rua – mas a ação da Suprema Corte encurtou esse processo.[45]

---

43 Thernstrom, S., *The Other Bostonians:* Poverty and Progress in the American Metropolis, 1880-1970. Cambridge, MA, 1973, p.40-44, 230; Squire, P., Wolfinger, R. E. e Glass, D. P., Residential Mobility and Voter Turnout. *American Political Science Review*, 81, março de 1987, p.45-50.
44 *Oregon versus Mitchell*, 400 U.S. 112 (1970).
45 *Dunn versus Blumstein*, 405 U.S. 330, 358 (1972); *Marston versus Lewis*, 410 U.S. 679, 93 S. Ct. 1211 (1973); *Burns versus Fortson*, 410 U.S. 686 (1973); *Hinnant versus Sebesta*, 363 F. Supp.

Outras características antigas dos requisitos de residência também passavam dos limites. Já em 1965, na ação Carrington *versus* Rash, a Suprema Corte derrubou uma lei do Texas (semelhante à de muitos estados) que impedia os membros das forças armadas de fixarem residência. O estado não pode, a Corte decidiu, usar a "ocupação" como base para a discriminação; nem "excluir" do direito de voto segmento algum da população por causa da maneira que poderiam votar. Os militares, assim, estavam sujeitos aos mesmos critérios de residência (presença física combinada com intenção) que os outros cidadãos. Além disso os direitos dos estudantes aumentaram, por meio de uma longa série de processos judiciais estaduais e federais (a redução da idade de voto para 18 anos, discutida adiante, ampliou o interesse nos direitos dos estudantes).[46] Os alunos também se beneficiaram de uma flexibilidade geral da definição legal de residência: no lugar da ideia tradicional de exigir a intenção de ficar num local de forma permanente ou por tempo indeterminado, começou a ser suficiente a intenção de permanecer "por enquanto, pelo menos". Na década de 1980, os tribunais determinaram até que os sem-teto poderiam estabelecer residência para fins de votação, em parques ou qualquer outro lugar onde costumavam dormir; um estado não podia negar às pessoas o direito de votar só porque tinham residências "não tradicionais" ou porque não podiam pagar a habitação. O cerne da lei claramente havia se tornado a inclusão, em vez da exclusão, e a incorporação dos cidadãos na comunidade política, no lugar da eliminação. No final do século XX, a definição de residência era mais ampla do que nunca, os requisitos de duração, na maioria dos estados, haviam sido cortados em 90%, e em quase todas as partes era relativamente fácil obter as cédulas de ausentes.[47]

---

398 (M.D. Fla. 1973); *Jackson versus Bowen*, 420 F. Supp. 315 (S.D. Ind. 1976). No que diz respeito à ação do estado, ver *Keane versus Mihaly*, 11 Cal. App. 2d 1037 (Cal. App. 4th 1970); *Young versus Gnoss*, 7 Cal 3d 18 (Cal. 1972); a revisão de 1972 da Constituição da Califórnia, segundo indicado em *Constitution of the State of California, Annotated*. San Francisco, 1981; *Atkin versus Onondaga County Board of Elections*, 285 N.E. 2d 687 (N.Y. 1972); Colorado's Act Concerning the Eligibility of New Residents of this State to Vote for Presidential and Vice-Presidential Electors, aprovado em 23 abr. 1969, bem como An Act Concerning Elections, aprovado em 17 abr. 1971, *Laws Passed at the First Regular Session of the Forty-eight General Assembly of the State of Colorado, 1971*, comp. James C. Wilson Jr., Denver, CO, 1971, p.548-564; Gratch, A. S. e Ubik, V. H., *Ballots for Change:* New Suffrage and Amending Articles for Illinois. Urbana, IL., 1973, p.61-71.

46 Para uma excelente discussão dos direitos dos estudantes universitários no início do século XXI, ver Niemi, R. G., Hanmer, M. J. e Jackson, T. H., Where Can and Should College Students Vote? A Legal and Empiric Perspective, texto não publicado, 2008, University of Rochester.

47 *Carrington versus Rash*, 380 U.S. 89, 96 (1965). No que diz respeito a estudantes, ver *Palla versus Suffolk County Board of Elections*, 286 N.E. 2d 247 (N.Y. 1972); *Auerbach versus Rettaliata*, 765 F. 2d 350 (2d Cir 1985); *Wray versus Monroe County Board of Elections*, 595 F. Supp. 1028 (W.D. N.Y, 1984); *Ramey versus Rockefeller*, 348 F. Supp. 780 (E.D. N.Y., 1972); *Williams versus Salerno*, 792 F. 2d 323 (2d Cir 1986); *Levy versus Scranton*, 780 F. Supp. 897 (N.D. N.Y. 1991);

A idade da razão

Os anos entre 1970 e 1972 também testemunharam o culminar de uma longa, embora esporádica, campanha para reduzir a idade de voto. Desde a fundação da nação, a idade de voto de 21 anos – uma extensão dos precedentes coloniais e ingleses – havia sido uma constante notável nas leis estaduais que governavam o direito de voto. As propostas para a redução do limite de idade apareceram durante ou depois de cada grande guerra, com o fundamento de que os homens que tinham idade suficiente para lutar por seu país tinham idade suficiente para participar de suas decisões políticas. Por mais sensato que possa ter soado esse argumento, ele teve pouco efeito sobre o consenso tradicional de que 21 anos era a idade da maturidade política.[48]

A objeção a esse consenso aumentou durante a mobilização em massa da Segunda Guerra Mundial. Em 1942, em resposta à diminuição da idade do alistamento militar para 18 anos, o senador republicano Arthur Vandenberg e o representante democrata Jennings Randolph apresentaram uma emenda constitucional em que defendiam a redução da idade de votar: "Se os homens jovens devem ser recrutados com 18 anos de idade para lutar por seu governo", declarou Vandenberg, "eles deveriam ter o direito de votar aos 18 anos de idade pelo tipo de governo que mais gostariam de defender". Randolph destacou que um quarto do exército, metade do Corpo de Fuzileiros Navais e mais de um terço da marinha eram formados por homens com idade inferior a 21 anos. A emenda recebeu forte apoio da National Education Association (NEA) [Associação Nacional de Educação], que argumentou que o aumento, no século XX, do número de formandos no ensino médio implicava que os jovens de 18 anos agora estavam amplamente preparados para a cidadania plena. A proposta Vandenberg-Randolph foi encaminhada para uma comissão, em que ficou esquecida e juntou-se, nos anos seguintes, a outras propostas semelhantes.

Walter versus Reed, 752, P. 2d 443 (Cal. 1988); *Whatley versus Clarck*, 482 F. 2d 1230 (5th Cir 1973); *Hershkoff versus Board of Register of Voters of Worcester*, 321 N.E. 2d 656 (1974); *Sloane versus Smith*, 351 F. Supp. 1299 (M.D. Pa. 1972); *Lloyd versus Babb*, 196 N.C. 416, 251 S.E. 2d 843 (1979); *Ballas versus Symm*, 494 F. 2d 1167 (5th Cir 1974); *Bright versus Baesler*, 336 F. Supp. 527 (E.D. Ky 1971); *Dyer versus Huff*, 382 F. Supp. 1313 (D.S.C. 1973). No que diz respeito a desabrigados, ver *Collier versus Menzel*, 176 Cal. App 3d 24 (Cal. App. 2d 1985); *Pitts versus Black*, 608 F. Supp. 696 (S.D. N.Y. 1984); *Fischer versus Stout*, 741 P. 2d 217 (Alasca, 1987). No que diz respeito à ausência nas urnas, ver, por exemplo, *Laws Passed at the Second Regular Session of the Forty-eight General Assembly of the State of Colorado 1972*, comp. James C. Wilson Jr. (Denver, CO, 1972), p.305-309; *Laws Passed at the First Regular Session of the Fifty-fourth General Assembly of the State of Colorado, 1983*, Douglas G. Brown, Denver, CO, 1983, p.368. O governo federal também aprovou o Overseas Citizens Voting Rights Act em 1975.

48 Cultice, W. W., *Youth's Battle for the Ballot*: A History of Voting Age in America. New York, 1992, p.2-18.

Vários estados também cogitaram a redução da idade de votação durante a Segunda Guerra Mundial, mas apenas um, a Geórgia, chegou a fazê-lo.[49]

Durante a década de 1950 e avançando na de 1960, as organizações da juventude, a Associação Nacional de Educação e os grupos de veteranos como a Legião Americana e os Veteranos de Guerras Estrangeiras continuavam a pressionar pela ação do Estado, mas suas derrotas foram muitas e seus sucessos, poucos (Kentucky, Alasca e Havaí). Assim como as defensoras do sufrágio feminino haviam descoberto décadas antes, fazer alterações nas constituições estaduais era um processo lento e árduo. O movimento de voto dos jovens foi debilitado pelo fato inevitável de que a juventude de seus membros era transitória. No entanto em Washington o apoio à redução na idade de votar estava crescendo. Talvez por refletir sua própria formação militar, o presidente Eisenhower, em 1952, observou que "se um homem tem idade suficiente para lutar, ele tem idade suficiente para votar", e dois anos mais tarde ele endossou formalmente a ideia de uma emenda constitucional para baixar a idade de votar.[50]

Eisenhower foi acompanhado por figuras tão diversas como o senador liberal democrata Hubert Humphrey, o republicano Kenneth Keating e o dissidente de pensamento independente, Wayne Morse de Oregon: tanto republicanos como democratas julgaram que poderiam colher benefícios partidários da redução da idade de voto. Embora os defensores da reforma apontassem de forma invariável para a conveniência de aproveitar a energia dos jovens e envolver a juventude na política, o argumento principal, reforçado pela Guerra da Coreia e a manutenção de um grande exército em tempos de paz da guerra fria permaneceu sendo a ligação entre o serviço militar e o voto.[51]

Uma das poucas figuras públicas que questionou essa ligação foi o congressista Emanuel Celler, um democrata de Nova York com uma posição de alto escalão no importante Comitê Judiciário da Câmara. "Em minha opinião, a idade de alistamento e a idade de votar são tão diferentes como o giz do queijo", Celler afirmou. "O que se requer de um soldado é a obediência inquestionável, e não é isso o que queremos de um eleitor."

> Dizer que quem tem idade suficiente para lutar tem idade suficiente para votar é traçar um paralelo totalmente falacioso. Não existe este paralelo. A capacidade de escolher, de separar a promessa do desempenho, de avaliar com base nos fatos, são os pré-requisitos para uma boa votação. A faixa etária de 18 a 21 anos é, principalmente, de formação, na qual a juventude está rumando para a maturidade. Suas atitudes mudam de um lugar a outro. Estes são os anos de maiores incertezas, um

---

49 Ibid., p.19-30.
50 Ibid., p.30-61.
51 Ibid., p.30-65, 80-92.

terreno fértil para os demagogos. A juventude se liga em promessas, no lugar do desempenho. Estes são justamente os anos de rebelião, e não de reflexão. Cometeremos uma grave injustiça em relação à democracia se concedermos o voto àqueles com menos de 21 anos.

Embora os dados de pesquisa de opinião pública indicassem que a maioria dos americanos era favorável a uma redução na idade de votar (o apoio aumentou de forma radical entre 1939 e 1952), o ponto de vista de Celler foi compartilhado de forma ampla o bastante para frustrar qualquer ação federal; a oposição também surgiu daqueles que acreditavam que a idade de voto era uma questão estadual, em vez de federal. Além disso, os proponentes da redução da idade de votar do Congresso simplesmente não consideravam essa questão como sendo de alta prioridade.[52]

Tudo isso mudou durante a guerra no Vietnã. A impopularidade da guerra deu origem a um amplo movimento de insubmissão, protestos em massa de estudantes universitários e uma radicalização alarmante dos jovens. No clima político de meados e final dos anos 1960, a questão da votação de pessoas de 18, 19 e 20 anos adquiriu uma urgência sem precedentes; na verdade, sua falta de acesso ao sufrágio servia, pelo menos de forma retórica, para ressaltar a ausência de apoio democrático para a guerra e para legitimar a resistência ao recrutamento. Como resultado, vários estados começaram a reconsiderar a idade de votar, enquanto o apoio por uma emenda constitucional federal ficava cada vez mais generalizado, tanto entre os republicanos (incluindo o senador conservador Barry Goldwater e o presidente Nixon), como entre os democratas liberais contrários à guerra, que acreditavam que iriam atrair uma maioria de votos jovens. Enquanto isso, as organizações lobistas formais e grupos de pressão apareceram, incluindo Let us Vote (LUV) [Vamos Votar] e Youth Franchise Coalition [Coalizão da Juventude pelo Sufrágio], um grupo inclusivo apoiado por uma coligação única de grupos de jovens, ativistas democratas liberais, o NAACP, organizações religiosas, National Students Association [Associação Nacional dos Estudantes], United Auto Workers [União de Trabalhadores do Automotor] e alguns republicanos. O *New York Times* endossou a redução da idade de voto, alegando que "os jovens [...] são muito mais bem preparados em termos de educação para ter o privilégio do voto do que a maioria dos eleitores do país em grande parte de sua história".[53]

---

52 Ibid., p.40-50.
53 Ibid., p.93-112; Elliott, W. E. Y., *The Rise of Guardian Democracy:* The Supreme Court's Rulings on Voting Rights Disputes, 1845-1969. Cambridge, MA, 1974, p.140-141; cf. Berg, M., Soldiers and Citizens. In: Adams, D. K. e Minnen, C. A. van (orgs.), *Reflections on American Exceptionalism.* Staffordshire, UK, 1994, p.211-214.

O desfecho do drama foi um tributo ao funcionamento enigmático do Congresso e aos meandros do federalismo. Na primavera de 1970, com pouca antecedência, os senadores Edward Kennedy, Warren Magnuson e o líder da maioria Mike Mansfield acrescentaram a proposta de redução da idade de voto em todas as eleições às emendas que estavam sendo preparadas para a Lei dos Direitos de Voto. Em desacordo com as ideias geralmente aceitas, Kennedy e Mansfield, apoiados por alguns especialistas em Direito Constitucional, afirmaram que o Congresso por si só poderia alterar a idade de voto, que não era necessária uma emenda constitucional. Após um debate acalorado, mas breve, o Senado aprovou a medida por uma larga margem bipartidária e a incluiu em sua extensão da Lei dos Direitos de Voto.[54]

Isto criou um dilema para Câmara, em especial para o congressista Celler, agora presidente do Comitê Judiciário. A maioria dos membros da Câmara estava convencida de que a legislação era inconstitucional, muitos relutavam em estender o direito de voto aos manifestantes estudantis e Celler havia prometido vetar o projeto de lei. No entanto, se a Câmara não aceitasse o pacote inteiro do Senado, a extensão da Lei dos Direitos de Voto voltaria para o Senado, onde poderia ser obstruída pela oposição, ou voltaria para um comitê de conferência onde numerosas disposições do ato preparado com tanto cuidado poderiam ser contestadas e revistas. Sem vontade de comprometer a extensão da Lei dos Direitos de Voto, Celler e seus colegas cederam com relutância e apoiaram a redução de idade como parte do pacote. Embora ele também julgasse inconstitucional a essa cláusula, o presidente Nixon assinou o projeto de lei enquanto insistia para que fosse testado com rapidez nos tribunais.[55]

A questão chegou à Suprema Corte no caso Oregon *versus* Mitchell. Citando a cláusula de igual proteção, bem como a de execução da Décima Quarta Emenda, quatro dos juízes concluíram que o Congresso, de fato, tinha o direito de baixar a idade de voto em todas as eleições. "É uma decisão racional", concluiu o juiz Douglas, "que aqueles que têm um grande 'interesse' nas eleições modernas, como os jovens de 18 anos, seja em tempos de guerra seja de paz, devem ter igualdade política". Quatro outros chegaram à conclusão oposta, determinando que a idade de acesso ao sufrágio cabia aos estados, tanto para as eleições federais como as estaduais. A balança foi desequilibrada pelo juiz Black, que rejeitou o argumento de igual proteção, mas concluiu que a Constituição, em seu artigo 1, inciso 4, dava ao Congresso o direito de estabelecer a idade de voto nas eleições federais – e somente nelas. O resultado deste complexo veredito foi a idade

---

54 Os votos negativos vieram quase inteiramente dos republicanos conservadores e dos democratas sulistas.
55 Cultice, *Youth's Battle*, p.116-140; Elliott, *Guardian Democracy*, p.141-145.

de votar de 18 anos nas eleições federais coexistindo com um limite de idade de 21 anos em quase todos os estados.[56]

A perspectiva de um limite de idade de dois níveis foi um pesadelo administrativo e logístico para os funcionários eleitorais do estado. Os eleitores menores de 21 anos teriam que ser registrados e localizados em separado; as cidades teriam que comprar máquinas de votação adicionais (e configurá-las em cabines segregadas por idade), ou utilizar máquinas especiais construídas para permitir o bloqueio seletivo de determinadas disputas eleitorais. Os custos projetados eram da ordem de milhões de dólares, e alguns estados não tinham certeza de que as mudanças poderiam ser realizadas antes das eleições de 1972. Para agravar o problema havia o fato de que muitos estados não poderiam alterar suas próprias constituições para adotar uma idade reduzida de votação no Estado em 1972: isso muitas vezes exigia votações em sucessivas legislaturas, seguidas por referendo popular.[57]

Diante dessa crise, o Congresso moveu-se com rapidez para corrigir a bagunça que havia ajudado a criar. Um mês após a sentença do caso Oregon, o então senador Jennings Randolph apresentou uma proposta de emenda constitucional que impedia os Estados Unidos ou qualquer estado de negar ou cercear o direito de voto de qualquer cidadão de 18 anos ou mais por conta da idade. Em março de 1971, o Senado, sem votos contra, aprovou a emenda. Dentro de algumas semanas a Câmara tinha feito o mesmo, com votos negativos de apenas dezenove membros, em sua maioria republicanos conservadores ou democratas do Sul. Os legislativos estaduais, então, apressaram-se para ratificar a emenda. Até o final de junho, 38 estados já haviam feito isso, e a Vigésima Sexta Emenda era lei. O processo de ratificação foi de longe o mais rápido na história da república. Em uma cerimônia na Casa Branca, para autenticar a ratificação, o presidente Nixon anunciou que acreditava em "jovens americanos", que iriam "infundir neste país o idealismo, a coragem, a resistência e a força moral elevada".[58]

---

56 *Oregon versus Mitchell*, 400 U.S. 112,144 (1970); por 1970, vários estados haviam diminuído suas idades de votação para 19 ou 20 anos. Para uma análise dessa decisão, ver Greene, R. S., Congressional Power over the Elective Franchise: The Unconstitutional Phases of *Oregon v. Mitchell*, *Boston University Law Review*, 52, 1972, p.509-569.

57 Cultice, *Youth's Battle*, p.170-81. Alguns estados, como Colorado, conseguiram efetivamente diminuir suas idades de votação para 18 anos em 1971 e 1972.

58 Ibid., p.181-215. O alcance da emenda foi esclarecido pelas cortes em Gaunt *versus* Brown, que determinava que os estados tinham o direito de negar o direito de voto (baseado em idade) a qualquer eleitor que completasse a idade de 18 anos no dia da eleição. *Gaunt versus Brown*, 341 F. Supp. 1187, aff'd 409 U.S. 809 (1972).

Um sufrágio nacional

Em 1975 o país tinha testemunhado uma revolução jurídica, uma revolução muito mais ampla em escopo do que a frase "a Segunda Reconstrução" poderia sugerir. O que ocorreu no decurso de uma década não foi apenas a reconquista do sufrágio dos afro-americanos, mas a abolição de quase todos os demais limites ao direito de voto. Impostos de votação, testes de alfabetização, a compreensão de cláusulas, as exclusões de indigentes e as prescrições de bom caráter tinha sido varridas. Os requisitos de propriedade e de impostos para votar em eleições especiais haviam sido totalmente eliminados; os requisitos de longa residência tinham sofrido uma drástica redução e a definição de residência fora ampliada; a idade de votar foi diminuída para 18 anos, e as barreiras linguísticas haviam caído. O número total de novos eleitores adicionados ao eleitorado não pode ser avaliado com precisão, mas o valor era certamente superior a vinte milhões.[59]

Essa revolução também constituiu uma nacionalização do direito de voto. As Leis de Direito de Voto, juntamente com uma série de decisões da Suprema Corte, com efeito trouxeram ao fim a era do controle do Estado sobre o sufrágio. Essa longa era tinha começado no final do século XVIII, quando os pais fundadores, por razões políticas pragmáticas, tinham optado por não mexer com as leis já em vigor nas ex-colônias; e a supremacia do Estado havia permanecido praticamente intacta, apesar dos limites impostos pelas Décima Quarta, Décima Quinta e Décima Nona Emendas. Só nas décadas de 1960 e 1970 houve um processo de nacionalização bem aferido e de grande alcance.

O impulso e, talvez, a vontade de nacionalizar e ampliar o direito de voto resultou de uma conjuntura histórica única, uma confluência de forças de pressão na mesma direção. A competição internacional ideológica da Guerra Fria; a dinâmica da mobilização militar, acentuada pela Guerra do Vietnã; a presença de um movimento de base militante, sobretudo entre os negros e depois entre os estudantes; a ampla aceitação dos valores democráticos formais, um legado da Segunda Guerra Mundial: todas essas forças contribuíram para o impulso de democratizar formalmente o sistema político americano.[60] Além disso, uma vez posto em marcha pelo

---

[59] Esta é provavelmente uma estimativa conservadora. A redução de idade tornou mais de 11 milhões de jovens homens e mulheres elegíveis; mudanças na lei de residência podem ter dado direito a voto a adicionais 10 milhões; o número de negros e hispânicos que podia votar foi provavelmente em torno de 5 a 6 milhões; e havia um milhão de cidadãos analfabetos em 1970. Ver Cultice, *Youth's Battle*, p.174.

[60] Dois excelentes estudos recentes dos vínculos entre a Guerra Fria e os direitos civis (e de votar) para afro-americanos são: Borstelmann, T., *The Cold War and the Color Line:* American Race Relations in the Global Arena. Cambridge, MA, 2001, e Dudziak, M. L., *Cold War Civil Rights:* Race and the Image of American Democracy. Princeton, NJ, 2000.

movimento dos direitos civis, o processo de reforma do sufrágio desenrolou uma lógica interna própria, ainda que, em última análise, revolucionária. Os líderes políticos da década de 1960 se viram refletindo quanto à questão dos direitos de voto de uma forma sem precedentes desde a Reconstrução. De modo intencional ou não, refizeram o caminho percorrido por Henry Wilson e seus colegas, a partir do foco na conquista do voto dos negros até a adoção do sufrágio universal.

Mas nas décadas de 1960 e 1970, ao contrário das décadas de 1860 e 1870, esse caminho intelectual foi percorrido num momento em que as tensões de classe estavam aliviadas, em vez de acirradas, reduzidas em termos históricos. A gestão bem sucedida do New Deal da crise econômica, seguida da prosperidade extraordinária do pós-guerra e da adoção bipartidária de uma política de crescimento (e não de distribuição) aliviaram muitos temores do final do século XIX e início do século XX sobre o sufrágio universal. Além disso, o governo nacional já havia afirmado sua supremacia sobre os estados em vários domínios jurídicos e políticos.[61]

Além disso, na década de 1960 era muito claro para o Congresso e as cortes que o sufrágio universal não seria alcançado por ações descentralizadas dos cinquenta estados, cada um com seu próprio legado histórico, seus próprios conflitos políticos, suas próprias minorias e questões específicas. Uma forma democratizada de governo iria requerer ação por parte do governo nacional, em nome dos valores publicamente professados da nação. Em particular – e refletindo os precedentes históricos e a dinâmica gradual do processo intelectual e político em curso – a nacionalização do sufrágio foi alcançada não pela aprovação de uma única lei nacional, mas por meio de uma série de ações que obrigaram os estados a ajustar suas leis para corresponder à autoimagem e às convicções democráticas do país. A qualidade fragmentada desta abordagem indireta se refletiu na aprovação pelo Congresso de duas emendas constitucionais e três leis de direitos de voto, bem como as leis anteriores de direitos civis.

As ideias da Suprema Corte corriam muito paralelas às do Congresso; as duas instituições de fato reforçavam e estimulavam uma à outra. Com efeito, por mais difícil que fosse discernir os mecanismos precisos pelos quais as crenças políticas estão mediadas na interpretação constitucional, não pode haver dúvida que a descoberta por parte da Corte da aplicabilidade da cláusula de igual proteção aos direitos de voto representou a própria adoção da Corte da lógica interna da reforma do sufrágio. Se a discriminação contra os negros era errada – e estava claramente proibida pela Décima Quinta Emenda –, também era errado discriminar os indigentes, os sem-propriedade, os itinerantes e os falantes de língua espanhola.

---

61 Sobre a política de crescimento, ver Wolfe, A., *America's Impasse:* The Rise and Fall of the Politics of Growth. Boston, 1981.

A utilização pela Corte da cláusula de igual proteção foi, na verdade, uma forma de estender a proibição legal das barreiras raciais referidas de modo explícito na Décima Quinta Emenda a outras formas de cassação do direito de voto discriminatória não mencionadas de forma expressa na Constituição. A combinação das decisões da Corte e da ação do Congresso significava que, apesar da ausência de uma lei nacional de sufrágio, os requisitos estaduais de voto em 1975 eram muito mais uniformes e essencialmente mais democráticos do que os que existiam na década anterior.

O ponto crucial simbólico desta revolução jurídica foi fornecido, mais uma vez, por uma mudança na estrutura governamental da capital da nação. Desde 1874, após uma breve experiência com o regime democrático, o Distrito de Columbia havia sido governado por uma comissão nomeada pelo governo federal. Durante o século seguinte, e sobretudo após a Segunda Guerra Mundial, os moradores de Washington, muitos deles afro-americanos, exigiam com regularidade autodeterminação para a cidade e representação no Congresso. Seus esforços haviam sido sempre bloqueados – entre outros, pelo senador do Mississippi Theodore Bilbo, que presidiu o Comitê do Senado no distrito e, mais tarde, o representante da Carolina do Sul John McMillan, presidente do Comitê da Câmara no Distrito de Columbia. No entanto, em torno do final dos anos 1960, o que um morador de Washington chamou de "o absurdo de a capital da nação líder do mundo livre não ser, ela mesma, livre" tinha se tornado demasiado gritante para ignorar, sobretudo dada a maioria afro-americana da cidade. Em 1967, o presidente Johnson, um defensor da autodeterminação, conseguiu empurrar no Congresso um plano conciliatório de reorganização que criou um conselho municipal eleito. Três anos depois, o distrito foi autorizado a eleger um representante não eleitor para o Congresso. Em 1973, depois que McMillan havia sido sucedido por uma cadeira afro-americana da comissão principal da Câmara, o Congresso aprovou a Autodeterminação e a Lei de Reorganização Governamental do distrito de Columbia, que deu à cidade um prefeito eleito, além de uma câmara de vereadores. Esse ato finalmente trouxe autodeterminação para os "800 mil americanos – mais pessoas do que em dez estados da União", que haviam sido "cidadãos de segunda classe". Certo grau de democracia havia chegado até Washington.[62]

Certo grau de democracia – mas não todos os direitos políticos: os habitantes da capital continuavam sem obter respostas a seu empenho de

---

62 Thornell, J. T., *Governance of the Nation's Capital:* A Summary History of the Forms and Power of Local Government for the District of Columbia, 1790 to 1973, U.S. House Committee on the District of Columbia, 101 Cong., 2. sess. (1990), p.1-3, 11-39, 43-53; Lawson, S. F., Civil Rights. In: Divine, R. A. (org.), *Exploring the Johnson Years,* Austin, TX, 1981, p.114-115; Lawson, *Black Ballots*, p.100. Para uma análise perspicaz de como a "segunda Reconstrução" foi institucionalizada e estabilizada, ver Valelly, R. M., *The Two Reconstructions:* The Struggle for Black Enfranchisement. Chicago, 2004, especialmente p.199-250.

ganhar representação no Congresso (eles haviam recebido o direito de votos eleitorais nas eleições presidenciais em 1961, graças à Vigésima Terceira Emenda à Constituição). Em 1978, uma emenda constitucional aprovada pelo Congresso outorgaria a Washington dois senadores, além de representantes eleitorais na Câmara. Mas os conservadores em todo o país (e sobretudo no Sul) se opuseram à medida; quando a janela de sete anos para a ratificação se fechou em 1985, a Emenda de Direitos de Voto de D.C. havia sido endossada por apenas dezesseis dos 38 estados necessários. Walter Fauntroy, o representante não eleitor da cidade no Congresso, culpou o fracasso no distrito que era "urbano demais, liberal demais, democrático demais e negro demais". Nas décadas de 1980 e 1990, alguns dos líderes políticos do distrito promoveram uma ideia alternativa: transformar Washington num estado (o que teria sido menos anômalo em termos constitucionais do que permanecer um "distrito" com representação no Congresso), mas esse plano carecia de um amplo apoio no Congresso. Em 2000, a Suprema Corte desferiu mais um golpe nas esperanças do distrito ao decidir que seus habitantes não teriam o direito constitucional de votar em representantes para o Congresso. Sete anos mais tarde, uma obstrução conservadora no Senado bloqueou até mesmo um plano para dar ao distrito uma cadeira eleitoral na Câmara, politicamente equilibrada pelo prêmio de uma cadeira adicional para o Estado conservador de Utah. Os homens e mulheres que viviam mais próximos dos corredores do Congresso, desse modo, permaneceram incapazes de selecionar qualquer de seus membros eleitores.[63]

O valor do voto

> E a história tem visto uma expansão contínua do alcance do direito de sufrágio neste país. O direito de votar livremente para o candidato de sua escolha é da essência de uma sociedade democrática, e quaisquer restrições a esse direito atingem o coração do governo representativo. E o direito de sufrágio pode

---

63 The Failed Amendments. *U.S. Constitution Online*, 27 ago. 2007, http://www.usconstitution.net/constamfail.html; *Washington Post*, 3 e 23 mar. 1978; Ibid., 22 ago. 1985; Ibid., 19 set. 2007; Page, P., Scholars Tell House Panel District Deserves Statehood. *Associated Press*, 13 maio 1986; Dodd, J. T., Curing Disenfranchisement in the District of Columbia: What Hasn't Worked and Why?. In: *Law and Society Review at UCSB* III, 2004, p.11-27; Asseo, L., Court Upholds House Voting Ruling. *Associated Press Online*, 16 out. 2000. É digno de nota que a população do distrito de Columbia tenha declinado de forma significativa entre 1970 e 2000. Em fevereiro de 2009, o Congresso reviveu o plano de dar ao distrito uma cadeira de voto em troca da garantia de uma cadeira adicional para Utah; com os democratas em controle tanto do Congresso como da Casa Branca, apoiadores da legislação eram otimistas sobre esda passagem decisiva. *New York Times*, 17 fev. 2009.

ser negado por uma aviltamento ou diluição do peso do voto de um cidadão com tanta eficácia como pela total proibição do livre exercício do voto.

– Ministro-Presidente da Corte Earl Warren, Parecer Majoritário do Caso Reynolds *versus* Sims (1964)

A obtenção de um amplo direito de voto nacional com poucas restrições não pôs fim às controvérsias sobre o voto. Na verdade, a transformação jurídica operada na década de 1960 seguiu – de um modo lógico e depois cronológico – uma série prolongada de conflitos sobre uma questão distinta, ainda que relacionada: o valor do voto de cada indivíduo. Esse desdobramento crítico e talvez imprevisto ocorreu por dois motivos. Primeiro, o processo de pensar e redefinir a amplitude do direito de voto levou os legisladores, juízes e civis, de forma quase inevitável, a examinar as estruturas institucionais (por exemplo, o tamanho dos distritos legislativos) em que o ato de votar estava inserido. Em segundo lugar, os conservadores, sobretudo no Sul do país, tentaram repetidas vezes reduzir o impacto da ampliação do direito de voto alterando essas estruturas, mudando as regras do jogo político. Assim, o conflito sobre a democratização perdurou, embora o terreno jurídico tenha variado, desde o próprio direito de voto até a distribuição, divisão dos distritos e a estrutura da representação.

Dentro do emaranhado: uma pessoa, um voto

O palco estava montado para esses conflitos por uma série de decisões da Suprema Corte na década de 1960, antes da aprovação da Lei dos Direitos de Voto. No caso Baker *versus* Carr, decidido em 1962, a Corte determinou que a distribuição das cadeiras legislativas estaduais no Tennessee poderia ser impugnada nas cortes federais sob a cláusula de igual proteção da Décima Quarta Emenda. A sentença tinha um foco restrito, técnico (de saber se as desigualdades de distribuição eram uma questão constitucional da alçada da justiça), mas suas implicações tinham um alcance potencial tão amplo que provocou uma dissidência longa e poderosa do juiz Felix Frankfurter, unido ao Juiz Harlan. Apontando para um recorde histórico que demonstrava que a maioria dos legislativos estaduais (assim como o governo federal) haviam sido construídos em distritos com populações desiguais, Frankfurter insistia que a questão pertencia a uma "classe de controvérsia política que, pela natureza de seu objeto, é imprópria para a ação judicial federal". Harlan afirmou que não "havia encontrado nada na cláusula de igual proteção, ou em outras partes da Constituição Federal que, de maneira expressa ou implícita, fundamentasse a noção de que os legislativos estaduais deveriam ter uma estrutura que refletisse com igualdade aproximada a voz de cada eleitor". Essa decisão "atinge profundamente o cerne de nosso sistema federal". A maioria discordou e, ao fazê-lo, mergulhou no que Frankfurter havia chamado de "emaranhado político" das questões de distribuição, um terreno em que as cortes nunca haviam pisado.[64]

Um ano depois, no caso Gray *versus* Sanders, a Corte baseou-se no Baker *versus* Carr e revogou o sistema de primárias da Geórgia de "unidade de município" que dava aos votos rurais maior peso que aos votos urbanos, e alguns pequenos municípios rurais com maior peso que outros municípios rurais maiores. De acordo com a Corte, isso violava não só a cláusula de igual proteção, mas a própria noção de igualdade que sustentava a democracia americana. Em outra de suas frases inequívocas, o juiz Douglas – sem se deixar abater pelo registro histórico que Frankfurter havia exposto em grandes detalhes – afirmou que "a concepção de igualdade política, desde a Declaração de Independência, passando pelo Discurso de Gettysburg de Lincoln, até as Emendas Décima Quinta, Décima Sétima e Décima Nona só pode significar uma coisa: uma pessoa, um voto". Em 1964, a Corte novamente visou a Geórgia, porque as populações de seus eleitorados congressionais nem sequer eram mais ou menos semelhantes: isso, a Corte deliberou, entrava em conflito com o artigo 1, inciso 2, da Constituição (que estipulava que os representantes deveriam ser escolhidos "pelo povo"). "Dizer que um voto vale mais em um distrito do que em outro [...] é contrário às nossas ideias fundamentais sobre um governo democrático."[65]

Mais adiante naquele mesmo ano, no caso Reynolds *versus* Sims, a Corte ampliou ainda mais o poder do governo federal sobre o acordo eleitoral estadual ao revogar o sistema de divisão dos distritos do Alabama para seu legislativo estadual, por permitir que municípios com apenas 25% da população do estado elegesse uma maioria dos representantes de ambos os ramos legislativos (apenas o Juiz Harlan discordou; Frankfurter havia se aposentado). Citando a cláusula de igual proteção, uma vez mais, o ministro-presidente da Suprema Corte, Warren, declarou que "os legisladores representam pessoas, não árvores ou acres" e que o "direito de voto" daqueles que vivem em áreas sub-representadas "simplesmente não é o mesmo direito de voto que o de pessoas que vivem em uma parte privilegiada do estado". Antecipando um contra-argumento óbvio, Warren insistiu que os esquemas de distribuição desigual do estado não poderiam ser comparados com o Senado dos Estados Unidos ou o colégio eleitoral: estes surgiram "de circunstâncias históricas únicas", incluindo a "conciliação e concessão

---

64 *Baker versus Carr*, 369 U.S. 186, 300, 318, 327 (1962); Ely, *Democracy and District*, p.120. Frankfurter usou primeiro a frase num caso anterior, *Colegrove versus Green*, 328 U.S., 549, 556, 1946.
65 *Gray versus Sanders*, 372, U.S. 368, 377 (1963); *Wesberry versus Sanders*, 376 U.S. 1, 8 (1964).

indispensáveis para a criação de nossa república federal". Os estados que formavam a união haviam sido outrora "entidades soberanas", o que não era verdade em relação aos municípios, cidades ou outras "subdivisões políticas". Era legítimo, portanto, para cada estado ter dois senadores, independentemente de sua população, mas não era legítimo que os legislativos estaduais refletissem essa estrutura.[66]

Em aspectos fundamentais, os argumentos e a história que levaram à adoção pela Corte de "uma pessoa, um voto" foram semelhantes a seu repúdio dos requisitos econômicos para votar no caso Harper *versus* Virginia. Os juízes Frankfurter e Harlan certamente tinham razão em que nem os pais fundadores, nem os autores da Décima Quarta Emenda acreditavam que uma igualdade aritmética de votos deveria estar na base de todos os esquemas de representação. Os juízes também tinham um fundamento sólido ao afirmar que não era irracional que os estados incluíssem outras considerações (como a geografia ou o peso entre os interesses rurais e urbanos) ao conceber os sistemas de representação, e que estes eram essencialmente questões políticas ou questões de filosofia política que pertenciam mais aos legisladores eleitos do que ao judiciário. No entanto, Douglas e Warren também tinham um argumento. A democracia, de fato, poderia ser desfeita ou contornada por meio de mecanismos de divisão de distritos, bem como por meio da cassação do direito de voto; os registros históricos sugeriam fortemente que era improvável que aqueles que exercem um poder desproporcional nos governos estaduais entregassem o poder de forma voluntária. Era irrealista esperar que uma distribuição não democrática de poder pudesse ser reformada de forma democrática. Por conseguinte, se o judiciário não agisse, se não conseguisse estabelecer um critério para avaliar o conteúdo democrático das estruturas eleitorais, a porta estaria aberta a uma ampla gama de abusos.

O resultado desse conjunto de casos foi uma ampliação da definição legalmente operativa do direito ao voto. Em 1965, a Constituição foi interpretada no sentido de que as pessoas não só tinham o direito de se registrar, votar e ter seus votos contados, mas também que tinham o direito de que seus votos valessem tanto quanto os dos demais cidadãos. Os votos não poderiam ter mais peso em alguns locais do que em outros; e os distritos eleitorais não poderiam ter populações demasiado desiguais. Além disso, o governo federal tinha assumido a responsabilidade de julgar a legalidade e a legitimidade dos sistemas eleitorais em nível federal, estadual e local – e

---

66 *Reynolds versus Sims*, 377 U.S. 533, 563, 573 (1964). Mais uma vez o juiz Harlan discordou, citando a inaplicabilidade da Quadragésima Emenda. Cf. *Avery vrtdud Midland County, Texas*, 390 U.S. 474 (1968), no qual a Corte manteve que não podia haver "variação substancial a partir de população igual" na divisão de distritos para governo local. Em *Karcher versus Daggett*, 462 U.S. 725 (1983), a Corte diminuiu a flexibilidade consentida em divisão de distritos congressionais.

teria que fazer esses julgamentos e aplicar o padrão de "uma pessoa, um voto" cada vez que a população do país fosse contada.

Aprovação prévia e a totalidade das circunstâncias

Até o final dos anos 1950, a cidade de Tuskegee, Alabama, continha um número considerável de afro-americanos que haviam conseguido se registrar como eleitores. De fato, os inscritos negros eram numerosos o bastante para representar uma ameaça ao controle político branco da cidade. Para enfrentar essa ameaça, o legislativo estadual redesenhou completamente os limites da cidade, criando uma municipalidade bizarra de 28 lados, com uma população quase inteiramente branca: os negros se viram remetidos para os municípios circundantes, onde não eram numerosos a ponto de exercer muita influência. A ação do legislativo não foi sem precedentes: a divisão de distritos por raça havia sido uma forma comum de guerra política em todo o Sul, sobretudo nos anos que antecederam a cassação do direito de voto em grande escala da população negra. No entanto, o que aconteceu em Tuskegee foi obviamente ofensivo e incomum, e os cidadãos negros da cidade, estimulados pelo movimento dos direitos civis, mobilizaram-se coletivamente para protestar contra os novos limites da cidade. Em resposta a esses protestos, e agindo sob a Lei de Direitos Civis de 1957, o Departamento de Justiça apoiou uma ação judicial de cidadãos negros locais. Pela primeira vez no século XX, a Suprema Corte, em 1960, ouviu um caso envolvendo a divisão administrativa racial ilegal (Gomillion *versus* Lightfoot) e liderada pelo juiz Frankfurter, a Corte decidiu que a ação do legislativo era uma clara violação da Décima Quinta Emenda.[67]

Os eventos em Tuskegee (e acontecimentos semelhantes em outros lugares) anunciaram claramente aos ativistas de direitos civis e advogados do Departamento de Justiça que muitos sulistas brancos não estavam dispostos a compartilhar o poder político com os negros. Se o governo federal insistisse no empoderamento negro, os sulistas conservadores tentariam prejudicar seus resultados, alterando as estruturas de representação. A desanexação, como havia ocorrido em Tuskegee, era uma maneira de fazê-lo; a anexação (de populações brancas) era outra. Manipular os limites de um distrito eleitoral por motivos raciais podia assumir a forma de quebrar (ou seja, dividir os eleitores minoritários em vários distritos) ou amontoar (ou seja, agrupar os eleitores em um único distrito). Nas numerosas cidades com maiorias brancas, mas consideráveis populações negras, os brancos podiam

---

[67] *Gomillion versus Lightfoot*, 364 U.S. 339, 342 (1960): Elliott, *Guardian Democracy*, p.82-84; Kousser, J. M., *Colorblind Injustice*: Minority Voting Rights and the Undoing of the Second Reconstruction. Chapel Hill, NC, 1999, p.53-54, 371; Lawson, *Running for Freedom*, p.61-62.

manter o monopólio do poder político tendo todos os vereadores eleitos "em seu conjunto", e não a partir de distritos de um único representante. Um resultado semelhante poderia ser alcançado insistindo-se em segundos turnos maioritários em vez de uma pluralidade de vitórias. Dada a longa história de discriminação racial e da história recente de resistência vigorosa aos direitos civis, teria sido surpreendente se os brancos sulistas em 1960 não tivessem recorrido a esses mecanismos para permanecer no poder.

Sem dúvida, foi com isso em mente, como argumentou o historiador J. Morgan Kousser, que a Lei dos Direitos de Voto havia insistido na "aprovação prévia" federal de qualquer nova "qualificação para votar ou pré-requisito de voto ou critério, prática ou procedimento com relação ao voto" em todos os locais que tiveram uma história de discriminação. Conforme o procurador-geral Nicholas Katzenbach testemunhou ao Congresso durante as audiências sobre a Lei dos Direitos de Voto, "há uma enorme quantidade de coisas que poderiam ser iniciadas com a finalidade de escapar da Décima Quinta Emenda se houver o desejo de fazê-lo". O procedimento de aprovação prévia – a requisição de que estados e municípios visados obtivessem a aprovação federal para qualquer procedimento eleitoral novo ou modificado – foi um mecanismo destinado a evitar que os sulistas brancos recalcitrantes comprometessem a eficácia da conquista do sufrágio negro.[68]

O alcance da disposição da aprovação prévia (seção 5) não ficou clara durante os primeiros anos após a aprovação da Lei dos Direitos de Voto, e o mecanismo foi pouco usado. Isso mudou de modo radical em 1969, como resultado de um conjunto de ações judiciais que chegaram perante a Suprema Corte. Esses casos provinham do Mississippi e da Virginia, e envolviam uma vasta gama de diferentes alterações das estruturas eleitorais: mudanças da votação distrital para a votação em bloco para os supervisores do município; a nomeação, em vez da eleição, dos superintendentes de educação; novas regras que regiam a capacidade dos candidatos independentes para garantir um lugar nas urnas; e as modificações nos procedimentos de voto para candidatos não inscritos oficialmente. Ao juntar os casos sob uma decisão judicial (Allen *versus* State Board of Elections) a Corte decidiu que todas essas mudanças estavam sujeitas ao dispositivo legal da aprovação prévia da Lei dos Direitos de Voto. Rejeitando a alegação de que a seção 5 se aplicava apenas às leis que regiam o registro dos eleitores, a Corte concluiu que a Lei dos Direitos de Voto "era destinada ao sutil, tanto quanto ao óbvio" e, portanto, que todas as modificações das leis eleitorais deveriam ser verificadas pelo Departamento de Justiça por seus efeitos potencialmente discriminatórios. Dois anos mais tarde, a

---

[68] Kousser, *Colorblind Injustice*, p.60; para uma discussão da amplitude da desproporção e diluição de votos, ver a U.S. Civil Rights Commission, *Voting*, p.113-135.

Corte ratificou essa interpretação ampla, considerando que o dispositivo da aprovação prévia aplicava-se também às anexações municipais e às transferências dos locais de votação.[69]

As ações da Corte implicavam que qualquer estado ou município que abarcasse o mecanismo de ativação da Lei dos Direitos de Voto (ou seja, aqueles com antecedentes de discriminação) tinha que eliminar todas as alterações em suas regras eleitorais junto ao Departamento de Justiça. Esse requisito gerou um movimento grande na esteira do Censo de 1970, conforme os estados redesenhavam os distritos para atender ao requisito de "uma pessoa, um voto" do caso Reynolds *versus* Sims e tratavam de aproveitar a oportunidade para criar estruturas e procedimentos racialmente tendenciosos. Apesar da hesitação inicial da administração Nixon, o Departamento de Justiça fez cumprir a Lei dos Direitos de Voto com algum vigor; por conseguinte, viu-se a triagem de milhares de mudanças na lei eleitoral, mais de duas centenas das quais foram rejeitadas. Nos anos seguintes, em resposta à engenhosidade dos conservadores do Sul, as cortes federais ampliaram o alcance do dispositivo de aprovação prévia, como fez o Congresso com sua extensão da Lei dos Direitos de Voto de 1975 para abranger as minorias linguísticas.[70]

Além disso, os tribunais lutavam com desafios constitucionais aos esquemas discriminatórios em potencial, que não estavam sujeitos à cláusula de aprovação prévia: aqueles adotados antes de 1965 (e, portanto, não eram mudanças na lei por si só) e os de estados e municípios que não estavam sob a supervisão federal direta. Em 1971, em um caso de Indiana, a Corte deixou claro que os distritos plurinominais (isto é, aqueles em que mais de um representante era eleito por uma unidade geográfica particular) não eram necessariamente inconstitucionais, mas eram suspeitos, porque criavam uma oportunidade para que as eleições fossem estruturadas para prejudicar os eleitores negros. Em 1973 a Corte deu um passo além, derrubando por unanimidade os distritos plurinominais em dois condados do Texas por enfraquecer os votos dos afro-americanos e mexicano-americanos. Esta decisão judicial foi baseada na verificação rigorosa da "totalidade das circunstâncias" envolvendo o sistema de divisão de distritos, incluindo a longa história do estado de discriminação racial. Estava implícita na decisão a noção de que os negros e hispânicos teriam maior representação política se os distritos fossem menores e cada um elegesse apenas um representante.

---

69 *Allen versus State Board of Elections*, 393 U.S. 544, 565 (1969); *Perkins versus Matthews*, 400 U.S. 379, 388 (1971); Lawson, *In Pursuit of Power*, p.133, 159-161; Kousser, *Colorblind Injustice*, p.59-63; Engstrom, R. L., Racial Discrimination in the Electoral Process: The Voting Rights Act and the Vote Dilution Issue. In: Steed, R. P., Moreland, L. W. e Baker, T. A. (orgs.), *Party Politics in the South*. New York, 1980, p.197-202.
70 Lawson, *In Pursuit of Power*, p.131-142, 163-174, 203-212, 217-221; *Georgia versus United States*, 411 U.S. 526 (1973); Engstrom, Racial Discrimination, p.200-203.

O critério da totalidade das circunstâncias foi refinado e ganhou especificidade por meio de uma corte de circuito na ação judicial Zimmer *versus* McKeithen (1973), e o teste de Zimmer foi aplicado de forma ampla pelo restante de 1970. Na prática, o teste tornou suspeitas as eleições de representantes gerais e as eleições distritais plurinominais em todo o Sul.[71]

O critério da totalidade das circunstâncias surgiu quando a Corte se deu conta da complexidade do problema que enfrentava: de que maneira distinguir se um sistema de divisão distrital – ou qualquer outro sistema eleitoral – discriminava os negros ou outras minorias? Nos casos fáceis era possível estabelecer uma intenção discriminatória mas, na década de 1970, os legisladores sulistas, tendo aprendido a lição do caso Gomillion, eram sofisticados a ponto de tornar-se difícil provar uma intenção. As novas leis sempre eram acompanhadas de justificativas neutras em termos raciais, como a eficiência administrativa. A constatação da discriminação também poderia ser baseada nos efeitos das novas modalidades eleitorais, o que não deixava de apresentar riscos: o fato de uma estrutura eleitoral deixar minorias não representadas, por exemplo, não provava uma discriminação ilegal. Os grupos de interesse que não conseguiam reunir uma maioria sempre ficavam sem representação como efeito das eleições e era assim que o sistema funcionava. O critério da totalidade das circunstâncias – que abrangia tanto as intenções como os resultados – foi uma estratégia para lidar com esse dilema, mas não produziu, necessariamente respostas claras. O critério implicava que as cortes deveriam considerar os efeitos dos sistemas eleitorais, mas como medir os efeitos de uma anexação ou de um sistema de divisão de distritos? O *que* deveria ser medido, e com o que se deveria comparar as medidas? Qual era o padrão de medida que revelaria se os efeitos de uma votação em bloco, ou de uma desanexação, eram discriminatórios e ilegais?[72]

A resposta mais óbvia a essas questões teria sido a adoção de alguma forma de proporcionalidade demográfica para as minorias raciais: a porcentagem de minorias eleitas deveria ser mais ou menos comparável à porcentagem da população minoritária. Se os afro-americanos constituíssem um terço dos habitantes de uma cidade ou estado, eles deveriam ter um terço dos representantes, e uma estrutura justa faria isso ocorrer. Sem este padrão, as vozes de uma minoria oprimida de longa data continuariam

---

71 *Withcomb versus Chavis*, 403 U.S. 124 (1971); *White versus Regester*, 412 U.S. 755, 769 (1973); *Zimmer versus McKeithen*, 485 F. 2d 1297 (5th Cir 1973); Grofman, B., Handley, L. e Niemi, R. G., *Minority Representation and the Quest for Voting Equality*. New York, 1992, p.32-34. Uma corte dividida, no início da década de 1970, recuou ligeiramente de sua insistência em igualdade numérica em divisão de distritos, permitindo maior variedade no tamanho de distritos. *Gaffney versus Cummings*, 412 U.S. 735 (1973); *Mahan versus Howell*, 410 U.S. 315 (1973).

72 Engstrom, Racial Discrimination, p.202-204; Grofman, Handley e Niemi, *Minority Representation*, p.25-27.

a ser abafadas. No entanto, esta resposta óbvia não era fácil de aceitar. Um sistema de proporcionalidade baseada na raça era repugnante à tradicional ênfase americana dada aos direitos individuais, em detrimento dos grupais; era uma violação da norma integracionista da não distinção de raça; e transmitia a implicação de que os negros só podiam ser representados de forma adequada por outros negros. Além disso, a proporcionalidade com base na raça privilegiava os direitos políticos coletivos de alguns grupos em detrimento de outros. Se os negros e hispânicos tinham direito a uma certa porcentagem de representantes de uma cidade, o que dizer dos asiáticos, judeus, católicos ou membros de sindicatos?[73]

A Suprema Corte lutou, com muito debate interno, para encontrar alguma posição intermediária, uma maneira de ser sensível à história de discriminação racial, sem a imposição de uma proporcionalidade demográfica e sem abrir uma nova caixa de Pandora de reivindicações de representação por grupos políticos ou sociais sem definição racial.[74] O resultado foi uma espécie de confusão, formada em parte pelo crescente conservadorismo da Corte pós-Warren. Em 1973, a Corte permitiu que Petersburg, Virginia, anexasse bairros brancos de um município adjacente (o que daria à cidade uma maioria branca em vez de negra); no entanto, ao mesmo tempo ela aconselhou a cidade a passar a ter eleições distritais no lugar das gerais, para dar maior representatividade aos negros. Dois anos depois, a Corte permitiu que a vizinha Richmond anexasse um bairro branco e adotasse um novo sistema de divisão de distritos, porque o plano geral reconhecia "com justiça" o "potencial político da minoria" e oferecia uma representação aos afro-americanos "razoavelmente equivalente à sua força política na comunidade ampliada". No ano seguinte, a maioria da Corte se desviou para outra direção, sancionando uma proposta de Nova Orleans que aumentaria a representação negra na municipalidade em relação ao que era antes, mas não em um nível proporcional à população negra da cidade. A Corte não considerou que o plano violasse a Lei dos Direitos de Voto, porque não havia "retrocesso" no "exercício efetivo do direito de voto" dos negros. Os dissidentes liberais da Corte fizeram grande alarde, salientando que a ausência de "retrocesso" era um padrão totalmente inadequado e que tinha que haver uma "representação legislativa mais ou menos proporcional à população negra".[75]

---

73 A consciência da corte quanto aos efeitos potencialmente balconizantes foi expressa pelo Juiz White em sua crítica aos apoios da corte do distrito em *Whitcomb versus Chavis* (1875-1876).
74 Ver ibid.
75 Lawson, *In Pursuit of Power*, p.216-221; Engstrom, Racial Discrimination, p.205-209; *City of Petersburg, Virginia versus United States*, 354 F. Supp. 1021 (D.C. 1972), afirmado 410 U.S. 962 (1973); *City of Richmond versus United States*, 422 U.S. 358 (1975); *Beer versus United States*, 425 U.S. 130 (1976).

Em 1977, no caso United Jewish Organizations of Williamsburgh, Inc. *versus* Carey, a Corte enfrentou diretamente, ainda que de modo inábil, a questão balcanizadora: rejeitou as alegações referentes às Emendas Décima Quarta e Décima Quinta de um grupo de 30 mil judeus hassídicos em Brooklyn, que se viram divididos entre dois distritos por causa de um plano de distribuição que procurava produzir "maiorias não brancas" nesses distritos. A comunidade judaica alegou que o plano diminuía muito sua chance de eleger um de seus membros para o cargo. No entanto, a Corte decidiu que, para efeitos da divisão distrital, os judeus hassídicos eram simplesmente "brancos" (não obstante suas opiniões acerca de sua identidade cultural), que os brancos geralmente eram representados de forma adequada, e que era admissível o uso da raça como um fator na definição dos limites distritais.[76]

Esta tentativa pouco coerente de encontrar um meio termo chegou a um fim abrupto em 1980, quando a Suprema Corte descartou o teste Zimmer e o critério da totalidade de circunstâncias em Cidade de Mobile, Alabama *versus* Bolden. Mobile havia sido governada desde 1911 por uma comissão de três pessoas, escolhidas em eleições de representantes gerais. Embora a população de Mobile fosse de 35% de negros, nenhum afro-americano jamais foi eleito para a comissão. Aplicando a abordagem da totalidade de circunstâncias, uma corte distrital federal (apoiada pelas cortes de apelação) encontrou provas suficientes de práticas duvidosas de votação e discriminação histórica para decidir que a força da votação dos negros havia sido enfraquecida em violação às Emendas Décima Quarta e Décima Quinta e à Lei dos Direitos de Voto. Uma Suprema Corte muito fragmentada (que emitiu seis pareceres separados) anulou a sentença, concluindo que não havia provas suficientes de intenção discriminatória e que apenas ações empreendidas com "motivação racial discriminatória" eram inconstitucionais ou ilegais no âmbito da Lei dos Direitos de Voto. A Corte decidiu que a ausência de membros negros da comissão não era, por si só, evidência de discriminação, que não havia na Décima Quarta Emenda o direito de representação proporcional, e que a votação de representantes gerais sempre desfavorecia as minorias de tipos diferentes. Quatro dos juízes afirmaram ainda que a Décima Quinta Emenda aplicava-se apenas ao exercício efetivo do direito de voto, não ao enfraquecimento do voto ou à divisão de distritos.[77]

---

[76] *United Jewish Organization of Williamsburgh, Inc. versus Carey*, 430 U.S. 144 (1977); Henderson, L., Lost in the Woods: The Supreme Court, Race, and the Quest for Justice in Congressional Reapportionment. *Denver University Law Review*, 73, 1995, p.213-214.

[77] *City of Mobile, Alabama versus Bolden*, 446 U.S. 55, 62 (1980); Grofman, Handley e Niemi, *Minority Representation*, p.34-38.

O caso Mobile *versus* Bolden simplificou a lei e, ao mesmo tempo, tornou muito mais difícil que as reclamações de diluição de voto se sustentassem. Provar uma intenção discriminatória aberta, no lugar de deduzir a intenção das consequências de uma lei, era extremamente difícil: no período posterior imediato da decisão, numerosas demandas eram descartadas ou afastadas, os julgamentos eram revertidos, e as impugnações aos sistemas de votação em representantes gerais eram recusadas nos tribunais inferiores por causa de falta de provas de discriminação deliberada. Os defensores dos direitos civis ficaram furiosos com o que parecia ser a revogação de precedentes da Corte e a transformação desta – nas palavras da oposição veemente do juiz Marshall – "num acessório para a perpetuação da discriminação racial".[78]

Graças ao acaso da noção de tempo, o reino de Bolden foi breve. Em 1982, quando a Lei dos Direitos de Voto estava sendo renovada pelo Congresso, os democratas liberais, apoiado por republicanos moderados, reescreveram a lei para colocar maior ênfase nos efeitos do que na intenção. Reconhecendo a quase impossibilidade de provar a discriminação deliberada e proposital, a seção 2 da lei alterada, tal como foi redigida pelo senador Dole, proibiu qualquer critério de votação ou procedimento que "resulte numa negação ou simplificação do direito de qualquer cidadão [...] de votar por motivo de raça ou cor". Isto substituiu a linguagem original, que implicava que uma lei estadual violaria a Lei dos Direitos de Voto somente se a intenção discriminatória pudesse ser estabelecida. A emenda de lei ressaltava esta mudança declarando que uma norma ou procedimento era ilegal se

> baseada na totalidade das circunstâncias, for demonstrado que os processos políticos que levam à designação ou eleição na subdivisão estadual ou política não forem igualmente abertos à participação de membros de uma classe de cidadãos protegidos pela subseção (a), em que seus membros têm menos oportunidade que os outros membros do eleitorado de participar do processo político e de eleger representantes de sua escolha. O grau em que os membros de uma classe protegida foram eleitos para um cargo estadual a subdivisão política é uma circunstância que pode ser considerada.

Numa declaração de isenção de responsabilidade importante aos conservadores e alguns grupos minoritários menores, o projeto também continha uma rejeição explícita da proporcionalidade demográfica: "Desde que nada

---

78 Grofman, Handley e Niemi, *Minority Representation*, p.37; Lawson, *In Pursuit of Power*, p.279-280; Davidson, C., Minority Vote Dilution: An Overview. In: Davidson (org.), *Minority Vote Dilution*, Washington, DC, 1984, p.2-3.

na presente seção estabelece o direito de que os membros de uma classe protegida sejam eleitos em número igual à sua proporção na população."

O critério de totalidade das circunstâncias havia sido restaurado. Dois dias depois que o presidente Reagan assinou a extensão da Lei dos Direitos de Voto, a Suprema Corte sinalizou a mudança de direção flexibilizando os requisitos para estabelecer a prova da intenção em casos da Décima Quarta Emenda, determinando que as evidências circunstanciais poderiam ser suficientes para estabelecer a discriminação.[79]

Definindo a diluição

Restaurar a abordagem da totalidade de circunstâncias também significava restaurar os problemas e confusões inerentes. Como resultado, os tribunais inferiores não tinham certeza sobre como proceder e eram inconsistentes em suas decisões. Em 1986, a Suprema Corte tentou esclarecer as questões num caso de reformulação distrital na Carolina do Norte, Thornburg *versus* Gingles. Em mais uma decisão fragmentada, a Corte articulou um conjunto de condições que tinham de ser cumpridas para estabelecer que um plano de divisão distrital plurinominal ou de representantes gerais diluía ilegalmente os votos de uma minoria afro-americana. Em primeiro lugar, a minoria tinha de ser "grande o suficiente e compacta em termos geográficos para constituir uma maioria de um único distrito". Em segundo lugar, tinha que ser "politicamente coesa". Em terceiro lugar, tinha que haver provas, ao longo do tempo, de que os brancos votavam como um bloco, de forma a "geralmente" derrotar os candidatos negros. Outros fatores (como os do teste de Zimmer) certamente poderiam ser pesados para ajudar a determinar se um plano era discriminatório e ilegal, mas a presença da votação polarizada em termos raciais – medida por métodos estatísticos padronizados – era o coração do que se tornou conhecido como o teste Gingles. Se os brancos tendiam fortemente a votar em candidatos brancos e os negros em candidatos negros, então um sistema razoável de divisão distrital deveria produzir representantes brancos e negros.[80]

A decisão judicial do caso Gingles foi aclamada como uma vitória para os defensores dos direitos civis, em grande parte porque confirmava o recuo da Corte frente à imposição de um critério de "intenção". Mas o caso não

---

79 Grofman, Handley, and Niemi, *Minority Representation*, 41; Davidson, Minority Vote Dilution, p.18; Defner, A., Vote Dilution and the Voting Rights Act Amendments of 1982. In: Davidson, C. (org.), *Minority Vote Dilution*, Washington DC, 1984, p.145-165. A nova fraseologia aplica-se apenas a afirmações trazidas no Voting Rights Act, e não a afirmações constitucionais sob as Décima Quarta e Décima Quinta Emendas.

80 *Thornburg versus Gingles*, 478 U.S. 30, 83 (1986); Grofman, Handley e Niemi, *Minority Representation*, p.48-54.

pôs fim nem à confusão nem ao ziguezague jurídico. Por um lado, suas diretrizes não se aplicavam de imediato a todos os tipos de casos de diluição de voto, sobretudo àqueles em que o distrito plurinominal não estava em jogo. Além disso, muitos dos termos principais do teste Gingles estavam sujeitos à interpretação: *compacidade geográfica, coesivo, geralmente,* e até mesmo *maioria* (seria possível, por exemplo, combinar os negros e os hispânicos para formar a maioria de um novo distrito de representante único?). Era também incerto para os tribunais inferiores se as três fases do padrão Gingles haviam substituído a abordagem da totalidade de circunstâncias, ou se deveriam servir como uma forma eficiente de fazer uma primeira triagem de possíveis reivindicações. No entanto, a decisão facilitou a sentença judicial de muitos casos, e encorajou tanto os tribunais inferiores como o Departamento de Justiça a promover distritos uninominais e "oportunidade de minorias" nos vários locais onde foram cumpridos os critérios Gingles. Na verdade, a decisão da Corte serviu como um mandato, tanto para os legisladores estaduais como os funcionários do Departamento de Justiça envolvidos no processo aprovação prévia, para criar distritos eleitorais de "maioria-minoria" em cidades e estados que continham populações minoritárias consideráveis e tinham um recorde de votações polarizadas por motivos raciais.[81]

Foi precisamente esse mandato que levou à seguinte guinada no percurso. Ao redesenhar as fronteiras dos distritos do Congresso após o censo de 1990, os legisladores na Carolina do Norte desenvolveram um plano que criaria dois distritos com predomínio de população negra: isso foi feito após um plano anterior em que apenas um distrito de minorias foi rejeitado pelo Departamento de Justiça por ser insensível aos direitos dos cidadãos negros. A forma do segundo distrito de maioria-minoria, o Décimo Segundo, era "radicalmente irregular", serpenteando por 260 quilômetros ao longo de uma rodovia interestadual entre Charlotte e Durham; um representante de estado afro-americano gracejou que se "você dirigisse pela interestadual com as duas portas do carro abertas, você mataria quase todas as pessoas no distrito". Era indisfarçável que os limites do Décimo Segundo foram desenhados com muita atenção à sua composição racial.

Esse novo plano de divisão de distritos foi impugnado por uma ação judicial movida por cinco residentes brancos, que afirmavam que seus direitos à igual proteção garantidos pela Décima Quarta Emenda haviam sido violados por essa divisão distrital arbitrária e racial em prol dos afro-americanos. Aqueles que moveram a ação não alegaram (e não poderiam fazê-lo) que os votos dos brancos haviam sido diluídos: mesmo que houvesse dois

---

[81] Grofman, Handley e Niemi, *Minority Representation*, p.54-81. Para exemplos de cortes mais baixas no trato dessas questões, ver *Nash versus Blunt*, 797 F. Supp. 1488 (W.D. Mo. 1992), e *Garza versus County of Los Angeles*, 918 F., 2d 763 (9th Cir 1991).

representantes negros no Congresso, a população branca ainda teria uma representação inflada em termos de sua proporção da população. Em vez disso, os demandantes denunciaram que a criação de distritos com base na raça era por si só inconstitucional e "violava seu direito constitucional de participar de um processo eleitoral sem distinção de raça". Dois dos três juízes do órgão colegiado (ambos os quais também haviam feito a audiência inicial de Gingles) rejeitaram essa reivindicação e descartaram alguns de seus argumentos mais arcanos.[82]

No entanto, a Suprema Corte revogou essa decisão por cinco votos a quatro no caso Shaw *versus* Reno (1993). Exprimindo-se em nome da maioria, a juíza Sandra Day O'Connor (acompanhada pelos juízes Rehnquist, Scalia, Kennedy e Thomas) decidiu que os planos de divisão de distritos baseados na raça estavam sujeitos à "análise rigorosa" e que a proposta da Carolina do Norte era "tão irracional à primeira vista" que só poderia ser entendida como uma tentativa de "segregar os eleitores" em termos raciais. Ao ignorar os critérios tradicionais da divisão de distritos (a compacidade, o mais importante) e ao definir as fronteiras com base "apenas" na raça, os legisladores da Carolina do Norte envolveram-se numa forma de "classificação racial" que representava "um risco de dano duradouro para nossa sociedade". Segundo O'Connor, a classificação racial em si era um erro: os distritos eleitorais definidos com base na raça, como o Décimo Segundo da Carolina do Norte, acentuariam os padrões de votação em bloco, reforçariam os estereótipos raciais ao sugerir que "os membros do mesmo grupo racial" votassem da mesma forma, e levariam os funcionários eleitos a acreditar que sua "obrigação principal" era representar apenas os membros de seu próprio grupo racial, em vez de todo o distrito. No cerne da opinião de O'Connor havia uma insistência na primazia constitucional e moral da não distinção de cor. "A divisão distrital arbitrária por motivos raciais, mesmo para fins de reparação, pode nos fragmentar em facções raciais concorrentes; isso ameaça nos levar além da meta de um sistema político em que a raça não importa mais – uma meta encarnada pelas Emendas Décima Quarta e Décima Quinta e que continua a ser aspirada pela Nação". Os distritos de oportunidade para as minorias, assim, seriam ilegais ao se afastar de modo significativo das concepções tradicionais de compacidade.[83]

Apesar das divergências acentuadas dos quatro juízes, a fundamentação no caso Shaw foi ampliada, dois anos depois, na ação judicial Miller *versus*

---

82 Henderson, Lost in the Woods, p.21-22, n.137; Bierstein, A., Millennium Approaches: The Future of the Voting Rights Acts After *Shaw, De Grandy,* and *Holder. Hastings Law Journal*, 46, 1995, p.1508-1510; Kousser, *Colorblind Injustice*, p.243-276, 377-383.

83 *Shaw versus Reno*, 509 U.S. 630, 657 (1993); Kousser, *Colorblind Injustice*, p.383-393; Henderson, Lost in the Woods, p.21-23.

Johnson, um caso em que a Suprema Corte manteve uma impugnação aos distritos da Geórgia, em particular seu Décimo-Primeiro Distrito alargado de maioria-minoria. Embora reconhecendo que a raça fosse uma consideração comum e legítima nas decisões de divisão distritais, a Corte decidiu que não poderia ser o fator predominante, e não podia ocultar os princípios tradicionais de divisão distrital; um distrito de maioria-minorias poderia impugnar uma análise rigorosa apenas se "evidências convincentes" fossem apresentadas de forma que essas medidas de correção fossem necessárias em conformidade com a Lei dos Direitos de Voto. A opinião da maioria, escrita pelo juiz Kennedy, criticou o Departamento de Justiça por pressionar os estados para maximizar a representação negra, e deu a entender que a própria Lei dos Direitos de Voto poderia violar a Décima Quarta Emenda.[84]

Enquanto isso, em outro caso da Geórgia, Holder *versus* Hall, a Corte recusou-se a oferecer apoio aos demandantes negros que pretendiam ganhar um papel em seu governo municipal. O caso teve origem em Bleckley County, na Geórgia, um condado cuja população negra chegava a 20%. Bleckley tinha sido governado desde 1912 por uma comissão de uma só pessoa, e o comissário eleito era sempre um branco. Em meados da década de 1980, o legislativo de Geórgia autorizou o município a adotar uma comissão de seis pessoas, cinco das quais seriam eleitas por distritos uninominais, mas o eleitorado votou pela não adoção do plano. Seis eleitores afro-americanos moveram um processo, visando obrigar as cortes a instituir uma comissão plurinominal para que os negros pudessem ser representados no governo municipal. Em meio a diversas opiniões fragmentadas, a Corte recusou-se a fazê-lo. O que configurou a decisão foi o desconforto da Corte com o convite para determinar a estrutura da governança de Bleckley County, em vez da distribuição das cadeiras existentes num conselho ou comissão. Ambos os juízes, Kennedy e O'Connor, argumentaram que a justiça não poderia assumir essa ação judicial na ausência de um critério que indicasse o quão grande um órgão do governo deveria ser ou o grau de representação das minorias que deveria acomodar. Sua lógica apontava diretamente para a dificuldade na operacionalização do conceito de diluição. "Onde não existe um padrão funcional e objetivo para a escolha de uma referência razoável para avaliar se uma prática de votação é impugnada, segue-se que a prática de votação não pode ser impugnada como diluidora."[85]

---

84 *Miller versus Johnson*, 515 U.S. 900, 923 (1995); Henderson, Lost in the Woods, p.25-38.
85 *Holder versus Hall*, 512 U.S. 874, 880 (1994); Bierstein, Millennium Approaches, p.1512-1525. Os achados neste caso foram parcialmente prefigurados pela decisão da Corte em *Presley versus Etowah County Commission*, 502 U.S. 491 (1992), um caso do Alabama no qual, depois dos negros obterem o direito de votar para comissários do município, os poderes destes foram extremamente restritos: a Corte decretou que não violava as prescrições de aprovação prévia do Voting Rights Act, *New York Times*, 28 jan. 1992; *Washington Post*, 2 fev. 1992.

Um parecer concordante escrito pelo juiz Clarence Thomas, apoiado pelo juiz Antonin Scalia, foi mais longe, desferindo um ataque pesado contra todo o projeto de impedir a diluição de votos. Exigindo "uma reavaliação sistemática", Thomas afirmou que a definição legal do "direito de voto" deveria ser novamente reduzida a seus parâmetros anteriores ao caso Allen, antes de 1969: ele argumentou que a Lei dos Direitos de Voto garantia aos indivíduos o direito votar e ter os votos "contados de forma justa", mas não o direito de serem protegidos contra a diluição do voto. "Ao interpretar a lei para tratar dos mecanismos eleitorais em seu potencial de dissolução, nós envolvemos as cortes federais num projeto inútil que consiste em examinar as questões de teoria política – questões que os juízes precisam enfrentar para estabelecer um conceito de referência de um voto 'não diluído.'" Thomas rejeitou a noção de que a proporcionalidade fosse uma referência adequada e rejeitou o critério da totalidade das circunstâncias como "um mantra vazio [...] que serve para ocultar o interesse pela proporcionalidade que anima nossas decisões". Ainda mais "pernicioso", afirmava Thomas, era a suposição dominante de que "os membros de grupos raciais e étnicos devem todos pensar da mesma forma sobre questões importantes de políticas públicas". Embora muito criticada, a opinião de Thomas deixou claro seu próprio objetivo: desfazer as emendas de 1982 à Lei dos Direitos de Voto e pôr fim às tentativas da Corte de fiscalizar a composição racial dos distritos eleitorais.[86]

Esses três casos – Shaw, Miller e Holder – foram passos importantes dentro do que estava se tornando um recuo desordenado do esforço para evitar a diluição de votos das minorias e promover a eleição de funcionários minoritários. Em um punhado de casos adicionais decididos entre 1994 e 1998, uma Suprema Corte sempre dividida e, por vezes, fragmentada promovia a divisão distrital sem distinção de cor, enquanto se recusava a proibir "distritos maioria-minoria" por si só. A Corte decidiu que os estados não tinham obrigação de maximizar o número desses distritos, contanto que as minorias estivessem razoavelmente representadas, mas evitou a proporcionalidade demográfica como referência de racionalidade. A Corte continuou a insistir, como ocorreu no caso Miller, que a raça não poderia ser o fator predominante na divisão distrital, mas não ofereceu nenhuma definição clara de predominância, e se recusou a revelar como os distritos de oportunidade de minorias poderiam ser criados sem um esforço consciente. A Corte estava dividida acerca da importância da compacidade ou das formas bizarras na elaboração dos limites distritais, e parecia perplexa com o desafio de desembaraçar os motivos raciais dos motivos partidários mais tradicionais (e aceitáveis) que, por muito tempo, exerciam um papel

---

86 *Holder versus Hall*, p.891-945. Para críticas de Thomas, ver trabalhos de Kousser, Henderson, e Bierstein citados até aqui.

nas decisões de divisão distrital. Não é de surpreender que a incerteza reinasse entre os tribunais de primeira instância e na divisão de direitos civis do Departamento de Justiça. Em 1996, a confusão e amargura em torno da questão levou o juiz Souter, geralmente controlado, a exigir da Corte a "retirada do estado atualmente insustentável da lei".[87]

Um símbolo apropriado do estado de coisas era a incerteza persistente dos limites dos distritos eleitorais da Carolina do Norte: os esquemas de divisão distrital concebidos para satisfazer as opiniões incompatíveis sobre a lei se moviam de lá para cá, do legislativo para o Departamento de Justiça, para a corte distrital, para a Suprema Corte, e depois de volta outra vez. Shaw *versus* Reno (que ficou conhecido como Shaw I) foi seguido em 1996 pelo caso Shaw *versus* Hunt (Shaw II), no qual a Corte rejeitou novamente o plano do Legislativo para o Décimo Segundo Distrito com o fundamento de que era uma divisão distrital "predominantemente racial", não adaptada para servir a um interesse público relevante. Cinco anos depois, na ação judicial Hunt *versus* Cromartie (Shaw III), a Corte finalmente aprovou um mapa de divisão distrital para a Carolina do Norte, embora o Décimo Segundo Distrito redesenhado fosse 47% afro-americano; derrubando um tribunal inferior, uma maioria da Suprema Corte concluiu que o plano era aceitável, porque os limites haviam sido definidos sobretudo por razões partidárias, e não pela divisão arbitrária e racial. A raça poderia ser uma consideração legítima na divisão distrital, mas não poderia ser a razão "dominante e principal".[88]

O estado incerto da lei levou muitos observadores a preverem uma safra de problemas à medida que os legislativos estaduais e as comissões em todo o país preparavam-se para desenhar novos mapas eleitorais após o censo de 2000. Mas o caos antecipado nunca se materializou. Quaisquer que fossem os meandros da lei e as ambiguidades de alguns de seus conceitos básicos, a maioria das legislaturas tirou das decisões da Suprema Corte algumas

---

87 *Johnson versus De Grandy*, 512 U.S. 997 (1994); *Shaw versus Hunt*, 517 U.S. 899 (1996); *Bush versus Vera*, 517 U.S. 952 (1996); *African-American Voting Rights Legal Defense Fund v. State of Missouri*, 994 F. Supp. 1105 (E.D. Mo, 1997); Bierstein, Millennium Approaches, p.1522-1525; Wickline, D. L., Note: Walking a Tightrope: Redrawing Congressional District Lines After *Shaw v. Reno* and Its Progeny. *Fordham Urban Law Journal*, 25, 1998, p.641; Reed, J., Sense and Nonsense: Standing in the Racial Districting Cases as a Window on the Supreme Court's View of the Right to Vote. *Michigan Journal of Race and Law*, 4, 1999, p.389-457; Issacharoff, S., Karlan, P. S. e Pildes, R. H., *The Law of Democracy:* Legal Structure of the Political Process. New York, 1998, p.590-603; Kousser, *Colorblind Injustice*, p.396-455. O juiz Ginsburg, em sua discordância em *Holder*, concordou com a opinião majoritária de que havia uma tensão surgida nas emendas de 1982 para o Voting Rights Act, porque a meta de permitir diluição de votos reivindica ser exercida conflitava com a negação de um "direito à representação proporcional para votos minoritários".

88 *Shaw versus Hunt*, 517 U.S. 899 (1996); *Easley versus Cromatie,* 121 S. Ct. 1452 (2001); *New York Times*, 19 abr. 2001. Para um relato narrativo detalhado desses casos, ver Yarbrough, T. E., *Race and Redistricting:* The Shaw-Cromatie Cases. Kansas, 2002.

orientações gerais: a criação de "distritos maioria-minoria" para promover a representação das minorias era aceitável, desde que os distritos não fossem muito disformes (idealmente os "distritos de maioria-minoria" ocorreriam "de maneira natural"); as tentativas de alcançar a proporcionalidade demográfica seriam mal vistas; e os mapas eleitorais deveriam ser defensáveis em termos dos princípios "tradicionais" da divisão distrital, como a compacidade e o interesse partidário. Com a maioria das jurisdições seguindo essas diretrizes gerais, as impugnações legais foram menores do que o esperado, e a própria Suprema Corte aos poucos começou a reduzir seu papel como árbitro ativo de planos parlamentares e legislativos de divisão distrital.[89]

Ainda assim, nem a lei nem as condições práticas permaneceram estáticas após o ano 2000. Um desenvolvimento significativo e revelador se desenrolou na Geórgia, onde os democratas, como seus colegas em vários outros estados, chegaram à conclusão de que os distritos maioria-minoria não serviam necessariamente aos interesses do partido. Embora a criação de distritos com maiorias afro-americanas praticamente garantisse a eleição de representantes democratas negros, a concentração da comunidade afro-americana nesses distritos diminuía sua força eleitoral (e a do Partido Democrata) em outras partes do estado. Com o controle do senado estadual em jogo, a maioria democrata no legislativo – 30% da qual era negra – elaborou um plano de divisão distrital que reduzia o número de distritos do Senado nos quais os negros constituíam uma maioria de eleitores registrados, ao passo que aumentava o número de distritos em que as coalizões de democratas negros e brancos teriam uma boa chance de eleger seus candidatos preferidos. A alegação de que essas "coalizões" ou distritos de "influência" não diminuiriam a representação negra foi fortalecida por evidências de que alguns brancos, de fato, votariam em candidatos afro-americanos.[90]

---

[89] Karlan, P. S., The Court Finds Room for Racial Candor. *New York Times*, 23 abr. 2001; Pildes, R. H., Is Voting-Rights Law Now at war with Itself? Social Science and Voting Rights in the 2000s. *North Carolina Law Review*, 80, junho de 2002, p.1539-1573; Pildes, R. H., Foreword: The Constitutionalization of Democratic Politics. *Harvard Law Review*, 118, novembro de 2004, p.66-69. Como Pildes nota (p.56-65), a Corte em 2004 emitiu um veredito ambíguo sobre a constitucionalidade partidária de divisões arbitrárias e injustas de território eleitoral (*Vieth versus Jubelirer*, 541 US 267, 158 L. Ed 2d 546, 124 S. Ct. 1796 [2004], inteira. Quatro juízes encararam a questão como não justificável; eles foram acompanhados na maioria pelo juiz Anthony Kennedy, embora Kennedy sugerisse que as cortes podiam intervir em tais casos no futuro se um padrão viável pudesse ser desenvolvido para avaliação quando uma divisão arbitrária e injusta de território eleitoral fosse excessiva. Quatro outros juízes estavam preparados para restringir versões extremas seste tipo de divisão partidária).

[90] Um distrito de "coalizão" era um onde diferentes blocos de eleitores – tais como negros e hispânicos ou negros e democratas brancos – pudessem potencialmente juntar forças para eleger candidatos; um distrito de "influência" era um com uma minoria suficientemente grande de afro-americanos ou hispânicos para ter uma influência significativa no resultado das eleições. No que diz respeito a distritos de coalizão e influência em outros estados e na

O plano democrático de divisão distrital foi adotado pelo legislativo com o apoio de quase todos os legisladores afro-americanos do estado – e sem um único voto republicano. Logo sofreu impugnação na corte federal, como uma violação do padrão de "não retrocesso" que estava em vigor desde o final de 1970 (esse padrão proibia qualquer redução no número de distritos seguros de maioria-minoria, ou na capacidade de afro-americanos de eleger seus candidatos preferidos). A Suprema Corte, no entanto, confirmou o plano de divisão distrital em 2003, decidindo no caso Geórgia versus Ashcroft que o padrão de "não retrocesso" não devia ser aplicado de forma mecânica, que uma variedade de "circunstâncias relevantes" deviam ser consideradas, incluindo o "grau de oportunidade do grupo minoritário para participar do processo político". Reconhecendo que a configuração política da Geórgia e de outros estados do Sul tinham mudado de forma significativa ao longo dos 25 anos passados, que os afro-americanos estavam ao mesmo tempo votando e sendo eleitos para cargos, a Corte sancionou a coalizão ou os distritos de influência como alternativas potencialmente sensatas para os distritos com maiorias negras completas.[91]

A ideia dos distritos de coalizão (bem como a decisão da Corte) foi abraçada por alguns analistas jurídicos e líderes dos direitos civis, incluindo o congressista John Lewis, da Geórgia, que afirmou que o Sul tinha "percorrido uma grande distância" desde a década de 1970. Mas outros na comunidade de direitos civis preocupavam-se com a possibilidade do caso Geórgia versus Ashcroft incentivar os esquemas de divisão distrital que eliminariam os distritos de maioria-minoria, redistribuir a população negra entre inúmeros distritos de maioria branca, impedir a eleição de candidatos afro-americanos, e prejudicar a capacidade das "comunidades minoritárias de terem suas vozes ouvidas nos legislativos". Em resposta a essas preocupações, o Congresso, em 2006, alterou a redação do artigo 5 da Lei dos Direitos de Voto, invalidando efetivamente a decisão judicial de Geórgia versus Ashcroft e tornando mais difícil que os distritos de maioria-minoria fossem convertidos em distritos de influência; essa mudança foi apoiada, por diferentes razões, tanto pelos republicanos como pelos grupos de direitos civis.[92]

---

lei, ver *New York Times*, 24 abr. 2001; Pildes, Voting Rights Law, p.1551-1567; Swain, C. M., Race, A11-A13; Pildes, Constitutionalization, p.89-91.

91 *Geórgia versus Aschcroft*, 539 US 461 (2003), 468, 479; Pildes, Constitutionalization, p.89-96; Swain, Race, A12.

92 Pildes, Constitutionalization, p.92; Tucker, Politics of Persuasion, p.221-223; Kousser, Strange, Ironic Career, p.732-737, 739-741, 745-757. Pildes, The Decline of Legally Mandated Minority Representation. *Ohio State Law Journal*, 68, 2007, p.1147-1148, 1156. O Congresso também modificou a linguagem da seção 5 para encaminhar questões levantadas pela decisão da Corte em Reno *versus* Bossier Parish School Board (1997), um caso que constringiu a capacidade do governo federal de objetar a mudanças na votação que tinham uma proposta discriminatória, mas não era abertamente retrógrada.

Uma outra aresta na lei surgiu a partir de uma ação judicial que impugnava um mapa de divisão distrital parlamentar no Texas, que foi elaborado depois que os republicanos ganharam o controle do legislativo estadual, em 2002. Na opinião dominante de um caso complexo e multifacetado (League of United Latin America Citizens – LULAC *versus* Perry), o juiz Anthony Kennedy – que havia substituído a juíza aposentada O'Connor como o voto decisivo em decisões de divisão distrital – criticou um novo distrito de maioria hispânica porque carecia de compacidade "cultural", além da "geográfica". O conceito de "compacidade cultural" originou-se a partir da preocupação de Kennedy de que a maioria hispânica tinha sido conseguida pela união de comunidades hispânicas muito diferentes, em termos socioeconômicos, umas das outras e, portanto, poderiam ter interesses políticos bastante divergentes. "Um estado não pode presumir, a partir da raça de um grupo de eleitores", escreveu Kennedy, "que eles pensem da mesma forma, compartilhem os mesmos interesses políticos, e prefiram os mesmos candidatos". Essa contestação à presunção essencialista de que todos os membros de um grupo minoritário compartilham os objetivos políticos afetou pouco o resultado de LULAC *versus* Perry, mas teve implicações potenciais amplas na futura construção de distritos de maioria-minoria.[93]

Após várias décadas de casos da Suprema Corte e ações do Congresso, portanto, a lei que regia a relação entre a raça e as divisões distritais ainda não havia chegado a uma consenso. Ainda em 2008, as questões principais (em relação aos distritos de "influência", por exemplo) não tinham respostas claras, e havia alguns princípios que pareciam determinados a sobreviver às mudanças de alinhamento político nos estados, ou às mudanças na composição da Suprema Corte. Um pequeno símbolo da incerteza foi a total falta de consenso entre os juristas sobre as direções em que a lei estava seguindo, ou mesmo sobre o significado das decisões mais recentes da Suprema Corte.[94]

---

93 *League of United Latin American Citizens v. Perry*, 548 U.S. 399 (2006), 433; Pildes, R. H., Decline, p.1144-1148; Ortiz, D. R., Cultural Compactness. *Michigan Law Review First Impressions*, 105, 2006, p.48-52, http://www.michiganlawreview.org/firstimpressions/vol105/ortiz.pdf. Ortiz cunhou o termo "compactação cultural".

94 Ver, por exemplo, os seguintes artigos que foram publicados no *Ohio State Law* Journal, 68, 2007; Gerken, H., Rashomon and the Roberts Court, p.1213-1237; Pildes, Decline, p.1139-1161; Katz, E. D., Reviving the Right to Vote, p.1163-1184; Karlan, P. S., New Beginnings and Dead Ends in the Law of Democracy, p.743-766; Foley, E. B., Election Law and the Roberts Court: an Introduction, p.739; Charles, G-U. E., Race Redistricting, and Representation, p.1185-1212.

Política e teoria

Os conflitos sobre os tópicos de divisão distrital e diluição – conflitos que dividiam a Suprema Corte, geravam violentas polêmicas entre os juristas e contribuíram para revogar a nomeação, feita pelo presidente Clinton, de Lani Guinier como Procurador-Geral Adjunto para os Direitos Civis em 1993 – tinham múltiplas fontes. De um modo mais superficial, esses conflitos tinham (e têm) uma dimensão partidária. Os afro-americanos têm tendido a votar massivamente nos democratas nas últimas décadas, e o aumento de seu poder de voto, portanto, serviu aos interesses do Partido Democrata enquanto desfavoreceu os republicanos. Os legisladores estaduais sempre estabeleceram limites distritais com um olho no impacto partidário, e não é por acaso que os partidos políticos e seus aliados tiveram um papel nos litígios de divisão distrital. Por exemplo, o senador republicano conservador Jesse Helms apresentou um *amicus curiae* no caso Shaw *versus* Reno. Sem dúvida os interesses partidários também configuravam o pensamento dos participantes que eram neutros de forma ostensiva, incluindo os juízes da corte distrital e os advogados do Departamento de Justiça. Até mesmo os membros ilustres da Suprema Corte não pareciam ser imunes às considerações ideológicas que serviam aos interesses dos partidos: muitas vezes a Corte se dividiu em grande parte segundo linhas partidárias – e as amplas oscilações em suas posições coincidiram com a sua mudança de composição política.[95]

Os nós jurídicos e os alinhamentos partidários também espelhavam correntes mais amplas das atitudes populares em relação à raça. Os impulsos igualitários tão celebrados na década de 1960 estavam embotados durante as últimas décadas do século XX, e grandes segmentos da sociedade branca chegaram a opor-se aos programas que privilegiavam as minorias raciais a fim de corrigir as injustiças do passado. As políticas de ação afirmativa, na contratação e na educação, eram atacadas com vigor pelos políticos republicanos, e muitas vezes anuladas por funcionários eleitos ou impugnadas com sucesso nas cortes. Que a execução de partes da Lei dos Direitos de Voto tenha atraído críticas semelhantes é totalmente congruente com essa oscilação conservadora: quando aplicada a questões de divisão distrital, a lei, segundo sua emenda e interpretação da Corte Warren, era semelhante a um programa de ação afirmativa na arena de representação eleitoral. Em particular para os republicanos, muitas vezes apoiados por uma maioria de eleitores brancos no Sul do país, a oposição ao cumprimento agressivo da Lei de Direitos de Voto era uma postura popular e de interesse próprio.

---

95 Para uma análise de interesses partidários, ver Kousser, *Colorblind Injustice*, especialmente p.366-450. Entre as mais agudamente argumentadas das peças escritas por acadêmicos estão Kousser, *Colorblind Injustice*, e Therrnstrom, *Whose Votes Count?*

Alexander Keyssar

As dificuldades da Suprema Corte com a diluição dos votos também têm raízes mais profundas, de cunho tanto teórico como histórico. O juiz Thomas estava certo ao ressaltar que os casos de diluição de voto tinham levado a Corte para questões de "teoria política", e que não havia teoria alguma aceita em geral de representação eleitoral subjacente à política americana. Em termos históricos, as estruturas de representação nos Estados Unidos haviam sido fundamentadas na suposição relativamente não articulada (e não testada) de que os interesses, individuais e comuns, deveriam e poderiam ser servidos por meio de unidades eleitorais com base geográfica. O direito de votar e de representação eram inerentes ao indivíduo, mas as comunidades às quais eles pertenciam também tinham alguns interesses coletivos e, portanto, mereciam ter voz no governo – e por isso os municípios eram representados em vários legislativos e quase todos os estados tinham senadores dos Estados Unidos. No entanto, no decorrer dos séculos XIX e XX, a identificação dos indivíduos com suas comunidades geográficas diminuiu, enquanto seu sentimento de pertença a outros tipos de comunidades – religiosas, raciais, étnicas, ocupacionais – tornou-se mais saliente. Ao mesmo tempo, as leis que regiam as eleições, como a maioria das esferas do Direito, cada vez mais ressaltavam a primazia e a proteção dos direitos individuais. Essa tendência culminou na doutrina de "uma pessoa, um voto" que emergiu da Suprema Corte na década de 1960: a votação foi considerada um direito essencialmente individual, que tinha precedência sobre quaisquer interesses comuns ou coletivos. A ponderação igual dos votos individuais não poderia ser prejudicada pela representação de "árvores, terra", interesses econômicos particulares, ou qualquer outra característica de uma comunidade geográfica.[96]

Essa concepção individualista do direito de voto era coerente e, dadas muitas características da história da nação, era natural que a Corte a adotasse. Mas a concepção do voto como um direito puramente individual só poderia produzir uma política realmente igualitária com base na suposição de que não haveria viés estrutural algum nas formas como os votos individuais eram agregados. Não foi o que aconteceu nos Estados Unidos em 1965 ou 1970: uma série de regras eleitorais levou à agregação dos votos individuais de uma forma que tornou extremamente difícil para os membros de grupos minoritários oprimidos elegerem os candidatos que preferiam. Esta falta de representação das comunidades minoritárias e de seus interesses comunitários tornou-se reconhecida como o problema da diluição de votos: o que era diluído, afinal, não era o voto individual, mas a influência da comunidade. As primeiras sentenças da Suprema Corte em casos de diluição, começando com Allen em 1969, constituíram

---

[96] Tenho uma dívida aqui para com a análise realizada por Andrea Bierstein em "Millennium Approaches", citada aqui.

um reconhecimento desse fato, bem como um esforço em grande parte tácito de reincorporar os interesses comuns nas estruturas de governo representativo.

No entanto, fazer isso levantava duas questões inevitáveis e decisivas. Em primeiro lugar, quais comunidades deveriam ser representadas? A Corte se esquivou em grande parte desse vespeiro ao invocar a linguagem da Décima Quinta Emenda e a Lei dos Direitos de Voto: apenas as comunidades raciais e algumas de "língua minoritária", não os hassídicos, que foram atribuídos à comunidade branca. A resposta era clara, mesmo que intelectualmente insatisfatória.

A segunda questão era mais difícil: se a representação deveria ser baseada, mesmo que em parte, nos interesses comunitários, a quanta representação as comunidades tinham direito? Essa questão aparentemente abstrata tinha que ser respondida pelos juízes para decidir os casos; de outro modo, não poderiam saber se as comunidades já tinham representação suficiente. No entanto, como o juiz Thomas e outros notaram, não havia diretrizes na Constituição ou em outra parte da lei americana que abordassem a questão. A abordagem mais óbvia seria decidir que a representação deveria ser proporcional ao tamanho demográfico da comunidade minoritária, mas tanto o Congresso como a Corte resistiam a essa decisão – em parte porque não havia normas consensuais que para justificá-la e, em parte, porque isso teria o significado explícito da rejeição à teoria individualista aceita da representação. Como resultado, a Corte não tinha um ancoradouro e ficou à deriva por mais de três décadas, entre a Cila do individualismo puro e o Caríbdis da proporcionalidade demográfica. Sem uma teoria normativa da representação, as questões perante a Corte eram insolúveis em termos intelectuais. Ou se deveria adotar alguma marca de referência – algum padrão de representação adequado de comunidade – ou, como um número crescente de juízes parecia estar pensando, o esforço para evitar a diluição de votos teria que ser abandonado.[97]

Este impasse levou muitos especialistas – em maior visibilidade, o professor de Direito de Harvard, Lani Guinier – a propor uma transformação mais abrangente dos procedimentos eleitorais norte-americanos: a substituição do vencedor-que-leva-todas-as-eleições em distritos uninominais com representação proporcional e distritos plurinominais. Sob os sistemas de representação proporcional (e são muitos) os perdedores nas eleições não são deixados completamente sem representação; se tiverem obtido um certo limiar de votos, os partidos ou listas de candidatos ainda ganham cadeiras na municipalidade, nas comissões municipais e nos legislativos. As minorias, portanto, podem ser representadas sem distorcer os limites

---

97 Cf. Reed, *Sense and Nonsense*, p.418-455, and Grofman, Handley e Niemi, *Minority Representation*, p.53-81.

das unidades políticas. Além disso, essas disposições podem contornar os perigos do essencialismo (por exemplo, a suposição de que todos os negros têm interesses idênticos) e da possibilidade de privilegiar determinadas comunidades. Todos os agrupamentos minoritários – não apenas as comunidades raciais – teriam uma chance de representação e os próprios agrupamentos (ou comunidades) poderiam ser fluidos ao longo do tempo, dependendo das maneiras pelas quais os indivíduos definiam seus próprios interesses. A representação proporcional incentivaria o surgimento de múltiplos partidos, e os indivíduos poderiam votar num candidato negro numa eleição, num candidato de certa classe social na seguinte, e num judeu hassídico na próxima.[98]

Quaisquer que sejam as virtudes da representação proporcional, era improvável (e continua sendo) que os dois partidos políticos dominantes do país adotassem uma mudança tão radical nas regras eleitorais – mudança que poderia ameaçar seu próprio predomínio. Como resultado, os dilemas da divisão distrital e da diluição de votos devem persistir no recesso do século XXI: o impulso para garantir a representação adequada das minorias convive com o incômodo da formulação de políticas conscientes da raça. Na extensão mais ampla, no entanto, os dilemas da divisão distrital salientam-se como os frutos do progresso. Apenas quando as barreiras raciais à extensão do sufrágio caíram foi que os problemas de divisão distrital puderam ganhar destaque. Somente quando os afro-americanos (e os membros de minorias linguísticas) obtiveram o voto que eles puderam se preocupar com o valor ou a eficácia de seus votos. Os problemas complicados que têm atormentado o Congresso e as cortes por várias décadas são o resultado de uma expansão dos direitos de voto que demorou mais de um século para ser atingida.

---

98 Mulroy, S. J., The Way Out: A Legal Standard for Imposing Alternative Electoral Systems as Voting Rights Remedies. *Harvard Civil Rights-Civil Liberties Law Review*, 33, 1998, p.331-371; Bierstein, Millennium Approaches, p.1525-1530; Guinier, L., *The Tyranny of the Majority Fundamental Fairness in Representative Democracy,* New York, 1994; Henderson, Lost in the Woods, p.41-45. Mesmo o juiz Thomas, em sua opinião em *Holder*, sugeriu alguma simpatia potencial por um sistema de representação proporcional, ou ao menos uma abertura para considerar "outros mecanismos de voto [...] que pudessem produzir resultados proporcionais sem requerer divisão do eleitorado em distritos racialmente segregados". Indo na direção oposta, em 1977, a corte apoiou um veto de Minnesota a candidaturas multipartidárias; em sua opinião concorrente, a juíza O'Connor expressou a visão de que os estados eram livres para adotar políticas que trariam vantagem aos dois partidos principais, refletindo uma crença de que "a estabilidade política é mais bem servida por meio de um saudável sistema de dois partidos". *Timmons versus Twin Cities Area News Party*, 520 U.S. 351, 367 (1997). Preservar um sistema de dois partidos, é claro, seria inconsistente com as metas de representação proporcional. Mulroy nota que algumas poucas cortes mais baixas já haviam começado a considerar alternativas para vencedor-leva-todas-eleições: Mulroy, The Way Out.

Dois exemplos difíceis

Criminosos e ex-criminosos

O impulso para expandir o direito de voto na década de 1960 e início dos anos 1970 era forte o suficiente para chegar até o grupo mais impopular e menos poderoso dos cidadãos não contemplados pelo sufrágio: os homens e mulheres que tinham sido condenados por crimes. Em 1974 todos os estados, exceto alguns, continuaram a impor a pena de privação do direito de voto aos criminosos ou condenados por crimes "infamantes", ou especificados. Em cerca de metade dos estados, essa incapacidade legal era permanente, embora em muitos deles pudesse ser removida, pelo menos em teoria, por meio de um perdão da pena ou um recurso a autoridades estaduais designadas. Em outros lugares, a privação dos direitos políticos era por um período fixo ou coincidia com o período de encarceramento (ou sursis) de um criminoso; em alguns estados, se estendia por meio do livramento condicional e, em muitos, as regras do voto de ausente de fato barravam até os detidos à espera de julgamento. A lista precisa dos crimes que desencadeavam a privação do direito ao voto variava de forma considerável de estado para estado. Os crimes mais graves estavam na lista de quase todos os lugares, mas as infrações menos sérias – entre elas a vadiagem, quebrar um cano de água, participar de uma união estável e o roubo de mantimentos – já eram suficientes em determinados estados.[99]

O interesse intensificado pelo sufrágio, provocado inicialmente pelo movimento dos direitos civis, levou muitos legisladores e os defensores dos direitos dos presos a questionar a validade e utilidade dessas leis. A perda permanente do direito ao voto, em especial, parecia ser uma resposta draconiana a um único crime, e o fato de que os criminosos condenados eram em sua grande maioria não brancos aguçava a sensibilidade para a questão. Além disso, se analisada de perto, a falta de uma justificativa convincente para a cassação do direito de voto por motivos criminosos não

---

[99] Os artigos citados aqui oferecem quadros ligeiramente variáveis quanto ao número de estados com prescrições de diferentes tipos. Cada um contém um inventório de leis estaduais, o mais completo dos quais está em Howard Itzkowitz e Lauren Oldak, Note: Restoring the Ex-offender's Right to Vote: Background and Developmants. *American Criminal Law Review*, 11, 1973, p.721-770; Note: The Need for Reform of Ex-Felon Disfranchisement Laws. *Yale Law Journal*, 83, 1974, p.582-584; *Vanderbilt Law Review*, 23, 1970, p.975-987; Note: The Equal Protection Clause as a Limitation of the States' Power to Disfranchise Those Convicted of a Crime. *Rutgers Law Review*, 21, 1967, p.298-300; Reback, G. L., Note: Disenfranchisement of Ex-Felons: A Reassessment. *Stanford Law Review*, 25, 1973, p.845-864; Tims, D. R., The Disenfranchisement of Ex-Felons: A Cruelly Excessive Punishment. *Southwestern University Law Review*, 7, 1975, p.124-160); Civil Rights Commission, *Voting*, 1961, p.69. Ver também Capítulo 9, bem como Manza e Uggen, *Locked Out:* Felon Disenfranchisement and American Democracy. New York, 2006.

passava despercebida. Como medida penal, a privação do direito ao voto não parecia servir qualquer um dos quatro fins convencionais da punição: não havia evidência alguma de que desencorajava a atividade criminosa; era uma forma imprópria de punição; não limitava a capacidade dos criminosos de cometer outros crimes; e certamente não promovia a causa da reabilitação. De fato, muitos críticos argumentavam que acontecia exatamente o oposto, por impedir os ex-criminosos de retomarem uma condição plena e normal na sociedade.[100]

Os argumentos herdados do final do século XIX, de que a cassação do direito de voto dos criminosos era necessária para salvaguardar o sistema político, eram igualmente instáveis. A visão de criminosos e ex-criminosos unidos para eleger autoridades que enfraqueceriam o código penal parecia divorciada da realidade. Não havia, também, provas para apoiar a alegação de que um homem ou mulher que já haviam violado a lei teriam a tendência de se envolver em corrupção eleitoral ou sofreriam a falta permanente de competência moral para fazer julgamentos políticos. A pureza das urnas não parecia estar ameaçada pela perspectiva da participação de criminosos ou ex-criminosos das eleições.[101]

A fraqueza da antiga lógica e a nova ênfase no ideal da reabilitação induziram vários estados a reconfigurar suas leis. O impulso principal dessas reformas foi a eliminação da privação vitalícia do direito ao voto: mais de quinze estados deram esse passo entre o fim da década de 1960 e 1998. Além disso, alguns estados restringiram o leque de crimes que resultavam na privação do direito ao voto, enquanto outros tentavam resolver as inconsistências – por exemplo, administrando um tratamento diferente para os criminosos condenados que eram e os que não eram encarcerados. Estas mudanças foram significativas, mas não cortaram o vínculo entre o sufrágio e condenações penais; a ideia de diminuir as obrigações impostas aos criminosos não era popular, e fazer emendas às constituições estaduais poderia ser um processo árduo. Tanto em Rhode Island como em Idaho, o eleitorado rejeitou as propostas para restaurar o direito de voto aos criminosos ou ex-criminosos.[102]

---

100 Itzkowitz e Oldak, Restoring, p.731-739; Reback, Disenfranchisement, p.858-861; Tims, Disenfranchisement, p.154-160. Tims e outros têm argumentado que essas leis estão sujeitas a ataque sob a Oitava Emenda da Constituição, proibindo punição cruel e não usual, mas tais afirmações nunca encontraram muito espaço na corte.
101 Equal Protection Clause, p.309-315; Need for Reform, p.585-588, Note: The Disenfranchisement of Ex-Felons: Citizenship, Criminality, and 'The Purity of the Ballot Box. *Harvard Law Review*, 102, 1989, p.1301-1309.
102 Itzkowitz e Oldak, Restoring, p.755-757; Tims, Disenfranchisement, 126n 14. Para um excelente exemplo de deliberação estadual sobre a questão, ver *Ohio Constitutional Revision Commission Proceedings Research*, v.5, Columbus, 1977, p.2358-2366, 2513-25-35. Em Ohio, como em outros lugares, tal consideração era acompanhada pela revisão da exclusão de "idiotas" e "insanos" e a introdução do mais sonoramente benigno conceito de "competência

O direito de voto

Enquanto isso, a transformação da lei de direitos de voto abriu a porta para as impugnações à cassação do direito de voto criminoso em ambos os tribunais, estadual e federal (pouquíssimos processos judiciais haviam tratado dessa questão antes da década de 1960).[103] A primeira onda de impugnações foi baseada na cláusula de igual proteção da Décima Quarta Emenda. Em 1966, na Califórnia, dois objetores de consciência do serviço militar que cumpriram pena de prisão durante a Segunda Guerra Mundial moveram uma ação para serem reintegrados como eleitores: eles haviam sido cassados de forma permanente sob uma lei da Califórnia que proibia todos os condenados por crimes infamantes, uma categoria cuja interpretação implicava todos os crimes dolosos. A Suprema Corte da Califórnia, no caso Otsuka *versus* Hite, descobriu que a recusa dos objetores a entrar nas forças armadas havia sido baseada em motivos religiosos e, portanto, não era sensato interpretá-la como um crime tão "infamante" a ponto de marcar seus autores como "homens moralmente corruptos e desonestos". A Corte concluiu que a interpretação de "crimes infamantes" na Constituição da Califórnia deveria implicar apenas a cassação do direito de voto daqueles que "poderiam ser considerados pelo bom senso uma ameaça à integridade do processo eleitoral". Ainda que houvesse o reconhecimento implícito da Corte que o estado tinha o direito de barrar alguns criminosos, a cassação do direito de voto geral de todos os criminosos condenados não era permitida pela Décima Quarta Emenda.[104]

Um ano depois, um tribunal federal de recursos chegou à conclusão oposta numa impugnação à legislação de Nova York, feita por um homem condenado sob o Ato de Smith por conspirar para depor o governo. Num parecer muito citado, o juiz Henry Friendly não apenas concluiu que o crime do demandante tinha uma ligação potencial com a integridade do processo eleitoral, mas também que não havia nada de irracional ou inconstitucional acerca dos estatutos de cassação do direito de voto dos criminosos. Invocando os princípios lockeanos, Friendly declarou que "é justo pensar que um homem que viola as leis feitas por seu representante em benefício do próprio governo abandonou o direito de participar da futura gestão do pacto [...]. Dificilmente poderá ser considerado irracional", continuou ele, "que um estado decida que os autores de crimes graves não devam tomar parte na eleição dos legisladores que fazem as leis [...] dos promotores públicos

---

mental". (Ver Capítulo 9.) No que toca aos direitos de voto dos mentalmente incapacitados, ver Note: Mental Disability and the Right to Vote. *Yale Law Journal*, 88, 1979, p.1644; Smith, J. E., Voting Rights of Persons Mengtally Incapacitated. *American Law Reports*, 80, 1977, p.1116.
103 Equal Protection Clause, p.2989-300.
104 *Otsuka versus Hite*, 64 Cal. 2d 596, 598 (Cal. 1966); Wirkin, B. E., *Summary of California Law*, v.5, 8.ed., San Francisco, 1974, p.3360-3362; Equal Protection Clause, p.301-302.

que devem julgá-los [...] ou dos juízes que estão considerando os seus casos. Isso é especialmente verdade dada a pesada taxa de reincidência e o predomínio do crime organizado". A cláusula de igual proteção, segundo Friendly, não exigia de Nova York que permitisse aos "mafiosos condenados votarem para promotores ou juízes".[105]

Mafiosos à parte, os desafios da igualdade de proteção ganharam nova força como resultado da afirmação da Suprema Corte no caso Dunn *versus* Blumstein que qualquer estatuto limitante do exercício do direito de voto (um "direito fundamental") deveria ser sujeito ao "escrutínio rigoroso" dos tribunais. Isso significava que os defensores dessas leis tinham de demonstrar que elas serviam a um interesse público relevante e que tanto eram necessárias como feitas sob medida para satisfazer esse interesse. Em 1972, portanto, um tribunal de recursos da nona circunscrição apoiou a reivindicação de um criminoso em liberdade condicional ao qual havia sido negado o direito de voto por parte do Estado de Washington. Invocando um escrutínio rigoroso, a Corte observou:

> as cortes têm sido duramente pressionadas para definir o interesse público servido pela legislação que cassa o direito de voto das pessoas condenadas por crimes [...]. A busca por razões modernas para sustentar a antiga prerrogativa governamental de cassação do direito de voto costuma terminar com um pronunciamento geral de que um estado tem o interesse de evitar que as pessoas condenadas por crimes graves participem do processo eleitoral, ou uma invocação quase metafísica de que o interesse é preservar a "pureza das urnas".

A corte concluiu que o Estado não havia estabelecido a necessidade de tais leis, e citou o parecer do juiz Douglas no caso Harper (superando-o em termos de retórica) como fundamento para a aplicação da Décima Quarta Emenda.

> No início de nossa história constitucional, as leis que cassavam o voto das pessoas condenadas por crimes podem ter sido imunes a ataques. Mas os conceitos constitucionais de igual proteção não estão congelados para sempre como os insetos

---

105 *Green versus Board of Elections*, 380 F. 2d 445, 451 (2d Cir 1967). Este caso também manteve que a perda do direito de voto não era punição cruel ou incomum. A lei da Flórida foi apoiada por uma corte distrital em *Beacham versus Braterman*, 300F. Supp. 182 (S.D. Fla. 1969). Cortes de Nova York, em 1972, também decretaram que era permissível para um estatuto estadual impedir prisioneiros encarcerados aguardando julgamento de registro para votar e, assim, de obter abstinência de votos; havia, contudo, uma discordância argumentando que isso era discriminatório porque aqueles "confinados em nossas prisões aguardando julgamento são, na maior parte, os politicamente desconectados e financeiramente incapazes". *O'Brien versus Skinner* 338 N.Y.S. 2d 890 (N.Y. 1972). No que diz respeito a *Green* e outros casos desse período, ver Itzkowitz e Oldak, Restoring, p.744-750.

presos no âmbar devoniano. "As noções sobre o que constitui a igualdade de tratamento para os fins da Cláusula de Proteção Igualitária mudam."[106]

Um ano depois, a Suprema Corte da Califórnia chegou a uma conclusão semelhante depois de ouvir um novo desafio da igual proteção à cassação do direito de voto vitalícia feita pelo estado das pessoas condenadas por crimes infamantes (a constituição da Califórnia tinha sido modificada em 1972, dando ao legislativo mais margem de manobra para determinar o alcance da exclusão; talvez de modo apropriado, num estado que combatia a poluição atmosférica e tão dependente de automóveis, onde conduzir um veículo motorizado com um silenciador defeituoso poderia colocar uma pessoa em risco de cassação do direito de voto). O caso foi iniciado como um recurso coletivo por três ex-criminosos que tinham servido suas penas de prisão, mas ainda continuavam sem poder votar. A Corte, com base nas decisões federais, concluiu que qualquer privação desse direito fundamental deveria passar por um escrutínio rigoroso; embora tenha admitido um interesse público relevante na prevenção da corrupção eleitoral, o estatuto de cassação do direito de voto vitalícia era um instrumento muito grosseiro e ineficaz para promover esse objetivo. O estatuto prendeu em sua teia demasiadas pessoas que não representavam ameaça alguma para a integridade do sistema eleitoral; além disso, o estado tinha disponíveis métodos mais precisos e eficazes para proteger a santidade das urnas. Indo além de sua decisão anterior no caso Otsuka, a corte considerou que a cláusula de cassação do direito de voto dos criminosos da Constituição da Califórnia violava as disposições de igual proteção da Constituição federal.[107]

A decisão judicial foi contestada perante a Suprema Corte dos Estados Unidos, onde foi anulada. A interpretação, no caso Richardson *versus* Ramirez, foi baseada na seção 2 da Décima Quarta Emenda, que especificava que a representação no Congresso seria reduzida em qualquer estado que negasse o direito de voto para os cidadãos adultos do sexo masculino "exceto para a participação em rebelião ou outro crime". A Corte (com os juízes dissidentes Brennan, Douglas e Marshall) explicaram essa cláusula – cuja interpretação foi alvo de debates acalorados – como uma licença constitucional de cassação do direito de voto por parte dos estados dos direitos de cidadania dos criminosos condenados. Reconhecendo que "a história legislativa referente ao significado da linguagem pertinente [...] é escassa, de fato", o juiz William Rehnquist, falando em nome da maioria, concluiu que os autores da Décima Quarta Emenda devem ter tido a intenção de

---

106 *Dillenburg versus Kramer*, 469 F. 2d 1222, 1226 (9th Cir 1972); Itzkowitz e Oldak, Restoring, p.753-754; Reback, Disenfranchisement, p.133-134.
107 Tims, Disenfranchisement, p.134-136; *Statutes of California and Digests of Measures*, 1972, v.2, comp. George H. Murphy (s.l., s.d.), p.3382.

permitir que os estados privassem do direito de voto os cidadão criminosos condenados. Uma vez que a exclusão de criminosos tinha uma "sanção positiva" da Constituição, ela diferia de "outras limitações estaduais sobre o direito de voto que foram consideradas inválidas sob a cláusula de igual proteção". Portanto, a legislação da Califórnia não estava sujeita a um escrutínio rigoroso e não era inconstitucional. A Corte reconheceu que uma "visão mais moderna" da questão que enfatizasse a reabilitação de ex-criminosos podia muito bem levar a leis diferentes, mas considerou isso como uma questão a ser abordada num "fórum legislativo".[108]

Logo depois o legislativo da Califórnia alterou suas disposições de cassação do direito de voto de criminosos, limitando a incapacidade legal aos termos de sentença de uma pessoa.[109] Mas a decisão da Corte no caso Ramirez efetivamente fechou a porta às impugnações da igual proteção à cassação do direito de voto de criminosos.[110] Em 1985, no entanto, a Corte criou uma exceção, depois de examinar as disposições de cassação do direito de voto de criminosos extremamente detalhadas que estavam em vigor no Alabama desde 1901: estas disposições cassaram (entre muitos outros) todas as pessoas condenadas por qualquer crime envolvendo torpeza moral, uma caracterização que incluía vários delitos menos graves, como a vadiagem. Com base nos detalhes da lei e nas afirmações evidentes de seus patrocinadores, a Corte concluiu na ação judicial Hunter *versus* Underwood que a exclusão criminal do Alabama violava a cláusula de igual proteção porque havia sido concebida para discriminar os negros. Os estados tinham o direito de cassar os criminosos, mas não com uma intenção de discriminação racial[111] (ver Tabela A.15).

O alcance do caso Hunter era limitado, uma vez que poucos estados – e nenhum fora da região Sul – tinham códigos legais e registros históricos que demonstrassem a intenção tão claramente como Alabama. Na década de 1990, um tribunal distrital ainda confirmou a proibição do Mississippi do voto de criminosos, porque sua lei, embora inicialmente adotada com intenção discriminatória, mais tarde teve uma emenda e foi decretada novamente: isto "removeu" a "mancha discriminatória" da disposição de cassação do direito de voto (uma das mudanças mais notáveis na legislação do Mississippi foi a adição de 1968 de assassinato e estupro à lista de

---

108 *Richardson versus Ramirez*, 418 U.S. 24, 43 (1974); Tims, Disenfranchisement, p.138-141.
109 A Constituição da Califórnia foi emendada em 5 de novembro de 1974 para desqualificar eleitores "enquanto [...] aprisionados ou sob palavra para convicção de uma felonia", *Statutes of California and Digests of Measures*, 1974, v.2, comp. George H. Murphy (s.l., s.d.), p.376.
110 Em 1983, as cortes federais também decretaram que estados podem distinguir entre criminosos convictos tanto quanto a distinção está razoavelmente relacionada a um interesse legítimo do estado. *Owens versus Barnes*, 711 F. 2d 25 (3d Cir 1983).
111 Entre 1967 e 1975, catorze estados descartaram suas leis, dando direito de votos a ex-criminosos. Tims, Disenfranchisement, p.140-141; *Hunter versus Underwood*, 471 U.S. 222 (1985).

crimes que resultavam em cassação do direito de voto: estes não haviam sido originalmente considerados crimes "negros"). No entanto, a decisão no caso Hunter apontou para um novo enfoque da questão: a alegação de que os estatutos sobre a cassação do direito de voto dos criminosos eram ilegais porque discriminavam negros e hispânicos. Este argumento foi apresentado, mas rejeitado, na ação Wesley *versus* Collins em 1986: em uma decisão esboçada, as cortes determinaram que, quando a lei de cassação do direito de voto do Tennessee era "considerada no contexto da 'totalidade das circunstâncias', era evidente que a legislação impugnada não violava a Lei dos Direitos de Voto".[112]

Apesar desse revés, a abordagem continuou a ganhar adeptos entre os direitos civis e ativistas dos direitos dos prisioneiros, muitos dos quais consideravam imperfeita a decisão do caso Wesley. Na década de 1990, estava sendo proposto algo próximo a uma estratégia jurídica completa, baseada em duas constatações empíricas bem documentadas. A primeira foi a de que um número extremamente desproporcional de presos e criminosos condenados eram negros ou hispânicos. No início de 1990, por exemplo, 63% de todos os prisioneiros em Illinois eram negros (se comparado aos 15% da população); em Nova York, cerca de 80% de todos os presos em liberdade condicional eram hispânicos ou negros. A segunda principal conclusão foi de que as minorias eram tratadas de forma discriminatória pelo sistema de justiça criminal: os negros e hispânicos eram visados pela polícia e presos com muito mais frequência do que os brancos. As minorias sofriam muito mais condenações à prisão, e por prazos mais longos, do que os brancos condenados pelos mesmos crimes. Essas disparidades raciais eram especialmente visíveis em casos relacionados a drogas, que chegaram a constituir uma proporção considerável de todas as condenações criminais. A discriminação no sistema de justiça, portanto, fazia as minorias mais vulneráveis à cassação do direito de voto. O argumento foi aprofundado, em termos sociológicos, se não legais, pela alegação de que a discriminação racial mantinha muitas minorias em circunstâncias socioeconômicas desfavorecidas, o que as tornava mais propensas a cometer crimes. Os opositores da cassação do direito de voto de criminosos também argumentavam que os níveis de comparecimento às urnas entre os pobres já havia caído para um mínimo perigoso e que o Estado deveria procurar reverter, em vez de agravar, essa tendência.[113]

---

112 *Wesley versus Collins,* 791 F. 2d 1255, 1261 (6th Cir 1986).
113 Shapiro, A. L., Note: Challenging Criminal Disenfranchisement Under the Voting Rights Act: A New Strategy. In: *Yale Law Journal,* 103, outubro de 1993, p.537-566; Shapiro, Giving Cons and Ex-Cons the Vote. *Nation,* 20 dez. 1993, p.767-768; Harvey, A. E., Comment: Ex--Felon Disenfranchisement and Its Influence on the Black Vote: The Need for a Second Look, *University of Pennsylvania Law Review,* 142, janeiro de 1994, p.1145-1189.

Essa estratégia fez algum progresso, tanto na década de 1990 como após a virada do século; várias instâncias inferiores sugeriram que a Lei dos Direitos de Voto poderia de fato "aplicar-se às leis de cassação do direito de voto de criminosos".[114] No final, no entanto, nenhuma lei estadual foi anulada por estas razões, e o âmbito das exclusões permaneceu considerável. Ainda assim, no fim da década de 1990, apenas dez estados continuavam a impor a cassação do direito de voto vitalícia aos criminosos condenados; todos os estados, exceto Maine, Massachusetts e Vermont, cassavam os criminosos condenados enquanto estavam encarcerados, e a maioria também excluía homens e mulheres com sursis ou em liberdade condicional: cerca de 4 milhões de pessoas foram, assim, impedidas de votar. O impacto dessas leis nas populações minoritárias foi marcante, sobretudo nos estados que mantinham a cassação do direito de voto permanente. Em todo o país, 14% dos homens negros foram impedidos de votar no final do século XX; no Alabama e na Flórida cerca de um terço de todos os homens negros foram cassados, e a cifra foi apenas um pouco inferior em Iowa, Mississippi, Novo México, Virginia, Washington e Wyoming. Esses números foram suficientes para afetar os resultados das eleições em vários estados.[115]

A persistência da legislação de cassação do direito de voto de criminosos apontava para os limites da revolução dos direitos de voto que ocorreu nas décadas de 1960 e 1970. Embora as questões de raça, classe, mobilidade, alfabetização e a capacidade de falar inglês não fossem mais obstáculos formais à votação, o bom comportamento ainda era necessário. Por mais fracas que fossem as justificativas para essas leis, os estados mantinham e exerciam o poder de banir da política as atividades ilícitas e rebeldes. Até o final do século XX, a votação tinha se tornado um direito que pertencia a todos os cidadãos americanos; no entanto, esse direito poderia ser perdido ou tirado, o que era um meio – altamente simbólico – de promover a disciplina social.

---

114 *Baker versus Pataki*, 85 F. 3d 919, 940n. 10 (2d Cir 1996); *Farrakhan versus Locke*, 987 F. Supp. 1304 (E.D. Wash. 1997); *Farrakhan versus Gregoire*, 2:96-cv-00076-RHW (E.D. Wash., 2006); *Hayden versus Pataki*, 2004 U.S. Dist. LEXIS 10863 (S.D.N.Y June 14, 2004); *Hayden versus Pataki*, 449 F. 3d 305, 2006 U.S. App. (2d Cir. N.Y. 2006).
115 *New York Times*, 23 out. 1998, 30 jan. 1997; Shapiro, Challenging Criminal Disenfranchisement, p.538-539, 464, 566 n.146; Shapiro, Cons., p.767-768. Mais dois estados providenciaram perda vitalícia do direito de votar após uma segunda condenação. Uma corte de Massachusetts, em 1983, decretou que prisioneiros encarcerados tinham que receber a oportunidade de registrar e votar como ausentes. *Cepulonis versus Secy. Of Commonwealth*, 425 N.E. 2d 1137 (Mass. 1983).

A ressurgência dos imigrantes e estrangeiros

Os imigrantes tiveram um grande papel, até mesmo de liderança, no drama dos direitos de voto no século XIX e início do século XX; depois disso, logo saíram de cena. A explicação para a mudança está nos números: os níveis de imigração despencaram durante a Primeira Guerra Mundial, permaneceram muito baixos até o final da década de 1940, e subiram aos poucos entre 1950 e 1965. Aqueles que de fato vieram, em sua grande maioria, eram facilmente assimilados pela sociedade americana e pelas instituições políticas criadas nas décadas anteriores. O grupo com um potencial mais problemático (do ponto de vista dos nativos) eram as centenas de milhares de homens e mulheres do México que serviram como um exército de reserva de mão de obra para a agricultura norte-americana no Sudoeste e Oeste. Todavia, a ameaça política representada pelos mexicanos diminuiu muito por sua baixa taxa de naturalização – que era resultado de seu desejo de manter a cidadania mexicana e também do "Programa Bracero" do governo federal, que admitia dezenas de milhares de trabalhadores mexicanos todos os anos com vistos expressamente temporários.[116]

Quando as taxas de imigração começaram a aumentar de forma significativa, nas últimas três décadas do século XX, a transformação da lei de sufrágio já estava bem encaminhada e novos princípios jurídicos protegiam os imigrantes das formas de discriminação muito comuns em 1880 e 1910. Os testes de alfabetização não podiam ser impostos; o domínio do inglês não era essencial (depois de 1975); a mobilidade geográfica não era penalizada; e os requisitos especiais, como os períodos de espera ou a apresentação de documentos de naturalização, caíram no esquecimento, em parte por causa do amparo iminente da cláusula de igual proteção. Os cidadãos imigrantes não podiam receber tratamento diferente em relação aos outros cidadãos, o que implicava sua incorporação gradual no sistema político.[117]

No entanto, nem todos os residentes estrangeiros dos Estados Unidos eram cidadãos; na verdade, o percentual dos que eram naturalizados caiu de quase 80% em 1950 para 40% em 1990. Em 1996, havia 10 milhões e meio de estrangeiros residentes legalmente no país, a maioria dos quais originários da Ásia ou da América Latina. Além disso, o número de estrangeiros ilegais era estimado em torno de 5 milhões na década de 1980, e mais perto de 10 milhões em 2005. Legal ou ilegalmente, todos esses não

---

116 Ueda, R., *Postwar Immigrant America:* A Social History. Boston, 1994, p.33-34, 60; Wolfinger, R. E. e Rosenstone, S. J., *Who Votes?*, New Haven, CT, 1980, p.92-93.
117 *Van Berkel versus Power*, 245 N.Y.S. 2d 74 (N.Y. Sup. Ct. 1964); isso foi revertido por uma corte de apelo, mas o período de espera de noventa dias de Nova York violava claramente *Dunn*, que foi decidido vários anos mais tarde. Massachusetts descartou sua lei, requerendo aos imigrantes que apresentassem papéis de naturalização em 1971.

cidadãos careciam de direitos políticos. Os criminosos podem ter sido o maior grupo de cidadãos cassados, mas os estrangeiros, de longe, eram o maior grupo de adultos impedidos de participação na política americana.[118]

A legislação relativa aos direitos de voto (ou melhor, à ausência de tais direitos) destes homens e mulheres era excepcionalmente bem definida. Depois que a experiência do país com a votação dos estrangeiros declarantes havia chegado ao fim na década de 1920, todos os estados exigiram que os eleitores fossem cidadãos. O governo federal sancionou esse requisito: a cidadania era considerada uma qualificação razoável para a votação, que não violava nenhum princípio da Constituição. Apesar das várias tentativas de incluir os estrangeiros sob a ampla égide da cláusula de igual proteção, houve pouco progresso nos tribunais.[119]

O ressurgimento da imigração, no entanto, reacendeu o interesse na votação dos estrangeiros, sobretudo nas eleições locais. O argumento para ampliar os limites do direito de voto era simples: em muitas comunidades, milhares de não cidadãos pagavam impostos, eram proprietários, tinham empregos, e seus filhos estudavam em escolas públicas. Eles contribuíam para o erário público, eram afetados por políticas públicas, e às vezes estavam sujeitos ao serviço militar: por conseguinte, deveriam ter uma voz no governo. Em outras palavras, eles eram cidadãos de fato, se não de direito: comportavam-se como cidadãos mesmo não tendo o *status* oficial. Entre o final da década de 1970 e os anos 1990, a noção de que os não cidadãos deveriam ser contemplados pelo sufrágio, pelo menos nas eleições locais, era reforçada por uma consciência crescente da mudança das práticas em outras nações. A Irlanda, a Holanda e todos os estados escandinavos permitiam que os residentes não cidadãos votassem nas eleições locais, enquanto a Nova Zelândia estendeu o direito de voto a todos os residentes em todas as eleições. Em 1993, o Tratado de Maastricht permitiu que todos

---

118 Ueda, *Postwar Immigrant America*, p.46-48, 125-128; Time to Give Aliens the Vote (Again), *Nation*, 5 abr. 1993, p.452; Census Bureau Report issued on the Internet on 9 March 1999; Immigration and Naturalization Serviced Internet report issued on 20 November 1996; Hayduk, R., *Democracy for All Restoring Immigrant Voting Rights in the United States*. New York, 2006, p.53-54. Uma consequência do término do Programa Bracero em 1964 foi um aumento no fluxo de hispânicos por meio de canais ilegais de migração. Dado o tamanho da população estrangeira, não é de surpreender que, em 1996, os democratas tenham tomado medidas para tentar acelerar o processamento de pedidos de cidadania, o que levou às acusações republicanas de "expor a conspiração do voto", *New York Times*, 13 set. 1996.
119 Raskin, J. B., Legal Alliens, Local Citizens: The Historical Constitutional and Theoretical Meanings of Alien Suffrage. *University of Pennsylvania Law Review*, 141, abril de 1993, p.1428. 1431-1433; Rosberg, G. M., Aliens and Equal Protection: Why Not the Right to Vote?. *Michigan Law Review*, 75, 1977, p.1100-1101, 1106-1110; *Padilla versus Allison*, 38 Cal. App. 3d 784 (Cal. App. 5 1974). Diversas cortes, incluindo as Supremas Cortes do Alasca e Colorado, decretaram que a exclusão de estrangeiros não violava a cláusula de igual proteção. Uma corte do Colorado concluiu categoricamente que "estrangeiros não são uma parte da comunidade política".

os cidadãos dos estados membros da Europa votassem nas eleições locais onde residiam, independentemente da sua nacionalidade.[120]

Esse cenário motivou diversas localidades a oferecer pelo menos um sufrágio limitado aos residentes sem cidadania. Com início em 1968, Nova York autorizou os estrangeiros cujos filhos frequentavam as escolas públicas a votarem nas eleições do conselho da escola comunitária; Chicago, em seguida, fez o mesmo; e os pais que viviam em Los Angeles e São Francisco buscavam direitos semelhantes na década de 1990. Em 1992 a pequena cidade de Takoma Park na região de Washington se juntou a diversos vizinhos de Maryland por meio de uma emenda em sua carta para estender o sufrágio aos não cidadãos em todas as eleições locais; a decisão foi motivada por uma divisão distrital de 1990 que revelou que bairros equivalentes em termos populacionais tinham números muito desiguais de eleitores qualificados – porque algumas áreas estavam repletas de residentes estrangeiros. A cidade, que tinha a reputação de ser um bastião da política progressista, então votou para permitir que os não cidadãos participassem das eleições. Essa ação provocou polêmica no legislativo de Maryland, mas Takoma Park e outras comunidades com regulamentos semelhantes defenderam com êxito seu direito de autodeterminação para expandir o direito de voto.[121]

Porém Takoma Park revelou-se uma exceção, e não um sinal do que estava por vir. Apesar das diversas campanhas organizadas em inúmeras cidades para estender o sufrágio aos não cidadãos nas eleições locais entre meados dos anos 1990 e 2005 (incluindo Nova York, São Francisco, Los Angeles, Washington, várias cidades de Massachusetts), elas não atingiram seu objetivo e foram derrotadas, seja pelos legisladores, seja nos referendos. As condições que haviam favorecido as leis de sufrágio dos estrangeiros no século XIX – acima de tudo, o desejo de atrair colonos – já não predominavam; e os argumentos sobre a igualdade ou a justiça foram subjugados pelos temores gerados pelas enormes ondas novas de imigração (sobretudo latina). Em algumas partes do país, o debate público na década de 1990 e depois da virada do século concentrou-se mais na contração do que na expansão dos direitos legais dos imigrantes, mais no fechamento de fronteiras do que na incorporação daqueles que já estavam ali. Em 1996, o Congresso tomou o passo incomum de aprovar uma lei que proibia os não cidadãos de votarem nas eleições federais. "Voto e cidadania têm uma

---

[120] Raskin, Legal Aliens, p.1935, 1442-1445; Id., Time, p.452; Neuman, G. L., We Are the People: Alien Suffrage in German and American Perspective. *Michigan Journal of International Law*, 13, 1992, p.259-335; Hammar, T., Dual Citizenship and Political Integration. *International Migration Review*, 19, 1985, p.438-447; Moulier-Boutang, Y., Resistence to the Political Representation of Alien Populations: The European Paradox, *International Migration Review*, 19, 1985, p.485-492; Hayduk, *Democracy for All*, p.193-194.
[121] Raskin, Legal Aliens, 1936, p.1455, 1457, 1460-1469; *Washington Post*, 30 jan. 1992.

ligação tão intrínseca neste país que é difícil imaginar um sem o outro", divulgava o editorial do *San Francisco Examiner*. Perto do final do século XX, poucos americanos sabiam que voto e cidadania nem sempre haviam sido tão indissociáveis.[122]

Levando o eleitorado às urnas

> O Congresso conclui que:
> 1. O direito dos cidadãos dos Estados Unidos de votar é um direito fundamental;
> 2. É dever dos governos federal, estaduais e locais promover o exercício deste direito; e
> 3. As leis e procedimentos de registro discriminatórias e injustas podem ter um efeito direto e nocivo na participação dos eleitores nas eleições para cargos federais, e prejudicar desproporcionalmente a participação dos eleitores de vários grupos, incluindo as minorias raciais.
>
> – Lei Nacional de Recenseamento Eleitoral de 1993

Em 1988, dois importantes especialistas e ativistas, Frances Fox Piven e Richard A. Cloward, publicaram um livro influente intitulado *Por que os americanos não votam*. Como o título sugere, o tema era o comparecimento eleitoral extremamente baixo entre os americanos, sobretudo os pobres e os jovens. Embora os autores tenham apresentado uma análise histórica e estrutural complexa desse fenômeno, escreveram com um alvo específico em mente: as leis de registro que, em quase todos os estados, governavam os procedimentos por meio dos quais os adultos podiam se tornar eleitores habilitados. Para Piven e Cloward, essas leis surgiam como a fonte decisiva da falta de participação (e, portanto, impotência) dos cidadãos mais pobres e menos bem-educados da nação: elas não limitavam o direito de votar em si, mas constituíam um grande obstáculo com um viés de classe ao exercício desse direito. Muitos outros especialistas – ainda que suas análises não tivesse um foco tão definido – concordavam que as leis de registro eram um impedimento para uma democracia plenamente participativa.[123]

---

[122] *San Francisco Examiner*, 9 fev. 1996; Hayduk, *Democracy for All*, p.109-193; *Illegal Immigration Reform and Immigrant Responsibility Act of 1996*, Public Law 104-208, 110 Stat. 3009-3546. Como Hayduk nota, tanto Cambridge como Amherst, em Massachusetts, votaram para dar direito de voto a residentes não cidadãos, mas a legislatura do estado negou permissão para fazê-lo.

[123] Piven, F. F. e Cloward, R. A., *Why Americans Don't Vote*. New York, 1988, p.17-21; Rosenstone, S. J. e Wolfinger, R. E., The Effect of Registration Laws on Voter Turnout. *American Political Science Review*, 72, 1978, p.22-45.

As leis de registro (descritas no Capítulo 5) surgiram no século XIX como um meio de manter controle sobre os eleitores e prevenir a fraude; serviam também – e muitas vezes essa era a intenção – como um meio de manter os eleitores afro-americanos, trabalhadores, imigrantes e pobres longe das urnas. Inseridas nos livros entre as décadas de 1850 e a Primeira Guerra Mundial, as leis de registro foram quase sempre revisadas pelas legislaturas estaduais no decorrer do século XX. Em alguns estados os procedimentos foram simplificados e facilitados; em outros lugares, permaneciam complexos e difíceis de compreender. Como sempre, o diabo estava nos detalhes: as leis especificavam quando e onde as pessoas podiam se inscrever, quantas vezes tinham que se registrar, se os nomes dos não eleitores eram ou não "eliminados" em certos períodos, os procedimentos que deveriam ser seguidos se um eleitor mudava de uma seção eleitoral para outra, as horas de expediente dos cartórios eleitorais e a documentação que devia ser apresentada aos oficiais de registro. Em 1974, os tribunais federais, embora afirmassem a legitimidade dos procedimentos racionais e uniformes de registro, deixaram claro que esses detalhes importavam: as cortes revogaram uma lei do Texas que permitia o registro durante um período limitado de quatro meses, muito antes das eleições, porque os eleitores em potencial ficavam sobrecarregados e, portanto, impedidos de seu direito de voto.[124]

A preocupação de que os procedimentos de registro estivessem prejudicando o comparecimento às urnas – sendo, portanto, contrários ao novo espírito das leis de votação em geral – levou muitos estados nas décadas de 1970 e 1980 a modernizar seus procedimentos de registro. Alguns permitiram o registro pelo correio; outros permitiram que os eleitores se registrassem em uma ampla gama de serviços públicos; uns poucos até autorizaram os eleitores a registrar-se no dia da eleição. Mas os efeitos de algumas dessas reformas (como o registro pelo correio) eram limitados, e vários estados mostravam total resistência a essas ações. Como resultado, o governo federal começou a considerar a imposição de normas nacionais de recenseamento eleitoral. Já em 1962, uma comissão presidencial, refletindo preocupações com os baixos níveis de participação nas urnas, recomendou reformas significativas na legislação de registro estadual.[125]

As primeiras grandes propostas de legislação nacional vieram nas décadas de 1970. Entre 1972 e 1976, o Congresso considerou vários projetos de lei que exigiriam dos estados a permissão de registro por meio de

---

124 Rosenstone e Wolfinger, Effect of Registration Laws, p.23-32; *Beare versus Briscoe*, 498 F. 2d 244 (5th Cir 1974); ver também *Mississippi State Chapter, Operation Push versus Mabus*, 932 F. 2d 400 (1991); e James, D. S., Note: Voter Registration: A Restriction on the Fundamental Right to Vote. *Yale Law Journal*, 96, junho de 1987, p.1615-1640.
125 Piven e Cloward, *Americans*, p.178-180. Para um exemplo revelador de deliberações de estado, ver *Ohio Constitutional Revision Commission Proceedings Research, 1970-1977*, Research Study no. 24 (Columbus, OH, 1977), p.2332-2351.

formulários enviados pelo correio: estes foram derrotados por uma coalizão de republicanos e democratas do Sul. Em 1977, o presidente Jimmy Carter apresentou a lei National Uniform Registration Act [Lei Nacional de Registro Uniforme] que determinava o registro no dia das eleições. Para a surpresa de Carter, seu projeto de lei encontrou feroz oposição no Congresso: quase todos os republicanos se opuseram a ela (com base em que isso facilitaria a corrupção), assim como muitos democratas conservadores e alguns liberais também. Carter atribuiu a oposição à relutância das autoridades no poder em expandir seus próprios eleitorados, o que poderia tornar a reeleição mais problemática. No entanto, como Carter certamente sabia, havia fatores partidários também. O ato de facilitar as exigências de registro era percebido geralmente como um passo que poderia ajudar os democratas e prejudicar os republicanos: a maior parte dos novos inscritos supostamente eram pobres, membros de grupos minoritários, ou jovens, e todos esses grupos tendiam a votar nos democratas.[126]

Apesar de suas derrotas no Congresso, os defensores da reforma do registro, estimulados pela eleição de Ronald Reagan, renovaram seus esforços na década de 1980. Uma das propostas era coordenar todo o processo de registro por meio do Serviço Postal, mas a oposição à ideia era muito ampla (inclusive entre os trabalhadores dos correios) para que desse certo. Outra proposta foi "o registro por agência", que permitia que os eleitores potenciais se inscrevessem em diversos estabelecimentos públicos, como bibliotecas, escritórios assistência social e agências de veículos motores; estas últimas pareciam especialmente promissoras, uma vez que 85% dos adultos americanos tinham carteiras de motoristas que precisavam ser renovadas de quando em quando, e que já serviam como documentos de identificação. Esta ideia foi adotada por Michigan em 1977 e, mais adiante, foi aceita por outros estados, em parte graças ao lobby enérgico de uma ampla coalizão de grupos progressistas e de bom governo, incluindo a Liga das Mulheres Eleitoras e o Projeto SERVIR, que os próprios Piven e Cloward tinham ajudado a fundar. Além da legislação estadual, os projetos que envolviam as agências e departamentos de registro de veículos a motor, bem como os registros pelo correio e o registro no dia das eleições foram introduzidos no Congresso no final dos anos 1980.[127]

---

126 Piven e Cloward, *Americans*, p.181-208, 215; Rosenstone e Wolfinger, Effect of Registration Laws, p.29-33; Wolfinger e Rosenstone, *Who Votes?*, p.66; *Congressional Quarterly Almanac*, 33, 1977, p.779. Estimuladas pelo senador Edward Kennedy, audições foram mantidas sob reforma de registro de eleitor já em 1971; *Ohio Research*, Study n.24, 2333, 2334,2339-2343.
127 Piven e Cloward, *Americans*, 181ff., p.209-210, 216-247; no que diz respeito aos projetos de lei introduzidos no Congresso, ver U.S. House Committee on House Administration, Subcommittee on Elections, *Voter Registration:* Hearings on H.R. 3023 and H.R. 3950, 100th Cong., 2d sess., 19 abr., 10 e 27 maio 1988 e 101. Cong., 1. sess, 21 mar. 1989.

A justificativa apresentada para estas propostas era direta e ostensivamente apartidária. O baixo comparecimento às urnas foi considerado um defeito da política americana, e argumentava-se que facilitar o processo de registro seria um grande avanço para a resolução do problema: mais de 80% dos norte-americanos que foram registrados, de fato, participaram das eleições. Os defensores afirmavam que os Estados Unidos quase não tinham paralelo ao colocar o peso do registro no indivíduo (em vez do estado); foi salientado também que os países e estados com procedimentos de registro menos complicados tendiam a ter maior participação. O comparecimento às urnas em Michigan, por exemplo, aumentou em mais de 10% após a aprovação do projeto do "eleitor motorizado". Facilitar o registro, portanto, seria melhorar a saúde e vitalidade da política.[128]

Os defensores da reforma também tinham uma motivação partidária, ou política. Os progressistas, como Piven e Cloward, queriam aumentar a força de votação de grupos desfavorecidos, cujos interesses estavam sendo ignorados, ou coisa pior, pelo republicanismo de Reagan. Não é de surpreender, portanto, que a maioria dos republicanos se opusesse às reformas, embora também defendessem sua posição em termos apartidários. Os republicanos argumentavam que o registro por correio e o feito no dia da eleição aumentariam a fraude, e que aquele realizado por meio de agências seria demasiado caro. Alguns também afirmavam que qualquer lei federal seria uma intrusão inconstitucional numa arena que era regulamentada pelos estados. O senador Mitch McConnell, um republicano de Kentucky que liderou a luta contra a legislação nacional, chegou a negar que existisse um "problema de participação". "O baixo comparecimento às urnas é sinal de uma democracia satisfeita", ele anunciou.[129]

Os projetos de legislação do registro federal chegaram ao plenário do Congresso entre 1988 e 1991: seu destino habitual era a obstrução oposicionista pelos republicanos que se opunham à legislação, mas não queriam votar diretamente contra ela. Na primavera de 1992, no entanto, algumas desistências importantes entre os republicanos, juntamente com a proximidade das eleições, levaram à aprovação conciliatória da lei do "eleitor motorizado". Conforme havia ameaçado fazer, o presidente George Bush vetou a legislação, argumentando que "impunha uma gestão federal

---

128 Piven e Cloward, *Americans*, p.15-20; House, Subcommittee on Elections. *Hearings*, 10 maio 1988, p.189.
129 House Committee on House Administration, *Report 101-243 to Accompany H.R. 2190:* The National Voter Registration Act of 1989, 101. Cong., 1. sess., 18 set.r 1989; Senate Committee on Rules and Administration, *Equal Access to Voting Act of 1989,* Hearing on S. 675, 101st Cong,. 1st sess., 10 maio 1989; *New York Times,* 13 maio 1992. Democratas se opuseram ao argumento constitucional republicano, salientando que o artigo 1, seção 4 da Constituição dava ao Congresso o direito de regular "os tempos, locais e maneiras de realizar" eleições federais.

desnecessária e dispendiosa dos estados" e era "um convite aberto à fraude e à corrupção". O presidente também afirmava que o projeto de lei era "suspeito em termos constitucionais".[130]

Menos de um ano depois, George Bush era um cidadão comum e seu sucessor, Bill Clinton, assinou o National Voter Registration Act [Lei Nacional de Registro do Eleitor], que passou a ser lei em 1993. A lei foi aprovada por ampla maioria na Câmara e no Senado após vários acordos conciliatórios importantes, que puseram fim a muitas semanas de disputas partidárias ásperas. Em sua forma final, o projeto de lei exigia que os estados oferecessem três procedimentos para o registro (além dos que já possuíam) nas eleições federais: o requerimento simultâneo da carteira de motorista e do registro de eleitor; o procedimento pelo correio; e por meio de órgãos públicos designados, incluindo aqueles que ofereciam assistência e serviços públicos para pessoas com necessidades especiais. A lei não se aplicava às eleições estaduais e municipais, mas certamente as afetaria – já que, como havia ocorrido com os regulamentos federais de idade, manter um sistema de registro separado para as eleições não federais seria difícil e dispendioso.[131]

A "Lei do Eleitor Motorizado", como foi chamada, entrou em vigor em 1 de Janeiro de 1995. Seu impacto sobre os níveis de registro foi rápido. Milhões de eleitores recorreram à oportunidade de se registar ou renovar o registro nos departamentos de veículo motores, ou por meio do correio. Em menos de dois anos, houve um acréscimo líquido de nove milhões de solicitantes de registro (pouco menos de 20% dos não registrados) ao eleitorado. Realizando as esperanças dos democratas e os temores dos republicanos, entre os novos inscritos havia uma enorme proporção de jovens, negros, pessoas com educação secundária e democratas, embora no Sul a lei também parecesse estimular o registro em redutos republicanos. Mas esse aumento de registro não se traduziu rapidamente em maior participação nas eleições. Em 1996, metade de todos os potenciais eleitores ficaram em casa: a afluência às urnas foi menor do que havia sido em qualquer eleição presidencial desde 1924. As eleições parlamentares de 1998 não também não despertaram o interesse dos eleitores.[132] Os níveis de participação voltaram a aumentar durante algumas eleições após a virada do século

---

130 *Washington Post*, 21 maio 1992; Elizabeth Palmer, Motor Voter Drive Succeeds but Promised Veto Awaits. *Congressional Quarterly Weekly Report*, 20 jun. 1992, p.1795; Sammon, R., Motor Voter Bill Stalls in Senate. *Congressional Quarterly Weekly Report*, 20 jul. 1991, p.1981; o texto da mensagem de veto foi impressa em *Congressional Quarterly Weekly Report*, 4 jul. 1992).

131 *New York Times*, 18 mar. 1993; *Congressional Quarterly Almanac*, 49, 1993, p.199-201.

132 *New York Times*, 21 maio, 3 set. 1995, 16 e 19 out. 1996, 7 fev. 1996, 7 nov. 1996, 30 jun. 1998, 4 e 5 nov. 1998; *Durham N.C. Herald-Sun*, 27 mar. 1995. A lei foi contestada nas cortes por diversos estados, incluindo Califórnia e Nova York, mas as contestações finalmente foram rejeitadas abruptamente pela Suprema Corte.

(especialmente as árduas disputas presidenciais de 2004 e 2008), mas o impacto da Lei de Registro Nacional de Eleitores (LRNE) foi, na melhor das hipóteses, modesto e confinado aos estados que promoviam ativamente o registro em agências especificadas. Entre os menos instruídos e menos ricos, tanto os números de registro como de comparecimento às urnas mantiveram-se bem abaixo da média, embora provavelmente fossem ainda menores se a LRNE nunca tivesse sido colocada em prática.[133]

Esses resultados decepcionantes levaram alguns analistas a concluir que os entraves ao registro não eram, na verdade, o motivo do baixo comparecimento às urnas, e que outras doenças estavam afligindo o corpo político. No entanto, inúmeros reformadores continuaram pressionando pela execução mais vigorosa da LRNE e por novas leis de registro. Um estudo de 2005, conduzido por uma associação de grupos de pressão, concluiu que na maioria dos estados, a partir de 1996, "uma falha grave em incorporar o registro de eleitores nos serviços" de agências de assistência pública levou a uma redução significativa no número de pessoas registradas nesses serviços. Os reformadores instaram todos os estados a adotar as práticas que haviam sido desenvolvidas em diversos locais com sucesso e, em abril de 2008, foi movido um processo contra o Departamento de Serviços Sociais do Missouri, que exigia que os usuários da assistência pública tivessem a oportunidade de se registrar. Todo esse empenho deu alguns frutos: em cinco estados, incluindo Missouri, houve um aumento marcante do número de pessoas registradas em agências de assistência pública em 2008.[134]

---

[133] Knack, S., Drivers Wanted: Motor Voter and the Election of 1996. *PS: Political Science and Politics*, 32, junho de 1999, p.236-243; Wolfinger, R. E. e Hoffman, J., Registering and Voting with Motor Votes. *PS: Political Science and Politics*, 34, março de 2001, p.90; Highton, B., Voter registration and Turnout in the United States. *Perspectives on Politics*, 2, setembro de 2004, p.510-512; U.S. Election Assistance Commission (doravante U.S. EAC), Voter Registration and Turnout –2000. Pdf: U.S. EAC, "Voter Registration and Turnout–2002," 20 mar. 2007, http://www.eac.gov/clearinghouse/docs/voter-registration-and-turnout-2002.pdf.

[134] House Subcommittee on Elections, "National Voter Registration Act, Section 7: The Challenges that Public Assistance Agencies Face," 110. Cong., 2. sess., 1 abr. 2008; Voting Groups Sue Missouri Department of Social Services Over Registration Decline. St. Louis Daily Record, 24 abr. 2008; Rapaport, M., Striving for a Smooth Election. *Boston Globe*, 29 out. 2008, Justice Department's Failure to Enforce National Voter Registration Act Underscored by New Report. Project Vote Press Release, 4 jul. 2007; Kavanagh, B, Carbó, S. et al., Ten Years Later A Promise Unfulfilled: The National Voter Registration Act in Public Assistance Agencies, 1995-2005. *Project Vote*, 14 set. 2005, especialmente p.1-9; Danetz, L. e Novakowski, S., Expanding Voter Registration for Low-Income Citizens: How North Carolina is Realizing the Promise of the National Voter registration Act. *Demos*, abril de 2008, http://archive.demos.org/pubs/NVRAupdated..pdf; Hess, D. R. e Novakowski, S., Unequal Access: Neglecting the National Voter Registration Act, 1995-2007. *Demos*, fevereiro de 2008; Vermont House of Representatives, Government Operations Committee Public Hearing, testimony of Brenda Wright, 5 fev. 2008, http://www.demos.org/pubs/brendawrighttestimony.pdf; Brian Mellor and Brenda Wright to Arizona Secretary of State Jan Brewer, 29 jan. 2008, http://www.demos-usa.org/pubs/AZNVRASection7Notice012908.pdf; Brian Mellor e

Enquanto isso, diversas organizações de defesa, incluindo Demos e Common Cause [Causa Comum], buscaram a aprovação de leis estaduais (e até mesmo uma lei federal), que permitisse o registro de eleitores no próprio dia da eleição. Eles pressionaram com evidências estatísticas indicando que o comparecimento foi significativamente maior na meia dúzia de estados que permitiram o registro do dia da eleição do que em outros lugares. A maioria dos estados, no entanto, resistiu a essa apelação. Na Califórnia em 2007, por exemplo, o governador Arnold Schwarzenegger vetou um projeto de registro do dia da eleição, por representar "preocupações de ordem logística e de segurança".[135]

A persistência dos níveis inexpressivos de comparecimento às urnas não deve obscurecer o significado da LRNE, nem seu apelido, o projeto de lei "Eleitor Motorizado", deve banalizar o significado da legislação. A LRNE foi último ato do século XX no drama que havia começado na década de 1960; deu continuidade a um processo de trinta anos que avançou aos trancos e barrancos e, no entanto, de imensa importância, de nacionalizar as leis de votação e de remover as barreiras até as urnas – muitas dos quais tinham sido erguida entre a década de 1850 e a Primeira Guerra Mundial. Como consequência desse processo, as proteções legais ao direito de voto eram muito mais fortes no final do século XX do que haviam sido em qualquer outro momento da história da nação.

Brenda Wright para Florida Secretary of State Kurt S. Browning, 29 jan. 2008, http://www.demos.org/pubs/FLSection7Notice012908.pdf; Democracy Dispatches, Demos.org, abril, maio e novembro de 2008, em arquivo com o autor.

135 Voters Win with Election Day Registration. *Demos*, 19 nov. 2007 (atualizado em 2008), http://archive.demos.org/pub1280.cfm; Carbó, S., Anatomy of a Successful Campaign for Election Day Registration in Iowa. *Demos*, 2008, http://www.demos.org/pubsiowaanatomy.pdf; *Los Angeles Times*, 12 out. 2007; *Worcester Telegram & Gazette*, 21 fev. 2008; Brians, C., Election Day Registration's Effect on U.S. Voter Turnout. *Social Science Quarterly*, 82, março de 2001, p.170-183; About Election Day Registration. *Demos*, acessado em jan. 2008, http://archive.demos.org/page52.cfm; "Election-Day Registration: A Case Study," Pew Center on the States: electionline.org, fev. 2007, http://www.pewcenteronthestates.org/report_detail.aspx?id=32754; 2007 Election Day Registration Legislation, electionline.org, visitado pela última vez em 2 jan. 2008, em arquivo com o autor.

9
A HISTÓRIA INACABADA

Novembro de 2000

O século XXI começou com a eleição presidencial mais disputada nos Estados Unidos em mais de cem de anos. Os americanos foram às urnas em 7 de novembro de 2000 e, como sempre, ligaram seus televisores naquela noite para testemunhar o ritual quadrienal das redes de notícias relatando a contagem dos votos e apresentando os vencedores mais prováveis com base nos primeiros resultados e nas pesquisas de boca de urna. No entanto, essa noite de eleição revelou-se muito incomum – e durou por mais de um mês.

Na manhã de 8 de novembro, os contornos de um impasse político e de uma crise eleitoral emergente ficavam cada vez mais claros. O vice-presidente, Al Gore, estava à frente do ex-governador do Texas, George W. Bush, na votação popular nacional por mais de 200 mil votos (uma cifra que subiria nas semanas subsequentes, conforme as contagens iam sendo finalizadas). No Colégio Eleitoral, Gore havia vencido, ou estava à frente, nos estados que emitiram 267 votos eleitorais, ao passo que Bush teve 246; eram necessários 270 para a vitória. Todos os olhos estavam sobre o estado da Flórida, onde cerca de 6 milhões de votos haviam sido computados, e Bush estava na frente por menos de dois mil votos. A margem era minúscula (0,03%) e facilmente reversível numa recontagem ou por contestação. Quem quer que fosse oficialmente considerado o vencedor na Flórida – e o destinatário de seus 25 votos eleitorais – se tornaria o presidente dos Estados Unidos.[1]

---

[1] Pleasants, J. M., *Hanging Chads:* The Inside Story of the 2000 Presidential Recount in Florida. New York, 2004, p.2-10; ver também a compilação de artigos do *New York Times*,

Determinar o vencedor na Flórida não foi nada simples. Uma recontagem automática (autorizada em eleições muito "apertadas" pela lei da Flórida) foi concluída em 10 de novembro e reduziu a liderança de Bush a algumas centenas de votos. Mas essa recontagem, que em muitos municípios consistia simplesmente em verificar outra vez os totais registrados pelas máquinas de votação, mal resolvia a questão. Havia milhares de cédulas com potencial de erro na contagem, ou que nem mesmo foram contadas, por causa de marcações inadequadas ou ambíguas. Outras eram questionáveis em termos legais, incluindo as cédulas de ausentes dos membros das forças armadas que não tinham os carimbos exigidos por lei. Além disso, os totais implausíveis de sessões eleitorais individuais, ou mesmo de municípios – indicando, por exemplo, que muitas pessoas tinham votado para cargos municipais, mas não para o presidente – sugeriam que os erros humanos ou tecnológicos podem ter sido generalizados. A eleição da Flórida foi, com efeito, um empate estatístico: a margem de vitória para qualquer pretendente em potencial era menor do que a margem de erro do mecanismo de contagem de votos.[2]

Contudo, de alguma forma teria que haver um desempate, e fazer isso exigia decisões sobre se, e como, contar ou recontar manualmente os votos em diferentes partes da Flórida. Essas decisões tornaram-se objeto de um extraordinário conflito legal e partidário entre os partidos políticos e organizações de campanha dos dois principais candidatos. O conflito se desenrolou nos tribunais estaduais e federais, bem como nos meios de comunicação e, por vezes, nas ruas ou corredores lotados de prédios públicos na Flórida. Esse processo chamou a atenção nacional sobre a questão do direito de voto de forma mais radical do que em qualquer momento desde a década de 1960.

A própria frase *direito de voto* estava nos lábios de muitos atores do drama. Vários grupos de cidadãos da Flórida protestaram que haviam sido privados de seus direitos, por motivos que incluíam registros imprecisos, listas inválidas de criminosos condenados, discriminação racial e uma mal concebida "cédula borboleta" que levou muitos moradores de Palm Beach County a marcar erroneamente as cédulas em favor do conservador Patrick Buchanan em vez de Al Gore. Ambos os partidos, republicano e democrata, correram para defender o direito "sagrado" de voto (em particular de seus próprios partidários), enquanto seus advogados invocavam a frase como um prelúdio retórico para argumentos a favor e contra a recontagem de votos. O presidente Bill Clinton, elevando-se acima da cacofonia partidária, declarou que a votação era nosso "direito mais fundamental" – embora

---

publicados como *36 Days:* The Complete Chronicle of the 2000 Presidential Election Crises, New York, 2001.
2 Pleasants, *Hanging Chads*, p.2-12; *36 Days*, p.8-39.

certamente soubesse, como um ex-professor de direito constitucional, que a votação não era mencionada na Carta dos Direitos.[3]

Além disso, a crise eleitoral prolongada lançou um holofote sobre a colcha de retalhos da legislação estadual e federal dos direitos de voto, que havia sido composta de forma fragmentada nos dois séculos anteriores; nesse processo, as imperfeições dessa legislação foram iluminadas: os furos, os pontos fracos e as irregularidades do direito de voto. O holofote revelou, por exemplo, o quanto as leis estaduais e as práticas municipais ainda moldavam o exercício do direito de voto, revelando a existência de algo diferente de um direito nacional uniforme. Desde a fundação da nação, o governo federal havia ampliado e fortalecido muito a proteção ao direito de voto; no entanto, os detalhes das leis eleitorais permaneciam sob poder dos estados, mesmo nas eleições nacionais (foi por esse motivo que a maior parte do drama se desenrolou nos tribunais do estado da Flórida e envolveu a análise da leis estaduais). A eleição presidencial tinha um âmbito nacional, mas a maioria das normas que regiam sua condução, incluindo as emocionantes recontagens, as cédulas controversas e os procedimentos de registro, eram determinadas pelos estados, com inúmeros detalhes processuais que variavam em cada município ou cidade. Os votos que não eram contados na Flórida poderiam ter sido contados em outros estados, e vice-versa.

Havia, além disso, centenas de milhares de residentes da Flórida legalmente impedidos de votar, mas que poderiam ter votado caso residissem na maioria dos outros estados: eram homens e mulheres condenados por delitos graves, mas que já haviam cumprido as penas de prisão. Menos de uma dúzia de estados, entre eles, a Flórida, continuavam a impor a cassação do direito de voto vitalícia aos criminosos condenados; o estado continha cerca de 15% dos mais de 4 milhões de americanos que não foram autorizados a votar por causa de antecedentes criminais (os habitantes da Flórida poderiam recuperar seus direitos políticos somente por um processo de reconstituição muito lento e complicado). A maioria dos que foram cassados por este motivo era afro-americana ou hispânica; segundo algumas estimativas, mais de 30% de todos os homens negros na Flórida foram barrados das urnas em razão de condenações criminais. Essas estatísticas trouxeram o espectro de uma nova forma em curso de discriminação racial num estado sulista, enquanto sugeriam também que as restrições rigorosas da Flórida à participação política dos ex-criminosos poderia ter decidido a eleição de 2000, ao diminuir a força eleitoral da comunidade afro-americana.[4]

---

3 *New York Times*, 9, 23, 29 e 30 nov. 2000; ibid., 1, 7, 9 e 12 dez. 2000.
4 Para estatísticas recentes, ver *The Impact of Felony Disfranchisement Laws in the United States*, um relato por The Sentencing Project of Human Rights Watch, disponível em www.hrv.org/reports98/vote/use/usvot98°-01.htm. Lantigua, J., How the GOP Gamed the System in

Essas preocupações apenas se intensificaram quando histórias surgiram na imprensa indicando que alguns moradores da Flórida, que nunca haviam cometido crimes, haviam sido afastados das urnas sob a alegação de que eram ex-criminosos. A investigação subsequente revelou que representantes republicanos na Flórida, ao antecipar uma eleição muito disputada e presumindo que a maioria dos ex-criminosos, de grupos minoritários, votariam nos democratas, haviam comprado as listas de criminosos condenados de empresas privadas, e então tentaram estabelecer a ligação daquelas listas com os nomes dos eleitores registrados. O procedimento, parte de um esforço mais amplo para pôr em ordem as listas de registro infladas e desatualizadas, era problemático porque as listas dos criminosos eram imprecisas e não continham o número de inscrição no seguro social, nem outros identificadores de confiança. Apesar das queixas de inúmeros encarregados das eleições locais, milhares de pessoas cujos nomes apareciam nas listas dos criminosos foram removidas das listas eleitorais; algumas delas só tomaram conhecimento desse fato ao chegar às urnas e receber a informação de que seus nomes não constavam mais nos registros. Willie D. Whiting, por exemplo, um ministro negro de Tallahassee, cumpridor da lei, foi impedido de votar por ter sido confundido com Willie J. Whiting, um criminoso condenado. Assim, as amplas leis de exclusão de criminosos da Flórida haviam permitido que representantes estaduais partidários, na busca de vantagem política, negassem às pessoas o direito de voto.[5]

Os americanos também foram lembrados de que, nas eleições presidenciais, a extensão do direito de voto não significava que todos os votos valessem a mesma coisa e que, portanto, o candidato que recebesse o maior número de votos não necessariamente ganharia o cargo. Isso era verdade por causa do mecanismo constitucional barroco, agora comumente chamado de Colégio Eleitoral (um rótulo que não aparece na própria Constituição). Desde o final do século XIX o Colégio Eleitoral negava a presidência para o vencedor do voto popular, mas quando as contagens

---

Florida, *Nation*, 30 abr. 2001, p.11-17; *Washington Post*, 30 maio 2001; Lantigua, Blacklisted in Florida. *Independent Weekly*, Durham, NC., 9-15 maio 2001, p.23-29; Behrens, A., Uggen, C. e Manza, J., Ballot Manipulation and the "Menace of Negro Domination": Racial Threat and Felon Disenfranchisement in the United States, 1850-2002. *The American Journal of Sociology*, 109, novembro de 2003, p.563. Para o mais abrangente estudo de perda de direito de voto de criminoso, ver Manza e Uggen, *Locked Out:* Felon Disenfranchisement and American Democracy. New York, 2006.

5 Lantigua, How the GOP, p.11-17; *Washington Post*, 30 maio 2001; Lantigua, Blacklisted, p.23-29; Overton, S., *Stealing Democracy:* The New Politics of Voter Suppression. New York, 2006, p.58-59. De Fato, a tentativa da Flórida de combinar os nomes de criminosos com eleitores foi baseada num programa de computador que utilizava apenas as primeiras quatro letras do primeiro nome de uma pessoa, 90% do último nome e uma data aproximada de nascimento. Minnite, L. C., *The Politics of Voter Fraud*, Project Vote, 5 mar. 2007, 25, http://projectvote.org/fileadmin/ProjectVote/Publications/Politics_of_Voter_Fraud_Final.pdf.

finais foram compiladas no ano 2000, Al Gore – que logo retornaria à vida privada – tinha ganho meio milhão de votos a mais que o presidente eleito, George W. Bush. A vitória de Bush pode ser atribuída diretamente ao poder desproporcional que o sistema de Colégio Eleitoral sempre deu aos pequenos estados, que computam mais votos eleitorais per capita do que os grandes estados (um exemplo extremo foi o fato de um eleitor em Dakota do Sul, em 2000, representar menos da metade do número de pessoas representadas por um eleitor em Nova York, ou na Califórnia). George W. Bush foi eleito para a presidência sem ter vencido o voto popular porque ganhou três quartos dos estados que tinham menos de dez votos eleitorais. Se os votos eleitorais tivessem sido alocados aos estados inteiramente em proporção à sua população, Al Gore teria se tornado presidente, não obstante o resultado na Flórida. O princípio democrático de "uma pessoa, um voto", amplamente aceito pelo povo americano e adotado pela Suprema Corte na década de 1960, não se aplicava às eleições presidenciais.[6]

O drama na Flórida fez sobressair uma dimensão diferente do direito de voto: o direito de ter os próprios votos contados, e contados com exatidão. Embora os tribunais federais já reconhecessem há muito tempo que o "direito de ter os próprios votos contados" era tão fundamental como "o direito de inserir uma cédula numa urna", essa questão apareceu raramente nos conflitos anteriores sobre o sufrágio. Os americanos, vez ou outra, preocupavam-se com a tabulação fraudulenta de votos, mas não mostravam muita ansiedade quanto à tecnologia de votação, ou a exatidão das máquinas de votação. Aqueles que foram às urnas em 2000 consideravam ponto pacífico que seu voto seria contado.[7]

O exame minucioso dos resultados eleitorais da Flórida abalou essa confiança. Com um microscópio focado nos números de cada município, e até mesmo de cada sessão eleitoral do estado, ficou claro que milhares de votos simplesmente não haviam sido contados, enquanto inúmeros outros podem ter sido registrados de forma errada. Em alguns municípios, de 3 a 5% de todas as cédulas foram descartadas porque estavam "danificadas" (em Gadsden County, com uma maioria de afro-americanos, o número era de 12%); os "subvotos" (cédulas que registraram votos para cargos menos importantes, mas não para a presidência) eram comuns; o "excesso de votos" (marcados para dois candidatos diferentes) sugeriam falhas na concepção das cédulas; as máquinas de tabulação mostravam somas diferentes quando contavam as mesmas cédulas duas vezes; as recontagens

---

6 Keyssar, A., Reform and an Evolving Electorate. *New York Times*, 5 ago 2001; Rainey Jr., G. W. e Rainey, J. G., The Electoral College: Political Advantage, the Small States, and Implications for Reform. In: Watson, R. P. (org.), *Counting Votes:* Lessons from the 2000 Presidential Election in Florida. Gainesville 2004, p.174-176.
7 *United States versus Mosley*, 238 U.S. 383, 386 (1915); ver também *United States versus Classic*, 313 U.S. 299 (1941).

manuais de cédulas perfuradas trouxeram à tona o problema das "sobras penduradas" de papel picotado que aderiam às cédulas, e muitas vezes levavam ao registro errôneo de votos. Além disso, os municípios da Flórida utilizavam uma grande variedade de diferentes tecnologias de voto, algumas das quais (por exemplo, os cartões perfurados) mostraram taxas de erro muito maiores do que outras (O National Bureau of Standards [Agência Nacional de Padronização] havia insistido, em 1988, que as cédulas de cartões perfurados fossem suspensas). Outras investigações revelaram que as tecnologias menos confiáveis costumavam ser introduzidas em comunidades pobres e de minorias, contribuindo para as taxas anormalmente elevadas de "deterioração" das cédulas nessa população e um aumento de preocupação acerca da discriminação racial.[8]

Além do mais, esses problemas não eram exclusivos do Estado da Flórida. À medida que as falhas no aparato eleitoral da Flórida se tornavam alvo de comentários e críticas nacionais, os encarregados dos procedimentos eleitorais em outras partes não podiam deixar de concordar com o chefe dos encarregados da Geórgia que "não fosse pela graça de Deus, poderia acontecer comigo". As diferentes tecnologias de votação introduzidas na Flórida estavam todas em uso em outros estados, geralmente com taxas de erro semelhantes. Muitas das máquinas de votação do país eram antiquadas, mal conservadas e propensas a avarias; as antigas máquinas movidas a alavanca de Nova York tinham 27 mil peças cada, e 8% das máquinas apresentaram defeitos em 1998. Os votos de ausentes em vários estados simplesmente nunca foram contados, a menos que as eleições fossem demasiado disputadas. Os departamentos eleitorais sofriam de um subfinanciamento crônico, ao passo que os mesários recebiam um treinamento mínimo e quase sempre eram incapazes de resolver os problemas ou aplicar corretamente as regras de procedimento. De acordo com uma estimativa, havia 2 milhões de votos em todo o país que não foram contados, e poucos estados poderiam afirmar com confiança que seus sistemas eleitorais garantiam o grau de precisão exigido por uma eleição muito disputada. "O que aconteceu na Flórida é a regra e não a exceção", informou o *Los Angeles Times* depois de um levantamento nacional sobre as práticas eleitorais.[9]

---

8 Jefferson-Jenkins, C., Let Every Voice Be Heard, Let Every Vote Be Counted. In: *Counting Votes*, p.xii, xv; Kimball, D. C., Owens, C. e Keeney, K. M., Unrecorded Votes and Political Representation, ibid., p.135-147; Keyssar, The Right to Vote and Election 2000. In: Rakove, J. N. (org.), *The Unfinished Election of 2000*. New York 2001, p.92-94; Schwatz, P. M., Voting Technology and Democracy. In: *New York University Law Review*, 77, junho de 2002, p.625-647; *Los Angeles Times*, 11 dez. 2000; *New York Times*, 24 maio 2004.

9 Green, T. C., Kinney, R. S. e Mitchell, J., Voting Technology and Voting Access in Twenty--first-century America. In: *Counting Votes*, p.110-118; Kropf, M. E., e Knack, S., Balancing Competing Interests: Voting Equipment in Presidential Elections, ibid., p.121-133, 277-278; *Los Angeles Times*, 12 dez. 2000; National Commission on Federal Election Reform (doravante

Os americanos que permaneceram sintonizados com a eleição de 2000, portanto, se viram diante de uma nova imagem do funcionamento de sua própria democracia. Os Estados Unidos, ao que parecia, não tinham um sufrágio plenamente universal para os cidadãos adultos; os direitos e os procedimentos de voto ainda apresentavam grande variação de estado para estado; nem todos os votos tinham o mesmo peso nas eleições presidenciais; a discriminação racial pode ter persistido apesar da Lei dos Direitos de Voto; e a capacidade do país para contar os votos de forma correta estava em questão. Além disso, a administração das eleições parecia estar em mãos abertamente partidárias: a secretária de estado da Flórida, Katherine Harris, também foi copresidente da campanha de Bush. "Nossa democracia não é realmente tão sagrada", observou o codiretor da Divisão de Eleições de Indiana. Esta era uma imagem amarga para um país que se orgulhava de sua democracia, e muitas vezes enviava observadores para monitorar as eleições em terras distantes.[10]

Um novo golpe foi dado no último dia da crise, quando a Suprema Corte emitiu sua decisão no caso Bush *versus* Gore. A decisão judicial, que suspendeu a recontagem manual que a campanha de Gore havia solicitado, e que a Suprema Corte da Flórida havia concedido, entregou efetivamente os votos eleitorais da Flórida e a presidência para George W. Bush. A decisão incorporava a leitura majoritária da corte do artigo 2, inciso 1 da Constituição, que trata do processo de escolha de presidentes. O artigo estabelece que "cada Estado nomeará, de modo que seu legislativo disponha, certo número de eleitores" – que então votarão para o presidente. De acordo com cinco dos juízes, a linguagem da Constituição significava que "o cidadão individual não tem o direito constitucional federal de votar em eleitores para o presidente dos Estados Unidos, a menos e até que o legislativo do estado escolha uma eleição em âmbito estadual como meio de executar seu poder de nomear os membros do Colégio Eleitoral". Além disso, "o Estado [...] após a concessão do direito de voto no contexto especial do artigo II, pode tomar de volta o poder de nomear os eleitores" (o legislativo estadual da Flórida dominado pelos republicanos estava, na verdade, planejando "tomar de volta" esse poder e escolher os eleitores por si próprio, até que isso não fosse mais necessário por decisão da Corte). De acordo com a mais alta corte do país, portanto, a evolução constitucional da nação havia deixado uma lacuna extraordinária nos direitos políticos dos cidadãos: os americanos poderiam votar nas eleições para o cargo mais poderoso do país apenas se essa oportunidade lhes fosse oferecida pelos seus legislativos estaduais. Conforme o juiz Antonin Scalia havia afirmado de modo

---

NCFER), *To Assure Pride and Confidence in the Electoral Process*, agosto de 2001, 1; *New York Times*, 20 out. 2003.
10 *Los Angeles Times*, 11 dez. 2000.

sucinto nos argumentos orais perante a Corte, no dia 1º de dezembro, "não há direito de sufrágio" nos termos do artigo 2, inciso 1 da Constituição.[11]

Essas frases marcantes, meio enterradas num documento longo e complexo, não angariaram muita atenção pública; é compreensível que tenham sido ofuscadas por outras características da decisão (como a crítica aguda do juiz John Paul Stevens à Corte) e pelo fato simples, enorme, de que o drama havia terminado e George W. Bush estava prestes a se tornar o presidente. No entanto, a maioria dos americanos teria ficado chocada ao saber que seu direito de voto nas eleições presidenciais estava longe de ser absoluto, e não era, absolutamente, garantido.[12]

O que deve ser feito?

> Os americanos podem e devem esperar que seu sistema eleitoral seja uma fonte de orgulho nacional e um modelo para todo o mundo.
>
> – Comissão Nacional sobre Reforma Eleitoral Federal, 2001[13]

Não é de surpreender que o repentino fiasco eleitoral do ano 2000 tenha gerado uma forte onda de interesse em melhorar e reformar a condução das eleições americanas. Equipes de especialistas, patrocinadas por fundações e universidades, realizaram estudos detalhados sobre a tecnologia de votação; uma comissão de alto nível, liderada pelos ex-presidentes Jimmy Carter e Gerald Ford, conduziram uma ampla pesquisa sobre as deficiências de processos e administração eleitorais; e a Comissão dos Estados Unidos sobre os Direitos Civis investigaram as dimensões raciais do que havia acontecido na Flórida.[14] As organizações com compromissos de longa data para o fortalecimento das instituições democráticas (como a Liga das Mulheres Eleitoras e a Causa Comum) revigoraram seus esforços, e a elas juntaram-se dezenas de grupos de defesa, novos ou relativamente novos, que promoviam reformas específicas (como o registro no dia da eleição)

---

11 *New York Times*, 23, 29 e 30 nov. 2000; ibid., 1, 9 e 12 dez. 2000; *George W. Bush versus Palm Beach County Canvassing Board*, argumentos orais, 1 dez. 2000, p.55; *Bush versus Gore*, 121 S. Ct. 526, 529 (2000); *36 Days*, p.183-185, 195-196, 303; *New York Times*, 5 dez. 2000; *Albert Gore Jr. and Joseph L. Liberman versus Katherine Harris*, 772 So. 2d 1243 (Fla. 2000).

12 Pleasants, *Hanging Chads*, p.23-25.

13 NCFER, *To Assure*, 1.

14 Caltech/MIT Voting Technology Project, *Voting: What Is, What Could Be*, 2001; Grady, H. E. et al., *Counting All the Votes:* The Performance of Voting Technology in the United States, University of California, Berkeley, 2001, http://ucdata.berkeley.edu/pubs/countingallthevotes.pdf; NCFER, *To Assure*, inteiro; U.S. Commission on Civil Rights, *Voting Irregularities in Florida During the 2000 Presidential Election*, 2001. Outros relatórios do Caltech/MIT Project são também de valor; para uma listagem, ver http://vote.caltech.edu/drupal/.

O direito de voto

ou defendiam os interesses de determinados grupos de cidadãos (como os asiático-americanos ou ex-criminosos).[15] Enquanto isso, as autoridades locais, estaduais e federais, tanto eleitas como nomeadas, pressionavam por uma nova legislação e novos recursos: ninguém queria que a "Flórida" acontecesse novamente.

Três tipos diferentes de reforma foram defendidos e debatidos como resultado da eleição. O primeiro tinha como objetivo realizar eleições mais eficientes e tornar seus resultados mais confiáveis por meio do aperfeiçoamento da tecnologia de votação e da gestão das eleições (alguns estudos retrospectivos sugeriram que as listas imprecisas de registro tinham causado mais problemas do que as máquinas com defeito em 2000). Um segundo conjunto de propostas foi concebido para aumentar a participação, e até para ampliar o eleitorado, por meio da eliminação dos obstáculos jurídicos e de procedimento à votação – por exemplo, com a realização de eleições num feriado ou o fim da cassação do direito de voto vitalícia de ex-criminosos. O terceiro tipo, e o mais polêmico, consistia em mudanças estruturais nas instituições políticas, como abolir o Colégio Eleitoral, ou instituir o sistema de *instant runoff voting* [votação com turnos instantâneos], um mecanismo que permite ao eleitor classificar sua preferência entre múltiplos candidatos (isso poderia ter permitido a vitória de Al Gore na Flórida, apesar das milhares de cédulas dirigidas ao candidato do Partido Verde, Ralph Nader).[16] Algumas destas propostas eram respostas diretas aos problemas que se tornaram visíveis em 2000, enquanto outras surgiram a partir das pautas dos reformadores, que esperavam tirar proveito de um momento auspicioso para decretar mudanças há muito desejadas. Todas foram defendidas como métodos de proteger o direito de voto e torná-lo mais significativo.

Mas apesar de "Flórida", o clima político nacional não era totalmente receptivo à reforma eleitoral. A luta pela presidência havia inflamado as paixões partidárias, e houve um grande mal-estar durante a maior parte da presidência de George W. Bush, especialmente em Washington. Um pouco desse mal-estar se baseava na desconfiança mútua dos dois principais partidos em relação ao compromisso de cada um com eleições justas

---

15 Proeminentes entre as organizações de advocacia eram o Center for Voting and Democracy, Demos e o National Voting Rights Institute. Em 2003, quando o Center for Voting and Democracy (agora rebatizado FairVote) conclamou uma conferência nacional de advogados e ativistas (chamada "Claim Democracy" Conference), mais de sessenta organizações em torno da nação copatrocinaram o evento.

16 O sistema de votação *instant runoff voting* (IRV) teria permitido a eleitores de inclinação à esquerda assinalarem Nader como sua primeira escolha e Gore como sua segunda, ao invés de deixá-los no dilema clássico de terem que escolher entre "desperdiçar seus votos" ou votar para o "menor dos dos males". O IRV é amplamente considerado como facilitador para que terceiros partidos ganhem influência e força política.

e honestas. Entre os democratas, e também entre os ativistas progressistas, havia uma convicção generalizada de que o Partido Republicano buscava vantagem eleitoral de forma deliberada, por meio da promoção de leis, procedimentos administrativos, e até mesmo "truques sujos", que manteriam os eleitores democratas – sobretudo se fossem pobres e de grupos minoritários – longe das urnas. Os elementos de provas da Flórida (incluindo o expurgo das listas de registro) respaldaram essas alegações, mesmo que não apoiassem as visões mais extravagantes de conspiração que surgiram imediatamente após a eleição. Os democratas, portanto, se aproximaram da reforma eleitoral com um olho no objetivo de neutralizar os esforços republicanos de "supressão do eleitor", que interpretaram como uma nova forma de privação do direito de voto *de fato*. A frase "supressão do eleitor" era relativamente nova no debate político, entrando no uso comum apenas durante este período.[17]

É lógico que os republicanos negaram qualquer intenção antidemocrática na Flórida ou em outro lugar. Insistiram em que as ações de purgar as listas de eleitores e preparar listas de criminosos condenados provinham inteiramente de um desejo de evitar fraudes. Na verdade, alguns republicanos inverteram as acusações, argumentando que os democratas costumavam trapacear em todas as eleições, e que haviam tentado roubar a disputa de 2000. "Inventar votos, subornar os eleitores, intimidar as autoridades locais [...]. Essa é a única maneira pela qual Gore pode vencer", afirmou a assessora política Mary Matalin durante o calor da batalha, em novembro de 2000. "Os democratas roubam 2 a 3% dos votos numa eleição normal", insistiu um erudito republicano. Poucas provas concretas foram apresentadas para apoiar essas alegações, mas isso parecia altamente irrelevante para muitos combatentes nas guerras políticas.[18]

Essas perspectivas partidárias conflitantes afetaram os primeiros debates sobre a reforma e continuaram marcantes na campanha eleitoral de 2008. Alguns problemas, como as máquinas de votação com altos índices de erro,

---

17 As expressões "supressão de voto" e "supressão de eleitor" não apareceram absolutamente no *New York Times* ou no *Washington Post* na década de 1980. Na década de 1990, elas apareceram 36 vezes (nos dois jornais combinados); de 2000 até Fevereiro de 2008, elas apareceram 99 vezes. Algumas preocupações democratas com estratégias republicanas datam desde a década de 1980, quando o republicano National Committee contratou policiais de folga para monitorar as urnas em vizinhanças de minoria em Nova Jersey e Louisiana; o clamor público compeliu o RNC a assinar um decreto de consentimento prometendo não repetir tais ações. Fund, J., *Stealing Elections:* How Voter Fraud Threaten Our Democracy. San Francisco, 2004, p.6-7. No que toca às ansiedades democratas sobre conspirações republicanas em 2000, ver (entre muitas possíveis fontes) Genovese, M. A., This is Guatemala. In: *Counting Votes*, p.247-260; ver também Miller, M. C., *Fooled Again:* How the Right Stole the 2004 Election and Why They'll Steal the Next One Too. New York, 2005, p.92-106.

18 A afirmação mais ampla da perspectiva republicana pode ser encontrada em Fund, *Stealing*; ver também Miller, *Fooled Again*, p.89-111.

tinham pouco valor partidário, mas muitos outros tinham grande potencial de conotações políticas. O clima de desconfiança tornou especialmente difícil resolver os inúmeros problemas de conduta e de gestão eleitoral que envolviam soluções conciliatórias entre maximizar o acesso às urnas e minimizar as possibilidades de fraude. Por exemplo a exigência de que os cidadãos apresentassem documentos de identificação no momento de votar podia dificultar as fraudes e, ao mesmo tempo, permitir que os eleitores legítimos dessem seus votos. Como observou o representante democrata, Steny Hoyer, em 2002: "Você pode fazer coisas que tornam mais fácil votar, mas também tornam mais fácil enganar. Ou você pode fazer coisas que dificultem a fraude, mas também podem impedir a votação." Ao longo desses anos, tanto no Congresso como nos legislativos estaduais, os democratas tenderam a remover, ou minimizar, os obstáculos dos procedimentos de votação, enquanto suas contrapartes republicanas consideraram mais importante o aspecto de "prevenção da fraude".[19]

Outro legado da eleição de 2000 também complicou as perspectivas para a reforma: a demonstração de que as eleições, mesmo as nacionais, podiam ser altamente disputadas, com resultados que dependiam de um minúsculo número de votos. Assim, quaisquer propostas de mudança certamente passariam por um exame minucioso pelas implicações partidárias; por exemplo, a realização de eleições num feriado seria favorável aos democratas ou aos republicanos? Os assessores políticos profissionais já sabiam há longo tempo (e a história dos direitos de voto há muito havia demonstrado) que as eleições poderiam depender de quais eleitores potenciais de fato iam às urnas e votavam legalmente. Se cada voto contava, então quem votava importava muito, e qualquer proposta com consequências partidárias nítidas com certeza encontraria resistência.

Ajudando os americanos a votar

No início de fevereiro de 2001, uma força-tarefa da National Association of Secretaries of State [Associação Nacional de Secretários de Estado] reuniu-se em Washington para lançar um projeto preliminar de reforma eleitoral nos estados (os secretários de estado geralmente tinham a responsabilidade pela gestão das eleições). O projeto recomendava às autoridades do estado aproveitar o momento histórico e promover uma legislação que facilitasse a aquisição da melhor tecnologia disponível, enquanto promovia a igualdade de acesso aos locais de votação, a melhoria da educação dos eleitores e melhor formação para os funcionários eleitorais. Ao mesmo tempo a força-tarefa fez uma advertência ao Congresso: a gestão eleitoral,

---

19 *Congressional Quarterly Weekly Report,* 27 jul. 2002, p.2034; Fund, *Stealing,* p.12-13.

afirmou, era uma questão estadual e local; o que os estados precisavam de Washington não era interferência, mas dinheiro.[20]

No entanto, a maioria dos estados era lenta para aproveitar a oportunidade de uma reforma significativa. A Flórida, naturalmente, empreendeu uma grande reforma de suas leis eleitorais em 2001, renovando seus equipamentos, sistemas de registro, procedimentos de contagem e os projetos eleitorais; Geórgia e Maryland tomaram medidas semelhantes. Mas em outros lugares, apesar da introdução nos legislativos de centenas de medidas de reforma (cerca de 2 mil no total até o final de 2002), as mudanças em geral eram modestas, refletindo o impasse partidário, a complexidade das questões e uma relutância em aumentar as despesas. Perto do final de 2001, Scott Harshbarger, o presidente do grupo apartidário de defesa dos cidadãos Common Cause [Causa Comum], queixou-se que "olhando para o que aconteceu nos legislativos estaduais no ano passado, nunca saberíamos que havia uma verdadeira crise eleitoral em nossas mãos apenas um ano atrás". Muitas autoridades estatais, de fato, estavam esperando para ver o que iria acontecer em Washington.[21]

O Congresso avançou com menos entusiasmo do que muitos previam. Tanto a Câmara como o Senado tinham maiorias republicanas inexpressivas, e a liderança, sobretudo na Câmara, estava indecisa sobre a melhor forma de tratar um tema tão delicado, que tocaria no ponto fraco e ainda assim exigiria a cooperação bipartidária. No final de fevereiro, os membros afro-americanos da Câmara estavam tão perturbados com a aparente morosidade da liderança que a própria Convenção Partidária dos Parlamentares Negros realizou uma audiência divulgada em ampla escala sobre a reforma eleitoral e a proteção dos direitos de voto. Ainda que diversos democratas e republicanos tivessem apresentado importantes projetos de lei no inverno de 2000-2001, o Congresso não se voltou à questão da reforma eleitoral antes do final da primavera.[22]

Em parte por causa dos atrasos no Congresso, o principal foro de consideração do papel do governo federal na reforma das eleições passou a ser a Comissão Nacional sobre a Reforma Eleitoral Federal, copresidida pelos ex-presidentes Jimmy Carter e Gerald Ford. Formada no final de janeiro,

---

20 McDonald, G., State Officials Meet on Election Reform, Stateline.org, 2 fev. 2001, http://www.stateline.org/live/printable/story?contenld=14256.

21 Liebschutz, S. F. e Palazzolo, D. J., HAVA and the States. *Publius:* The Journal of Federalism, 35, 2005, p.499; Palazzolo, Election Reform after the 2000 Election. In: Palazzolo, D. J. e Ceaser, J. W. (orgs.), *Election Reform:* Politics and Policy. Lanham, MD, 2005, p.4-7, 13-14. Ver também capítulos 3-5 dessa coleção para estudos detalhados da Flórida, Geórgia e Maryland.

22 Testemunho de Roy Blunt, U.S. House of Representatives, à National Commission on Federal Election Reform, v.147 (26 mar. 2001), http://www.tef.org/Publications/ElectionReform/NCFER/h1/hearing1_p3.pdf; *Amsterdam News,* New York, 1 mar. 2001; *Herald Tribune,* Sarasota, 5 mar. 2001; UPI Wires service report, 27 fev. 2001.

com financiamento privado de várias fundações, essa comissão bipartidária de pessoas importantes (incluindo muitas ex-autoridades públicas) realizou audiências em todo o país e formou um conjunto de forças-tarefa que coletaram informações e emitiram relatórios sobre os assuntos relacionados com as eleições. A comissão divulgou seu relatório final, intitulado "To Assure Pride and Confidence in the Electoral Process" [Para garantir o orgulho e a confiança no processo eleitoral], em agosto de 2001, entregando pessoalmente uma cópia ao presidente Bush que, em uma cerimônia no Jardim de Rosas, elogiou seus "princípios fundamentais", e instou o Congresso a prestar atenção às diretrizes do relatório.[23]

As recomendações da comissão Carter-Ford foram cautelosas e claramente concebidas para ganhar um apoio bipartidário. Solicitaram aos Estados que permitissem que "qualquer eleitor que afirma estar qualificado para votar" votasse de modo "provisório" (o voto seria contado apenas se fosse de fato qualificado); que desenvolvessem sistemas de registro de eleitores em todo o estado; e que estabelecessem marcas de referência do desempenho do sistema de votação, bem como padrões para determinar o que constituía um voto em diferentes tipos de máquinas de votação. Instaram ao governo federal que criasse uma nova agência, uma Comissão de Administração Eleitoral, para desenvolver e pôr em prática padrões de equipamentos de voto, e para servir como um centro de informações sobre tecnologia e administração eleitoral. A comissão também recomendou que o Congresso alocasse entre 1 e 2 bilhões de dólares para os subsídios equivalentes a fim de ajudar os estados na administração eleitoral, sugerindo que esses subsídios estivessem condicionados aos estados que preenchessem certos critérios ou padrões. Com mais ousadia, talvez, a comissão recomendou que todos os estados restituíssem os direitos de voto aos criminosos que houvessem "cumprido na íntegra suas penas" e que o Congresso aprovasse uma legislação para realizar eleições federais em um feriado nacional (provavelmente Dia dos Veteranos).[24]

O relatório Carter-Ford também foi notável pelo que não realizou. Para consternação de muitos democratas do Congresso, e também de seis membros dissidentes da própria comissão, o documento não recomendava novo mandato federal ou normas relativas à realização das eleições. Os estados receberiam o "incentivo" de uma injeção de verbas de curto prazo, caso adotassem certas reformas; apesar disso, não haveria a "vara" de novas exigências federais, e os estados permaneceriam no controle completo da administração das eleições federais. A comissão também se recusou a sequer abordar as questões mais amplas de reforma estrutural levantadas pela eleição de 2000, sobretudo a reforma do Colégio Eleitoral.

---

23 NCFER, *To Assure*; *Washington Post*, 1 ago. 2001.
24 NCFER, *To Assure*, p.5-14.

De fato, conforme revelado numa divergência arquivada pelo comissário John Siegenthaler, o painel havia concordado, no início, em sequer discutir o Colégio Eleitoral ou quaisquer outras alterações que exigissem emenda constitucional. Para alguns defensores da reforma, como o colunista do *Washington Post*, William Raspberry, a comissão havia perdido uma oportunidade de promover ideias ousadas; em vez disso, produziu "um relatório medroso, calculado para produzir consenso, mas poucas reformas preciosas".[25]

Os principais componentes da abordagem da Comissão Carter-Ford encontraram um caminho até o Congresso, que fazia seus próprios esforços titubeantes para chegar a um consenso. Desde o início, a maioria dos democratas e republicanos concordaram que o governo federal deveria financiar e ajudar a desenvolver padrões de qualidade na administração eleitoral e na nova tecnologia de votação. No entanto, as primeiras propostas apresentadas, no inverno e na primavera de 2001, revelaram divergências partidárias sobre questões fundamentais. Os democratas, concebendo a reforma eleitoral sobretudo como uma questão de direitos civis, eram favoráveis a normas nacionais obrigatórias, à redução dos entraves de procedimentos de inscrição e votação, e a uma restituição do direito de voto para os criminosos que haviam cumprido suas penas. Por outro lado, os republicanos – desenvolvendo uma visão mais administrativa – preferiam o cumprimento voluntário do estado dos padrões nacionais, bem como as disposições antifraude adicionais, incluindo a exigência de que os eleitores de primeira viagem apresentassem alguma forma de identificação com foto nas urnas.[26]

Levou um ano e meio para resolver essas diferenças. Na Câmara, Bob Ney, o presidente republicano da Comissão de Administração da Câmara, e Steny Hoyer, o democrata mais qualificado, trabalharam durante seis meses para produzir um projeto de lei bipartidário, que finalmente ganhou aprovação em dezembro de 2001. No Senado, a dinâmica mudou quando os democratas se tornaram o partido da maioria em meados de 2001, graças à saída do senador de Vermont, James Jeffords, do Partido Republicano; um projeto de lei conciliatório, mais reflexivo do ponto de vista democrático, foi finalmente aprovado em abril de 2002. A conciliação das versões da Câmara e do Senado levou mais seis meses e, por um momento, parecia

---

25 NCFER, *To Assure*, p.78-82, 85; William Raspberry, A Flawed Fix. *Washington Post,* 3 ago. 2001; Keyssar, Reform and an Evolving Electorate; Broder, D., Election Report Delivered to Bush. *Washington Post,* 1 ago. 2001. A relutância da comissão em lidar com o Colégio Eleitoral pode ter refletido o pessimismo pessoal do presidente Carter sobre o assunto; como presidente, ele havia dado considerável apoio a um esforço fracassado de abolir a instituição. Ver Rakove, J. N., The E-College in the E-Age. In: *Unfinished Election*, p.201-234.

26 Shambon, L. M., Implementing the Help America Vote Act. *Election Law Journal*, 3, setembro de 2004, p.424-428; Liebschutz e Palazzolo, HAVA and the States, p.499-505.

totalmente improvável de acontecer. O *Help America Vote Act* (HAVA) [Lei de Apoio ao Voto nos Estados Unidos] finalmente foi transformado em lei em 29 de outubro de 2002, quase exatamente dois anos depois da polêmica eleição presidencial.[27]

A legislação estipulava recursos para os estados melhorarem a administração das eleições e subsidiarem a compra de uma nova tecnologia de votação, sobretudo substituindo as máquinas de cartões perfurados e de alavancas. Foi criada também uma Comissão de Assistência Eleitoral para servir como um centro de informações sobre os sistemas de votação e para distribuir, em três anos, um total de 3 bilhões de dólares em subsídios para os estados. Os fundos seriam fornecidos para facilitar ao estado o cumprimento de um novo conjunto de requisitos federais, tanto referente à tecnologia de votação como à administração eleitoral. Esses requisitos tratavam de uma gama de problemas passados e potenciais. As máquinas de votação deveriam: ser acessíveis a pessoas com deficiência; permitir que os eleitores conferissem suas seleções antes do registro do voto; notificar os eleitores se tinham "votado a mais"; e deixar um registro permanente em papel e sujeito à verificação manual. As máquinas também deveriam cumprir um rigoroso padrão de precisão de contagem de votos. Além disso, todos os estados eram obrigados a elaborar listas de registro estaduais informatizadas, a permitir votos provisórios aos eleitores cujos nomes não aparecessem nas listas oficias de votação e desenvolver padrões uniformes relativos ao que constituía um voto legal em cada tipo de tecnologia em uso. Em um aceno às preocupações republicanas, HAVA também exigiu que os residentes que se registrassem pelo correio e que nunca haviam votado antes na jurisdição apresentassem uma identificação (de uma lista específica de documentos) ou no ato de se registrarem, ou nas urnas. A execução de HAVA, que implicou considerável interpretação de suas disposições, foi deixada para os estados, embora a lei estipulasse prazos para o cumprimento.[28]

---

27 Shambon, Implementing, p.426-428; Liebschutz e Palazzolo, HAVA and the States, p.500-506; Seligson, D., Senate Power Shift Could Revive Election Reform Effort, Stateline.org, 6 jun. 2001, http://www.stateline.org/live/ViewPage.action?siteNodeId=136&contentId=14362; Tanner, R., Election Reform Foes Square Off. *AP Online*, 4 ago. 2001; Lipman, L., Cox News Service, 7 nov. 2001; Seligson, D., Stateline.org, 8 nov. 2001; *Washington Post*, 30 nov. 2001; *Congressional Quarterly Weekly Report*, 13 abr. 2002, p.957; *Congressional Quarterly Weekly Report*, 27 jul. 2002, p.2034; *New York Times*, 7 set. 2002.

28 *Help America Vote Act of 2002*, Public Law 107-252, 107th Congress; Shambon, Implementing, p.428-437; Liebschutz e Palazzolo, HAVA and the States, p.507-509. A legislação permitia vários prazos para serem estendidos se os estados tivessem dificuldade em cumpri-los. Os estados acabavam com um tanto mais de margem para a execução do que a HAVA originalmente pretendia, porque o compromisso tardio de comissários da EA, associado à significativa insuficiência de fundos da EAC durante seus primeiros anos, atrasaram o desenvolvimento das pautas que se esperava que os estados seguissem. Ver Theisen, E., Is HAVA Being Abused?, http://www.votersunite.org/info/hava-abuse2.asp. A provisão na HAVA no

A aprovação de HAVA sinalizou um novo grau de envolvimento federal na condução das eleições americanas. Além de fornecer uma ajuda substancial para os estados, tanto em dinheiro como por meio da criação da Comissão de Assistência Eleitoral, a lei, assim como o projeto de lei Eleitor Motorizado de 1993, obrigava os estados a obedecer um conjunto de normas federais importantes, ainda que limitadas. Ao fazê-lo, HAVA obrigou as autoridades estatais a apertarem o controle sobre as regras e procedimentos que muitas vezes haviam sido deixados nas mãos de municípios e cidades individuais: um movimento fundamental da lei era a promoção da uniformidade das práticas, não só entre, mas no interior dos estados. HAVA foi um avanço na salvaguarda do direito de voto, pois obrigou muitas jurisdições a reformar práticas que podiam impedir os eleitores legais de votar e de ter seus votos contados corretamente.[29]

No entanto, como resposta nacional há muito aguardada ao que havia sido uma crise eleitoral séria, a HAVA era uma realização limitada, até mesmo inexpressiva. Essa lei não abordava as falhas estruturais mais subterrâneas que se tornaram tão visíveis em novembro de 2000, como o controle administrativo das eleições estaduais por autoridades partidárias, ou a ausência de um direito constitucional claro para votar para presidente. Também não seguiu o exemplo da comissão de Carter-Ford na busca do aumento do comparecimento às urnas e ampliação do eleitorado por meio de eleições realizadas fora dos dias úteis, e da restituição dos direitos dos ex-criminosos. De fato, para a decepção de quem esperava por reformas amplas, a legislação que surgiu do Congresso prometia, de modo implícito, que o sistema eleitoral seria corrigido com novas máquinas e mudanças pontuais nas práticas administrativas. Alguns críticos, incluindo a senadora de Nova York, Hillary Clinton e organizações latinas importantes chegaram a temer que HAVA contivesse um defeito fatal: seu dispositivo de identificação por fotos poderia criar um obstáculo adicional à participação de muitos eleitores novos (ou recentemente transferidos). Talvez o mais importante foi que HAVA deu aos estados uma liberdade de ação considerável para

---

que toca a um permanente, registro em papel, com auditoria, pode ter sido compreendido por alguns membros do Congresso como requerendo um "comprovante de votação impresso e auditável", isto é, um registro em papel individual que cada eleitor poderia consultar para confirmar que seu voto foi corretamente registrado. Entretanto, a maioria dos funcionários das eleições nos estados escolheram interpretar essa provisão como simplesmente requerendo um papel impresso no fim do dia. Ver An Open Letter to the House Administration Committee of the U.S. House of Representatives, de um comitê especial de VerifiedVoting. org, 19 nov. 2003, bem como a afirmação do Senador Chris Dodd no Congressional Record of the Senate, 3 ago. 2001, p.88877. Esta interpretação foi confirmada ao autor em correspondência pessoal de John Gideon e Ellen Theisen da VotersUnite, 31 mar. 2008.

29 Leonard Shambon observou que a HAVA tinha "o efeito de mudar de um ambiente de controle local com supervisão estadual frouxa e federal limitada para um ambiente de forte controle estadual e supervisão federal frouxa". Shambon, Implementing, p.431.

O direito de voto

determinar como e quando atender aos requisitos da lei, abrindo a porta a uma disputa partidária contínua e à inércia administrativa.[30]

Aqueles que temiam que a HAVA fosse um "exemplo anêmico de legislação" (como o *New York Times* caracterizou num momento posterior) não foram tranquilizados pela história inicial da Comissão de Assistência Eleitoral. Demorou mais de um ano para os quatro membros da CAE (dois democratas e dois republicanos) serem nomeados e confirmados pelo Senado. Além disso, no início a agência era tão carente de recursos e de pessoal que tinha dificuldades em cumprir os prazos estabelecidos pela HAVA, ou oferecer orientações oportunas para os estados (na verdade, por falta de espaço de trabalho, a comissão às vezes tinha que se encontrar em uma cafeteria em Washington). Em abril de 2005, após repetidas as queixas públicas e privadas, o primeiro presidente da CAE – o republicano Deforest B. Soaries Jr., ministro e ex-secretário de Nova Jersey – renunciou à comissão, lamentando a falta de apoio para a agência e sua missão por parte do Congresso e da administração.[31]

Houve certa recuperação depois do começo difícil. Em 2007, a CAE havia desembolsado cerca de 3 bilhões de dólares para os estados, grande parte dos quais foram usados para comprar novas máquinas de votação e desenvolver bases de dados de registro estaduais. A agência também fez progressos consideráveis no estabelecimento de "diretrizes do sistema de votação voluntário" para a nova tecnologia, bem como um processo de certificação de sistemas eleitorais e de reconhecimento oficial de laboratórios para testá-los. Além disso, a CAE patrocinou uma série de relatórios de pesquisa para ajudar os estados em temas como votos provisórios, modelo da cédula e a conveniência de cédulas de ausente de postagem grátis. Mas a execução da HAVA foi desigual, e a CAE teve dificuldade em cumprir os diversos mandatos que havia recebido. Em fevereiro de 2008 apenas oito estados haviam submetido os atestados junto à CAE de que cumpriam

---

30 *New York Times*, 17 out. 2002. A senadora Clinton e seu companheiro de Nova York, Charles Schumer, efetuaram os únicos votos discordantes no Senado. A Casa aprovou a medida por uma votação de 357-48. Para uma crítica mais severa, alertando que a HAVA podia levar a supressões em larga escala de eleitores minoritários, ver Palast, G., Vanishing Votes. *Nation*, 17 maio 2004, p.6. Uma análise das dificuldades criadas para eleitores pela execução da HAVA em diferentes estados, como de 2004, é oferecida em Wang, T. A., Playing Games with Democracy, Reformelections.org., 20 out. 2004, http://www.reformelections.org/publications.asp?pubid=494.

31 *Congressional Quarterly Weekly Report*, 13 dez. 2003, p.3059; U.S. House of Representatives, Committee on Appropriations; Subcommittee on Transportation, Treasury, and Independent Agencies, *Hearing on Election Assistance Commission Appropriations*, 108th Cong., 2d sess., v.150, 12 maio 2004; U.S. Election Assistance Commission (doravante U.S. EAC), *Annual Report Fiscal Year 2003* (Washington, DC, 2005); U.S. EAC, statement of Chairman Soaries, 13 jul. 2004; *Roll Call*, 25 abr. 2005; Liebschutz ae Palazzolo, HAVA and the States, p.509-512; Hastings, D., Voting Commission Plagued by Problems, Associated Press, 15 jun. 2008; ver também nota 28 acima.

todos os requisitos da HAVA. Seis meses mais tarde, a Comissão anunciou que atrasos em laboratórios de ensaio a impediriam que atestasse os reparos ou fornecesse correções de *software* para máquinas com defeito a tempo para a eleição de novembro. Um fator importante, a CAE não tinha autoridade reguladora para obrigar os estados a cumprirem a legislação, embora o Ministério da Justiça, que tinha essa autoridade, tivesse movido uma ação contra alguns dos retardatários mais flagrantes, incluindo Nova York e Nova Jersey.[32]

Assim, apesar da aprovação da lei *Help America Vote,* a administração eleitoral permaneceu descentralizada, basicamente uma responsabilidade do estado e não da União. Na maioria das questões, os papéis do governo federal e da CAE eram puramente de consultoria, e mesmo onde a HAVA havia estabelecido as condições, os estados podiam elaborar suas próprias estratégias para atendê-las. Todos os estados, por exemplo, foram obrigados a tornar possível o voto provisório aos eleitores, mas as regras que determinavam se essas cédulas seriam realmente contadas variavam em todo o país. O Congresso havia agido, mas a verdadeira ação – com respeito aos regulamentos e à inovação – permaneceu nos estados.[33]

---

[32] The Pew Center on the States: electionline.org, *The Help American Vote Act* 5 (doravante HAVA at 5), 27 nov. 2007, 1-30, http://www.pewcenteronthestates.org/uploadedFiles/HAVA.At.5.pdf; U.S. EAC testimony before the U.S. House Committee on Appropriations, Subcommittee on Financial Services and General Government, 110th Cong., 1st sess., 7 mar. 2007, p.1-8; U.S. EAC, testimony before the U.S. House Committee on Oversight and Government Reform, Subcommittee on Information Policy, Census, and National Archives, 110th Cong., 1st sess., 7 maio 2007; statement of Vice-Chair Rosemary Rodriguez, House Committee on House Administration, Elections Subcommittee, 110th Cong., 1st sess., 2 ago. 2007; U.S. EAC testimony before the Home Appropriations Subcommittee on Financial Services and General Government, 110th Cong., 2d sess., 27 fev. 2008, 2-14; Hastings, Voting Commission, *New York Times*, 18 ago. 2008; ver também U.S. EAC, *Election Crimes: An Initial Review and Recommendations for Future Study.* Washington, DC, dezembro de 2006. Dados úteis no que toca à administração de eleição nos estados podem ser encontrados em U.S. EAC, *The 2006 Election Administration and Voting Survey:* A Summary of Key Findings. Washington, DC, dezembro de 2007.

[33] Em 2006, votos provisórios foram contados em quinze estados mesmo se tivessem sido efetuados fora da região da residência do eleitor, enquanto em trinta outros estados tais votos não foram contados. Estados com registro no dia da eleição não foram requeridos a fornecer votos provisórios. U.S. EAC *2006 Survey*, p.4, 18-21, 42-46; outras seções desse relatório documentam variações por estado em diversas dimensões de administração de eleição. Para um rápido relato de algumas das variações em andamento em práticas e problemas em 2006, ver *Washington Post*, 8 nov. 2006. De acordo com Liebschutz e Palazzolo (p.513), 97% dos votos provisórios no Alasca foram contados em 2004, enquanto o cenário era de 6% em Delaware. Para um exemplo de regras complexas de votos provisórios tendo um impacto numa eleição congressional em Ohio em 2008, ver *The Columbus Dispatch*, 18 nov. 2008.

Progresso tecnológico

A Flórida – como era de se esperar – foi um dos primeiros estados a comprar as novas máquinas de votação após o fracasso eleitoral de 2000. O grande alcance da lei de reforma eleitoral do Estado, aprovada em maio de 2001, implicava que todos os municípios parassem de utilizar os cartões perfurados, as máquinas mecânicas de alavanca, ou as cédulas de papel contadas à mão em 2002; além disso, houve a doação de 24 milhões de dólares para os municípios, destinada à compra de sistemas de digitalização óptica, ou novos sistemas computadorizados com tela de toque tão logo fossem certificados pelo Estado.[34] A certificação da nova tecnologia de registro eletrônico direto, do tipo *DRE*[35] foi concluída em questão de meses, e quinze municípios, incluindo alguns dos maiores do Estado, optaram pela aquisição dessas máquinas; com isso, justificavam as autoridades municipais, eles iriam adquirir a mais avançada tecnologia disponível, e deixar para trás com segurança os problemas do ano 2000.

Mas a nova tecnologia não pôs fim aos problemas eleitorais da Flórida. Nas primárias de 2002 para governador, os problemas com as máquinas eletrônicas atrasaram a contagem e lançaram dúvidas (mais uma vez) sobre os resultados de uma eleição disputada; uma sessão eleitoral informou ausência de votos, embora abrangesse mil eleitores. Dois anos mais tarde houve inúmeros relatos de mau funcionamento das máquinas numa primária de março, e durante a eleição geral de 2004 os funcionários notaram que o total de votos começou a cair em vez de subir, conforme as cédulas de ausente iam sendo contadas. Em 2005, numa eleição de cédula única em Miami-Dade County, quinhentos votos foram descartados por causa de erro das máquinas *DRE*. Então, de forma mais radical, no ano de 2006 em Sarasota as urnas eletrônicas registraram uma "subcontagem" de 18 mil votos na eleição do Congresso para substituir Katherine Harris, ex-secretária de Estado, que desempenhou um papel importante na eleição de 2000. Embora a margem entre os dois candidatos fosse de menos de quinhentos votos, não foi possível a recontagem na ausência de cédulas físicas – o que levou ao litígio e lançou uma sombra sobre o resultado da eleição. Em 2007, Charlie Crist, o governador republicano recém-eleito, transformou em lei um novo projeto, que fornecia 28 milhões dólares para substituir todas as máquinas *DRE* (exceto aquelas necessárias para os

---

34 Sistemas de escaneamento óptico que são conhecidos por serem relativamente confiáveis, usam uma máquina para ler votos de papel que foram marcados por eleitores que preenchem em pequenas bolhas com um lápis. Quanto à lei da Florida, ver *Washington Post*, 5 maio 2001, e Florida Legislature Passes Major Election Reform, National Conferences of State Legislatures, 4 maio 2001, http://nesl.org/programs/legismgt/elect/taskfc/filbill.htm.
35 DRE: *Direct Recording Electronic voting machine*. (N.T.)

eleitores com necessidades especiais), com *scanners* ópticos, a tempo para a eleição de 2008.[36]

Mais uma vez, a experiência da Flórida foi mais paradigmática do que singular. Na esteira da eleição de 2000 e, sobretudo, após a aprovação da HAVA, as autoridades estaduais e municipais em todo o país procuraram substituir as máquinas de votação existentes, muitas vezes antiquadas, pela nova tecnologia aperfeiçoada. Muitos foram atraídos pela tecnologia *DRE*, que estava sendo promovida de forma agressiva por quatro fabricantes: Diebold Election Systems, Sequoia Voting Systems, Electronic Systems and Software e Hart InterCivic. O chamariz dessas máquinas era óbvio, quase irresistível, numa época em que todas as mesas de escritórios tinham um computador, e os serviços bancários pessoais eram realizados em grande parte por meio de terminais de autoatendimento. A votação computadorizada prometia ser precisa, decisiva, rápida e confiável, e não haveria nenhuma confusão de lidar com cédulas de papel com marcas ambíguas e fragmentos de papel pendurados. Além disso, as máquinas com tela de toque eram de fácil acesso para os eleitores com necessidades especiais, conforme estipulado pela HAVA, e poderiam ser programadas para atender aos requisitos de idiomas diferentes do inglês, de acordo com a Lei de dos Direitos de Voto. Por volta de 2006, de acordo com uma pesquisa da CAE, a tecnologia *DRE* havia sido instalada em mais da metade dos municípios nos Estados Unidos; alguns estados, como a Geórgia, haviam mudado por completo para a nova tecnologia eletrônica.[37]

Houve céticos desde o início, que se preocupavam com a confiabilidade e a segurança dos sistemas de votação computadorizados. Como milhares de usuários de computadores pessoais aprendiam todos os anos, as máquinas falhavam, e os dispositivos autônomos da tecnologia *DRE* não forneciam nenhum registro alternativo (ou cédulas materiais) que pudessem ser contadas no caso de uma avaria. Além disso, os computadores eram

---

36 *New York Times*, 24 mar. 2004; ibid., 14 nov. 2004; ibid., 18 jan. 2004; ibid., 15 jul. 2004; ibid., 6 jan. 2008; electionline.org, *HAVA at 5*, 13-2; Gunn, A., E-Voting State by State: What You Need to Know, *ComputerWorld*, 1 nov. 2006, http://computerworld.com/action/article.do?command=viewArticleBasic&articleld=9004591; Negrete, T. e Schwartz, N., Voting Glitches Found in 6 Recent Elections. *Miami Herald*, 31 mar. 2005, edição *on-line*.

37 Celeste, R., Thornburgh, D. e Lin, H. (orgs.), *Asking the Right Questions About Electronic Voting*, Mational Academies Press. Washington, DC, 2006, p.4; Thompson, C., Can You Count on These Machines?. *New York Times Magazine*, 8 jan. 2008, p.43; electionline.org, *HAVA at 5*, p.13-18; estatísticas referentes à amplitude de uso de máquinas DRE são de U.S. EAC, *2006 Survey*, p.23-24, 68-69; muitos dos municípios estudados utilizaram mais de um tipo de sistema de votação. De acordo com o Election Data Services, apenas 37% de municípios estavam usando máquinas DRE em 2006; esta compilação, bem como uma feita pela electionline.org indicavam que 39% de eleitores viviam em jurisdições utilizando tecnologia DRE; 49% viviam em municípios que usavam tecnologia de escaneamento óptico. Election Data Services, "Voting Equipment Summary by Type," 11 nov. 2006, http://www.electiondataservices.com/images/File/VotingEquipStudies9620/ve2006_report. pdf.

"caixas pretas" que não permitiam o acesso de oficiais ou inspetores eleitorais que garantissem que as preferências expressas por um eleitor eram de fato aquelas registradas nas contagens eletrônicas. Essa preocupação foi agravada pela recusa dos fabricantes da tecnologia *DRE* em abrir o código de seus *softwares* para os peritos independentes; ainda piorou quando o código de uma máquina Diebold veio a público inadvertidamente, foi examinado por peritos e revelou falhas preocupantes. A causa dos dispositivos *DRE* também não foi ajudada quando o presidente-executivo da Diebold, um republicano que arrecadava fundos, tornou pública sua determinação de "entregar" os votos eleitorais de Ohio em 2004 para o presidente Bush.[38]

Uma série de investigações formais de tecnologia de votação eletrônica confirmou muitos dos receios sobre a segurança dos sistemas. Um estudo encomendado por Maryland em 2004 constatou que as 16 mil máquinas Diebold que haviam sido compradas poderiam ser arrombadas e adulteradas por especialistas em informática com notável rapidez e facilidade; entre outros problemas, todas as máquinas podiam ser abertas com a mesma chave, que estava disponível em lojas de *hardware*. Em 2006 uma equipe de cientistas da computação da Universidade de Princeton divulgou um documento (e um vídeo) revelando que haviam desenvolvido um *software* de "roubo de votos", que podia ser instalado numa máquina Diebold em menos de um minuto, e mudar os votos sem ser detectado. As máquinas também eram vulneráveis aos vírus que poderiam se espalhar de uma máquina para outra durante as eleições. Uma investigação posterior realizada em Ohio descobriu que os dispositivos portáteis podiam plugar contagens falsas de votos em algumas máquinas eletrônicas, e que "um *software* maligno" poderia ser introduzido nos servidores dos conselhos administrativos das eleições. "O maior problema é a segurança contra a falsificação", declarou Lowell Finley, um advogado eleitoral da Califórnia e codiretor da Voter Action [Ação do Eleitor], uma organização sem fins lucrativos pela "integridade das eleições", fundada em 2005.[39]

---

38 Shambon, Implementing, p.438-439; Thompson, Machines, p.42-46; electionline.org, *HAVA at 5*, p.18-20; *New York Times,* 9 nov. 2003.
39 Hastings, D., Electronic Voting Machines Come Under Legal Attack from Activists, *Associated Press*, 13 jul. 2006; Turner, D., How to Steal an Election: Princeton University Computer Scientists Expose the Weakness of a Diebold Voting Machine. *Technology Review*, 109, novembro de 2006, p.26; ver também "Colorado Voters File for Injunction to Halt Use of DRE Computerized Voting Systems in November Elections," Voter Action, press release, 28 jun. 2006; *New York Times,* 15 dez. 2007; ibid., 31 jan. 2004; ibid., 13 jun. 2004; ibid., 12 maio 2006; ver também The Brennan Center for Justice, NYU School of Law. The Machinery of Democracy: Voting System Security, Accessibility, Usability, and Cost. 10 out. 2006, p.18-35, http://brennan.3cdn.net/cb325689a9bbe2930e_0am6b09p4.pdf; Thompson, Machines, p.44-46. Embora os fabricantes das máquinas DRE tivessem sustentado que seu sistema tinha sido testado por laboratórios independentes, os procedimentos dos laboratórios estavam longe de ser transparentes e eles eram pagos por seus serviços pelos próprios fabricantes. *New York Times*, 30 maio 2004.

Ainda que as preocupações dos peritos em segurança de computadores ficassem cada vez mais bem documentadas e amplamente conhecidas, os casos de mau funcionamento das máquinas proliferavam. Por um lado houve uma melhora no desempenho geral da tecnologia de votação depois do ano de 2000; por outro, houve inúmeros relatos de falhas, alguns deles preocupantes.[40] No outono de 2003, em Indiana, um sistema de votação eletrônica indicou que 144 mil votos haviam sido dados em uma jurisdição que tinha apenas 19 mil eleitores. Em 2004, na Carolina do Norte, uma disputa acirrada pelo comissário estadual para a agricultura ficou atolado em confusão por um ano quando as máquinas não conseguiram registrar 4.500 votos porque a capacidade de cédulas das máquinas fora ultrapassada. Em Albuquerque uma máquina Sequoia perdeu 13 mil votos numa eleição, e dezenas de eleitores preencheram declarações juramentadas alegando que haviam tocado o nome de um candidato na tela do computador e viram que o computador selecionou o candidato adversário.[41] Em Ohio, durante a eleição presidencial de 2004, um erro de computador premiou o presidente Bush com 3.900 votos extras numa sessão eleitoral que tinha apenas 800 eleitores registrados. Além disso, em todo o país os eleitores e funcionários eleitorais encontravam problemas que surgiam da inadequação entre a nova tecnologia e os seres humanos empregados nos locais de votação – muitos dos quais eram idosos e sem nenhuma experiência em tecnologia da informação.[42]

Esses antecedentes problemáticos começaram a influenciar a opinião pública, o que levou alguns agentes do estado a fazerem uma pausa antes de atualizar sua tecnologia e gastar mais fundos adicionais da HAVA. As pesquisas de opinião revelaram uma crescente desconfiança pública de máquinas eletrônicas e até julho de 2006 os grupos de ativistas e cidadãos haviam entrado com processos em nove estados (incluindo a Califórnia, Colorado, Novo México, Ohio e Pensilvânia) para impedir a continuidade de seu uso.[43] Os fabricantes das máquina de votar *DRE* responderam às

---

40 Stuart III, C., Measuring the Improvement (or Lack of Improvement) in Voting Since 2000 in the U.S., Caltech/MIT Voting Technology Project: Working Paper #36, August 2005, 26, http://web.mit.edu/estewart/www/papers/measuring_2.pdf.
41 Hastings, Eletronic Voting; *Washington Post*, 8 nov. 2006; electionline. Org. *HAVA at 5*, 15; *New York Times*, 31 jan. 2004.
42 Miller, A. (org.), *What Went Wrong in Ohio: The Conveyers Report on the 2004 Presidential Election*, Chicago, 2005, p.50-51; Thompson, Machines, p.42-46.
43 Shambon, Implementing, p.439; Hastings, Electronic Voting, *USA TODAY*, 4 jun. 2006; Hall, T. E. e Alvarez, R. M., American Attitudes About Electronic Voting, Caltech/MIT Voting Technology Project, setembro de 2004, http://vote.caltech.edu/drupal/node/69; Leigh University/Muhlenberg College Institute of Public Opinion, 2006 Survey of Public Attitudes Toward Electronic Voting in Pennsylvania, 3 out. 2006, http://cse.Ichigh.edu/~lopresti/Other/EvotingSurvey.pdf. Várias ações judiciais foram também feitas acusando fabricantes de fornecerem informação enganadora ou falsa a clientes potenciais; o estado da Califórnia

críticas com alegações de que seus sistemas eram mais precisos do que outras tecnologias, e que os temores de adulteração eram baseados em meras situações hipotéticas (e extremamente improváveis); para defender sua causa, montaram operações extensas de lobby, contrataram a ajuda de vários ex-secretários de Estado.[44] A tecnologia DRE também recebeu o apoio de alguns grupos que representavam os cidadãos com necessidades especiais, uma vez que as máquinas com toque de tela, com características especiais adicionais, eram mais acessíveis a muitos eleitores nessas condições do que as tecnologias mais alternativas, sobretudo as baseadas em cédulas de papel.[45]

No entanto, até o final de 2007, a maioria das autoridades estatais, os especialistas independentes e as organizações pela integridade eleitoral haviam concluído que a tecnologia DRE sem papel representava um risco elevado e inaceitável de produzir resultados eleitorais imprecisos, contestados ou percebidos como ilegítimos – fosse por erro da máquina, erro humano ou prevaricação. O método mais prontamente disponível de reduzir esse risco foi exigir que todos os dispositivos DRE produzissem um "comprovante de votação impresso e auditável", ou VVPAT,[46] um comprovante impresso que cada eleitor poderia conferir para ter certeza de que seu voto havia sido registrado corretamente antes de ter sido adicionado aos totais eletrônicos; a impressão em papel, então, seria preservada para uso potencial nas recontagens. Entre 2004 e 2007, a maioria dos estados aprovou as leis que exigiam VVPAT como parte de seus sistemas de votação, e a legislação federal, que determinava ou incentivava esse registro em papel, teve ampla promoção no Congresso, sobretudo pelo representante de Nova Jersey, Rush Holt. Mas a confiança em VVPAT como uma solução para os problemas com as máquinas de votar DRE nunca foi consensual, e em 2007 havia começado a diminuir entre os especialistas em integridade eleitoral. Os comprovantes impressos não satisfaziam o núcleo das preocupações de segurança, já que não havia certeza de que as preferências impressas eram idênticas às registradas por meio eletrônico. Além disso, tanto a pesquisa como a experiência demonstraram que a

---

afirmou que a Diebold havia instalado *hardware* não certificado em muitas máquinas. *New York Times*, 24 abr. 2004.

44 Hastings, Electronic Voting; Thompson, Machines, p.46; *New York Times*, 12 set. 2004; ibid., 12 maio 2006. Fabricantes atualizaram seu *software* para aumentar a segurança em resposta a falhas específicas apontadas por peritos, mas eles tenderam a resistir a investigações por peritos independentes. Para um exemplo de tal resistência, pela Sequoia, em Nova Jersey, ver *New York Times*, 22 mar. 2008.

45 Brennan Center, Machinery of Democracy, p.46-78; *New York Times*, 11 jun. 2004, as máquinas DRE eram também consideradas mais acessíveis para eleitores de minoria linguística.

46 VVPAT: Voter Verified Paper Trail. (N.T.)

própria tecnologia de impressão podia não ser confiável, além de difícil de manusear e cara.[47]

Como resultado, alguns especialistas e organizações ativistas argumentaram que a tecnologia *DRE* não era protegida e era potencialmente problemática para ser introduzida nas eleições. Alegaram que os estados deveriam deixar de comprar máquinas de votar *DRE* e substituir aquelas já em uso com sistemas de digitalização óptica, em que os eleitores de fato marcavam uma cédula de papel que poderia ser rapidamente lida por uma máquina e ficaria disponível em caso de mau funcionamento ou necessidade de recontagem. A preferência por sistemas de digitalização óptica, que já estavam em uso em muitos estados, também foi manifestada pelo National Institute of Standards and Technology [Instituto Nacional de Normas e Tecnologia], que assessorava a CAE. A tecnologia de digitalização óptica tinha seus críticos, segundo os quais as cédulas marcadas de modo imperfeito poderiam ser lidas erroneamente pelas máquinas, mas as falhas de sistemas de digitalização óptica pareciam preferíveis aos perigos das máquinas de votar *DRE*. "As cédulas de papel não quebram nem deixam de inicializar", declarou Lowell Finley, que em 2007 foi nomeado vice-secretário de Estado para tecnologia e política na Califórnia. "Elas também custam menos, são mais acessíveis e oferecem o benefício adicional de um registro permanente." Alguns que compartilhavam esta análise continuavam, no entanto, a defender o *VVPAT* por acreditar que não era realista, em termos políticos, insistir que os estados e municípios jogassem no lixo suas máquinas *DRE*, e que seria melhor ter máquinas com comprovantes impressos do que os sistemas totalmente sem papel.[48]

---

47 *New York Times*, 29 fev. 2004; ibid., 18 set. 2004; ibid., 16 jan. 2008; Thompson, Machines, p.42-46; *HAVA at 5*, p.18-20. A observação dos locais de votação indicaram que muitos eleitores não verificavam realmente o comprovante de papel que era gerado. Um estudo de VVPATs atuais de uma eleição de Ohio (relatado em *HAVA at 5*, p.20) concluiu que 10% dos registros de papel estavam danificados ou comprometidos; no que toca à oposição às VVPATs, ver também VotersUnite, Essential Revisions to HR 811, 13 fev. 2007, http://www.votersunite.org/info/HR811EssentialRevisions.htm. O congressista Holt inicialmente patrocinou a legislação que tornaria obrigatórios os comprovantes de papel em todas as eleições federais; a oposição foi muito larga, especialmente entre funcionários do estado. Na primavera de 2008, ele introduziu um projeto de lei oferecendo fundos federais a estados que convertessem para sistemas baseados em papel antes das eleições em novembro; o projeto não passou. *New York Times*, 4 abr. 2008.

48 Colorado Voters File for Injunction to Halt Use of DRE Computerized Voting Systems in November Elections, Voter Action, press release, 28 jun. 2006, http://voteraction.org/node/210; ver também Pennsylvania Voters Seek Injunction to Block Purchase of Electronic/Touchscreen Voting Systems, Voter Action, press release, 25 jan. 2008, http://www.voteraction.org/node/330; Padget, T., Voting Out E-Voting Machines, *Time*, 3 nov. 2007; *HAVA at 5*, p.20; ver também Tokaji, D., blog, 2 mar. 2008, http://moritzlaw.osu.edu/blogs/tokaji/2008_03_01_equalvote_archive.html; Ohio "Paper" Vote System Debuting With Flaws, Researchers Say, *Science Daily*, 4 mar. 2008, http://www.sciencedaily.com/releases/2008/o3/080303145236.htm.

O direito de voto

A visão de que a tecnologia *DRE* tinha falhas intrínsecas também começou a ganhar força entre as autoridades estatais. Mesmo antes da Flórida agir, o Novo México, em 2006, respondeu a uma série de contratempos tecnológicos com a decisão de abandonar suas máquinas de votar *DRE* e voltar para as cédulas de papel contadas por *scanners* ópticos. Em agosto de 2007, Debra Bowen, secretária de estado da Califórnia, desautorizou as máquinas *DRE* em 39 municípios (incluindo Los Angeles), lançando o que seria um longo processo de negociação com as autoridades do município e os fabricantes, sobre quais sistemas (e com que recursos de segurança adicionais) poderiam permanecer em uso no estado. O Colorado seguiu um caminho semelhante – com alguns ziguezagues – em direção à tecnologia baseada em papel. Em janeiro de 2008, em Ohio, depois que um relatório oficial concluiu que todos os cinco sistemas de votação eletrônica introduzidos no estado tinham sérias falhas de segurança, a secretária de estado, Jennifer Brunner, ordenou que as cédulas de papel fossem disponibilizadas a quaisquer eleitores que as solicitassem nas eleições primárias seguintes; ela também recomendou a substituição de todas as máquinas de votar *DRE* então em vigor. Alguns meses mais tarde, as autoridades em Iowa anunciaram que seu estado retornaria ao papel e aos *scanners* ópticos, em tempo para as eleições de outono de 2008. Os administradores eleitorais que nunca haviam apoiado o caminho eletrônico felicitaram-se com sua previsão.[49]

Mesmo assim, a tecnologia *DRE* (com e sem comprovantes em papel) permaneceu em vigor nas jurisdições de todo o país. Alguns agentes estatais mantinham plena confiança nas máquinas, e é compreensível que muitos outros tenham relutado em desfazer-se do equipamento caro, recém--comprado, cuja utilização havia requerido meses ou anos de treinamento dos administradores locais.[50] Durante as eleições de 2008, quase um terço de todos os eleitores (menos do que em 2006) votaram nas máquinas

---

49 Conroy Plaintiffs Applaud Legislators & Governor's Decision to Support Optical-Scan Paper Ballots as Solution for 2008 Election, Voter Action, press release, 25 jan. 2008, http://voteraction.org/node/331; *New York Times*, 15, 19 e 24 dez. 2007; ibid., 4 jan. 2008; *The Gazette* (Cedar Rapids), 2 abr. 2008; Barco, M. del, 20 California Counties Scrap Electronic Vote Machines, NPR org, 4 fev. 2008; Cook, N., Key States Plans to Overhaul Voting Systems, NPR.org, 24 jan. 2008; Hastings, Electronic Voting Machines. No outono de 2007, um projeto de lei foi introduzido no Senado para banir votação DRE em eleições federais começando em 2012. Padget, Voting Out. No que toca a Nova Jersey, ver Santi, A. D., Voting-Machine Trial Too Late for Election, Philly.com, 26 mar. 2008; quanto ao Colorado, ver *Denver Post*, 24 mar. 2008; sobre a Califórnia, ver *Sacramento Bee*, 4 ago. 2007 e o website do escritório do secretário de estado, http://www.sos.ca.gov/elections/elections_vs.htm; para Ohio, ver o blog de Dan Tokaji, 15 dez. 2007, http://moritzlaw.osu.edu/blogs/tokaji/2007_12_01_equalvote.html e 2 March 2008.
50 Ver, por exemplo, Pam Fessler, Several States Abandon Electronic Voting for Paper, NPR.org, 25 jan. 2008. De acréscimo aos custos de compra, os estados haviam feito investimentos significativos em contratação de equipe de tecnologia de informação e no treinamento de funcionários locais para usar máquinas DRE.

DRE, enquanto mais da metade utilizava as cédulas de papel contadas por *scanners* ópticos. Uma característica duradoura do sistema eleitoral era a coexistência de tecnologias diferentes em vigor: os cartões perfurados e as máquinas de alavanca eram muito menos comuns do que em 2000, mas os americanos em 2008 continuavam a votar de diversas maneiras, que variavam conforme o estado e município em que viviam.[51]

Quaisquer que fossem os temores dos agentes públicos e peritos em votação, não houve grandes falhas em âmbito nacional na tecnologia de votação do país em 2008. Durante as semanas de "votação antecipada" que conduziu à eleição de 04 de novembro, houve inúmeros relatos de "saltos" de votos (de um candidato para outro) nas máquinas de votar *DRE*, mas os administradores eleitorais foram capazes de resolver ou conter esse problema. No próprio dia da eleição, as máquinas deram problemas em locais espalhados por todo o país, embora não em número suficiente para gerar filas muito longas ou incertezas sobre o registro (exceto em um punhado de disputas locais). Os principais defeitos e vulnerabilidades da tecnologia *DRE* não haviam desaparecido, mas graças à preparação e maior experiência de muitos funcionários eleitorais, assim como os alertas dados com antecedência pelos especialistas em informática e os grupos ativistas céticos, nenhuma crise ocorreu. Além disso, na eleição nacional a disputa não foi acirrada: a margem de vitória de Barack Obama sobre John McCain em muitos estados foi considerável e, ao contrário das eleições de 2000 e 2004, a presidência não dependia do resultado de um único estado.[52]

Apesar da eleição relativamente tranquila de 2008, a novidade do voto eletrônico já tinha se desgastado. "Hoje é difícil acreditar que a votação por toque de tela foi a queridinha de sete anos atrás", concluiu um artigo

---

51 *HAVA at 5*, p.15-19; U.S. EAC, *2000 Survey*, Election Data Services, *2008 Voting Equipment Study*, 17 out. 2008, p.3. A National Association of Secretaries of State permaneceu oposta aos esforços federais de uma tecnologia mais uniforme de mandato. Ver NASS Coalition Letter to Congress Regardins 2007 Federal Legislation. *National Association of Secretaries of States (NASS)*, 16 mar. 2007, http://www.nass.org/index.php?option=com_docman&task=doc_view&gid=41.

52 No que toca ao desempenho de máquinas em dia de eleição e durante votação anterior, ver The Brennan Center for Justice, NYU School of Law, Statement on Election Day, press release, 5 nov. 2008, http://www.brennancenter.org/content/resource/statement_on_election_day; Wang, T., Voting in 2008: Lessons Learned, November 10, 2008, Common Cause; Rosenfeld, S., Machine Problems Worsened 2008 Voting Woes. AlterNet, 13 nov. 2008; www.alternet.org/democracy/107034; Gordon, G., Glitches, Machine Breakdowns Hamper Voting in 5 States. *McClatchy Newspapers*, 4 nov. 2008; CBS News, Voting Problems: Much Ado About Nothing, 5 nov. 2008; *Chicago Tribune*, 5 nov. 2008; *Washington Post*, 5 nov. 2008; *Naples News* (Flórida), 9 nov. 2008; *Dayton Daily News* (Ohio), 12 dez. 2008. Os meses levando até as eleições de novembro foram preenchidos com escaramuças legais sobre tecnologia de votação (particularmente onde máquinas DRE estavam em uso) e o uso de sistemas de *back-up*, tais como a provisão de papel ou votos de ausentes em locais de votação. Para exemplos, ver *Newark Star-Ledger*, 7 out. 2008; press-releases from VoterAction, 23 e 29 out. 2008, http://www.voteraction.org.

na *Time* em novembro de 2007. Os equipamentos com toque de tela ou DRE ofereciam uma solução tecnológica tentadora para a perda de confiança pública precipitada pelo caos da eleição presidencial de 2000. O acolhimento dessa solução nasceu de uma corrente profunda na cultura política americana, um impulso antigo de encontrar soluções tecnológicas para problemas complexos, multidimensionais. No entanto, as máquinas por si só não podiam resolver problemas de ordem política e institucional, além da tecnológica. A corrida precipitada, ainda que descentralizada, para comprar novas máquinas de votar tinha gerado uma nova rodada de problemas irritantes: com o apoio e incentivo do Congresso, muitos estados se tornaram os orgulhosos proprietários de máquinas de votar e *softwares* que não haviam sido testados de modo adequado, e apresentavam falhas óbvias, e talvez fatais. Os administradores eleitorais e políticos haviam aprendido muito sobre a tecnologia durante os primeiros anos do século XXI, e haviam participado de uma oscilação notável de preferências tecnológicas mas, mesmo após 2008, a ameaça de outra "Flórida" continuava a espreitar no horizonte.[53]

Crime e castigo

No verão de 1997, um pequeno grupo de detentos da prisão estadual de Norfolk, em Massachusetts, formou uma comissão de ação política (*PAC*) para influenciar o debate público sobre a justiça penal e as questões de bem-estar social. Como acontecia com os presos da *commonwealth* desde a Revolução Americana, os homens residentes em Norfolk eram eleitores legais. Um objetivo fundamental do grupo de ação política, de acordo com um de seus fundadores, Joe Labriola (veterano condecorado do Vietnã que estava cumprindo uma sentença de prisão perpétua por assassinato), era "fazer que os prisioneiros entendessem que é possível fazer mudanças por meio do voto".[54]

Poucos dias depois de sua fundação, a *PAC* dos prisioneiros atraiu fogo por parte dos políticos e dos grupos de direitos das vítimas. O governador interino (e candidato a governador republicano), Paul Cellucci, liderou o ataque, declarando que "a ideia de os prisioneiros se organizarem politicamente me é repugnante". Cellucci e seus aliados no legislativo estadual, a seguir, apresentaram uma emenda à constituição estadual para proibir o voto aos prisioneiros. Conforme exigido por lei, a proposta de emenda foi submetida a duas sessões sucessivas do legislativo estadual (em 1998 e 2000), ambas as quais a endossaram por grandes maiorias. O passo final

---

53 Padgett, T, Voting Out, *Time*, 3 nov. 2007.
54 *Boston Globe*, 2 ago. 1997; *Boston Herald*, 3 ago. 1997.

no processo de emenda foi dado em 7 de novembro de 2000, quando o eleitorado do estado votou na medida. Apesar da oposição dos principais jornais e das organizações liberais, ela passou facilmente, ganhando quase dois terços dos votos. "Colhemos o que plantamos de uma maneira que não esperávamos", concluiu um dos membros originais do PAC. Pela primeira vez na história do estado, Massachusetts alterou sua Constituição para restringir a amplitude do direito de voto. Quando a emenda entrou em vigor, Maine e Vermont tornaram-se os únicos estados do país que permitiam o voto aos prisioneiros.[55]

Este episódio local – que passou bastante despercebido pela imprensa nacional – foi uma demonstração viva da evolução não linear do direito de voto: mesmo no alvorecer do século XXI, o direito de voto podia contrair-se, além de expandir-se. No entanto, a reversão de Massachusetts relativa ao direitos dos presos – semelhante a um passo dado por Utah em 1998 – seguia a contramão da tendência predominante da lei de cassação do direito de voto do criminoso. Durante as últimas décadas do século XX vários estados atenuaram suas restrições, pondo um fim à cassação do direito de voto automática vitalícia de criminosos condenados, ou adotando políticas mais flexíveis para com aqueles em sursis ou liberdade condicional. O impulso de pressionar ainda mais nessa direção foi reforçado pela atenção dirigida ao tema na Flórida, em 2000. O estado da Flórida, que havia cassado criminosos em caráter vitalício, continha, de longe, o maior número de pessoas impedidas de votar por causa de seus antecedentes criminais: as estimativas chegavam a 800 mil pessoas em 2007. Esses números foram chocantes para muitos americanos, sobretudo porque incluíram centenas de milhares de indivíduos que haviam terminado de cumprir pena.[56]

A questão da lei de cassação do direito de voto do criminoso também foi ganhando visibilidade por causa do extraordinário crescimento no tamanho da população carcerária do país. Entre 1972 e 2003, o número de pessoas nas prisões municipais e estaduais aumentou dez vezes: de 200 mil para mais de 2 milhões; o número de pessoas em liberdade condicional e sursis cresceu quase da mesma maneira. Embora os índices de criminalidade não tenham aumentado de forma significativa durante esse período, as prisões e os índices de condenação aumentaram, e os condenados tenderam a cumprir penas mais longas – dando aos Estados Unidos, de longe, o maior índice de encarceramento do mundo. Isso significa, é claro, que o número

---

[55] *Boston Herald*, 3 ago. 1997; *Boston Globe*, 13 ago. 1997; ibid., 30 jul. 1998; ibid., 29 jun. 2000; ibid., 29 out. 2000; *Herald-Sun*, Durham, N.C., 10 set. 2000, Secretary of the Commonwealth of Massachusetts, Massachusetts Statewide Ballot Measures: 1919-2004, Office of the Secretary of the Commonwealth Elections Division, 53.

[56] Manza e Uggen, *Locked Out*, p.192, 286. Ver também Capítulo 8 deste livro.

de pessoas potencialmente sujeitas às leis de cassação do direito de voto do criminoso estava nas alturas: em 2000, de acordo com a estimativa mais confiável, a nação continha, 4,7 milhões de pessoas que haviam sido cassadas por causa de seus antecedentes criminais. Os números para os afro-americanos (sobretudo os homens afro-americanos) eram ainda mais impressionantes e perturbadores. Quase a metade da população carcerária e sob liberdade condicional era de afro-americanos; mais de 20% dos homens afro-americanos nascidos entre 1965 e 1969 tinham registros de prisão. Em alguns estados, mais de 15% dos homens adultos afro-americanos haviam sido cassados.[57]

As campanhas para promover a reforma foram levadas adiante de forma enérgica em diferentes estados pelas organizações de direitos de voto, direitos civis e direitos dos presos, incluindo a União Americana pelas Liberdades Civis e o pequeno, mas eficaz, Projeto de Condenação, com sede em Washington. O sentido de seus esforços não era o voto dos prisioneiros encarcerados – embora a população carcerária de fato votasse em muitos países ao redor do globo –, mas a garantia do rápido restabelecimento dos direitos políticos quando um criminoso condenado tivesse cumprido sua pena. Isso implicava persuadir os legislativos estaduais e os governadores a modificar as provisões permanentes de cassação do direito de voto nos estados onde ainda vigoravam, a permissão de votar para os condenados sob sursis ou em liberdade condicional (eram impedidos na maioria dos estados) e a simplificação dos procedimentos mediante os quais os ex-criminosos recuperariam seus direitos civis. Em alguns estados, a eliminação dos períodos de espera e dos obstáculos financeiros para o acesso ao sufrágio (como o pagamento de multas) eram questões fundamentais. Com forte apoio da comunidade afro-americana e dos democratas progressistas (para quem os princípios e os interesses partidários coincidiam), os grupos de defesa argumentavam que era injusta a permanência de sanções políticas após o cumprimento da pena, e que a retomada do direito de voto fortaleceria a reintegração dos criminosos na comunidade.[58]

Todo esse empenho deu frutos consideráveis: entre 2000 e 2008, mais de uma dúzia de estados liberalizaram suas leis de exclusão dos criminosos. Delaware, Maryland, Nebraska e o Novo México revogaram as provisões permanentes de cassação do direito de voto, ao passo que o governador de Iowa, Tom Vilsack, eliminou a necessidade de uma emenda constitucional ao emitir uma ordem executiva para um processo automático de reintegração de quem já houvesse cumprido a pena. Na Flórida, em 2007, o governador Charlie Crist cumpriu uma promessa de campanha ao romper com seu predecessor, Jeb Bush, e ao fazer pressão por uma mudança nas

---

57 Ibid., p.69-76, 95-102, 251-253.
58 Ibid., p.223-225, 247; referente à reintegração de ex-criminosos, ver p.113-164.

regras por meio do Conselho de Clemência: este autorizou uma restituição quase automática do direito ao voto dos criminosos que haviam cumprido pena por crimes não violentos. A mudança afetou em potencial mais de 400 mil homens e mulheres, 115 mil dos quais haviam recuperado formalmente seus direitos até o final da primavera de 2008. Quando "alguém pagou sua dívida com a sociedade, ela está paga na íntegra", declarou Crist. (No entanto, os problemas administrativos impediram que muitos ex-reclusos fossem informados sobre a restituição de seus direitos.) A Pensilvânia e Nevada eliminaram os períodos de espera após a soltura para restituir os direitos, ao passo que Connecticut e Rhode Island votaram para a eliminação da cassação do direito de voto dos condenados beneficiados pelo sursis (e em Rhode Island, dos que estavam em liberdade condicional também). Em muitos estados, os processos para requerer a restituição de direitos dos prisioneiros foram simplificados e acelerados. De acordo com uma estimativa, cerca de 760 mil cidadãos tiveram seus direitos restituídos entre 1997 e 2008.[59]

Ainda assim, a resistência à liberalização das leis não havia desaparecido. O Kansas reforçou suas restrições em 2002 ao cassar os condenados sob sursis, enquanto em 2008 o Mississippi cogitou a adição de crimes relacionados a drogas à lista de infrações da Constituição de 1890 que levavam à cassação do direito de voto. Em muitos estados as propostas de liberalização careciam de apoio suficiente para ganhar a aprovação dos legislativos, enquanto em outros – incluindo Alabama e Nova York – as regras que regiam a restituição dos direitos permaneciam tão complexas e confusas que muitos ex-criminosos eram desencorajados a sequer tentar recuperar o direito de voto. De fato, havia provas abundantes de que os ex-criminosos em muitos estados careciam de uma compreensão clara de

---

59 Ibid., p.286-287; Felony Disenfranchisement Laws in the United States, The Sentencing Project, março de 2008, http://www.sentencingproject.org/PublicationDetails.aspx?PublicationID=335; The Sentencing Project, news release, 20 jun. 2008, http://www.sentencingproject.org/NewsDetails.aspx?NewsID=644; *Sarasota Herald-Tribune*, 6 abr. 2007; *Baltimore Sun*, 25 abr. 2007; *St. Petersburg Times*, 27 set. 2007; Henry, R., *Associated Press* (Providence, Rhode Island), 8 nov. 2006; *Lexington Herald-Leader*, 6 fev. 2008; ibid., 4 mar. 2008; *Orlando Sentinel*, 27 e 28 ago. 2008; *Miami Herald*, 28 ago. 2008; *New York Times*, 30 ago. 2008; ver também uma compilação pela ACLU, State Legislative and Policy Reform to Advance the Voting Rights of Formerly Incarcerated Persons, http://www.aclu.org/votingrights/exoffenders/statelegispolicy2007.html; ACLU, Press Release, Tennessee Legislature Simplifies Voting Restoration for Ex-felons, 17 maio 2006; para o mais completo relato de mudanças legais nos estados durante 2006, ver King, R. S., A Decade of Reform: Felony Disenfranchisement Policy in the United States, 1997-2006, The Sentencing Project, outubro de 2006, p.3-21. Em outubro de 2008, o Sentencing Project emitiu um novo relatório intitulado Expanding the Vote: State Felony Disenfranchisement Reform, 1997-2008. A American Civil Liberties Union of Florida também publicou e postou relatos detalhados de desenvolvimentos naquele estado.

seus direitos legais; muitas autoridades eleitorais também estavam mal informadas sobre os detalhes das leis de seu próprio estado.[60]

Além disso, a questão quase sempre estava inserida, talvez de forma inevitável, na política partidária. Tanto os democratas como os republicanos presumiam, talvez com razão, que a maior parte dos ex-criminosos – que eram de origem humilde ou da classe trabalhadora, e de maioria afro-americana – votaria nos democratas. Muitos republicanos, portanto, relutavam em apoiar uma legislação que fosse prejudicial a seu próprio destino eleitoral, e consideravam que o apoio democrata à liberalização tinha um óbvio caráter partidário. Um legislador republicano do Tennessee, por exemplo, afirmou que os democratas "estão desesperados para encontrar novos eleitores, e vão buscá-los nos presídios, se isso for preciso". De acordo com informações da imprensa, as preocupações partidárias também haviam sido fundamentais para a oposição do governador Jeb Bush à reforma na Flórida, apesar da atenção indesejada que o Estado havia atraído por ter um elevado número de cidadãos cassados.[61]

A resistência à liberalização era também evidente no Congresso, em parte por causa de uma convicção persistente (ou pelo menos uma postura retórica persistente) de que as leis de cassação do direito de voto dos criminosos eram uma questão estadual, em vez de federal. Em 2002, uma proposta para impedir que os estados limitassem os direitos de voto de ex-criminosos sofreu uma derrota esmagadora no Senado. Três anos mais tarde, a senadora Hillary Clinton estava entre aqueles que patrocinaram um projeto de lei que teria garantido o direito de voto aos ex-criminosos nas eleições nacionais, mas que nunca chegou nem perto da aprovação; em setembro de 2008, o senador Russ Feingold e o congressista John Conyers apresentaram um projeto de lei semelhante. Na maioria das vezes, as tentativas de impugnar a exclusão de ex-criminosos nos tribunais estaduais e federais também foram infrutíferas.[62]

---

60 Manza e Uggen, *Locked Out*, p.287; *Hattiesburg American*, 4 mar. 2008; Wood, E., *Restoring the Right to Vote*, Brennan Center, 26 fev. 2008, p.6, 15-16, 27; *New York Times*, 22 jul. 2004; ibid., 14 set. 2008; *USA Today*, 1 jun. 2006; The Sentencing Project, Disenfranchisement News, 3 jan. 2008; *Wall Street Journal*, 31 mar. 2008; Gordon, G., As Balloting Nears, Officials Confused About Who Can Vote, *McClatchy Newspapers*, 1 out. 2008.
61 Manza e Uggen, *Locked Out*, p.14; *Sarasota Herald Tribune*, 6 abr. 2007; *Chattanooga Times Free Press*, 2 out. 2006; The Sentencing Project, News Update, 18 abr. 2008; *The Washington Times*, 15 fev. 2006; *New York Times*, 11 jul. 2004.
62 Manza e Uggen, *Locked Out*, p.223; Fund, J., My Felon Americans, *New York Sun*, 8 mar. 2005. O projeto de lei introduzido por Feingold e Conyers foi intitulado The Democracy Restoration Act of 2008 (S.3640 and 11.R. 7136), 110th Cong. 2d sess. (26 set. 2008). Quanto às contestações legais, particularmente àquelas alegando que a perda do direito de voto do criminoso violava o Voting Rights Act, ver Manza e Uggen, p.225-227. No estado de Washington, um processo foi arquivado desafiando o requerimento de que ex-criminosos permanecessem sem direito a voto até que tivessem saldado todas suas obrigações legais.

Assim, em novembro 2008, os defensores da reforma podiam indicar um resultado misto de sucessos e fracassos. Sem dúvida, a mudança mais significativa foi o desmantelamento de muitas das exclusões vitalícias ainda em vigor durante os últimos anos do século XX: sete dos estados que tinham tais exclusões as revogaram ou, pelo menos, instituíram procedimentos de restituição muito mais eficientes para alguns ex-criminosos. Esta mudança refletia um consenso cada vez mais amplo de que um criminoso condenado não devia ser privado dos direitos políticos por um período mais longo do que sua pena. Mas o consenso era muito menor no que dizia respeito a quando exatamente a sentença de um criminoso deveria ser considerada terminada. Apenas em quatorze estados (todos eles no Norte ou no Oeste) o direito de voto era recuperado automaticamente quando uma pessoa era libertada da prisão. Em outros lugares, ex-criminosos tinham que esperar até o término do sursis ou da liberdade condicional. Os próprios detentos permaneciam sem votar, exceto em Maine e Vermont.[63]

Apesar da liberalização de muitas leis estaduais, o número de pessoas sujeitas à cassação do direito de voto continuou a subir. Até 2008, um em cada cem adultos nos Estados Unidos (e um em cada quinze homens afro-americanos adultos) estava atrás das grades; um total de mais de 7 milhões de pessoas estavam na prisão, sob sursis, ou em liberdade condicional. Esses números elevados em termos históricos significavam que mais de 5,3 milhões de americanos eram impedidos de votar por causa de seus antecedentes criminais. Portanto, os homens e mulheres com condenações criminais permaneciam o grupo mais expressivo de cidadãos norte-americanos que não tinham o direito de votar. O fato de que esse grupo fosse composto por uma maioria desproporcional de afro-americanos e outras minorias levou o Comitê para a Eliminação da Discriminação Racial das Nações Unidas a recorrer aos Estados Unidos para restituir automaticamente o direito de voto às pessoas que haviam cumprido suas penas criminais.[64]

A alegação foi rejeitada pela Suprema Corte de Washington. *Madison versus Washington*, 78598-8, (Washington Supreme Court 2007). Ver também Capítulo 8, nota 113.

63 Wood, *Restoring the Right to Vote*, p.4, 27; os estados com as prescrições mais eliminadoras tendiam a estar no Sul. Dados referentes às práticas europeias estão apresentadas na p.6. Em abril de 2008, a Casa dos Representantes de Kentucky (um dos dois estados que mantinham a perda de direito de voto perpétua) votou para restaurar os direitos de alguns ex-criminosos. *Louisville Courier-Journal*, 1 abr. 2008. Na Califórnia, pessoas na prisão aguardando julgamento têm permissão de votar. *San Jose Mercury-News*, 4 fev. 2008, edição *on-line*.

64 Pew Center on the States, One in 100: Behind Bars in America 2008, p.5-9, www.pewcenteronthestates.org/report_detail.aspx?id=35904; *New York Times*, 29 fev. 2008; ibid., 23 abr. 2008; *Washington Post*, 12 jun. 2008; United Nations Committee on the Elimination of Racial Discrimination, Seventy-second session, Geneva, 18 fevereiro a 7 março de 2008, http://www2.ohchr.org/english/bodies/cerd/docs/co/CERD-C-USA-CO-6.pdf. Wood, em *Restoring the Right to Vote*, indica (p.6) que o Comitê de Direitos Humanos da ONU em 2006 tomou uma medida similar. A cifra de 5,3 milhões, agora amplamente citada, é uma estimativa para

Supressão e fraude

A tensão partidária relativa aos direitos de voto não se limitou às questões que envolviam os ex-criminosos. De fato, fazia lembrar profundamente o final do século XIX e início do século XX, marcados por disputas políticas frequentes e escaramuças incessantes acerca do exercício do direito de voto. Nem a passagem da HAVA nem a reautorização da Lei dos Direitos de Voto de 2006 (ver Capítulo 8) moderaram a desconfiança pungente entre os dois principais partidos políticos que se tornaram tão visíveis em 2000. Amargos debates sobre questões de votação e eleições eram comuns nos legislativos estaduais, ao passo que os processos judiciais abundavam antes e depois das eleições. Os negócios eram dinâmicos para os advogados especializados em direito eleitoral.

Aos olhos de muitos democratas, ativistas de direitos de voto e afro-americanos, a principal fonte de conflito era a estratégia em curso dos republicanos – ou, pelo menos, a propensão – de suprimir os eleitores, ao evitar o registro e o voto de cidadãos legítimos e cumpridores da lei. As comunidades pobres e minoritárias pareciam ser alvos específicos dos esforços de supressão, dada a alta probabilidade de que seus membros (sobretudo os afro-americanos) votassem no Partido Democrata. A acusação de "supressão de eleitores" era controversa, até mesmo incendiária, tanto por tripudiar sobre os padrões históricos de exclusão, como por implicar que os republicanos não estavam dispostos a respeitar um princípio básico da prática democrática.

No entanto, incendiária ou não, acumulavam-se os indícios de que pelo menos alguns republicanos estavam, de fato, envolvidos em ações destinadas a impedir o voto de cidadãos. Por exemplo, no ano de 2004 na Flórida, os representantes republicanos novamente desenvolveram uma lista de criminosos cujos nomes deveriam ser expurgados das listas de eleitores – apesar dos problemas que haviam surgido com essas listas em 2000. É de se notar que a lista de 2004 também revelou muitos erros, contendo os nomes de milhares de pessoas cujos direitos já haviam sido restituídos. Ainda mais perturbador, a lista de expurgo continha um viés racial de modo a se mostrar partidária: incluía os nomes de mais de 22 mil afro-americanos, mas apenas 61 latinos, que na Flórida tendiam a votar nos republicanos. Depois que os jornalistas expuseram esses problemas no verão de 2004, as listas foram retiradas de uso.[65] Durante o mesmo período de eleições, os republicanos nas cidades de todo o país enviaram fiscais eleitorais em

---

2006, desenvolvida por Manza e Uggen, *Locked Out*, p.94. De acordo com o Sentencing Project (27 dez. 2007), mais ou menos 630 mil pessoas haviam recuperado seus direitos de votar como resultado das mudanças legais em dezesseis estados sobre os dez anos precedentes.

65 *New York Times*, 10 jul. 2004; Wood, *Restoring the Right to Vote*, p.14-15.

bairros onde predominavam os negros para impugnar os eleitores potenciais, levando a queixas sobre intimidação; em Dakota do Sul houve casos bem documentados de eleitores nativos americanos impedidos de votar por não apresentarem documentos de identificação, mesmo que a lei não os obrigasse a fazê-lo. Em julho de 2004, um legislador republicano em Michigan disse ao *Detroit Free Press* que "se não suprimirmos os votos de Detroit, as coisas serão difíceis para nós neste ciclo eleitoral". Enquanto isso, o secretário de Estado do Colorado anunciou que as cédulas provisórias emitidas no local de votação errado não seriam contadas numa corrida senatorial que deveria ser bem disputada.[66]

Os representantes republicanos estaduais e federais também tentavam impedir as campanhas de registro de eleitores dirigida a novos eleitores. No Novo México, em 2004, foi adotado um regulamento que proibia o registro de novos eleitores em hospitais e clínicas administradas pelo Indian Health Service, de responsabilidade federal – embora as atividades de registro fossem autorizadas nas bases militares locais. Em 2008, o Departamento de Assuntos de Veteranos deu um passo semelhante, proibindo as campanhas de registro entre os veteranos em asilos, abrigos e centros de reabilitação em todo o país. Nesse mesmo ano (assim como em 2006), o governo do estado da Flórida efetivamente suspendeu as campanhas de registro conduzidas pela Liga das Mulheres Eleitoras quando decidiu fazer valer novas leis que impunham multas pesadas aos grupos que perdiam os formulários de inscrição, ou os apresentavam com atraso. Além disso, ao longo desses anos o Departamento de Justiça parecia pouco interessado na salvaguarda dos direitos políticos das minorias: Joseph Rich, ex-chefe da seção eleitoral da Divisão de Direitos Civis, informou que "de 2001 a 2006 nenhum caso de discriminação eleitoral foi trazido em nome dos eleitores afro-americanos ou nativos americanos".[67]

---

66 *New York Times*, 10 jun. 2004; ibid., 16 e 20 ago. 2004; ibid., 30 set. 2004; ibid., 7 out. 2004; ibid., 27 out. 2006; National Commission on the Voting Rights Act, *Highlights of Hearings of the National Commission on the Voting Rights Act 2005,* fevereiro de 2006, p.11, 12, 44-50; Overton, S., *Stealing Democracy*, p.149-150, 160; *Louisville Courier-Journal*, 30 jul. 2004; *Detroit Free Press,* 16 jul. 2004; *Associated Press*, 10 jun. 2004; ibid., 21 jul. 2004; *Washington Post*, 26 ago. 2004. Ver também McDonald, L., The New Poll Tax. *The American Prospect*, 30 dez. 2002, p.62, e Miller. M. C., depoimento para U.S. House of Representatives, Committee on the Judiciary, 15 maio 2008. Referente a questões de votação em geral dos nativos americanos durante esse período, ver McCool, D., Olson, S. M. e Robinson, J. L., *Native Vote:* American Indians, the Voting Rights Act, and the Right to Vote. New York, 2007.

67 *New York Times*, 28 abr. 2008; ibid., 13 jun. 2008; *Washington Post*, 6 out. 2004; *Los Angeles Times*, 29 mar. 2007. A Lei de 2006 da Flórida foi estimulada por relatórios de grande circulação de que a organização da comunidade, ACORN, havia se envolvido em múltiplos atos de fraude enquanto conduzia uma campanha de registro no estado, entre os quais, o de não entregar os formulários de registro preenchidos por republicanos; o processo judicial subsequente sugeriu que esses atos de fraude não haviam ocorrido. Minnite, *Voter Fraud*, p.24.

Para muitos democratas e ativistas, quaisquer dúvidas sobre a existência de uma estratégia republicana de supressão foram dissipadas pelo que aconteceu em Ohio, antes e durante a eleição presidencial de 2004. Ohio, claro, era um estado decisivo importante e, como muitos analistas tinham previsto, a vitória apertada do presidente Bush no estado revelou-se essencial para sua reeleição. Começando meses antes da eleição, os representantes republicanos em Ohio, liderados pelo Secretário de Estado J. Kenneth Blackwell, estavam tomando medidas adaptadas para fomentar esse resultado – medidas que iam além do vale-tudo normal da política partidária. Por exemplo, diante de uma importante campanha de registro que estava inscrevendo um grande número de eleitores democratas, Blackwell emitiu uma ordem oficial altamente incomum para os conselhos eleitorais do município instruindo-os a rejeitar todos os formulários de registro que não estivessem "impressos em papel branco, não revestido, de gramatura mínima de 220". Depois de semanas de protestos e zombaria (descobriu-se que o papel dos formulários disponíveis no escritório do próprio Blackwell tinham gramatura 176), ele retirou a ordem. O secretário teve mais impacto com um conjunto de diretivas relativas às cédulas provisórias: ele, de forma ilegal, ordenou que os funcionários eleitorais não oferecessem cédulas provisórias para indivíduos que não reconhecessem pessoalmente ou para pessoas que afirmaram não ter recebido cédulas de ausentes. Além disso, instruiu os conselhos municipais a não contarem as cédulas provisórias de eleitores que haviam comparecido ao local errado de votação – uma política tecnicamente permitida pela HAVA, mas que violava sua intenção. No próprio dia da eleição, os moradores urbanos, sobretudo os que residiam em bairros pobres e minoritários, tiveram maior desvantagem em razão das decisões municipais sobre a alocação de máquinas de votação. As áreas suburbanas republicanas receberam mais máquinas, em termos proporcionais, do que as áreas urbanas e democratas, o que levou a filas demasiado longas nas urnas de cidades como Columbus e Cleveland. Além disso, o Partido Republicano estadual adotou a tática incomum de enviar cartas registadas aos novos eleitores em bairros urbanos e, a seguir, impugnar os registros daqueles destinatários que não retornavam com um aviso de recebimento. Várias investigações realizadas na sequência da eleição concluíram que esse conjunto de medidas deve ter custado aos democratas dezenas de milhares de votos.[68]

---

[68] *What Went Wrong in Ohio: The Conyers Report on the 2004 Presidential Election*, introdução por Gore Vidal, edição de Anita Miller, Chicago, 2005, p.3-4, 17-34, 37-43; *New York Times*, 30 set. 2004; ibid., 27 out. 2006; ibid., 20 mar. 2007; Kennedy Jr., R. F., Was the 2004 Election Stolen? *Rolling Stone*, 15 jun. 2006, p.46-114; Hitchens, C., Ohio's Odd Numbers, *Vanity Fair*, março de 2005, p.214. Essas investigações também recontam detalhes de irregularidades nas máquinas de votação do estado e sua recontagem preliminar (esta levou a sentenças de prisão para dois funcionários). A maioria dos estudos das irregularidades em Ohio, contudo,

Enquanto isso, os republicanos insistiam em negar qualquer estratégia de "supressão do eleitor" e, de vez em quando, ainda viravam o jogo, apontando para casos em que os democratas teriam tentado impedir o voto republicano, por exemplo, cortando os pneus de seus veículos em campanha por votos em Milwaukee. De modo geral, os analistas republicanos como John Fund, do *Wall Street Journal*, reconheciam ocasionais "truques sujos" em vigor; ainda assim, insistiam que, desde os anos 1980, não tinha havido nenhum programa cuja meta fosse impedir as "minorias de votar". Quaisquer medidas de ativistas ou estrategistas republicanos tinham a simples intenção de evitar fraudes e garantir que apenas os eleitores legais fossem às urnas.[69]

De fato, muitos republicanos continuavam convencidos de que a fraude eleitoral era um problema generalizado e sistêmico, arraigado em grande parte nos esforços democratas para inscrever novos eleitores (qualificados ou não), levá-los às urnas (às vezes com incentivos em dinheiro), e remover as garantias legais (como a apresentação de documentos de identificação) que poderiam proteger a pureza das urnas. Entre os casos mais citados de fraude constavam: a eleição para prefeito de Miami de 1997, as eleições disputadas de Missouri de 2000 e 2004, e a eleição senatorial de alto risco em Dakota do Sul, em 2002, onde os votos dos nativos americanos eram decisivos para o resultado. Um ativista republicano, o advogado Mark F. (Thor) Hearne, testemunhou ao Congresso que também tinha havido "fraude maciça de registros" em Ohio em 2004, incluindo a apresentação de formulários falsos de registro para Dick Tracy, Mary Poppins e Michael Jackson.[70]

---

concluiu que estas não aconteceram numa escala grande o suficiente para ter afetado o resultado da eleição. Brady, H. E., Charles, G-U., Highton, B. et al., *Interim Report on Alleged Irregularities in the United States Presidential Election of 2 November 2004*, Social Science Research Council, 22 dez. 2004, http://www.verifiedvoting.org/downloads/InterimReport122204.pdf; Alvarez, R. M., Brady, H. E., Charles, G-U et al., Challenges Facing the American Electoral System: Research Priorities for the Social Sciences, Social Science Research Council, 1 mar. 2005, disponível do SSRC ou do autor.

69 Fund, *Stealing*, p.20-22. Uma extensa lista de acusações republicanas referentes à supressão de eleitor democrata encontra-se num relatório do American Center for Voting Rights Legislation Fund, datado de 2 ago. 2005, e intitulado *Vote Fraud, Intimidation and Suppression in the 2004 Presidential Election*; ver a carta de introdução e a sessão intitulada Charges of Voter Intimidation and Suppression Made Against Democratic Supporters. A ACVR, como notado abaixo, foi criação de ativistas republicanos. Tanto a organização como seu website foram desmontados em 2007; o endereço de arquivo para esse relatório é http://www.foxnews.com/projects/pdf/Vote_Fraud_Intimidation_Suppression_2004_Pres_Election_v2.pdf. Mais informação sobre a ACVR pode ser encontrada no website de um de seus adversários, Brad Friedman; ver http://www.bradblog.com/?page_id=4418.

70 Fund, *Stealing*, p. 41-110; depoimentode Mark F. (Thor) Hearne, II, Committee on Administration, House of Representatives, 109th Cong., 1st sess., 21 abr. 2005; *New York Times*, 11 abr. 2007. O resultado da eleição de Miami tinha sido revertido, meses após a eleição, quando foi determinado que numerosos votos de ausente eram fraudulentos. As questões

O direito de voto

Saber se esses exemplos – mesmo que descritos com precisão e vivacidade de detalhes – constituíam um problema sistêmico era a questão no centro de um debate partidário cada vez mais rancoroso. Livros, relatórios e testemunhos empilhavam-se em ambos os lados do problema, às vezes reciclando alegações controvertidas, às vezes oferecendo refutações pontuais a reivindicações opostas.[71] Em 2006, não inadequadamente, a Comissão de Assistência Eleitoral entrou na briga e acabou se queimando por isso. A CAE encomendou um estudo sobre fraude eleitoral a ser realizado por dois consultores com diferentes inclinações partidárias, Tova Wang, da Century Foundation e Job Serebrov, advogado eleitoral republicano do Arkansas. Um projeto de seu estudo foi submetido à CAE em agosto de 2006; a conclusão era que os temores de fraude eleitoral muitas vezes eram exagerados e com base em histórias em vez de provas sistemáticas. Entre os especialistas, eles concluíram, "há um consenso generalizado, mas não unânime, de que há pouca fraude no local de votação". A CAE, no entanto, recusou-se a liberar o projeto de relatório e, quatro meses depois, emitiu um documento revisado com a conclusão bem mais ambígua de que "há grande quantidade de debates sobre a disseminação da fraude." Em 2007, os democratas do Congresso exigiram a liberação do projeto original e denunciaram a CAE por ter sucumbido à pressão republicana alterando a conclusão do relatório. Os membros da Comissão responderam que a pesquisa do projeto de relatório não era adequada para apoiar suas conclusões.[72]

---

em Missouri incluíam registros fraudulentos, votação de criminosos e a necessidade de manter as urnas abertas além do horário normal; no que toca às alegações de fraude em Dakota do Sul e em outros lugares entre americanos nativos, ver McCool, Olson e Robinson, *Native Vote*, p.142-143.

71 Ver, para exemplos, Fund, *Stealing*; Overton, *Stealing Democracy*; o relatório da ACVR citada acima, e um estudo patrocinado pela Demos, *Securing the Vote:* An Analysis of Election Fraud, por Lori Minnite e David Callahan, New York, 2003. Minnite publicou uma versão atualizada e ampliada de seu estudo como *The Politics of Voter Fraud* (ver nota 5 deste capítulo) e posteriormente atualizou seu relatório para a Demos em setembro de 2007, com o novo título de *An Analysis of Voter Fraud in the U.S.*

72 *New York Times*, 11 abr. 2007; Lester, W., Report: Voter Fraud May be Overstated, *Associated Press Online*, 11 out. 2006; Election Assistance Commission's Voter fraud Report, *USFed News*, 13 dez. 2006; *Washington Post*, 22 jun. 2007; Wang, T. A., A Rigged Report on U.S. Voting, *Washington Post*, 30 ago. 2007; U.S. EAC, *Election Crimes*; Murray, M., EAC Blasted Again for Burying Study. *Roll Call*, 9 abr. 2007; Durbin, Feinstein Slam EAC Over Voting Studies. *Roll Call*, 16 abr. 2007, Statement by Commissioner Gracia Hillman U.S. EAC Regarding release of Voter Fraud Consultant Report. *States News Service*, 16 abr. 2007; uma crítica detalhada do relatório da EAC pode ser encontrada em Neas, R. G., Whitewashing the Facts: EAC Report ignores Key Data, People for the American Way Foundation, dezembro de 2006; Serebrov, num e-mail a um membro da equipe da EAC em outubro de 2006, afirmou que ele e Wang haviam "trabalhado duro para produzir um relatório correto, acurado e verdadeiro [...]. Nenhum de nós estava disposto a adequar os resultados à conveniência política". *New York Times*, 11 abr. 2007. Ver também Hebert, J. G., "He said, She said" at the EAC, Campaign Center Legal Blog, 13 mar. 2008, http://www.cleblog.org/blog_item-216.html.

Se a CAE foi, de fato, pressionada por representantes republicanos, ainda não está claro, apesar de uma investigação formal pelo inspetor-geral da comissão.[73] Mas não pode haver dúvida de que uma ala ou facção do Partido Republicano nacional tinha a intenção de estabelecer que a fraude havia se tornado tão generalizada que ameaçava o tecido da democracia americana. Em um discurso para os advogados republicanos, em 2006, Karl Rove, principal assessor político do presidente Bush, advertiu que havia "um problema enorme e crescente com as eleições em certas partes do país hoje". Ele afirmou que estava "começando a parecer que temos eleições como aquelas realizadas em países onde os caras responsáveis são coronéis de óculos escuros espelhados". Um ano antes, o Comitê de Política Republicana do Senado tinha insistido que a "fraude eleitoral continua a assolar nossas eleições federais nacionais, diluindo e anulando os votos legítimos da grande maioria dos norte-americanos".[74]

Tornar público o caso sobre a fraude parece ter sido o ímpeto por trás da criação em 2005, do American Center for Voting Rights (ACVR) [Centro Americano de Direito de Voto], uma organização formalmente apartidária sem fins lucrativos liderada por Mark Hearne, um advogado que havia trabalhado para a campanha de Bush/Cheney e mantinha laços estreitos com Rove. Poucos dias após a fundação da organização, Hearne testemunhou a um comitê da Câmara sobre o "número sem precedentes de registros fraudulentos de eleitores" em Ohio em 2004. Vários meses depois, o ACVR emitiu um relatório detalhado, "Fraude eleitoral, intimidação e supressão na eleição presidencial de 2004". O relatório listava inúmeras denúncias de fraude em dezesseis estados (quase todos envolvendo os democratas) enquanto afirmava que "agentes democratas pagos estavam muito mais envolvidos na intimidação de eleitores e atividades de supressão do que seus colegas republicanos".[75]

---

73 Tova Wang escreveu mais tarde que não havia "nenhuma arma fumegante mostrando motivos políticos na gestão do projeto". *Washington Post*, 30 ago. 2007. O relatório do inspetor geral foi estimulado por artigos de jornais e por expressões de preocupação pelos comitês parlamentares. Apresentado em março de 2008, o relatório concluiu que "não havia evidência para sustentar alegações de que mudanças foram feitas para o relatório por causa de razões impróprias ou motivações políticas". Ao mesmo tempo, ele citava entrevistas com comissários e membros da equipe sugerindo uma pressão política para evitar que o projeto do relatório fosse liberado. U.S. EAC, Office of Inspector General, Report of Investigation: Preparation of the Voter Fraud and Voter Intimidation Report, março de 2008, p.1, 13-16.
74 *New York Times*, 11 abr. 2007; Minnite, *Voter Fraud*, p.9.
75 Depoimento de Hearne, Committee on Administration, 21 abr. 2005; ACVR, Vote Fraud, Intimidation and Suppression, inteiro, citação da p.1. Outra figura-chave na ACVR era Jim Dyke, que havia trabalhado para o Republican National Committee e mais tarde foi empregado pelo Vice-presidente Cheney. Brian Lunde, um membro do conselho da ACVR, era oficialmente um democrata e havia presidido conjuntamente com os democratas para Bush em 2004. The Brad Blog, 15 mar. 2007, http://www.bradblog.com/?p=1708.

O testemunho de Hearne e os relatórios do ACVR eram produções contundentes, e o Centro acabou ganhando um lugar na mesa de debates sobre a reforma eleitoral, o que era notável para uma nova organização que não tinha sede, cujo apoio financeiro era desconhecido e cujo endereço era uma caixa de correio em Dallas. Hearne fazia frequentes aparições na mídia, transmitia relatórios ao Congresso e ao Departamento de Justiça, e foi nomeado como "assessor acadêmico" de uma comissão liderada pelo ex-presidente Jimmy Carter e o ex-secretário de Estado James Baker. O ACVR, na verdade, tornou-se o contrapeso conservador às usinas de ideias e às organizações de defesa dos direitos de voto que permaneciam em vigor durante anos, tendo concluído, de maneira geral, que a fraude não era um dos problemas prementes da democracia americana. No entanto, a ascensão meteórica do ACVR gerou críticas e atraiu atenção, primeiro na blogosfera e depois na imprensa convencional. Várias de suas alegações de fraude eram muito contestadas, e sua pretensão de ser apartidária (e, portanto, isenta de impostos) parecia abusar da credulidade. O *Tribune-Review* de Pittsburgh chamou o próprio ACVR de "fraude", enquanto outros críticos o acusaram de ser uma fachada do Partido Republicano, em vez de um centro de pesquisa sem fins lucrativos. Na primavera de 2007, à medida que Hearne e alguns de seus aliados começaram a ser objeto de investigação por seu papel na demissão controvertida de oito procuradores dos Estados Unidos, o ACVR, de repente e sem explicação, desapareceu. Seu site foi abandonado, seus relatórios desapareceram, e as referências à organização foram retiradas das biografias de seus principais atores.[76]

A demissão dos advogados norte-americanos no final de 2006, uma medida muito incomum de uma administração no meio de seu segundo mandato, também se originou na preocupação com a fraude eleitoral. Pelo menos três dos oito procuradores federais que foram demitidos, e cinco dos doze que eram o alvo original, haviam hostilizado altos funcionários republicanos, incluindo Karl Rove, por causa de sua incapacidade de dar um cuidadoso andamento aos alegados casos de fraude por parte dos democratas. John L. McKay de Washington, por exemplo, foi criticado por não agir em resposta a alegações de fraude republicana na eleição para

---

76 National Public Radio, *Morning Edition*, 6 jun. 2007; ACVR, ACVR Praises Carter-Baker Commission Report, press release, 22 set. 2005; Thor Hearne to John Tanner, Chief, Voting Rights Section, Department of Justice, 20 abr. 2006; Hasen, R. L., The Fraudulent Fraud Squad: The Incredible, Disappearing American Center for Voting Rights, *Slate*, 18 maio 2007; Fitrakis, B., Ohio, the DOJ Scandal and "Thor" – the god of voter suppression. *Independent News Media*, 18 jun. 2007; *Pittsburgh Tribune-Review*, 8 ago. 2005. Para numerosos artigos referentes à ACVR, escritos por Brad Friedman, um blogueiro a quem Hearne mais tarde culpou pela morte da organização, ver seu The Brad Blog, http://www.bradblog.com/?page_id=4418. Refutações de algumas das alegações de fraude da ACVR podem ser encontradas em Minnite, *Voter Fraud*.

governador de 2004, que os democratas haviam vencido por uma margem apertada. "Eles queriam que eu saísse e começasse a prender as pessoas", disse mais tarde a um entrevistador. Mas não havia "prova alguma". Todd Graves, de Missouri, um estado decisivo nas eleições presidenciais, havia se recusado a apoiar uma ação do Departamento de Justiça contra o secretário de estado do Missouri por não expurgar as listas de registro do estado; além disso, ele havia trazido apenas quatro acusações formais de delito de fraude eleitoral em seus cinco anos no cargo, apesar das reivindicações recorrentes de irregularidades generalizadas. No Novo México, outro estado decisivo, David Iglesias, um conservador muito conceituado, foi pressionado pelos advogados da campanha de Bush em 2004 para levar a termo as acusações sobre a denúncia de cartões de registro defeituosos durante uma campanha de registro realizada por um grupo ativista liberal, ACORN (Associação de Organizações Comunitárias para a Reforma Já). Iglesias investigou mais de cem denúncias (algumas das quais não estavam ligadas à ACORN), encontrou poucas que tinham algum valor, concluindo que nenhuma justificava uma acusação formal. Sua decisão levou a queixas contra o Departamento de Justiça de Rove e o presidente Bush, bem como Patrick Rogers, um advogado local que tinha sido ativo na ACVR.[77]

As demissões forçadas desses três altos funcionários, juntamente com os indícios de que as questões de voto também influenciaram a seleção de outros para uma possível demissão, demonstrou não só que o Departamento de Justiça havia se tornado altamente politizado, mas também que a questão da fraude eleitoral tinha adquirido uma descomunal urgência partidária para alguns republicanos influentes. O próprio Iglesias comentou que tanto Patrick Rogers como Karl Rove estavam "obcecados" com o assunto, e essa obsessão pode ter obscurecido o juízo estratégico de Rove e seus colegas. A demissão de promotores federais com boa classificação de desempenho no trabalho era um passo arriscado, sobretudo quando os democratas recuperavam o controle do Congresso: logo o tiro saiu pela

---

[77] *New York Times,* 14, 16, 18 e 29 mar. 2007; ibid., 12 e 20 abr. 2007; *Washington Post,* 13, 26 e 30 mar. 2007; ibid., 19 abr. 2007; ibid., 11 e 14 maio 2007; Rich, J., Playing Politics with Justice. *Los Angeles Time,* 29 mar. 2007; *Boston Globe,* 6 maio 2007; Isikoff, M., Fuel to the Firings. *Newsweek,* 21 ago 2007; Inside the Scandal at Justice. *Time,* 21 maio 2007, p.44-49; *Seattle Times,* 17 maio 2007; *Baltimore Chronicle and Sentinel,* 10 mar. 2008. Sete dos promotores federais foram despedidos em 7 de dezembro de 2006; Graves havia renunciado, sob pressão, em março de 2006. Em todos os casos mencionados, é sabido que a Casa Branca – e particularmente o escritório de Rove – comunicou sua insatisfação ao Departamento de Justiça. Um dos outros promotores visados foi Tom Heffelfinger, de Minnesota, que renunciou antes que as exonerações fossem efetivadas: ele havia resistido a esforços para proibir nativos americanos de usar documentos de identificações tribais para votar quando não estivessem nas reservas (Ver *Los Angeles Times,* 31 maio 2007 e *Houston Chronicle,* 3 jun. 2007. Os indícios de que as questões de voto de nativos americanos estavam envolvidas em várias das exonerações é apresentada em Lee, T., Ex-Justice Official: Native American Vote May be Issue in U.S. Attorney Firings. *Targeted News Service,* 11 jul. 2007.

culatra, provocando a renúncia de vários altos funcionários do Departamento de Justiça, e contribuindo para a queda do procurador-geral Alberto Gonzales. Por ironia, o episódio e sua gradual revelação ao público na primavera de 2007 também deixou claro que nem todos os republicanos compartilhavam a preocupação com a fraude, ou a julgavam um problema convincente. Iglesias e McKay, entre outros, estavam dispostos a investigar as alegações postas diante deles, mas concluíram que tinha havido poucas violações significativas da lei nos estados em que viviam e trabalhavam.[78]

De fato, apesar dos coronéis de óculos espelhados de Rove e da retórica inflamada de Hearne, houve muito poucas provas nesses anos que apoiassem a alegação de fraude eleitoral generalizada. Em 2002, o procurador-geral John Ashcroft havia anunciado que "a fraude eleitoral e os crimes de corrupção" eram prioridade máxima do Departamento de Justiça; no entanto, ao longo dos cinco anos seguintes, houve apenas 120 acusações formais, rendendo 86 condenações em jurisdições espalhadas por todo o país. A maioria das acusações apresentadas, por outro lado, envolvia indivíduos que haviam se enganado sobre sua qualificação para votar (incluindo imigrantes e ex-criminosos), ou os participantes de esquemas de compra de votos em pequena escala para cargos locais obscuros. Na Flórida, um imigrante legal (mas não cidadão) do Paquistão foi condenado por um delito e deportado por ter preenchido um formulário de registro de eleitores enquanto renovava sua carteira de motorista. Uma mulher de Milwaukee foi para a cadeia por um ano por ter votado enquanto estava em liberdade condicional, mesmo tendo tentado rescindir seu voto ao saber que era inelegível.[79]

No entanto, não houve provas de qualquer tipo de tentativa organizada e abrangente para afetar os resultados das eleições federais ou estaduais por meio da votação fraudulenta. A exposição detalhada de fatos, de Thor Hearne, relativa à fraude de registros em Ohio, não levou à apresentação de nenhuma acusação criminal: Dick Tracy pode ter sido registrado para votar,

---

78 Leopold, J., Bush Operative Pushes Voter-ID Law, *The Public Record*, 14 maio 2008, http://www.pubrecord.org/index.php?view=article&id=41%3Abushoperativepushesvoter-idlaw&options=com_content&Itemid=9; Gordon, G., Was Campaigning Against Voter Fraud a Republican Ploy? *McClatchy Newspapers*, 1 jul. 2007; Palazzolo, J., From Fired U.S. Attorneys, Blame for Gonzales, not Bush, *The Legal Intelligencer*, 26 nov. 2007; *Washington Post*, 28 ago. 2007; *New York Times*, 30 mar. 2007; ibid., 27 e 28 ago. 2007; *Baltimore Chronicle and Sentinel*, 10 mar. 2008. Gonzales pode ter cometido perjúrio em testemunho ao Congresso, ao tentar ocultar seu próprio papel e o da Casa Branca nas exonerações. Seu chefe de equipe, D. Kyle Sampson, testemunhou (após renunciar) que o testemunho de Gonzales havia sido impreciso. Em setembro de 2008, o Departamento de Justiça emitiu um relatório severamente crítico sobre as exonerações, baseado numa investigação interna extensiva; o procurador geral também anunciou a designação de um promotor especial para continuar a investigação. *New York Times*, 30 set. 2008; *Washington Post*, 30 set. 2008.

79 *New York Times*, 12 abr. 2007, *Christian Science Monitor*, 5 abr. 2007; Toobin, J., Poll Position, *The New Yorker*, 20 set. 2004.

mas nem ele nem Mary Poppins realmente votaram. De fato, a escassez de acusações criminais não era prova de que os próprios crimes eram raros, mas, dada a intensidade dos holofotes focados no problema, a insuficiência de acusações estaduais ou federais não era compatível com a convicção de que a fraude era sistemática. Além disso, como a cientista política Lorraine Minnite apontou num dos poucos estudos cuidadosos sobre o assunto, inúmeros casos muito mencionados de alegada fraude mostraram, após investigação, outras explicações: reportagens equivocadas, manutenção desleixada de registros, erros metodológicos para equiparar os nomes em listas diferentes, sistemas de registro mal administrados, erros escriturais de autoridades eleitorais, erros de eleitores, candidatos derrotados infelizes e ex-empregados insatisfeitos. Para citar apenas um exemplo, foi provado que a reportagem repetida à exaustão de que 132 pessoas mortas haviam votado em Detroit não tinha nada a ver com corrupção. Como relatou o secretário de estado republicano de Michigan, as cédulas de ausente haviam sido enviadas para 132 pessoas que morreram nas semanas anteriores ao dia da eleição. A vasta maioria não havia preenchido suas cédulas.[80]

A campanha eleitoral de 2008 reprisou os temas que tinham se desenrolado durante os oito anos anteriores. Um esforço estratégico central da campanha do senador Barack Obama, tanto nas primárias democratas como nas eleições gerais, foi registrar novos eleitores, particularmente entre os jovens, os pobres e as minorias. Em parte como resposta, os republicanos levantaram dúvidas sobre as listas de registros inchadas: entre outras medidas, eles tentaram impedir o registro de estudantes universitários em estados importantes, e apresentaram propostas para equiparar as listas de registro contra outros bancos de dados, sugerindo que as discrepâncias poderiam fornecer uma base para impugnar o direito de um eleitor registrado de votar. A escaramuça resultante incluiu um fogo cruzado partidário dentro dos governos estaduais, além de uma série de ações judiciais dos advogados da campanha, que foram preparados para combater qualquer sinal de fraudes ou de supressão do eleitor.[81]

---

80 Gordon, Campaigning; Minnite, *Voter Fraud*, p.3-4, 8-9, 12-13, 17-36. Como Minnite observa, não há estatística estadual ou nacional confiável sobre fraude de votação. Ver também Minnite e Callahan, *Securing the Vote*, p.39-49.
81 *Capital Times*, 12 set. 2008; Brennan Center, Florida Voting Law May Disenfranchise Thousands, 12 set. 2008, http://www.alternet.org/story/98609/; *Detroit News*, 12 set. 2008; Melzer, E., Lose Your House, Lose Your Vote. *The Michigan Messenger*, 10 set. 2008; *Tallabasse Ledger*, 14 set. 2008; Gordon, G., Election Officials Telling College Students They Can't Vote. *McClatchy Newspapers*, 15 set. 2008; Redden, E., Warning for College Student Voters, edição ampliada, 3 set. 2008, http://insidehighered.com/news/2008/09/03/voting; *New York Times*, 22 jul. 2008; ibid., 10 ago. 2008; ibid., 9 e 25 set. 2008; ibid., 16, 23 e 27 out. 2008; American Civil Liberties Union, Advancement Project and ACLU Sue Michigan Secretary of State Over Unlawful Voter Purging, *ACLU* press release, 18 set. 2008, http://www.aclu.org/votingrights/gen/36836prs20080918.html; *Los Angeles Times*, 20 set. 2008;

A temperatura esquentou em outubro, quando os agentes da lei em Nevada invadiram os escritórios da ACORN – a qual, como em 2004, estava fazendo campanhas de registro eleitoral em vários estados. Os republicanos em Nevada e em vários outros estados acusaram a ACORN, um grupo nacional de organização de comunidades com vínculos com a campanha de Obama, de envolvimento com uma fraude de registro eleitoral em grande escala. Essa acusação incendiária foi fundamentada no fato – incontestado pela ACORN – de que a organização havia entregue para as autoridades eleitorais milhares de formulários de registro com nomes falsos, incluindo o de Mickey Mouse e os de toda a equipe de futebol americano Dallas Cowboys. A ACORN atribuiu os formulários fraudulentos aos funcionários que tinham agido de forma inadequada e contrária às instruções; além disso a própria Associação supostamente havia sinalizado muitos dos formulários falsos para as autoridades eleitorais e, na maioria dos estados, as organizações que registram os eleitores eram obrigadas por lei a entregar todos os formulários preenchidos, parecendo ou não legítimos. Para os republicanos, o "escândalo" ACORN foi a prova de que os democratas estavam tentando roubar a eleição; a maioria dos democratas e ativistas eleitorais reagiram com desdém, argumentando que não existia fraude sistemática alguma e que era extremamente improvável que os registrantes ficcionais comparecessem às urnas. Os democratas também consideraram as alegações contra a ACORN como um pretexto para que os republicanos redobrassem esforços para suprimir os eleitores legítimos.[82]

O caso ACORN atingiu seu apogeu de visibilidade durante o terceiro debate presidencial da campanha, quando o senador John McCain, avançando lentamente e de modo significativo nas pesquisas, observou de modo acalorado que a ACORN "está agora na iminência de perpetrar talvez uma das maiores fraudes da história eleitoral neste país, talvez destruindo o tecido da democracia". A declaração foi extraordinária e trouxe ainda mais atenção para a Associação e suas práticas certamente falhas. No entanto, após alguns dias do debate, a questão ACORN começou a sair de

---

Daily Texan, 29 set. 2008; *Columbus Dispatch*, 26 set. 2008; Majors, S., Three Courts Clear Way for Early Voting in Ohio, *Associated Press*, 29 set. 2008; American Civil Liberties Union of Ohio, ACLU Asks Court to Allow Rejected Absentee Ballot Applications, press release, 2 out. 2008, http://www.acluohio.org/pressreleases/2008pr/2008.10.2.asp; Dade, C. e McKinnon, J., Voter Registration Is the New Battleground, *Wall Street Journal* on-line, 12 ago. 2008; Merrick,A., Ohio Republicans Use Lawsuit. *Wall Street Journal* on-line, 13 set. 2008; Hasen, R., The Ground Game, *Slate*, 18 set. 2008; Jones,T., Voting Goes to Court, Chicago Tribune. com, 2 out. 2008; *Plain Dealer*, Cleveland, 2 out. 2008.

82 Jordan, L. J., Officials: FBI investigates ACORN. *Associated Press Online*, 16 out. 2008; *Daily News*, New York, 16 out. 2008; *Investor's Business Daily*, 16 out. 2008; *Philadelphia Inquirer*, 16 out. 2008; *St.Louis Post-Dispatch*, 16 out. 2008; Sanner, A., ACORN defends efforts. In: *Associated Press*, 15 out. 2008; *Deseret Morning News*, 17 out. 2008; *New York Times*, 17 e 24 out. 2008; *USA Today*, 15 out. 2008.

vista e, depois da vitória decisiva de Obama, em 4 de novembro, nenhum líder republicano afirmava que a fraude de registros tivesse tido qualquer impacto sobre a eleição. É de se notar que os democratas vitoriosos também não fizeram qualquer alegação pós-eleitoral de supressão generalizada de eleitores por parte dos republicanos. A batalha retórica, pelo menos por um tempo, estava interrompida.[83]

Identifique-se

Embora o problema da fraude possa, de fato, ter sido minúsculo, mesmo inconsequente, a solução preferida dos republicanos para enfrentá-lo ganhou terreno durante os anos que antecederam a eleição de 2008. Começando logo após a eleição de 2000, e acelerando a partir de 2004, os republicanos em toda a nação pressionaram os legislativos estaduais e o Congresso a aprovar uma legislação exigindo que todos os eleitores em potencial apresentassem nas urnas documentos de identificação com foto emitidos pelo governo. Estas propostas foram justificadas em nome da proteção contra fraudes e defendidas, tanto por políticos republicanos quanto por agentes especializados como Mark Hearne, como armas essenciais na luta para restituir a "integridade" das eleições americanas.

Não é de estranhar que os requisitos de identificação tivessem grande variação de estado para estado. Muitos estados já insistiam na apresentação de alguma forma de identificação nas urnas por parte do eleitor, mas uma grande variedade de documentos (com e sem fotografias) podia satisfazer o requisito: contas de serviços públicos, contracheques, extratos bancários e carteiras de motorista em geral serviam. Em alguns estados, como Louisiana, o documento de identidade com foto era solicitada, mas um eleitor que não dispusesse desse documento podia assinar uma declaração no lugar. Em quase metade de todos os estados não era exigida nenhuma identificação, exceto das pessoas que estavam sob o domínio da HAVA, ou seja, eleitores de primeira viagem que haviam se registrado pelo correio sem ter fornecido a identificação nessa ocasião.[84]

---

83 *Los Angeles Times*, 16 out. 2008; *San Francisco Chronicle*, 16 out. 2008; Hastings, D., GOP Vitriol Rages Over Community Group. *Associated Press Online*, 17 out. 2008; *New York Times*, 27 out. 2008; *Washington Post*, 5 nov. 2008; CBS, Voting Problems: "Much Ado About Nothing", 5 nov. 2008, http://www.cbsnews.com/stories/2008/11/05/cbsnewsinvestigates/main4576402.shtml.

84 Electionline.org, Voter ID Laws, janeiro de 2008, http://www.pewcenteronthestates.org/uploadedFiles/voterIDlaws.6.08.pdf. Em janeiro de 2009, um ex-trabalhador da ACORN em Missouri foi indiciado em dois municípios por fraude de registro, mas não havia alegações de que quaisquer votos ilegítimos tenham sido efetuados. *St. Louis Post-Dispatch*, 6 jan. 2009.

Os republicanos defendiam que esse estado de coisas era um convite à fraude eleitoral. Um impostor poderia aparecer num local de votação, fingir que era outra pessoa e votar – a menos que, por azar, ele fingisse ser alguém conhecido de um funcionário da sessão eleitoral. Os impostores mais desonestos poderiam gerar falsas contas de serviços públicos em seus computadores domésticos. Um requisito de documento de identidade com foto emitido pelo governo poderia impedir esses crimes, ou pelo menos torná-los mais difíceis de executar. O argumento central para endurecer as coisas era simples e, de acordo com pesquisas de opinião, não carecia de apoio público. Numa época em que era necessário um documento de identidade com foto para embarcar num avião ou entrar num prédio de escritórios, não deixava de ser razoável impor esse tipo de proteção nas urnas. Uma vantagem adicional – e uma reviravolta posterior da discussão – era que os requisitos de identificação com foto restituiriam a confiança nas eleições entre os eleitores "legítimos" que se preocupavam com a possibilidade de fraude (mesmo que esta não existisse). A campanha para instituir essas proteções recebeu um grande impulso em 2005, quando o conceito foi aprovado por uma maioria da comissão de reforma eleitoral bipartidária Carter-Baker.[85]

As propostas de identificação com foto foram recebidas com muita resistência e oposição partidária. Os críticos foram rápidos em apontar que a justificativa para essas reformas eram falhas, se não espúrias: não só a fraude eleitoral, em geral, era rara, mas o tipo de fraude que os requisitos de identificação com foto poderiam impedir – usurpar a identidade de um eleitor em pessoa – era quase inexistente. A secretária de estado da Geórgia, em 2005, deu a entender que não conseguia se lembrar de uma única instância documentada desse tipo de fraude durante seus dez anos no cargo. O líder democrata do Senado no estado de Kansas insistiu que a proposta de lei de identificação com foto era "uma solução em busca de um problema". A governadora do Kansas, Kathleen Sebelius, vetou a medida em 2008, concluindo que esta procurava "resolver um problema de fraude eleitoral que não existe em nosso estado".[86]

---

[85] Fund, *Stealing*, p.136-138; Hearne, T., Make Cheating Tough. *USA Today*, 1 jan. 2008; ACVR, Supplemental Comment Letter to John Tanner, Chief, Voting Rights Section, Department of Justice, 20 abr. 2006; Epps, G., The Voter ID Fraud. *Nation*, 28 jan. 2008. Hearne argumentou que "documento de identidade com foto é o tipo de medida de construção de confiança que é justificada à luz de fraude passada", *Washington Post*, 3 nov. 2006. O nome oficial da Carter-Baker Commission era a Carter-Baker Commission on Federal Election Reform. Vários membros da comissão discordaram vigorosamente dessa recomendação. Commission on Federal Election Reform, Building Confidence in the U.S. Elections, setembro de 2005, p.18-21, 80, 88-90, http://www.american.edu/ia/cfer/report/full_report.pdf.

[86] Fund, *Stealing*, p.183; Overton, *Stealing Democracy*, p.155; Epps, Karl Rove's Big Election-Fraud Hoax, Salon.com, 10 maio 2007; Hasen, Fraudulent Fraud Squad; Suillinger, J., Sebelius Vetoes Bill Requiring Voters to Show Photo-ID. KansasCity.com, 19 maio 2008; cf.

De forma mais significativa, os adversários defendiam que os requisitos de identificação com foto iriam efetivamente cassar o direito de voto de um grande número de eleitores. Os homens e mulheres que possuíam carteiras de habilitação ou passaportes poderiam facilmente atender os requisitos, mas em todos os estados havia milhares de eleitores que não tinham esses documentos. De acordo com a Comissão Carter-Ford de 2001, até 19 milhões potenciais eleitores em todo o país não possuíam carteira de motorista nem documento de identidade emitido pelo Estado. Mesmo que o estado criasse procedimentos para que esses indivíduos tivessem acesso a esses documentos (como foi proposto em todos os projetos pendentes), os procedimentos em si eram complicados e potencialmente caros. Além disso, os homens e mulheres com maior probabilidade de serem afetados de modo adverso (aqueles sem carteira de motorista) não constituíam um corte transversal aleatório da população: eram na grande maioria crianças, idosos, pobres e afro-americanos – o que significava, é claro, que seriam muito mais propensos a votar nos democratas do que nos republicanos. Para os legisladores democratas em todo o país, os requisitos de identificação com foto não passavam de uma forma nova e legal de supressão do eleitor, concebida para servir aos interesses partidários dos republicanos.[87]

Mas os requisitos de identificação ficaram mais rígidos em diversos estados e, após as eleições de 2004, os republicanos conseguiram aprovar regras bastante rígidas sobre o cartão de identificação com foto em vários deles, incluindo Arizona, Geórgia, Indiana e Missouri[88] (as medidas foram vetadas em alguns lugares, como na Pensilvânia e em Michigan). Todas essas leis foram impugnadas nos tribunais como violações dos princípios constitucionais estaduais e federais, assim como a Lei dos Direitos de Voto. Os argumentos mais comuns eram de que impunham uma sobrecarga indevida para o direito de voto; que tinham impactos discrepantes em diferentes classes de cidadãos; e que equivaliam a requisitos extra constitucionais do

---

The Lawrence (Massachusetts) *Eagle-Tribuna*, 5 jun. 2008. De acordo com a Senadora Dianne Feinstein, "nenhum caso federal de fraude de representação de eleitor" foi processado com sucesso entre 2002 e a primavera de 2008. Opening Remarks of Senator Feinstein. In: *Senate Rules and Administration Committee Hearing*, 110th Cong., 2d sess., 12 mar. 2008.

87 Overton, *Stealing Democracy*, p.152-155; Could a Photo ID Law Hurt Representation at Polls? *National Public Radio*, 20 set. 2006, 9 AM; *New York Times*, 24 set. 2007; Wang, T. A., Carter-Baker's Risky Scheme. *PR Newswire*, 22 set. 2005. Os eleitores incapazes constituíam outro grupo que podia perder o direito de voto por causa de leis de documentação com foto.

88 Para um sumário de tais leis, ver Requirements for Voter Identification, National Conference of State Legislatures, http://www.nesl.org/programs/legismgt/elect/taskfc/voteridreq.htm (atualizado periodicamente, aqui baseado em 1 fev. 2007 e 9 jan. 2008). Um crescente número de estados requisitava identidade com foto, mas permitia outras formas de identificação. Todos os estados ofereciam a possibilidade de efetuar votos provisórios para aqueles sem documentos, mas Indiana e Geórgia exigiam que os eleitores retornassem no prazo de poucos dias e apresentassem seus documentos de identidade com foto para os funcionários para que seus votos provisórios fossem contados.

direito ao voto que não poderiam ser aplicados apenas pelos legislativos. As respostas dos tribunais estaduais e federais foram mistas. Em outubro de 2006, a Suprema Corte do Estado de Missouri derrogou sua legislação, mas alguns dias depois a Suprema Corte dos EUA, anulando uma decisão da circunscrição judiciária, permitiu que a medida permanecesse em vigor no Arizona para as eleições de novembro. A legislação da Geórgia, que em sua forma original obrigava os cidadãos a comprar um novo cartão do estado caso não possuíssem o documento de identificação com foto emitido pelo governo, teve aprovação prévia do Departamento de Justiça, o que surpreendeu muitos especialistas em direito de voto. No entanto, foi revogada na corte federal por ser um imposto inconstitucional de votação. O estado então reviu a legislação, fazendo que as novas identificações fossem gratuitas; a versão revista foi aprovada pelo mesmo juiz federal que havia rejeitado o projeto original.[89]

As incertezas nos tribunais inferiores levaram a Suprema Corte a intervir: no outono de 2007, ela concordou em ouvir o caso de Crawford *versus* Marion County Election Board, um desafio à constitucionalidade da legislação sobre a documentação de identidade em Indiana. A lei de Indiana, aprovada pelo Legislativo estadual, numa votação de surpreendente cunho partidário – nenhum republicano votou contra, e nenhum democrata votou a favor – era a mais rigorosa no país. Exigia que os eleitores apresentassem um documento de identidade em vigor, emitido pelo governo; quem fosse às urnas sem esse documento votaria em caráter provisório, e seu voto seria contado apenas se o eleitor se dirigisse às autoridades eleitorais municipais para apresentar o documento de identidade necessário no prazo de dez dias antes da eleição. Um painel tribunal de recursos de três juízes havia aprovado a lei por dois votos a um, que seguiu também linhas partidárias. Ainda que o estado de Indiana reconhecesse a ausência de casos recentes de falsificação de identidade que seriam impedidos pela medida, a maioria

---

89 Requirements for Voter Identification, National Conference of State Legislatures, 2008, p.1-2; *USA Today*, 24 jan. 2007; *Los Angeles Times*, 12 set. 2006; *Albuquerque Journal*, 5 e 28 out. 2005; ibid., 14 fev. 2007; *Washington Post*, 21 out. 2006; *Arizona Capital Times*, 31 ago. 2007; Gordon, G., 2006 Missouri's Election was Ground Zero for GOP. *McClatchy Newspaper*, 3 maio 2007; Epps, Karl Rove's Hoax, p.2-3. Sobre a lei da Geórgia, ver *New York Times*, 20 jul. 2005; ibid., 25 jan. 2006; ibid., 8 jul. 2006; *Washington Post*, 28 out. 2005 e 20 set. 2006; ACLU, Voting Rights Advocates Challenge Georgia Photo ID Law, press release, 19 set. 2005; McCaffrey, S., State Begins Education Effort for Voter ID Law, *Associated Press*, 10 ago. 2007; Haines, E., Federal Judge Tosses Suit. *Associated Press*, 7 set. 2007; *Florida Times Union,* Jacksonville, 7 set. 2007; *Atlanta Constitution*, 7 set. 2007. De acordo com o *Washington Post*, 17 nov. 2005, quatro em cada cinco funcionários de carreira no Departamento de Justiça aconselhavam contra a aprovação prévia da lei da Geórgia, mas eram desconsiderados por políticos nomeados. Elementos reveladores da história da lei da Geórgia podem ser encontrados em Wang, *Fraud, Reform, and Political Power:* Controlling the Vote, from Nineteenth-century America to Present-day Georgia. The Century Foundation: Issue Brief, 7-10, *http://www.tef.org/Publications/electionreform/wang_historyvoterfraud.pdf*.

do painel concluiu que poucos eleitores potenciais seriam afetados pela legislação e que "a fraude eleitoral prejudica o direito de voto dos eleitores legítimos por diluir seus votos". O juiz Terence T. Evans, democrata que discordou da decisão, assumiu uma visão mais cínica. "Não vamos fazer rodeios", escreveu ele. "A legislação de Indiana sobre o documento com foto de eleitor é uma tentativa (não tão velada) de desencorajar o comparecimento no dia da eleição de certas pessoas com supostas tendências democráticas."[90]

A Suprema Corte manteve a legislação de Indiana por 6 votos a 3, anunciando o seu veredito em abril de 2008. No parecer principal, o juiz John Paul Stevens afirmou que o "risco de fraude eleitoral" era "real" (citando como exemplo a eleição vergonhosa de Nova York em 1868) e que "não havia dúvida sobre a legitimidade ou a importância da participação do estado na contagem restrita aos votos dos eleitores habilitados". Ele também concluiu que, para eleitores que não tinham identificação, o "inconveniente" da coleta de documentos, como certidões de nascimento, e o percurso até uma agência de veículos motorizados não equivalia a um requisito "excessivamente pesado". O juiz David Souter, em uma de duas dissidências, discordou com veemência, insistindo que o peso imposto seria "nada trivial" para alguns eleitores, sobretudo os pobres e os idosos e que, na ausência de casos conhecidos de falsificação de identidade eleitoral, não havia necessidade demonstrável para a legislação. O "ônus" da lei, concluiu Souter, "não tem relação com interesse de estado algum, mas com o objetivo de dissuadir os residentes mais pobres de exercer a cidadania". Todos os juízes que votaram para manter a lei haviam sido nomeados por presidentes republicanos.[91]

"Acabou", declarou Mark Hearne após a decisão ter sido anunciada. "Todo o debate sobre a identificação do eleitor acabou." Hearne pode ter exagerado, mas o conflito político acerca da identificação do eleitor tinha certamente entrado numa nova fase. Em vários estados, esperava-se que as impugnações legais à legislação sobre documentos de identidade com foto diminuíssem, ou se tornassem mais difíceis, na esteira da decisão do Supremo Tribunal Federal. Além disso, estimulados pela decisão da Corte,

---

90 *New York Times*, 26 e 27 set. 2007; ibid., 7 jan. 2008; Toobin, J., Fraud Alert. *New Yorker*, 14 jan. 2008, p.28.

91 *Crawford versus Marion County Election Bd.*, 553 U.S. (2008) (Stevens, J. opinion 11, 12, 15, 17, 18), (Souter, D. dissenting 3, 7, 30), disponível em http://supremecourtus.gov/opinions/07pdf/07-21.pdf. O juiz Stephen Breyer manifestou uma discordância independente. Os juízes Antonin Scalia, Clarence Thomas e Samuel A. Alito Jr. concordaram com a decisão, embora mantendo que não havia razão para a corte sequer avaliar o impacto da lei sobre quaisquer eleitores individuais, porque ela era "uma regulamentação do voto aplicável de modo geral, não discriminatória". *New York Times*, 29 abr. 2008; *Washington Post*, 29 abr. 2008; *Los Angeles Times*, 29 abr. 2008.

os republicanos de todo o país começaram a pressionar pela aprovação de nova legislação sobre a identificação do eleitor com foto, muitas vezes modelada na de Indiana. Em dezenove estados eles seguiram o exemplo do Arizona e deram um passo adiante, patrocinando leis ou emendas constitucionais que exigiam que todos os eleitores em potencial também apresentassem provas de cidadania americana (em algumas localidades onde a imigração era um assunto polêmico, essas propostas tinham um apoio público significativo). Os democratas, enquanto isso, presos às suas armas estratégicas nas legislaturas estaduais, resistiam tanto aos documentos de identidade com foto como aos requisitos de cidadania, e obstruíam sua aprovação onde quer que tivessem maiorias legislativas. Em Indiana uma nova ação foi ajuizada, alegando que a legislação estadual sobre a identificação por foto violava a Constituição do estado de Indiana.[92]

Não se sabe quantas pessoas seriam impedidas de votar com as novas leis de identificação. Os primeiros estudos acadêmicos, assim como o senso comum, sugeriram que as leis, sem dúvida, teriam um impacto e, de fato, poucas semanas depois da decisão da Suprema Corte, várias freiras idosas foram impedidas de votar nas eleições primárias de Indiana por não possuir um documento de identidade com foto. O tamanho desse impacto era difícil de avaliar; tampouco era claro se os democratas e os grupos de direitos de voto seriam capazes de reduzir a influência desfavorável das leis com a elaboração de métodos para ajudar pobres e idosos a obterem documentos com fotos (assim como as máquinas urbanas tinham ajudado os imigrantes a cumprir os requisitos de registro no final do século XIX). Na esteira das eleições de 2008, o impacto da legislação da Geórgia gerou controvérsias, enquanto em Indiana o efeito mais visível foi nos estudantes de fora do estado que tentaram registrar-se nas cidades onde estudavam. A grande pergunta sobre quantos estados acabariam adotando a legislação da identidade por foto era persistente; a resposta dependia menos das virtudes

---

92 *Chicago Tribune*, 28 abr. 2008; *New York Times*, 29 abr. 2008; ibid., 12, 13 e 17 maio 2008; KTAR.com, Arizona to Seek Dismissal of Challenge to Voter ID Law, 27 maio 2008; New Lawsuit Filed Challenging Voter ID Law. *Associated Press*, Indianapolis, 20 jun. 2008; *Atlanta Journal-Constitution*, 29 abr. 2008; Republicans Plan to Push for New Voter ID Law in Alabama. *Associated Press State and Local Wire*, 29 abr. 2008; *San Jose Mercury News*, Califórnia, 29 abr. 2008; *St. Louis Post-Dispatch*, 29 abr. 2008; *Albuquerque Journal*, 29 abr. 2008; *Houston Chronicle*, 29 abr. 2008. Em 2006, os republicanos no Congresso haviam também patrocinado a lei federal Election Integrity Act de 2006, que teria imposto um requisito nacional de documento de identificação com foto, bem como uma prova de cidadania para registrar o voto. As tentativas de aprovar essa lei haviam cessado pela eleição de maiorias democratas em novembro de 2006. *Deseret Morning News*, Salt Lake City, 20 set. 2006; U.S. Congress House, Federal Election Integrity Act of 2006 (H.R. 4844), 109th Congress, 2d sess. Um website que busca localizar os projetos de lei estaduais que requeriam prova de cidadania para o registro é mantido pelo Brennan Center for Justice na NYU; ver http://www.brennancenter.org/content/resource/proof_of_citizenship_requirements_chart_of_state_legislation/.

das próprias medidas do que da evolução das tendências partidárias da era pós-Bush.[93]

O que ficou claro em 2008 foi que partes do país estavam, mais uma vez, passando por um estreitamento dos portais às urnas e um segmento significativo da população americana era favorável a conduzir a legislação eleitoral na direção da "segurança", mais do que do "acesso". Assim como havia acontecido durante os episódios anteriores de contração efetiva do direito de voto, em particular entre os anos de 1870 e 1915, esse estreitamento foi provocado por uma convergência de interesses partidários e temores de classe, pela mistura de um desejo calculado de ganhar eleições disputadas e um medo mais incipiente de que as pessoas pobres, os afro-americanos e os imigrantes fossem especialmente propensos à corrupção e à fraude. Não parece coincidência que esse espasmo mais recente, essa disposição para a cassação de direitos civis em nome da "pureza do voto", tenha ocorrido, mais uma vez, num momento em que os afro-americanos estavam ganhando algum poder político e os níveis de imigração atingiam picos históricos.

Limites da competência

> O direito de voto é fundamental e incontestável, e não expira com a idade.
>
> – Senador Herb Kohl, 31 de janeiro, 2008[94]

---

[93] As descobertas dos primeiros estudos referentes ao impacto das requisições de documentos de identidade com foto não são uniformes, mas a maioria encontra certo impacto sobre o comparecimento às urnas, especialmente o comparecimento dos menos instruídos e menos bem situados (sobretudo com os requisitos mais estritos de documento de identidade). Um sumário valioso da literatura (bem como uma boa lista de estudos de pesquisa) está contido em Alvarez, R. M., Bailey, D. e Katz, J. N., The Effect of Voter Identification Laws on Turnout. California Institute of Technology: Social Science Working Paper 1267R, janeiro de 2008. Um levantamento recente e bem feito pode ser encontrado em Sobel, R., Voter-ID Issues in Politics and Political Sciences. *OS:* Political Science and Politics, janeiro de 2009, p.81-85. Ver também Logan, J. e Darrah, J., The Suppressive Effect of Voter ID Requirements on Naturalization and Political Participation. Brown University: Report of the American Communities Project, 2 jan. 2008, http://www.s4.brown.edu/voterid/, e Mullhausen, D. B. e Sikich, K. W., New Analysis Shows Voter Identification Laws Do Not Reduce Turnout. Heritage Foundation Center for Data Analysis, 11 set. 2007, http://www.heritage.org/Research/LegalIssues/ed07-04.cfm. Sobre a Indiana, ver *South Bend Tribune,* Indiana, 7 maio 2008 e 5 nov. 2008. Quanto a Geórgia, ver Handel, K., Voters the Real Winners in Recent Election. *Atlanta Journal-Constitution,* 17 nov. 2008. O caso da Geórgia ilustra uma das dificuldades metodológicas de determinar o impacto de leis sobre os documentos de identidade: o comparecimento às urnas, enquanto porcentagem, declinou de 2004 a 2008, mas o número de pessoas que votavam aumentou.

[94] Declaração de abertura do senador Herb Kohl, U.S. Senate Special Committee on Aging Hearing, "Older Voters: Opportunities and Challenges for the 2008 Election", 110th Cong., 2d sess., 31 jan. 2008.

Longe do rancor partidário e das manchetes de jornais que envolviam os debates sobre a identificação por foto, um outro conjunto de questões de direitos de voto estava ganhando destaque e conquistando a atenção dos bastidores. Dizia respeito a homens e mulheres com deficiências físicas, cognitivas e emocionais. As questões políticas levantadas por pessoas com necessidades especiais não eram novas, mas tomavam vulto à medida que a população americana envelhecia, aumentando tanto o número como a proporção de eleitores com um ou outro tipo de necessidade especial. Entre 1960 e 2000, o número de americanos com mais de 64 anos de idade mais que dobrou, chegando a 35 milhões; no mesmo período triplicou a população de 75 anos e mais, para 16,6 milhões. A expectativa para 2030 era que 70 milhões de americanos, 20% da população, teria no mínimo 65 anos de idade, e o número de pessoas com mais de 80 teria um crescimento rápido. Igualmente importante foi o aumento constante do número de americanos que residiam em unidades de cuidados continuados, contextos em que o exercício dos direitos políticos poderia depender de decisões e ações da equipe, mais do que de eleitores individuais ou membros da família.[95]

Para os eleitores com necessidades físicas especiais, o problema central era o acesso aos locais de votação e às urnas: em todo o país, muitos desses espaços eram ambientes difíceis ou impossíveis para as pessoas portadoras de deficiências. No entanto, durante as últimas décadas do século XX, uma comunidade cada vez mais organizada de pessoas com necessidades especiais conseguiu persuadir os governos estadual e federal a ajudar a remover os obstáculos à votação. A emenda à Lei dos Direitos de Voto de 1982 estabeleceu que os eleitores cegos ou com outras necessidades especiais podiam receber a assistência de uma pessoa de sua própria escolha (exceto os empregadores e os representantes dos sindicatos). A Lei de 1984, Voting Accessibility for the Elderly and Handicapped Act [Acessibilidade ao Voto para os Idosos e Portadores de Necessidades Especiais], estabelecia que os estados deveriam garantir locais de votação acessíveis para as pessoas com incapacidades físicas e auxílio aos eleitores, como instruções com caracteres grandes ou dispositivos especiais para os surdos. Seis anos depois, o marco de referência da Lei de Americanos com Necessidades Especiais de 1990 adotou o princípio geral de que os governos estaduais e municipais

---

95 Stoops, F. e Stoops, N., U.S. Census Bureau, Census 2000 Special Reports, Series CENSR-4. In: *Demographic Trends in the 20tn Century,* Washington, DC: GPO, 2002, p.59, figuras 2.6 e 2.7; testemunho de Deborah L. Markowitz, secretária do estado de Vermont, Committee on Aging, 31 jan. 2008. Uma estimativa de 789 mil pessoas viviam em centros de assistência e 1,6 milhão em abrigos de idosos nos primeiros anos do século XXI. Karlawish, J. H., Bonnie, R. J., Appelbaum, P. S. et al., Identifying the Barriers and Challenges to Voting by Residents in Nursing Homes and Assisted Living Settings. *Journal of Aging and Social Policy*, 20, 2008, p.65-79.

deveriam fazer "modificações razoáveis" de regras e práticas para evitar a discriminação contra pessoas com necessidades especiais.[96]

A lei de 2002 para auxiliar os norte-americanos a votar, *Help America Vote Act* (HAVA), levou o mandato ainda mais longe – desde a seção eleitoral até o próprio ato de votar, HAVA exigia que cada sessão eleitoral tivesse pelo menos um mecanismo de votação acessível a pessoas com necessidades especiais, incluindo os deficientes visuais. Embora a execução desse requisito fosse lento, a comunidade de pessoas com necessidades especiais aplaudiu a lei por permitir que muitos homens e mulheres votassem como todas as outras pessoas: de um modo privado e independente. Na verdade a execução de quase todas essas leis foi desigual, e o comparecimento às urnas entre os deficientes físicos permaneceu menor do que entre seus pares menos comprometidos. No entanto, a legislação federal aprovada entre 1982 e 2002 – juntamente com as leis estaduais e a mais ampla disponibilidade de cédulas de ausentes – criou um quadro legal que aumentou de forma significativa o exercício do direito de voto das pessoas com necessidades especiais.[97]

Os homens e mulheres com deficiências cognitivas e emocionais ocupavam um terreno legal bastante diferente: na maioria dos estados, eram ou poderiam ser privados do direito de voto por lei. Essas exclusões tiveram origem nas décadas centrais do século XIX quando, pela primeira vez, alguns estados, que depois aumentaram em número, aprovaram disposições constitucionais ou legais que privavam de maneira explícita os "idiotas", "pessoas insanas" e aqueles "sob tutela" do direito de voto.[98] O surgimento dessas leis resultou de um impulso para afastar o direito de voto das mãos dos "dependentes" (semelhante às medidas que excluíam

---

96 Schriner, K. e Ochs, L., "No Right is More Precious": Voting Rights and People with Intellectual and Developmental Disabilities. In: *Policy Research Brief*, University of Minnesota Institute on Community Integration, 2000, p.4-5; Schriner, K., Ochs. L. e Shields, T., Democratic Dilemmas: Notes on the ADA and Voting Rights of People with Cognitive and Emotional Impairments. *Berkeley Journal of Labor and Employment*, 21, 2000, p.438-439. Além disso, o National Voter Registration Act de 1993 requeria que os estados designassem agências de serviço para pessoas com necessidades especiais como locais de registro de eleitores. Declaração de Barbara D. Bovbjerg e William O. Jenkins: "Elderly Voters: Some Improvements in Voting Accessibility from 2000 to 2004 Election, but Gaps in Policy and Implementation Remain", testemunho diante do Committee on Aging [Comitê sobre Envelhecimento], 31 jan. 2008.
97 Depoimento de Michael E. Waterstone, Committee on Aging, 31 jan. 2008; National Disabilities Rights Network, 4 dez. 2007, http://www.napas.org/issues/voting/hava; declaração do senador Hohl; declaração de Bovbjerg e Jenkins. Referente ao comparecimento às urnas em 1998 e 2000, ver Schur, L., Shields, T., Kruse, D. e Schriner, K., Enabling Democracy: Disability and Voter Turnout. *Political Research Quarterly*, 55, março de 2002, p.167-190, e Schur, Shields e Schriner, Generational Cohorts, Group Membership, and Political Participation by People with Disabilities. *Political Research Quarterly*, 58, setembro de 2005, p.487-496.
98 Ver Tabela A.9 para as leis como a de 1855; ver também Schriner e Ochs, No Right, p.3.

os indigentes) e de uma mudança de ideias acerca da doença mental e seu tratamento.[99] Até o final do século XIX, as leis estaduais desse tipo haviam se tornado a norma, sinalizando uma convicção generalizada – ainda que não muito divulgada – de que não se poderia confiar o direito de voto aos cidadãos com certos tipos de deficiências cognitivas e emocionais.[100]

Com poucas exceções, essas leis permaneceram nos livros ao longo do século XX. Muitos estados modernizaram a linguagem das exclusões, substituindo "idiotas" e "insanos" por expressões como "mentalmente incompetente" ou "mentalmente incapacitado"; catorze estados mantiveram a linguagem mais arcaica, enquanto onze continuaram a cassar o direito de voto de indivíduos sob tutela ou proteção (algumas dessas leis também abordavam em pormenor os processos pelos quais uma pessoa poderia, ou não poderia, perder o direito de votar). No geral, 44 estados em 2000 tinham prescrições constitucionais, estatutos ou jurisprudência que podiam impedir que homens e mulheres com deficiências cognitivas ou emocionais chegassem às urnas.[101]

Essas barreiras legais à votação foram objeto de exame minucioso entre 1980 e 2008 – em parte como um legado da revolução de direitos de voto da década de 1960 e, em parte, porque o envelhecimento da população norte-americana provocou grande aumento no número de cidadãos potencialmente afetados pelas leis (em 2000, estimou-se que 4,5 milhões de americanos sofriam de demência). Esse exame minucioso vinha de profissionais da área jurídica e de saúde mental, que trabalhavam com pessoas com necessidades especiais e tinham consciência de aplicações anômalas, irregulares e por vezes arbitrárias das leis excludentes. Esses profissionais trouxeram à tona questões que há muito espreitavam nas

---

99 Esta foi precisamente a era da "ascensão do asilo", o período em que o confinamento institucional passou a ser visto como o meio mais apropriado de tratar e proteger a sociedade de homens e mulheres cujos comportamentos e personalidades desviavam das normas sociais. Ver, entre outras obras, Rothman, D. J., *The Discovery of the Asylum:* Social Order and Disorder in the New Republic. Boston, 1971; e Grob, G. N., *From Asylum to Community:* Mental Health Policy in Modern America. New Jersey, 1991.

100 Os escritos históricos sobre as origens e desenvolvimento dessas leis são poucos, e o autor lamenta que o assunto tenha recebido quase nenhuma atenção na primeira edição deste livro. As melhores análises históricas podem ser encontradas em Schriner e Ochs, Creating the Disabled Citizen: How Massachusetts Disenfranchised People Under Guardianship. *Ohio State Law Journal*, 62, 2002, p.481-533; Schriner e Ochs, No Right, p.2-5; e Schriner, Ochs e Shields, Democratic Dilemmas, p.437-445.

101 Schriner, Ochs e Shields, Democratic Dilemmas, p.439, 456-472; Schriner e Ochs, No Right, p.1, 3; Schriner e Ochs, Creating the Disabled Citizen, p.482-485; os únicos estados que careciam de tais provisões eram Colorado, Indiana, Kansas, Michigan, New Hampshire e Pensilvânia. Schriner, Ochs e Shields estimavam em 1977 que as leis de tutela sozinhas podiam privar do direito de voto entre 500 mil e 1.250.000 pessoas. Schriner, Ochs e Shields, The Last Suffrage Movement: Voting Rights for Persons with Cognitive and Emotional Disabilities. *Publius*, 27, 1997, p.75-76.

sombras, questões de ética, direito e ciência a respeito de uma população que tinha pouca visibilidade ou influência política. Seria realmente justo e democrático – e constitucional – negar o sufrágio para homens e mulheres com deficiências cognitivas e emocionais? O Estado teria um claro interesse em fazer isso? Se era assim, as categorias e conceitos inscritos nas leis estaduais seriam apropriados e significativos? Essas questões levavam a outras, igualmente básicas. O que exatamente significava ser "competente" para votar? E quem deveria fazer a sentença da competência de um cidadão?[102]

Dentro dessa pequena comunidade de reforma, houve um consenso generalizado de que era legítimo para o Estado impedir o acesso às urnas de alguns indivíduos com déficits sérios e inequívocos, e de que a estrutura legal existente precisava ser modificada para proteger os direitos dos cidadãos com deficiência mental. Em 1982, a Comissão da Ordem de Advogados Americanos (ABA) sobre deficientes mentais propôs que os estados revogassem as respectivas prescrições de cassação do direito de voto – que, segundo a ABA, pareciam violar a cláusula de igual proteção da Décima Quarta Emenda. Em seu lugar, a ABA defendeu a adoção de um teste de competência mínima que seria aplicado a todos os cidadãos: os eleitores teriam que conseguir fornecer as informações básicas (nome, endereço, idade e garantia da cidadania) necessárias para se registrar para votar. Qualquer cidadão que pudesse dar essa informação a um oficial de registros, por escrito ou oralmente, seria autorizado a votar, independentemente do seu diagnóstico ou condição. No entanto, as propostas de amplas consequências da ABA foram em grande parte ignoradas pelos governos estaduais e, em 1985, num caso que não tinha relação direta com a votação, a Suprema Corte recusou-se a classificar as pessoas com deficiência mental como uma "classe suspeita" que receberia proteções reforçadas sob a cláusula de igual proteção.[103]

As leis estaduais se apartavam da cassação do direito de voto generalizada de todos os indivíduos que eram membros formais de um grupo ou de uma categoria excluída. Os estatutos eleitorais de vários estados

---

102 Em 1979, por exemplo, uma nota no *Yale Law Journal* argumentava que a premissa dessas leis "deixou de ser questionada" há muito tempo e que as "restrições à incapacidade mental violam a cláusula de proteção igual". Mental Disability and the Right to Vote. *Yale Law Journal*, 88, julho de 1979, p.1644-1664. Sobre a demência, ver Karlawish et al., Identifying the Barriers, p.67.

103 Hurme, S. B. e Appelbaum, P. S., Defining and Assessing Capacity to Vote: The Effect of Mental Impairment on the Rights of Voters. *McGeorge Law Review*, 38, 2007, p.963-965; Schriner, Ochs e Shields, Last Suffrage Movement, p.81-95; Schriner, Ochs e Shields, Democratic Dilemmas, p.451. Não está claro por que motivo os estados eram resistentes a mudar suas prescrições constitucionais ou estatutárias: Appelbaum especula que, em períodos anteriores, quando hospitais estaduais abrigavam milhares de pacientes, as comunidades locais podem ter feito oposição a qualquer extensão dos direitos de voto. Appelbaum, P. S., "I Vote. I Count": Mental Disability and to Right to Vote. *Psychiatric Services*, 51, 2000, p.849-850.

tinham diferenças mais sutis do que suas constituições, e eram mais abertos para o ponto de vista, defendido pela comunidade de reformas, que a cassação do direito de voto de um indivíduo deveria ser baseada numa avaliação de suas capacidades, em vez da participação numa categoria mal definida como dos "idiotas" ou "mentalmente incapacitados". Além disso, a década de 1990 assistiu a uma onda de mudanças nas leis de tutela, baseada no reconhecimento de que a capacidade de uma pessoa pode variar ao longo do tempo e em diferentes domínios de atividade: uma pessoa a quem não se poderia confiar decisões de investimento, por exemplo, poderia muito bem ser capaz de decidir o que comer e quando obter cuidados médicos. Assim, vários estados começaram a incentivar a "tutela limitada", e muitos insistiam que os indivíduos sob tutela retivessem todos os direitos legais e civis não delegados de forma explícita a um tutor. A implicação dessas leis é que alguém sob tutela não seria cassado, a menos que um tribunal o indicasse de maneira expressa.[104]

Esta perspectiva foi reforçada por uma decisão da corte distrital federal em Maine, em 2001, no caso de Doe *versus* Rowe. O caso surgiu quando três mulheres que sofriam de transtornos mentais intentaram uma ação para anular uma cláusula na Constituição do Maine que excluía o direito de voto de quem estava sob tutela por motivo de doença mental. Duas vezes no passado recente, as tentativas de revogar a referida prescrição da Constituição foram rejeitadas pelos eleitores do estado. A corte distrital ignorou os eleitores, determinando que a prescrição contestada violava o devido processo dos demandantes e seus direitos de igualdade de proteção, bem como as garantias antidiscriminatórias da Lei dos Americanos com Necessidades Especiais. É importante ressaltar que a corte também deu um passo adiante e articulou o que considerava ser um teste adequado da capacidade de um indivíduo para votar: se uma pessoa possuía ou não "a capacidade de compreender a natureza e o efeito de votar, de forma que

---

[104] Hurme e Appelbaum, Defining and Assessing Capacity to Vote, p.931-950; Roy, K. K., Sleeping Watchdogs of Personal Liberty: State Laws Disenfranchising the Elderly. *Elder Law Journal*, 11, 2003, p.112-115. Mesmo antes da década de 1990, um analista notou que as prescrições constitucionais, as leis de saúde mental e os códigos eleitorais eram muitas vezes inconsistentes uns com os outros, e que as conjeturas de "incapacidade geral" haviam sido rejeitadas de modo geral. Mental Disability and the Right to Vote, p.1645, 1657, 1661. A complexidade da relação entre tutela e o direito de votar foi ilustrada no caso de *Missouri's Protection and Advocacy, Inc. versus Carnahan*. Em agosto de 2007, uma corte de apelo federal decretou que a perda do direito de voto constitucional do Missouri de pessoas sob guarda não violava a Constituição federal porque a lei do Missouri permitia que tribunais que executam testamentos preservassem os direitos de votar de indivíduos que estivessem colocados sob guarda. *Missouri Protection and Advocacy Services versus Canahan,* 06-3014, (8th Cir 2007). Ver também Bazelon Center for Mental Health Law, Appeals Court Favors Individual Determination of Voting Rights for Disenfranchised Citizens with Mental Disabilities, 23 ago. 2007, http://www.bazelon.org/newsroom/2007/8thCircuit_Voting082307.htm; *St. Louis Post-Dispatch*, 26 ago. 2007.

pudesse fazer uma escolha individual" entre os candidatos e perguntas sobre a votação.[105]

O "padrão de capacidade de votação do caso Doe" foi saudado por muitos reformadores como um avanço significativo na proteção dos direitos dos cidadãos com necessidades especiais cognitivas e emocionais. A aplicação dessa norma jurídica avançou lentamente – o que não era de surpreender, dada a complexidade da tarefa. A execução integral do padrão Doe (ou qualquer padrão comparável) requeria a revisão dos estatutos estaduais, a geração de um instrumento ou teste que pudesse medir com precisão a capacidade do indivíduo de atender ao padrão e o desenvolvimento de procedimentos justos para a administração desse tipo de teste. Isso tudo não iria – nem poderia – acontecer rapidamente. A resistência ao padrão Doe também veio de dentro da comunidade de reformas: alguns profissionais temiam que Doe levasse à ampla aplicação de testes de competência para a votação, e defendiam que qualquer pessoa que desejasse votar deveria ter o direito. Esse último padrão foi endossado pela Ordem de Advogados Americanos em agosto de 2007, quando solicitou que as leis estaduais fossem modificadas de modo que as únicas pessoas excluídas do direito de voto fossem aquelas julgadas por um tribunal incapazes de comunicar "um desejo específico de participar do processo de votação".[106]

A comissão de ABA sobre legislação e envelhecimento estava, de fato, no centro de uma rede de reformadores que promovia uma abordagem multifacetada para as questões eleitorais de especial interesse para os idosos. Em março de 2007, ela contribuiu para convocar um simpósio nacional sem precedentes sobre o tema "Facilitar a votação conforme o avanço da idade: implicações do déficit cognitivo". O objetivo declarado do simpósio era "promover um processo eleitoral mais justo, mais eficaz e mais ágil para este grupo de eleitores, cuja participação é muitas vezes ignorada e cuja vulnerabilidades podem ser exploradas". O encontro – composto em grande parte de advogados e médicos – explorou uma série

---

[105] Appelbaum, P. S., Bonnie, R. J. e Karlawish, J. H., The Capacity to Vote of Persons with Alzheimer's Disease. *American Journal of Psychiatry*, 162, novembro de 2005, p. 2094-2100; Karlawish, Bonnie, Appelbaum et al., Addressing the Ethical, Legal, and Social Issues Raised by Voting by Persons with Dementia. *Journal of the American Medical Association*, 292, 15 set. 2004, p.1345-1350; *Doe versus Rowe,* No. OO-CV-206-B-S, 2001 US Dist LEXIS 11963, 156 F Supp 2d 35 (D Me 2001).

[106] Karlawish, Bonnie, Appelbaum et al., Addressing the Ethical, Legal, and Social Issues, p.1346-1347; Hurme e Appelbaum, Defining and Assessing Capacity to Vote, p.960-974; Appelbaum, Bonnie e Karlawish, The Capacity to Vote, p.2094-2100; Roy, Sleeping Watchdogs, p.137, *New York Times,* 19 jun. 2007. A resolução da Ordem de Advogados Americanos (aprovada em agosto de 2007) solicitava aos governos em todos os níveis que emendassem leis que categoricamente tomassem o direito de votar de pessoas sob tutela. ABA Commission on Law and Aging, Rights and Cognitive Impairment Policy, Ordem de Advogados Americanos (aprovado pela ABA House of Delegates, 13 ago. 2007, 1, www.abanet.org/aging; *New York Times,* 19 jun. 2007).

de questões inter-relacionadas, que incluíam não só o enquadramento jurídico das exclusões, mas as vantagens e desvantagens do voto de ausente; a conveniência de postos de votação móveis; o treinamento de mesários e cuidadores; e os problemas particulares de acesso, abuso e manipulação enfrentado pelos moradores das unidades de cuidados continuados. As principais recomendações do simpósio foram endossadas pela Ordem de Advogados Americanos e distribuídas para os formuladores de políticas em todos os níveis de governo. Em janeiro de 2008, a Comissão Especial do Senado de Envelhecimento ouviu o testemunho de vários membros importantes dessa comunidade de reformas. Seu presidente, o senador Herb Kohl, então pediu ao Tribunal de Contas da União para monitorar a acessibilidade dos locais de votação para os idosos e as pessoas com necessidades especiais; ele, juntamente com outros senadores, também pediu ao EAC para lançar um estudo sobre "as práticas e procedimentos de votação" dentro das unidades de cuidados continuados. A inovadora secretária de estado de Vermont, Deb Markowitz, anunciou que seu estado iria lançar um projeto de "votação móvel", trazendo os pares bipartidários de trabalhadores eleitorais treinados para os serviços de cuidados na residência, para facilitar a votação dos residentes.[107]

Em parte esses esforços foram concebidos para responder a um desafio procedimental e administrativo complexo: a melhor forma de tornar a votação acessível a uma população crescente de cidadãos idosos que vivia em ambientes institucionais e/ou estava sobrecarregada pelas fragilidades físicas e mentais que acompanham o envelhecimento. No entanto, este movimento de reforma – sobretudo no que diz respeito às pessoas com déficits cognitivos – ia muito além das questões processuais, e era evocativo das lutas anteriores para expandir o direito de voto. Como aconteceu com os movimentos do sufrágio das mulheres e dos direitos civis, um objetivo fundamental da iniciativa de reforma foi eliminar as exclusões praticadas historicamente que já não pareciam ser sensatas ou justas. Como havia sido o caso quando a idade para votar foi reduzida e os testes de alfabetização abolidos, uma definição reformulada de "competência" estava sendo

---

107 Os estudos, procedimentos e recomendações desse simpósio estão todos contidos na *McGeorge Law Review*, 38, 2007; a citação é da p.844. Ver também ABA, Rights and Cognitive Impairment Policy, p.1-17; testemunho de Markowitz; declaração do senador Kohl; Herb Kohl, Dianne Feinstein e Ken Salazar para Rosemary Rodriguez e Caroline Hunter, U.S. EAC, 5 fev. 2008; U.S. Government Accountability Office (GAO) Study, Voting Access for Voters with Disabilities and the Elderly – Election 2008, 7 maio 2008, http://www.abanet.org/aging/voting/pdfs/gao_abstract.pdf; Stranahan, S. Q., Mobile Polling, *AARP Bulletin*, 14 jul. 2008. Um estudo de residentes de unidades de cuidados continuados descobriu que a equipe dessas unidades decidia comumente se uma pessoa votaria ou não, e que o método que utilizavam "provavelmente" tirava o direito de voto de alguns residentes que eram capazes de votar. Testemunho de Jason Karlawish, Committee on Aging, 31 jan. 2008; *New York Times*, 19 jan. 2007.

pressionada, com um olho para maximizar tanto a amplitude do direito de voto como a proteção dos direitos individuais. O "último movimento sufragista" – como vários estudiosos rotularam – dificilmente iria gerar grandes concentrações ou marchas de protesto em Washington, mas temas fortes o ligavam a seus antecessores.[108]

Um direito constitucional de votar

Em 6 de novembro de 2001, o parlamentar Jesse Jackson Jr., de Illinois, apresentou na Câmara dos Deputados o texto de uma proposta de emenda à Constituição dos Estados Unidos. O objetivo da emenda era de registrar na Constituição um direito "afirmativo" de voto para todos os cidadãos. A Seção 1 do texto de Jackson (Resolução Conjunta da Câmara 28), declarou que:

> Todos os cidadãos dos Estados Unidos com 18 anos de idade ou mais têm o direito de votar em qualquer eleição pública realizada na jurisdição em que o cidadão reside. O direito de voto não será negado ou reduzido pelos Estados Unidos, em qualquer Estado, ou por qualquer outra pessoa, ou entidade pública ou privada, porém os Estados Unidos ou qualquer estado podem estabelecer normas estritamente adaptadas para a finalidade de produzir eleições eficientes e honestas.[109]

Jackson elaborou a emenda como resposta à crise eleitoral de 2000, em particular à insistência da maioria da Suprema Corte em que a recontagem da Flórida fosse interrompida e que "o cidadão não tem o direito constitucional federal de votar para os eleitores do Presidente dos Estados Unidos". "Se cada americano tivesse tido o direito constitucional individual de votar", Jackson afirmava, "cada voto teria que ter sido contado". Mas Jackson tinha mais em mente do que simplesmente tapar um buraco na Constituição ou garantir que os votos fossem contados, por mais importantes que esses objetivos pudessem ser. Ele considerava sua emenda como um meio de superar o legado discriminatório dos direitos dos estados, bem como a confusão e a desigualdade geradas por cinquenta diferentes conjuntos de leis

---

[108] Schriner, Ochs e Shields, The Last Suffrage Movement; para uma abordagem comparativa e mais teórica dessas questões, ver Beckman,L., Political Equality and the Disenfranchisement of People with Intellectual Impairments. *Social Policy and Society*, 6, janeiro de 2007, p.13-23. Hurme e Appelbaum, Defining and Assessing Capacity to Vote, p.965, 974.

[109] House Joint Resolution 28, 107th Cong., 1st sess. O texto da emenda também incluía outras prescrições que variavam com os anos (e eram compreendidas como sendo negociáveis): estas encaminhavam questões tais como o estabelecimento de padrões de desempenho nacionais para a conduta de eleições, registro de dia de eleição e a alocação de votos eleitorais em eleições presidenciais.

eleitorais e "13 mil administrações eleitorais". Ele também acreditava que a votação era um "direito humano" e que consagrar os direitos humanos na Constituição era fortalecer os valores democráticos e reformas política em todo o país.[110]

A proposta de Jackson – e, de maneira mais ampla, a ideia de acrescentar o direito de voto na Constituição federal – evocou uma reação emocional reverberante no cenário pós-2000 e pós-Bush *versus* Gore. Quando Jackson apresentou pela primeira vez a emenda no 107º Congresso, não havia outros defensores; mas ele a reapresentou durante cada congresso seguinte, ganhando um apoio constante. Em 2003, havia 45 defensores da emenda; em 2005, 55. Enquanto isso, do lado de fora do Congresso, os estudiosos e os grupos de direitos de voto (sobretudo o Centro de Voto e Democracia) também tinham começado a debater os méritos de uma emenda constitucional como uma resposta necessária para a decisão do caso Bush *versus* Gore. A proposta de emenda foi uma preocupação central de uma conferência nacional em 2003 que contou com representantes de quase todas as organizações de direitos de voto no país. Nesse mesmo ano, o influente colunista do *Washington Post* David Broder aprovou uma variante mais restrita de uma emenda que garantiria a todos os cidadãos norte-americanos o direito de voto para os eleitores presidenciais.[111]

Os defensores da emenda para um "direito de voto" acreditavam firmemente que consolidar a Constituição ajudaria a evitar o retorno do caos legal de 2000, e com certeza poderia impedir o caos ainda maior que se seguiria se uma legislatura estadual decidisse apropriar-se de uma eleição presidencial por ignorar o voto popular, como quase aconteceu na Flórida em 2000. Mas a demanda por uma emenda não parava por aí. A maioria dos políticos, acadêmicos e ativistas que aprovavam uma emenda também estava convencida de que a inclusão de um direito de voto na Constituição teria uma influência positiva e democrática na resolução de uma série de questões específicas – incluindo a expansão do sufrágio a ex-criminosos, a utilização de cédulas provisórias, os requisitos de documentos de identidade com foto, e até mesmo a escolha de máquinas de votação. Se o

---

110 Jackson Jr., J. L., Fighting for a Right to Vote Constitutional Amendment, estudo apresentado no Center for Voting and Democracy's "Claim Democracy" Conference, 22 nov. 2003; declaração do congressista Jackson, *Congressional Record*, 150, 15 set. 2004, p.117224-117232; Jackson Jr., The Right to Vote. *Nation*, 19 jan. 2006, p.11.

111 Support Soars for New Voting Rights Amendment. *US Fed News*, 3 mar. 2005; Dorf, M. C., We Need a Constitutional Right to Vote in Presidential Elections. *FindLaw's Legal Commentary*, 13 dez. 2000, http://writ.news.findlaw.com/dorf/2001213.html; Raskin, J., A Right to Vote. *The American Prospect*, 27 ago. 2001, p.10; Keyssar, A., Shoring Up the Right to Vote for President: A Modest Proposal. *Political Science Quarterly*, 118, 2003, p.181-191; Broder, D., Endangered Suffrage, *Washington Post*, 17 set. 2003. A conferência foi a "Claim Democracy" Conference, coordenada pelo Center for Voting and Democracy (posteriormente renomeado FairVote), novembro de 2003.

voto se tornasse um direito constitucional definido e positivo, seria ainda mais difícil para os estados ou os funcionários eleitorais tomarem medidas que onerassem esse direito ou impedisse seu exercício. Um direito constitucional, além disso, seria permanente e teria peso em futuras batalhas imprevistas, bem como escaramuças atuais.[112]

A ideia de que a Constituição dos Estados Unidos deveria incluir o "direito de votar" soava, na superfície pelo menos, irrepreensível, até mesmo patriótica; afinal, as constituições da grande maioria das nações democráticas realmente incluíam esse direito, e dados incompletos sugeriam que a maioria dos americanos acreditava que um direito de voto já existia na Constituição (a constituição iraquiana de 2005, patrocinada pelos americanos, incluiu o direito de votar). No entanto, a ideia não foi recebida com uma aprovação universal, ou mesmo generalizada, entre as elites políticas do país. Os republicanos silenciaram sobre o assunto e nenhum membro republicano do Congresso concordou em copatrocinar a emenda de Jackson, apesar de sua insistência de que os direitos humanos eram apartidários. Muitos democratas também foram cautelosos. Alguns argumentaram que a emenda era desnecessária, que já havia um direito implícito de voto na Constituição; outros temiam que a campanha por uma emenda poderia prejudicar a renovação da Lei dos Direitos de Voto; outros ainda, com medo de iniciativas republicanas em questões como o casamento gay, queriam evitar totalmente as emendas constitucionais. Em 2004, o Partido Democrata se recusou a endossar uma emenda de direito de voto como parte de sua plataforma nacional, embora Howard Dean, o presidente do partido, tenha dado adesão à ideia um ano depois.[113]

Assim, não causa surpresa alguma que a emenda do parlamentar Jackson tenha definhado no Congresso. Em 2007 havia 51 copatrocinadores, incluindo todos os membros da Convenção Partidária dos Parlamentares Negros. Mas nenhuma resolução complementar foi introduzida no Senado, e, ano após ano, a emenda de Jackson era encaminhada para um comitê ou subcomitê, onde era esquecida com pouco alarde. Entre 2001 e 2008 a

---

112 Raskin, Right to Vote; Epps, G., The Voter ID Fraud, p.13-15; Raskin, J. B., *Over-ruling Democracy:* The Supreme Court vs. The American People, New York, 2003, p.43-45.

113 Grande parte das informações desse parágrafo é tirada de numerosas comunicações pessoais entre o autor e o congressista Jackson (e membros de sua equipe, notadamente Frank Warkins), entre 2003 e 2008. Ver também Keyssar, Mainstream News Media and the Right to Vote. *The Huffington Post*, 22 jun. 2005, http://www.huffingtonpost.com/alex-keyssar/mainstream-news-media-and_b_3026.html; Advancement Project, In Pursuit of an Affirmative Right to Vote. Strategic Report, julho de 2008, p.8 http://www.advancementproject.org/pdfs/RTV-Report-Final-Printed-Version.pdf. Em 2005 e 2006, o Advancement Project (p.20-21) convocou diversos grupos de foco sobre essa questão; a maioria dos participantes ficou surpresa em saber que não havia menção ao direito de voto na Constituição e foi favorável a uma emenda à Constituição que incluísse esse direito.

Câmara dos Deputados em geral nunca debateu ou votou na "emenda à Constituição dos Estados Unidos relativa ao direito de voto".[114]

Novembro de 2008

A eleição presidencial de 2008 terminou mais pontualmente do que suas antecessoras de 2000 e 2004. Pouco depois das 23 horas (fuso leste) em 4 de novembro, apenas alguns minutos depois das urnas fecharem na Costa Oeste, âncoras em todas as redes de televisão anunciaram um resultado que parecia cada vez mais provável no decorrer da noite e nas semanas que antecederam a eleição: o senador Barack Obama havia sido eleito para a presidência. Embora a noite da eleição tenha apresentado pouco suspense, não faltou drama. O Partido Democrata, aparentemente nas cordas após a eleição de 2004, tinha alcançado a presidência e conquistado maiorias fortes no Congresso. Mais dramático ainda: uma família africano-americana estava se mudando para a Casa Branca.

A vitória de Obama foi, sem dúvida, uma consequência da ampliação do direito de voto, a realização de uma possibilidade criada pelos acontecimentos transformadores da década de 1960. Meio século antes não apenas teria sido inimaginável a ascensão de um afro-americano para o mais alto cargo da nação, como também milhões de homens e mulheres que apoiaram Obama com entusiasmo não teriam tido permissão para votar. Isto era verdade não só em relação aos afro-americanos no Sul do país, mas também aos eleitores mais jovens do país (aqueles com menos de 21 anos), assim como muitos imigrantes de língua não inglesa. Uma dimensão fundamental da estratégia de campanha de Obama foi mobilizar esses conjuntos de eleitores anteriormente impedidos de votar e ajudá-los a superar os obstáculos processuais para o registro e a votação.

Assim, não é de admirar que os afro-americanos e os hispânicos, bem como os ativistas dos direitos de voto e os jovens, tenham encontrado um grande motivo de comemoração na eleição de Obama. A vitória do senador de Illinois ficou como o coroamento simbólico de uma longa luta em favor da inclusão; foi também um bálsamo para as feridas remanescentes da derrota legal/eleitoral de 2000, e de oito anos de uma administração que quase sempre pareceu hostil para muitos afro-americanos e outros cidadãos desfavorecidos. Que a nação estivesse num momento triste e precário de

---

114 Em 30 de julho de 2008, o Advancement Project, uma organização de advocacia de direitos civis e justiça social fundada em 1998, anunciou que, após dois anos de estudos preliminares, estava lançando uma importante iniciativa para promover a inclusão do direito de voto na Constituição. Advancement Project, In Pursuit.

sua história – em meio a duas guerras no exterior e afundando em depressão econômica em casa – arrefeceu apenas de leve o entusiasmo.

De fato, para os defensores dos direitos de voto e as organizações pró-democracia que haviam promovido uma visão ampla de inclusão política, maior participação, e reforma estrutural – visão que havia sido posta de lado em 2001 e 2002 – o momento parecia auspicioso. O novo presidente certamente compreendia seus objetivos, teria benefícios políticos ao promover sua(s) causa(s), e provavelmente nomearia simpatizantes para posições decisivas no governo. A Lei dos Direitos de Voto foi reautorizada até 2031 (embora a Suprema Corte ainda não tenha se manifestado), e uma estratégia engenhosa para eliminar o Colégio Eleitoral foi avançando nos estados.[115] Os avanços eleitorais para os democratas em alguns estados parecia tender a retardar a campanha para requisitos de documentos de identidade com foto, e uma súbita onda pós-eleitoral de interesse nos sistemas universais de registro de eleitores oferecia a possibilidade de aumentar o comparecimento às urnas e enfraquecer a guerra em torno de "fraude" e "supressão". O pêndulo histórico, mais uma vez, parecia pronto para oscilar.[116]

---

[115] A iniciativa do National Popular Vote conclamava os estados a se unir num acordo compacto interestadual para votar no candidato que recebesse uma maioria do voto popular nacional (para detalhes, ver www.nationalpopularvote.com). Pelo outono de 2008, sete legislaturas estaduais haviam endossado o plano, embora os governadores de três desses estados tivessem vetado a legislação. *New York Times*, 20 nov. 2008. Os defensores de uma emenda constitucional para garantir o direito de voto encontraram estímulo no fato de que o congressista Jesse Jackson Jr., havia sido copresidente da campanha de Obama.

[116] Um sistema de registro universal teria feito o governo (estadual ou federal) assumir a responsabilidade de assegurar que todos os eleitores elegíveis fosse registrados de forma automática. Ver *New York Times*, 6 nov. 2008; *Los Angeles Times,* 10 nov. 2008; *Washington Post,* 9 nov. 2008; *USA Today*, 7 nov. 2008; Weiser, W., Waldman, M. e Paradis, R., Universal Voter Registration, The Brennan Center, 31 out. 2008.

Conclusão:
O projeto de democracia

A história contada nestas páginas é, em parte, uma história feliz, uma crônica do progresso. À medida que a primeira década do século XXI chega ao fim, quase todos os cidadãos adultos dos Estados Unidos estão legalmente autorizados a votar. O que antes era uma longa lista de restrições sobre o direito de voto tem sido reduzida a um pequeno conjunto de reservas. Os requisitos econômicos, os baseados em gênero e os raciais foram abolidos; os testes de alfabetização terminaram, ou foram esquecidos; os requisitos de residência foram reduzidos a uma questão de semanas; a idade da maturidade política foi diminuída e os requisitos do registro têm se tornado menos árduos. A proporção da população adulta emancipada é muito maior do que era na fundação da nação, ou no final do século XIX. Que o voto seja um direito e não um privilégio já está bem estabelecido legalmente, bem como nas convicções populares.

No entanto, chegar até aqui levou um longo tempo. O ato elementar de votar – de participar na elaboração de nossas leis e na seleção de nossos legisladores – foi, por muitas décadas, reservado aos homens brancos, alfabetizados, falantes de língua inglesa, a maioria dos quais pertence às classes influentes. Demorou mais de um século para que a Constituição fosse modificada para admitir o sufrágio das mulheres e demorou um século até que uma emenda constitucional fosse aprovada para que a maioria dos afro-americanos pudesse votar. Em 1950 os direitos políticos básicos ainda eram negados aos afro-americanos no Sul do país, assim como em bolsões significativos de eleitores em outros lugares, incluindo homens e mulheres que não eram alfabetizados em inglês em Nova York, os nativos americanos em Utah, muitos hispânicos no Texas e Califórnia, e os recentemente transferidos em quase toda parte.

Que tenha levado tanto tempo para que o sufrágio universal fosse conquistado é um reflexo de elementos de nossa história que se ajustam com dificuldade no retrato oficial dos Estados Unidos como porta-estandarte da democracia e do governo representativo. Um desses elementos, como observado no capítulo anterior, é que o direito positivo de votar nunca foi formalmente consagrado na ordem constitucional de nossa nação. No momento do nascimento do país havia poucos que acreditavam no sufrágio universal, mesmo para os homens: a Declaração de Direitos garantia aos americanos a liberdade de expressão e o direito de portar armas, mas não garantia o direito de participar nas eleições. Somente em 1868, com a aprovação da Décima Quarta Emenda, é que a frase "o direito de voto" chegou a aparecer na Constituição federal. As Constituições dos estados, em geral, faziam do ato de votar um direito positivo, mas não para todos os residentes, e as garantias dadas pela constituições estaduais eram muito variáveis e sujeitas a revisões.

Além disso, setores grandes e influentes da população se opuseram com frequência à democratização e à extensão dos direitos políticos a todos os americanos. Faziam isso tanto para defender seus próprios interesses como motivados por suas crenças e preconceitos, que os levavam a ver os outros como algo menos do que cidadãos responsáveis ou dignos. A maioria dos homens não queria expandir o sufrágio às mulheres até o século XX; muitos brancos não desejavam a conquista do voto dos negros e outras minorias raciais em seus próprios estados; os americanos, em geral, foram resistentes à concessão de sufrágio aos imigrantes; os ricos, por vezes, procuravam negar a cidadania política aos pobres; os moradores estabelecidos da comunidade preferiam cercear novos vizinhos. Não há nada de especialmente americano ou surpreendente acerca desses padrões: aqueles que possuem poder político geralmente relutam em compartilhá-lo e costumam desenvolver ou adotar ideias que justificam e legitimam essa relutância.

Foram necessárias forças poderosas e décadas de conflito e mudança para superar a resistência a um sufrágio amplo. Dois dos maiores movimentos sociais da história americana foram dedicados à conquista do sufrágio para as mulheres e para os afro-americanos; campanhas menores, menos célebres, de agitação foram preparadas por milicianos no início do século XIX, por trabalhadores em Rhode Island, por asiáticos, nativos americanos e por jovens no século XX. O eventual sucesso desses movimentos foi possível graças à dinâmica da competição partidária, por mudanças econômicas que geraram novos padrões de participação na força de trabalho (por exemplo, entre as mulheres), e por ondas de urbanização que diminuíam o isolamento e aumentavam a visibilidade de alguns grupos excluídos (por exemplo, os negros e os índios americanos). A expansão do sufrágio também dependia fortemente de mudanças ideológicas, da disseminação dos valores democráticos na primeira metade do século XIX, e de um compromisso renovado com eles em meados do século XX. A expansão dependia também da guerra: os picos mais proeminentes na história do sufrágio nos Estados Unidos foram a Guerra da Independência, a Guerra Civil, a Primeira e Segunda Guerras Mundiais e as primeiras décadas da Guerra Fria. Cada um desses conflitos contribuiu de maneira significativa para a ampliação do direito de voto.

Por mais poderosas que as forças que promoviam a democratização possam ter sido, seu progresso não era inexorável e o resultado não era de modo algum seguro. A partir da perspectiva do início do século XXI fica muito fácil pintar o triunfo do sufrágio universal com uma aura de inevitabilidade, mas a história contestada sugere o contrário. As contingências do momento oportuno e da política marcam a paisagem cronológica: se Nova York e Massachusetts tivessem esperado até 1830 ou 1840 antes de remover os requisitos de propriedade, a maior parte da região Nordeste poderia ter acabado envolvida numa grande versão da Rebelião Dorr; se os republicanos radicais não tivessem pressionado com sucesso pelas Décima Quarta e Décima Quinta Emendas (esta última foi aprovada durante os últimos dias de uma sessão do Congresso), a luta do século XX pelos direitos civis poderia ter sido muito mais árdua; se não fosse a guerra do Vietnã, a idade de votar ainda seria de 21 anos. A interação dos processos subjacentes com os eventos críticos que tinham causas independentes moldaram os contornos da história do sufrágio; é difícil considerar qualquer resultado como predestinado quando tanto dependeu do momento oportuno ou das consequências dessas interações.

A ausência de inevitabilidade – apesar da "regra invariável de comportamento social" de Tocqueville – também é sugerida pelas reversões de direção que caracterizam a história. Não só houve um período prolongado em que o sufrágio de modo geral foi restringido em vez de ampliado, mas houve várias ocasiões em que determinados grupos perderam os direitos políticos que outrora possuíam: as mulheres de Nova Jersey no início do século XIX; os negros nos estados do Meio-Atlântico antes de 1860 e no Sul do país depois de 1890; os imigrantes irlandeses naturalizados durante o período dos *Know-Nothings*; os estrangeiros em alguns estados no final do século XIX; os homens e mulheres com destaque público em Maine na década de 1930; os presidiários em Massachusetts, em 2000; e inúmeros cidadãos que, de repente, viram-se confrontados com novos requisitos de residência ou regras de registro. De fato, quase todos esses limites sobre o direito de voto foram finalmente removidos, mas um caminho tão longo e tortuoso é mais sugestivo de contingência e conflitos do que de um destino claro e certo.

* * *

Alexander Keyssar

A evolução do sufrágio nos Estados Unidos mostra muitos paralelos nas histórias de outras nações. Esse ponto é importante, pois contradiz as reivindicações de longa data do "excepcionalismo americano": quase todos os ingredientes principais da história contada aqui surgiram em outros lugares também. Os requisitos de propriedade e fiscais eram comuns na Europa do século XIX e em partes da América Latina; em alguns países, como a Hungria e Uruguai, as restrições baseadas em classe eram tão aperfeiçoadas que membros de profissões específicas eram proibidos de votar. Os testes de alfabetização foram desenvolvidos para cassar os direitos de cidadão dos camponeses na Itália; a imposição de um teste de alfabetização no Brasil, em 1881, reduziu de maneira drástica o tamanho do eleitorado; o requisito de alfabetização no Chile permaneceu em vigor até 1970 (um pouco mais que o de Nova York). Da mesma forma, as barreiras raciais foram erguidas em várias províncias do Canadá, enquanto a Austrália e a Nova Zelândia recusaram-se, por muitas décadas, a contemplar totalmente suas populações aborígenes com o sufrágio. Os beneficiários de auxílio aos pobres eram cassados, não só em partes dos Estados Unidos, mas na Inglaterra e no Japão. Os requisitos de longa residência destinados sobretudo aos trabalhadores itinerantes eram comuns, e as regras detalhadas de registro (na Inglaterra depois de 1885, por exemplo) mantiveram inúmeros indivíduos longe das urnas. Assim como os Estados Unidos, as nações europeias resistiram por muito tempo a estender o sufrágio a pessoas nascidas no exterior, apesar dessa resistência ter sido expressa muitas vezes na criação de grandes obstáculos à cidadania. Não causa nenhuma surpresa que os conflitos sobre a divisão distrital e a distribuição (por exemplo, os "burgos podres" da Grã-Bretanha) também tenham sido generalizados.[1]

---

1 Therborn, G., The Rule of Capital and the Rise of Democracy. *New Left Review*, 103, maio-junho de 1977, p.12-19; Pugh, M., *Electoral Reform in Peace and War, 1906-1918,* London, 1978, p.5, 50-51; New Blewett, The Franchise in the United Kingdom, 1885-1918. *Past and Present*, 32, dezembro de 1965, p.27-56; Seymour, C. e Frary, D. P., *How the World Votes*, v.1, Springfield, MA, 1918, p.13-14, 144, 149, 150, 174-175, 192, 195; e ibid., v.2, p.69, 85-86, 88-89; Tingsten, H., *Political Behavior Studies in Election Statistics,* Stockholm, 1937, p.10-21; Tung, K. R., Voting Rights for Alien Residents – Who Wants It? *International Migration Review*, 19, 1985, p.451-454; Campbell, G. G., The Most Restrictive Franchise in British North America? A Case Study. *Canadian Historical Review*, 71, junho de 1990, p.159-188; Somma, N. M., Elections and the Origins of Democracy in Nineteenth-Century Uruguay, estudo apresentado na University of Notre Dame, setembro de 2008, p.101-103; Sabato, H., On Political Citizenship in Nineteenth-Century Latin America. *American Historical Review*, 106, outubro de 2001, p.1298-1302; Posada-Carbó, E., Democracy. In: Kinsbruner, J. (org.), *Encyclopedia of Latin American History and Culture*, 2.ed., New York, 2008, p.772-775, 778-780; Cf. Posada-Cabó, *Elections Before Democracy:* The History of Elections in Europe and Latin America. London, 1996; e Sabato, Citizenship, Political Participation and the Formation of the Public Sphere in Buenos Aires 1850s-1880s. *Past and Present*, 136, agosto de1992, p.139-163. A literatura sobre o excepcionalismo americano é vasta, começando, é claro, com de Tocqueville. Para exemplos recentes, ver Lipset, S. M., *American Exceptionalism:* A Double-edged Sword Revisited. New York, 1996; Schuck, P. H. e Wilson, J. Q. (orgs.), *Understanding America:* the

A dinâmica da mudança também foi transnacional. Em todo o mundo, os movimentos de base (quase sempre vinculados aos sindicatos) pressionavam pela inclusão no sistema político; a competição partidária rachou inúmeras paredes de exclusão; e as mudanças ideológicas de ampla extensão tornavam a restrição ao sufrágio cada vez menos defensável. Tanto Bismarck como Disraeli, no final da década de 1860 – de forma muito semelhante à dos republicanos, que atuaram quase exatamente ao mesmo tempo – expandiram o direito de voto para fortalecer o Estado e suas próprias facções políticas. Da mesma forma, a guerra serviu como um estímulo à democratização em muitas nações. A concessão do direito de voto a de soldados, por exemplo, era um problema na Grã-Bretanha na Primeira Guerra Mundial, e a dinâmica de mobilização da guerra contribuiu para as expansões de sufrágio na Bélgica, em partes do Canadá e na Itália (onde a campanha da Líbia, em 1912, levou à conquista do sufrágio de soldados e veteranos que não preenchiam o requisito normal de idade). As duas guerras mundiais promoveram a causa do sufrágio feminino em diversos países e, num padrão bastante diferente, a derrota militar – que levou à imposição de novos regimes políticos – resultou na ampliação do direito de voto na Alemanha e na Áustria. Como aconteceu nos Estados Unidos, as tensões de classe geraram reveses no progresso da democratização na França, Alemanha, Itália, e em partes da América Latina, além de retardar o andamento do sufrágio feminino na Inglaterra (entre outros lugares).[2]

De fato, o avanço instável do sufrágio universal – com dois passos para a frente seguidos por um ou mais passos para trás – não era exclusividade dos Estados Unidos. Embora a França tenha sido o primeiro país a adotar formalmente um sufrágio amplo (masculino), o direito de voto foi reduzido várias vezes após breves períodos de expansão. Na Alemanha, Áustria e Itália, o sufrágio universal foi colocado em prática durante a segunda década do século XX, mas perdeu o sentido com a suspensão dos direitos políticos sob o fascismo. Em grande parte da América Latina, também, a experiência não foi a expansão lenta e gradual do direito de voto; muitas vezes, como no

---

Anatomy of an Exceptional Nation. New York, 2008; Hodgson, G., *The Myth of American Exceptionalism*, New Haven, CT, 2009.

2 Therborn, Rule of Capital, p.12-19, 21-24; Pugh, *Electoral Reform*, p.17, 29, 33, 44, 50-51, 136-137, 144-145, 153-154; Seymour e Frary, *How the World Votes*, v.1, p.312-313, v.2, p.91; Rokkan, S., Campbell, A., Trovisk, P. e Valen, H., *Citizens, Elections, Parties:* Approaches to the Comparative Study of the Processes of Development. New York, 1970, p.31, 86-87; Huard, R., *Le Suffrage Universel en France, 1848-1946*. Paris, 1991, p.9-14, 19-34, 72, 117, 138, 148-149, 355-356, 403-405, 409; Rosanvallon, P., *Le Sacre du Citoyen:* Histoire du Suffrage Universel en France. Paris, 1992, p.11-12, 445-461; Salvemini, G., *The Origins of Fascism in Italy*. New York, 1973, p.60-62, 232-234; Sabato, Political Citizenship, p.1298-1302; Valenzuela, J. S., Building Aspects of Democracy Before Democracy: Electoral Practices in Nineteenth-Century Chile. *Working Paper*, 223, abril de 1996, p.1-4.

Peru e no Brasil, houve guinadas para frente e para trás, tanto na amplitude do direito formal de voto como em seu exercício.[3]

Mesmo essas breves comparações internacionais deixam claro que as forças básicas que configuraram a história do sufrágio nos Estados Unidos não eram únicas; estavam baseadas nas realidades de classe e nos conflitos étnicos do mundo capitalista cada vez mais industrial dos séculos XIX e XX. Sem dúvida a experiência americana teve várias características distintivas: a abolição precoce dos requisitos de propriedade; a presença de escravos e, depois, de uma minoria racial grande, reprimida e concentrada em termos regionais; a dimensão da imigração e da facilidade com que os imigrantes podiam se tornar cidadãos. Cada uma dessas características teve um impacto significativo sobre os detalhes e os ritmos da história do sufrágio nos Estados Unidos, em particular sobre o retrocesso que marcou o fim do século XIX e início do século XX. O mesmo aconteceu com a estrutura federal de governo nos Estados Unidos, que permitiu que cada estado definisse seu próprio eleitorado e, para o bem e para o mal, permitiu que o governo nacional demorasse a estabelecer normas nacionais de sufrágio. No entanto, essas características distintivas também interagiram com tendências mais amplas – econômicas, sociais e políticas – que eram comuns ao mundo ocidental. Os conflitos acerca da amplitude do direito de voto foram quase universais na vida política das nações modernas dos últimos dois séculos.

* * *

Tudo isso nos traz de volta ao fato de que a história permanece inacabada, incompleta. Embora o direito formal de votar seja agora universal entre os cidadãos, ele permanece contestado nas margens – e as margens são largas. Conforme o registro cronológico do capítulo anterior, milhões de criminosos e ex-criminosos carecem do direito de voto; a condição de pessoas com necessidades especiais cognitivas é incerta; os requisitos de documento de identidade com foto assomam como um obstáculo difícil aos eleitores pobres e idosos; o acesso às urnas na maioria das vezes assume um caráter político, em vez de ser automático. Além disso, os níveis de

---

3 Wiskemann, E., *Europe of the Dictators, 1919-1945*. New York, 1966, p.10, 15, 19, 37; Sabato, Political Citizenship, p.1298-1302; Huard, *Suffrage Universel*, p.19-34, 138-149, 355-356; Posada-Carbó, Democracy, p.772-780; ver também Carvalho, J. M. de, Electoral Participation in Nineteenth-Century Brazil: One Step Forward, Two Steps Backward, estudo apresentado na University of Notre Dame, setembro de 2008. Em anos recentes, alguns historiadores latino-americanos (incluindo Posada-Carbó e Valenzuela, citados acima) têm argumentado que as práticas eleitorais nem sempre eram idênticas às formalidades da lei. Um conjunto de ensaios explorando esta questão emergiu de uma conferência realizada na Universidade de Notre Dame em setembro de 2008, devendo ser publicada em 2009 ou 2010.

comparecimento nas eleições americanas permanecem relativamente baixos, em comparação com outras nações e também com nossa própria experiência passada. Durante os últimos cinquenta anos, apenas metade de todos os adultos habilitados votaram na maioria das eleições presidenciais, enquanto menos (várias vezes muito menos) do que 40% votaram em outras disputas. Mesmo em 2004 e 2008, quando as disputas presidenciais acirradas produziram um aumento no comparecimento às urnas de pouco mais de 60%, mais pessoas ficaram em casa do que votaram a favor de um ou outro candidato presidencial.[4]

Em teoria, é claro, o fato de haver não eleitores poderia ser um sinal de contentamento, de um eleitorado satisfeito. Mas as descrições da população não votante tornam difícil de sustentar essa interpretação perigosa: o comparecimento às urnas é menor entre os pobres, as minorias e os menos instruídos. Num padrão tipicamente americano, a participação nas urnas tem uma correlação positiva com a classe social: aqueles com mais educação e maior renda mostram uma tendência muito maior de votar do que seus concidadãos menos favorecidos. As pessoas com menor probabilidade de estarem satisfeitas com sua situação (e que mais tendem a precisar de ajuda do governo) são as menos propensas a votar.[5]

Vários fatores contribuíram para esse baixo comparecimento às urnas com viés de classe (conforme os contínuos debates entre os cientistas políticos deixaram claro). Mas é surpreendente – e não deve ser uma coincidência – que o número de não eleitores seja muito maior entre alguns dos mesmos grupos sociais que, nas décadas anteriores, eram os alvos de restrições relativas ao próprio direito de voto. Os pobres e os menos educados, quase sempre cassados de maneira formal no passado, ainda têm a maior dificuldade de superar os obstáculos processuais de registro e de votação. Talvez o principal fator consista no fato que as instituições políticas e a cultura que se desenvolveram durante a época do sufrágio restrito tenham gerado um sistema político que, em geral, oferece poucas opções atraentes

---

4 Wolfinger, R. E. e Rosenstone, S.J., *Who Votes?* New Haven, CT, 1981, p.1; *New York Times*, 13 nov. 1988, 7 e 10 nov. 1996; Piven, F. F. e Cloward, R. A., *Why Americans Don't Vote*. New York, 1988, p.4-19; McDonald, M. P. e Popkin, S., The Myth of the Vanishing Voter. *American Political Science Review*, 95, dezembro de 2001, p.963-974. Como McDonald e Popkin salientam, o comparecimento às urnas pode ser (e é) calculado de diferentes maneiras, com resultados ligeiramente variáveis. McDonald mantém um website com dados de comparecimento às urnas no United States Election Project, George Mason University. Ver também os dados e publicações do Committee for the Study of the American Electorate. Cf. também Burnham, W. D., Triumphs and Travails in the Study of American Voting Participation Rates, 1788-2006. *Journal of the Historical Society*, VII, dezembro de 2007, p.505-604.

5 Rokkan et al., *Citizens*, p.38-39; Wolfinger e Rosenstone, *Who Votes?*, p.13, 17, 18, 22, 24-34, 90; *New York Times*, 10 nov. 1994, 11 jun. 1995 e 11 ago. 1996; ver também os relatórios do Committee for the Study of the American Electorate, bem como as fontes citadas na nota seguinte.

para os cidadãos menos abastados da nação. Os dois principais partidos políticos tendem a operar dentro de um espectro ideológico estreito; as diferenças programáticas entre os candidatos muitas vezes são difíceis de discernir; durante as últimas décadas do século XX, as políticas sociais e econômicas fundamentais de ambos os partidos foram moldadas em grande parte pelo desejo de promover o crescimento econômico e, portanto, de satisfazer as comunidades empresariais e financeiras.[6]

Além disso, a crescente institucionalização do sistema bipartidário ajudou a manter bastante limitada a gama de opções oferecidas ao público: as normas que regem o acesso eleitoral limitam a capacidade dos partidos dissidentes de organizar campanhas nacionais; o financiamento público destina-se apenas aos partidos já consolidados; e a persistência de eleições em que "o vencedor leva tudo" e dos distritos uninominais torna extremamente difícil para os novos partidos adquirirem gradual influência, visibilidade e força (é de se notar que o único terceiro partido que fez algum progresso em uma recente eleição presidencial – o Partido Reformista – não tinha ideologia nem um programa definido, e foi patrocinado por um bilionário iconoclasta, Ross Perot). Dentro desse sistema semifechado e com ambos os partidos gravitando em direção ao centro político nas campanhas eleitorais, as alternativas apresentadas aos eleitores quase sempre pareceram menos importantes. Nas palavras de Robert B. Reich, ex-Secretário do Trabalho do presidente Clinton, "a grande massa de não eleitores [...] não votou em 1996 porque não encontrou nada ali para ela". Só em momentos ocasionais os contrastes entre os partidos políticos ficaram mais pronunciados, e nesses momentos – a década de 1930, o meado dos anos 1960 e as recentes eleições de 2004 e 2008 – houve realmente um maior número de eleitores nas urnas.[7]

Os baixos níveis de comparecimento às urnas não são o único problema. O cientista político Sidney Verba e seus colegas salientaram num estudo importante sobre o voluntarismo cívico que o voto é apenas uma das várias formas de participação política abertas para os americanos e vitais para a saúde da democracia. No entanto, as outras vias de participação, como uma

---

6 Para uma amostra dos debates referentes às razões do baixo comparecimento às urnas, ver várias obras de Walter Dean Burnham, incluindo *Critical Elections and the Mainsprings of American Politics,* New York, 1970, e The Appearance and Disappearance of the American Voter. In: *The Disappearance of the American Voter,* Washington, DC, 1979; Piven e Cloward, *Why Americans Don't Vote,* p.17-25; Teixeira, R., *The Disappearing American Voter,* Washington, DC, 1992; McDonald e Popkin, Myth, p.963-974.

7 Reich, R. B., *Locked in the Cabinet,* New York, 1997, p.330. A dissertação de Reich é dotada de material anedótico referente às estratégias políticas da administração Clinton e da subordinação da política social às preferências de Wall Street. Sobre cenários históricos de comparecimento às urnas, ver Burnham, W. D., Triumphs and Travails, p.505-604 e MacIver, J. P. (org.), Voter Turnout, Series Eb62-122. In: Carter, S. B. et al. (org.), *Historical Statistics of the United States.* Millennial Edition Online, 2006.

atividade voluntária ou uma contribuição financeira, têm uma correlação ainda maior com a classe: as pessoas com mais dinheiro, mais educação e competências de classe média são muito mais propensas do que os cidadãos da classe trabalhadora a se envolver em todas as formas de ativismo político. Como resultado, as vozes dos mais privilegiados são ouvidas com mais força no seio do governo, e o ideal da democracia – de que todas as vozes sejam ouvidas igualmente – é enfraquecido de forma consistente.[8]

De fato, o poder bruto e crescente do dinheiro na política tem servido como um contrapeso ao impulso democrático da ampliação do sufrágio universal. Desde o início do século XX, as decisões governamentais essenciais foram feitas por comissões reguladoras e agências que estão além do alcance direto da política eleitoral, mas são acessíveis a grupos de interesse bem financiados e organizados. As comissões parlamentares e os legislativos estaduais ouvem não apenas as vozes distantes e difusas do eleitorado, mas também as vozes próximas e insistentes do lobistas que circulam nos corredores do poder. Até mesmo as instituições aparentemente isoladas da influência pública, como o importante Federal Reserve Board, têm eleitorados a quem dão ouvidos e que são compostos, em sua maioria – como ficou evidente durante os primeiros meses da crise financeira de 2008 – pelos ricos e bem posicionados.[9]

O papel direto do dinheiro nas eleições é enorme. As campanhas, promovidas em grande parte na televisão, tornaram-se extremamente caras e os candidatos que não conseguem levantar amplas verbas eleitorais são, em geral, fadados ao fracasso. A necessidade de aumentar essas somas tornou os candidatos e partidos cada vez mais dependentes dos ricos e dos grupos organizados influentes que, por sua vez, exercem uma influência totalmente desproporcional sobre os candidatos, seus partidos políticos e as posições que defendem. Os trabalhadores de colarinho azul e os beneficiários da previdência social não dormem no Quarto de Lincoln nem expõem seus pontos de vista entre altas autoridades em jantares que custam 10 mil dólares por prato, e raramente depõem perante comissões do Congresso. Mesmo a inovadora campanha presidencial de Barack Obama, com base na internet, que levantou fundos de um número sem precedentes de pequenos doadores, dependia muito de contribuições de mil dólares ou mais. Além disso, a campanha de Obama demonstrou com clareza, em seus meses finais, a grande vantagem de ser capaz de gastar mais do que um adversário. Se as tendências recentes continuarem, a votação em si, em algumas

---

[8] Verba, S., Schlozman, K. L. e Brady, H. E., *Voice and Equality:* Civic Voluntarism in American Politics. Cambridge, MA, 1995, p.1-13, 23-24, 511-533.

[9] Cf. Greider, W., *Secrets of the Temple*, New York, 1987; Kolko, G., *The Triumph of Conservatism:* A Re-interpretation of American History, 1900-1916. New York, 1963; Livingston, J., *Origins of the Federal Reserve System:* Money, Class, and Corporate Capitalism, 1890-1913. Ithaca, NY, 1986.

eleições pelo menos, pode estar em perigo de se tornar um ritual *pro forma* que serve apenas para ratificar a seleção de candidatos que já ganharam as competições de angariação de fundos.[10]

O estado atual da política americana e a formulação de políticas deixa claro que o sufrágio é uma condição necessária, mas não suficiente, para uma ordem política plenamente democrática. Nenhum sistema político pode pretender ser democrático sem o sufrágio universal, mas um sufrágio amplo por si só não pode garantir a cada cidadão uma voz igual na política e na governança. Os acordos e instituições que cercam a realização de eleições – como a divisão distrital, a distribuição, a estrutura de representação (incluindo o Colégio Eleitoral), o financiamento de campanhas, a capacidade dos partidos para chegar às urnas, os requisitos processuais para a votação – tudo isso pode promover ou corromper a igualdade de direitos políticos. Essas instituições e regras muitas vezes são contestadas, assim como o próprio direito de votar foi contestado por 175 anos.

A ampla extensão da história sugere que essa contestação deve ser esperada, e que a democracia não deve ser imaginada ou entendida como uma condição estática ou um conjunto fixo de regras e instituições; talvez seja mais importante, e mais exato, pensar na democracia como um projeto.[11] Uma lição fundamental da história do sufrágio nos Estados Unidos e em outros países é que as sociedades modernas sempre contiveram indivíduos e grupos sociais que se opuseram aos direitos políticos iguais e universais. Nas sociedades capitalistas, sempre houve interesses privados e centros de poder que são, ou se julgam, ameaçados pelo controle democrático do Estado. Em nações socialmente diversas, os antagonismos étnicos, raciais e religiosos muitas vezes suscitaram o impulso de suprimir ou restringir os direitos das minorias. Até mesmo as questões individuais, por vezes, pareciam tão importantes que as facções procuraram negar voz política a seus adversários. Por outro lado, sempre houve indivíduos e grupos que pressionam no sentido oposto, por uma maior democratização e igualdade. Como resultado, as próprias estruturas e regras da política eleitoral tornam-se, periodicamente, referências e para-raios de conflitos.

A história do voto, portanto, deve nos levar a esperar escaramuças recorrentes uma vez que o sufrágio universal tenha sido conquistado. Os efeitos de um sufrágio restrito podem ser replicados, ou pelo menos aproximados, pela divisão distrital tornada desigual de uma forma inteligente, ou por requisitos complexos de registro. Mesmo que os princípios de "uma

---

10 Referente ao levantamento de fundos de Obama, ver o relatório publicado pelo Campaign Finance Institute, 24 nov. 2008.
11 As ideias bem conhecidas e, de alguma forma, estáveis apresentadas por Joseph Schumpeter e Robert Dahl estão situadas num contexto histórico em Horowitz, M. K., *The Transformation of American Law, 1870-1960*. New York, 1992, p.255-258.

pessoa, um voto" sejam aplicados à divisão distrital, os regulamentos que regem o acesso dos partidos às urnas podem influenciar o resultado das eleições; o mesmo vale para o projeto de sistemas eleitorais (por exemplo, os vencedores da maioria contra a pluralidade, ou "o vencedor leva tudo" *versus* a representação proporcional), ou a estrutura do financiamento de campanhas. Os partidos políticos americanos já descobriram há muito tempo que mudar as regras é uma maneira de vencer.[12]

Seria, aliás, utópico esperar que esses conflitos nunca diminuíssem, que algum conjunto inviolável de regras ou instituições pudesse ser concebido, que interesses conflitantes não buscassem alterar os regulamentos eleitorais, ou que condições variáveis não criassem a necessidade de novos arranjos de forma recorrente. A história não oferece exemplo algum de instituições políticas que possam garantir, de maneira permanente, uma verdadeira igualdade política. A democracia, portanto, deve permanecer um projeto, um objetivo, algo a ser infinitamente nutrido e reforçado, um ideal que não pode ser plenamente realizado, mas que sempre pode ser aprofundado.

Essa noção de democracia como um projeto, assim como nossa própria história contestada dos direitos de voto e das instituições eleitorais, também devem informar os esforços americanos para incentivar os regimes democráticos em países com diferentes tradições políticas e passados recentes conturbados. O negócio da exportação da democracia tem crescido desde o fim da Guerra Fria, e especialistas e consultores americanos foram enviados ao mundo todo para oferecer conselhos sobre a construção de novas instituições políticas. O histórico dessas tentativas tem sido (na melhor das hipóteses) misto: os modelos elaborados em Washington não se adequam necessariamente às paisagens estrangeiras, e a realização de eleições formalmente democráticas não garante uma redistribuição de poder e influência. Líderes militares, chefes de partido, magnatas dos negócios e os próprios representantes eleitos têm sido infinitamente criativos na elaboração de métodos de contornar ou passar por cima da democracia procedimental. Nossa própria história sugere que isso não devia ser surpresa: é muitas vezes mais fácil apoiar da boca para fora o governo popular do que viver à altura de suas decisões. Se os americanos devem estar envolvidos nesses projetos internacionais (uma grande questão em si), e se nosso objetivo é realmente promover a democracia – e não apenas o capitalismo – devemos reconhecer o alcance real dessa iniciativa e nos prepararmos para oferecer um apoio de longo prazo aos indivíduos e forças que estarão lutando pela formação de um governo popular.

---

12 Cf. Schattschneider, E. E., *The Semisovereign People:* A Realist's View of Democracy in America. Hinsdale, IL., 1960, p.104-105.

Em casa também existe, e sempre existirá, muita coisa para fazer. O ideal da democracia – de que todos os indivíduos não apenas nascem iguais, mas permanecem igualmente dignos – é admirável. O princípio de que os interesses e necessidades de uma pessoa não são mais importantes do que os de qualquer outra pessoa – e, portanto, de que todos os indivíduos deveriam ter a mesma oportunidade de influenciar a política do governo – parece digno de nosso empenho.[13] O projeto de democracia nunca foi acolhido com unanimidade nos Estados Unidos, mas deu vida à e forma grande parte de nossa história. Por mais de dois séculos homens e mulheres comprometidos com esse projeto fizeram pressão para que ele avançasse, apesar da oposição incessante e por vezes violenta. A história do direito de voto é um registro da evolução lenta e irregular do projeto democrático, do progresso que foi duramente conquistado e, muitas vezes, sujeito a reveses. Os ganhos alcançados até agora precisam ser protegidos, enquanto a visão de uma sociedade mais democrática pode inspirar tanto nossas esperanças como nossas ações.

---

13 Cf. Verba, Schlozman e Brady, *Voice and Equality*, p.10.

Apêndice

As leis de sufrágio dos estados, 1775-1920

Uma nota sobre as tabelas e fontes

As tabelas apresentadas neste apêndice representam um esforço para reunir, da forma mais completa possível, um esboço factual da evolução do sufrágio nos Estados Unidos. É extraordinário que não exista compilação semelhante impressa em parte alguma – fato que é o fundamento lógico da publicação dessas tabelas aqui.

Há três limites para essa coleção que devem ser observados. O primeiro é que as tabelas tratam, na maioria das vezes, dos anos anteriores a 1920. Esse limite cronológico foi definido porque as leis estaduais mudaram relativamente pouco entre 1920 e 1950, a lei federal tornou-se soberana na década de 1960, e o material legal para o período pós-1920 é mais facilmente acessível em livros de referência. Em segundo lugar, essa coleção não inclui apresentações detalhadas de todas as leis de cassação do direito de voto aprovadas no Sul entre 1890 e 1920, pois essas apresentações já foram publicadas no trabalho de outros historiadores (citados no Capítulo 4). Finalmente, esta coleção omite dados sobre as leis de registro. Esta decisão foi tomada por razões práticas: as leis estaduais de registro de eleitores no último século eram geralmente complexas, prolixas e sujeitas a mudanças frequentes. Uma tentativa preliminar de produzir uma apresentação em forma de tabelas rendeu um documento incompleto de mais de cinquenta páginas.

As prescrições constitucionais, as leis e os processos judiciais mencionados nas tabelas têm suas fontes listadas ao final das mesmas. A lista não inclui as centenas, talvez milhares, de volumes (especialmente de leis) que foram examinadas para confirmar outras fontes, ou para descobrir que não havia leis relevantes listadas.

Os procedimentos que produziram essas tabelas foram os seguintes: as primeiras fontes a serem examinadas foram os textos de todas as constituições estaduais que já estiveram em vigor entre a Revolução Americana e meados do século XX. Estes foram complementados por leituras de todas as convenções estaduais constitucionais para as quais existem transcrições dos processos. Estudos sistemáticos dos estatutos e da jurisprudência, em seguida, foram conduzidos em relação a um conjunto de estados importantes: Califórnia, Colorado, Flórida, Illinois, Indiana, Massachusetts, Nova York, Ohio, Oregon, Pensilvânia e Texas. Foram realizadas pesquisas menos sistemáticas, mas, por vezes, extensas, em relação a todos os outros estados. Essa tarefa foi complementada pelo uso de compilações das leis de vários estados que eram feitas em algumas ocasiões, quer por estudiosos, quer (mais comumente) por funcionários do estado e convenções constitucionais que se preparavam para rever suas próprias leis.

Além disso, uma literatura secundária substancial foi consultada. Mas uma das características mais amargas desse esforço de pesquisa foi a descoberta de que a maior parte dessa literatura não era confiável nos detalhes: as incoerências e contradições entre as fontes secundárias (e entre as fontes primárias e secundárias) eram abundantes. Todos os itens problemáticos na literatura secundária, portanto, foram tratados simplesmente como pistas que levavam de volta às constituições estaduais, códigos, compilação de leis e processos judiciais. Os itens foram incluídos nas tabelas somente quando puderam ser comprovados.

Estou bastante confiante de que essas tabelas são completas no que diz respeito às prescrições constitucionais; ou seja, que incluem todos os requisitos constitucionais (sobre os temas examinados) que estavam em vigor em qualquer momento durante o período. A abrangência com respeito às leis (assim como a jurisprudência), no entanto, é mais difícil de conseguir. Na maioria dos estados, algumas dimensões (em geral secundárias) do direito de sufrágio poderiam ser em forma de prescrições legais, decisões judiciais e até regulamentos municipais; algumas dessas mudanças podem muito bem ter escapado à minha atenção, sobretudo aquelas referentes aos estados onde não se examinou com minúcia a compilação anual de leis. Por exemplo, os requisitos de residência local poderiam ter mudado aqui e ali sem ter deixado um registro nas codificações periódicas das leis de um estado; o mesmo acontece com as leis que permitem o voto feminino para os conselhos escolares. Portanto, é possível que haja erros de omissão (possivelmente pequenos) em algumas das tabelas: este aviso se aplica sobretudo às tabelas A.10, A.11, A.13, A.15, e A.17 até A.19.

Finalmente, deve-se notar que, em todas as tabelas, as datas que acompanham determinadas prescrições legais são as mais antigas em que eu encontrei estas. Salvo indicação em contrário, essas leis permaneceram em vigor durante a duração do período abrangido por cada tabela.

TABELAS

TABELA A.1. Requisitos de sufrágio: 1776-1790

TABELA A.2. Requisitos de propriedade e contribuição tributária para o sufrágio: 1790-1855

TABELA A.3. Cronologia dos requisitos de propriedade para o sufrágio: 1790-1855

TABELA A.4. Requisitos de raça e cidadania para o sufrágio: 1790-1855

TABELA A.5. Cronologia das exclusões de raça: 1790-1855

TABELA A.6. As exclusões de indigentes: 1790-1920

TABELA A.7. Exclusões do sufrágio por delitos penais: 1790-1857

TABELA A.8. Mudanças na força de trabalho em estados selecionados: 1820-1850

TABELA A.9. Sumário dos requisitos de sufrágio em vigor: 1855

TABELA A.10. Estados com requisito de contribuição tributária para o sufrágio: 1870-1921

TABELA A.11. Estados com requisito de propriedade para o sufrágio: 1870-1920

TABELA A.12. Estados com prescrições especiais que afetam estrangeiros e imigrantes: 1870-1926

TABELA A.13. Requisitos de alfabetização para o sufrágio: 1870-1924

TABELA A.14. Requisitos de residência para o sufrágio: 1870-1923

TABELA A.15. Cassação de criminosos e outros condenados por crimes: leis em vigor. 1870-1920

TABELA A.16. Direitos de voto dos nativos americanos: leis em vigor, 1870-1920

TABELA A.17. Estados e territórios que permitem o voto da mulher nas eleições das escolas antes da Décima Nona Emenda

TABELA A.18. Estados que permitem o voto da mulher nas eleições municipais ou em questões tributárias e de obrigações antes da Décima Nona Emenda

TABELA A.19. Estados que permitem o voto da mulher nas eleições presidenciais antes da Décima Nona Emenda

TABELA A.20. Estados e territórios com emancipação plena da mulher antes da Décima Nona Emenda

O direito de voto

TABELA A.1. Requisitos de sufrágio: 1776-1790

Estado	Propriedade ou requisito de imposto	Residência	Gênero[1]	Raça
Connecticut: 1715 (L)[2]	Propriedade alodial no valor de 40 xelins por ano ou £40 propriedade pessoal.	—	—	—
Delaware: 1776 (C) e 1734 (L)	"Dono de propriedade alodial [...] tem 50 acres de terras ou mais, bem localizada, e 12 acres ou mais dos mesmos, livres de encargos", ou "de outra forma, vale £40 em dinheiro da propriedade líquida deste governo".	2 anos no estado	—	—
Geórgia: 1777 (C)	"Possuidor por direito próprio do valor de £10, e sujeito a pagar imposto neste Estado, ou passar a ser de algum comércio mecânico."	6 meses no estado	Masculino	Branca
Geórgia: 1789 (C)	Todos os impostos pagos no ano anterior à eleição.	6 meses no município	—	—
Maryland: 1776 (C)	Propriedade alodial de 50 acres ou propriedade acima do valor de £30.	Nenhum requisito se for dono de propriedade alodial de 50 acres; ou 1 ano no município	Homens livres	—
Massachusetts: 1780 (C)	Propriedade alodial com rendimento anual de £3, ou qualquer propriedade no valor de £60 para votar para o Senado; a propriedade deve estar na mesma cidade que a residência para votar para a Câmara.	Nenhum requisito para votar para o Senado; 1 ano na cidade de para votar para a Câmara	Masculino	—
New Hampshire: 1784 (C)	Imposto de votação.	Nenhum requisito	Masculino	—
Nova Jersey: 1776 (C)	£50 em dinheiro declarado, propriedade livre de encargos no mesmo.	1 ano no município	—	—
Nova York: 1777 (C)[3]	Para a Assembleia: "Dono de propriedade alodial no valor de £20, [...] ou locatário de um imóvel no valor anual de 40 xelins, e ter sido avaliado e realmente pago os impostos a este Estado". Exceções para "todas as pessoas agora livres na cidade de Albany, ou que foram libertadas na cidade de Nova York em ou antes de 14 de outubro de 1775". Para o Senado: donos de propriedades alodiais avaliadas em "£100, para além de todas as dívidas cobradas sobre ela".	6 meses no município	Masculino	—

507

Carolina do Norte: 1776 (C)	Propriedade alodial de 50 acres de terras possuída por 6 meses antes da eleição para votar para o Senado; deve ter pago tarifas públicas para votar para a Câmara dos Comuns.	1 ano no município	Homens livres	—
Pensilvânia: 1776 (C)	Pagou tarifas públicas durante o ano anterior à eleição (ou os filhos de donos de propriedade alodial).	1 ano no estado	Homens livres	—
Pensilvânia: 1790 (C)	Impostos estaduais ou municipais pagos no prazo de 2 anos da eleição, avaliado pelo menos 6 meses antes da eleição. Isento se abaixo de 22 anos de idade e filho de um eleitor qualificado.	2 anos no estado	Homens livres	—
Rhode Island: 1762 (L)	Propriedade alodial no valor de £40 ou 40 xelins por ano, ou o filho mais velho de um dono de propriedade alodial.	—	—	—
Carolina do Sul: 1778 (C)[4]	Propriedade alodial de 50 acres de terra possuída por 6 meses anteriores à eleição, ou ter pago um imposto no ano anterior, ou ter sido tributado no presente ano, pelo menos 6 meses anteriores à referida eleição, em soma igual ao imposto sobre 50 acres de terra.	1 ano no estado	Masculino	Branca
Carolina do Sul: 1790 (C)	"Propriedade alodial de 50 acres de terra ou um terreno na cidade, do qual tomou posse legalmente pelo menos 6 meses antes dessa eleição, ou que, não tendo essa propriedade ou um terreno na cidade, foi residente no distrito eleitoral em que oferece seu voto por 6 meses antes da referida eleição, e pagou um imposto no ano anterior de 3 xelins esterlinos."	2 anos no estado	Masculino	Branca
Vermont: 1786 (C)[5,6]	Sem requisitos.	1 ano no estado	Homens livres	—
Virgínia: 1776 (C) e 1762 (L)	"Propriedade alodial [...] em pelo menos 50 acres de terra, se não houver nenhum assentamento, ou 25 acres com uma plantação e casa no mesmo de, pelo menos, 1,11 m^2", ou terreno na cidade com casa de, "pelo menos, 1,11 m^2".	Propriedade por 1 ano antes da eleição a menos que recebida por herança, casamento acordo matrimonial	Masculino	Branca

1 Indicado abaixo se o gênero foi expressamente mencionado. Somente em Nova Jersey as mulheres tinham permissão de votar.
2 (L) = Lei, (C) = Constituição.
3 Também requeria que todos os Quakers jurassem fidelidade ao estado.
4 Também é necessário que o eleitor "reconheça a existência de um Deus, e acredite em um estado futuro de recompensas e punições".
5 Entrou em vigor com a condição de estado em 1791.
6 A Constituição de 1776 também exigia que as pessoas tivessem "um comportamento calmo e pacífico".

O direito de voto

TABELA A.2. Requisitos de propriedade e contribuição tributária para o sufrágio: 1790-1855

Estado	Data da soberania[1]	Requisito de propriedade	Requisito de impostos
Alabama	1819	1819 (C):[2] Nenhum	1819 (C): Nenhum
Arkansas	1836	1836 (C): Nenhum	1836 (C): Nenhum
Califórnia	1850	1849 (C):[3] Nenhum	1849 (C): Nenhum
Connecticut		1715 (C): Propriedade alodial no valor de 40 xelins por ano ou propriedade pessoal de £40.	1715 (L): Nenhum
		1796 (L): Propriedade alodial no valor de $7 por ano ou posse de propriedade pessoal no valor de $134.	1796 (L): Nenhum
		1817 (L): Fim do requisito de propriedade alodial.	1817 (L): Ter pago impostos ou servido na milícia.
		1818 (C): Propriedade alodial restabelecida com alternativas de pagamento de impostos e milícia.	1818 (C): Alternativas de pagamento de impostos e milícia para o requisito de propriedade alodial.
		1845 (C): Fim do requisito de propriedade alodial.	1845 (C): Fim do requisito de pagamento de imposto.
Delaware		1734 (L): "Dono de propriedade alodial [...] e tem 50 acres de terra ou mais e 12 acres ou mais livres de encargos", ou "o valor de £40 em dinheiro deste governo em propriedade livre de ônus".	1734 (L): Nenhum
		1792 (C): Nenhum	1792 (C): "Ter pago impostos estaduais ou municipais... avaliado pelo menos 6 meses antes da eleição". Isento se menor de 22 anos e filho de um eleitor qualificado.
		1831 (C): Nenhum	1831 (C): Imposto municipal pago num prazo de 2 anos, avaliado pelo menos 6 meses antes da eleição. Isento se menor de 22 anos.
Flórida	1845	1838 (C):[4] Nenhum	1838 (C): Nenhum
		1845 (C): Nenhum	1845 (C): Nenhum
Geórgia		1789 (C): Nenhum	1789 (C): Todos os impostos pagos no ano anterior à eleição.

509

Illinois	1818	1798 (C): Nenhum 1818 (C): Nenhum 1848 (C): Nenhum
Indiana	1816	1816 (C): Nenhum 1851 (C): Nenhum
Iowa	1846	1846 (C): Nenhum
Kentucky	1792	1792 (C): Nenhum 1799 (C): Nenhum 1850 (C): Nenhum
Louisiana	1812	1812 (C): Isento de requisito de impostos se "tiver comprado terras dos Estados Unidos". 1845 (C): Nenhum 1852 (C): Nenhum
Maine	1820	1819 (C):[5] Nenhum
Maryland		1776 (C): Propriedade alodial de 50 acres ou propriedade acima do valor de £30. 1801 (L): Fim do requisito de propriedade alodial. 1810 (C): Nenhum 1851 (C): Nenhum
Massachusetts		1780 (C): Propriedade alodial com renda anual de £3, ou qualquer propriedade no valor de £60 para votar para o Senado; a propriedade deve pertencer à mesma cidade de residência para votar para a Câmara.

1798 (C): Todos os impostos pagos no ano anterior à eleição. 1818 (C): Nenhum 1848 (C): Nenhum 1816 (C): Nenhum 1851 (C): Nenhum 1846 (C): Nenhum 1792 (C): Nenhum 1799 (C): Nenhum 1850 (C): Nenhum 1812 (C): Pagamento de imposto estadual nos últimos 6 meses ou ter comprado terra dos Estados Unidos. 1845 (C): Nenhum 1852 (C): Nenhum 1819 (C): Nenhum em eleições gerais. 1821-33 (L): Pagamento de imposto municipal ou de votação para votar em eleições municipais. 1776 (C): Nenhum 1801 (L): Nenhum 1810 (C): Nenhum 1851 (C): Nenhum 1780 (C): Nenhum

O direito de voto

Michigan	1837	1821 (C): Fim do requisito de propriedade.
Mississipi	1817	1835 (C):[6] Nenhum 1850 (C): Nenhum 1817 (C): Ter pago imposto municipal ou estadual ou alistado na milícia local, a menos que isento do serviço militar.
Missouri	1821	1832 (C): Nenhum 1820 (C):[7] Nenhum 1784 (C): Nenhum 1792 (C): Nenhum 1847 (L): Nenhum	1821 (C): Ter pago qualquer imposto estadual ou municipal no prazo de 2 anos, exceto se for isento de pagamento de impostos. 1835 (C): Nenhum 1850 (C): Nenhum 1817 (C): Ter pago imposto municipal ou estadual ou alistado na milícia local, a menos que isento do serviço militar. 1832 (C): Fim do requisito de impostos e milícia. 1820 (C): Nenhum 1784 (C): Imposto de votação. 1792 (C): Pessoas dispensadas do pagamento de impostos excluídas a seu pedido. 1847 (L): Aqueles previamente isentos de pagar impostos podem votar após o pagamento de todos os impostos um ano antes da eleição.
New Hampshire			
Nova Jersey		1776 (C): Valor de £50 em dinheiro declarado; bens patrimoniais no mesmo valor. 1807 (L): Valor de £50; qualquer pessoa que pagou um imposto estadual ou municipal, ou teve seu nome inscrito numa cópia do último imposto estadual ou municipal no valor de £50. 1844 (C): Fim do requisito de propriedade.	1776 (C): Nenhum 1807 (L): Valor de £50; qualquer pessoa que pagou imposto estadual ou municipal, ou teve seu nome inscrito numa cópia do último imposto estadual ou municipal no valor de £50. 1844 (C): Fim do requisito de propriedade.
Nova York		1777 (C): Para a Assembleia: "dono de propriedade alodial cujo valor é de £20 [...] ou alugou um imóvel naquele lugar no valor anual de 40 xelins, e foi taxado e realmente pagou os impostos neste Estado". Exceções para "qualquer pessoa que seja agora um homem livre da cidade de Albany, ou que foi alforriado na cidade de Nova York em ou antes de 14 de outubro de 1775. Para o Senado: donos de propriedades alodiais avaliadas em "£100, além de todas as dívidas cobradas".	1777 (C): Ver requisitos de propriedade de 1777.

Carolina do Norte		1804 (L): Aqueles que alugam um imóvel no valor de $25 por ano ou atendem aos requisitos de propriedade de 1777.
		1821 (C): Os requisitos de propriedade cessam para brancos. Se for um "homem de cor" deve ter "assumido a posse de propriedade alodial por um ano, no valor a $250, além de todas as dívidas e encargos cobrados depois disso".
		1821 (C): Se branco, "deverá ter durante o ano anterior à eleição", pago um imposto estadual ou municipal sobre propriedade real ou pessoal; ou "deverá ser isento de taxação por lei"; ou "deverá ter nesse ano exercido o dever militar na milícia" ou como bombeiro; ou, se cumprindo requisitos especiais de residência, deverá ter trabalhado em estradas públicas.
		1826 (C): Nenhum para brancos; mesmo requisito de 1821 para "homens de cor".
		1826 (C): Se for "homem de cor", vigoram os requisitos de propriedade e impostos de 1821.
		1846 (C): Nenhum para brancos; mesmo requisito de 1821 para "homens de cor".
		1846 (C): Se for "homem de cor", vigoram os requisitos de propriedade e impostos de 1821.
		1776 (C): Propriedade alodial de 50 acres de terra para votar para o Senado; nenhum para votar para a Câmara dos Comuns.
		1776 (C): Deve ter pago impostos para votar para Câmara dos Comuns.
		1835 (C): Para votar para o Senado, propriedade alodial de 50 acres por 6 meses antes da eleição; para votar para Câmara dos Comuns e governador, nenhum.
		1835 (C): Deve ter pago impostos para votar para Câmara dos Comuns e governador.
Ohio	1803	1854 (C):[8] Nenhum
		1854 (C): Deve ter pago impostos públicos.
		1802 (C):[9] Nenhum
		1802 (C): Deve ter pago ou ter sido cobrado um imposto estadual ou municipal; não aplicável a homens brancos acima de 21 anos, que são "obrigados ao trabalho nas estradas" e que moraram durante um ano no estado.
Pensilvânia		1851 (C): Nenhum
		1851 (C): Fim do requisito de imposto.
		1790 (C): Nenhum
		1790 (C): Ter pago imposto estadual ou municipal dentro de 2 anos, taxado pelo menos 6 meses antes da eleição; isento se menor que 22 anos e filho de um votante qualificado.

O direito de voto

Rhode Island		1838 (C): Nenhum
	1762 (L): Propriedade alodial no valor de £40 ou 40 xelins por ano; ou o primogênito do dono de uma propriedade alodial.	1838 (C): Ter pago imposto estadual ou municipal dentro de 2 anos, taxado pelo menos 12 dias antes da eleição; isento se menor de 22 anos.
		1762 (L): Nenhum
	1842 (C): Posse de bem imobiliário no valor de $134 ou aluguel de uma propriedade por $7 por ano. O cidadão do sexo masculino, nascido no país e residente no estado por 2 anos e na cidade ou município por um ano, pode votar se pagar o imposto de $1 ou fizer o serviço militar por, pelo menos, um dia no ano anterior à eleição. Ninguém deve ser autorizado a votar pela municipalidade ou votar em qualquer proposta para impor uma taxa ou autorizar despesas, em qualquer cidade, a menos que tenha pago um imposto sobre uma propriedade no valor de $134 no ano anterior à eleição.	1842 (C): Ver requisitos de propriedade. Imposto de registro de $1, ou "tal soma que com suas outras taxas equivale a um dólar". Os que servem o exército e os marinheiros no mar durante o ano são isentos.
Carolina do Sul	1790 (C): Propriedade alodial de 50 acres ou um terreno na cidade, adquirido 6 meses antes da eleição; alternativa de pagamento de impostos.	1790 (C): Se residente por 6 meses, deve ter pago imposto do ano anterior à eleição de 3 xelins esterlinos.
	1810 (C): Propriedade alodial de 50 acres ou um terreno na cidade adquirido 6 meses antes da eleição; ou residência no distrito eleitoral por 6 meses.	1810 (C): Fim do requisito de imposto.
Tennessee	1796 (C): Propriedade alodial no município onde ele pode votar, ou habitante de qualquer município do estado por 6 meses.	1796 (C): Nenhum
	1796	
	1834 (C): Fim do requisito de propriedade alodial.	1834 (C): Nenhum
Texas	1845	1845 (C): Nenhum	1845 (C): Nenhum
Vermont	1791	1786 (C):[10] Nenhum	1786 (C): Nenhum
		1793 (C): Nenhum	1793 (C): Nenhum
		1828 (C): Nenhum	1828 (C): Nenhum

513

Virginia	1762 (L): "Propriedade alodial [...] em, pelo menos, 50 acres de terra, se não houver nenhum assentamento, ou 25 acres contendo plantação e casa de, pelo menos, 1,11 m²", ou terreno na cidade com casa de "pelo menos 1,11 m²"	1762 (L): Nenhum
	1804 (L): Deve possuir terra por 6 meses antes da eleição.	1804 (L): Nenhum
	1830 (C): Deve atender às qualificações das leis e Constituição prévia ou "estar em posse, ou cujo proprietário, por vontade ou concessão está em posse, de um bem imóvel ou propriedade alodial na terra no valor de vinte e cinco dólares, e assim tributado caso alguma tributação seja requerida por lei" ou "em posse como coproprietário, copossuidor, ou parceiro de uma participação ou cota de terra, e tendo um bem de propriedade alodial nesse ponto, essa participação ou cota sendo do valor de vinte e cinco dólares, e assim tributado se alguma tributação for requerida por lei" ou pessoas "com direito à reversão ou remanescente disponível em emolumentos, em expectativa de uma propriedade para o resto da vida ou vidas em solo no valor de cinquenta dólares, e assim tributada se alguma tributação for requerida por lei [...] cada e todo cidadão nessas condições, a menos que seu título venha para ele por sucessão hereditária, legado, casamento ou pacto pré-nupcial, tendo assim ocupado ou autorizado por 6 meses" ou "possua e esteja ele próprio ocupando de fato um bem imóvel locado, com a prova de título registrada 2 meses antes de ele se oferecer para votar, de um período originalmente não menor do que 5 anos, do valor anual ou aluguel de vinte dólares" ou uma pessoa "que pelos 12 meses precedentes tenha sido administrador do lar e chefe de família dentro do município, cidade, parte da cidade, ou distrito eleitoral onde ele pode se oferecer para votar, e tenha sido tributado [...] durante o ano anterior e, de fato, pago o mesmo" e "no caso de dois ou mais proprietários, copossuidores, ou parceiros na posse, reversão ou remanescente, tendo participação na terra, o valor que for insuficiente para autorizar todos eles	1830 (C): Ver requisitos de propriedade de 1830.

		a votar, eles deverão juntos ter tantos votos quanto o valor da terra os autorizar; e o legislativo deverá por lei prover o modo pelo qual seu voto ou votos devem nesse caso ser dados".	
		1850 (C): Fim do requisito de propriedade.	1850 (C): Fim do requisito de taxas.
Wisconsin	1848	1848 (C): Nenhum	1848 (C): Nenhum

1 Se não um dos 13 estados originais.
2 (C) = Constituição, (L) = Lei
3 Entrou em vigor com a condição de estado em 1850.
4 Entrou em vigor com a condição de estado em 1845.
5 Entrou em vigor com a condição de estado em 1820.
6 Entrou em vigor com a condição de estado em 1837.
7 Entrou em vigor com a condição de estado em 1821.
8 Emenda proposta pela Assembleia Geral de 1854 e submetida à apreciação do povo em 1856; ratificada em 6 de agosto de 1856.
9 Entrou em vigor com a condição de estado em 1803.
10 Entrou em vigor com a condição de estado em 1791.

TABELA A.3. Cronologia dos requisitos de propriedade para o sufrágio: 1790-1855

Ano	Número de estados na União	Número de estados com requisito de propriedade	Estados com requisito de propriedade	Ano de adoção do requisito	Ano de término do requisito
1790	13	10	Connecticut	1715	1817
			Delaware	1734	1792
			Rhode Island	1762; 1842 com isenções para cidadãos nascidos no país.	—
			Virginia	1762	1850
			Maryland	1776	1801 nas eleições para funcionários públicos; 1810 para todas as eleições.
			Nova Jersey	1776; 1807 com alternativa de pagamento de impostos.	1844
			Carolina do Norte	1776; requisito para o Senado, nenhum para a Câmara.	1854
			Nova York	1777; exceções para homens livres de Albany em 1777 ou de Nova York em 1775 em eleições da Assembleia.	1821 para brancos apenas.
			Massachusetts	1780	1821
			Carolina do Sul	1790 com alternativa de pagamento de impostos; 1810 com alternativa de residência.	—
1800	16	10			
1810	17	9	Tennessee	1796 com alternativa de residência.	1834

O direito de voto

1820	23	9	Connecticut	1818 com alternativas de pagar impostos e alistar na milícia.	1845
1830	24	8			
1840	26	7			
1850	31	4			
1855	31	3[1]			

1 Em 1855, os três estados com requisitos de propriedade eram Rhode Island, Nova York e Carolina do Sul; no entanto, Rhode Island isentou os cidadãos nascidos no país; o requisito de Nova York apenas se aplicava aos afro-americanos, e a Carolina do Sul oferecia uma alternativa de residência.

TABELA A.4. Requisitos de raça e cidadania para o sufrágio: 1790-1855

Estado e ano de soberania de estado[1]	Data do requisito	Raça	Cidadania	Nativos americanos
Alabama (1819)	1819 (C)[2]	Branca	Cidadão americano	—
Arkansas (1836)	1836 (C)	Branca	Cidadão americano, cidadão do estado por 6 meses.	—
Califórnia (1850)	1849 (C)[3]	Branca	Cidadão americano ou mexicano que se tornou um cidadão americano sob o Tratado Queretaro de 1848.	O legislativo, com dois terços dos votos, pode admitir "ao direito do sufrágio, os índios, ou descendentes de índios, em casos tão especiais como a mesma proporção do corpo legislativo julgue justo e adequado".
Connecticut	1715 (L)	Nenhum requisito	—	—
	1818 (C)	Branca	Cidadão americano	—
	1845 (C)	Branca	Cidadão americano	—
Delaware	1734 (L)	Nenhum requisito	—	—
	1792 (C)	Branca	Nenhum requisito	—
	1831 (C)	Branca	Cidadão	—
Flórida (1845)	1838 (C)[4]	Branca	Cidadão americano	—
Geórgia	1789 (C)	Nenhum requisito[5]	Cidadão do estado	—
	1798 (C)	Nenhum requisito[5]	Cidadão do estado	—
Illinois (1818)	1818 (C)	Branca	Nenhum requisito	—
	1848 (C)	Branca	Cidadão ou habitante do estado em 1º de abril de 1848.	—
Indiana (1816)	1816 (C)	Branca	Cidadão americano	—

O direito de voto

	1851 (C)	"Nenhum negro ou mulato"	"Cidadão americano ou estrangeiro declarante com 1 ano de residência nos EUA.	—
Iowa (1846)	1846 (C)	Branca	Cidadão americano	—
Kentucky (1792)	1792 (C)	Nenhum requisito	Cidadão	—
	1799 (C)	"Exceto negros, mulatos e índios"	Cidadão	"Índios" especificamente excluídos
Louisiana (1812)	1850 (C)	Branca	Cidadão	—
	1812 (C)	Branca	Cidadão americano	—
	1845 (C)	Branca	Cidadão americano por 2 anos	—
	1852 (C)	Branca	Cidadão americano	—
Maine (1820)	1819 (C)[6]	Nenhum requisito	Cidadão americano	"Índios não tributados" excluídos
Maryland	1776 (C)	Nenhum requisito	Nenhum requisito	—
	1801 (L)	Branca	—	—
	1810 (C)	Branca	Cidadão do estado	—
	1851 (C)	Branca	Cidadão americano	—
Massachusetts	1780 (C)	Nenhum requisito	Nenhum requisito	—
	1807[7]			Habitantes de fazendas comerciais não autorizados a votar para governador ou governador interino; isso excluía muitos índios.
Michigan (1837)	1821 (C)	Nenhum requisito	Cidadão	—
	1835 (C)[8]	Branca	Cidadão ou habitante do estado no período da assinatura da Constituição de 1835.	—

519

Alexander Keyssar

	1850 (C)	Branca	Cidadão americano ou habitante residindo no estado em 24 de junho de 1835 ou habitante que declarou sua intenção de tornar-se cidadão.	"Todo habitante civilizado do sexo masculino, de descendência indígena, nativo dos EUA, que não é membro de nenhuma tribo deverá ser eleitor e será autorizado a votar."
Mississipi (1817)	1817 (C)	Branca	Cidadão americano	—
	1832 (C)	Branca	Cidadão americano	—
Missouri (1821)	1820 (C)[9]	Branca	Cidadão americano	—
New Hampshire	1792 (C)	Nenhum requisito	Nenhum requisito	—
	1813 (L)	Nenhum requisito	Cidadão	—
Nova Jersey	1776 (C)	Nenhum requisito	Nenhum requisito	—
	1807 (L)	Branca	Cidadão	—
	1844 (C)	Branca	Cidadão americano	—
Nova York	1777 (C)	Nenhum requisito	Nenhum requisito	—
	1804 (L)	—	Cidadão	—
	1821 (C)	Branca ou "homem de cor" que atende aos requisitos de imposto e propriedade	Cidadão; se "homem de cor", cidadão do estado por 3 anos.	—
	1826 (C)	O mesmo que 1821	O mesmo que 1821	—
	1846 (C)	O mesmo que 1821	Cidadão por 10 dias; se "homem de cor", cidadão por 3 anos.	—
Carolina do Norte	1776 (C)	Nenhum requisito	Nenhum requisito	—
	1835 (C)	Branca[10]	Nenhum requisito	—
Ohio (1803)	1802 (C)[11]	Branca	Nenhum requisito	—
	1809 (L)	—	Cidadão americano	—
	1851 (C)	Branca	Cidadão americano	—

O direito de voto

Pensilvânia	1790 (C)	Nenhum requisito	Cidadão	—
	1838 (C)	Branca	Cidadão americano	—
Rhode Island	1762 (L)	Nenhum requisito	—	Excluídos os membros Narragansett
	1842 (C)	Nenhum requisito	Cidadão americano	—
Carolina do Sul	1790 (C)	Branca	Cidadão do estado	—
	1810 (C)	Branca	Cidadão do estado	—
Tennessee (1796)	1796 (C)	Nenhum requisito	Nenhum requisito	
	1834 (C)	Branca; *"Estipulado* que nenhuma pessoa deve ser impedida de votar em qualquer eleição por causa da cor pelas leis desse Estado, testemunha competente numa corte de justiça contra um homem branco."	Cidadão americano e cidadão do município "no qual ele pode oferecer seu voto" por 6 meses.	
Texas (1845)	1845 (C)	"Índios não tributados, africanos e descendentes de africanos" excluídos.	Cidadão americano ou pessoa "que é, no período de adoção desta Constituição pelo Congresso dos Estados Unidos, um cidadão da República do Texas" ou nenhum requisito se for residente do Texas por 6 meses antes da aceitação da Constituição de 1845 pelo Congresso.	"Índios não tributados" excluídos.
Vermont (1791)	1786 (C)[12]	Nenhum requisito	Nenhum requisito	—
	1793 (C)	Nenhum requisito	Nenhum requisito	—
	1828 (C)	Nenhum requisito	Cidadão americano ou homem livre antes da emenda de 1828.[13]	—
Virginia	1762 (L)	Branca	"Cidadão da *commonwealth*"	—
	1830 (C)	Branca	"Cidadão da *commonwealth*"	—
	1850 (C)	Branca		

521

| Wisconsin (1848) | 1848 (C) | Branca | Cidadão americano ou estrangeiro declarante (ver também americanos nativos) | "Pessoas de sangue indígena que foram um dia declaradas pela lei do Congresso como cidadãos dos Estados Unidos apesar de qualquer lei subsequente do Congresso" ou "pessoas civilizadas de descendência indígena, que não são membros de nenhuma tribo", poderiam votar. |

1 Se não um dos 13 estados originais.
2 (C) = Constituição, (L) = Lei.
3 Entrou em vigor com a condição de estado em 1850.
4 Entrou em vigor com a condição de estado em 1845.
5 A Constituição de 1777 da Geórgia limitou de forma explícita o direito de voto aos brancos, mas as constituições de 1789 e 1798 não o fizeram. Todas as fontes secundárias concordam que os negros não podiam votar, mas o resultado de uma grande pesquisa não revelou um fundamento real claro para essa exclusão – embora haja indícios de que somente os brancos podiam tornar-se cidadãos do estado.
6 Entrou em vigor com a condição de estado em 1820.
7 *In Re Opinion of the Justices* (1807), 3 Mass 568.
8 Entrou em vigor com a condição de estado em 1837.
9 Entrou em vigor com a condição de estado em 1821.
10 "Nenhum negro livre, mulato livre, ou pessoa livre de sangue misto, descendente de ancestrais negros até, e incluindo, a quarta geração (ainda que um ancestral de cada geração possa ter sido uma pessoa branca), deverá votar para os membros do Senado ou da Câmara dos Comuns."
11 Entrou em vigor com a condição de estado em 1803.
12 Entrou em vigor com a condição de estado em 1791.
13 Os não cidadãos continuaram podendo votar nas eleições municipais até 1864.

O direito de voto

TABELA A.5. Cronologia das exclusões de raça: 1790-1855

Ano	Número de estados na União	Número de estados com exclusão de raça	Estados com exclusão de Raça	Ano de adoção do requisito
1790	13	3	Virginia	1762
			Geórgia	1777[1]
			Carolina do Sul	1790
1800	16	5	Delaware	1792
			Kentucky	1799
1810	17	8	Maryland	1801 por lei, 1810 por emenda constitucional.
			Ohio	1803
			Nova Jersey	1807 por lei, 1844 pela Constituição.
1820	23	14	Louisiana	1812
			Indiana	1816
			Mississipi	1817
			Connecticut	1818
			Illinois	1818
			Alabama	1819
1830	24	15	Missouri	1821
1840	26	20	Nova York	1821: Requisitos diferentes para brancos e para "homens de cor".[2]
			Tennessee	1834: Branca, mas "nenhuma pessoa deve ser impedida de votar em qualquer eleição devido à cor, que é agora [...] uma testemunha competente numa corte de justiça contra um homem branco".

523

	1850	1855
	31	31
	25	25
Carolina do Norte	1835	
Arkansas	1836	
Michigan	1837	
Pensilvânia	1838	
Flórida	1845	
Texas	1845	
Iowa	1846	
Wisconsin	1848	
Califórnia	1850	

1 Ver Tabela A.4.
2 Nova York não é contada como um estado com exclusão de raça, embora o requisito formal de propriedade para os "homens de cor" fosse obviamente discriminatório.

O direito de voto

TABELA A.6. As exclusões de indigentes: 1790-1920

Estado	Todos os indigentes	Internos em instituições	Internos impedidos de residência no local da instituição
Arizona	—	—	1910 (C)[1,2]
Arkansas	1873 (C)	—	—
	1874 (C): Sem exclusão		
Califórnia	—	—	1849 (C)[3]
Colorado	—	—	1879 (C)
Connecticut	—	—	1902 (L)[4]
Delaware	1831 (C)	—	1894 (C)
Idaho	—	—	1889 (C)[5]
Illinois	—	—	1877 (L)[6]
Kansas	—	—	1859 (C)[7]
Louisiana	1845 (C)[8]	—	—
	—	1898 (C): Internos de qualquer instituição de caridade, exceto o Lar do Soldado.	
Maine	1819 (C)[9]	—	—
Massachusetts	1821 (C)[10]	—	—
	1881 (L): Veteranos da Guerra Civil isentos.		
Michigan	—	—	1908 (C)[11]
Minnesota	—	—	1857 (C)[12]

525

Missouri	—	1875 (C)	1875 (C)
Montana	—	—	1889 (C)
Nevada	—	—	1864 (C)
New Hampshire	1792 (C)	—	—
	1847 (L): Exclusão pode ser revertida se o custo da assistência social for reembolsado.		
	1881 (L): Veteranos da Guerra Civil dispensados com honra isentos.	—	—
	1901 (L): Pessoas recebendo auxílio dentro de 90 dias da eleição.	—	—
Nova Jersey	1844 (C)	—	—
Nova York	—	—	1894 (C)
Oklahoma	—	1907 (C): Qualquer pessoa mantida em asilo público para indigentes, exceto ex-soldados ou marinheiros federais, confederados e hispanoamericanos.[13]	—
Oregon	—	—	1857 (C)[14]
Pensilvânia	1842 (C)	—	1873 (C)[15]
Rhode Island	1810 (C)	—	—
Carolina do Sul	1895 (C): Indigentes mantidos com auxílio público.	1868 (C)	—

Texas	1876 (C): Indigentes mantidos por qualquer município.
Virginia	1830 (C)[16]
	1902 (C)
Washington	—
West Virginia	1861 (C)

—	—
1902 (C)	
1889 (C)	—

1 (C) = Constituição, (L) = Lei.
2 Entrou em vigor com a condição de estado em 1912.
3 Entrou em vigor com a condição de estado em 1350.
4 "Se qualquer pessoa for mantida em qualquer cidade como indigente mediante pagamento, a esta cidade, de qualquer soma de dinheiro semanal ou outra feita por qualquer outra cidade, sua residência legal para o fim de registro deve ser a cidade em relação a qual ela é tributável."
5 Entrou em vigor com a condição de estado em 1890.
6 Os internos não podem obter residência ao se mudar para uma instituição, mas são considerados residentes do local onde viviam antes da institucionalização; exceção feita aos soldados e marinheiros dispensados com honra.
7 Entrou em vigor com a condição de estado em 1861.
8 Revogado pela Constituição de 1868.
9 Entrou em vigor com a condição de estado em 1820.
10 Em 1811, os indigentes eram excluídos de eleições municipais e distritais (Mass. *Gen. Laws*, 1811, Cap. 9).
11 Os internos não podem obter residência enquanto mantidos em qualquer asilo à custa pública; exceção feita aos soldados, marinheiros e fuzileiros navais dispensados com honra.
12 Entrou em vigor com a condição de estado em 1858.
13 O território de Oklahoma havia excluído os indigentes em 1890.
14 Entrou em vigor com a condição de estado em 1859.
15 Exclusão afirmada pela Suprema Corte de Pensilvânia em 1877, apesar do fato de que os internos em geral não tinham permissão de voltar às suas casas para votar (ver Steinfeld, 1989, p.335).
16 Revogado pela Constituição de 1870.

TABELA A.7. Exclusões do sufrágio por delitos penais: 1790-1857

Estado[1]	Data de requerimento	Exclusão constitucional[2]	Autorização constitucional dos legislativos estaduais para excluir criminosos[3]
Alabama	1819 (C)[4]	—	"Deverá haver legislação para excluir do [...] sufrágio [...] aqueles que, doravante, serão condenados por suborno, perjúrio, falsificação, ou outros crimes e contravenções graves."
Califórnia	1849 (C)[5]	Pessoas condenadas por qualquer crime infamante.	"Deverá haver legislação para excluir do [...] direito de sufrágio aqueles que, doravante, serão condenados por suborno, perjúrio, falsificação, ou outros crimes graves."
Connecticut	1818 (C)	Aqueles condenados por suborno, falsificação, perjúrio, duelo, falência fraudulenta, roubo, ou outro crime pelo qual uma punição hedionda é infligida.	—
Delaware	1831 (C)	Aqueles condenados por um crime.	"O legislativo pode impor a perda do direito de sufrágio como punição para um crime."
Flórida	1838 (C)[6]	—	"Deverá haver legislação feita pela Assembleia Geral para excluir do [...] sufrágio aqueles que terão sido, ou podem vir a ser, condenados por suborno, perjúrio, falsificação, ou outros crimes ou contravenções graves." Além disso, "a Assembleia Geral deverá ter poder de excluir do [...] direito de sufrágio, todas as pessoas condenadas por suborno, perjúrio ou outros crimes infamantes".
Illinois	1818 (C)	—	"A Assembleia Geral deve ter pleno poder para excluir do privilégio de eleger ou de ser eleita, qualquer pessoa condenada por suborno, perjúrio ou qualquer outro crime infamante."
Indiana	1816 (C)	—	"A Assembleia Geral deverá ter poder de privar do direito de sufrágio e de tornar inelegível qualquer pessoa condenada por um crime infamante."

O direito de voto

Iowa	1851 (C)	"A Assembleia Geral terá poder de privar do direito de sufrágio e de tornar inelegível qualquer pessoa condenada por um crime infamante."
Kentucky	1846 (C)	Aqueles condenados por algum crime infamante.
	1792 (C)	"Deverá haver legislação para excluir do [...] sufrágio... aqueles que doravante serão condenados por suborno, perjúrio, falsificação, ou outros crimes e contravenções graves."
	1850 (C)	"Deverá haver legislação para excluir do [...] sufrágio [...] os que são condenados por suborno, perjúrio, falsificação, ou outros crimes e contravenções graves."
Louisiana	1812 (C)	Pessoas envolvidas em duelo com armas mortais contra um cidadão de Louisiana. "Deverá haver legislação para excluir do [...] sufrágio aqueles que, doravante, serão condenados por suborno, perjúrio, falsificação, ou outros crimes e contravenções graves."
	1845 (C)	As pessoas "sob interdição" ou "sob condenação de qualquer crime punível com trabalhos forçados".
Maryland	1851 (C)	As pessoas "condenadas por apropriação indébita ou outro crime infamante", a menos que perdoadas pelo executivo; as pessoas condenadas por suborno nas eleições "para sempre impedidas de votar".
Minnesota	1857 (C)[7]	Aqueles condenados por traição ou crime até recuperar os direitos civis.
Mississipi	1817 (C)	"Deverá haver legislação para excluir do [...] sufrágio... aqueles que, doravante, serão condenados por suborno, perjúrio, falsificação, ou outros crimes e contravenções graves."
Missouri	1820 (C)[8]	Pessoas condenadas por suborno eleitoral, por 10 anos. "A Assembleia Geral terá o poder de excluir [...] do direito de sufrágio todas as pessoas condenadas por suborno, perjúrio, ou outros crimes infamantes."
Nova Jersey	1844 (C)	Aqueles condenados por crimes, a menos que perdoados, ou que tiverem recuperado seu direito de sufrágio legalmente. "A legislatura pode aprovar leis para privar as pessoas condenadas por suborno do direito de sufrágio."

Nova York	1821 (C)	—	"Poderá ser aprovada a legislação para excluir do direito de sufrágio as pessoas [...] condenadas por crimes infamantes."
	1846 (C)	—	"Poderá ser aprovada a legislação excluindo do direito de sufrágio todos que foram ou podem ser condenados por suborno, apropriação indébita, ou qualquer outro crime infamante", e por apostas nas eleições."
Ohio	1802 (C)[9]	—	"O legislativo deverá ter pleno poder de excluir do privilégio de votar [...] qualquer pessoa condenada por suborno, perjúrio, ou outros crimes infamantes."
	1851 (C)	—	"A Assembleia Geral deverá ter pleno poder de excluir do privilégio de votar [...] qualquer pessoa condenada por suborno, perjúrio, ou outros crimes infamantes."
Oregon	1857 (C)[10]	Aqueles condenados por crimes puníveis com a prisão.	—
Rhode Island	1842 (C)	Aqueles condenados por suborno ou qualquer crime julgado infamante pelo Direito Comum até que seu direito de sufrágio seja expressamente restituído por lei da Assembleia Geral.	—
Tennessee	1834 (C)	—	"Poderá ser aprovada a legislação para excluir do direito de sufrágio as pessoas que possam ser condenadas por crimes infamantes."
Texas	1845 (C)	—	"Deverá haver legislação para excluir [...] do direito de sufrágio aqueles que doravante serão condenados por suborno, perjúrio, falsificação ou outros crimes graves."
Vermont	1793 (C)	"Qualquer eleitor que receba qualquer presente ou recompensa por seu voto, em alimento, bebida, dinheiro ou outros, deverá perder seu direito de votar nessa ocasião e sofrer as outras penalidades impostas por lei."	A Suprema Corte Estadual autorizada até a década de 1830 a cassar aqueles culpados de suborno, corrupção ou outros crimes.
Virginia	1830 (C)	Aqueles condenados por um crime infamante.	—
	1850 (C)	Aqueles condenados por suborno eleitoral ou um crime infamante.	—

O direito de voto

| Wisconsin | 1848 (C) | As pessoas "condenadas por traição ou crime [...] a menos que seus direitos civis tenham sido restabelecidos". Além disso, uma exclusão permanente por envolvimento direto ou indiretos em duelos. | "Poderá ser aprovada a legislação para excluir do direito de sufrágio todas as pessoas [...] condenadas por suborno, apropriação indébita, ou qualquer crime infamante," e apostas nas eleições. |

1 Os estados não listados não tinham prescrições para a exclusão de crimes.
2 Em 1837, o Arkansas aprovou uma lei excluindo os criminosos sem qualquer autorização constitucional prévia aparente.
3 É provável que todos os legislativos estaduais que foram instruídos (em vez de simplesmente autorizados) a aprovar leis restritivas, fizeram-no. Entre os estados onde os legislativos eram autorizados mas não solicitados a aprovar a legislação, foram aprovadas leis em Delaware, Illinois, Indiana, Louisiana, Missouri, Nova York, Ohio e Tennessee.
4 (C) = Constituição.
5 Entrou em vigor com a condição de estado em 1850.
6 Entrou em vigor com a condição de estado em 1845.
7 Entrou em vigor com a condição de estado em 1858.
8 Entrou em vigor com a condição de estado em 1821.
9 Entrou em vigor com a condição de estado em 1803.
10 Entrou em vigor com a condição de estado em 1859.

TABELA A.8. Mudanças na força de trabalho em estados selecionados: 1820-1850

Estado	Proporção de pessoas ocupadas com agricultura em relação às pessoas nas áreas de comércio e produção			Número de empregados na produção	
	1820	1840	1850	1820	1850
Maine	4,6	4,1	2,0	7.643	28.078
New Hampshire	5,4	4,0	1,7	8.699	27.092
Massachusetts	1,4	0,9	0,4	33.464	165.938
Rhode Island	1,7	0,7	0,4	6.091	20.881
Connecticut	2,4	1,8	0,8	17.541	47.770
Vermont	5,5	5,0	2,8	8.484	8.445
Nova York	3,6	2,3	1,0	60.038	199.349
Nova Jersey	2,3	1,9	0,7	15.941	37.311
Pensilvânia	2,1	1,7	0,8	60.215	146.766
Delaware	4,0	3,5	1,4	2.821	3.888
Maryland	3,4	2,8	0,6	18.640	30.124
Ohio	5,4	3,6	1,9	18.956	51.489
Indiana	16,8	6,3	3,6	3.229	14.342
Illinois	10,0	6,7	3,9	1.007	12.065
Missouri	5,8	6,8	2,2	1.952	16.850
Michigan	2,5	7,4	2,9	196	9.290

Fontes: Censo E.U. 1820, *Aggregate Amount of Each description of Persons in the United States* (Washington, DC, 1821), p.1; Censo E.U. 1850, *Occupations of the Male Inhabitants*, v.1 (Washington, DC, 1853), p.lxvii-xxx; Censo E.U. 1850, *Compendium of the Seventh Census* (Washington, DC, 1854), p.125-129.

O direito de voto

TABELA A.9. Sumário dos requisitos de sufrágio em vigor: 1855

Estado	Raça	Residência[1]	Cidadania	Propriedade	Tributação	Serviço Militar: guarnição não pode obter residência ou votar	Exclusão criminal em vigor ou autorizada pela Constituição do Estado	Outras exclusões
Alabama: Constituição de 1819	Branca	1 ano no estado, 3 meses no município, cidade ou vila	Cidadão EUA	—	—	Sim*	Sim	—
Arkansas: Constituição de 1836	Branca	6 meses no estado	Cidadão EUA; cidadão do estado por 6 meses.	—	—	Sim*	Sim	—
Califórnia: Constituição de 1849	Branca	6 meses no estado; 30 dias no município ou distrito	Cidadão EUA	—	—	Sim	Sim	Idiotas, pessoas insanas
Connecticut:[2] Constituição de 1818, emendas de 1845 e 1855	Branca	1 ano no estado, 6 meses na cidade	Cidadão EUA	—	—	—	Sim	Alfabetização
Delaware: Emenda de 1831	Branca	1 ano no estado, 6 meses no município	Cidadão	—	Pagou taxa municipal no período de 2 anos, fixada 6 meses antes da eleição; isento, se menor que 22 anos.	Sim	Sim	Indigentes, idiotas, pessoas insanas

533

Flórida: Constituição de 1838, Emenda de 1847	Branca	1 ano no estado, 6 meses no município	Cidadão EUA	—	—	—	—	—
Geórgia: Constituição de 1798	Branca (ver Tabela A.4)	6 meses no município	Cidadão do estado	—	Pagou todas as taxas no ano anterior à eleição	—	—	—
Illinois: Constituição de 1848	Branca	1 ano no estado[3]	Cidadão[4]	—	—	Sim	Sim	—
Indiana: Constituição de 1851	Branca	6 meses no estado, 60 dias no distrito municipal, 30 dias no distrito eleitoral	Cidadão EUA ou estrangeiro declarante com 1 ano de residência nos EUA	—	—	Sim*	Sim	—
Iowa: Constituição de 1846	Branca	6 meses no estado, 20 dias no município	Cidadão EUA	—	—	Sim	Sim	Idiotas, pessoas insanas
Kentucky: Constituição de 1850	Branca	2 anos no estado ou 1 ano no município, cidade, ou vila 60 dias no distrito eleitoral	Cidadão	—	—	—	Sim	—
Louisiana: Constituição de 1852	Branca	12 meses no estado, 6 meses na comarca	Cidadão EUA	—	—	Sim*	Sim	Indigentes
Maine: Constituição de 1819	"Índios não tributados excluídos"	3 meses no estado	Cidadão EUA	—	—	Sim	—	Indigentes, pessoas sob tutela

O direito de voto

Maryland: Constituição de 1851	Branca	1 ano no estado, 6 meses no município ou em Baltimore	Cidadão EUA	—	—	Sim	Qualquer pessoa "sob tutela, como um maluco ou [...] *non compos mentis*"
Massachusetts: Constituição de 1780, Emenda de 1821	Os índios vivendo em fazendas constituídas não podem votar para governador ou seu suplente	1 ano no estado, 6 meses na cidade ou distrito	Cidadão	Pagou alguma taxa estadual ou municipal fixada no período de 2 anos, exceto se legalmente isento	—	—	Indigentes, pessoas sob tutela
Michigan: Constituição de 1850	Branca ou índios "civilizados do sexo masculino", "não membros de nenhuma tribo"	Cidadãos, 6 meses no estado, 20 dias no distrito municipal; estrangeiro declarante, 2 anos no estado, 6 meses no município	Cidadão EUA ou habitante do estado em 24 de junho de 1835 ou 1° de janeiro de 1850, ou estrangeiro declarante	—	Sim	—	—
Mississipi: Constituição de 1832	Branca	1 ano no estado, 4 meses no município, cidade, ou vila	Cidadão EUA	—	—	Sim	—
Missouri: Constituição de 1820	Branca	1 ano no estado, 3 meses no município ou distrito	Cidadão EUA	—	Sim*	Sim	—
New Hampshire: Constituição de 1792, Lei de 1847	—	6 meses no estado, 3 meses na cidade	Cidadão	Taxa de votação[5]	—	—	Indigentes

535

Nova Jersey: Constituição de 1844	Branca	1 ano no estado, 5 meses no município	Cidadão EUA	—	—	Sim	Indigentes, idiotas, pessoas insanas
Nova York: Constituição de 1846	Requisito distinto para "homens de cor"	1 ano no estado, 4 meses no município, 30 dias no distrito	Cidadão por 10 dias; se "homem de cor", cidadão do estado por 3 anos	Para "homens de cor" apenas**	Se "homem de cor", deve ter pago imposto sobre bens.[6]	Sim	—
Carolina do Norte: Constituição de 1776, Emendas de 1835 e 1854	Branca	—	—	—	Deve ter pago "taxas públicas".	—	—
Ohio: Constituição de 1851	Branca	1 ano no estado, residente do município ou distrito municipal, "conforme seja apresentado por lei"	Cidadão EUA	—	—	Militares alocados no estado não podem obter residência	Sim
Pensilvânia: Constituição de 1838	Branca	1 ano no estado, 10 dias no distrito eleitoral	Cidadão EUA	—	Taxas pagas, estaduais ou municipais, no período de 2 anos, fixadas 10 dias antes das eleições; menores que 22 anos isentos.	—	Idiotas, pessoas insanas

O direito de voto

Rhode Island: Constituição de 1842	—	1 ano no estado, 6 meses na cidade ou vila (requis. propriedade); 2 anos no estado, 6 meses na cidade ou município (requis. imposto)	Cidadão EUA	Cidadãos não nativos devem ter propriedade no valor de $134 ou alugar tal propriedade por $7 por ano	Cidadãos nativos do sexo masc. pagarão taxa de $1 ou dever militar de um dia no ano anterior à eleição	Sim	Sim	Indigentes, malucos, pessoas *non compos mentis*, pessoas sob tutela
Carolina do Sul: Constituição de 1790, Emenda de 1810	Branca	2 anos no estado; 6 meses no distrito se não atender requisito de propriedade alodial	Cidadão do estado	Propriedade alodial de 50 acres de terra ou terreno na cidade possuído por 6 meses; ou residente do distrito por 6 meses	—	Sim[7]	—	Indigentes
Tennessee: Constituição de 1834	Branca[8]	6 meses no município	Cidadão EUA	—	—	—	Sim	—
Texas: Constituição de 1845	"Índios não tributados, africanos e descendentes de africanos excluídos"	1 ano no estado, 6 meses no município, distrito, cidade ou vila.	Cidadão EUA[9]	—	—	Sim*	Sim	—
Vermont: Constituição de 1793, Emenda de 1828	—	1 ano no estado	Cidadão EUA, ou homem livre antes de 1828 (exceto em eleições locais)	—	—	—	Sim	Requisito de "conduta calma e pacífica"

537

Virgínia: Constituição de 1850	Branca	2 anos no estado, 12 meses no município, cidade ou vila	Cidadão da *commonwealth*	—	—	Sim[10]	Indigentes, pessoas de "mente perturbada"
Wisconsin: Constituição de 1848	Branca, ou "de sangue indígena" que são cidadãos dos EUA ou "civilizados" e "não são membros de nenhuma tribo"	1 ano no estado	Cidadão EUA, ou estrangeiro declarante ou americano nativo como especificado	—	—	Sim	Pessoas sob tutela, *non compos mentis*, ou insanas

* Todos os militares excluídos de votar, sem menção de residência.
** Ver Tabela A.2 para os detalhes.
1 Na maioria dos estados, a residência não podia ser ganha ou perdida por: empregos ao serviço dos Estados Unidos ou do Estado; navegação dos cursos de água do Estado ou no alto mar; participação numa faculdade ou escola de educação superior; residência num asilo de pobres ou asilo com recursos públicos, ou confinamento na prisão.
2 Os eleitores também tinham que "manter um bom caráter moral".
3 Ou residente em 1º de abril de 1848.
4 A menos que se trate de um habitante do estado em 1º de abril de 1848.
5 Aqueles dispensados do pagamento de impostos por solicitação própria eram excluídos, mas podiam recuperar o direito de voto após pagar todos os impostos lançados no ano anterior à eleição.
6 Os "homens de cor" eram isentos de tributação direta do Estado, a menos que possuíssem uma propriedade do valor de $250.
7 Os "suboficiais e os soldados rasos dos Estados Unidos" eram excluídos.
8 O Tennessee estipulou que os eleitores deviam ser brancos, mas acrescentou que "nenhuma pessoa deve ter o voto desqualificado em nenhuma eleição por causa da cor, que agora é pelas leis deste estado, testemunha competente perante um tribunal de justiça contra um homem branco".
9 Ou a pessoa que era, na época da soberania de Estado, um cidadão da República do Texas, ou residente do Texas durante os seis meses "imediatamente anteriores à aceitação desta Constituição pelo Congresso dos Estados Unidos".
10 Os "suboficiais e os soldados rasos dos Estados Unidos" excluídos; militares estacionados no estado não podem obter residência.

TABELA A.10. Estados com requisito de contribuição tributária para o sufrágio: 1870- 1921

Estado	Data do requisito	Requisito de pagamento de imposto[1]
Alabama	1901 (C)[2]	Um imposto de votação de $1,50 para aqueles com idade entre 21 e 45 anos; o poder legislativo autorizado a aumentar idade máxima a "não mais de 60 anos". Após 1º de janeiro de 1903, se estiver usando o requisito de propriedade em vez do de alfabetização, deve ter pago todos os impostos sobre essa propriedade.
Arizona	1910 (C)[3]	"As dúvidas sobre emissões de títulos financeiros ou avaliações especiais serão submetidas à votação dos contribuintes de impostos sobre propriedade de imóveis."
Arkansas	1893 (C)	Imposto de votação. Deve apresentar recibo ou outro comprovante de pagamento do imposto.
Delaware	1897 (C)	O requisito de imposto de 1831 foi revogado.
Flórida	1885 (C)	"O legislativo terá o poder de tornar o pagamento do imposto de capitação um pré-requisito para a votação, e todos os impostos recebidos devem ir para o fundo escolar."
Geórgia	1889 (L)	Imposto de votação de $1.
	1866 (L)	Imposto de votação de $1.
	1868 (C)	Devem ser pagas as taxas requeridas pela eleição do ano anterior.
	1907 (L)	Devem ser pagas todas as taxas desde a Constituição de 1877 pelo menos 6 meses antes das eleições.
Kansas	1905 (L)	Só os contribuintes votam para os funcionários distritais de drenagem.
Kentucky	1892 (L)	A municipalidade pode requerer o imposto de votação na eleição municipal.
Louisiana	1898 (C)	Se menor de 60 anos, deve ter pago o imposto de votação de $1 por ano, durante dois anos. Se estiver usando o requisito de propriedade em vez do de alfabetização, deve ter pago todos os impostos sobre essa propriedade.
	1921 (C)	Revogado.
Maryland	—	O Legislativo promulgou diversas leis permitindo que diferentes comunidades restringissem o direito de voto municipal aos contribuintes.
	1908 (L)	Requisito de contribuição tributária para as eleições locais em Annapolis, a menos que outros critérios fossem atendidos.[4]
Massachusetts	1881 (C)	Isenção do imposto de votação para veteranos da Guerra Civil que eram indigentes.

Mississipi	1891 (C)	Revogado o requisito de imposto de 1821.
	1890 (C)	Pagos todos os impostos dos 2 anos anteriores até 1º de fevereiro do ano da eleição. Isenção para os ministros com 6 meses de residência no distrito. $2 imposto de votação, exceto para as pessoas "surdas e mudas ou cegas, ou que são mutiladas pela perda da mão ou do pé; o referido imposto deve ser uma garantia só em relação à propriedade tributável".
Montana	1889 (C)	"Após todas as questões submetidas à votação dos contribuintes do Estado ou qualquer divisão política dos mesmos, as mulheres que são contribuintes e possuem as qualificações para o direito de sufrágio exigido por homens por esta Constituição igualmente, com os homens, têm o direito de votar."
Nevada	1864 (C)	O imposto de votação anual "e o legislativo poderá, a seu critério, tornar esse pagamento uma condição para o direito de voto". O pagamento de imposto de votação não é obrigatório para aqueles do Exército ou da Marinha.
	1865 (L)	Todos os habitantes do sexo masculino com idades entre 21 e 60 anos devem pagar o imposto de votação de $4, a menos que isentos por lei.
New Hampshire	1902 (C)	Exclui pessoas dispensadas do pagamento de impostos a seu próprio pedido.
	1913 (L)	Um imposto de votação de $2 para cada habitante do sexo masculino entre 21 e 70 anos, exceto indigentes, pessoas insanas ou outros isentos por lei.
Nova York	1910 (L)	Para votar para os agentes do distrito escolar, deve possuir propriedade no distrito passível de tributação para fins escolares, ou ser o pai ou tutor de uma criança em idade escolar.
Carolina do Norte	1876 (C)	Imposto de votação.
Oklahoma	1907 (L)	Os contribuintes só podem votar para autorizar a contração de dívidas pela cidade ou vila.
Pensilvânia	1873 (C)	Impostos estaduais ou municipais pagos pelo menos 1 mês antes da eleição.
	1913 (L)	Impostos pagos durante ou antes do último dia do registro.
Rhode Island	1888 (C)	Requisito de propriedade revogado para as eleições estaduais, mas uma taxa de registro de $1 ou outro imposto deve ser pago. Para votar nas eleições municipais ou em qualquer proposição para instituir um imposto, deve ser pago um imposto sobre a propriedade no valor de pelo menos $134.
	1896 (C)	"Nenhuma pessoa poderá em nenhum momento ser autorizada a votar na eleição do Conselho Municipal de qualquer cidade, ou em qualquer proposição para instituir um imposto, ou para o dispêndio de dinheiro em qualquer vila ou cidade, a menos que, durante o ano imediatamente anterior, ela tenha pago um imposto lançado sobre sua propriedade com o valor de pelo menos $134."

O direito de voto

Carolina do Sul	1895 (C)	Imposto de votação; se fizer o registro pela primeira vez após 1º de janeiro de 1898, deverá pagar todas as taxas sobre a propriedade coletáveis nos anos anteriores. Comprovante de pagamento necessário. Além disso, a alternativa propriedade/pagamento de impostos no lugar do teste de alfabetização: pagar todas as taxas coletáveis durante o ano anterior sobre a propriedade avaliada em $300 ou mais.
Tennessee	1870 (C)	Imposto de votação. Comprovante de pagamento necessário.
Texas	1876 (C)	Deve ser pago o imposto sobre a propriedade para votar nas eleições municipais para "determinar as despesas de dinheiro ou contração de dívidas".
	1883 (C)	Imposto de votação de $1.
	1902 (L)	Pagar o imposto de votação e apresentar o recibo até 1º de fevereiro do ano eleitoral.
	1910 (L)	Isenções do imposto de votação para pessoas com mais de 60 anos, índios não tributados, pessoas insanas, cegos, surdos e mudos, pessoas que perderam a mão, pessoas que perderam o pé, pessoas com deficiência permanente.
Utah	1896 (C, L)	Os municípios, cidades e distritos escolares podem incorrer em dívida somente se aprovadas por maioria de contribuintes proprietários.
Vermont	1915 (L)	Para as reuniões municipais, os impostos com vencimento em 15 de fevereiro pagos antes da reunião, a menos que haja isenção de impostos.
Virginia	1876 (C)	Pagar a taxa de capitação requerida por lei no ano precedente à eleição.
	1902 (C)	Se estiver usando o requisito de propriedade como alternativa ao de alfabetização entre 1902 e 1903, deve ter pago "impostos estaduais agregando pelo menos um dólar" na propriedade. Se registrado após 1º de janeiro de 1904, deve ter pago os impostos de votação pelos três anos que antecederam o registro, pelo menos 6 meses antes da eleição. Isenção para os veteranos da Guerra Civil.

1 Para os requisitos de pagamento de impostos anteriores a 1870, ver Tabela A.2. Após 1870, esses requisitos permaneceram em vigor em Delaware, Massachusetts, New Hampshire, Pensilvânia e Rhode Island.
2 (C) = Constituição; (L) = Lei.
3 Entrou em vigor com a condição de estado em 1912.
4 Declarado inconstitucional em 1915 por causa da cláusula de isenção por direitos adquiridos.

541

TABELA A.11. Estados com requisito de propriedade para o sufrágio: 1870-1920

Estado	Data do requisito	Requisito de propriedade[1]
Alabama	1875 (C)[2]	Interdição constitucional de requisitos de educação ou de propriedade para o sufrágio.
Arizona	1901 (C)	Isento do requisito de alfabetização se possuir 40 acres de terra ou bens imóveis avaliados em $300.
	1910 (C)[3]	"As dúvidas sobre emissões de títulos financeiros ou avaliações especiais serão submetidas à votação dos contribuintes de impostos sobre propriedade de imóveis."
Geórgia	1907 (L)	Os proprietários de pelo menos 40 acres de terras avaliadas para tributação em $500 são isentos do requisito de alfabetização.
Idaho	1889 (C)[4]	Interdição constitucional de requisitos de propriedade para a votação, exceto em eleições escolares, eleições criando endividamento, ou eleições distritais de irrigação.
Louisiana	1898 (C)	Os donos de propriedade no valor de $300 com todos os impostos pagos são isentos do requisito de alfabetização.
Maryland	1921 (C)	Nenhum requisito.
	—	O Legislativo aprova leis para diversas cidades e vilas que permitem restrições de sufrágio municipal aos proprietários de imóveis.[5]
Michigan	1908 (C)	Deve possuir bens tributáveis no distrito ou território para votar sobre qualquer questão "que envolve as despesas diretas de dinheiro público ou a emissão de obrigações".
Nebraska	1881 (L)	Pode votar para o conselho escolar somente se for pai de uma criança em idade escolar, ou possuir bens imóveis, ou for tributado por propriedade pessoal.
Nova York	1910 (L)	Para votar para os agentes do distrito escolar deve ter propriedade no distrito passível de tributação para fins escolares, ou ser o pai ou tutor de uma criança em idade escolar.
Oregon	1898 (L)	Para votar na eleição da escola deve ter uma propriedade com o valor de pelo menos $100 ou crianças em idade escolar.
Rhode Island	1888 (C)	Revogado o requisito de propriedade para as eleições estaduais. Para votar nas eleições da Câmara Municipal em qualquer lugar, ou "sobre qualquer proposição para instituir um imposto, ou para o dispêndio de dinheiro em qualquer vila ou cidade", deve pagar um imposto lançado sobre a propriedade no valor de pelo menos $134.

O direito de voto

	1896 (L)	Donos de propriedade isentos do requisito de registro.
Carolina do Sul	1895 (C)	Se registrado após 1º de janeiro de 1898, alternativa de propriedade/contribuição tributária ao teste de alfabetização: pagos todos os impostos dedutíveis durante o ano anterior sobre a propriedade avaliada em $300 ou mais.
Texas	1876 (C)	Ver Tabela A.10.
Utah	1895 (C)[6]	"Exceto nas eleições que cobram um imposto especial, ou criam endividamento, nenhum requisito de propriedade será exigido de qualquer pessoa para votar ou ocupar cargos."
Virginia	1902 (C)	Em 1902 e 1903 uma alternativa de requisito de propriedade no lugar do de alfabetização. A Assembleia Geral pode prescrever o requisito de propriedade não superior a $250 para as eleições do município, cidade ou vila.

1 Para os requisitos de propriedade antes de 1870, ver Tabela A.2. O requisito de propriedade de 1842 de Rhode Island permaneceu em vigor até 1888.
2 (C) = Constituição; (L) = Lei.
3 Entrou em vigor com a condição de estado em 1912.
4 Entrou em vigor com a condição de estado em 1890.
5 Esta prática foi confirmada pela Corte de Apelações de Maryland em *Hanna versus Young*, 84 Md. 179 (1896).
6 Entrou em vigor com a condição de estado em 1896.

TABELA A.12. Estados com prescrições especiais que afetam estrangeiros e imigrantes: 1870-1926

Estado	Estrangeiros declarantes com permissão para votar	Término da votação do estrangeiro declarante	Cidadãos naturalizados devem mostrar documentos de naturalização	Períodos de espera e outras restrições
Alabama	1867 (C)[1]	1901 (C)	—	—
Arkansas	1868 (C)	1926 (C)	—	—
Califórnia	—	—	1872 (L)	1879 (C): Naturalização 90 dias antes da eleição.
Colorado	1876 (C)	1902 (C)	1891 (L): Se exigido	1876 (C): Declarante 4 meses antes da eleição
Connecticut	—	—	1902 (L)	—
Flórida	1868 (C)	1895 (L)	1868 (C)	—
Geórgia	1868 (C)	1877 (C)	—	—
Indiana	1851 (C)	1921 (C)	—	—
Kansas	1859 (C)[2]	1917 (C)	—	—
Louisiana	1879 (C)	1898 (C)	—	—
Massachusetts	—	—	1855 (L)	1855 (L): Deve ser naturalizado mais de 30 dias antes do registro
				1887: Lei de 1885 declarada inconstitucional.[3]
Michigan	1850 (C)	1894 (C)[4]	—	1850 (C): Declarante 6 meses antes da eleição.
Minnesota	—	—	—	1857 (C):[5] Cidadão dos EUA por 3 meses

O direito de voto

Missouri	1870 (C)	1924 (C)	1883 (L)	1870 (C): Declarante "não menos que um ano, não mais que 5 anos antes de se oferecer para votar".
Montana	1889 (C): Por 5 anos após a adoção desta Constituição.	1894 (C)	1909 (L)	—
Nebraska	1867 (C)	1918 (C)	—	—
	1875 (C)	—	—	1875 (C): Declarante pelo menos 30 dias antes da eleição.
Nevada	—	—	1913 (L)	—
Nova Jersey	—	—	1888 (L)	—
Nova York	—	—	1866 (L)	1846 (C): Cidadão por 10 dias.
	—	—	—	1874 (C): Cidadão por 20 dias.
	—	—	—	1894 (C): Cidadão por 90 dias.
Dakota do Norte	1889 (C)	1913 (C)	—	1889 (C): Declarante pelo menos 1 ano e não mais que 6 anos antes da eleição.
Ohio	—	—	1857 (L)	—
Oregon	1857 (C)[6]	1914 (C)	—	1857 (C):[7] Declarante 1 ano antes da eleição.
Pensilvânia	—	—	1915 (L)	1873 (C): Cidadão dos EUA por um mês.
Rhode Island	—	—	1912 (L)	—
Dakota do Sul	1889 (C)	1918 (C)	—	—

545

Texas	1869 (C)	1918 (L): Revogado para as primárias.	1896 (C): Declarante não menos que 6 meses antes da eleição.
	1876 (C)	1921 (L): Revogado para todas as eleições.	1918 (L): Sem intérpretes nas votações. Sem ajuda dos juízes eleitorais a menos que cidadão por 21 anos.
Utah	—	—	1895 (C):[8] Cidadão dos EUA por 90 dias.
Washington	—	—	1912 (L): Cidadãos naturalizados devem saber ler e escrever a língua inglesa, a menos que incapacitados.
West Virginia	—	—	—
Wisconsin	1848 (C)	1908 (C)[9]	—
Wyoming	1889 (C):[10] Permite a expiração do voto estrangeiro em 1895.	1895 (C)	—
		1908 (L)	—

1 (C) = Constituição, (L) = Lei.
2 Entrou em vigor com a condição de estado em 1861.
3 *Kineen versus Wells* (1887) 11 Ne. 916.
4 Os habitantes que residiam em Michigan em 24 de junho de 1835 ou 1° de janeiro de 1850, e aqueles nascidos no estrangeiro que declararam intenção de se tornar cidadãos dos EUA 2 anos e 6 meses antes de 8 de novembro de 1894 permanecem autorizados a votar.
5 Entrou em vigor com a condição de estado em 1858.
6 Entrou em vigor com a condição de estado em 1859.
7 Entrou em vigor com a condição de estado em 1859.
8 Entrou em vigor com a condição de estado em 1896.
9 Para ser habilitado a votar, os cidadãos devem ter declarado antes de 1° de dezembro de 1908 sua intenção de se tornar cidadãos. O direito de voto sob esta prescrição expirou em 1° de dezembro de 1912.
10 Entrou em vigor com a condição de estado em 1890.

O direito de voto

TABELA A.13. Requisitos de alfabetização para o sufrágio: 1870-1924

Estado[1]	Requisitos de alfabetização	Isenções	Assistência aos analfabetos
Alabama	1875 (C):[2] "Nenhum requisito de educação para o sufrágio [...] será feito pela lei." 1901 (C): Após 1º de janeiro de 1903, deve ser capaz de "ler ou escrever qualquer artigo da Constituição dos Estados Unidos na língua inglesa".	— 1901 (C): Aqueles incapazes de ler ou escrever por incapacidade física; donos de 40 acres de propriedade ou bens imóveis avaliados para taxação em $300.	—
Arizona	1912 (L): Deve ser capaz de "ler a Constituição dos EUA na língua inglesa de maneira que mostre que não decorou nem está recitando de memória; e de escrever seu nome".	—	—
Arkansas	—	—	1891 (L): Juízes eleitorais podem dar ajuda aos analfabetos.
Califórnia	1911 (C): Exclui aqueles "que não sabem ler a Constituição na língua inglesa nem escrever seu nome".	1911 (C): Aqueles com deficiências físicas; os que já estão emancipados; os que têm mais que 59 anos quando a emenda entrar em vigor.	—
Colorado	1876 (C): "A Assembleia Geral pode prescrever, por lei, uma qualificação educacional para os eleitores, mas essa lei não entrará em vigor antes de" 1890.	—	1891 (L): Assistência a qualquer votante que declarar sob juramento que não sabe ler nem escrever. Haverá intérpretes para quem não sabe falar ou compreender a língua inglesa.
Connecticut	1855 (C): Deve ser capaz de ler qualquer artigo da Constituição ou qualquer seção das leis estaduais.	1855 (C): Aqueles que podiam votar antes de 1855.	—

547

Delaware	1902 (L): Deve "ler pelo menos três linhas da Constituição ou das leis de seu estado, exceto o título ou a cláusula em vigor, de modo a mostrar que não recebe ajuda nem está recitando de memória".	1902 (L): Ninguém será considerado não qualificado para votar por razão de cegueira ou defeito de visão.	—
Flórida	1897 (C): Deve ser capaz de ler a Constituição e escrever o nome ao se tornar qualificado para votar após 1° de janeiro de 1900.	1897 (C): Aqueles que não podem ler ou escrever devido a incapacidades físicas.	—
	1868 (C): A Constituição autoriza requisitos de educação, mas nenhum aprovado pelo Legislativo.		1877 (L)
	1885 (C): Sem requisito.		
Geórgia	1907 (L): Deve ser capaz de ler em inglês qualquer parágrafo da Constituição estadual ou dos EUA e escrever o mesmo em inglês.	1907 (L): Todos os veteranos de todas as guerras e seus descendentes; "todas as pessoas de bom caráter que entendem os deveres e obrigações da cidadania sob uma forma republicana de governo"; aqueles que são impedidos de ler e de escrever por incapacidade física mas conseguem entender e interpretar de modo racional a Constituição do estado ou dos EUA; os donos de pelo menos 40 acres de terra avaliados para tributação em \$500.	—
Illinois	—	—	
Kentucky	—	—	1891 (L): Qualquer eleitor que declarar sob juramento que não sabe ler a língua inglesa será auxiliado a marcar sua cédula. 1890 (C): O legislativo irá "providenciar que as pessoas analfabetas, cegas, ou de qualquer modo incapazes, possam ter suas cédulas marcadas conforme aqui exigido".

O direito de voto

Louisiana	1898 (C): Deve demonstrar capacidade de ler ou escrever em inglês ou língua nativa.	1898 (C): Donos de propriedade; aqueles que podiam votar em ou antes de 1º de janeiro de 1867 e seus filhos e netos; homens estrangeiros naturalizados antes de 1º de janeiro de 1898, se registrados antes de 1º de setembro de 1898 e se residentes no estado por 5 anos antes do registro.	—
	1921 (C): Deve demonstrar capacidade de ler ou escrever em inglês ou língua nativa.	1921 (C): Aqueles incapacitados fisicamente; também os de "bom caráter e reputação, dedicados aos princípios da Constituição dos EUA e do Estado da Louisiana, e [...] capazes de compreender e dar uma interpretação sensata de qualquer seção de uma ou outra Constituição quando lida para eles pelo oficial de registros, e devem ser favoráveis à boa ordem e felicidade do Estado da Louisiana e dos Estados Unidos e devem entender os deveres e as obrigações da cidadania sob uma forma republicana de governo".	Se incapacitados.
Maine	1893 (C): Deve ser capaz de ler a Constituição em inglês e escrever seu nome.	1893 (C): Aqueles impedidos de ler ou escrever por enfermidades físicas; os de 60 anos ou mais na época da emenda.	—
Massachusetts	1857 (C): Deve ser capaz de ler a Constituição em inglês e escrever seu nome.	1857 (C): Aqueles com incapacidades físicas; também "qualquer pessoa que agora tem o direito de votar," e aquelas "que terão 60 anos ou mais quando esta emenda entrar em vigor".	—
	1892 (L): Deve ser capaz de ler a Constituição Estadual em inglês e escrever seu nome.	1892 (L): "Aqueles que não podem ler ou escrever por incapacidade física ou [...] aqueles que obtiveram o direito de votar em 1º de maio de 1857."	—
Mississipi	1868 (C): Não se deverá exigir qualificação educacional de nenhuma pessoa para que se torne um eleitor.	—	

Missouri	1890 (C): "Em ou após o primeiro dia de janeiro, d.C., 1892, todo eleitor deverá [...] ser capaz de ler qualquer seção da Constituição deste Estado; ou deverá ser capaz de compreender a mesma quando for lida para ele, ou de dar à mesma uma interpretação sensata."	1865 (C): Aqueles que eram eleitores habilitados antes de 1º de janeiro de 1876, e aqueles impedidos de ler e escrever por incapacidade física.
	1865 (C): Após 1º de janeiro de 1876, deve ser capaz de ler e escrever.	
New Hampshire	1875 (C): Nenhum requisito	
	1902 (C): Deve ser capaz de ler a Constituição em inglês e de escrever.	1902 (C): Aqueles atualmente emancipados; aqueles com 60 anos ou mais em 1º de janeiro de 1903, e aqueles com incapacidade física que os impeça de atender ao requisito.
Novo México	1910 (C):[3] "O direito de votar [...] nunca deverá ser restrito, reduzido, ou prejudicado por causa de [...] incapacidade de falar, ler ou escrever as línguas inglesa ou espanhola, exceto quando for de outra forma estipulado por esta Constituição."	—
Nova York	—	1896 (L): Qualquer votante que tenha jurado analfabetismo deverá ser auxiliado a preencher sua cédula.
	1921 (C): Após 1º de janeiro de 1922, nenhuma pessoa deverá ser autorizada a votar por ter atingido a maioridade, pela naturalização ou outros, a não ser que essa pessoa também seja capaz de ler e escrever em inglês.	1921 (C): Aqueles com enfermidades físicas que os impeça de ler ou escrever; aqueles que eram eleitores antes de 1º de janeiro de 1922.

O direito de voto

Carolina do Norte	1876 (C): Deve ser capaz de ler e de escrever qualquer seção da Constituição em inglês.	1876 (C): Aqueles que eram eleitores habilitados em 1º de janeiro de 1867, e seus descendentes diretos.	—
Dakota do Norte	1899 (C): "O poder legislativo deverá, por lei, estabelecer um teste educacional como qualificação." O legislativo recusou-se a fazê-lo.	—	1891 (L)
Ohio	—	—	1891 (L): Poderá haver assistência aos eleitores por qualquer motivo. 1896 (L): Poderá haver assistência apenas por razões de enfermidade física.
Oklahoma	1907 (C): Dever ser capaz de ler e escrever qualquer seção da Constituição Estadual.	1907 (C): Aqueles que eram votantes habilitados em 1º de janeiro de 1866, e seus descendentes diretos.[4]	—
Oregon	1924 (C, L): Deve ser capaz de ler a Constituição em inglês e escrever o nome.	—	—
Carolina do Sul	1895 (C): Até 1º de janeiro de 1898, deve ser capaz de ler qualquer seção da Constituição Estadual apresentada pelo oficial de registros, ou entendida e explicada quando lida pelo oficial de registros. Após 1º de janeiro de 1898 deve ser capaz de ler e escrever qualquer seção desta Constituição apresentada pelo oficial de registros.	1895 (C): Aqueles que pagaram todos os impostos coletáveis durante o ano anterior em propriedade avaliada em $300 ou mais.	—
Virginia	1902 (C): Em 1902 e 1903, deve ser capaz de ler qualquer seção da constituição "e de dar uma explicação sensata da mesma; ou, se incapaz de ler essa seção, deve poder compreender e dar uma explicação sensata da mesma quando for lida para ele pelos oficiais". Após 1904, deve requerer o registro pela própria caligrafia.	1902 (C): Os donos de propriedades; os veteranos de guerra e seus descendentes.	—

551

Washington	1896 (C): Deve ser capaz de ler e falar inglês.	—
	1912 (L): "Se naturalizado, deve fornecer provas satisfatórias de que é capaz de ler e falar a língua inglesa de modo a compreender o significado da prosa inglesa comum."	1912 (C): Aqueles habilitados para votar quando o ato entrar em vigor; também aqueles incapacitados por enfermidade física, se apresentarem prova de alfabetização em inglês anterior à incapacidade.
Wyoming	1889 (C):[5] Deve ser capaz de ler a Constituição Estadual.	1889 (C): Aqueles impedidos de ler por incapacidade física.

1 Os estados não listados não tiveram prescrições legais para os requisitos de alfabetização.
2 (C) = Constituição, (L) = Lei.
3 Entrou em vigor com a condição de estado em 1912.
4 Declarado inconstitucional em 1915 em *Guinn versus Oklahoma* 238 U.S. 347 (1915); este caso também invalidou todas as "cláusulas de anterioridade" semelhantes que tinham a intenção óbvia de discriminação racial.
5 Entrou em vigor com a condição de estado em 1890.

O direito de voto

TABELA A.14. Requisitos de residência para o sufrágio: 1870-1923

| Estado | Duração requisitada da residência | Nenhuma residência obtida por ||||| Outros |
		Militares estacionados em vilas e cidades	Estudantes	Residência em asilos ou outras instituições	Sem perda de residência para soldados ou viajantes a negócios	
Alabama	1867 (C):[1] 6 meses no estado, 6 meses no município.	1867 (C)	—	—	—	—
	1875 (C): 1 ano no estado, 3 meses no município, 30 dias na zona eleitoral, distrito ou bairro.	*	—	—	—	1875 (C): Assembleia Geral pode mudar a duração da residência em qualquer cidade com mais de 5 mil habitantes.
	1901 (C): 2 anos no estado, 1 ano no município, 3 meses na zona eleitoral, ou bairro.[2]	*	—	—	—	1901 (C): Requisito de residência até 20 de dezembro de 1902, não aplicável aos veteranos, seus descendentes e a "todas as pessoas com bom caráter, que entendem os deveres e obrigações da cidadania sob a forma republicana de governo". Após 1° de janeiro de 1903 não aplicável aos que atendem aos requisitos de alfabetização, ou têm terra avaliada em $300.
Arizona	1910 (C):[3] 1 ano no estado.	1910 (C)	1910 (C)	1910 (C)	1910 (C)	—
Arkansas	1868 (C): 6 meses no estado.	1868 (C)	—	—	—	—

553

Alexander Keyssar

		1849 (C)	*	*	1876 (C)	*	*		

		1849 (C)	*	*	1876 (C)	*	*		

		1849 (C)	*	*	1876 (C)	*	*		

*	*	1849 (C)	*	*	1876 (C)	*	*	—	1831 (C)

Califórnia	1873 (C): 6 meses no estado, 10 dias no município	
	1874 (C): 12 meses no estado, 6 meses no município, 1 mês na zona eleitoral ou bairro.	
	1849 (C):[4] 6 meses no estado, 30 dias no município ou distrito.[5]	
	1879 (C): 1 ano no estado, 90 dias no município, 30 dias no distrito eleitoral.	
	1894 (C): 1 ano no estado, 30 dias na zona eleitoral.	
Colorado	1876 (C): 6 meses no estado; e 1877 (L): 30 dias no município.	
	1881 (L): 6 meses no estado, 90 dias no município, 30 dias na cidade ou vila, 10 dias na zona eleitoral ou bairro.	
	1903 (L): 1 ano no estado, 90 dias no município, 30 dias na cidade ou vila, 10 dias na zona eleitoral ou bairro.	
Connecticut	1845 (C): 1 ano no estado, 6 meses na cidade.	
Delaware	1831 (C): 1 ano no estado, 1 mês no município.	

554

O direito de voto

—	—	—	—	—	—	—	—	—
—	—	—	1889 (C)	*	—	1851 (C)	—	1859 (C)
—	—	—	1889 (C)	*	—	1877 (L)	—	1859 (C)
—	—	—	1889 (C)	*	—	—	—	1859 (C)
*	1868 (C)	1868 (C)	1889 (C)	*	1870 (C)	1851 (C)	1857 (C)	1859 (C)
1897 (C): 1 ano no estado, 3 meses no município, 30 dias no distrito eleitoral.	1868 (C): 1 ano no estado, 6 meses no município.	1868 (C): 6 meses no estado, 30 dias no município.	1877 (C): 1 ano no estado, 6 meses no município. 1889 (C):[6] 6 meses no estado, 30 dias no município. 1891 (L): Para as eleições da sede do Conselho Municipal, 6 meses no município e 90 dias na zona eleitoral.	1870 (C): 1 ano no estado, 90 dias no município, 30 dias no distrito eleitoral. *	1851 (C): 6 meses no estado, 60 dias no distrito, 30 dias na zona eleitoral ou bairro; para declarantes, 1 ano nos EUA.	1857 (C): 6 meses no estado, 60 dias no município.	1859 (C):[7] 6 meses no estado, 30 dias no distrito ou zona eleitoral.
Flórida	Geórgia		Idaho	Illinois	Indiana		Iowa	Kansas

555

Alexander Keyssar

Kentucky	1850 (C): 2 anos no estado ou 1 ano no município, cidade ou vila, 60 dias na zona eleitoral.	—	—	—	—	1850 (C)	—	—	—
	1891 (C): 1 ano no estado, 6 meses no município, 60 dias na zona eleitoral.	1891 (C)	—	—	—	1891 (C): Sem prescrição.	—	—	—
Louisiana	1868 (C): 1 ano no estado, 10 dias na comarca.	—	—	—	—	—	—	—	—
	1879 (C): 1 ano no estado, 6 meses na comarca, 30 dias na zona eleitoral ou bairro.	1879 (C)	1879 (C)	—	—	1879 (C)	—	—	—
	1898 (C): 2 anos no estado, 1 ano na comarca, 6 meses na zona eleitoral.[8]	*	*	—	—	*	—	—	—
	1921 (C): 2 anos no estado, 1 ano na comarca, 4 meses na municipalidade, 3 meses na zona eleitoral.[9]	*	*	—	—	*	—	—	—
Maine	1819 (C):[10] 3 meses no estado.	1819 (C)	1819 (C)	—	—	1864 (L)	—	—	—
Maryland	1867 (C): 1 ano no estado, 6 meses no distrito legislativo da cidade de Baltimore ou do município.	—	—	—	—	—	—	—	—
Massachusetts	1821 (C): 1 ano no estado, 6 meses na cidade ou distrito.[11]	—	—	—	—	—	—	—	—

O direito de voto

Michigan	1850 (C): 6 meses no estado, 20 dias no distrito ou zona eleitoral; para os declarantes, 2 anos e 6 meses no estado antes de 8 de novembro de 1894.	—	—	—	—
	1908 (C): 6 meses no estado, 30 dias na cidade ou distrito.[12]	1908 (C)	1908 (C)	1908 (C)	1908 (C)
Minnesota	1857 (C): 6 meses no estado, 30 dias no distrito eleitoral.	1857 (C)	—	—	—
	1874 (L): 3 meses na zona eleitoral.	*	—	—	1893 (L): Ninguém poderá obter residência para fins de votação se estiver "trabalhando de modo temporário" no corte de madeira "ou na construção ou reparo de qualquer via férrea, canal, do município ou outra obra pública".
Mississipi	1868 (C): 6 meses no estado, 1 mês no município.	—	—	—	—
	1890 (C): 2 anos no estado, 1 ano no distrito eleitoral ou cidade ou vila incorporadas.	—	—	—	—
Missouri	1870 (C): 1 ano no estado, 60 dias no município, cidade ou vila.	1375 (C)	1875 (C)	1875 (C)	1875 (C)
	*				

Montana	1883 (L): 1 ano no estado, 60 dias na cidade, 20 dias na zona eleitoral.	*	*	*	*	—
	1917 (L): 1 ano no estado, 60 dias no município.	*	*	*	*	—
	1889 (C): 6 meses no estado e (L) 30 dias no município.	1889 (C)	1889 (C)	1889 (C)	1889 (C)	Nenhum militar tem autorização de votar.
	1893 (L): 1 ano no estado, 30 dias no município.	*	*	*	*	—
Nebraska	1866 (L): 6 meses no estado, 20 dias no município, 10 dias na zona eleitoral.	—	—	—	—	—
	1869 (L): 40 dia no município.	—	—	—	—	—
	*	1875 (C)	—	—	—	—
Nevada	1864 (C): 6 meses no estado, 30 dias no distrito ou município.[13]	1864 (C)	1864 (C)	1864 (C)	1864 (C)	—
New Hampshire	1860 (C): 6 meses dentro da cidade.[14]	—	—	—	—	—
Nova Jersey	1844 (C): 1 ano no estado, 5 meses no município.	1844 (C)	—	—	1844 (C)	—
Novo México	1910 (C):[15] 12 meses no estado, 90 dias no município, 30 dias na zona eleitoral.	1910 (C)	1910 (C)	—	1910 (C)	—
Nova York	1846 (C): 1 ano no estado, 4 meses no município, 30 dias no distrito; para o "homem de cor", 3 anos no estado.	—	—	—	—	—

O direito de voto

—	—	—	—	—	—	—	—	—	—

1874 (L)	—	—	1889 (C)	—	—	—	—	1857 (C)	—

—	—	—	—	—	—	—	—	1857 (C)	—

—	—	—	—	—	—	1914 (L)	—	1857 (C)	—

—	—	—	1889 (C)	—	1351 (C)	—	1907 (C)	1857 (C)	—

Carolina do Norte	1874 (L): 1 ano no estado, 4 meses no município, 30 dias no distrito eleitoral.
	1868 (C): 1 ano no estado, 30 dias no município.
	1876 (C): 2 anos no estado, 6 meses no município, 4 meses na zona eleitoral, bairro ou outro distrito eleitoral.
Dakota do Norte	1889 (C): 1 ano no estado, 6 meses no município, 90 dias na zona eleitoral.
	1923 (L): 1 ano no estado, 90 dias no município, 30 dias na zona eleitoral.
Ohio	1851 (C): 1 ano no estado, requisitos locais "conforme estipulado por lei".
	1857 (L): 1 ano no estado, 30 dias no município, 20 dias no distrito, aldeia ou zona eleitoral da cidade ou aldeia.
Oklahoma	1907 (C): 1 ano no estado, 6 meses no município, 30 dias na zona eleitoral.
Oregon	1857 (C):[16] 6 meses no estado.[17]
Pensilvânia	1838 (C): 1 ano no estado, 10 dias no distrito eleitoral.[18]

559

Rhode Island	1873 (C): 1 ano no estado, 2 meses no distrito eleitoral; 6 meses no estado para o eleitor previamente habilitado, ou cidadão nativo do estado que retorna após ausência.	1873 (C)	—	1873 (C)	—	1873 (C)	—	—
	1842 (C): 1 ano no estado, 6 meses na cidade ou vila se possuir bem imóvel no valor de $134 ou "o qual irá alugar por sete dólares por ano"; ou 2 anos no estado, 6 meses na cidade de para contribuinte registrado ao menos 7 dias antes de votar. *	—	—	—	—	—	—	—
	1888 (C): 2 anos no estado, 6 meses na cidade ou vila.	—	—	—	—	—	—	—
	1896 (L): para eleição de altos funcionários e membros da Assembleia Geral, 1 ano no estado, 6 meses na cidade ou vila; para a eleição de oficiais civis e todas as questões nas reuniões municipais ou distritais, 2 anos no estado, 6 meses no município.	—	—	—	—	—	—	—
Carolina do Sul	1868 (C): 1 ano no estado, 60 dias no município.	1868 (C)	—	—	—	1864 (C)	—	—

O direito de voto

	1895 (C): 2 anos no estado, 1 ano no município, 4 meses no distrito eleitoral; 6 meses no estado para ministros e professores de escolas públicas.	1895 (C)		1895 (C)		1895 (C)		—
Dakota do Sul	1889 (C): 1 ano nos EUA, 6 meses no estado, 30 dias no município, 10 dias na zona eleitoral.	1889 (C)	—	—	—	1889 (C)	—	—
Tennessee	1870 (C): 12 meses no estado, 6 meses no município.	—	—	—	—	—	—	—
Texas	1869 (C): 1 ano no estado, 60 dias no município.	—	—	—	—	—	—	Nenhum soldado, marinheiro ou fuzileiro naval pode votar.
	1876 (C): 1 ano no estado, 6 meses no município.	—	—	—	—	—	—	—
Utah	1895 (C):[19] 1 ano no estado, ou território, 4 meses no município, 60 dias na zona eleitoral.	—	—	—	—	—	—	—
Vermont	1793 (C): 1 ano no estado.	—	—	—	—	—	—	—
	1913 (L): 3 meses na cidade de para votar para a Assembleia Geral ou juízes.	—	—	—	—	—	—	—
Virginia	1870 (C): 12 meses no estado, 3 meses no município, cidade ou vila.	1870 (C)	—	—	—	—	—	—

Washington	1902 (C): 2 anos no estado, 1 ano no município, cidade ou vila, 30 dias na zona eleitoral.[20]	*	1902 (C)	1902 (C)	1902 (C)
	1889 (C): 1 ano no estado, 90 dias no município, 30 dias na cidade, distrito ou zona eleitoral.	1889 (C)	1889 (C)	—	1889 (C)
West Virginia	1863 (C): 1 ano no estado, 30 dias no município.	—	—	—	—
	1872 (C): 1 ano no estado, 60 dias no município.	1872 (C)	—	—	—
Wisconsin	1848 (C): 1 ano no estado.	—	—	—	—
	1882 (C): 1 ano no estado, máximo de 30 dias no distrito.	—	—	—	—
	1898 (L): 1 ano no estado, 10 dias no distrito eleitoral.	—	—	—	—
Wyoming	1889 (C):[21] 1 ano no estado ou território, 60 dias no município.	1889 (C)	—	—	—
	1911 (L): 1 ano no estado, 60 dias no município, 10 dias no distrito.[22]	*	—	—	1911 (L)

* Prescrição precedente ainda em vigor.
1 (C) = Constituição, (L) = Lei.
2 Aqueles que se mudavam dentro do estado no período de 3 meses de uma eleição eram autorizados a votar na zona eleitoral da qual eles haviam mudado.
3 Entrou em vigor com a condição de estado em 1912.
4 Entrou em vigor com a condição de estado em 1850.

5   Lei de 1874: Aqueles que se mudavam dentro do estado no período de 30 dias de uma eleição eram autorizados a votar na zona eleitoral da qual eles haviam mudado.
6   Entrou em vigor com a condição de estado em 1890.
7   Entrou em vigor com a condição de estado em 1861.
8   Pode votar no distrito eleitoral anterior no período de 6 meses de mudança.
9   Pode votar no distrito eleitoral anterior no período de 3 meses de mudança.
10 Entrou em vigor com a condição de estado em 1820.
11 Lei de 1892: durante 6 meses após mudar dentro do estado, os residentes mantêm o direito de votar no distrito do qual eles se mudaram.
12 Pode votar no distrito eleitoral anterior durante 30 dias após mudança dentro do estado.
13 Lei de 1915: Pode votar no distrito eleitoral anterior no período de 30 dias após mudança dentro do estado.
14 Pode votar no distrito eleitoral anterior no período de 6 meses após mudança dentro do estado.
15 Entrou em vigor com a condição de estado em 1912.
16 Entrou em vigor com a condição de estado em 1859.
17 Em 1897 e, novamente, em 1916, os requisitos de 30 dias eram acrescentados para os municípios, cidades e zonas eleitorais – apenas para serem revogados alguns dias depois.
18 "Mas um cidadão dos Estados Unidos que havia sido previamente um eleitor habilitado deste estado e afastado de lá e retornado, e que deverá ter residido no distrito eleitoral e pago os impostos conforme supracitado, deverá ser autorizado a votar após residir no estado por seis meses."
19 Entrou em vigor com a condição de estado em 1896.
20 Pode votar no distrito eleitoral anterior no período de 30 dias após mudança dentro do estado.
21 Entrou em vigor com a condição de estado em 1890.
22 Pode votar no distrito eleitoral anterior no período de 10 dias após mudança dentro do estado.

TABELA A.15. Cassação de criminosos e outros condenados por crimes: leis em vigor, 1870-1920

Estado	Pessoas excluídas	Duração da exclusão[1]
Alabama	1867 (C):[2] Os condenados por traição, desvio de fundos públicos, prevaricação, crime punível com pena de prisão em penitenciária, ou suborno.	—
	1901 (C): Os condenados por traição, assassinato, incêndio criminoso, peculato, prevaricação, furto, receber propriedade roubada, a obtenção de bens ou dinheiro sob falsos pretextos, perjúrio, suborno, roubo, agressão com a intenção de roubar, assalto a residências, falsificação, corrupção, delito de lesões corporais na esposa, bigamia, vivendo em adultério, sodomia, incesto, estupro, miscigenação, crime contra a natureza ou crime envolvendo torpeza moral; também qualquer pessoa condenada de mendicância ou vagabundagem, ou de fraude eleitoral.	—
Arizona	1910 (C):[3] Aqueles condenados por um crime doloso.	Até recuperar direitos civis.
Arkansas	1868 (C): Os condenados por traição, peculato, prevaricação, crimes puníveis por lei com pena de prisão na penitenciária, ou suborno.	—
	1873 (C): Pessoas condenadas em qualquer corte de qualquer estado de um crime punível pela lei com a morte ou confinamento na prisão.	Até receber perdão ou redução de pena.
	1874 (C): Aqueles condenados por um delito grave.	—
	1893 (C): Pessoas "que podem, pela perpetração de algum crime, ser privadas do direito de voto por lei aprovada pela Assembleia Geral".	—
	1894 (L): Aqueles condenados por um delito grave.	—
Califórnia	1849 (C):[4] Os condenados por qualquer crime infamante. Além disso, "as leis devem ser feitas para excluir [...] do direito de sufrágio, as pessoas condenadas por corrupção, perjúrio, falsificação, prevaricação ou outros crimes graves".	—
	1879 (C): Os condenados por crime infamante ou condenados por desfalque ou desvio de dinheiro público. Além disso, "as leis devem ser feitas para excluir [...] do direito de sufrágio, as pessoas condenadas por corrupção, perjúrio, falsificação, prevaricação ou outros crimes graves".	—
	1894 (C): Os condenados por qualquer crime infamante ou aqueles daqui em diante condenados por desfalque ou desvio de dinheiro público.	—

O direito de voto

Colorado	1876 (C): Aqueles confinados em prisões públicas.	Enquanto na prisão.
Connecticut	1818 (C): Os condenados por suborno, perjúrio, falsificação, duelo, falência fraudulenta, roubo ou qualquer crime pelo qual um castigo infamante é infligido.	—
	1902 (L): Os condenados por três vezes, como menores, de crimes puníveis com pena de prisão, ou multa e prisão; os condenados por um crime (como especificado na Constituição de 1818) no período de um ano antes de atingir a maioridade.	—
Delaware	1831 (C): Aqueles condenados por um delito grave.	—
	1852, 1874 (L): Suborno nas eleições.	—
	1897 (C): Aqueles condenados por um delito grave ou suborno nas eleições.	—
Flórida	1868 (C): Os condenados por um crime ou apostas sobre os resultados eleitorais. Além disso, o legislador "deve promulgar as leis necessárias para excluir [...] do direito de sufrágio, todas as pessoas condenadas por corrupção, perjúrio, furto, ou de crime infamante".	Até recuperar os direitos civis.
	1868 (L): Os condenados por crime doloso, corrupção, perjúrio, furto ou outros crimes infamantes; os condenados por apostar numa eleição.	Para apostas em eleições, 2 anos a partir da data da condenação.
Geórgia	1868 (C): "Os condenados por traição, desvio de fundos públicos, prevaricação, crimes punidos por lei com pena de prisão na penitenciária, ou suborno".	—
	1877 (C): Os condenados por traição contra o Estado, de desvio de fundos públicos, prevaricação, suborno ou furto, ou de qualquer crime envolvendo torpeza moral punível pelas leis deste estado com prisão na penitenciária.	Até obter o perdão da pena.
Idaho	1889 (C):[5] Aqueles "condenados por traição, crime doloso, desvio de fundos públicos, [...] ou outro crime infamante ou que, no período da referida eleição, esteja confinado na prisão, condenado por um crime". Além disso, aqueles condenados por comprar ou vender votos.	Até recuperar os direitos de cidadania.
Illinois	1870 (C): "A Assembleia Geral irá aprovar leis que excluem do direito de sufrágio as pessoas condenadas por crimes infamantes."	—
	1872 (L): As pessoas condenadas por qualquer crime punível por confinamento na penitenciária.	Até recuperar o direito de votar, pelo perdão da pena.
Indiana	1851 (C): "A Assembleia Geral deverá ter o poder de privar do direito de sufrágio e de tornar inelegível qualquer pessoa condenada por um crime infamante."	—

565

Iowa	1852 (L): Aqueles condenados por crimes infamantes.	—
	1881 (L): Aqueles na prisão por qualquer crime ou contravenção.	Enquanto na prisão.
Kansas	1857 (C): Aqueles condenados por qualquer crime infamante.	—
	1859 (C):[6] Aqueles condenados por um crime, expulsos por ofensa grave do serviço dos Estados Unidos, culpados de fraudar o governo dos Estados Unidos ou de qualquer estado, culpados de dar ou receber suborno, qualquer pessoa que tenha voluntariamente pego em armas contra o governo dos Estados Unidos.	Até recuperar os direitos civis.
Kentucky	1850 (L): Haverá leis para excluir pessoas condenadas à prisão por furto, roubo, falsificação, contrafação, perjúrio ou "crimes desse gênero".	—
	1851 (L): Pessoas sentenciadas conforme especificado anteriormente.	—[7]
	1890 (C): Aqueles condenados de traição, crime doloso ou suborno numa eleição ou de tão grave contravenção como a Assembleia Geral possa declarar; além disso, "as pessoas que, à época da eleição, estiverem confinadas [...] por causa de algum crime". "Altas contravenções" acrescentadas pela legislatura (1892).	Até recuperar os direitos civis pelo perdão executivo.
Louisiana	1870 (C): Aqueles acusados ou condenados por traição, perjúrio, falsificação, suborno ou outro crime punível pela prisão.	—
	1879 (C): Aqueles condenados por traição, peculato, prevaricação, furto, suborno votação ilegal ou outro crime punível por trabalhos pesados ou prisão.	—
	1898 (C): Aqueles condenados por qualquer crime punível pela prisão, aqueles de fato confinados na prisão e todas as pessoas acusadas.	Até serem perdoados com o restabelecimento expresso do direito de voto.
	1921 (C): Aqueles condenados por qualquer crime punível pela prisão, aqueles envolvidos em corrupção eleitoral, aqueles confinados na prisão e todas as pessoas acusadas.	—
Maine	1819 (C):[8] Nenhuma exclusão.	—
Maryland	1867 (C): Aqueles condenados por furto ou outro crime infamante e aqueles envolvidos em suborno eleitoral.	Até ser perdoado pelo governador.
Massachusetts	1821 (C): Nenhuma exclusão.	—
Michigan	1850 (C): Nenhuma exclusão.	—

O direito de voto

Minnesota	1908 (C): Nenhuma exclusão.	—
Mississipi	1857 (C):[9] Aqueles condenados por traição ou crime doloso.	Até recuperar os direitos civis.
	1868 (C): Os condenados por suborno, perjúrio ou outro crime infamante. Além disso, "o Legislativo deve aprovar leis para excluir da função pública e do sufrágio aqueles que serão doravante condenados por suborno, perjúrio, falsificação ou outros crimes ou contravenções graves".	—
	1876 (L): Aqueles condenados por suborno, perjúrio, falsificação ou outros crimes infamantes.	—
	1880 (L): Apropriação indébita e todos os crimes acrescentou à lista de 1876.	Até receber o perdão da pena.
	1890 (C): Aqueles condenados por "suborno, perjúrio, assalto a residências, roubo, incêndio criminoso, obter dinheiro ou bens por meio de fraude, perjúrio, falsificação, peculato, ou bigamia".	—
Missouri	1870 (C): Aqueles condenados por suborno, perjúrio, ou outros crimes infamantes; aqueles condenados por apostas nos resultados de eleições.	—
	1875 (C): "A Assembleia Geral pode decretar leis que excluam do direito de voto todas as pessoas condenadas por um delito grave ou outro crime infamante."	—
	1879 (L): Aqueles condenados por suborno, perjúrio, outro crime infamante ou qualquer contravenção relacionada à votação (por exemplo, apostas).	—
	1899 (L): Além da lista de 1879: incêndio criminoso, assalto a residências, roubo ou furto e aqueles confinados em qualquer prisão.	Até o perdão; mínimo de 1 ano após condenação.
	1917 (L): Aqueles condenados por qualquer delito grave ou crime infamante, qualquer contravenção relacionada com a votação, aqueles confinados em qualquer prisão pública.	Até receber o perdão da pena; permanente para a 2ª condenação.
Montana	1889 (L): Nenhuma exclusão.	—
	1909 (L): Aqueles condenados por um crime.	Até receber o perdão da pena.
Nebraska	1867 (C): Nenhuma exclusão.	—
	1875 (C): Aqueles condenados por traição ou crime.	—
Nevada	1864 (C): Aqueles condenados por traição ou crime.	Até recuperar os direitos civis.
New Hampshire	1792 (C): Nenhuma exclusão.	—

Nova Jersey	1912 (C): Aqueles condenados por traição, suborno ou atos eleitorais ilícitos.	—
	1844 (C): Aqueles condenados por crimes.	Até receber o perdão ou recuperar legalmente o direito de sufrágio.
	1866 (L): Suborno nas eleições.	10 anos.[10]
Novo México	1910 (C):[11] Aqueles condenados por crimes dolosos ou infamantes.	Até recuperar os direitos políticos.
Nova York	1846 (C): "Podem ser aprovadas leis que excluem [...] todas as pessoas que foram ou podem ser condenadas de suborno, de furto ou de qualquer crime infamante" e pessoas envolvidas em apostas nas eleições.	—
	1847 (L): Aqueles condenados por suborno ou qualquer crime infamante ou que fazem apostas nos resultados de qualquer eleição.	Até receber o perdão ou recuperar todos os direitos de cidadão.
	1894 (C): "O legislativo deverá decretar leis que excluem do direito de sufrágio todas as pessoas condenadas por suborno ou crime infamante."	—
Carolina do Norte	1868 (C): Nenhuma exclusão.	
	1876 (C): Aqueles condenados ou que confessaram um crime punível com prisão.	Até recuperar a cidadania do modo prescrito pela lei.
Dakota do Norte	1889 (C): Aqueles condenados por traição ou crime.	—
Ohio	1835 (L): Aqueles condenados por qualquer crime punível com 1 ano de prisão.	—
	1841 (L): Aqueles presos na penitenciária e aqueles condenados por suborno e atos eleitorais ilícitos.	Até receber o perdão do governador.
	1877 (L): Aqueles condenados por um crime.	1881 (L): O direito de voto é restabelecido para quem sai da prisão sem ter violado nenhuma lei enquanto estava preso.
	1898 (L): Aqueles condenados por crime ou presos na penitenciária de qualquer estado.	Até receber o perdão ou ter a pena revogada ou anulada.
Oklahoma	1907 (C): Aqueles condenados por crime e qualquer pessoa numa prisão pública.	Até recuperar a cidadania.
Oregon	1857 (C):[12] Aqueles condenados por crimes punível com prisão.	—

O direito de voto

Pensilvânia	1838 (C): Nenhuma exclusão.	—
	1873 (C): Aqueles condenados por violação intencional de leis eleitorais.	4 anos desde a data da condenação.
Rhode Island	1842 (C): Aqueles condenados por suborno ou qualquer crime julgado infamante pelo Direito Comum.	Até recuperar o direito de sufrágio por ato legislativo da Assembleia Geral.
Carolina do Sul	1868 (C): Aqueles confinados em qualquer prisão pública. Mas "nenhuma pessoa deve ser privada do direito de voto" por algum crime cometido quando era escrava. Além disso, "a Assembleia Geral nunca deverá aprovar nenhuma lei que casse o direito de sufrágio de qualquer cidadão deste estado, exceto por motivo de traição, assassinato, roubo ou duelo".	—
	1895 (C): Aqueles condenados por assalto a residências, incêndio criminoso, obtenção de bens ou dinheiro por meio de fraude ou má-fé, perjúrio, falsificação, roubo, suborno, adultério, bigamia, espancamento do cônjuge, arrombamento, recepção de bens roubados, quebra de confiança com intenção fraudulenta, fornicação, sodomia, incesto, agressão com intenção de estupro, miscigenação, furto ou crimes contra as leis eleitorais.	Até receber o perdão do governador.
Dakota do Sul	1889 (C): Aqueles condenados por traição ou crime.	Até recuperar os direitos civis.
Tennessee	1841 (L): Aqueles condenados por suborno, furto ou qualquer outro delito penal declarado infamante.	Até recuperar a cidadania.
	1870 (C): "Podem ser aprovadas leis que excluem do direito de sufrágio [...] as pessoas condenadas por crimes infamantes."	—
	1871 (L): Aqueles condenados por suborno, oferta de suborno, furto ou qualquer outro crime.	—
Texas	1869 (C): Aqueles condenados por um crime ou confinados na prisão.	Enquanto confinados na prisão.
	1876 (C): Aqueles condenados por um crime.	Até que os direitos sejam restabelecidos pelo governador.
Utah	1895 (C):[13] Aqueles condenados por traição.	Até recuperar os direitos civis.
Vermont	1793 (C): Aqueles condenados por envolvimento em suborno eleitoral.	O eleitor perderá seu direito para essa eleição.
	1884 (L): Aqueles condenados por um crime.	Até recuperar seus direitos.
Virginia	1870 (C): Os condenados por suborno em uma eleição, desvio de fundos públicos, traição ou um crime.	—

569

	1902 (C): "As pessoas que, antes da aprovação desta Constituição, foram impedidas de votar por condenação de crime, seja dentro ou fora deste Estado; as pessoas condenadas após a aprovação desta Constituição, dentro ou fora deste Estado, de traição ou de qualquer crime, suborno, pequeno furto, obtenção de dinheiro ou propriedade por meio de fraude, peculato, falsificação ou perjúrio".	Até que as deficiências sejam eliminadas.
Washington	1889 (C): Aqueles condenados por crimes infamantes.	—
West Virginia	1863 (C): Aqueles condenados por suborno numa eleição, traição ou crime.	—
Wisconsin	1848 (C): Aqueles condenados por traição, crime, ou envolvimento num duelo.[14]	Até recuperar os direitos civis.
	1849 (L): Aqueles condenados por suborno.	—
Wyoming	1889 (C):[15] Aqueles condenados por crimes infamantes.	Até recuperar os direitos civis.

1 A cassação por condenações criminais específicas era permanente a menos que especificado de outra maneira.
2 (C) = Constituição, (L) = Lei.
3 Entrou em vigor com a condição de estado em 1912.
4 Entrou em vigor com a condição de estado em 1850.
5 Entrou em vigor com a condição de estado em 1890.
6 Entrou em vigor com a condição de estado em 1861.
7 Entre 1851 e 1873, a privação do sufrágio era por 10 anos.
8 Entrou em vigor com a condição de estado em 1820.
9 Entrou em vigor com a condição de estado em 1858.
10 Em 1871, o prazo da cassação tornou-se indeterminado, talvez permanente; começando em 1906, era de cinco anos para um primeiro crime e permanente daí em diante.
11 Entrou em vigor com a condição de estado em 1912.
12 Entrou em vigor com a condição de estado em 1859.
13 Entrou em vigor com a condição de estado em 1896.
14 A prescrição para os duelos foi revogada em 1883.
15 Entrou em vigor com a condição de estado em 1890.

TABELA A.16. Direitos de voto dos nativos americanos: leis em vigor, 1870-1920

Estado[1]	Data	Prescrição legal
Califórnia	1849 (C)[2,3]	O Legislativo pode "por dois terços concomitantes de votos" conceder "o direito de sufrágio aos índios ou aos descendentes de índios, em aqueles casos especiais que [...] o corpo legislativo julgar justo e apropriado".
Idaho	1889 (C)[4]	Exclui "índios não tributados, que não romperam suas relações tribais e não adotaram os hábitos da civilização".
Maine	1819 (C)[5]	Exclui índios não tributados.
Massachusetts	1869 (L)	"Os índios e pessoas de cor, até agora conhecidos e chamados de índios [...] são cidadãos da *Commonwealth* [...] fazendo jus a todos os direitos, privilégios e imunidades" da cidadania.
	1892 (L)	"Os índios que residem nesta comunidade deverão, como cidadãos da mesma, ter todos os direitos, privilégios e imunidades, e submeter-se a todos os deveres e responsabilidades aos quais todos os outros cidadãos da *Commonwealth* estão sujeitos e têm direito".
Michigan	1850 (C)	Inclui "habitantes civilizados do sexo masculino de descendência indígena, nativos dos Estados Unidos e que não são membros de nenhuma tribo".
	1908 (C)	Inclui "todo habitante de descendência índia, nativo dos Estados Unidos".
Minnesota	1857 (C)[6]	Inclui "pessoas de sangue misto, branco e índio, que adotaram os costumes e hábitos da civilização; as pessoas de sangue índio residentes no Estado, que adotaram a língua, os costumes e hábitos da civilização, depois de um exame perante qualquer corte distrital do Estado, da maneira que possa ser prescrita pela lei".
	1917[7]	Negado o direito de voto a todos os "índios tribais". Para votar, os índios devem romper as relações com as tribos.
Mississipi	1868 (C)	Exclui índios não tributados.
	1890 (C)	Exclui índios não tributados.
Montana	1897 (L)	Exclui da residência "qualquer pessoa que viva em uma reserva indígena ou militar, a menos que essa já tenha adquirido previamente residência num município de Montana e esteja a serviço do governo enquanto vive numa reserva".[8]
Novo México	1910 (C)[9]	Exclui índios não tributados.
Dakota do Norte	1889 (C)	Inclui "pessoas civilizadas de ascendência índia que deverão ter rompido suas relações tribais nos 2 anos anteriores à próxima eleição".
	1896 (L)	"Nenhum índio ou pessoa descendente de índios que não tenha recebido uma patente definitiva transmitindo o título em livre de terras atribuído a ele dentro dos limites deste Estado, nos termos do ato do Congresso dos Estados Unidos, aprovado 8 fevereiro de 1887 [...] será considerado um eleitor qualificado [...] ou fazer jus aos direitos e privilégios de um eleitor a não ser que tenha nascido dentro dos limites dos Estados Unidos, e tenha, de forma voluntária, estabelecido residência

O direito de voto

571

		nesse Estado, separado e à parte de qualquer tribo de índios e adotado os hábitos da vida civilizada, e não é, de forma nenhuma, sujeito à autoridade de qualquer chefe ou conselho índio, ou um agente índio dos Estados Unidos."
Oklahoma	1913 (C)	Inclui "pessoas civilizadas descendentes de índios que deverão ter rompido suas relações tribais 2 anos antes dessa eleição".
Rhode Island	1907 (C)	Inclui "pessoas descendentes de índios, nativas dos Estados Unidos".
Texas	1942 (C)	Exclui membros da tribo Narragansett.
Washington	1869 (C)	Exclui índios não tributados.
	1889 (C)	Exclui índios não tributados.
	1896 (C)	"Os índios não tributados nunca deverão ter permissão ao direito de voto."
Wisconsin	1848 (C)	Inclui "as pessoas de sangue índio que alguma vez tenham sido, por lei do Congresso, declaradas cidadãs dos Estados Unidos, ou "as pessoas civilizadas descendentes de índios, não membros de nenhuma tribo".
	1882 (C)	Inclui "as pessoas de sangue índio que alguma vez tenham sido, por lei do Congresso, declaradas cidadãs dos Estados Unidos, não obstante qualquer lei posterior do Congresso em contrário; [e] as pessoas civilizadas de ascendência índia que não sejam membros de nenhuma tribo".
	1893 (L)	Inclui "qualquer pessoa civilizada descendente dos Chippewas do Lago Superior, ou qualquer outra tribo indígena, e que resida dentro deste Estado, e não em qualquer reserva indígena, e que deve fazer e subscrever um juramento [...] de que não é membro de nenhuma tribo indígena, e que não tem direito a ajuda e assistência dos Estados Unidos relativo à distribuição de verbas feita pelo Congresso para o benefício dos índios, e que, assim, abre mão de todas as relações tribais e do direito de reclamar ou receber qualquer ajuda dos Estados Unidos".

1 Os Estados não listados não tinham prescrições legais especificamente para os americanos nativos.
2 (C) = Constituição, (L) = Lei.
3 Entrou em vigor com a condição de Estado em 1850.
4 Entrou em vigor com a condição de Estado em 1890.
5 Entrou em vigor com a condição de Estado em 1820.
6 Entrou em vigor com a condição de Estado em 1858.
7 *Opsahl* versus *Johnson*, 163 N.W. 988 (Minn. 1917).
8 Devido a uma exigência de residência de 1 ano em Montana, este estatuto efetivamente cassou o direito de voto daqueles que viviam em reservas indígenas.
9 Entrou em vigor com a condição de Estado em 1912.

O direito de voto

TABELA A.17. Estados e territórios que permitem o voto da mulher nas eleições das escolas antes da Décima Nona Emenda

Estado[1]	Data promulgada[2]
Kentucky	1838 (L):[3] Viúvas e mulheres não casadas que tinham propriedade sujeitas à taxação para fins escolares.
Michigan	1855 (L): Contribuintes.
Kansas	1861 (L)[4]
Colorado	1876 (C)
Minnesota	1878 (C)
Mississipi	1878 (L): "Patronos" das escolas.
New Hampshire	1878 (L)
Massachusetts	1879 (L)
Mississipi	1880 (L): Chefes de família.
Nova York	1880 (L)
Vermont	1880 (L)
Oregon	1882 (L)
Território de Dakota	1883 (L)
Nebraska	1883 (L)
Wisconsin	1886 (L)
Território do Arizona	1887 (L)
Nova Jersey	1887 (L)[5]
Idaho	1889 (C)
Montana	1889 (C)
Dakota do Norte	1889 (C)
Território de Oklahoma	1890 (L)
Washington	1890 (L)
Illinois	1891 (L)
Connecticut	1893 (L)
Kentucky	1893 (L): Viúvas e mulheres não casadas que são contribuintes ou têm filhos em idade escolar.
Ohio	1894 (L)
Iowa	1895 (L): Contribuintes.
Delaware	1898 (L): Contribuintes.
Novo México	1910 (C)
Kentucky	1912 (L): Mulheres alfabetizadas.

1 Não inclui os estados com sufrágio pleno para as mulheres.
2 Em alguns casos (por exemplo, em Nova Jersey, como indicado no n.5), essas leis foram posteriormente modificadas ou declaradas inconstitucionais pelos tribunais ou legislativos estaduais. Esta tabela não indica todas essas modificações.
3 (C) = Constituição, (L) = Lei.
4 Embora algumas pessoas tenham estimado que o artigo 2º, inciso 23 da Constituição 1859 emancipava as mulheres nas eleições escolares, o Supremo Tribunal do Kansas decidiu o contrário em *Wheeler versus Brady*, 15 Kan 26 (1875).
5 Restringido por *Landis versus Ashworth*, 31 A. 1017 (Nova Jersey, 1895), e *State versus Board of Education of Cranbury Township*, 31 A. 1033 (Nova Jersey, 1895) a votar somente em fundos reservados para as escolas, e não para os direitores.

TABELA A.18. Estados que permitem o voto da mulher nas eleições municipais ou em questões tributárias e de obrigações antes da Décima Nona Emenda

Estado[1]	Data promulgada
Kansas	1887 (L)[2]: Municipal.
Montana	1889 (C): Questões tributárias.
Michigan	1893 (L): Mulheres alfabetizadas em eleições escolares, das vilas e cidades.[3]
Iowa	1894 (L): Eleições municipais em qualquer proposta de emissão de obrigações ou de aumento de impostos.
Louisiana	1898 (C): Questões tributárias.
Nova York	1906 (L): Proprietárias em questões tributárias e reuniões municipais.
Michigan	1909 (L): Despesas públicas e emissão de obrigações; limitado às proprietárias avaliadas para os impostos.
Nova York	1910 (L): Proprietárias em relação à emissão de títulos.
Illinois	1913 (L): Os cargos estabelecidos por lei e para todas as autoridades das cidades, vilas e municípios, exceto os corregedores de polícia.
Flórida	1915 (L): Municipal: para cargos e sobre questões determinadas pela cidade ou município.
Indiana	1917 (L): Agentes dos condados e municipalidades não previstos na Constituição, e para os representantes da Convenção Constitucional.[4]
Dakota do Norte	1917 (L): Inspetores municipais, agentes de polícia municipais e todos os oficiais das cidades, vilas e municípios (exceto os corregedores de polícia e os juízes municipais de paz) e sobre todas as questões ou proposições submetidas à votação dos eleitores dessas municipalidades ou outras subdivisões políticas.
Nebraska	1917 (L): Autoridades municipais.
Vermont	1917 (L): Autoridades municipais; deve ser um contribuinte.

1 Não inclui os estados com sufrágio pleno para as mulheres.
2 (C) = Constituição, (S) = Lei.
3 Declarado inconstitucional em *Coffin versus Board of Election Commissioners of Detroit*, 56 N.W. 567 (Mich. 1893).
4 Lei declarada inconstitucional pela Corte Suprema de Indiana em *Board of Election Commissioners of Indianapolis versus Knight*, 117 N.E. 565 (Ind. 1917).

TABELA A.19. Estados que permitem o voto da mulher nas eleições presidenciais antes da Décima Nona Emenda

Estado[1]	Data promulgada
Illinois	1913 (L)
Arkansas	1917 (L): Eleições primárias.
Indiana	1917 (L)[2]
Michigan	1917 (L)
Nebraska	1917 (L)
Dakota do Norte	1917 (L)
Rhode Island	1917 (L)
Ohio	1917 (L)[3]
Texas	1918 (L): Eleições primárias e convenções de indicação.[4]
Indiana	1919 (L)
Iowa	1919 (L)
Maine	1919 (L)
Minnesota	1919 (L)
Missouri	1919 (L)
Ohio	1919 (L)
Tennessee	1919 (L)
Wisconsin	1919 (L)

1 Não inclui os estados com pleno sufrágio para as mulheres.
2 Lei declarada inconstitucional: ver Tabela A.18.
3 A lei teve seu funcionamento suspenso pela apresentação de uma petição de referendo e, posteriormente, foi derrotada pelos eleitores no dia 6 de novembro de 1917.
4 As mulheres eram isentas do imposto de votação exigido dos homens na eleição de 1918, mas foram obrigadas a pagar o imposto a partir de 1º de janeiro de 1919.

TABELA A.20. Estados e territórios com emancipação plena da mulher antes da Décima Nona Emenda

Estado	Data promulgada
Território de Wyoming	1869
Território de Utah	1870[1]
Território de Washington	1883[2]
Território de Montana	1887
Wyoming	1889[3]
Colorado	1893
Utah	1895[4]
Idaho	1896
Arizona	1910[5]
Washington	1910
Califórnia	1911
Kansas	1912
Oregon	1912
Território do Alasca	1913
Montana	1914
Nevada	1914
Nova York	1917
Michigan	1918
Oklahoma	1918
Dakota do Sul	1918

1 Anulado pelo Congresso em 1887.
2 Declarado inconstitucional pela Suprema Corte do Território nem 1887.
3 Entrou em vigor com a condição de estado em 1890.
4 Entrou em vigor com a condição de estado em 1896.
5 Entrou em vigor com a condição de estado em 1912.

Fontes do Apêndice

As fontes de vários estados, tabelas A.1-A.16

ADAMS, W. P., *The First American Constitutions:* Republican Ideology and the Making of the State Constitutions in the Revolutionary Era, Rita and Robert Kimber, trans. Chapel Hill, NC, 1980.

AYLSWORTH, L., The Passing of Alien Suffrage. In: *American Political Science Review*, 25. Fevereiro de 1931, p. 114-116.

EVANS, T., *American Citizenship and the Right of Suffrage in the United States.* Oakland, CA, 1892.

GREEN, F. M., *Constitutional Development in the South Atlantic States, 1776-1860: A Study in the Evolution of Democracy.* Chapel Hill, NC, 1930.

JONES, S., *A Treatise on the Right of Suffrage.* Boston, 1842.

KOUSSER, J. M., *The Shaping of Southern Politics:* Suffrage Restriction and the Establishment of the One-Party South, *1880-1910.* New Haven, CT, 1974.

KRUMAN, M. S., The Second American Party System and the Transformation of Revolutionary Republicanism. In: *Journal of the Early Republic*, 12,4. 1992, p.509-537.

LOWELL, K.; HAROLD S. (orgs.), *General Constitutional and Statutory Provisions Relative to Suffrage Published by the Legislative Reference Bureau of the Rhode Island State Library.* Providence, RI, 1912.

MCCOOL, D., Indian Voting. In: VINE D. Jr. (org.), *American Indian Policy in the Twentieth Century.* Norman, OK, 1985, p.105-133.

MCGOVNEY, D. O., *The American Suffrage Medley:* The Need for a National Uniform Suffrage. Chicago, 1949.

MCGOVNEY, D. O., *Native and Alien:* The Naturalization Laws of the United States: Containing Also the Alien Laws of the State of New York. Rochester, NY, 1855.

PORTER, K. H., *A History of Suffrage in the United States.* Chicago, 1918.

RASKIN, J. B., Legal Aliens, Local Citizens: The Historical Constitutional and Theoretical Meanings of Alien Suffrage. In: *University of Pennsylvania Law Review* 141, Abril de 1993: p.1391-1470.

_____. Restoring the Ex-Offenders Right to Vote: Background and Developments (note). In: *American Criminal Law Review*, 11, 1973: p.721-770.

ROSBERG, G. M., Aliens and Equal Protection: Why Not the Right to Vote? In: *Michigan Law Review*, 75, Abril-Maio de 1977: p.1092-1136.

STEINFELD, R. J., Property and Suffrage in the Early American Republic. In: *Stanford Law Review*, 41, 2, Janeiro de 1989: p.335-376.

SWINDLER, W. (org.), *Sources and Documents of United States Constitutions*, 11 vols. Dobbs Ferry, NY, 1973-1988.

THORPE, F. (org.), *Federal and State Constitutions*, 7 vols. Washington, DC, GPO: 1909.

WILLIAMSON, C., *American Suffrage:* From Property to Democracy, 1760-1860. Princeton, NJ, 1960.

Fontes estaduais, tabelas A.1-A.16

Alabama

MCMILLAN, M. C., *Constitutional Development in Alabama, 1798-1901:* A Study in Politics, the Negro, and Sectionalism. Chapel Hill, NC, 1955.

ORMOND, J. J., BAGBY, A. P.; GOLDTHWAITE, G. (orgs.), *The Code of Alabama.* Montgomery, AL, 1852.

Arkansas

CHISM, B. B. (org.), *A Digest of the Election Laws of the State of Arkansas.* Little Rock, 1891.

Digest of the Statutes of Arkansas (1894).

GOULD, J. (org.), *A Digest of the Statutes of Arkansas.* Little Rock, 1858.

Journal of the Proceedings of the Convention Met to Form a Constitution and a System of State Government for the People of Arkansas, Little Rock, 1838. [Revista dos anais da convenção reunida para formar uma Constituição e um sistema de governo do Estado para o povo de Arkansas].

Califórnia

BOWMAN, J. F. (org.), *Election Laws of the State of California*. San Francisco, 1872.

General Election Laws of California, Compiled by the Legislative Counsel Bureau and Issued by the Secretary of State, Sacramento, 1918. [Leis eleitorais gerais da Califórnia, compiladas pela representação de assessoria legislativa e emitidas pelo secretário de Estado.]

WAITE, E. G. (org.), *The Election Laws Governing Primary, City, County, State, and Presidential Elections*, Sacramento, 1892.

Carolina do Norte

SANDERS, J. L. (org.), *Amendments to the Constitution of North Carolina 1776-1970* [Emendas à Constituição da Carolina do Norte 1776-1970], Chapel Hill, 1970.

Colorado

Act of February 18, 1881, 1881. Colorado Laws 113, 114.
Act of March 26, 1891, ch. 28, 1891 Colorado Laws 160.
Colorado, *General Laws*, ch. 926 and 928 (1877).
Laws Passed at the Fourteenth Session of the General Assembly of the State of Colorado, Convened at Denver, the Seventh Day of January, 1903 [Leis aprovadas na décima quarta sessão da Assembleia Geral do Estado do Colorado, reunida em Denver, no sétimo dia de janeiro de 1903], Denver, 1903.
Laws Passed at the Third Session of the General Assembly of the State of Colorado, Convened at Denver, on the Fifth Day of January, 1881 [Leis aprovadas na terceira sessão da Assembleia Geral do Estado do Colorado, reunida em Denver, no quinto dia de janeiro de 1881], Denver, 1881.
MCCLEES, N. O. (org.), *Colorado Election Law*, 1891-1893 (1893).

Connecticut

The General Statutes of the State of Connecticut [Estatuto Geral do Estado de Connecticut], New Haven, 1866.

Journal of the Proceedings of the Convention of Delegates, Convened at Hartford, August 26, 1818, for the Purpose of Forming a Constitution of Civil Government for the People of the State of Connecticut [Revista dos Anais da Convenção de Delegados, Reunida em Hartford, 26 de agosto de 1818, para a finalidade de formar uma Constituição do governo civil para o povo do Estado de Connecticut], Hartford, 1902.

State of Connecticut Election Laws (1906).

Dakota do Norte

Act of March 7, 1891, capítulo 66, N.D. Laws 171, 180.
Con. Res., 5th Leg. (N.D. 1897).
HALL, T. (org.), *Election Laws of the State of North Dakota* [As leis eleitorais do Estado de Dakota do Norte], Devils Lake, 1914.
Power versus *Williams*, 53 N.D. 54, 1925.
Supplement to the 1913 Compiled Laws of North Dakota 1913-1925 [Suplemento das Leis Compiladas em 1913 de Dakota do Norte 1913-1925], Rochester, 1926.

Delaware

Delaware Session Laws 1891, Capítulo 38.
Laws of Delaware, Milford, 1898.
Laws of the State of Delaware, New Castle, 1797.
Manual of the Registration and Election Laws of the State of Delaware for the City of Wilmington [Manual do Registro e Leis Eleitorais Gerais do Estado de Delaware para a cidade de Wilmington], Dover, 1892.
Revised Statutes of Delaware, 1852. Dover, 1852.
Revised Statutes of the State of Delaware, Wilmington, 1874.
Revised Statutes of the State of Delaware, Wilmington, 1893.

Flórida

Act of February 27, 1877, capítulo 3021, 1877 Fla. Laws 69.
The Acts and Resolutions Adopted by the Legislature of Florida at its First Session [As leis e resoluções aprovadas pela Assembleia Legislativa da Flórida em sua primeira sessão] (1868), Tallahassee, 1868.
The Committee on the Rights of Suffrage and Qualification of Officers [Comitê sobre os Direitos de Sufrágio e Qualificações de Autoridades Públicas], *Territorial Florida Journalism*, reproduzido a partir de Floridian, 15 de dezembro de 1838.

Geórgia

Act of February 7, 1785, Ga. General Laws (1785).
Bryan versus *Walton*, 14 Ga. 185 (1853).
CLARK, R. H., COBB, T. R. R., IRWIN, D. (orgs.), *Code of the State of Georgia*, Atlanta, 1861.

Idaho

PINKHAM, A. J. (org.), *General Election Laws of the State of Idaho, Passed at the First Session of the Legislature and Approved February 25th, 1891*. Boise City, 1891.

Illinois

Act Regulating Elections, sec. 8, 1821 Illinois Laws 74, 77.
Act Regulating Elections, sec. 21, 1822 Illinois Laws 53, 61 (1823).
Act Relative to Criminal Jurisprudence, Illinois Rev. Code, sec. 162 (1827).
COLE, A. (org.), *The Constitutional Debates of 1847*, Springfield, 1919.
Election Laws of the State of Illinois, Including the Act of 1865, Known as the "Registry" Law: The Act of 1872, Known as the "General Election" Law: The Act of 1891, Known as the "Australian Ballot" Law, with Forms and Instructions to Aid Election Officers in Carrying the Same into Effect [Leis eleitorais do Estado de Illinois, incluindo o Ato Legislativo de 1865, conhecido como a Lei de "Registro"; o Ato Legislativo de 1872, conhecido como a Lei de "Eleição Geral"; o Ato Legislativo de 1891, conhecido como Lei do "Voto Australiano", com formulários e instruções para auxiliar os agentes eleitorais a fazê-la vigorar], Springfield, 1892.
GRAY, W. S.; DRYER, J. L.; BRANDON, R. H. (orgs.), *Proceedings of the Constitutional Convention of the State of Illinois, Convened January 6, 1920*, 5 vols, Springfield, 1922.
HURD, H. (org.), *Revised Statutes of the State of Illinois, 1874, Comprising the Revised Acts of 1871-2 and 1873-4, Together with All Other General Statutes of the State, in Force on the First Day of July, 1874*, Springfield, 1874.
_____. *Revised Statues of the State of Illinois 1908, Containing All the General Statutes of the State in Force January 1, 1909* [Estatutos revisados do Estado de Illinois, 1908, contendo todos os estatutos gerais do estado em vigor em 1 de janeiro de 1909], Chicago, 1909.
Journal of the Constitutional Convention of the State of Illinois, January 7, 1862 [Revista da Convenção Constitucional do Estado de Illinois, 07 de janeiro de 1862], Springfield, 1862.
Journal of the Convention Assembled at Springfield, June 7, 1847 for the Purpose of Altering, Amending, or Revising the Constitution of the State of Illinois [Revista da Convenção reunida em Springfield, 7 de junho de 1847, para o propósito de alterar, propor emendas, ou revisar a Constituição do Estado de Illinois], Springfield, 1847.
Journal of the Illinois Constitutional Convention, 1818, *Journal of the Illinois State Historical Society*, 6, Outubro de 1913: p.273.
PURPLE, N. H., ed., *A Compilation of the Statutes of the State of Illinois, of a General Nature, in Force January 1, 1856, Collated with Reference to Decisions of the Supreme Court of Said State, and to Prior Laws Relating to the Same Subject Matter*, Chicago, 1856.
STARR, M.; CURTIS, R. H. (orgs.), *Annotated Statutes of the State of Illinois in Force January 1, 1885*, v.1, Chicago, 1885.
WOODS, H. (org.), *Illinois Election Laws 1913*, Springfield, 1913.

Indiana

DUNN, J. P. (org.), *General Laws*, capítulo 47, 1879.
Indiana, *Revised Manual of the Election Law of Indiana* [Manual revisado da Lei Eleitoral de Indiana], Indianapolis, 1891.
Laws of the State of Indiana Passed at the Special Session, 1881 [Leis do Estado de Indiana aprovadas na sessão especial], Indianapolis, 1881.
The Revised Statutes of Indiana, collated and annotated by [Os estatutos revisados de Indiana ordenados e anotados por] James S. Frazer, John H. Stotsenburg, and David Turpie, Chicago, 1881.
The Revised Statutes of the State of Indiana [Os estatutos revisados do Estado de Indiana], Indianapolis, 1843.
The Revised Statutes of the State of Indiana, [Os estatutos revisados do Estado de Indiana], v.1, Indianapolis, 1852.
The Statutes of the State of Indiana: Containing the Revised Statutes of 1852 [Os estatutos revisados do Estado de Indiana: contendo os estatutos revisados de 1852], Indianapolis, 1870.

Kansas

Act of February 22, 1905, capítulo 215, 1905. Kan. Laws 306, 312, 314.
State ex rel. Gilson versus *Monahan*, 72, Kan. 492 (1905).

Kentucky

Act of June 30, 1892, capítulo 65, art. 1, sec. 5, 1892, Ky. Acts 106, 107.
Acts of the General Assembly of the Commonwealth of Kentucky, Frankfort, 1851.
BULLITT, J. F.; FELAND, J. *The General Statutes of Kentucky, with notes of decisions concerning the Constitution and other laws thereof* [Os estatutos gerais de Kentucky, com notas de decisões relativas à Constituição e outras leis da mesma], Louisville, 1887.
BULLOCK, E. I., JOHNSON, W. (orgs.), *The General Statutes of the Commonwealth of Kentucky*, Frankfort, 1873.
Kentucky, *General Laws*, capítulos 1439-1440, 1478-1480 (1894).
Revised Statutes of Kentucky [Estatutos revisados de Kentucky], Frankfort, 1852.
STANTON, R. H., *The Revised Statutes of Kentucky*, Cincinnati, OH, 1860.

Maine

Act of February 6, 1833, capítulo. 49, sec. 1, 1833, Me. Laws 51-52.
Act of March 19, 1821, capítulo 114, sec. 1, 1834, Me. Laws 549-556.

Act of March 25, 1864, capítulo 278, 1864, Me. Laws 209.

The Debates and Journal of the Constitutional Convention of the State of Maine, 1819-1820 (Augusta, 1894). [Os debates e Revista da Convenção Constitucional do Estado de Maine, 1819-1820, agosto de 1894].

Maryland

Act of April 8, 1908, capítulo 545, sec. 4, 1908, Md. Laws 347-348.

POLE, J. R., "Suffrage and Representation in Maryland from 1776 to 1810: A Statistical Note and Some Reflections". In: SILBEY, J. H.; MCSEVENEY, S. T. (orgs.), *Voters, Parties, and Elections:* Quantitative Essays in the History of American Popular Voting Behavior, Lexington, MA, 1972, p.61-71.

Registration and Election Laws of Maryland. Including All Amendments Thereto and Including the Acts of the Extra Session of the General Assembly of 1917; Also Containing the Primary Election Law, the Senatorial Primary Law, and the Corrupt Practices Law [Registro e Legislação Eleitoral de Maryland. Incluindo todas as emendas e incluindo as leis da sessão extra da Assembleia Geral de 1917; também contém a lei eleitoral das primárias, a lei senatorial das primárias, e a lei de práticas de corrupção], Annapolis, 1917.

Massachusetts

A Compilation of the Laws in Force Relating to Elections: Containing the Act of 1874, Chapter 376, in Which Were Incorporated the Provisions of the Several Acts Relating to Elections Passed Since the General Statutes; and the Other Acts Relating to Elections Passed in 1874, 1875 and 1876; Together with the Provisions of the General Statutes Relating to Elections Which Remain in Force (Boston, 1876). [Uma compilação das leis em vigor relativas às eleições: contendo a lei de 1874, capítulo 376, nas quais foram incorporadas as prescrições das leis revisadas relativas às eleições aprovadas desde os estatutos gerais; e as outras leis relativas às eleições aprovadas em 1874, 1875 e 1876; juntamente com as previsões dos estatutos gerais relativas às eleições que permanecem em vigor], Boston, 1876.

Laws Relating to Elections [Leis relativas às eleições], Boston, 1893.

Massachusetts, General Laws, capítulo 376, sec. 12 (1874).

PLANE, A. M.; BUTTON, G. The Massachusetts Indian Enfranchisement Act: Ethnic Contest in Historical Context, 1849-1869" In: *Ethnohistory*, 40, 4 (1993), p.587-618.

POLE, J. R., "Suffrage and Representation in Massachusetts: A Statistical Note," In: *William and Mary Quarterly*, 14, outubro de 1957, p.560-592.

Report of the Commissioners of the Revision of the Statutes in Five Numbers [Relatório dos repesentantes da revisão dos estatutos em cinco números], Boston, 1858.

Michigan

COOLEY, T. (org.), *The Compiled Laws of the State of Michigan*, v.1, Lansing, 1857.

DORR, H. (org.), *The Michigan Constitutional Conventions of 1835-1836: Debates and Proceedings*, Ann Arbor, 1940.

Journal of the Proceedings of the Convention to Form a Constitution for the State of Michigan, 1835 [Revista dos Anais da Convenção para formar uma Constituição para o Estado de Michigan, 1835], Detroit, 1835.

Public Acts of the Legislature of the State of Michigan Passed at the Regular Session of 1895 [Leis de interesse público da Assembleia Legislativa do Estado de Michigan aprovadas na sessão ordinária 1895], Lansing, 1895.

Minnesota

General Election Law of Minnesota, capítulo 4, General Laws, 1893, St. Paul, 1893.

Mississipi

Laws of the State of Mississippi (Jackson, 1876).

Laws of the State of Mississippi (Jackson, 1880).

MCCARDLE, W. H.; LOWRY, R. *A History of Mississippi, From the Discovery of the Great River by Hernando de Soto, Including the Earliest Settlement Made by the French, Under Iberville, to the Death of Jefferson Davis*, Jackson, 1891.

THOMPSON, R.H., Suffrage in Mississippi. In: *Publications of the Mississippi Historical Society*, v.1, Ed. Franklin L. Riley, Oxford, 1898, p.25-49.

Missouri

HARDIN, C. H. (org.), *The Revised Statutes of the State of Missouri*, v.1, Oxford, 1856.

Journal of the Missouri State Convention, June 12, 1820 [Revista da Convenção do Estado do Missouri, 12 de junho 1820], St. Louis, 1820.

Laws of Missouri, Jefferson City, 1899.

Laws of Missouri Passed at the 49th General Assembly [Leis de Missouri aprovadas na 49ª Assembleia Geral], Jefferson City, 1917.

Laws of Missouri Passed at the Session of the 32nd General Assembly [Leis do Missouri aprovadas na sessão da 32ª Assembleia Geral], Jefferson City, 1883.

Missouri, *Revised Statutes*, sec. 5492 (1879).

SULLIVAN, J. (org.), *Election Laws of the State of Missouri and the Federal Naturalization Laws*, Jefferson City, 1920.

Montana

Montana, *Compiled Statutes* [Estatutos compilados], 1888.
Montana, *Gen. Laws* [Leis gerais], capítulo 7 (1893).
Montana, *Revised Code* [Código revisado] (1915).
YODER, A.N., ed., *Election Laws of the State of Montana with Annotations*, Helena, 1910.

Nebraska

Act of April 1, 1899, capítulo 59, sec. 1, 1899, Neb. Laws 286.
Act of February 15, 1869, Neb. Laws 95, 103.
Act of February 28, 1883, capítulo 72, sec. 2, 1883, Neb. Laws 288-290.
Act of March 1, 1881, capítulo 78, 1881, Neb. Laws 331, 338-339.
Act of March 29, 1889, capítulo 78, sec. 3, 1889, Neb. Laws 539, 542-544.
Nebraska, *Revised Statutes*, capítulo 17, sec. 33 (1866).
Nebraska, *General Statutes*, capítulo 20, sec. 29 (1873).
Nebraska, *Compiled Statutes*, capítulo 26, sec. 3 (1881).
Laws, Joint Resolutions, and Memorials Passed by the Legislative Assembly of the State of Nebraska, 1879 [Leis, resoluções conjuntas e memoriais aprovados pela Assembleia Legislativa do Estado de Nebraska], Lincoln, 1879.

Nevada

BRODIGAN, G. (org.), *Election Laws of 1916*, Pamphlet, Carson City, 1915.

New Hampshire

CHASE, W.; CHASE, A. (org.), *The Public Statutes of the State of New Hampshire and General Laws in Force January 1, 1901,* Concord, 1900.
Laws of the State of New Hampshire [Leis do Estado de New Hampshire], Exeter, 1815, 250.
LYON, G. P. (org.), *The Compiled Statutes of the State of New Hampshire*, Concord, 1854.
New Hampshire, *General Laws,* capítulo 2341, sec 1 (1860).
New Hampshire Primary and Election Laws [Leis eleitorais e das primárias de New Hampshire], Manchester, 1925.
The Public Laws of the State of New Hampshire, to Which is Prefixed the Constitution of New Hampshire, with a General Index [As leis públicas do Estado de New Hampshire, para as quais é prefixada a Constituição de New Hampshire, com um índice geral], Manchester, 1925.

Nova Jersey

Act Relative to Bribery, [Lei Relativa ao Suborno] capítulo 399, 1871, N.J. Laws 70-71.
Constitution of the State of New Jersey, 1844, Trenton, 1844.
ELMER, Lucius Q. C., ed., *A Digest of the Laws of New Jersey*, 2.ed., Philadelphia, PA, 1855.
POLE, J. R., "The Suffrage in New Jersey, 1790-1807. In: *Proceedings of the New Jersey Historical Society*, v.71, Edison, 1953, p.39-61.
Proceedings of the New Jersey State Constitutional Convention of 1844 [Anais da Convenção Constitucional do Estado de Nova Jersey de 1844], Trenton, 1942.
Supplement to Act for the Punishment of Crimes [Suplemento à Lei para a Punição de Crimes], capítulo 206, 1906, N.J. Laws 384-386.
Supplement to Act to Regulate Elections [Suplemento à Lei para Regular as Eleições], capítulo 291, 1866, N.J. Laws 705.
Supplement to Act to Regulate Elections [Suplemento à Lei para Regular as Eleições], capítulo 226, 1888, N.J. Laws 321.

Nova York

BIRDSEYE, C.; CUMMING, R.; GILBERT, F. (orgs.), *Annotated Consolidated Laws of the State of New York as Amended to January 1, 1910, Containing Also the Federal and State Constitutions with Notes of Board of Statutory Consolidation, Tables of Laws and Index*, v.2, New York, 1909.
Comparative View of the State Constitutions: Manual of the New York State Constitutional Convention 1846 [Parecer Comparativo das Constituições Estaduais: Manual da Convenção Constitucional do Estado de Nova York, 1846], Albany, 1849.
The Constitution of the State of New York [A Constituição do Estado de Nova York], November 3, 1846, Albany, 1849.
DONNAN, G. (org.), *The Complete Election Code of the State of New York; Containing the Ballot Reform Law, Rural Registration Act, and Other Election Laws as Are in Force in 1890, with Notes, Explanations, Forms, and Instructions*, Albany, 1890.
DUER, J. et al. (orgs.), *The Revised Statutes of the State of New York* [Os Estatutos Revisados do Estado de Nova York], Albany, 1846.
EDMONDS, J. (org.), *Statutes at Large of the State of New York Containing the General Statutes Passed in the Years 1863, 1864, 1865, and 1866, With a Reference to All the Decisions Upon Them*, v.6, New York, 1868.
EDWARDS, I. (org.), *Supplement to the Fifth Edition of the Revised Statutes of the State of New York, Containing the Amendments and General Statutes Passed Since the Fifth Revision*, Albany, 1863.
GUNN, L. R., *The Decline of Authority: Public Economic Policy and Political Development in New York, 1800-1860*, Ithaca, 1988.

Journal of the Convention of the State of New York, Albany, 1846.

Laws of the State of New York, Passed at the 95th Session of the Legislature, [Leis do Estado de Nova York, Aprovadas na 95ª Sessão da Assembleia Legislativa] v.2, Albany, 1872.

MAY, M. (org.), *State of New York. The Election Law Being Chapter 17 of the Consolidated Laws Containing Amendments of 1914 Together With Notes and Instructions and Political Calendar,* Albany, 1914.

New York State Constitutional Convention [Convenção Constitucional do Estado de Nova York] *1846, Documents* [Documentos], Albany, 1849.

Ohio

Act of March 7, 1835, seção 41, 1834, Ohio Laws 33, 41.

Act of March 20, 1841, seção 25, 1840, Ohio Laws 13, 19.

Act of March 31, 1881, Ohio Laws 89-91.

Acts of a General Nature and Local Laws and Joint Resolutions Passed by the 52nd General Assembly of the State of Ohio [Leis de Natureza Geral e Leis Locais e Resoluções Conjuntas Aprovadas pela 52ª Assembleia Geral do Estado de Ohio], Columbus, 1857.

BATES, C. (org.), *The Annotated Revised Statutes of the State of Ohio, Including All Laws of a General Nature in Force January 1, 1900,* 2.ed., Cincinnati, 1899.

CURWEN, M. (org.), *The Public Statutes at Large of the State of Ohio: From the Close of Chase's Statutes, February 1833 to the Present,* v.1, Cincinnati, 1853.

DAUGHERTY, M. A.; BRASEE, J. ; OKEY, G. (orgs.), *The Revised Statutes and Other Acts of a General Nature of the State of Ohio in Force January 1,* 2.ed., Columbus, 1882.

GRAVES, C. (org.), *The Election Laws of the State of Ohio and the United States of America. Applicable to the Conduct of Elections and the Duties of Officers in Connection Therewith,* Columbus, 1914.

KINNEY, C. (org.), *The Election Laws of the State of Ohio and of the United States of America So Far as They Relate to the Conduct of Elections and the Duties of Officers in Connection Therewith,* Columbus, 1898.

Ohio, *Revised Statutes,* capítulo 40, sec. 71, 1860.

PATTERSON, I. F. (org.), *The Constitutions of Ohio,* Cleveland, 1912.

Report of the Debates and Proceedings of the Convention for the Revision of the Constitution of the State of Ohio, 1850-1851, [Relatório dos Debates e Anais da Convenção para a Revisão da Constituição do Estado de Ohio, 1850-1851] 2 vols. (Columbus, 1851).

SMITH, R.; BENEDICT, A. (orgs.), *The Verified Revised Statutes of the State of Ohio Including All Laws of a General Nature in Force January 1st, 1890,* 4.ed. Cincinnati, 1891.

SWAN, J. R. (org.), *Statutes of the State of Ohio, of a General Nature, in Force August 1854,* Cincinnati, 1854.

THOMPSON, C.; FULLINGTON, E. M.; DENMAN, U. G. *The General Code of the State of Ohio,* Cincinnati, 1910.

THROCKMORTON, A. et al. (orgs.), *The General Code of the State of Ohio, Revised to 1921*, Cleveland, 1921.
WINKLE, K. J., *The Politics of Community: Migration and Politics in Antebellum Ohio*, Cambridge, 1988.

Oregon

General and Special Laws, 20th Assembly [Leis Gerais e Especiais, 20ª Assembleia] (Salem, 1898).
KOZER, S.A., comp., *State of Oregon, Constitutional Amendments Adopted and Laws Enacted by the People, 1924, Together With the General Laws, 1925*, Salem, 1925.
OLCOTT, B. (org.), *General Laws and Joint Resolutions and Memorials Enacted and Adopted by the 28th Regular Session of the Legislative Assembly,* Salem, 1915.

Pensilvânia

Digest of the Election Laws of Pennsylvania, and an Index to the Same, Corrected to January 1, 1916, as Compiled for Smull's Legislative Hand Book [Sumário das Leis Eleitorais da Pensilvânia, e um Índice para as Mesmas, Corrigida até 1 de Janeiro de 1916, conforme Compiladas para o Guia Legislativo de Smull], Harrisburg, 1916.
DUNLOP, J. (org.), *The General Laws of Pennsylvania, From the Year 1700 to April 1849*, 2.ed., Philadelphia, 1849.

Rhode Island

Election Laws of the State of Rhode Island [Leis Eleitorais do Estado de Rhode Island] (Providence, 1912).

Tennessee

MCCLURE, W., *State Constitution-Making With Especial Reference to Tennessee*, Nashville, 1916.
SHANNON, R. T. (org.), *Annotated Code of,* Nashville, 1896.
THOMPSON, S.; and Steger, T. M. (orgs.), *Statutes of Tennessee*, St. Louis, 1871.

Texas

Citizens Advisory Committee on Revision of the Constitution of the State of Texas, Interim Report to the Fifty-sixth Legislature and the People of Texas [Comitê Consultivo dos

Cidadãos para Revisão da Constituição do Estado do Texas, Relatório Interino da Quinquagésima-sexta Legislatura e o Povo do Texas], s.l., 1959.

LIGHTFOOT, J. (org.), *The Terrell Election Law with Annotations from the Decisions of the Courts and Opinions of the Attorney General's Depatment*, Austin, 1910.

MOFFETT, J. W. (org.), *Constitution of the State of Texas*, Austin, 1922.

1928 Complete Texas Statutes [Estatutos Completos do Texas, 1928], Kansas City, MO, 1928.

Sayles' Annotated Civil Statutes of the State of Texas [Anotados Estatutos Civis Anotados de Sayles do Estado do Texas], St. Louis, MO, 1898.

Utah

Act of April 5, 1896, capítulo 130, 1896, Utah Laws 467, 480-481, 497.
Act of February 27, 1897, capítulo 12, 1897, Utah Laws 25-27.
Utah, *Compiled Laws Annotated* [Leis Compiladas Anotadas], Salt Lake City, 1917.

Vermont

Martin versus *Fullam*, 90 Vt. 163 (1916).
Vermont, *Compiled Laws*, [Leis Compiladas] capítulo 85, 1824.

Virginia

POLE, J. R., Representation and Authority in Virginia from the Revolution to Reform, *Journal of Southern History*, 24, 1, 1958, p.16-50.

The Statutes at Large: Being a Collection of All the Laws of Virginia, From the First Session of the Legislature, in the Year 1619 [Os Estatutos em Geral: Sendo uma Coleção de Todas as Leis da Virginia, Desde a Primeira Sessão da Legislatura, no Ano 1619], v. 7, Richmond, 1820.

Washington

HOWELL, I. M. (org.), State of Washington. *General Election Laws Including Laws for Commission Form of Government*, Olympia, 1912.

West Virginia

The Election Laws of West Virginia Including "Registration Act" of 1908 and "Corrupt Practices Act of 1908" [As Leis Eleitorais de West Viriginia incluindo a "Lei de Registro" de 1908 e a "Lei de Práticas de Corrupção de 1908"], Charleston, 1910.

Wisconsin

Act of August 21, 1848, 1848 Wis. Laws 191-192.
CUNNINGHAM, T. J. (org.), *The Registry and Election Laws of the State of Wisconsin with Forms and Instructions for the Use of County, City, Village and Town Officers*, Madison, 1894.
SANBORN, A.; BERRYMAN, J. (orgs.), *Wisconsin Statutes of 1898*, Chicago, 1898.
Wisconsin, *Revised Statutes*, [Estatutos Revisados] capítulo 6, seção 2, 1849.
Wisconsin, *General Laws*, [Leis Gerais] capítulo 39, seção 1, 1883.

Wyoming

HOUX, F. (org.), *Election Laws of the State of Wyoming*, Sheridan, 1911.
Primary Registration and Election Laws of the State of Wyoming In Force From and After January 21, 1891 [Registro das Primárias e Leis Eleitorais do Estado de Wyoming em Vigor Desde e 21 janeiro de 1891], Cheyenne, 1891.

Fontes de vários estados, tabelas A.17-A.20: Direitos de sufrágio para as mulheres

EVANS, T., *American Citizenship and the Right of Suffrage in the United States*, Oakland, CA, 1892.
FLEXNER, E., *Century of Struggle: The Woman's Rights Movement in the United State*, Cambridge, MA, 1959.
KENDRICK, L.; SALISBURY, H. P. (orgs.), *General Constitutional and Statutory Provisions Relative to Suffrage Published by the Legislative Reference Bureau of the Rhode Island State Library*, Providence, RI, 1912.
MAULE, F. (org.), The Blue Book. In: *Woman Suffrage, History, Arguments, and Results* [Sufrágio da Mulher, História, Argumentos e Resultados], New York, 1917.
STAPLER, M. (org.), *The Woman Suffrage Yearbook 1917*, New York, 1917.
SWINDLER, W. (org.), *Sources and Documents of United States Constitutions*, vols. 1-11, Dobbs Ferry, NY, 1973-1988.
THORPE, F. (org.), *Federal and State Constitutions*, 7 vols., Washington, DC, 1909.

Fontes estaduais, tabelas A.17-A.20

Califórnia

The Statutes of California and Amendments to the Constitution Passed at the Extra Session of the 39th Legislature, 1911 [Os Estatutos da Califórnia e Emendas à Constituição Aprovadas na Sessão Extra da 39ª Legislatura de 1911], San Francisco, 1912.

Colorado

MCCLEES, N. O. (org.), *Colorado Election Law 1891-1893*, (s.l., 1893).

Connecticut

General Statutes of Connecticut, Revision of 1901. [Estatutos Gerais de Connecticut, Revisão de 1901] (Hartford, 1902).
State of Connecticut Election Laws [Leis Eleitorais do Estado de Connecticut] (1906).

Dakota do Norte

The Australian Ballot Act and Other Acts Constituting the Election Laws of North Dakota [A Lei da Cédula Australiana e Outras Leis que Constituem as Leis Eleitorais de Dakota do Norte], Bismarck, 1891.
Supplement to the 1913 Compiled Laws of North Dakota 1913-1925 [Suplemento às Leis Compiladas em 1913 de Dakota do Norte], Rochester, 1926.

Flórida

Act of June 4, 1915, capítulo 6940, seção 1, 1915, Florida Laws 312.
Act of May 12, 1915, capítulo 7154, seção 35, 1915, Florida Laws 529.
Special Acts Adopted by the Legislature of Florida [Leis Especiais Adotadas pela Legislatura da Flórida,], v.2., Tallahassee, 1915.

Idaho

PINKHAM, A. J. (org.), *General Election Laws of the State of Idaho, Passed at the First Session of the Legislature and Approved February 25th, 1891*, Boise City, 1891.

Illinois

Laws of the State of Illinois [Leis do Estado de Illinois], Springfield, 1891.

Indiana

ROACH, W. (org.), *Laws of the State of Indiana, Passed at the Seventy-first Regular Session of the General Assembly*, Indianapolis, 1919.

Alexander Keyssar

Kansas

Kansas, *General Statutes* [Estatutos Gerais], capítulo 92, art. 3, seção 20, 1868.
State of Kansas, Session Laws of 1887 [Estado do Kansas, Compilação de Leis de 1887], Topeka, 1887.
State of Kansas Session Laws, 1909 [Estado do Kansas, Compilação de Leis de 1909], Topeka, 1909.

Kentucky

Acts of the General Assembly of the Commonwealth of Kentucky [Leis da Assembleia Geral da Commonwealth de Kentucky], Frankfort, 1912.
Acts of the General Assembly of the Commonwealth of Kentucky [Leis da Assembleia Geral da Commonwealth de Kentucky], Frankfort, 1920.
Kentucky Statutes [Estatutos de Kentucky], Louisville, 1894.

Massachusetts

Laws Relating to Elections [Leis Relativas às Eleições], Boston, 1893.

Michigan

Acts of the Legislature of the State of Michigan [Leis do Poder Legislativo do Estado de Michigan], Lansing, 1855.
Compiled Laws of the State of Michigan, 1915 [Leis Compiladas do Estado de Michigan, 1915], Lansing, 1915.
Michigan Reports [Relatórios de Michigan], v.97, Chicago, 1894, p.88-197.
Public Acts of the Legislature of the State of Michigan [Leis Públicas da Assembleia Legislativa do Estado de Michigan], Lansing, 1875.
Public Acts of the Legislature of the State of Michigan, 1917 [Leis Públicas da Assembleia Legislativa do Estado de Michigan, 1917], Lansing, 1917.

Mississipi

Laws of the State of Mississippi [Leis do Estado de Mississipi], Jackson, 1878).
The Revised Code of the Statute Laws of the State of Mississippi [O Código Revisado das Leis Estatutárias do Estado de Mississippi], Jackson, 1880.

Nebraska

Laws, Resolutions and Memorials Passed by the Legislature of the State of Nebraska [Leis, Resoluções e Memoriais Aprovados pelo Legislativo do Estado de Nebraska], Lincoln, 1917.

Nevada

BRODIGAN, G. (org.), *Election Laws of 1916, Pamphlet*, Carson City, 1915.

Nova York

Laws of the State of New York, Passed at the 133rd Session of the Legislature, vol. 1 [Leis do Estado de Nova York, aprovadas na 133ª Sessão da Assembleia Legislativa, v.1], Albany, 1910.

Ohio

BATES, C. (org.), *The Annotated Revised Statutes of the State of Ohio, Including All Laws of a General Nature in Force January 1, 1900,* 2.ed., Cincinnati, 1899.

DAUGHERTY, M. A., BRASEE, J.; OKEY, G. (orgs.), *The Revised Statutes and Other Acts of a General Nature of the State of Ohio in Force January 1, 1880,* 2.ed. Columbus, 1882.

KINNEY, C. (org.), *The Election Laws of the State of Ohio and of the United States of America So Far as They Relate to the Conduct of Elections and the Duties of Officers in Connection Therewith*, Columbus, 1898.

SMITH, R.; BENEDICT, A. (orgs.), *The Verified Revised Statutes of the State of Ohio Including All Laws of a General Nature in Force January 1st, 1890* [Os Estatutos Revisados Comprovados do Estado de Ohio, Incluindo Todas as Leis de Caráter Geral em 1º Força de janeiro de 1890] 4.ed., Cincinnati, 1891.

THOMPSON, C.; FULLINGTON, E. M.; DENMAN, U. G. *The General Code of the State of Ohio*, Cincinnati, 1910.

THROCKMORTON, A. et al. (orgs.), *The General Code of the State of Ohio Revised to 1921*, Cleveland, 1921.

Oregon

General Laws of Oregon, 12th Regular Session [Leis Gerais de Oregon, 12ª Sessão Ordinária], Salem, 1882.

Rhode Island

Election Laws of the State of Rhode Island [Leis Eleitorais do Estado de Rhode Island], Providence, 1912.

Texas

HOWARD, G. (org.), *General and Special Laws of the State of Texas Passed by the 4th Called Session of the 35th Legislature* [Leis Gerais e Especiais do Estado do Texas Aprovadas pela 4ª Sessão Especial da 35ª Assembleia Legislativa], Austin, 1918.

Vermont

The Public Statutes of Vermont 1906 [Os Estatutos Públicos de Vermont], Concord, 1907.

Washington

HOWELL, I. M., *State of Washington. General Election Laws Including Laws for Commission Form of Government*, Olympia, 1912.

Wisconsin

CUNNINGHAM, T. J. (org.), *The Registry and Election Laws of the State of Wisconsin with Forms and Instructions for the Use of County, City, Village and Town Officers*, Madison, 1894.

Wyoming

Primary Registration and Election Laws of the State of Wyoming In Force From and After January 21, 1891 [Registro das Primárias e Leis Eleitorais do Estado de Wyoming em Vigor Desde e Após 21 de Janeiro de 1891], Cheyenne, 1891.

ÍNDICE REMISSIVO

Ação afirmativa, 403
Ação do eleitor (*Voter Action*), 445
Acheson, Dean, 339
ACORN (*Association of Community Organization for Reform Now*), 458, 464, 467-8
Adams, Abigail, 246
Adams, Henry, 160
Adams, John
  esboço da constituição de Massachusetts, 55
  convenção constitucional de Massachusetts, 66
  "direito" de votar, 33-4, 45, 48, 153
Adams, Mary Jo, 23, 278
Adams Jr., Charles Francis, 177, 181, 205, 266
Addams, Jane, 280
Address on the Right of Free Suffrage (Luther), 122
Administração do Progresso de Trabalhos (*Works Progress Administration* – WPA), 328-9
Administração eleitoral, descentralização de, 442, 451

Afro-americanos
  ativismo no período 1920-1960, 322
  Décima Quarta Emenda, efeito da passagem da, 144-6
  direito de votar antes de 1860, 38-9, 47-8, 55-8, 106-10, 315 (nota 11), 489-90
  direitos de voto de 1960-2008, 346-63, 410-5, 428, 453-4, 485-6, 487-8
  distritos de coalizão e influência, 400-1 (nota 90)
  escravos como campesinato americano, 120
  fim das primárias brancas, 333-5
  força de voto no Norte, 320-2
  limites de Tuskegee, Alabama, 387-9
  perda do direito de votar, no Sul, após a Guerra Civil, 160-74, 239-42
  questões da diluição do voto e distribuição em distritos, 391-3
  rebelião do sufrágio em Rhode Island, 122-6
  Segunda Guerra Mundial, 331-41

serviço militar na Guerra Civil, 133-5, 142-4
o Sul nas décadas de 1950 e 1960, 338-41, 345-53
violência contra, durante e após a Reconstrução no Sul, 160-4
o voto na Guerra Civil e Reconstrução, 133-4, 142-60
Ver também Raça
Alabama, 71, 81, 120, 148, 171-2, 232, 241, 287-8, 307, 333, 346, 348, 351-2, 354, 361, 385, 387, 392, 397, 412, 414, 454, 509, 518, 523, 528, 533, 539, 542, 544, 547, 553, 567, 582
Albuquerque, Novo México, 446
Aliança dos Fazendeiros, 164
Allen, Ethan, 47, 54
Allen *versus* Merrel, 343
Allen *versus* State Board of Election, 388-9
"Ameaça racial", 233
América Latina, 29, 415, 490-1
American Center for Voting Rights (ACVR), 460-4, 469
American Woman Suffrage Association (AWSA), 257-8
Anderson *versus* Baker, 129
Annapolis (MD), 194-5, 276, 539
Anthony, Susan B., 249, 253, 278
Appeal of Forty Thousand Citizens
Aprovação prévia, 353, 357-60, 387-9, 395, 397, 471
Arizona, 194, 283, 339, 341, 368-70, 373, 470-1, 473, 525, 539, 542, 547, 554, 567, 576, 579
Arkansas, 195, 200, 288, 297, 312-3, 323, 348, 461, 509, 518, 524-5, 531, 533, 539, 544, 547, 554, 567, 578
Artigos da Confederação, 35-6, 58
Ashcroft, John, 401, 465
Asiático-americanos, 21, 203, 320, 337, 347, 355, 372, 391, 433, 488

Associação Internacional de Maquinistas (IAM), 293
Associação Nacional de Educação (*National Education Association* – NEA), 375-6
Associação Nacional de Secretários de Estados (*National Association of Secretaries of States*), 435
Associação Nacional dos Estudantes (*National Student Association*), 377
Associação Nacional pela Promoção das Pessoas de Cor (*National Association for the Advancement of Colored People* – NAACP), 332, 337, 347, 377
Atlantic Monthly, 131, 177, 186, 317
Ato de Aplicação da Lei (*Enforcement Act*), 162-8
Ato dos Direitos Civis (1957), 349
Ato dos Direitos Civis (1960), 349
Ato dos Direitos Civis (1964), 352
Austin, J.T., 88, 91

Babcock, John Martin Luther, 183-4
Baker, James, 463
Baker *versus* Carr, 384-5
Ball *versus* James, 369
Baltimore, 76, 78, 113, 138, 535, 558
Barbour, Warren, 329
Baum, Dale, 252
Beecher, Henry Ward, 143, 146, 250
Bigamia, 169, 232-3, 307, 567, 570, 572
Bilbo, Theodore, 310, 336, 382
Bingham, John, 155
Black, Hugo, 365
Blackmer, Eli T., 262
Blackstone, William; e ideias blackstonianas, 44-6, 69, 88, 92-4, 108, 130, 182, 245, 309, 323, 326, 330-1
Blackwell, Henry, 257, 274
Blackwell, J. Kenneth, 459
Blair, Henry, 258
Blatch, Harriet Stanton, 275, 280-1

Blue *versus* State ex rel. Brown, 314
Borden, Luther, 125
Boston, Massachusetts, 41, 60, 76, 88, 91, 134, 141, 177, 180, 191, 211, 226, 293
Boutwell, George, 150-1, 155-6
Bowen, Debra, 449
Bowman, Charles, 192
Bracero, Programa, 415-6
Bradford, Edward G., 277
Brasil, 490, 492
Breedlove *versus* Suttles, 322, 364
Brennan, William, 411
Broder, David, 483
Broomall, John, 264
Brown, Joseph, 269
Brown, Olympia, 273
Brown *versus* Board of Education, 336, 347
Brownell, Herbert, 349
Brunner, Jennifer, 449
Bryce, James, 239
Buchanan, Patrick, 426
Buechler, Steven, 275
Buel, David, 88, 90-1, 97, 118, 126
Burnham, Walter Dean, 21, 227, 240, 494
Burns, Lucy, 290
Bush, George H.W., 421-2
Bush, George W., 11, 359, 425-6, 429, 431-3, 437, 445, 459, 462, 464, 474
Bush, Jeb, 453, 455
Bush *versus* Gore, 483
Butler, Ben, 179, 261
Butterfield, Herbert, 22

Caldwell, Margaret, 287
Califórnia
convenção constitucional da, 193, 204, 257, 261-2,
erros da máquina de votação eletrônica, 446
leis antichinesas na, 158, 203-4, 209
leis de registro, 221, 223-4

sufrágio feminino, 257-8, 265-6
testes de alfabetização na, 209
Campbell, John, 262
Campbell, Lewis D., 199
Campesinato e sulistas rurais e escravos, 120, 171-3
Capen *versus* Foster, 114-5
Carolina do Norte
divisão distrital em, 394-6, 399
sufrágio pré-Guerra Civil, 142
Carolina do Sul, 114, 170, 307, 334, 338, 348, 356, 361, 363, 366, 382, 508, 513, 516-7, 521, 523, 526, 537, 541, 551, 563, 572
Carolina do Sul *versus* Katzenbach, 361, 363
Carrington *versus* Rash, 374
Carta dos Direitos, 427
Carter, Jimmy, 420, 432, 437, 463
Católicos romanos, 56
Catt, Carrie Chapman, 243, 271-2, 247, 290
Causa Comum, 424, 432, 436
Cavender, Wilson, 277
Celler, Emanuel, 376-8
Center for Voting and Democracy (FairVote), 433, 483
Chauncy, Charles, 105
Cheetham, James, 89
Chicago, Illinois, 136, 141, 220, 223, 226, 293, 309, 373, 417
Cipriano *versus* Houma, 368
Cidadania
como requisito de sufrágio, 415-8
e sufrágio internacionalmente, 490-2
e votação de 1790-1850, 73-5, 105-7, 114-6
Décima Quarta Emenda e, 144-6
fim das restrições para asiáticos, 336-7
leis dirigidas a imigrantes nas décadas de 1840 e 1850, 114-7

nativos americanos e, 105-7, 234-6
sem duração igual ao sufrágio, 253-4
Cidade de Mobile, Alabama *versus* Bolden, 392-3
Cidade de Phoenix, Arizona *versus* Koldziejski, 369
Civil Rights Commission *Ver* Comissão sobre Direitos Civis
Clark, Champ, 291
Classe, 27-9, 45-6, 93-5 (ver nota 81), 142-4, 117-26, 142-4, 279-80, 205-6, 364-9, 492-6
  eliminação de requisitos econômicos para o sufrágio, 364-9
  etnicidade e, 178-82
  futuro proletariado sem terra e sufrágio, 46, 93-5, 180-1
  ratificação da Décima Quinta Emenda, 157-9
  no Sul após a Reconstrução, 163-4, 172-4
  sufrágio feminino, 247-50, 257-8, 272-4, 276-8, 282-5
  Ver também requisitos de propriedade; requisitos de contribuição tributária; exclusão dos indigentes
Classe trabalhadora, 15, 28, 117-8, 124, 126, 130, 132, 134, 136, 139-40, 158, 171-3, 373, 455, 495
Cláusula de Igual Proteção. *Ver* Décima Quarta Emenda: cláusula de igual proteção
Cláusulas de anterioridade, 140, 170, 174, 195, 209-10, 348, 361
Cleveland, Grover, 165, 202
Cleveland, Ohio, 180, 293, 459
Clinton, Bill, 403, 422, 426, 494
Clinton, DeWitt, 96
Clinton, Hillary, 440-1, 455
Cloward, Richard, 227, 418, 420

Colégio Eleitoral, 11-2, 62, 145, 385, 425, 428-9, 431, 433, 438, 486, 496
Colorado, 147, 193, 212, 214, 229, 259, 270, 298, 312, 341, 416, 446, 449, 458, 477, 502, 525, 544, 547, 555, 568, 576, 579
Comentários sobre as Leis da Inglaterra (Blackstone), 44
Comissão Carter-Ford, 437-8, 470
Comissão de Assistência Eleitoral [EAC], relatório sobre fraude eleitoral, 439, 440-1, 469
Comissão de Comércio Interestadual, 317
Comissão dos Direitos Civis, 338, 340-1, 348, 350, 353, 355, 357
Comissão Federal de Comércio, 317
Comissão Nacional sobre Reforma Eleitoral Federal (*National Commission on Federal Election Reform* – NCFER), 432, 438
Comitê de Soldados da Pensilvânia, 51
Commons, John R., 182
Comparações internacionais da história do sufrágio dos EUA, 29-30, 110, 120, 298, 490-2
Comparecimento do eleitor às urnas
  declínio em [...] após 1896, 173
  definição de, 315 (nota 11)
  efeito de leis de registro no fim do século XX, 418-22
  e Lei do Eleitor Motorizado, 418-24
  no período 1920-1960, 314-5
  viés de classe, 314-5, 457-9, 470-2, 491-4
Comunidade, 41, 43-4, 52, 56, 69, 70, 73, 78, 80, 108-9, 114, 131, 136, 142, 160, 183, 185, 193-5, 207-9, 212-5, 219-20, 233, 235, 249, 267, 273, 284, 301, 333, 347-8, 356-8, 374, 391-2, 400-2, 404-6, 416-7, 427, 430, 453, 457-8, 467, 475-6, 478-81, 488, 494, 539, 574

O direito de voto

Conferência da Liderança Cristã do Sul, 347
Conferência do Sufrágio Feminista dos Estados Sulistas, 288-98
Congresso dos EUA
  durante a Reconstrução, 142-64
  e direitos de imigrantes asiáticos, 337
  e o direito de votar no Distrito de Columbia, 242
  e os direitos de votar nos territórios, 69-74
  e emenda de direito de voto, 482-5
  e não cidadãos, 418-9
  e política de imigração, 198-203
  e revogação do imposto de votação, 323
  fraude eleitoral, 460-4
  movimento de direitos civis e sufrágio negro, 340, 345-6, 347-58
  questões de divisões de distritos, 395-6, 400-2, 405-6
  reforma eleitoral em 2001-2002, 435-42
Congressional Union (União do Congresso), 290-1
Congresso Nacional de Índios Americanos (*National Congress of American Indians*), 342
Conkling, Roscoe, 154-5
Connecticut, 41, 54, 61, 74, 76, 81, 85, 89, 93, 101, 115, 138, 140-1, 149, 154, 205, 209, 255, 293, 296, 310, 312, 454, 507, 509, 516-8, 523, 525, 528, 532-3, 544, 547, 555, 568, 576
Conselho de Cidadãos Brancos, 348
Conselho dos Governos Estaduais, 307
Consentimento popular (consentimento dos governados), 20, 42, 49, 63, 121
Constituição dos Estados Unidos
  artigo 2, seção 1, 37, 62
  ausência do direito de votar em, 482
  Décima Segunda Emenda, 62
  e leis de voto estaduais, 60-2, 213
  enquadramento de e ausência de direito de votar, 35-7
  Ver também Suprema Corte; casos judiciais individuais; Décima Quarta, Décima Quinta, Décima Nona, Vigésima Quarta e Vigésima Sexta
Constituições, estado
  votação de ausente, 214-7
  emenda para incluir sufrágio feminino, 245-8, 250-1, 253-4, 257-60, 276-9, 287-9
  emenda para diminuir idade de voto, 375
  sufrágio negro, 100-6
  definindo eleitorado e processo eleitoral, 187-8, 192-4, 199-200, 205-6
  perda do direito de voto de negros sulistas, 168-74
  indigentes e, 108-10
  primazia sobre legislaturas, 213-7
  regras de residência, 211-2
  revisões entre 1790 e 1850, 65-6, 87-98, 121-3
  Ver também estados individuais e tabelas de apêndice
Convenção Constitucional de 1787, 35, 58, 61
Convenção do Povo de Rhode Island (1841), 122-3
Convenção Nacional dos Direitos da Mulher de 1851, 248
Convenção Partidária dos Parlamentares Negros, 436, 484
Convenções constitucionais estaduais
  definindo forma de eleitorado e processo eleitoral, 187-8, 192-4, 199-200, 205-11
  indigentes, 108-10
  perda do direito de votar de negros no Sul, 168-74; no período de 1790-1860, 65-6, 87-98, 121-3

599

requisitos de residência, 211-2
sufrágio feminino, 251-4, 257-8, 259-65, 275-9, 292-3
sufrágio negro no período de 1790-1850, 106-10
Ver também Requisitos de propriedade; Requisitos de pagamento de impostos
Conyers, John, 455
Cooley, Thomas, 239-40
Coolidge, Calvin, 297, 315
Cooper, James Feminore, 71, 112
Corrupção e eleições da Guerra Civil à Primeira Guerra Mundial, 181, 184, 187-92, 205-6, 218-22, 227-31
Cott, Nancy, 18, 281
Corte de Warren, 362-3, 365, 403
Cortes, 162-6, 205-6, 237-9
  casos de requisito de identidade, 471-4
  e nativos americanos, 342-3
  e naturalização, 139-41
  e registro, 114-5, 220-1, 223-7, 313-4
  e requisitos de propriedade, 193-6
  e restrições de raça, 100-1, 106-7, 164-6, 173-4
  impugnações às leis de cassação do direito de voto de criminosos, 408-11
  legalidade de requisitos econômicos seletivos, 193-6
  regras de residência, 212-4
  registro de eleitor, 219-21
  Ver também Suprema Corte
Crawford *versus* Marion County Election Board, 471
Criminosos, cassação do direito de voto de, 109-14, 231-3, 407-14 (ver notas 109, 110 e 115), 435-41 (ver nota 5), 455-6 (ver notas 62 e 63)
  Ver também delito penal
Crist, Charlie, 443, 453

Critério da totalidade das circunstâncias, 357, 360, 387, 389-90, 393-4, 398, 413
Croly, Herbert, 20

Darlington, William, 192
Dakota do Norte, 292, 545, 551, 561, 571, 574, 576-8
Dakota do Sul, 285, 429, 458, 460-1, 545, 572, 579
Dawes, Lei de, 235-6
Dean, Howard, 484
Debs, Eugene V., 282
Declaração de Independência, 43, 88, 122, 245, 338, 385
Delaware, 54, 57, 68, 73, 108, 154, 190-1, 271, 277, 366, 442, 453, 507, 509, 516, 518, 523, 525, 528, 531-3, 539, 541, 548, 555, 568, 576
Décima Quarta Emenda, 144, 395-6
  aplicação da, 162
  e cláusula de igual proteção, 361-9, 373-4, 378-9, 381-2, 384-6, 395-6, 414
  e perda do direito de votos de criminosos, 409-11
  nativos americanos, 234-6, 341-3
  palavras "direito de votar", 158-60, 426
  sufrágio universal, 363-4
  sufrágio feminino, 249-53
  Voting Rights Act, 361-3
Décima Quinta Emenda, 149-60, 185, 380
  controvérsia sobre relação federal--estadual, 154-5
  e encerramento de primárias brancas, 334-5
  e palavras "direito de votar", 159-60
  esforços para efetuar, 161-4, 173-4, 236-8, 288-9
  esforços para evitar, 161-74
  nativos americanos, 234-6, 341-2
  ratificação de, 158-60
  testes de alfabetização, 361-3, 371-2

Lei dos Direitos de Voto, 1965, 354-5
Décima Nona Emenda, 289-91, 295-8, 305, 380, 576, 578-9
Democracia
　e "uma pessoa, um voto", 384-6
　como projeto em andamento, 491-8
　como "pior de todos os males políticos", 60-1
　direito de voto da classe trabalhadora, 117-26
　medo de, após a Primeira Guerra Mundial, 307-9
　ideal de, da Revolução Americana a meados dos 1800, 34
　identificação com, diante do fascismo, 329
　sufrágio universal como valor fundamental de, 362-3
Democracia na América (Tocqueville), 22
Demos, 424, 433, 461
Departamento de Justiça dos EUA
　aprovação prévia, 387-90, 470-1
　direitos civis, 338-9, 349, 351-6
　fronteiras de Tuskegee, Alabama, 387-8
　maximização da representação negra, 394-6
Depressão, Grande: leis dos indigentes, 328
Detroit, Michigan, 458, 466, 577
Diebold Election Systems, 444-5, 447
Dingell, John D., 364
Dinheiro em política e eleições, 435-40, 494-5
Direito constitucional de votar, emenda para garantir, 482, 484
Direito de votar, definição de, 43-4
Direitos de voto locais
　Ver *Direitos de voto municipal*
Direitos de voto de estudantes universitários, 112, 214, 312-3, 329, 333, 374, 377, 380, 466, 473, 553
Direitos de voto municipal, 38-40, 57-8, 69-72, 190-2, 236-9, 260-1

Direitos iguais e sufrágio feminino, 249-51, 272-4
Distribuição, 187-8, 318-9, 384-6
　Ver *também* Governo federal: diluição de votos e distribuição de distritos
Distritos de coalizão, 400-1
Distritos de influência, 400-2
Distritos majoritários/minoritários, 395-402
Distrito de Columbia. Ver Washington (D.C.), direitos de voto em
Divisão de distritos ou distrital, práticas e leis de governo, 383-405
Documentos de identificação
　controvérsia de partidários sobre, 434-5, 468-70
　Help America Vote Act, 438-41
　lei que rege a Geórgia, 268-71
　para imigrantes, 199-200, Tabela A.12
　relativos a casos judiciais, 470-4
Doe *versus* Roe, 478-9
Doença mental e voto, 477, 479
Dole, Bob, 393
Doolittle, James, 154
Dorr, Thomas, 122
Dorr, Guerra de, 124, 126, 351
Douglas, William O., 364-5, 370, 378, 385-6, 410-1
Douglass, Frederick, 159
DuBois, Ellen, 248
DuBois, W.E.B., 321
Dunn *versus* Blumstein, 373, 410

Edmunds, George, 156
Eisenhower, Dwight D., 349, 351-2, 376
Eleições
　conduta de, 67-9
　eleição de 1896, 176-8
　eleição de 2000, 11-2, 383, 425-32, 434-8, 440-1, 451-4
　eleição de 2004, 457-64

eleição de 2008, 465-74
primárias, 226 (nota 75)
primárias brancas, 311-2, 320-1, 332-7 (ver nota 40), 361-2
Eleições municipais ou com propósitos especiais, com qualificações econômicas, 193-5, 351-2
Eleições populares e expansão de sufrágio, 83-4
Eleições presidenciais, direito de votar em, 61-2, 431-2, 483-4
Eleitores com necessidades especiais cognitivas e emocionais, 474-82
Eleitores com necessidades físicas especiais, 439, 446-7, 475-8
Electronic Systems and Software, 444
Eliot, Charles W., 329
Elk, John, 235
Elk *versus* Wilkins, 235
Ellsworth, Oliver, 61
Emenda Bourn em Rhode Island, 191
Enforcement Acts, década de 1870
Era colonial, direitos de voto, 37-41
Era Revolucionária, 51, 57-8, 66, 101, 121, 425
Equal Suffrage Association, Califórnia, 279
Equality League, 279
Erie, Steven, 225
Escolas e sufrágio feminino parcial, 245-6, 258-63, Tabela A.17
"Escrutínio rigoroso", 410-2
Estados
    controle sobre administração de eleição, 426-7, 432-51
    direitos de voto municipal, 57-8, 69-74, 236-9
    estrutura federal de requisitos de voto em novos, 147-8
    e sufrágio feminino, 257-8, 269-71, 279-80, 282-9, 292-7
    leis de sufrágio, 1776-1920, 501-80

    leis de sufrágio anteriores à Convenção Constitucional, 37-41
    leis de sufrágio durante a era Revolucionária, 50-8, 61-3
    poder constitucional para determinar leis de sufrágio, 60-2, 154-6
    testes de alfabetização, 308-10
Estrangeiros
    e voto (período de 1790-1850), 73-6 (ver nota 32)
    programa Bracero, 416 (nota 118)
    emancipação política do declarante, 73-6, 160-3, 199-202
    na década de 1990, 415-8
    término do sufrágio para, no fim do século XIX e início do século XX, 198-201, 183-4, 312 (nota 8)
    sufrágio como meio de atrair, 82-3
Estudantes, 112, 214, 312-3, 329, 333, 374, 377, 380, 466, 473, 553
Etnicidade, 27-9, 157-60, 180-1, 279-80
    Ver também Imigrantes, raça e direitos de votos
Eugenics Research Association (Associação de Pesquisa em Eugenia), 309
Europa, 117-8, 120, 130, 179, 199, 225, 234, 245, 273, 308-9, 329, 337, 339, 417, 490
Excepcionalismo americano, 29, 117, 490
Exclusões de indigentes, 37-9, 43-4, 108-10, 195 (ver nota 27), 197 (ver nota 30), 311-2, 367 (nota 34)
    comparações internacionais, 490-1
    durante o New Deal, 323-31
    eliminação de na década de 1960, 365-8
    referendo de Massachusetts (1972) sobre cassação do direito de voto dos indigentes, 367 (ver nota 35)

"*Failure of Universal Suffrage, The*" (Parkman), 187

O direito de voto

Fazendeiros, 51, 54, 126, 135, 138, 164
Farr, J.B., 229
Fauntroy, Walter, 383
Federação Americana do Trabalho (AFL), 202, 282, 325
Federal Election Integrity Act (2006), 473
Federal Reserve Board, 495
Federalist Papers, The, 61
Feingold, Russ, 455
Filadélfia, 35, 37, 41, 50-1, 58, 60, 72, 103-4, 114, 150, 178, 180, 226, 244, 293, 317, 359
Final de jogo, dinâmicas da reforma de sufrágio, 85-6, 291-7, 353-60 (ver nota 21)
Financiamento de campanha, 318, 494, 496-7
Finley, Lowell, 445, 448
Flórida, 69, 113, 238, 311, 410, 414, 425-34, 436, 443-4, 449-55, 457-8, 465-6, 482-3, 502, 509, 518, 524, 534, 539, 544, 548, 555, 568, 577
Folsom, Jim, 348
Foner, Eric, 162
Ford, Gerald, 432, 437-8, 440
França, 29, 234, 491
Frankfurter, Felix, 384-7
Franklin, Benjamin, 35-6
Fraude, eleitor
    Centro Americano para Direitos de Voto, 462 (ver nota 75)
    e lutas partidárias sobre reforma de registro após 2000, 432-5, 457-74 (ver nota 73)
    em eleições desde a Guerra Civil até a Primeira Guerra Mundial, 227-31
    fraude na eleição alegada pela ACORN, 463-8 (ver nota 67)
    Huerfano County, Colorado, eleição de 1914, 228-30
    preocupações sobre a lei National Uniform Registration Act, 419-20

perda de direito de voto daqueles condenados de, 232 (ver nota 84)
Frelinghuysen, Frederick, 146
Friedman, Brad, 460-3
Friendly, Henry, 409-10
Fronteira como um fator democratizante, 75-6 (ver nota 34)

Garfield, James, 159
Garrison, William Lloyd, 159
Gaston County, N.C. *versus* United States, 362
Gaunt *versus* Brown, 379
Gênero, *Ver* Sufrágio feminino
George, James Z., 168
Geórgia, 53, 57, 101, 107-8, 139, 162, 164, 173, 269, 288, 311, 322-3, 334, 338, 348, 359, 361, 373, 376, 385, 389, 397, 400-1, 430, 436, 444, 469, 470-1, 473-4, 507, 509, 518, 522-3, 534, 539, 542, 544, 548, 556, 568
Geórgia *versus* Ashcroft, 401
Gerry, Elbridge, 60
Gerrymander; *Ver também* Divisão distrital, 60, 319
Ginsburg, Ruth Bader, 399
Gladstone, William E., 36
Glass, Carter, 323
Godkin, Edward L., 177, 181-3, 185-6, 193, 207, 308
Goldwater, Barry, 377
Gomillion *versus* Lightfoot, 387, 390
Gompers, Samuel, 282
Gonzales, Alberto, 465
Goodnow, Frank, 316
Gordon, Kate, 288-9, 297
Gordon, R. L., 161, 171
Gore, Al, 425-6, 429, 431, 433-4, 483
Gorham, Nathaniel, 60
Governo federal
    administração eleitoral, 438-42, 482-4
    altos funcionários nomeados, 317-8

autoridade sobre lei de sufrágio, 60-2, 237-8, 253-6, 346-53, 380-3
como árbitro de legalidade de acordos eleitorais estaduais e locais, 386-7
diluição de voto e divisão distrital, 383-406
- Leis de Voto do Soldado, 333-4
movimento de direitos civis, 346-53
nacionalização de direito de voto, 380-3
realização de sufrágio quase universal pelo, 380-3
sufrágio em territórios de, 60-1, 65-6, 73-5, 144-5
Governo municipal e altos funcionários nomeados, 463-5
Graham, Frank P., 338
Graham, Sara, 277
Grange, 176
Grant, Ulysses S., 148
Graves, Todd, 464
Gray versus Sanders, 385
Green Mountain Boys, 54
Green versus Board of Elections, 410
Griffith, William, 246
Grovey versus Townsend, 334-5
Guerra
 ausência de, e redução do sufrágio da Guerra Civil à Primeira Guerra Mundial, 240-2
 expansão de sufrágio, 27-9, 80-2, 160-2, 292-5, 300-1, 331-42, 375-9, 488-9
 Ver também Serviço militar
Guerra Civil, 21, 24, 68, 72, 75, 96, 99, 108, 110, 117-8, 129, 133-4, 141-2, 144, 147, 156-7, 160, 165, 172-3, 176-9, 187, 195, 198-9, 215, 217, 223, 231, 234, 244, 246, 248, 301, 333, 489, 525-6, 539, 541
Guerra contra o México, 65, 81
Guerra de 1812, 65, 78, 80, 84, 105, 338
Guerra Fria, 20, 24, 305, 332, 339, 340, 345, 363, 376, 380, 489, 497

Guerra Revolucionária, 35, 80, 338
Guide to U.S. Elections (Congressional Quarterly), 20
Guinier, Lani, 403, 405-6

Harding, Warren, 297
Harlan, John, 365, 368, 373, 384-6
Harper et al. versus Virginia Board of Election et al., 364-5
Harrison, Benjamin, 165
Harshbarger, Scott, 436
Hart, Merwin K., 326
Hart InterCivic, 444
Hastie, William H., 336
Hearne, Mark (Thor), 460, 462-3, 465, 468-9, 472
Helms, Jesse, 403
Help America Vote Act (HAVA), 44, 439-42, 444, 446, 457, 459, 468, 476
Hickson, William J., 309
Hispânicos. *Ver também* imigrantes latinos, 230, 320, 355, 372, 380, 389, 391, 395, 400, 402, 413, 415-7, 427, 440, 457, 485, 488, 492, 526
Hoar, George Frisbie, 165-7
Hoerder, Dirk, 135
Holder versus Hall, 397
Holmes, Herbert E., 324
Holt, Rush, 447-8
Hoover, Herbert, 324-5
Hoyer, Steny, 435, 438
Huerfano County, Colorado, eleição de 1914, 229
Hulswit, Sarah O., 328
Humphrey, Hubert H., 376
Hunt, Harrison R., 309
Hunt versus Cromartie, 399
Hunter versus City of Pittsburgh, 239
Hunter versus Underwood, 412
Hurst, James Willard, 319

Idade de votação, 375-9
Idaho, 200, 204, 232, 259, 270, 342, 408, 525, 542, 556, 568, 574, 576, 579
Idoso, direitos de voto e, 474-82
Iglesias, David, 464-5
Illinois, 70 (ver nota 9), 74, 94-5, 119, 208, 307, 318
    convenção constitucional estadual de 1847, 82
    direitos de criminosos, 413
    registro de eleitor, 220-5
    requisitos de residência, 213, 373
    sufrágio de declarante, 136, 141
    sufrágio feminino em, 252, 261, 283, 292
Imigrantes e imigração
    apoio de máquinas políticas, 179-81
    baixos números após a Primeira Guerra Mundial, 415-6
    chineses e japoneses, 203-4
    colonos e trabalhadores e, 134-6 (ver nota 5)
    crescimento da classe trabalhadora, 178-81
    esforços para afastar das urnas, 198-202
    fim do veto a asiáticos, 336-8
    Know-Nothings e, 134-41
    mudança em fontes de, 130, 179-81
    prescrições especiais para sufrágio, por estado (tabelas A.4, A.12)
    registro e testes de alfabetização de eleitor, 114-7, 252 (ver nota 15)
    requisito de cidadania para direito de votar, 415-7 (ver nota 118)
    suspeição de voto ilegal por, 181-2
    Ver também Voto de não cidadão
Imigrantes chineses
    oposição ao direito de voto, 157-8
    restrições ao sufrágio e veto à naturalização, 202-4
    revogação das restrições sobre, 311-2, 336-8

testes de alfabetização, 209-10
Imigrantes irlandeses, 48, 115, 118, 126, 130, 134, 136, 139-40, 152, 178-9, 181, 190-1, 204, 209, 225, 228, 230, 234
Imigrantes latinos, 372, 415, 417, 440, 457, 492
    Ver também Hispânicos
Impostos de votação, 169-70, 190-1 (ver nota 21), 310-2, 320-2, 338-9, 348
    e a Vigésima Quarta Emenda, 352, 364-9
    Harper et al. *versus* Virginia Board of Election et al., 364-5, 367 (ver nota 34), 386, 410-1
    Leis de Voto do Soldado de 1942, 333-4
    Leis de Voto do Soldado de 1965, 353-4
    Ver também Colégio Eleitoral
Independência econômica, 37-41, 69-72
    indigentes e, 108-10
    mulheres e, 245-6
    na era de 1790-1850, 87-9, 91-3, 108-10
    na era revolucionária, 43-5
Indiana, 70-1, 73-5, 99, 101-3, 105, 115-6, 135, 139, 152, 193, 261, 292, 313-4, 389, 431, 446, 470-4, 477, 502, 510, 518, 523, 528, 531-2, 534, 544, 556, 568-9, 577-8
Instituto Nacional de Normas e Tecnologias (*National Institute Of Standards and Technology*), 448
Iowa, 144, 272, 414, 449, 453, 510, 519, 524, 529, 534, 556, 569, 576-8
Ireton, Henry, S., 38
Inglaterra, 22, 37-8, 41, 44, 59-60, 119, 199, 205, 279, 325, 490-1
Isenberg, Nancy, 248

Jackson, Andrew, 105, 116, 124
Jackson Jr., Jesse, 482, 486
Jefferson, Thomas, 45, 54, 60, 79, 263
Jeffords, James, 438
Johnson, Andrew, 144, 146-7

Johnson, Arthur T., 211
Johnson, Lyndon B., 20, 168, 349, 352-4, 356, 382
Jones, Samuel, 91, 95, 115
Judeus
    fim da perda de voto durante a era Revolucionária, 55-6
    medo de, 199-200
    perda do direito de voo na América colonial, 38-9, 293 (ver nota 75)
    registro de eleitor no Yom Kippur em 1908, 224
Juízes de corte de apelação, regras referentes à eleição de, 318
Julian, George W., 184, 258

Kansas, 75, 135, 194-5, 239, 249, 251, 262, 276, 283, 327, 378, 454, 469, 525, 539, 544, 557, 569, 576-7, 579
Katzenbach, Nicholas, 388
Katzenbach *versus* Morgan, 362, 371
Kearney, Belle, 274
Kearney, Denis, 204
Keating, Kenneth, 376
Kelley, Florence, 280-1
Kennedy, Anthony, 396-7, 400, 402
Kennedy, Edward M., 378, 420
Kennedy, John F., 352, 356
Kent, James, 92, 118
Kentucky, 116, 194, 246, 297, 313, 376, 421, 456, 510, 519, 523, 529, 534, 539, 548, 557, 569, 576
Kerber, Linda, 18, 255
King Jr., Martin Luther, 347, 355
Kleppner, Paul, 228, 230
Knights of Labor (Os Cavaleiros do Trabalho), 176, 179, 190
Know-Nothings, 137 (ver nota 11), 138 (ver nota 13), 141 (ver nota 17), 151-3, 156-8, 172, 256
    e registro de eleitor, 115-6

    imigrantes e, 134-41
    reminiscente de nativismo tardio de, 172, 199, 204, 207-8
Kohl, Herbert, 474, 481
Kousser, J. Morgan, 25, 169, 172, 388
Kramer *versus* Union Free School District, 367
Krock, Arthur, 336
Kruman, Marc, 18, 48
Ku Klux Klan, 148, 162-3

Labriola, Joe, 451
Lamar *versus* Dillon, 238
Lambertson, G.B., 234
Lassiter *versus* Northampton County Board of Electors, 310
League of United Latin American Citizens *versus* Perry, 402
Liga das Mulheres Eleitoras, 420, 432, 458
Liga do Sindicato Trabalhista das Mulheres (*Women's Trade Union League*), 281
Lealdade e perda de direito de voto, 160-1
Legião Americana, 376
Lei da Cidadania, 236
Lei de Americanos com Necessidades Especiais (1990), 475, 479
Lei de Dillon, 72, 238
Lei de Reconstrução de 1867, 147, 160
Leis de Voto do Soldado, 334
Lei do Eleitor Motorizado, 422
Lei dos Direitos de Voto de 1965 (e posteriores emendas e novas autorizações), 168-9, 353-60
    aprovação da Suprema Corte, 361-3
    cassação do direito de voto de criminosos, 413-4
    diluição de voto redistribuição distrital, 394-406
    emenda de 1982 restabelecendo o teste de totalidade das circunstâncias, 392-3

idade de votação e, 378-9
impugnação legal à renovação de 2006, 360
nativos americanos, 370-1
prescrições de aprovação prévia, 353, 355, 360, 387-94
prescrições de assistência com o idioma, 358-60 (ver nota 18)
residência, 371-2
Ver também Décima Quarta Emenda: cláusula de igual proteção; Décima Quinta Emenda; Suprema Corte
Lei Loteamento Geral (Dawes) (1887), 235
Lei Wilson-Pakula em Nova York, 318
Leis Jim Crow, 320
Leigh, Benjamin Watkins, 120
Let Us Vote (LUV), 377
Lewis, Cal, 328
Lewis, John, 359, 401
Licenças de bebida alcoólica, sufrágio feminino e, 259-61, 268, 277
Liga dos Direitos Iguais (*Equal Rights League, Wilmington*), 143-4
Lincoln, Abraham, 141, 161, 347, 356, 385, 495
Locke, John, 47, 409
Lodge Force Bill (Projeto de Lei das Eleições Federais), 164, 167-8, 192, 237, 353
Lodge, Henry Cabot, 166, 202, 291, 296
Lodge Force Bill, 164, 167, 192, 237, 353
Long, Earl, 348
Long, Huey, 311, 326
Louisiana, 69, 77, 95, 97, 113, 137, 171-3, 288, 297, 311, 348, 361, 368, 464, 468, 510, 519, 523, 529, 531, 534, 539, 542, 544, 548-9, 557, 569, 577
Louisville, Kentucky, 71, 206
Luther, Martin, 125
Luther, Seth, 121, 124
Luther *versus* Borden, 125

Madison, James, 35-69, 46, 59-61, 66
Magnuson, Warren, 378
Maine, 71, 101, 138, 140, 193, 324-5, 327, 342, 366-7, 414, 452, 456, 479, 489, 510, 519, 525, 532, 534, 549, 557, 569, 574, 578
Mansfield, Mike, 378
Manza, Jeff, 111, 232, 457
Máquinas políticas, 224-6, 319 (ver nota 15)
apoio imigrante de, 178-80
leis de registro, 224-6
sufrágio feminino, 292-4
Marcantonio, Vito, 318, 341
Markowitz, Deb, 475, 481
Marshall, John, 78, 107
Marshall, Susan, 267
Marshall, Thurgood, 336, 393, 411
Marxian Workingmen's Party (Partido Marxista dos Trabalhadores), 204
Maryland, 137, 142-3, 174, 182, 194-5, 213, 239, 417
da Revolução Americana à Guerra Civil, 57, 68, 74, 77, 101
requisitos de residência, 113
serviço militar e o voto, 52
Mason, George, 54, 60
Mason, Lucy Randolph, 287
Massachusetts, 179, 209, 215, 236, 367
abolição de requisito de contribuição tributária em, 190
cassação do direito de voto de criminosos, 451-6
convenção constitucional estadual de 1820-1821, 65, 86
direito dos indigentes de votar em, 112, 196-7, 324
período colonial e revolucionário, 39, 47-9, 57-8, 60
período de espera para cidadãos naturalizados, 140, 201

sistema de registro, 114
sucesso dos Know-Nothings em, 138
sufrágio de 1790-1850, 71, 74, 81, 86, 98, 101
sufrágio feminino, 261, 276, 293-4
Matalin, Mary, 434
McAllister, H. Nelson, 192
McCain, John, 450, 467
McConnell, Mitch, 421
McGovern, George, 367
McKay, John, 463, 465
McKinley, William, 167, 200
McMillan, John, 382
"Memorial dos Não Proprietários da Cidade de Richmond", 78-9
Michigan
sufrágio feminino em, 260, 271, 276, 285, 292
sufrágio pré-Guerra Civil em, 70, 72-5, 77, 138
Mill, John Stuart, 184
Miller *versus* Johnson, 396-7
Milwaukee, Wisconsin, 71, 78, 460, 465
Minish, Joseph G., 364
Minnesota, 75, 135, 144, 214, 290, 406, 464, 476, 525, 529, 544, 558, 569, 574, 576, 578
Minnite, Lorraine C., 461, 466
Minor, Virginia e Francis, 253-4
Minor *versus* Happersett, 253
Minorias representativas e minorias linguísticas, 336-7, 354-5, 359-60, 362-3, 389-93, 398-9, 403-6, 413-4, 457-60, 465-6, 488-9, 492-4, 496-7
Ver também afro-americanos, asiático--americanos,
imigrantes chineses, imigrantes latinos, americanos nativos
Mississippi, 168-9, 173-4, 242, 288, 297, 310, 312-3, 336, 342, 348-9, 351, 354, 361, 363, 382, 388, 412, 454

Missouri, 72, 115-6, 193, 208, 253, 285, 291, 294, 312, 319, 366, 423, 460-1, 464, 468, 470-1, 479, 511, 520, 523, 525, 529, 529, 531-2, 535, 545, 550, 559, 570, 578
Mitchell, John, 370, 372-3, 378
Monroe, James, 66
Montana, 283, 312, 526, 54, 545, 570, 574-7, 579
Montesquieu, 45
Montgomery, David, 17, 118-9
Morgan, Charles, 91
Morris, Gouverneur, 59-60
Morse, Wayne, 376
Morton, Oliver P., 152-3, 156-7
Mott, Lucretia, 244-5
Movimento de abstinência, 260, 268
Movimento de direitos civis
Munro, William B., 23, 25, 185, 308-9, 314, 330
Myers *versus* Anderson, 195

Naar, David, 109-10
Nader, Ralph, 433
Nation, The, 175, 177, 180, 181
National American Woman Suffrage Association – NAWSA (Associação Nacional pelo Sufrágio da Mulher), 272, 274-5, 279-80, 284, 287-90, 292-4, 296-7
National Bureau of Standards (Agência Nacional de Padronização), 430
National Labor Union – NLU (Sindicato Nacional dos Trabalhadores) e aliança com movimento do sufrágio feminino, 251
National Popular Vote Initiative, 486
National Uniform Registration Act (Lei Nacional de Registro Uniforme), 420
National Voter Registration Act (Lei Nacional do Registro do Eleitor), 422, 476
Ver também Lei do Eleitor Motorizado.
National Voting Rights Institute, 433 (ver nota 15)

National Woman Suffrage Association –
 NWSA (Associação Nacional pelo
 Sufrágio da Mulher), 257-9
Nativos americanos
 ação coletiva pelo direito de voto, 320
 Comitê de Direitos Civis, 340-3
 controvérsia sobre fraude e supressão,
  458-60, 464 (ver nota 77)
 debate de cidadania, 105-8, 234-6
 Décima Quinta Emenda, 158-9
 direitos de voto na era revolucionária,
  34, 39-40 (ver nota 10)
 Lei dos Direitos de Voto, 354-5, 370-1
 mito do sufrágio universal no século
  XX, 307, 487-9
 prescrições para "índios não taxados",
  341
 redução dos direitos de voto no fim do
  século XIX, 240-1
 requisitos de alfabetização, 417-8
 serviço militar, 331-2
 sufrágio feminino e, 273-4
Naturalização, 199-201, 415
 apresentação de documentos por eleitores, 199-201
 Décima Quarta Emenda, 144-5
 exclusão de americanos nativos, 234-6
 leis requerendo períodos de espera após, 139-40, 199-201
 requisitos para, 73-4, 199-202
Natureza constitucional do sufrágio, 56-8, 202-4
Nebraska, 147, 285, 292, 453, 542, 545, 560, 570, 576-8
Nevada, 151, 158, 167, 283, 312, 454, 467, 526, 540, 545, 560, 570, 579
New Bedford, Massachusetts, 28, 197
New Deal, 30, 321-3, 325-31, 335, 361, 381
New Hampshire, 53, 103, 112, 196, 258, 329, 366, 477, 526, 532, 535, 540-1, 576

New Republic, The, 20, 307, 320
New York State Economic Council – NYSEC
 (Conselho Econômico do Estado de
 Nova York), 325-7, 331
Ney, Bob, 438
Nixon, Richard, 349, 355-6, 370, 372, 378-9, 389
Norfolk, Virginia, 39, 58, 451,
Norfolk State Prision, Massachusetts, 451
North American Review, 177, 328
Northwest Austin Municipal Utility District Number One *versus* Gonzales, 359
Nova Jersey, 138, 246, 276, 329
 indigentes em, 109
 questões de votação eletrônica, 447
 Rebelião das Mulheres, 328-31
 requisitos de registro da Guerra Civil
  à Primeira Guerra Mundial, 223-4
 sufrágio em, 1790-1850, 71, 74, 86, 98, 100-1, 115
 sufrágio feminino em, 57, 100-1, 246, 285
Nova Orleans, Louisiana, 113, 142, 146, 171, 274, 287, 391
Nova York (cidade), 177-80, 224, 292-3, 409-10
 Know-Nothings em, 134, 138-9
 sufrágio em, 60, 71-2, 76
 voto imigrante, 293 (ver nota 75)
Nova York (estado), 118, 201, 233, 237, 318, 367-8
 criminosos em, 409-10, 413
 derrota do requisito de propriedade
  municipal na década de 1870, 193-4
 direitos de voto pré-Guerra Civil, 57-8, 71-2, 77, 81-94, 96-7
 exclusão de pobres, 111-2
 Know-Nothings em, 138
 registro de eleitor, 114-5, 224
 restrições a afro-americanos 1790-1850, 101-2

sucesso dos Know Nothings em aprovar leis de registro de eleitor, 139
sufrágio feminino, 276-7, 285 (ver nota 63), 292-3
tentativa de cassar os desempregados em, 325-8
testes de alfabetização, 208-11, 233, 308-10, 350, 362
Novo México, 208, 290, 339, 341-2, 414, 446, 449, 453, 458, 464, 550, 560, 571, 574, 576

Obama, Barak, 12, 450, 466-8, 485-6, 495-6
O'Connor, Sandra Day, 396-7, 402, 406
Ohio, 69, 86, 206, 318
    cassação do direito de voto e sufrágio negro, 89, 101-2, 150-2, 193
    debate referente ao direito de voto para estrangeiro, 198-200
    Décima Quinta Emenda, 155
    eleição de 2004, 443-9, 459, 465-6
    requisitos de registro, 224-9
    requisitos de residência, 73-4, 112-4
    sufrágio feminino em, 285-6, 292
    vitórias dos Know-Nothing, 138
Oklahoma, 174, 194, 239, 296, 343, 361, 366-7, 526-7, 540, 551-2, 561, 571, 575-6, 579
Oposição dos interesses da bebida alcoólica ao sufrágio feminino, 259-60, 277
Ordem da Bandeira Estrelada, 137
    Ver também Know-Nothings
Ordem de Advogados Americanos (ABA), 478, 490
Oregon, 58, 135, 139, 204, 215, 235, 276, 283, 310, 312, 502, 526, 530, 542, 545, 551, 562, 571, 576, 579
Oregon *versus* Mitchell, 362, 370-1, 373, 378-9
O'Reilly, Leonora, 282

Other Bostonians (Thernstrom), 317, 373
Otsuka *versus* Hite, 409
Overseas Citizens Voting Rights Act [Lei de Direitos de Voto dos Cidadãos Estrangeiros] (1975), 375

Paine, Thomas, 45, 51, 60
Palm Beach County, Flórida, 426
Para garantir esses direitos (Comitê de Direitos Civis), 338, 342
Parkman, Francis, 177, 180, 182-4, 231, 314, 330
Partido Constitucionalista de Rhode Island, 122
Partido da Lei e da Ordem, de Rhode Island, 123, 125
Partido Democrata, 176, 189-93, 241-2, 321, 327
    alianças com trabalhadores, 130
    Décima Nona Emenda e, 291-7
    durante a Reconstrução, 144-60
    e direitos de voto pós-Segunda Guerra Mundial, 347-51, 353-4, 356-7, 375-9, 393, 400-2
    Know-Nothings e, 138-9
    leis de residência, 113
    oposição ao sufrágio afro-americano após a Guerra Civil, 144-6, 149-55, 157-8, 162-74
    oposição às restrições do sufrágio para imigrantes, 199-200
    primárias brancas, 333-7
    rebelião do sufrágio em Rhode Island na década de 1840, 122-3
    redenção no Sul, 162-74
    registro do eleitor e, 114-7, 221-5, 419-23
    sufrágio feminino, 251, 288-97
    sufrágio pré-Guerra Civil, 84-6, 95-6
    testes de alfabetização, 208-9

voto afro-americano, 102, 321, 336-8, 340, 348-53, 356-60, 400-2, 422, 428, 455-6, 466-8, 485-6
voto imigrante, 114-7, 136
Partido dos Whigs, 53, 92, 124-5
Partido Federalista, 82-5, 82, 100, 102, 109, 113
Partido Greenback [Greenpark Labor Party], 176
Partido Nacional da Mulher (*National Woman's Party*), 291-3
Partido Progressista e sufrágio feminino, 283-4
Partido Reformista, 494
Partido Republicano, 163-70, 176-7, 189, 192-3, 208-9, 229, 241-2, 321, 324-7, 420-2, 491
  apoio para sufrágio afro-americano após a Guerra Civil, 144-60
  conservadores sulistas no fim da década de 1960, 356
  direitos de voto pós-Segunda Guerra Mundial, 348-9, 354-9, 372-9, 393, 401-3
  entre 2000 e 2008, 428, 434-5, 438
  imigrantes, 136-41, 200-1
  leis de residência no início do século XIX, 113
  Reconstrução, 143-60
  redenção no Sul, 161-74
  registro de eleitor, 221-5
  sufrágio feminino, 249-52, 283, 291-7
  testes de alfabetização, 208-9
  Voting Rights Act(s), 349-55
Partido Socialista, 176
Partido Sufragista Feminino de Nova York, 279, 294
Partidos políticos
  dinâmica de competição partidária, 82-6, 290-7, 347-53, 359-60

domínio de partido único da década de 1920 à de 1950, 317-8
extensão do direito de voto a novos eleitores – período de 1790-1850, 82-6
terceiros partidos, 130, 176, 187-9, 242, 318, 433 (ver nota 16), 493-5
Ver também partidos individuais
Paul, Alice, 279, 290-1, 293
Pensilvânia, 85-6, 101, 114, 225, 285, 312
período revolucionário, 41, 50, 57
requisitos de contribuição tributária, 192
People's Party (Partido Popular), 176, 270-1
Pepper, Claude, 311
Perkins, Frances, 298
Perth Amboy, Nova Jersey, 39
Peru, 492
Phillips, Wendell, 145, 159, 249, 271
Pierce, Edward L., 141
Pingree, Hazen, 224
Pittsburgh, Pensilvânia, 138, 225, 227, 239, 293, 314, 463
Piven, Frances Fox, 21, 227, 418, 420-1
Pole, J. R., 37, 40, 78
Pope *versus* Williams, 213, 237
Populistas, 164, 169-70, 179, 228, 318, 348
Porter, Kirk, 22, 24
Porter *versus* Hall, 341
Presley *versus* Etowah County Commission, 397
Primárias brancas, 334, 361
Princípio de "uma pessoa, um voto", 369, 384-7, 389, 404, 429
Procuradores dos EUA, demissão de, 463-4
Programa Bracero, 415-6
Projeto de Avanço, 484 (ver nota 113), 485 (ver nota 114)
Projeto de Condenação, 453

Projeto de Educação Eleitoral, 352
Projeto SERVIR, 420
Proletariado sem propriedade, 43-6, 92-4
"Proteção do voto" (Adams), 33-4, 45, 48

Quay, Matthew S., 167, 192
Quincy, Josiah, 66, 89, 92-4, 108, 118

Raça e direitos de voto, 142-8, 199, 237, 346-53, Tabela A.9
   antes da Guerra Civil, 99-107, 122-4, tabelas A.4, A.5, A.9
   cassação do direito de voto de negros no Sul no período de 1890 a 1920, 161-74
   chineses e, 203-4
   debate da Décima Quinta Emenda, 149-60
   e classe, 27-9, 157-9
   e Guerra Fria, 339-40
   e cassação do direito de voto de criminosos, 411-4
   eliminação de barreiras para votar baseadas em, 363-4
   imposto de votação, 309-11, 320-2
   internacional, 490-2
   no Sul nas décadas de 1950 e 1960, 338-41, 346-51
   redistribuição distrital e, 387-94
   Segunda Guerra Mundial, 331-41
   sufrágio feminino, 269-70, 271-5, 287-9, 296-7
   Ver também Afro-americanos
Randolph, Jennings, 375, 379
Randoph, John, 81
Rankin, Jeanette, 283, 296
Raspberry, William, 438
Reagan, Ronald, 230, 355-6, 394, 420-1
Rebelião das Mulheres, 328-31
Reconstrução, 130-2, 142-8, 161-4, 252, 257-60, 334-5, 337-40

Redentores, 133, 163-4, 173
Reformadores, da Guerra Civil à Primeira Guerra Mundial, 176-7, 185-6, 191-4, 218-20, 227-30, 234-5, 317-8
Reformadores progressistas, 177-9, 317-8
Registro de eleitor, 187-9, 217-27 (ver nota 72), 311-4, 418-20, 486
   Ato de Direitos de Voto de 1965, 353-5
   e alegações de fraude e supressão, 457-74 (ver notas 67, 70 e 84), 486
   eleitores com necessidades especiais, 476 (ver nota 96)
   Help America Vote Act, 439-42, 446-7, 457
   imigração e, 114-6, 224-5
   Know-Nothings, 137-8
   máquinas políticas, 224-5
   National Voter Registration Act, 418-9, 421-4
   "registro por agência", 419-21
   sistema universal, 486 (ver nota 116)
Registro no dia de eleição, 420, 433, 442
Regras de residência, 71-4, 187-9, 211-7, tabelas A.9 e A.14
   cassação do direito de voto de negros no Sul, 169-70
   comparações internacionais, 490-2
   definição da corte de Colorado, 211-2
   estudantes, 214-6, 313-4, 373-4
   fim do requisito de longa duração, 311-6
   indivíduos sem teto, 313-4
   no período de 1790-1860, 111-3
   pessoal militar, 214-6, 313-4, 373-4
   trabalhadores de colarinho azul, 212-3
Rehnquist, William, 396, 411
Reich, Robert, 494
Religião e sufrágio, 136
Representação
   e consenso popular, 49

e proporcionalidade demográfica, 390-406
proporcional, 406
virtual, 43-4, 63, 245-6
Republicanos radicais, 141, 145, 147, 166, 489
Requisitos de contribuição tributária, 48-9, 69-72, 95-6, 311-2
   Prescrições de "índios não taxados", 342
   rebeliões por sufragistas, 255, 276
   Ver também Impostos de votação
Requisitos de propriedade, 37-9
   anterior à Revolução Americana, 39-41
   argumentos a favor de, 44-72, 93-5
   comparações europeias, 490-2
   crítica de Roosevelt a, 326-31
   debate da Décima Quinta Emenda, 153-5
   eliminação de, 68-75 (ver nota 6), 41-2, 96 (ver nota 86)
   julgamentos da Suprema Corte quanto a, 195-6, 367-8
   municipal, 57-8, 71-2
   oposição ideológica a, 49-55, 77-81, 87-96
   ressurreição de, 192-6
   uso de, por brancos no Sul pós-Reconstrução, 171-2
Requisitos econômicos para o sufrágio, 26, 35-41, 51-6, 58-61, 68-72, 76-8, 87-98, 190-6, 364-9, tabelas A.1, A.2, A.3, A.9, A.10, A.11
   Ver também Classe, Requisitos de propriedade; Requisitos de contribuição tributária
Reynolds versus Sims, 384-5, 389
Rhode Island
   debate sobre a Décima Quinta Emenda, 157-9
   Guerra de Dorr em, 124, 126, 351

Leis Algerinas, 123
referendo sobre exclusão dos indigentes, 367-8
requisitos de propriedade e imposto pós-1850, 190-1, 193-4
sufrágio durante a Era Revolucionária, 54-5
Richardson, Joseph, 81
Richardson versus Ramirez, 411
Richmond, Virginia, 47, 71-2, 76, 78-80, 88, 391
"Right of the Ballot, The: A Reply to Francis Parkman and Others" (Babcock), 183
Roosevelt, Eleanor, 322
Roosevelt, Franklin D., 298, 323-4, 326-7, 329-30, 335
Rove, Karl, 462-5
Russell, Charles T., 196
Russell, William, 190

St. Louis, Missouri, 71, 72, 85, 253, 294-5
Salyer Land Company versus Tulare Lake Basin Water Storage District, 369
San Francisco, Califórnia, 17, 180, 204, 212, 221-3, 283
Sanford, Nathan, 65-6, 88-9, 97
Sarasota, Florida, 443
Sargent, Aaron A., 258
Scalia, Antonin, 396, 398, 432, 472
Schattschneider, E. E., 24
Schnell versus Davis, 361
Schouler, James, 23, 185
Scruggs, William L., 181
Segunda Guerra Mundial e sufrágio, 331-41
"Segunda" Reconstrução, 346-79
Seneca Falls, Nova York, convenção de 1848, 244-8
Sensenbrenner, James, 358
Sequoia Voting Systems, 444, 446-7
Serebrov, Job, 461

Serviço militar e direitos de voto, 77-80, 88-91, 133-4, 160-1, 165-6, 195-9, 267-8, 375-9
   durante a Era Revolucionária, 49-54
   mulheres e, 265-7, 294-5
   nativos americanos, 235-6, 341-3
   negros durante a Guerra Civil, 133-4, 142-4, 158-60
   negros durante a Guerra de 1812, 105-6
   requisitos de residência, 214-5, 313-4
   Segunda Guerra Mundial, 331-41
   votação de ausente, 160-1, 214-6
   Ver também Guerra
Shattuck, Harriette R., 269
Shaw, Anna Howard, 272, 281, 289, 295
Shaw *versus* Hunt, 399
Shaw *versus* Reno, 396, 399, 403
Shellabarger, Samuel, 150-1
Sherman, John, 152
Sherman, William Tecumseh, 142
Shuler, Nettie R., 243
Siegenthaler, John, 438
Sistema de dois partidos, 30, 318, 406, 494
Smith, Abby Hadassah, 255
Smith, Julia Evelina, 255
Smith *versus* Allwright, 335-6
Smith, W.H., 266
Soaries Jr., Deforest B., 441
Sobras/fragmentos pendurados (das cédulas perfuradas), 261, 444
Socialismo, 202, 270, 294, 296, 308
Souter, David, 399, 472
Stanton, Elizabeth Cady, 244-5, 248-51, 256-8, 262, 265, 272, 275
Stanton, Henry B., 244
Steinfeld, Robert, 25, 109, 195
Stevens, John Paul, 432, 472
Stevens, Thaddeus, 346
Stewart, Potter, 365
Stewart, William M., 151, 154-6, 167, 368
Stone, Lucy, 257

Subvotos, 429
"Sufrágio Educado" (Stanton), 275
Sufrágio feminino, 38-9, 89, 243-4, tabelas A.17-A.20
   aliança do movimento com o Sindicato Nacional dos Trabalhadores, 250-1
   aquisição de sufrágio parcial, 258-61, 276-9, 289-92
   argumentos contra, 265-7, 284-6
   argumentos a favor, 248-50, 259-69, 272-4
   convenção de Seneca Falls, 241-4
   década de 1890 e início do século XX, 271-87
   décadas de 1870 e 1880, 256-71
   e a classe trabalhadora, 274-6, 279-83, 293-4
   e a Primeira Guerra Mundial, 293-7
   e cidadania, 251-6
   e "direitos iguais", 248-50, 272-4, 307
   e rebeliões de impostos, 251-6
   em eleições de conselho escolar, 258, 276, Tabela A.17
   em Nova Jersey, 99-101
   era da Guerra Civil, 248-51
   no Oeste, 248-51, 271 (ver nota 43), 283-4
   no Sul, 270, 274-9, 285-7, 297
   preconceitos étnicos e de classe, 272-4, 276-9, 283-4
   retardado por medo de qualquer expansão de sufrágio, 276-9
   Ver também Décima Nona Emenda
Sufrágio universal, 19-21, 33-4, 66, 99, 156-7, 363-4, 380-3
   comparações internacionais, 420-2
   críticas de, 177-87, 308-10
   defensores de (fim do século XIX), 185-7
   insuficiência de (para ordem política democrática plena), 494-7

maneiras de ter bom governo a despeito de, 187
movimento de sufrágio feminino, 274-6
proposta parlamentar para, em 1963, 364 (ver nota 28)
republicanos radicais (1864-1868), 142-3
Sul
   direito de votar de brancos para ajudar na formação de milícia, 79-80, 97
   direito de votar de libertos na era da Reconstrução, 142-4
   excepcionalismo americano, 120
   oposição à perda do direito de votar de negros, 170-2
   perda do direito de votar de negros após a era da Reconstrução, 144-5, 161-74, 241-2
   relações de raça na era pós-Segunda Guerra Mundial, 339-41, 346-53
   revogação de impostos de votação antes da Segunda Guerra Mundial, 309-12
   sufrágio feminino no, 269-71, 285-8
   testes de alfabetização para excluir negros, 309-10
   Ver também Afro-americanos; Raça
Sullivan, James, 48
Sumner, Charles, 147, 149, 156, 166, 257, 346
Sunset laws (leis com prazo de expiração), 219
Suprema Corte
   Corte Warren, 361-81
   defesa da cassação do direito de voto de negros no Sul, 187-9
   defesa de imposto de votação, 321-3
   direito de estados para determinar leis de sufrágio, 237-8
   direito de voto e cidadania, 253-4
   direito do Congresso de diminuir a idade de votação, 378-9

distribuição, 384-6
divisão distrital e diluição, 384-406 (ver nota 87)
Eleição de 2000, 429-32
eleições municipais e de propósito especial, 367-8
final do século XIX, 162-7
leis de primárias brancas, 333-5
Leis dos Direitos de Voto, 359-81
partidarismo de membros da, 398-401
perda do direito de voto de criminosos, 231-2, 411-2
qualificações econômicas seletivas para votar, 195-6
registro, 313-4
regras contra cláusulas de anterioridade, 174
requisitos de foto em documentos de identidade, 471-4
requisitos de residência, 211-2, 373-4
testes de alfabetização, 309-10, 370-2
Ver também casos individuais
Supressão de voto. *Ver* Supressão de eleitor
Supressão de eleitor (2000-2008), 432-5 (ver nota 17), 457-60, 465-8

tabelas A.1-A.20, 501-79
Taft, William Howard, 203, 284
Tait, Andrew, 133-4
Tammany Hall e movimentos de sufrágio, 293 (ver nota 75)
Tecnologia. *Ver* tecnologia de votação
Tecnologia de votação, 429-32, 437-40, 443-51
   cartões perfurados e máquinas de alavanca mecânica, 429-31, 439-40, 450-1
   escâneres ópticos, 439-40, 449-51
   máquinas DRE, 443-51
   questões de segurança com máquinas de votação, 444-9

Tennessee, 69, 71, 133, 162, 297, 323, 334, 373, 384, 413, 454-5, 513, 516, 521, 523, 530-1, 537-8, 541, 563, 572, 578
Teoria do contrato social, 48-9
Territórios federais, 75, 146, 161, 232
Territórios do Noroeste, 60, 70, 73
Testes de alfabetização, 187-8, 205-11
    debate sobre Décima Quinta Emenda, 154-5
    decisões da Suprema Corte referentes a, 309-10, 362, 369-72
    em Massachusetts e Connecticut, 141, 252 (ver nota 15)
    em Nova York, 207-10, 308-10, 362
    Know-Nothings e, 137-9, 141
    Leis dos Direitos de Voto, 353-5, 369-73
    no início dos anos 1800, 114-5
    no Sul na década de 1950, 347-8
    para naturalização, 201-4
    perda do direito de votos de negros no Sul, 168-9
    poder do Congresso para vetar, 362
    porto-riquenhos em Nova York, 345-6, 362
    sufrágio feminino, 247-76
    teste de inteligência e, 308-10
    veto permanente sobre, 369-73
Testes de educação, 205-8, 210-1, 340-1
    Ver também Testes de alfabetização
"Testes de inteligência para eleitores" (Munro), 308-9
Texas
    controvérsia sobre redistribuição distrital, 402
    e eleitores minoritários, 105-6, 168-71, 337-8, 347-8, 389-90
    exclusão de indigentes, 368-9
    primária branca, 333-5
    procedimento de registro de eleitor, 419
    requisitos de impostos no, 192-4

residência para membros das forças armadas, 374
sufrágio feminino no, 262-5, 287
Thernstrom, Stephan, 217
Terceiros partidos, 176-7, 187, 189, 242, 433
Thomas, Clarence, 398, 404-6, 472
Thornburg *versus* Gingles, 394
Thorpe, Francis N., 24
Thurmond, Strom, 356
Thurner, Manuela, 285
Tilden, Samuel, 193
Tilley, M.E., 338
Tocqueville, Alexis de, 22-3, 30, 98, 489-90
Townshend, Norton, 67
Trabalho, 93-4, 250-1, 282-6, 292-4, Tabela A.8
Trujillo, Miguel, 342
Truman, Harry, 338, 340, 348
Turner, Frederick Jackson, 26, 76
Tuskegee, Alabama, redistribuição distrital racial em, 387
Tweed, William Marcy "Boss", 180, 228
Tyler, John, 124

Udall, Levi, 342
Uggen, Chritopher, 232, 457
Unidades de cuidados continuados, voto em, 475, 481
Union League Club, 220
United Auto Workers (União de Trabalhadores do Automotor), 377
United Jewish Organization of Williamsburgh, Inc. *versus* Carey, 392
United States *versus* Classic et al., 335
Utah, 194, 233, 259, 270, 312, 343, 383, 452, 488, 541, 543, 546, 564, 572, 579

Vagabundos. *Ver também* Exclusões de indigentes; Regras de residência
Van Buren, Martin, 90, 97, 118, 124

Vandenberg, Arthur, 375
Verba, Sidney, 494
Vermont, 47, 54, 56-7, 74, 96, 101, 156, 194, 307, 414, 438, 452, 456, 475, 481, 508, 513, 521, 530, 532, 537, 541, 564, 572, 576-7
Veteranos de guerras estrangeiras, 331, 334, 343, 355, 376, 548
Vietnã e diminuição da idade para votar, 374-8
Vigésima Segunda Emenda, proposta, 326
Vigésima Quarta Emenda, 352, 364, 367
Vigésima Sexta Emenda, 379
Virginia, 348, 361, 364-5, 366, 388-9, 391, 414
   convenção estadual constitucional de 1829, 65, 80-2, 86, 91
   de 1870-1910, 161-4, 171-2
   período pré-Guerra Civil, 67-9, 71-4, 77-8, 86, 94-5, 97
   requisitos de residência, 113
   sufrágio durante era Revolucionária, 40-1, 56-8
   sufrágio feminino, 287
Votação
   assistência no processo de, 373-5
   ato físico e mudanças em, décadas de 1790 a 1850, 67-70
   compulsória, 187-8, 314-5
   concepção individualista de, 403-5
   eleitores com necessidades especiais, máquinas de eleição e, 441-2, 474-9 (ver nota 96)
   Help America Vote Act, 440-3
   limitação de cargos eletivos, 186-7, 317-9
   tecnologia de, 429-32, 443-51
Votação com turnos instantâneos [Instant runoff voting], 433
Voting Accessibility for the Elderly and Handicapped Act (Acessibilidade ao Voto para Idosos e Portadores de Necessidades Especiais) (1894), 475
Voto
   Bilíngue, 371
   [cédula] borboleta, 426
   "curto", 316
   escrito, 84, 478
   provisório, 437, 439, 441-2, 470-1
   secreto ou australiano, 164, 169, 205
   subvotos, 429
Voto antecipado, 450-1
Voto australiano, 206-7
Voto de ausente, 39, 114, 215-6, 226, 313, 333-4
   Eleição de 2000, 426, 430
   Eleição de 2004, 443
   Eleição de 2008, 441, 450, 459-60, 466, 481
   no fim do século XX, 372, 374, 407, 414, 476
Voto de não cidadão, 22, 74-5, 135, 161, 188, 198-200, 416-8, 522
   Ver também Imigrantes e imigração
VVPAT (comprovante de votação impresso e auditável), 447-8

Wadsworth, James, 291
Wage Earners' Suffrage League (Liga de Sufrágio dos Assalariados), 283
Wald, Lillian, 281
Wallace, Henry, 340
Wang, Tova, 13, 461-2, 471
Warren, Earl, 361-2, 368, 375, 386
Washington, Booker T., 321
Washington, George, 34, 36
Washington (D.C.), direitos de voto em, 61 (ver nota 78), 69-70, 144-5, 241-2, 253-6, 381-3 (ver nota 63)
Washington (estado), 135, 276, 283, 410, 414
Weber, Max, 240
Webster, Daniel, 68, 91

Weil, Gertrude, 286
Wellman, Sra. E.F., 324-5, 331
Wesley *versus* Collins, 413
West Virginia, 327, 366, 527, 546, 565
"Whigs" ou interpretação triunfalista da História, 22, 25, 82-6, 96-7, 102, 109, 113-5, 118, 122, 136, 138-9, 157
Whitcomb *versus* Chavis, 391
Whiting, Willie D., 428
Whiting, Willie J., 428
Why Americans Don't Vote (Piven e Cloward), 21, 227
Wickersham, George W., 325-6
Williamson, Chilton, 24, 41, 62
Wilson, Charles, 338
Wilson, Henry, 151, 157, 173, 345, 381
Wilson, James, 43, 59
Wilson, Woodrow, 203, 284, 391
Winchell, Alexander, 181-2

Wisconsin, 70, 74, 101, 103-4, 109, 112, 135, 154, 273, 285, 515, 522, 524, 531, 538, 546, 565, 573, 575-6, 578
Woman Suffrage and Politics (Catt e Shuler), 243
Woman's Christian Temperance Union (WCTU) (União Cristã das Mulheres pela Abstinência), 260
Woman's Party (Partido da Mulher), 279, 291
Wood, Gordon, 49, 92
Wyoming, 2098, 259, 267, 270, 298, 414, 546, 552, 565, 573, 579

Young, Samuel, 90
Young, Thomas, 47, 50-1
Youth Franchise Coalition (Coalizão da Juventude pelo Sufrágio), 377

Zimmer *versus* McKeithen, 390

SOBRE O LIVRO
Formato: 16 x 23
Mancha: 26 x 48,6 paicas
Tipologia: StempelSchneidler 10,5/12,6
Papel: Off-White 80 g/m² (miolo)
Cartão Supremo 250 g/m² (capa)
1ª edição: 2014

EQUIPE DE REALIZAÇÃO
Capa
Andrea Yanaguita

Edição de Texto
Nara Lasevicius / Tikinet (copidesque)
Mariana Vaz Rudzinski, Marina Caldeira Antunes
e Otávio Robi Corazzim / Tikinet (revisão)

Editoração Eletrônica
Sergio Gzeschnik

Assistência Editorial
Jennifer Rangel de França